JN237349

危機の国際政治史 1873〜2012

柳沢英二郎／加藤正男／細井保／堀井伸晃／吉留公太［著］

亜紀書房

はしがき

　国際政治は不安定さに満ちている。安定から不安定への振幅が大きいことから、「この先どうなるのか」とつい問いたくもなる。ところが、国際政治の分野にとどまらず、巷間にあふれる未来予想はほとんど当てにならない。なぜなら、現在の情勢を的確に分析できていないからだ。目先の利益に固執したり、既存制度にむやみに追従したりすると情勢分析はさらにおろそかになる。

　東日本大震災による原発事故もその一例である。地震規模や被害が「想定外」と語った面々は、過去を顧みて大津波と揺れを予期するという最低限の情勢分析すら怠っていたことを露呈した。しかし、史上最悪の原発事故を事実上「想定外」としてきた浅はかな未来予想について、多くの人々も実際に事故が発生するまで暗黙の同意を与えてきたのではなかろうか。

　情勢分析力が問われるのは政治家や官僚に限ったことではない。会社員、農林漁業者、医師、経営者、スポーツ選手、あるいは子を持つ父母など、何らかの決定を下さなければならない人は常に情勢分析をおこなっている。しかも、情勢分析の精度は行動の結果を左右する。結果には責任がともなうから、情勢分析は自らの手でおこなわねばならない。

　そのわけは次のように説明すればわかるだろう。ある行為や政策を決断するとき、それを実行するために必要な一定の前提（仮説）が想定されている。前提が誤っていれば、よほどの偶然に恵まれない限りその行為や政策は失敗する。前提を組み立てる手段は、憶測や願望をまじえずに現状を把握（はあく）し、かつ、史実を綿密に追跡することしかない。

　国際政治の動向を可能な限り正確に理解するためにも、他の分野において決定が下される局面と同じように、各国がこれまで立ててきた諸前提を知りそれらの妥当性を判断しておく必要がある。そこで、幅広い読者に対して現代国際政治分析に欠かせない歴史的経緯と解釈の要点を説き明かすべく、『危機の国際政治史　1917-1992』を全面的に改めることとした。この作業により、本書は次の4つの特徴をより強く備えることになった。

　第一に、19世紀から現在に至る国際政治史の大局的な概観を試みた。以前よりも時期を前後に広げ、様々な事例を比較する際の便宜を図った。さらに、「現在」をより読者の記憶に新しい時点とするため、イラク戦争

や「アラブの春」など，公文書が未公開であったり学説の固まっていなかったりする直近の同時代史まであえて分析の対象としている。

　第二の特徴として，政治史研究や地域研究など各分野の業績に学びながらも，必要に応じて執筆陣が共有している情勢分析の手法を用いた。その手法とは，新聞記事や外電の切り抜きをもとに様々な事件の鍵となる因果関係についての仮説を絞り込むものである。また，政策決定者の言動を時系列で追跡することによって諸政策の前提とねらいを見極めていく。それらの仮説の妥当性は史料や歴史の展開に照らして検証される。情勢分析を織り交ぜた議論は，ある国や政治家の行動の変化を理解しやすくするであろうし，また，それは，政治史上の時期区分を精緻化するための材料も提供するであろう。

　第三の特徴として，題名にしたように「危機」に焦点をあてて国際政治史を叙述した。ここに言う危機とは，戦争や武力衝突に至る直前の状況だけではなく，ある秩序や勢力構図が動揺する局面も含む。国際情勢は無条件に安定したものではない。平時においても諸勢力の利害関係は錯綜しており，安定しているかに見える秩序であっても様々な矛盾を抱えている。危機を転換点として，これらの矛盾は諸勢力間の力関係や国際秩序の特徴を変転させてゆく。

　それゆえ第四の特徴として，危機の局面を挟んだ情勢変動に分析の力点を置いた。つまり，秩序安定の仕組みよりもその問題点，戦況よりも開戦と終結過程，一国の政策決定過程よりも国際的な危機の収束過程やその含意に関する分析を重視した。とりわけ，大きな戦争の終結過程については詳しく記述するように心がけた。戦争の終結過程は，新秩序の土台や新勢力構図の輪郭を形成するだけでなく，それら新情勢にはらまれる諸矛盾も蓄積していく過程だからである。また，旧情勢から新情勢への転機をわかりやすくするため，時期区分の節目についても必要に応じて言及した。参考までに，大きな時期区分の解釈についてはかつての「はしがき」（抄）を再録しておいた（次ページ）。

　なお，各章の改訂内容の詳細や本書出版に関する若干の経緯は「あとがき」に記した。巻末の註と年表は収録項目を絞ったものの分量が多くなったが，より深く学びたいと願う読者の役に立てば幸いである。

2012年12月

執筆者一同

『危機の国際政治史　1917-1992』（亜紀書房，1993年）
はしがき──国際政治史　第四段階に入る──〔抄〕

　二十世紀の国際政治史は四つの段階に分かれる。ある段階を次の段階へ急速に押し上げてゆく期間を「大画期」とよぶことにすると，第一次，第二次大戦期は，それぞれ第一大画期，第二大画期を形成する。第三大画期はいつ，いかなる形で現れるか？　この疑問にやっと答えが出された。一九八九年の東欧大崩壊から九一年のソ連崩壊にいたる期間こそ第三大画期である。〔図示すれば下図のようになる〕

　大画期とは，前段階の末期に形成されていた国際政治の構造が急速に崩れてゆき，次の段階の特色を示す初期の構造が急速に形成されてゆく，という二重過程が急激に進行する期間である。第一大画期(第一次大戦期)には，アメリカの参戦とロシア革命という二つの出来事が生じ，これがヴェルサイユ・ワシントン体制という第二段階初期構造を生みだし，ソ連の出現が，たとえばラパロ条約締結という形で，第二段階の国際政治史に反映した。

　段階の中には「小画期」が現れることがあり，これが段階の中の第一期，第二期など時期を分ける。第二段階の中では，大恐慌期がそれにあたる。この小画期中にはヒトラーの権力獲得，日本の満州事変開始という二つの出来事が生じて，これが小画期以前の第一期とは異なる第二期の特色に結びついた。第一期が米英仏三国が国際政治を引っ張った時期だとするなら，第二期は日独伊三国が引っ張った時期になった。その結果が第二大画期（第二次大戦期）であった。

　第二次大戦中に，米ソが軍事超大国となり，日独伊は敗北した。第二大画期直前の国際政治構造は急激に消滅し，代わって米ソ超大国を軸とする新構造が

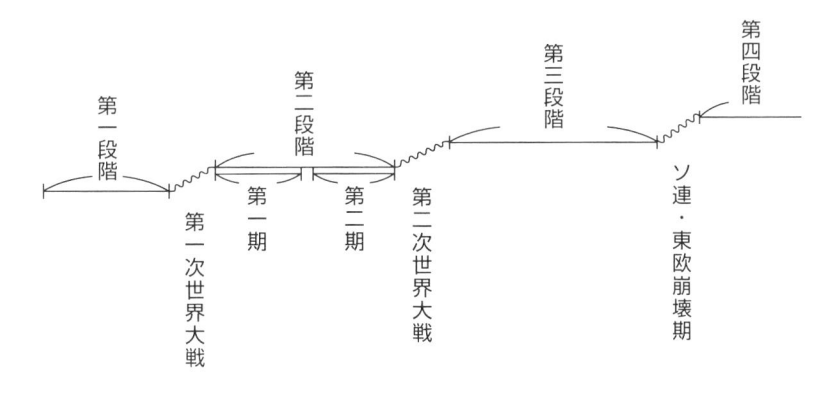

出現した。第二段階を貫く米ソの存在の影響が部分的と言えるとしたら，第三段階を貫く米ソの存在の影響は全面的になった。「米ソ二極時代」とは，その状況を示す言葉であった。しかし，第三段階の初期構造は動揺・解体をつづけ，いくつかの時期をへて，ついに第三大画期に突入し，急激に解体し──と続く。第四段階の国際政治史はいかなるものになるのだろうか？　興味はつきない。

　本書のタイトル「危機の国際政治史」は，故信夫清三郎名古屋大学名誉教授のアイデアをいただいたものである。十五年ほど前になろうか，いついかなる状況でか思い出せぬが，教授がふと「危機の日本政治史」「危機の国際政治史」とつぶやかれた。いつかこのタイトルの本を作りたいと思いつづけているうちに，昨一九九二年初秋，教授は入院され，十月十日に亡くなられた。その一週間前お見舞いに伺った時，教授は眠っておられたので，折をみてアイデアをいただきたい旨お伝え下さるよう澄子夫人にお願いした。お許しをえて，感謝をこめて，このタイトルを使わせていただく。〔後略〕

　一九九三年六月

柳澤英二郎

目次 ─── 危機の国際政治史 1873〜2012

はしがき 1
略語一覧 15

第1章　帝国主義の時代と第一次世界大戦　1873〜1917

1 ──「パクス・ブリタニカ」と帝国主義の時代　22
「パクス・ブリタニカ」／「世界の工場」／海軍力と大陸の勢力均衡／「大不況」／「世界の銀行」／「帝国主義の時代」／「ヨーロッパの平和」／日清戦争と米西戦争／ドイツの「世界政策」

2 ──日露戦争と第一次世界大戦への道　29
「光栄ある孤立」政策の転換／日英同盟の成立／日露戦争／日露戦争後の東アジア／三国協商の成立

3 ──第一次世界大戦の開始と拡大　34
バルカン問題／大戦の開始と拡大／日本の参戦と東アジア

第2章　第一次世界大戦の終結とヴェルサイユ体制の成立　1917〜1920

1 ──ロシア革命とアメリカの参戦　38
大戦の長期化とロシア二月革命／アメリカの参戦とロシア十月革命／「平和に関する布告」と「十四ヵ条の平和原則」／ブレスト・リトフスク条約

2 ──第一次世界大戦の終結　42
対ソ干渉戦争／ドイツ同盟諸国の敗北／ドイツ革命と大戦の終結

3 ──パリ講和会議とヴェルサイユ体制の成立　44
パリ講和会議／対ソ干渉戦争とヨーロッパの革命／アメリカと英仏の対立／ウィルソンの妥協／ドイツの戦後処理問題／ヴェルサイユ体制とアメリカ

第3章　恐慌前の一時的な安定期　1921〜1930

1────**ワシントン体制の成立**　52
　　ワシントン会議／ワシントン体制の特質
2────**ワシントン体制の展開**　54
　　ソ連と中国ナショナリズム運動の挑戦／北伐／北伐の再開と中国統一／南京国民政府とワシントン体制／ロンドン海軍軍縮会議と金解禁
3────**ロカルノ体制の成立**　60
　　独仏対立／ジェノバ会議とラパロ条約／ルール占領／ドーズ案／ロカルノ条約
4────**ロカルノ体制の展開**　66
　　ロカルノ体制と英・仏・独／ブリアン構想／ヤング案／ロカルノ体制とソ連

第4章　世界恐慌と台頭するファシズム　1929〜1939

1────**世界恐慌**　72
　　世界恐慌とその波及／国際経済秩序の崩壊
2────**ワシントン体制への挑戦**　74
　　満州事変と国際連盟脱退／列強の対応／二・二六事件と西安事件
3────**ロカルノ体制への挑戦**　78
　　ヒトラー政権の成立／再軍備宣言とその影響／エチオピア戦争とドイツ軍のラインラント進駐／スペイン内戦と日・独・伊の提携強化
4────**第二次世界大戦への道**　83
　　宥和政策／日中戦争の勃発と拡大／日中戦争への各国の対応／「東亜新秩序」声明と米英／宥和政策をめぐる対立／ズデーテン危機とミュンヘン会談／ダンチヒと天津租界封鎖事件／独ソ不可侵条約

第5章　第二次世界大戦　1939〜1945

1──第二次世界大戦の勃発と拡大　94
　ドイツの大陸制覇／大陸制覇の影響／ベルリン会談と日ソ中立条約／アメリカの政策転換と日米関係／独ソ開戦と日米関係／日米交渉／日米開戦

2──大同盟の戦時戦略　102
　ミッドウェー海戦・スターリングラードの戦い／カイロ会談・テヘラン会談／オーバーロード作戦・ローマ・サイパン

3──戦後国際秩序を求めて　106
　ブレトン・ウッズ会議とダンバートン・オークス会議／「モーゲンソー・プラン」

4──ヤルタ会談　108
　チャーチル・スターリン協定／イタリア問題／ド・ゴールのフランス／ヤルタ会談／ローズヴェルト大統領の急死

第6章　戦後秩序の構築　1945〜1947

1──大戦の終結　116
　トルーマン大統領の対ソ外交／ドイツ降伏／ポツダム宣言と原爆投下／ソ連の対日参戦と日本の降伏／対日占領政策とアジアの民族革命／トルーマン大統領の冷戦政策

2──戦後処理問題　123
　ロンドン外相会議／モスクワ外相会議

3──一方的行動に向けて　125
　ケナンの長文電報／ノヴィコフ電報／ドイツ問題／シュツットガルト演説／イラン・トルコ・ギリシア危機

第7章　冷戦時代の幕開け　1947〜1953

1──冷戦の開始とヨーロッパの分断　132
　「パクス・アメリカーナ」に向けて／トルーマン・ドクトリン／マーシャル・プラン／コミンフォルム設置とジダーノフ演説／チェコスロヴァキア政変とユーゴスラヴィア追放／政治的・

　　　　経済的画一体制／マーシャル・プランの成立／ベルリン封鎖とドイツの分断／NATO結成／ギリシア内戦の終結
　2——ソ連の原爆保有とアジアの冷戦　144
　　　　ソ連の原爆保有／中国革命と中ソ同盟／アメリカの対策／対日占領政策の転換／インドシナ革命とNSC68／NSC68と朝鮮戦争／対日講和問題／サンフランシスコ講和条約と日米安全保障条約
　3——ヨーロッパと中東情勢の変化　153
　　　　シューマン・プランとプレヴァン・プラン／中東の変動

第8章　変容する冷戦　1953〜1962

　1——ソ連とアメリカの政策転換　158
　　　　スターリンの死と朝鮮休戦協定／「ニュールック戦略」／インドシナ休戦協定
　2——ドイツ再軍備と「北層計画」　162
　　　　EDC構想の挫折と再軍備／「北層計画」と中東
　3——バンドン会議　164
　　　　「北層計画」とバンドン会議／バンドン会議の影響
　4——ジュネーブ巨頭会談　167
　　　　東西首脳会談をめぐるアメリカと英仏／「三重の独占」打破／ジュネーブ巨頭会談／ジュネーブ巨頭会談後の米ソ
　5——スエズ戦争とその影響　171
　　　　スエズ戦争／アイゼンハワー・ドクトリン／中東からアフリカへ／アフリカからラテンアメリカへ
　6——東西両陣営内の亀裂　178
　　　　ヨーロッパの地盤低下とスエズ戦争／EECとFTA／フルシチョフのスターリン批判／ポズナニ暴動とハンガリー動乱／スターリン批判と東欧の動乱をめぐる中ソ関係

第9章　キューバ危機と核戦争の恐怖　1957〜1963

　1——スプートニク・ショックとその波紋　186
　　　　アイゼンハワー政権の対応／ド・ゴールの挑戦／ベルリン危機とキャンプ・デービッド会談／U2型機事件とパリ東西首脳会

談の流会／アイゼンハワー最後の旅行／中ソ論争の開始／中ソ対立の深刻化／「独立の完成」を目指す日本／池田政権の内政と外交

2 ── ベルリンの壁　195
ケネディの登場と新版NSC68／ドゴーリズム対「大西洋共同体」論／ウィーン米ソ首脳会談／「ベルリンの壁」の出現／ケネディの対独政策転換とソ連・西独の対応

3 ── キューバ・ミサイル危機　201
キューバ侵攻作戦と「進歩のための同盟」／「キューバ・ミサイル危機」とその結末／キューバ危機から部分核停へ／キューバ危機後の米仏対立の激化／キューバ危機から中ソ公開論争へ

第10章　ベトナム戦争と「多極化」への道
1963〜1970

1 ── ベトナム戦争の拡大　210
南ベトナム解放民族戦線の結成へ／キューバからインドシナへ／ジョンソンの戦争拡大過程／北爆開始と中国の関与／テト攻勢，北爆停止，パリ和平会談の開始

2 ── 1960年代の欧米　217
核拡防条約の成立過程／仏ソ接近とフランスのNATO脱退／エアハルトの退陣とブラント東方外交の始まり

3 ── 1960年代のアジア・アフリカ　220
ジョンソン登場とゲバラの死／「建国の父」たちの退場／日・韓・ASEANと沖縄返還／PLO，ナセル，第3次中東戦争

第11章　「ニクソン・ショック」と国際秩序の転換
1969〜1974

1 ── ベトナム戦争の終結　228
1969年の状況と方針／「ベトナム化」と米軍撤退作戦／ニクソン訪中・訪ソ／ベトナム和平協定の成立／サイゴン陥落とインドシナの変貌

2 ── チェコ事件とヨーロッパ・デタント　233
チェコ事件とブレジネフ・ドクトリン／ヨーロッパ・デタント

の模索／米中関係打開の模索／ニクソン訪ソへの道／ニクソン訪中／ニクソン訪ソ／ヘルシンキ宣言──ヨーロッパ・デタントの完成

3 ── 米欧対立　238
拡大ECの出現／第2「ニクソン・ショック」／「新大西洋憲章」演説／欧米首脳交代の波と米欧対立の緩和／ロメ協定と西側サミットの発足

4 ── 中東問題とアフリカ　243
大国・産油国・第4次中東戦争／石油戦略とアフリカの新情勢

第12章　米ソ「デタント」と揺れ動く第三世界　1974～1980

1 ── フォードからカーターへ　248
フォード政権の誕生／フォード政権の対外政策／フォード政権の変化／「フォード・ドクトリン」／ラムズフェルド国防報告と冷戦志向／カーター政権の初期政策／第三世界とカーター政権の変化

2 ── カンボジア侵攻，イラン革命，アフガン侵攻　254
ベトナム・カンボジア紛争／米中・日中国交正常化／鄧小平時代へ／イラン・イスラム革命の波紋／エジプトとイスラエルの和解／ソ連軍アフガニスタン侵攻事件／PD59／ヨーロッパ諸国の抵抗

第13章　レーガンとゴルバチョフ　1981～1989

1 ── レーガンの軍拡　262
レーガン政権成立／NATOの「二重決定」／反核運動と「共通の安全保障」／大韓航空機撃墜事件

2 ── 第三世界をめぐる情勢　265
第三世界への攻勢へ／フォークランド紛争／イスラエルの強硬政策／サダト暗殺からムバラクへ／レバノン戦争／パレスチナ新情勢／イラン・イラク戦争

3 ── 中ソの変化　271
中ソ対立の緩和／ソ連の選択

4——ゴルバチョフの改革　273
　　　ゴルバチョフ登場／チェルノブイリ原発事故／「新思考外交」の加速／レイキャビク会談とINF全廃条約／韓ソ国交樹立／中ソ関係正常化へ／六・四天安門事件

第14章　冷戦の終結とソ連の消滅　1980〜1991

1——東欧大変動と冷戦終結　280
　　　ポーランドの10年／ハンガリーの変化／東欧社会主義政権の崩壊／ドイツ統一へ／冷戦終結
2——湾岸戦争　285
　　　湾岸の危機／イラク軍クウェート侵攻／「リンケージ提案」から開戦まで／戦争がもたらしたもの
3——ソ連崩壊　288
　　　ボン経済宣言／反ゴルバチョフ・クーデタ／ソ連消滅

第15章　西側秩序の拡大　1990〜2000

1——西側秩序と路線対立　294
　　　「西側秩序」／日米欧の路線対立／アメリカの国際組織論／「国防計画指針」
2——旧ユーゴスラヴィア紛争の勃発と西側諸国間関係　297
　　　ユーゴスラヴィア連邦崩壊／ボスニア紛争／サライェヴォ空港包囲事件／ロンドン会議／ソマリア介入
3——クリントン政権の迷走　300
　　　1992年アメリカ大統領選挙／クリントンの初期政策／ボスニア和平案／ロシア情勢／日米関係
4——「関与拡大」戦略とPDD25　304
　　　「関与拡大」戦略／PDD25／ソマリア問題と政策転換
5——NATOの「再定義」とボスニア紛争の終結　306
　　　NATO「再定義」／「平和のためのパートナーシップ」／米欧対立とコンタクト・グループの結成／ボスニア紛争の終結／NATO拡大
6——日米安保の「再定義」と朝鮮半島・台湾海峡危機　309
　　　日米安保の「再定義」／北朝鮮核問題／台湾海峡危機／日米安

保「再定義」後の東アジア
7——コソヴォ紛争と「西側秩序」の変質　313
コソヴォ紛争／コソヴォ介入の法的・政治的問題／コソヴォ介入と米欧対立／コソヴォ介入と米ロ対立／コソヴォ紛争後の世界

第16章　アフガニスタン戦争とイラク戦争
2000～現在

1——湾岸戦争後の中東と南アジア　320
「西側秩序」への編入／クリントン政権の中東・南アジア政策／アフガニスタン情勢の変動とタリバン／関係諸国の思惑／アフガニスタン・イラン危機／カルギル戦争／アメリカの行き詰まり
2——9.11事件とアフガニスタン戦争　325
9.11事件／アフガニスタン戦争
3——イラク戦争　327
イラク戦争計画／国連利用の背景／国連安保理での攻防／イラク戦争開戦
4——イラク戦争の国際的影響　331
中東和平問題／大量破壊兵器拡散問題と「リビア方式」／イラン核問題／北朝鮮核問題／アフガニスタン問題／中東と南アジアの民主化運動
5——イラク情勢の悪化と「出口戦略」　337
フセイン政権崩壊後の情勢／イラク暫定政府発足／ブッシュ再選とイラク問題／イラク新政権発足と「出口戦略」／「内戦」状態のイラク／米英の焦燥／「出口戦略」の実行／アメリカのジレンマ
6——二つの戦争の経済的影響　342
リーマン・ショック／G20と米中関係

第17章　「核とテロなき世界」の実像　2009～現在

1——オバマ政権による「変化」の実質　346
オバマ政権の世界政策

2──アフガニスタン・イラク撤退に向けた行動　346
　　アフガニスタン新政策／パキスタン北西部の紛争／アフガニスタン新政策の行き詰まり／ビン・ラディン暗殺
3──「アラブの春」とNATOのリビア介入　349
　　「アラブの春」／カダフィ政権の崩壊／中東「民主化」の行方
4──大量破壊兵器の拡散防止に向けた行動　352
　　プラハ演説／イラン核問題／米ロ関係修復の試み／イラン包囲網／イランの巻き返し／イラン包囲網の強化／インド・パキスタン核問題／北朝鮮核問題／東アジア情勢の変化
5──世界経済秩序の再構築に向けた行動　360
　　米中G2構想／米中の経済関係／米中首脳会談／現在の国際政治

註　363

あとがき　403

国際政治年表　405
人名・事項索引　475

略語一覧

AA会議　Asian African Conference　…アジア・アフリカ会議
ABM　anti-ballistic missile　…弾道弾迎撃ミサイル
ACC　Allied Control Council　…連合国管理委員会
AIOC　Anglo-Iranian Oil Company　…アングロ・イラニアン石油公社
ANZUS　Security Treaty between Australia, New Zealand, and the United States of America　…太平洋安全保障条約
APEC　Asia-Pacific Economic Cooperation Conference　…アジア太平洋経済協力閣僚会議
ASEAN　Association of South-East Asian Nations　…東南アジア諸国連合
ASPAC　Asian and Pacific Council　…アジア・太平洋協議会
AU　African Union　…アフリカ連合
AWACS　airborne warning and control system　…空中警戒管制機
CDU　Christlich-Demokratische Union　…キリスト教民主同盟
CENTO　Central Treaty Organization　…中央条約機構
CIA　Central Intelligence Agency　…（米）中央情報局
CIS　Commonwealth of Independent States　…独立国家共同体
CJTF　Combined Joint Task Force　…共同統合任務部隊
CLN　Comitato di Liberazione Nazionale　…（伊）国民解放委員会
CNF　Comité national français　…（仏）自由フランス国民委員会
CNR　Conseil national de la Résistance　…（仏）全国抵抗評議会
COCOM　Coordinating Committee for Export Control to Communist Area　…対共産圏輸出統制委員会
COMECON　Communist Economic Conference　…経済相互援助会議
CSCE　Conference on Security and Cooperation in Europe　…全欧安全保障協力会議
CTBT　Comprehensive Nuclear Test Ban Treaty　…包括的核実験禁止条約
EAEC　East Asia Economic Caucus　…東アジア経済協議体
EC　European Community　…ヨーロッパ共同体
ECSC　European Coal and Steel Community　…欧州石炭鉄鋼共同体
EDC　European Deffence Community　…ヨーロッパ防衛共同体
EEC　European Economic Community　…ヨーロッパ経済共同体
EFTA　European Free Trade Association　…ヨーロッパ自由貿易連合
EPC　European Political Community　…ヨーロッパ政治共同体
ERP　European Recovery Program　…ヨーロッパ復興計画
ESDI　European Security and Defense Identity　…欧州安全保障防衛アイデンティティ
EU　European Union　…ヨーロッパ連合
EURATOM　European Atomic Energy Community　…ヨーロッパ原子力共同体

FFI　French Forces of the Interior　…フランス国内軍
FLN　Front de Libération Nationale　…（アルジェリア）民族解放戦線
FTA　Free Trade Area　…自由貿易地域
GATT　General Agreement on Tariffs and Trade　…関税および貿易に関する一般協定
IAEA　International Atomic Energy Agency　…国際原子力機関
IBRD　International Bank for Recontruction and Deveropment　…国際復興開発銀行
ICBM　intercontinental ballistic missile　…大陸間弾道弾［―弾道ミサイル］
ICFY　International Conference on Former Yugoslavia　…旧ユーゴスラヴィア国際会議
IEA　International Energy Agency　…国際エネルギー機関
IMF　International Monetary Fund　…国際通貨基金
INF　intermediate-range nuclear forces　…中距離核戦力
IRBM　intermediate-range ballistic missile　…中距離弾道弾［―弾道ミサイル］
ISAF　International Security Assistance Force　…国際治安支援部隊
ITO　International Trade Organization　…国際貿易機構
JCS　Joint Chiefs of Staff　…（米）統合参謀本部
KCIA　Korean Central Intelligence Agency　…大韓民国中央情報部（韓国CIA）
KFOR　Kosovo Force　…コソヴォ治安維持部隊
KGB　Komitet Gosudarstvennoi Brzopasnosti　…（ソ連）国家保安委員会
KLA　Kosovo Liberation Army　…コソヴォ解放戦線
LDK　Lidhja Demokratike e Kosovës　…コソヴォ民主連盟
MD　Missile Defense　…ミサイル防衛
MEDO　Middle East Defense Organization　…中東防衛司令部計画
METO　Middle East Treaty Organization　…中東条約機構（バグダッド条約機構）
MLF　multilateral force　…多角的核戦力
MPLA　Movimento Popular de Libertao de Angola　…アンゴラ解放人民運動
MRBM　medium-range ballistic missile　…准（準）中距離弾道弾［―弾道ミサイル］
NAFTA　North American Free Trade Agreement　…北米自由貿易協定
NATO　North Atlantic Treaty Organization　…北大西洋条約機構
NICS　newly Industrializing countries　…新興工業国
NIES　newly Industrializing economies　…新興工業経済地域
NPT　Nuclear Non-Proliferation Treaty　…核拡散防止条約
NSC　National Security Council　…（米）国家安全保障会議
OAPEC　Organization of Arab Petroleum Exporting Countries　…アラブ石油輸出国機構
OAS　Organization of American States　…米州機構
OAU　Organization of African Unity　…アフリカ統一機構

OECD　Organization for Economic Cooperation and Development　…経済協力開発機構
OEEC　Organization for Europian Economic Cooperation　…ヨーロッパ経済協力機構
OPEC　Organization of Petroleum Exporting Countries　…石油輸出国機構
PDD　Presidential. Decision Directive　…（米）大統領指令
PfP　Partnership for Peace　…平和のためのパートナーシップ
PKO　Peace-keeping Operation　…平和維持活動（国連）
PLO　Palestine Liberation Organization　…パレスチナ解放機構
PNC　Palestine National Council　…パレスチナ国民評議会
PPS　Policy Planning Staff　…（米）政策企画室
RDF　Rapid Deployment Force(s)　…緊急展開部隊
RPF　Rassemblement du peuple français　…フランス人民連合
SALT　Strategic Arms Limitation Talks/Treaty　…戦略兵器制限交渉／条約
SCAP　Supreme Commander for the Allied Powers　…連合国最高司令官
SDI　Strategic Defence Initiative　…戦略防衛構想
SEATO　Southeast Asia Treaty Organization　…東南アジア条約機構
SLBM　submarine-launched ballistic missile　…潜水艦発射弾道弾［―弾道ミサイル］
SPD　Sozialdemokratische Partei Deutschlands）　…ドイツ社会民主党
START　Strategic Arms Reduction Talks/Treaty　…戦略兵器削減交渉／条約
TPP　Trans-Pacific Strategic Economic Partnership Agreement　…環太平洋戦略的経済連携協定／Trans-Pacific Partnership　環太平洋パートナーシップ協定
UIA　United Iraqi Alliance　…イラク統一同盟
UNITAF　United Task Force　…（ソマリア）統合機動部隊
UNOSOM　United Nations Operation in Somalia　…国連ソマリア活動
UNPROFOR　United Nations Protection Force　…（旧ユーゴスラヴィア）国際連合保護軍
UNRRA　United Nations Relief and Rehabilitation Administration　…連合国救済復興機関
UNTAC　United Nations Transitional Authority in Cambodia　…国連カンボジア暫定統治機構
WEU　Western European Union　…西欧同盟
WTO　World Trade Organization　…世界貿易機関
WU　Western Union　…西欧連合

危機の国際政治史 1873〜2012

【凡例】
本書の執筆にあたっては，読者の理解を助けることを第一に考え，国名，人名の表記や日付を概ね下記の原則に従って記述した。

①**国名表記について**　本文中での国名の使用にあたって一般的な通称・略称を用い，必要に応じて外務省，または当該国の用いる日本語名称を用いた。

②**人名表記について**　各章ごとに初出の場合は可能な限り姓名を示し，その後は基本的に姓あるいは名のみを一般的な呼称に従って使用した。ただしアメリカ大統領など頻出の人名はこの限りではない。また同姓の人物が近接して登場する場合は姓と名を使用し，同姓同名の親子の場合には（父）あるいは（子）と付記した。朝鮮人・韓国人の人名は漢字で表記し，各章ごとに初出の場合は朝鮮語・韓国語の読みをカタカナに置き換えたものをよみがなとしてつけた。中国人の人名は漢字（繁体字）で表記し，各章ごとに初出の場合は漢字を日本読みしたよみがなをつけた。これは日本の慣例的な用法に準じたものである。

③**日付・時刻について**　文中における（　）内の数字は，年，月，日を示す〔例：2012年12月31日は（2012.12.31）と表記〕。文脈によって年や日を省略した場合もある。基本的に現地時間を用いるように努めたが，アメリカや日本に関係する事件・出来事の場合には，必要に応じてそれぞれ（ワシントン時間）や（日本時間）と明記，あるいは併記した場合がある。

④**欧文略語について**　欧文略語の使用にあたっては，各章ごとに初出の場合は日本語訳の名称を主として，続く括弧内に欧文略語を付記することを基本とした。ただし，欧文略語の名称の方が一般に使われ定着していると考えられるものについてはこの限りではない。

⑤**註について**　註で扱った文献の書誌データは，各章の初出はできる限り出版社名，刊行年を含むものとし，その後の引用にあたっては一般的な表記法に準じた。なお，著者名やタイトルに含まれる国名の表記は極力原本の表記を尊重したが，本文への引用時には表記を改めた場合がある。

⑥**年表・索引について**　本書へのさまざまなアプローチを可能にするため，巻末に詳細な国際政治年表と索引を付し，年表の各項目にも本書の該当頁を示した。

第1章

帝国主義の時代と第一次世界大戦

1873 〜 1917

1 ──「パクス・ブリタニカ」と帝国主義の時代

「パクス・ブリタニカ」

　イギリスは，17世紀末から19世紀初頭にかけて起こったフランスとの覇権をめぐる諸戦争（「第二次英仏百年戦争」，1688〜1815）に勝利した。その結果，イギリスに対抗する国家がなくなり，イギリスの覇権（ヘゲモニー）が確立した。イギリスは，海外に広大な植民地を領有する「帝国」，そして覇権国家へと変貌を遂げていった。

　イギリスが覇権国家としての地位を確立した契機は，ナポレオン戦争（1796〜1815）の戦後処理のため開催されたウィーン会議（1814〜1815）であった。ウィーン会議では，「ヨーロッパ協調」と呼ばれた大国が一致して行動するという大国間の協調が確立され，敗戦国フランスは第一次世界大戦の敗戦国ドイツとは異なり，「大国」としての地位が保障された。ついで，イギリスは，ナポレオン戦争中に占領したケープ植民地，セイロン（スリランカ），マルタ島の領有を各国に承認させ，海上ルートの要所をおさえて「七つの海」を支配する足がかりを得た。

　19世紀から20世紀初頭にかけての国際秩序は，覇権国家イギリスによって支えられていたことから，「パクス・ロマーナ」（ローマによる平和）になぞらえて「パクス・ブリタニカ」と呼ばれた[1]。イギリスは，卓越した経済力と海軍力を背景として大規模な海外膨張をおしすすめた[2]。その影響力は，オーストラリア・カナダなどのイギリス系の人々が移住した植民地（定住植民地），インドなどアジア・アフリカ諸地域で軍事的征服によって支配下に置かれたイギリスの植民地（従属領・直轄植民地）などの「公式の支配地（公式の帝国）」だけにとどまらず，政治的には独立していてもイギリスの経済的影響下におかれたトルコ（オスマン帝国），イラン，中国，ラテンアメリカ諸国などの「非公式の支配地（非公式の帝国）」，さらには「非公式の支配地」を越えて地球的規模に及んだ[3]。

「世界の工場」

　イギリスは海外膨張を進める一方で、他国に先駆けて工業化を進展させた優位な立場を生かすべく、自由貿易主義に基づく国際経済秩序の形成と拡大を追求した。

　イギリスは、1840年代に穀物法や航海法といった国内における通商規制の廃止や関税引き下げを実施し、さらに、植民地の一層の市場開放を求めつつ、19世紀前半にラテンアメリカ諸国と結んだ通商条約を先駆的例として他国に対しても積極的に自由貿易主義を求めるようになった。イギリスの戦略は「可能であれば、領土支配をともなわない形での貿易を、必要とあれば軍事的手段による領土支配によって」自由貿易を世界各地に拡げることであった。その結果、植民地に加えて、トルコ、イラン、中国などの諸地域では「砲艦外交」(パーマストン外交)を展開して通商条約を締結して市場を開放させた[4]。

　また、1860年の英仏通商条約は、ヨーロッパ大陸諸国間に自由貿易体制を形成する契機となり、保護貿易をとっていたロシアやアメリカも関税を引き下げた。覇権国家としてのイギリスの影響力が行使され、自由貿易体制が世界的規模で構築されたのである。市場開放を強要するイギリスの政策は、「自由貿易帝国主義」政策と呼ばれた[5]。

　こうして19世紀半ばのイギリスは、工業生産力・貿易などにおいて他国を凌駕し、世界経済の中枢の地位を確保することとなり、豊富で安い工業製品を世界に輸出する「世界の工場」となった。

海軍力と大陸の勢力均衡

　イギリス中心の自由貿易体制の形成と拡大のためには、イギリス海軍(ロイヤル・ネイヴィー)の軍事力を高いレベルで維持しつつ、ヨーロッパ大陸諸国間の勢力均衡を維持することが重要であった。

　イギリスは、卓越した工業生産力により造船技術を高度に発展させ、優越した海軍力を維持した。そして、イギリス海軍は、世界の海洋秩序を形成、維持して通商活動の安全を保障するとともに、「自由貿易帝国主義」政策を強要する手段として活用された(パーマストンによる非ヨーロッパ地域への「砲艦外交」はその典型な実践例であった)。さらに、イギリス陸軍の中核であったインド軍は、「砲艦外交」と連動しながら、「公式の支配地」拡大と「非公式の支配地」確保のために利用された。「イギリス帝国拡張の尖兵」と呼ばれたインド軍は、アジア・アフリカ各地に派兵さ

れ，その経費はインド側の財政でまかなわれた。帝国の拡大，維持には本来なら膨大な軍事力，軍事費を必要としたが，イギリスは低コストでその経済的権益を維持することができた[6]。

　また，イギリスはヨーロッパ大陸における勢力均衡の維持を重視しつつ，外交における「行動の自由」を維持するように努めた。イギリスのこうした外交は，「光栄ある孤立」と呼ばれた。勢力均衡と「光栄ある孤立」をたくみに利用することで，イギリスは，フランスとロシアの海外進出を牽制した。イギリスとフランスの帝国利害対立は，アフリカや東南アジアにあった。ロシアとの帝国利害対立は，ユーラシア大陸の広範囲にわたっていた。ロシアは，ユーラシア大陸の南方，東方へと「帝国」を拡大し，イギリスとの間に緊張，対立関係を引き起こしていた。

　ウィーン会議から第一次世界大戦までの約100年の間，クリミア戦争（1853〜1856）を除いて，覇権国家イギリスが戦った相手は非ヨーロッパ勢力であった。このことが可能だったのは，基本的にはヨーロッパ大陸における大国間の勢力均衡が維持されていたからであった。

「大不況」

　1850年代から拡大を続けていた欧米各国を中心とする世界経済は，1873年5月9日のウィーン証券市場での株価暴落（「暗黒の金曜日」）と，それに続く9月のニューヨークの金融機関破綻を契機に，「大不況」（「1873年の大不況」）と呼ばれる大規模な不況期に入った。1873年に始まった「大不況」は1890年代半ばまで続き，欧米諸国ではデフレーション（物価下落）が進行した。

　この深刻な不況のもとで経済構造は大きく変化した。欧米各国は保護貿易体制（ヨーロッパ各国は1879年のビスマルク関税を契機に自由貿易から保護貿易へと転換し，アメリカは保護関税を強化）をとり，自国の産業を保護し，工業化（第2次産業革命）を進展させていった。この時期には，鉄鋼・電気・化学などの分野で技術革新が進行し，大規模な設備を必要とする重化学工業が発達した。資本主義経済は少数の大企業が市場を支配する独占資本主義（金融資本主義）の段階に移行したが，とくにそれが顕著であったのは新興国のドイツ，アメリカであった。アメリカとドイツはこの頃から，イギリスが確立した繊維産業などの軽工業ではなく，重化学工業を主体とする工業化を成功させ，19世紀末以降，アメリカとドイツの工業生産力はイギリスを追い抜いた。さらに，ロシア，日本も工業化に乗り出し，自由貿易体制を軸とした国際秩序が変化した。

19世紀後半のイギリス帝国[1]

カナダ連邦、イギリス（連合王国）、ジブラルタル、マルタ、キプロス、イギリス領インド、香港、ビルマ、アンダマン諸島、北ボルネオ、バミューダ諸島、バハマ諸島、ジャマイカ、ガンビア、セイロン、イギリス領ホンジュラス、トリニダード、シエラレオネ、ラゴス、ゴールドコースト、モルジブ諸島、シンガポール、フィジー諸島、トンガ諸島、ピトケアン島、イギリス領ギアナ、セント・ヘレナ島、セイシェル諸島、ココス島、モーリシャス、オーストラリア、ナタール、ケープ植民地、フォークランド諸島、ニュージーランド

イギリス帝国領（公式帝国）

「世界の銀行」

　アメリカとドイツの台頭やロシアとの対立により、覇権国家イギリスは揺らいでいった。アメリカとドイツに「世界の工場」の地位を脅かされたイギリスは、「世界の工場」から「世界の銀行」（金融・サービス）へと経済構造を転換させながら、「パクス・ブリタニカ」の維持を図った。

　この構造転換の過程で、主要な貿易決済手段であるポンド（スターリング）手形を媒介として、イギリスを基軸国とした通貨の世界循環システムである「多角的貿易決済機構」が20世紀初頭に確立された。つまり、世界の主要国がイギリスにならって金本位制を採用し、ポンド（スターリング）を基軸とする国際通貨制度を作りあげたのであった。そして、ロンドンのシティーは貿易決済など金融・サービスの中心としての地位を確立し、国際金融の主導的役割を果たした。このシステムを維持するには、(1) 対欧米諸国の膨大な貿易赤字にもかかわらず、イギリスが自由貿易主義を堅持することと、(2) イギリスがインドから稼ぎ出す巨額な黒字と中国・トルコ・日本などからの黒字で貿易赤字を補塡する、という二つの条件を満たす必要があった。

　インドは「多角的貿易決済機構」が機能する要（かなめ）であり、金本位制の「最大の安定要因」となっていた[7]。そのため「インドへの道」（「エンパイア・ルート」）の安全確保が重視され、その布石が打たれた。イギリスは

第1章　帝国主義の時代と第一次世界大戦　25

1875年にエジプトからスエズ運河の持株を買収し，1880年代にエジプトを事実上保護国とした。また，インド帝国の安全上周辺地域に進出し，1880年代にアフガニスタンを事実上保護国とし，ビルマを併合した。

「帝国主義の時代」

1873年に始まった「大不況」を契機に覇権国家イギリスの地位は揺らぎはじめ，世界は「帝国主義の時代」を迎える。国際政治史上，「帝国主義の時代」は，1870年代から1914年の第一次世界大戦の勃発までの期間を指す。その前半の約30年間は，「過渡的帝国主義の時代」と呼ばれる。それは，複数の国家が「帝国」として登場してきたことを指す。いわゆる列強時代が始まったのである。

ウィーン会議以来，主要な「帝国」であった英・仏・露3国に加えて，19世紀後半にはドイツ，イタリア，同世紀末にはアメリカ，日本が新たな「帝国」として登場してきた。とりわけ，日本とアメリカという非ヨーロッパ国家が帝国主義時代の国際政治に登場したことは「世界のことはヨーロッパで決定される」時代の終わりを意味したという点で注目された[8]。

帝国主義列強は，原料や市場に加えて，国内で過剰となった資本の輸出（対外投資）先を求めて，また貧富の差など社会矛盾による国民の不満をそらすためにも，非ヨーロッパ地域での植民地獲得や勢力圏拡大を展開した。こうした帝国主義列強の対外膨張政策によって，1880年代から1890年代にかけては，アフリカ各地が分割され，1890年代末にはアジア・太平洋地域の分割が展開された。こうして，地球全体が世界資本主義体制に組み込まれ，世界の一体化はほぼ達成された。今日のグローバリゼーションを特徴づける，ヒト，モノ，カネ，情報が，国家を越えてゆきかうという状況の先駆は，「帝国主義の時代」に見出すことができる。

「ヨーロッパの平和」

ナポレオン戦争の後，第一次世界大戦勃発の1914年までの約100年間は，1850年代（クリミア戦争）と1860年代から1870年代初頭（普墺戦争，普仏戦争）を例外としてヨーロッパでは大規模な戦争は起こらなかった。

ウィーン会議によって成立した，勢力均衡による「ヨーロッパ協調」を特徴とするウィーン体制は，クリミア戦争で崩壊した。その後，「帝国主義の時代」が始まった1870年代から1880年代にかけては，「ヨーロッパ

協調」なき勢力均衡を特徴とする「ビスマルク体制」の時代と呼ばれ，列強間の戦争は起こらなかった。一方，非ヨーロッパ地域では，植民地の拡大と再編を争点とした列強間の対立が激化した。

「ビスマルク体制」とは，ドイツ帝国宰相ビスマルクがドイツを中心とする多面的な同盟・協商体制の構築により，列強間の対立を調整してヨーロッパの平和を維持することであった。具体的には，(1) バルカン半島をめぐるロシア帝国とオーストリア帝国の対立を調整，(2) 東地中海からインド亜大陸をへて東アジアに至るユーラシア大陸周辺部で展開されていたイギリスとロシアの対立を調整，(3) フランスの国際的孤立化と同国の植民地建設への支援，以上3点からなっていた。

「ビスマルク体制」は，1890年にヴィルヘルム2世がビスマルクを更迭（こうてつ）し，ドイツ経済の急成長を背景に「世界政策」と呼ばれる積極的な帝国主義政策を展開したことで崩壊した。ヴィルヘルム2世は，ドイツとロシアとの再保障条約の更新を拒否した。これに反発したロシアはフランスとの間に露仏同盟（1891，1894）を結び，フランスの国際的孤立に終止符を打った。その反作用としてドイツもオーストリア・イタリアとの間の三国同盟を更新した。さらに，イギリスは，1889年に「二国標準主義」（世界第2位と第3位の海軍力を合わせたものを上回る海軍力維持）を定めた海軍国防法を成立させ，列強の海軍力増強に対抗していた。

ここに，ヨーロッパ国際政治は，三国同盟，露仏同盟，「光栄ある孤立」＝イギリスの三者が鼎立（ていりつ）するという状況が生まれた。しかし，「ヨーロッパの平和」（戦争による問題解決ではなく，勢力均衡を駆使しつつ，状況に応じて国際会議などを開催して秩序を維持する）は続いていた。

日清戦争と米西戦争

日本が帝国主義時代の国際政治に登場した契機は，日清戦争（にっしん）（1894.8.1～1895.4.17）であった。日清戦争に勝利した日本は，清朝との間に下関条約を締結し，朝鮮の独立，日本に対する遼東半島（りょうとう），台湾，澎湖諸島（ほうこ）の割譲などを清朝に認めさせた。しかし，北東アジア（極東）進出をめざすロシアは，ドイツとフランスをさそって三国干渉をおこない，日本に圧力をかけて遼東半島を清に返還させた。このことは日露戦争勃発の遠因となった。

アメリカが帝国主義時代の国際政治に登場した契機は，米西戦争（べいせい）（1898.4.24～12.10）であった。「世界最初の帝国主義戦争」（レーニンの言葉）である米西戦争に勝利したアメリカは，スペインとの間にパリ条

約を締結し，フィリピン・グアム島をスペインから獲得して太平洋・東アジアへの進出の拠点を築き，日本とともに東アジアの国際関係に関与するようになった。アメリカは，中国における門戸開放すなわち機会均等の原則を列強に要求し（1899），義和団事件が起こった1900年には中国に対する領土保全の原則についての同意も列強に求めた。このいわゆる門戸開放政策（オープン・ドアー政策）は，アメリカによる中国政策の原則表明という性格を越えて「20世紀におけるアメリカの帝国主義的膨張のための基本的な戦略」といえ，20世紀のアメリカ外交はしばしば「門戸開放帝国主義」と呼ばれる[9]。

また，アメリカはスペインからプエルトリコを獲得，キューバを保護国化して中米・カリブ海地域進出の拠点を築き（1898.12.10 パリ条約），この地域の勢力圏化を推進した。1904年，大西洋と太平洋を結ぶパナマ運河建設に着手したセオドア・ローズヴェルト米大統領は，モンロー・ドクトリンを新たに解釈して，この地域諸国に対して「文明国」＝アメリカのみが国際警察権（国際警察活動）を行使する義務があると宣言した（ローズヴェルト系論）[10]。

ドイツの「世界政策」

20世紀に入ると列強による世界分割は事実上完了し，「帝国主義の時代」は，その初期段階である「過渡的帝国主義の時代」から「世界帝国主義の時代」の段階に移行した。この移行期においてイギリス帝国の国際秩序維持能力は低下し，帝国主義列強間の矛盾・対立が激化することとなった。イギリスとドイツ・ロシアとの矛盾・対立は激烈なものとなり，「ヨーロッパの平和」が困難となってきた。とりわけ，その焦点となったのがドイツの動向であった。

イギリスにとってヴィルヘルム2世時代のドイツは，工業生産力と海軍力の急速な強化を背景に，覇権国家イギリスの地位とヨーロッパ大陸での勢力均衡体制を脅かす二重の脅威として意識されはじめた[11]。

ヴィルヘルム2世は，ビスマルク時代のヨーロッパ政策から積極的な「世界政策」に転換し，イギリスに代わる覇権国家への道をめざした。その背景には，当時の支配層の共通認識として，ドイツは新たな世界的役割をめざすべきという考えがあった[12]。ドイツは1898年以降，3回にわたる艦隊法（1898, 1900, 1903）を定めて，ドイツ海軍を強化しイギリス海軍に対抗しうる大海軍の建設をめざした。海軍大臣ティルピッツの構想は，ドイツ艦隊がイギリス艦隊に致命的な打撃を与えれば，イギリスはド

イツとの戦争を回避し，それによってドイツはヨーロッパ大陸へのイギリスの干渉を防ぎ，行動の自由を確保するという論理に基づいていた[13]。また，ドイツは，オーストリアとの同盟を軸に，「東方世界への橋」であるバルカン半島から中東へ，さらにインド洋への進出をも視野に入れた帝国主義政策＝ベルリン－ビザンティウム（イスタンブル）－バグダッドを結ぶ3B政策を展開し，1899年にはトルコ（オスマン帝国）からバグダッド鉄道敷設権を獲得した[14]。ドイツの中東進出は，中東に利害関係を持つ英露両国を刺激し，とりわけイギリスは「インドへの道」に脅威をもたらすものと認識した。

2　日露戦争と第一次世界大戦への道

「光栄ある孤立」政策の転換

　南アフリカ戦争（1899.10.11〜1902.5.31）は，イギリスの外交政策である「光栄ある孤立」政策を転換させる一つの契機となった。開戦当初は数ヵ月で終わるはずであったこの戦争は，長期化するとともにイギリスの国際的立場を揺るがしていった。

　南アフリカ戦争の時期，イギリスはフランス，ドイツ，ロシアと敵対関係にあった。とりわけドイツとロシアが覇権国家イギリスの地位を脅かしていた。ドイツが「インドへの道」を脅かし，ロシアが中国におけるイギリスの権益に脅威をもたらしていた。独露両国は，いずれもバグダッド鉄道やシベリア鉄道という「鉄道」を膨張政策の手段の一つとして展開していた点で注目される。

　南アフリカ戦争の長期化にともない，イギリス国内ではドイツとロシアの脅威に対応するための政策論争が活発になった。とくに，「光栄ある孤立」政策から「同盟政策」への転換を求めるジョゼフ・チェンバレンやバルフォアに代表される新世代の政治家の影響力が強まってきた。

　イギリスは1901年11月18日，まずアメリカとの間にヘイ・ポンスフォート条約（ジョン・ヘイ米国務長官とポンスフォート駐米イギリス大使との間で締結）を結び，イギリス領ギアナとベネズエラとの国境紛争とパナマ地峡の運河建設問題を解決してイギリス艦隊をカリブ海から撤退させ，中米・カリブ海地域でのアメリカの主張を尊重し，他の地域の問題ではイ

ギリスの立場への支持を期待した[15]。ついで，イギリスはロシアの脅威に対抗するために，日本との同盟を模索した。

日英同盟の成立

ロシアは，冬季でも使用できる不凍港確保の必要からシベリア鉄道の延長上にある朝鮮半島や遼東半島に注目していた。ロシアは，1896年に日本を仮想敵国とした同盟条約である露清密約（1896.6 李鴻章とロバノフ外相の間で結ぶ）の一環として中国から東清鉄道（中東鉄道）の敷設権を獲得し（1901 開通），1898年の遼東半島租借時に東清鉄道のハルビンから大連に至る支線（後の南満州鉄道）の敷設権を獲得した。そしてロシアは，日清戦争後の列強による中国分割に反発して起こった義和団事件（1900～1901）後も満州（中国東北地方）に居座り続けた。ロシアが満州占領を継続した理由としては，不凍港を獲得して東アジアにおける制海権を確保すること，さらに東清鉄道を北京まで延長して中国におけるイギリスの経済的優位に対抗することなどがあげられる[16]。

ロシアの満州占領は，日英両国に大きな衝撃を与えた。南アフリカ戦争を継続中のイギリスにとっては，義和団事件後のロシアの満州占領に対して単独でロシアの南下に対抗することは不可能であった。そこで，イギリスはロシアの中国・朝鮮への南下を牽制，対抗する国として，義和団事件鎮圧に最大の軍隊を派遣した日本との同盟を選択した。一方，日本の政治指導部の間では，満韓交換（満州におけるロシアの優越権を認める代わりに韓国における日本の優越権をロシアに認めさせる）実現のため日英同盟の圧力によって日露協商の締結をめざす点で共通していた。すなわち，政治指導者たちは，日露協商と日英同盟の二者択一ではなく，同時進行で追求していた[17]。

まず，日本は1902年1月30日にロシアを仮想敵国とする日英同盟（日英同盟協約）を締結した。日英同盟では，日英両国が満州を含む中国におけるイギリスの特殊権益と韓国における日本の特殊権益を認めあい，さらに第三国が相手国側として参戦した場合には他の同盟国も参戦することが定められ，露仏同盟を結んでいるフランスの参戦を抑える効果があった。また，日英同盟は，日本にとってはイギリスでの外債募集を可能とさせ，イギリスにとっては「光栄ある孤立」政策から「同盟政策」への一大転換を意味した。

日英同盟に衝撃を受けたロシアは，1902年4月8日，清と満州還付条約を締結して，3期にわけての満州からの撤兵を約束した。日本は，ロシア

が満州撤兵を決めたことを背景に，ロシア政府内における穏健派勢力が力を持ってきたとみた。そこで，1903年4月，日本は満州と韓国における日露の勢力範囲を認めあう交渉をおこなうことを決定した。8月12日から日露交渉が始まったが，ロシア側は日本による韓国保護国化を認めなかったため難航した。この間，ロシアは満州からの第2期撤兵期限を守らなかった。ロシア指導部には分裂，混乱があり，日本との戦争を断固主張する強硬派はいなかった。対日強硬派であった宮廷顧問官ベゾブラーゾフでさえ日本との戦争回避を模索していた。1904年1月，ベゾブラーゾフは日本側に戦争回避のために日露同盟案（韓国と満州の独立保全を前提に，ロシアは満州の，日本は韓国の経済開発を協力して進める）を提示した。しかし，ロシアの政策に一貫性がないとみた小村寿太郎外相は，交渉による解決の可能性はないものと判断して彼の提案を無視した。1904年2月4日，日本政府は開戦を決定した[18]。

日露戦争

　日露戦争は，1904年2月8日，日本海軍による旅順のロシア軍艦への攻撃によって始まった（ただし，対露宣戦は戦闘開始の2日後に布告された）。日露戦争は，20世紀最初の本格的な戦争であった。兵員と武器弾薬の消耗の激しさもさることながら，戦場のみでは決着がつかず，まさに総力戦と呼べるような形で戦争が展開された。このことから，日露戦争を第一次世界大戦の予兆となる「20世紀最初の大国間戦争」あるいは「第零次世界大戦」とする解釈もある[19]。また，日露戦争は，ロシア側にはロシアの東進を期待して北東アジアの戦争に駆り立てたドイツと，露仏同盟を締結していたフランスが，一方日本側には英米両国が，おのおの支援していたことから，独・仏・英・米という列強も間接的に関与した国際的な帝国主義戦争ともいえた。たとえば，日本の戦費の約2分の1が英米の資本であり，ロシアの戦費の約3分の1が独仏の資本でまかなわれた。なお，資金調達に悩まされた日本が，ロンドンやニューヨークの金融市場から必要な資金を集めることができた背景には，ロシア帝国内でのポグロム（ユダヤ人への迫害・弾圧）に反発したユダヤ資本の支援があった。

　戦局は，日本の優勢のうちに進んだが，奉天会戦（1905.3）前後から日本の戦力は限界に達し，戦争のこれ以上の継続は軍事的・財政的にも困難となった。一方，ロシアでも1905年1月22日の「血の日曜日事件」を契機に第1次ロシア革命が起こり，戦争継続が困難になった。セオドア・ローズヴェルト米大統領の斡旋により，日露両国は1905年9月5日，ポー

ツマス条約に調印した。その結果，ロシアは，(1) 韓国の保護権と南満州での日本の優越的地位を認め，(2) 清からの25年期限の旅順・大連租借（後の関東州）と，長春以南の東清鉄道支線および鉱山採掘権などを日本に譲渡した（12.22 清との北京条約で確認）。

日露戦争後の日本は，東アジアにおける有力国から世界の大国の一つとして国際的に認識されるようになり，国内的には陸軍の政治的発言力が強まる一つの契機となった[20]。その陸軍は，満州の利権を莫大な犠牲の代償として獲得したという意識を強く持つようになった。

日露戦争後の東アジア

日露戦争後の日本は，大陸進出拠点の確保につとめた。まず，米英両国に日本の韓国保護権を認めさせた（1905.7 桂・タフト協定，1905.8 第2次日英同盟）。1910年8月，日本は韓国を併合した（1910.8.22 韓国併合条約）。

さらに，日本は南満州進出を本格化させ，関東州（遼東半島南部の租借地）を統治する関東都督府を旅順に，半官半民の満鉄（南満州鉄道株式会社）を大連に設置した。満鉄は，長春以南の鉄道経営に加えて鉄道沿線の炭坑なども経営し，日本の満州への経済進出の柱となった。

これに対して，満州市場に関心を持つアメリカは，鉄道王ハリマンと桂太郎首相との間に，満鉄共同経営に関する協定を結んだ（1905.10 桂・ハリマン協定）。しかし，小村は日本が満鉄経営を独占的に進めるべきと考え，桂・ハリマン協定の破棄に成功した。これに反発したアメリカ国内では門戸開放をとなえて日本の南満州権益の独占に反対する意見が強まり，日米関係は急速に悪化した。さらに，日米両国は建艦競争（両国海軍とも相手を仮想敵国とみなす作戦計画を策定）や日本人移民問題（主にアメリカ本土の西海岸地域の日本人移民の低賃金労働により賃金が低下した白人労働者の反発が背景）でも緊張関係を生んだ。

そこで，日本は，第2次日英同盟や日露協約による日英・日露協調を背景に，南満州権益を国際社会に認めさせるように動いた。英露両国の対日協調路線の動きは，ヨーロッパ国際政治と密接な関連があった。第1次日露協約（1907.7.30 北満州はロシアの，南満州は日本の勢力範囲とした）は，イギリスがフランスとともに日露両国に働きかけて成立したもので，その直後の8月に英露協商が締結された。これに対抗して1909年12月18日，米国務長官ノックスは満州への門戸開放を図る「満州鉄道中立化」構想を発表した。しかしこの構想は，英・仏・日・露が拒否して実現せず，

帝国主義諸国の中国分割

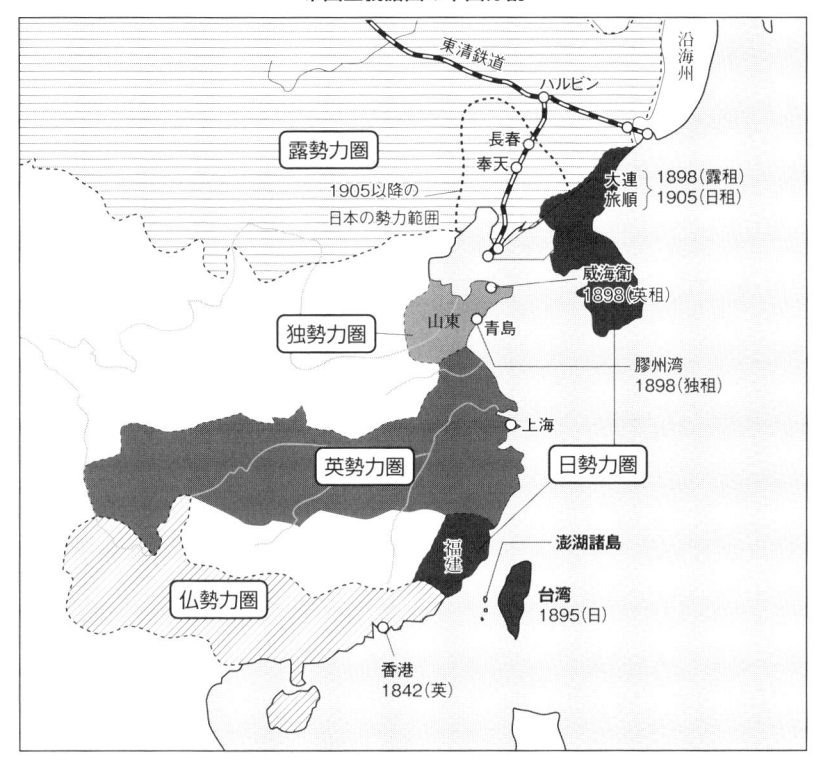

日露両国は翌1910年7月4日、第2次日露協約を結んだ。ついで1911年、米・英・仏・独4ヵ国の銀行団が満州の産業開発などを目的とした四国借款団(しこくしゃっかんだん)を結成すると、翌1912年7月8日、第3次日露協約(内蒙古(ないもうこ)の勢力範囲を東西に分割)を締結し、両国提携関係をいっそう強化した。以後、日本は内蒙古の東部を勢力範囲と意識するようになり、「満州問題」は「満蒙問題」へと発展した[21]。

三国協商の成立

イギリスは、日露戦争の敗北と第1次ロシア革命によって弱体化したロシアを脅威と考えなくなってきており、むしろドイツが覇権国家イギリスの地位を脅かすものとみなし、仏露両国との対立関係の解消に動いた。バルフォア英内閣は、日露戦争が起こった直後の1904年4月8日にフランスと英仏協商を結び、北アフリカと東南アジアにおける両国の勢力圏を確定した。ただ、バルフォア内閣はフランスが望んだ英仏「同盟」ではなく、

英仏「協商」とし，しかもその対象はアジア・アフリカとしてヨーロッパとはしなかった。ついでイギリスは，日露戦争後の1907年8月31日にはロシアとの間に英露協商を結び，イラン・アフガニスタンにおける両国の勢力範囲を確定し，両国がドイツの3B政策に共同で対抗するために利害の調整を図った。こうして，英・仏・露との間に成立した三国協商は，独・墺・伊の三国同盟と対峙することとなった。この結果，イギリスは地中海や北東アジアに配置していたイギリス艦隊の大半を本国海域へ移動させ，ドイツに対抗した[22]。また，アジアの日本がヨーロッパの三国協商につらなったことは，第一次世界大戦を文字どおりの世界戦争とする要因を作り出した。

　ドイツは，英仏協商や英露協商をドイツを念頭においた共同戦線の形成と判断した。そこでドイツは，大軍備計画や2度のモロッコ事件（第1次1905，第2次1911）などの強硬策をとり，英・仏・露3国間の関係にくさびを打とうとした。イギリスとの建艦競争（イギリスが1906年から戦艦1隻あたりの戦闘能力を飛躍的に増大させたドレッドノート級戦艦の建造に着手すると，ドイツもこれに対抗して同様の戦艦を建造）は，1912年までにイギリスの勝利で一応の決着を見た。フランスのモロッコ進出に反発したドイツが起こしたモロッコ事件では，イギリスがフランスの立場を支持した。ドイツの強硬策は，逆に英・仏・露3国関係を強化させ，「協商」関係から事実上の「同盟」構築に向かわせた。

　その結果，1912年から1914年にかけてドイツ指導層の間では，「ミッテルオイローパ（中欧）」構想（ドイツ発展の将来は，大陸中央部にドイツを中心とした政治経済圏を形成し，バルカン諸国とオスマン帝国をそのなかに吸収する）がさかんに議論されていた[23]。

3 ── 第一次世界大戦の開始と拡大

バルカン問題

　第一次世界大戦への導火線となったのは，「ヨーロッパの火薬庫」と呼ばれていたバルカン問題であった。ヨーロッパの列強がイギリスとドイツをそれぞれの中心とする二つのブロックに分かれたことは，バルカン半島の民族主義的対立が容易に列強間の戦争につながる危険な情勢をつくって

いた。バルカン半島の民族対立の火種となったのが，南スラヴ人の統一運動（ユーゴスラヴィア主義運動）であった。

　20世紀に入り，セルビアを中心とし，モンテネグロとオーストリア＝ハンガリー帝国領内の南スラヴ人を合わせた統一国家を建設する運動が高まっていた。オーストリアでは，南スラヴ人統一運動が帝国解体をもたらすものと考えられ，軍事力だけが南スラヴ問題の解決策であるという考えが支配的となっていた[24]。オーストリアは，1908年7月23日の「青年トルコ革命」を受けて，10月6日に住民の大半が南スラヴ人のボスニア・ヘルツェゴヴィナを併合した。これに反発したセルビアは，2次にわたるバルカン戦争（第1次1912.10.18 ～ 1913.5.30，第2次1913.6.29 ～ 8.10）で領土を拡大した。ここに，オーストリアとセルビアの対立は極限状態に達した。しかも，各国政府は，対外強硬策を要求する世論の圧力に直面していた[25]。そして，1914年6月28日にボスニアの州都サライェヴォで起こったオーストリア帝位継承者夫妻暗殺事件（サライェヴォ事件，犯人はボスニア籍のセルビア系青年）を機に，7月28日，第一次世界大戦が勃発した。

大戦の開始と拡大

「ヨーロッパの戦争」として始まった第一次世界大戦は，日本が1914年8月23日に日英同盟を口実にドイツに宣戦し，オスマン帝国も同年10月末にドイツ・オーストリア側に立って参戦したので，戦線は東アジアと西アジアにも拡大した。1915年に入ると，イタリアが連合国とロンドン秘密条約を締結し，三国同盟から離脱してオーストリアに宣戦した。バルカン半島では，1915年にブルガリアが同盟国側に加わり，1916年にはルーマニアが協商国側に加わり，かくて文字どおり「世界大戦」となった。

　ドイツは，1914年8月1日にはロシアに，3日にはフランスに宣戦し，短期決戦計画であるシュリーフェン計画（まず中立国ベルギーを突破してフランスに侵攻し，短期間でパリを陥落させ，その後ロシア軍を攻撃する計画）にしたがって，隣国の中立国ベルギーに侵入して北フランスに進撃した。イギリスは，ドイツの中立国ベルギー侵犯を理由に4日，ドイツに宣戦した。ドイツ軍は，同年9月はじめにパリから約40キロにまで到達し，パリ占領は時間の問題と思われた。ドイツ指導部は，軍事的優勢の中，ドイツをヨーロッパ大陸の覇権国とするヨーロッパ秩序の具体的な構想「9月計画」を描いた[26]。

　しかし，フランス軍は9月上旬に開始したマルヌの戦いでドイツ軍の進

第1章　帝国主義の時代と第一次世界大戦　35

撃を阻止したために，シュリーフェン計画の前提は崩壊した。これ以降西部戦線は膠着して塹壕戦に移行した。一方，東部戦線でも，ドイツ軍は1914年8月末にドイツ領内に侵入したロシア軍をタンネンベルクの戦いで破り，ロシア領内に進撃した。しかし，戦線は広大な地域に広がり，ここでも長期化した。

日本の参戦と東アジア

日本は，大戦開始直後から日英同盟に基づく参戦の態度を決定していたが，軍事行動の範囲についてイギリスと合意がないまま，ドイツに宣戦布告した。

日本軍はドイツ東洋艦隊根拠地の青島と山東省のドイツ権益を接収するとともに，サイパン島など赤道以北のドイツ領南洋諸島を占領し，ついで，大戦のためヨーロッパ列強が中国問題に介入する余力がないのを利用して，1915年1月18日，大隈重信内閣は袁世凱政府に対華21ヵ条（5項目21ヵ条）を要求した。袁世凱は，日本の21ヵ条要求を関係各国に通知するなどして，日本の要求に抵抗した。

米英両国は日本の行動に疑念を持ちはじめた。アメリカは，フィリピン防衛の観点から日本のドイツ領南洋諸島占領を警戒した。イギリスは，自国の権益を脅かす対華21ヵ条第5号（非公開の秘密条項で，中国政府の政治・財政・軍事顧問への日本人の採用など）に対して反発を強めた。これに対して大隈内閣は，5月7日に第5号の要求を除外したうえで，袁世凱に交渉決裂の場合は武力行使に訴えるとの最後通牒を提出した。袁世凱は，日中両国の武力衝突を恐れたイギリスの圧力により期限の9日に受諾し，この日を「国恥記念日」とした（5.25 正式調印）。

対華21ヵ条要求問題は，中国ナショナリズムの矛先を，イギリスをはじめとするヨーロッパ列強から日本へ向けさせるとともに，中国において列強との協調を重視してきた日本が単独行動をとる契機ともなった[27]。

日本は，大戦中の中国での権益拡大に対する英米の反感を緩和させることに努めた。イギリスとの間では，1917年2月13日，イギリスのヨーロッパへの海軍派遣要請を受け入れ，その見返りとして山東半島のドイツ権益継承や南洋諸島支配に関するイギリスの支持を，密約という形で取りつけた[28]。また，日本の中国進出にもっとも批判的であったアメリカとの間でも，11月2日に石井・ランシング協定を結び，日本の中国における特殊権益とアメリカの中国への機会均等を相互に確認した。

第2章

第一次世界大戦の終結とヴェルサイユ体制の成立

1917 〜 1920

1───ロシア革命とアメリカの参戦

大戦の長期化とロシア二月革命

　第一次世界大戦は、覇権国家の地位を保持しようとするイギリスと、イギリスに代わって覇権国家の地位を目指すドイツとの間の覇権攻防戦という性格をもっていたため、どちらも完全勝利を目指したことが長期化につながった。そのため、当初参戦各国の指導者と国民の間にあった、戦争はクリスマスまでに終わるという楽観的な期待はもろくも崩れた。

　大戦の長期化は、イギリスの経済力を衰退させる一方、アメリカの経済力を強化させた。ウッドロー・ウィルソン米大統領（民主党）は、大戦勃発当初「厳正な中立」政策を発表したが、実際には協商国側の兵器工場と資金供給国としての役割を担った[1]。大戦開始以前の債務国アメリカと債権国英仏という関係は、大戦中に債権国アメリカ、債務国英仏という関係に逆転した。

　ついで、大戦が長期化する中で、国民や植民地住民を含めた「帝国の総力戦」体制を築くことが勝敗の鍵となった。「帝国の総力戦」は、英仏両帝国でもっとも顕著にみられた。両帝国は、植民地や従属国からの協力を得るため、戦後の自治や独立の空約束を与え、300万人を超える兵士や労働者をヨーロッパや西アジアの戦線に送り込んだ。このため、英仏両国は、どうにか「帝国の総力戦」体制を持ちこたえることができたが、一方で「帝国の総力戦」体制が帝国崩壊につながる諸要因を作り出していた事態もあった[2]。とりわけ、協商国の中でもっとも国内矛盾が強かったロシアでは、二月革命が起こった。

　ロシア国内では、食糧と軍需物資の不足が目立ち、国民の間には厭戦気分が高まった。さらに、中央アジア、シベリア、ザカフカース地域の人々に対する動員命令は、当該地域の住民の激しい反発を招いて各地で暴動を誘発させた[3]。1917年3月8日（ロシア暦2月23日）、首都ペトログラード（開戦時ペテルブルクから改称）で始まったストライキとデモは、大規模な反政府暴動に発展した。ニコライ2世は退位し、ここに300年間続いたロマノフ朝は崩壊した（二月革命）。リヴォフ臨時政府は、戦争の継続を決定した。ロシア二月革命は、ドイツの無制限潜水艦作戦宣言とともにア

第一次世界大戦時のヨーロッパの同盟関係

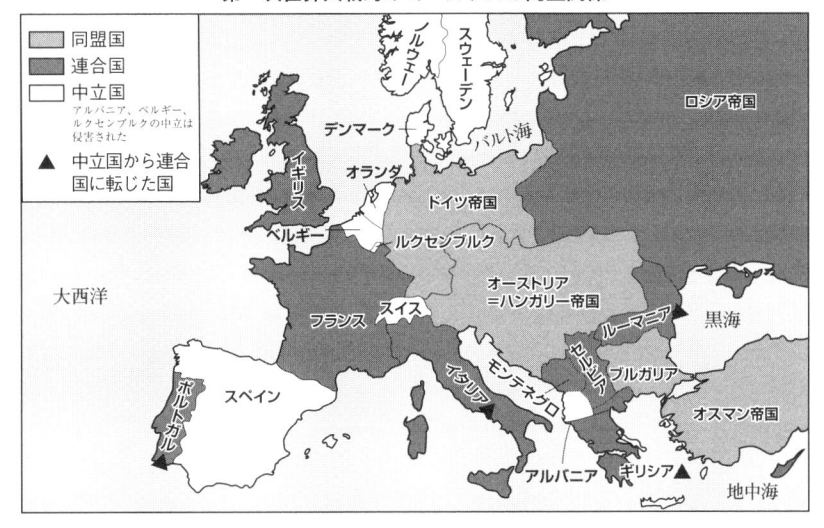

メリカ参戦の道を開いた。

アメリカの参戦とロシア十月革命

アメリカの参戦とロシア十月革命に特徴づけられる1917年は,第一次世界大戦の転換点となった。国際政治史の上でも「同質の主権国家間のパワーポリティクス」の世界に,イデオロギーに裏づけられた革命対反革命の対抗要因が登場し,以後の国際政治に新たな特徴を与えた点が注目される[4]。

1917年1月22日,ウィルソンは米議会上院で演説し,「勝利なき講和」を提唱した。ウィルソンはこの演説で国民に戦後国際秩序の再建,維持にアメリカが積極的な役割を果たすべき必要を訴えた[5]。しかし,協商国側も同盟国側もウィルソンの呼びかけには応じなかった。英仏両国には大戦後アメリカの発言力が高まることへの警戒心があり,ドイツはすでに無制限潜水艦作戦を決定していたからであった。

1917年1月,ドイツ指導部は戦局打開のため無制限潜水艦作戦を決定し,同年2月1日から実施した。ドイツは,アメリカを敵に回すことになっても,アメリカが相当の兵力を戦線に派遣する前に無制限潜水艦作戦によってイギリスを屈伏させる可能性に賭けたといえた[6]。アメリカは,1917年2月3日にドイツとの断交を発表した。そして,同年3月8日,ロシア二月革命が起こり帝政が崩壊したことによって,大戦は民主主義対専制

体制の戦いとなり，アメリカが参戦すれば帝政ロシアと組むことになるという大きな問題点は解消された。二月革命直後にロシア新政権を承認したアメリカは，4月6日，「世界を民主主義にとって安全なものにする」ために戦うことを目的としてドイツに宣戦布告した。アメリカが「連合国」としてではなく「協力国（Associated Power）」として参戦したのは，行動の自由を確保する意思をもっていたからであった[7]。

アメリカが参戦を決意した要因は，以下の3点であった。つまり，(1) 英仏両国の敗北により戦債償還が不可能となる事態を回避すること，(2) 講和会議での発言権を確保すること，(3) 21ヵ条要求にみられるような東アジアでの日本の積極的な動きがアメリカの将来にとって重大な脅威となると判断したこと，である。しかし，ウィルソンは予期しない挑戦を受けた。それが，ロシア十月革命（ボリシェヴィキ革命）であった。

二月革命後のロシアでは，休戦を主張するボリシェヴィキの勢力が強まっていった。1917年11月7日（ロシア暦10月25日），ボリシェヴィキは，ケレンスキー臨時政府を打倒してソヴィエト政権を樹立した（ロシア十月革命）。ここに，資本主義体制と対抗する社会主義国家が成立し，帝国主義諸国間の戦争で始まった第一次世界大戦は新たな段階に入った。

「平和に関する布告」と「十四ヵ条の平和原則」

ソヴィエト政権は1917年11月8日，「平和に関する布告」を発表し，全交戦国の国民と政府に「無併合・無賠償・民族自決」の原則による講和を呼びかけた。ついで，秘密外交の廃止を提唱して，帝政ロシア時代に連合国と結んでいた秘密条約を公表した。帝国主義戦争を否定し，「新外交」を訴えたのである[8]。また，ソヴィエト政権は，11月21日，交戦国に即時休戦を呼びかけた。ドイツ側はその呼びかけに応じたが，連合国側（アメリカの参戦により，協商国から連合国に改称）は応じなかった。12月15日，ソヴィエト政権はドイツと休戦協定を調印し，戦線から離脱した。「平和に関する布告」の発表と秘密外交の暴露は，長期戦によって国民が疲弊し，自国政府の戦争目的に疑問を持ちはじめていた全交戦国民に大きな衝撃を与えた。

ウィルソン米大統領もまた「新外交」を提唱しなければ戦争を遂行することはできないと判断した。ウィルソンは「大衆」への影響力をウラディミール・レーニンと争うこととなった[9]。つまり，「新外交」はレーニンの掲げる社会主義をめざすものになるのか，それとも，ウィルソンの掲げる自由主義と資本主義とを結合したようなものになるのかの勝負であっ

た(10)。

　ウィルソンは1918年1月8日，戦後国際秩序構想の「十四ヵ条の平和原則」を，事前に英仏両国政府に相談することなく発表した。その原則の内容は，「秘密外交」の廃止（第1条，「旧外交」の否定），公海航行の自由（第2条），植民地問題の解決（第5条），民族自決（第10条～第13条），世界平和のための国際組織の設立（第14条，ウィルソンが描く戦後国際秩序の核）などであった(11)。この原則から読み取れるのは，アメリカが「パクス・ブリタニカ」に代わって「パクス・アメリカーナ」を構築する意思を持ったことを示すとともに，世界的な社会主義革命化に対抗することを示したということであった。そこには，ウィルソンがモンロー・ドクトリンを新たに解釈して，将来の世界平和の構想とモンロー・ドクトリンを結びつけ，世界的規模での「モンロー・ドクトリンの拡大」を目指すという側面もあった(12)。

　ところで，ウィルソンがこの原則を発表したもう一つの狙いは，ソヴィエト政権とドイツとの単独講和を阻止することにあった。事実，「十四ヵ条の平和原則」の第6条においては，ソヴィエト政権が国内の民主的諸勢力と提携してドイツとの戦いに復帰することを期待し，将来的には承認することを示唆していた。

ブレスト・リトフスク条約

　ソヴィエト政権とドイツは，1917年12月22日からポーランドのブレスト・リトフスクで講和交渉を開始していた。講和交渉では，ドイツ側は軍事的優位を背景として，単独講和の場合には「無併合・無賠償の講和」の原則に拘束されないとの態度を表明した。交渉が進展しないため，ドイツ軍は，1918年2月に戦闘を再開し，一時は首都のペトログラードへ迫る勢いを示した。

　ソヴィエト政権は，トロツキーら徹底抗戦論が多数を占めていたが，レーニンは抗戦派を説得して，ドイツとの講和条約締結が決定された。レーニンは，ソヴィエト政権が切実に必要としている「息継ぎの時間」を獲得すべきと考え，ドイツで社会主義革命が実現すればこの講和条約は御破算になるであろうと期待した。つまり，レーニンは「革命」の論理よりも「国家」の論理を優先させた(13)。こうして，3月3日，ソヴィエト政権は，ブレスト・リトフスク条約に調印してドイツとの単独講和に踏み切り，大戦から離脱した。

2 ── 第一次世界大戦の終結

対ソ干渉戦争

　ロシア革命は，国内での労働運動や植民地の民族主義運動と対立する帝国主義列強にとっては，大きな危険をはらんでいるようにみえた。ブレスト・リトフスク条約後，連合国には軍事的観点（ドイツ軍が東部戦線から西部戦線に転用されることを懸念して東部戦線の再構築）から，ロシアへの軍事介入，いわゆる対ソ干渉戦争が必要となった。

　すでにイギリス軍は，1918年3月9日から北ロシアのムルマンスクに上陸を行い，事実上の対ソ干渉戦争を開始していた。5月に起こったチェコスロヴァキア部隊のチェリヤビンスク事件（大戦中捕虜となったチェコスロヴァキア部隊の反乱）が，連合国に「チェコスロヴァキア兵の救援」という軍事干渉のための口実を与えた。7月2日の連合国最高会議はソヴィエト政権に対する軍事介入を決定した。8月上旬には日米両国軍を中核に英仏など7ヵ国がシベリア出兵を開始した（〜 1922）[14]。ここに対ソ干渉戦争が本格化した。これに国内の反革命派が呼応して反乱を起こし，ロシアは内戦状態に陥った。

ドイツ同盟諸国の敗北

　ブレスト・リトフスク条約により穀倉地帯のウクライナ，バクーの油田などを含むコーカサスを獲得したことによって，ドイツの戦力は強化された。そこで，ドイツはアメリカ軍が本格的に西部戦線に投入される前に決着をつけようとして，1918年3月21日に西部戦線で最後の大攻勢をかけた。

　しかし，ドイツ軍は英仏連合軍に大打撃を与えることはできなかった。連合国軍は，アメリカ軍の投入を受けて7月から反撃に転じ，ドイツ軍は退却を強いられた。9月に入ると，連合国軍は戦争の主導権を完全に握り，ドイツの軍事的勝利は不可能になった。この時期にはドイツの同盟国ブルガリアとオスマン帝国が相次いで連合国との休戦協定に調印した（9.29 ブルガリア，10.30 オスマン帝国）。一方，ドイツとオーストリアは，帝国体制維持を前提とした休戦を考えていた。しかし，ウィルソンは

軍国主義的政府とは講和交渉をしないと言明し、ドイツとオーストリアに体制変革を迫った。オーストリア＝ハンガリー帝国では、10月にチェコスロヴァキア、ハンガリーなどが独立を宣言し、ドイツ人地域もドイツ・オーストリア共和国の建設を宣言した。11月3日、オーストリアは連合国と休戦協定に調印した。

ドイツ革命と大戦の終結

ドイツは、徹底抗戦か国内体制の変革かという二者択一を迫られた。1918年10月3日、社会民主党も含む自由主義的な内閣が成立し、「十四ヵ条の平和原則」に基づく講和を結ぶために休戦を受け入れることをウィルソンに提示した。しかし、軍部は、帝国体制を崩壊させる形での休戦受け入れに消極的であった。

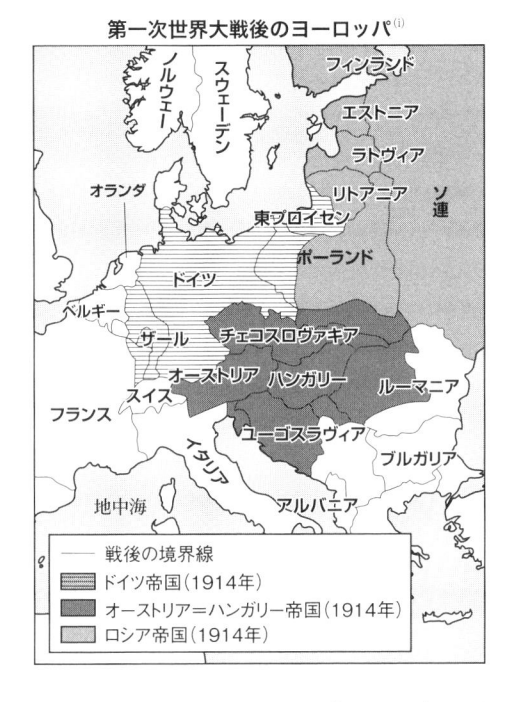

この間、アメリカは英仏両国にも「十四ヵ条の平和原則」に沿った形で休戦受け入れを要請していた。英仏両国は、アメリカのペースによる戦争終結に懸念を示していたが、戦後復興・再建のためにアメリカへ大きく依存せざるを得ない立場にあり、最終的にはアメリカの圧力により、10月末には「十四ヵ条の平和原則」に基づく休戦・講和交渉に同意した。こうして、アメリカ主導による戦争終結が実現するかに思えた。しかし、ロシア（十月）革命の影響がドイツにも波及する出来事が起こった。

11月3日、休戦交渉に強硬に反対する海軍指導部の出撃計画（「提督たちの反乱」）へのキール軍港の水兵暴動に始まるドイツ革命が起こり、ドイツ各地ではレーテ（労働者や兵士の評議会）が設置された。ボリシェヴィキ革命にドイツ革命が続く可能性が生まれてきた。支配層は、革命を阻止するためにも、皇帝の退位と共和政の実現が必要不可欠であると認識した。11月9日、社会民主党のエーベルトを首相とする臨時政府が成立し、

帝政の廃止と共和政の樹立が宣言された。同日，ヴィルヘルム2世は退位し，翌10日，オランダに亡命した。エーベルト臨時政府は，革命運動が全ドイツに拡大する中，11日にパリ郊外のコンピエーニュの森で休戦協定に調印した。

ここに世界史上初めての本格的な「総力戦」という形で戦われた第一次世界大戦は，850万人の戦死者と4000万人に近い負傷者というそれまでにない甚大な人的被害を記録して終結した。なかでも，ロシアとドイツはそれぞれ170万人を超える戦死者を出し，フランスも130万人を超える戦死者を出した[15]。なお，第一次世界大戦では，連合国は「休戦」という形で戦争を終結させたが，これへの反省から第二次世界大戦では「休戦」ではなく「降伏」という形での終結が追求された。

3 ── パリ講和会議とヴェルサイユ体制の成立

パリ講和会議

第一次世界大戦は終結したものの，ドイツ革命は進行していた。1919年1月5日，ドイツ共産党はベルリンで「1月蜂起」（スパルタクス団の蜂起）を起こした。しかし，政府軍に鎮圧され，15日には「1月蜂起」の指導者であるカール・リープクネヒトとローザ・ルクセンブルクが政府軍によって虐殺された。

1月18日に開催されたパリ講和会議（ソヴィエト政権と敗戦国は参加せず）には，27ヵ国の連合国に加えて，4つのイギリス自治領とインドの代表団も参加した。会議に参加した主要戦勝国は，米・英・仏・日・伊の5大国であったが，事実上は米大統領ウィルソン，英首相ロイド・ジョージ，仏首相クレマンソーの「三巨頭会議」が中心となって講和条約の作成にあたった。会議運営の主要国にとって，講和の前提として解決しなければならない問題が，ロシア革命をはじめとする「革命」への対処と列強間の利害対立の調整であった[16]。3月，ロイド・ジョージは，「ボリシェヴィキ帝国主義」を放置したままドイツといかなる講和を実現しても無意味であると論じた。このようなロイド・ジョージの問題意識は連合国の首脳に共有されていた。

対ソ干渉戦争とヨーロッパの革命

パリ講和会議の開催時、ボリシェヴィキ革命に触発された革命運動が高揚し、アジア・アフリカでは民族運動の急進化が起こっていた。それらの動きは、資本主義の世界支配体制を揺るがせた。「ウィーン会議においては革命は明らかに確定的に背後に退いてしまっていたが、パリにおいては革命は会議とともにあった」ということができる[17]。

1918年から展開していた対ソ干渉戦争は、大戦終結を受けて継続させるべきか否かで対立があったが、米・英・仏首脳はソヴィエト政権打倒を目指す大規模な軍事的干渉をおこなう考えはなかった。三国首脳は、ロシアのボリシェヴィズム化よりもドイツのボリシェヴィズム化を恐れていたからであった（ロイド・ジョージの講和会議への覚書）[18]。

この間、赤軍は反撃を強め、1919年8月に米軍が北ロシアから撤退したのを手はじめに、翌1920年までには、連合軍はロシアからほぼ撤退した。こうした対ソ干渉戦争によって、ソ連に「資本主義諸国による包囲」という認識を持たせたことが、過剰なまでの安全保障観を植えつけることとなった[19]。これに関連して、社会主義対資本主義というイデオロギー的対立を重視した場合には、対ソ干渉戦争を米ソ冷戦の前哨戦と見る解釈もある[20]。

さて、1918年3月、ボリシェヴィキはロシア共産党と改称され、首都のモスクワ遷都が正式決定された（3.16）。1919年3月2日からモスクワで共産党の国際的連帯の組織としてコミンテルン結成大会が開催された（～3.6）。コミンテルン結成の目的は、「世界革命を圧殺するための資本家の神聖同盟」としての国際連盟に対抗するためとされた[21]。ロシア共産党を中心に30ヵ国の共産党代表が参加し、世界革命論に基づくレーニンのテーゼと報告を採択するとともに、アジア・アフリカの民族自決を積極的に支持し、民族独立のための「革命戦争」を肯定した[22]。コミンテルン結成の実際の理由の一つは、レーニンらソヴィエト政権が、ロシア一国で社会主義政権は維持できないと考え、ドイツなど他のヨーロッパ諸国で革命が起こることを期待していたからであった。レーニンがもっとも期待していたのはドイツであった。しかし、1919年3月のベルリンや4月のミュンヘンでの共産党による武装蜂起は、いずれも鎮圧された。ハンガリーでは、3月21日にクン・ベラを指導者とする共産党政権（ハンガリー・ソヴィエト共和国）が成立したが、8月1日にフランスに後押しされたルーマニア軍によって倒された。ルーマニア軍撤退後のハンガリーでは、フラン

スの支援をうけたホルティ政権が成立した。

この結果，ヨーロッパにおける革命運動は失敗に終わった。革命運動失敗の要因の一つに，アメリカを中心とした連合国による経済援助政策があった。ウィルソンは，民衆の革命化を阻止する手段として，食糧供給を重視していた。たとえば，ドイツのエーベルト臨時政府がアメリカに秩序維持のための食糧援助を要請すると，アメリカはフランスの反対にもかかわらず，中立国を通してドイツへの食糧供給を開始した。その結果，ドイツ国民は「革命」ではなく「秩序の回復」に関心を抱くようになり，ドイツ革命は失敗に終わった。アメリカの食糧供給政策の背景には，農業大国としてのアメリカの余剰農産物処理という経済的要請もあった。

アメリカと英仏の対立

列強間の調整に関しては，戦後の国際秩序をいかに構築していくかが問題となっていた。アメリカの戦後国際秩序構想は，国際連盟の設立を「パクス・アメリカーナ」を実現させる基軸とすることであった。ウィルソンは，国際連盟に集団安全保障の機能を担わせることを予定していた。それはつまり，侵略的行為またはその危険がある場合に，国際連盟が強制的な軍事措置を取ることを意味していた。またウィルソンは，英仏両国に対して民族自決権を主張して両国植民地への門戸開放（オープン・ドアー）を要求して経済的進出を図った。

一方，英仏両国の戦後国際秩序構想に共通した課題は，大戦中の秘密条約で獲得した地域を含む植民地体制を保持するため，植民地での民族運動の高揚に対処することであった。そのため，ウィルソンの民族自決権要求には強く反発した。ついで，イギリスは覇権国家の地位，すなわち「パクス・ブリタニカ」の保持を目指した。ロイド・ジョージは，「パクス・ブリタニカ」保持の手段として，ウィルソンが戦後国際秩序の柱としていた国際連盟を，英仏両国の植民地支配体制を保障する国際機関とすることを考えていた。

ウィルソンの妥協

ウィルソンは，大戦によってヨーロッパの秩序崩壊が社会主義体制の拡大につながることに危機感を持ち，「パクス・アメリカーナ」の実現をめざす戦後構想の実現よりも「秩序の回復」に重点を置き，英仏両国に妥協した。ウィルソンが主張していた「侵略に対する集団安全保障」構想では，連盟加盟国への侵略行為には経済制裁のみを実施することが決まっ

た。

　民族自決の原則に関しては，ボリシェヴィキ革命の波にさらされているヨーロッパ（東欧，バルカン地域）に適用を限定した。その結果，旧オーストリア領からはハンガリー・チェコスロヴァキア・ユーゴスラヴィアが，旧ロシア領からはポーランド・フィンランド・バルト三国が独立した。その一方で，アジア・アフリカの民族自決問題では，植民地支配体制を維持しようとしている英仏両国と激しく対立したが，結局委任統治という名目でその存続を認めた。英仏両国は中東の旧オスマン帝国領を委任統治領として事実上獲得することとなった。日本は山東半島の旧ドイツ利権を引く継ぐとともに赤道以北の旧ドイツ領南洋諸島を委任統治領として獲得した。

　こうして，ウィルソンが「パクス・アメリカーナ」の基軸としていた国際連盟は，集団安全保障問題にみられるように英仏両国に妥協せざるをえなかった。それは，イギリスにはまだ余力があったことの結果からであった。「ウィルソンの目的を達成するためには戦争は早く終わりすぎた」との評価を受けた[23]。ウィルソンの英仏両国への妥協は，ドイツ戦後処理問題においてもみられた。

ドイツの戦後処理問題

　領土問題と賠償問題を中心とするドイツ戦後処理問題は，米・英・仏3ヵ国にとっては最重要検討課題であった。米英両国は，ヨーロッパにおける勢力均衡体制を構築するためにドイツの復興を主張した。ただし，アメリカはイギリスを含めたヨーロッパ大陸の勢力均衡を考えていたが，イギリスはヨーロッパ大陸諸国間の勢力均衡を考えていた。一方，フランスは，ドイツを軍事的・経済的に弱体化させて大陸での優越的地位の樹立をめざし，軍備制限と賠償金取り立てを主張した。こうした，ドイツの弱体化を重視するフランスと，ドイツの復興を重視する米英との対立は，第二次世界大戦後においても繰り返される対立点であった。

　領土問題では，フランスはラインラント分離案（ライン川右岸をドイツ西方国境とし，ライン川左岸をドイツから切り離して別個の国家を建設）を主張した。米英両国は，フランスの主張を「第2のアルザス・ロレーヌ」を作るものとして反対した。最終的には，1919年4月22日の米・英・仏首脳の「三巨頭会議」において，ドイツからの攻撃に対して米英両国がフランスを助けることを保障する二国間条約を，対独講和条約と同時に結ぶことでフランスの譲歩を引き出した（米仏間および英仏間の相互援

助条約は，ヴェルサイユ条約と同時に調印された）。この結果，ライン川右岸は非武装，左岸は連合国軍が15年間保障占領すると決定された。

領土問題ではフランスが米英両国に妥協した一方で，賠償問題に関してはアメリカが英仏両国に妥協した。アメリカは，過大な賠償金を敗戦国に課すべきではないと考えていた。しかし，ドイツ軍の侵攻を受け被害の大きかったフランスは，ソヴィエト政権が帝政時代の融資返済を拒否したこともあり，巨額の賠償金をドイツから取ろうとした。イギリスでも，戦争終結直後の総選挙でドイツへの強硬論を主張した保守党が議席を増やす一方，賠償取り立てに慎重だった自由党は議席を減らした。こうして英仏両国は，戦争による損害のみならず，大戦の戦費もドイツに負担させようとし，ドイツにできるだけ多く支払わせるためには，パリ講和会議で賠償金総額を規定しないことが有利であると考えていた。そこでヴェルサイユ条約では，主として暫定的措置が示され，後日，賠償委員会が総額その他を決定することとなった。

これらの内容をまとめたヴェルサイユ条約は，5月7日，ドイツ側に手渡された。ドイツ側は，講和条約を「十四ヵ条の平和原則」に沿ったきわめて寛大な内容のものと予想していたので，その「カルタゴ的講和」といわれた苛酷な内容に驚き，これに抗議した。しかし，ドイツ側には選択の余地はなかった。6月28日（サライェヴォ事件より5年目の日）に，ヴェルサイユ条約はヴェルサイユ宮殿の鏡の間で調印された。そこは約半世紀前の1871年に普仏戦争に勝利したプロイセンがドイツ帝国の樹立を宣言した場所であった。

ヴェルサイユ条約は，ドイツ国内に強い不満と恨みを残した。

ヴェルサイユ体制とアメリカ

連合国は，ドイツとヴェルサイユ条約を締結するとともに，ドイツの同盟諸国ともそれぞれ個別に講和条約を結んだ。これらの条約がもとになって成立した第一次世界大戦後の国際秩序を，ヴェルサイユ体制と呼ぶ（ヨーロッパにおける国際秩序を，ヴェルサイユ体制と呼ぶ場合もある）。ヴェルサイユ体制は，「帝国主義的平和をウィルソン主義の白い裂裟で粧ったもの」と評せられた[24]。その背景には，社会主義国ソ連の登場が資本主義世界体制の部分的崩壊をもたらし，「帝国の総力戦」が帝国内のナショナリズム運動の高揚や多民族国家のオーストリア＝ハンガリー帝国やオスマン帝国の解体を招いた点があった。

ヴェルサイユ体制の特徴は，第一は，敗戦国ドイツへの苛酷なまでの扱

ヴェルサイユ条約とドイツ(ii)

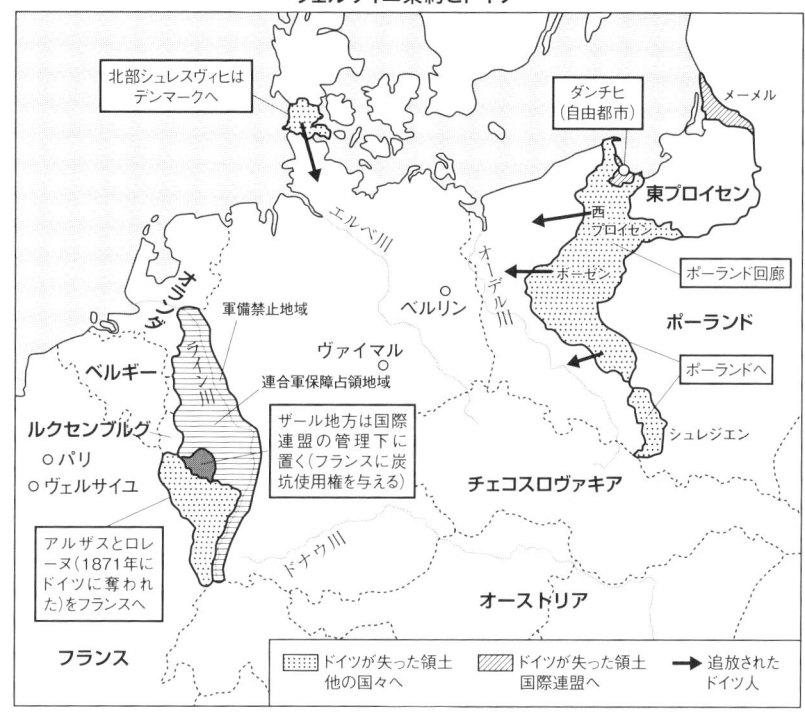

- 北部シュレスヴィヒはデンマークへ
- ダンチヒ（自由都市）
- メーメル
- 東プロイセン
- 西プロイセン
- ポーゼン
- ポーランド回廊
- ポーランド
- ポーランドへ
- シュレジエン
- チェコスロヴァキア
- オーストリア
- エルベ川
- オーデル川
- ドナウ川
- ベルリン
- ヴァイマル
- 軍備禁止地域
- 連合軍保障占領地域
- ザール地方は国際連盟の管理下に置く（フランスに炭坑使用権を与える）
- アルザスとロレーヌ（1871年にドイツに奪われた）をフランスへ
- ベルギー
- ルクセンブルク
- パリ
- ヴェルサイユ
- フランス

凡例：ドイツが失った領土 他の国々へ／ドイツが失った領土 国際連盟へ／→追放されたドイツ人

いであった。ドイツは，ヨーロッパの領土のうち面積にして13パーセント，人口にして10パーセントをフランス，チェコスロヴァキア，ポーランドなどに割譲させられた。こうして決定されたヨーロッパの国境は，21世紀までつながる民族問題・国境問題の火種となった[25]。また，連合国は，軍備縮小の第一歩と称して軍備制限を課して軍事力を弱体化させ，戦争責任はドイツにあると断定してそれを根拠にドイツに1320億金マルク（1921.4.27決定）という天文学的な賠償義務を課した（1921.5.10ドイツ受諾）。第二は，ロシア革命の結果ヨーロッパで高まったボリシェヴィズムの脅威に対抗し，ソヴィエト政権をヴェルサイユ体制から完全に排除することであった。これらの特徴をもっともよくあらわしたのが，「民族自決」の東欧，バルカンへの適用であって，「対ソ防疫線」とドイツ牽制を目的としたものであった。その一方では，同じ民族であるドイツとオーストリアの合併が禁止され，ポーランドやチェコスロヴァキア領内のズデーテンにドイツ人が少数民族として残され，後にこの問題はナチスの

第2章　第一次世界大戦の終結とヴェルサイユ体制の成立　49

対外侵略に利用された。第三は、ヴェルサイユ体制は、戦勝国による敗戦国の領土分割にみられるように、戦勝国の利益にあわせた資本主義世界体制の再編成を伴っていた。また、ロシア革命によって成立したソヴィエト政権が、アジア・アフリカの民族運動に対する支援を通して資本主義世界体制の転覆を目指しているという危機感を、欧米列強は共有していた。

　ヴェルサイユ体制最大の欠陥は、ヴェルサイユ体制の成立に関わったアメリカがヴェルサイユ条約（国際連盟設立条項を含む）を批准せず（1919.11.19 米上院が批准否決、1920.3.19 再否決）、ヨーロッパ問題、とくに政治問題から手を引いたことである。アメリカ国内では、国際連盟やヴェルサイユ条約を英仏植民地体制の維持を保障したものと認識し、失望が強まっていたからである。しかし、もっとも重要な反対理由は、ロッジ上院議員（共和党）を中心として、国際連盟を通して西半球の問題に口出しされることを嫌い、「行動の自由」を確保したいと考えた議員が多かったからであった[26]。したがって、国際連盟は、アメリカ不参加のまま、ソヴィエト政権（1922 ソヴィエト連邦成立）とドイツなど敗戦国を排除して、1920年1月10日、英・仏・伊・日の4常任理事国を中心に発足した。

　このように、ヴェルサイユ体制・国際連盟は、アメリカや資本主義世界体制から離脱して別の世界を形成したソ連を除くヨーロッパ、アジア・アフリカの世界に縮小した形での「パクス・ブリタニカ」といえた。

　しかし、その体制を経済的に支えたのは国際連盟に加盟しなかったアメリカであった。アメリカは金融面でヨーロッパとアジアを連関させる「蝶つがい国家」となった[27]。第3章で説明するように、1920年代にはヨーロッパと東アジアに相対的安定がもたらされた。ヴェルサイユ体制を包括的な国際秩序とすると、アメリカによって支えられたヨーロッパ地域の秩序はロカルノ体制、東アジア・太平洋地域の秩序はワシントン体制と呼ばれた。

第3章

恐慌前の一時的な安定期

1921 〜 1930

1 ── ワシントン体制の成立

ワシントン会議

　ヴェルサイユ条約の批准を拒否したアメリカは、「パクス・アメリカーナ」実現に向けての第一歩、すなわち世界最大の債権国であることを背景とした門戸開放政策の実現を東アジア・太平洋地域から目指した。それが、ヴェルサイユ体制下での東アジア・太平洋地域の国際秩序であるワシントン体制の成立へとつながっていった。

　ハーディング・クーリッジ・フーヴァーの3代12年にわたる共和党政権（1921〜1933）の外交は、「アメリカ独自の国際主義」としばしば呼ばれ、「行動の自由」を保持しながら国際秩序の安定に積極的にかかわった[1]。

　ワシントン会議（1921.11.12〜1922.2.6）でのアメリカの狙（ねら）いは、(1) 米・英・日の建艦競争を終わらせて財政負担を軽減させる、(2) 中国市場を開放させるためにも、日本の中国への進出に枠をはめる、(3) 日英同盟が日本の中国進出に利用されているので、日英同盟を解消させる、(4) 大戦で疲弊した英仏の権益が集中する華中・華南への経済進出を図る、以上4点であった。

　すでにアメリカは、1920年10月15日、ウォール・ストリートの最有力銀行モルガン商会を中心とする米・英・仏・日4ヵ国銀行団からなる中国に対する新四国借款団（しこくしゃっかんだん）を成立させていた。アメリカ銀行団の中心となったのは、モルガン商会の事実上の主宰者トーマス・ラモントであった[2]。

　一方、日本は、経済的に米英に依存（日露戦争以来の米英への多額な対外債務、および戦略物資の大半が米英からの輸入に依存）したうえでの軍事大国であった。しかも大戦後、日本の貿易収支は再び赤字基調となり、赤字解消のためには米英、とりわけアメリカへの生糸輸出が重要となった。したがって、日本はワシントン会議で米英に妥協せざるを得なかった。イギリスは、ヨーロッパの再建にアメリカの協力が必要であるため、中国での権益が侵害されない限りアメリカに妥協の姿勢を示した。

　会議では、まず1921年12月13日に太平洋地域における米・英・仏・日の領土に関する権利を相互に尊重した四ヵ国条約が調印され、これにより

米英関係の障害となっていた日英同盟が解消された[3]。

ついで，1922年2月6日，ワシントン海軍軍縮条約が調印され，米・英・日・仏・伊の5大国間で主力艦の保有トン数と保有比率を定め（米・英・日・仏・伊の順に5：5：3：1.67：1.67），米英両国の海軍力の優越的地位を保障させた。米・英・日3国の国民の間には軍縮の機運があり，軍縮の対象が巡洋戦艦を含む主力艦のみであることから（補助艦の増強で埋め合わせる），海軍内部の強硬論は抑えられた[4]。

また同日，米・英・仏・日など8ヵ国と中国（北京政府）との間で中国に関する九ヵ国条約が調印された。そこには，対中国政策の行動ルールとして，アメリカが絶えず主張していた門戸開放，機会均等，領土保全などの諸原則が国際条約として初めて関係国に認められた。九ヵ国条約の意義は，日本が第一次世界大戦によって中国で獲得した権益を否認した点にあった。日本は会議中に米英の斡旋のもとに北京政府と協定を締結し，ヴェルサイユ条約によって認められていた青島・山東半島の旧ドイツ権益を中国に返還するなど対華21ヵ条要求の多くを破棄した。また，イギリスも威海衛を中国に返還した。

なお，九ヵ国条約の結果，満蒙における日本の特殊権益を認めた石井・ランシング協定は破棄されたが，日本側は九ヵ国条約における第1条第4項の「安全保障条項」によって，南満州・東部蒙古における日本の特別の地位に暗黙の了解が与えられたものと解釈した。こうした解釈の違いは，その後に問題を残すこととなった[5]。

ワシントン体制の特質

ワシントン会議の結果，成立したワシントン体制は，米・英・日の協調システムにより東アジア・太平洋地域での政治的安定を目標とし，ソ連や中国のナショナリズム運動に対抗するという特質を持っていた[6]。

ワシントン体制は，東アジア・太平洋地域の国際政治秩序であるとともに国際経済秩序でもあった。モルガン商会をはじめとするウォール・ストリート国際金融資本は，ワシントン体制を経済的側面において支えた重要な要因であった。アメリカは資本の供給過剰状態であったこともあり，積極的に中国や日本など東アジアへの対外投資をおこなった。

また，ワシントン体制は，日本の政党政治の発展と密接に連関しており，いわゆる「大正デモクラシー」成立の外的要因ともなっていた[7]。第一次世界大戦中から戦後にかけて，「パクス・ブリタニカ」を前提とした対英協調から，顕在化しつつある「パクス・アメリカーナ」を前提とした

対米協調への道は、原敬・高橋是清両立憲政友会内閣期（1918.9～1922.6）に準備、完成された[8]。ついで、1924年6月の第1次加藤高明内閣（憲政会）の成立から1932年5月の犬養毅内閣（立憲政友会）が崩壊するまでの8年間は、政友会・立憲政友会と憲政会・立憲民政党という二大政党制が確立した。二大政党は、対中政策（憲政会・立憲民政党の幣原喜重郎による外交と立憲政友会の田中義一による田中外交）で対立していたが、双方ともにワシントン体制を前提としていた点は共通していた。その背景には、1920年代の日米経済関係の緊密化が、両国の外交関係の安定化にも貢献したという側面があった。

2 ── ワシントン体制の展開

ソ連と中国ナショナリズム運動の挑戦

ソヴィエト政権は、中国との関係を緊密化させることで東アジアの国際政治に登場し、ワシントン体制への挑戦を開始した。

ソヴィエト政権は、1919年7月25日、外務人民委員（外相）代理カラハンが「中国人民と中国南北の両政府」に向けて、帝政ロシア時代の対中国不平等条約の無償撤廃などを内容とした、いわゆる「カラハン宣言」を発表し、中国各界に大きな反響を呼ぶこととなった（1920年には内容の一部撤廃）。ついで、1922年8月、ソヴィエト政権はヨッフェを訪中させたが、国交樹立などをめぐる北京政府との交渉は失敗に終わった。そのため、ヨッフェは上海で中国国民党（1919.10 成立）の指導者孫文と会談した。1923年1月26日に孫文・ヨッフェ宣言が発表され、11月には中国国民党は「連ソ・容共・扶助工農」の三大方針を決定してソ連（1922.12.30 成立）と中国共産党（1921.7 コミンテルンの指導で上海で成立）との提携路線が確立された。そして、1924年1月、国民党第1回全国代表大会（一全大会、1.20～1.30）は正式に「連ソ・容共・扶助工農」の三大方針を採択し、共産党員が個人の資格で国民党に入党することを認め、第1次国共合作が成立した。

ソヴィエト政権と国民党の接近の背景には、ソヴィエト政権が共産党を国民党と提携させることで幅広い反帝国主義戦線の形成を構想していた点があった。他方、孫文は、かねてからヴェルサイユ体制（ワシントン体

制）に対抗する「独・中・ソ連合構想」，さらに日本を加えた「独・中・ソ・日連合構想」（1924.11.28 神戸での「大アジア主義」演説）を展望していた[9]。

　五・四運動（1919）で高まった中国のナショナリズム運動は，1925年3月12日の孫文の病死などにより一時下火となった。ところが，五・三〇事件（1925.5.30 上海でイギリス中心の租界警察が，日本資本の紡績工場での労働争議に関連するデモ隊に発砲し，労働者を射殺）を契機に，全国的な反帝国主義運動に発展し，五・三〇運動と呼ばれた。この時点での中国ナショナリズムの主たる標的はイギリスであり，その対中貿易は深刻な打撃を受けた。五・三〇事件の収拾策をめぐっては，中国の立場に相対的に理解を示した日米両国と，これに反発するイギリスとの間で対立がみられたが，基本的にはワシントン体制の枠内での解決が図られた。

北伐

　中国国民党は1925年7月に汪兆銘を主席として広州国民政府を樹立した。その後，1926年に入ると，4月に蔣介石が汪兆銘に代わって国民政府軍事委員会主席に就任し，6月には国民政府主席と国民革命軍総司令にも就任した。翌7月，蔣介石は，列強と結んだ各地の軍閥打倒と中国統一をめざして，広州から北伐を開始した（1926.7.14「北伐出師宣言」発表）。民衆に支持された国民革命軍はわずか半年で長江流域に進出した。

　北伐が予想以上のスピードで進むと，当初北伐に懸念を持っていたスターリンは，9月23日に「漢口はやがて中国のモスクワになるだろう」とモロトフに書簡を送った[10]。しかし，国民党左派や共産党は北伐の進展とともに蔣介石の権威増大を憂慮し，蔣介石の権力を縛る方策をとった。国民党左派と共産党は，10月の武漢占領を受け，11月には国民政府を広州から武漢に移すことを決定した。そして，1927年1月1日に汪兆銘を主席とする武漢国民政府を樹立した。

　武漢国民政府は，長江中流域の漢口，九江のイギリス租界を武力で回収した（1.3 漢口，1.7 九江）。イギリスは漢口，九江の租界返還協定に調印せざるをえなかった。3月には南京・上海に進出した。南京では，3月24日に国民革命軍の中で共産党が強かった勢力が南京入城に際して，日英の総領事館などを襲撃し，外国人数人を殺害した。英米はこれへの報復として，砲艦を出動させて居留民を救出するとともに，革命軍に砲撃を加えた。いわゆる「南京事件」が起こった。このとき，幣原は不干渉を守った。ついで上海では共産党が武装蜂起したことから，列強は中国進出の

最大拠点である上海情勢に危機感を持ち，上海租界地に軍を増強し防衛に当たった。さらに，北伐の展開とともに労働運動や農民運動が強まり，共産党を含む左派勢力が増大したことから，列強は浙江財閥とともに蒋介石に治安の回復・維持を求めた。

蒋介石はこの要請を受け入れ，4月12日に上海クーデタを起こして共産党を弾圧した。その後，武漢の国民党指導者も共産党員を排除したので，共産党勢力は壊滅状態に陥った。そして，4月18日，蒋介石は南京国民政府を樹立し，9月には武漢国民政府を吸収し，国共合作は崩壊した。

コミンテルンの顧問団は中国からの退去を余儀なくされ，国民政府は12月20日にはソ連と国交断絶を通告し（1929.7.19 国民政府はソ連と国交断絶），ソ連の中国への影響力は弱まった。ここに中国は，張作霖の北京政府と蒋介石の南京国民政府に二分化された。南京国民政府の成立を受けて，米・英・日は中国における統治能力があるのは北京政府よりも国民政府と認識し，国民党内の穏健派・反共派との妥協，協調を図った。

しかし，日本国内では，「南京事件」への幣原の対応を「軟弱外交」として批判する声が高まっており，4月17日に若槻礼次郎内閣（憲政会）が辞職した。4月20日に田中義一内閣（立憲政友会）が成立すると，外相を兼任した田中はいわゆる田中外交を展開した[11]。

田中内閣は，満州に拠点を持つ北京政府の張作霖政権を支援しつつ，満蒙における日本の特殊権益の維持，強化を図った。さらに，田中内閣は一時「南京事件」をめぐって冷却化した対英関係の改善を図り，幣原外交との違いを明確にした。1927年4月中旬，イギリスは北京・天津を中心とする華北防衛の観点から日本に出兵を要請した。田中内閣は，日本人居留民の保護を名目に，5月28日に青島への出兵，いわゆる第1次山東出兵を米英両国の了解のもと実行し山東方面への革命軍の進出を牽制した。イギリスは日本の山東出兵を歓迎し，オースティン・チェンバレン外相は日英協定を提議した[12]。一方，田中内閣が第1次山東出兵直後に主催した東方会議（6.27～7.7）は，会議最終日に8ヵ条からなる「対支那政策綱領」を発表した。そこでは，中国における在留邦人の生命・財産が不法に侵害されるおそれのある場合には，断固として「自衛の措置」をとるとされた。さらに，満蒙を特殊地域とみなし，北伐による満蒙への戦火の波及を阻止する決意を示した[13]。

北伐の再開と中国統一

北伐は1928年4月7日に再開され，国民革命軍が山東地域に進出する

中国国民党の北伐

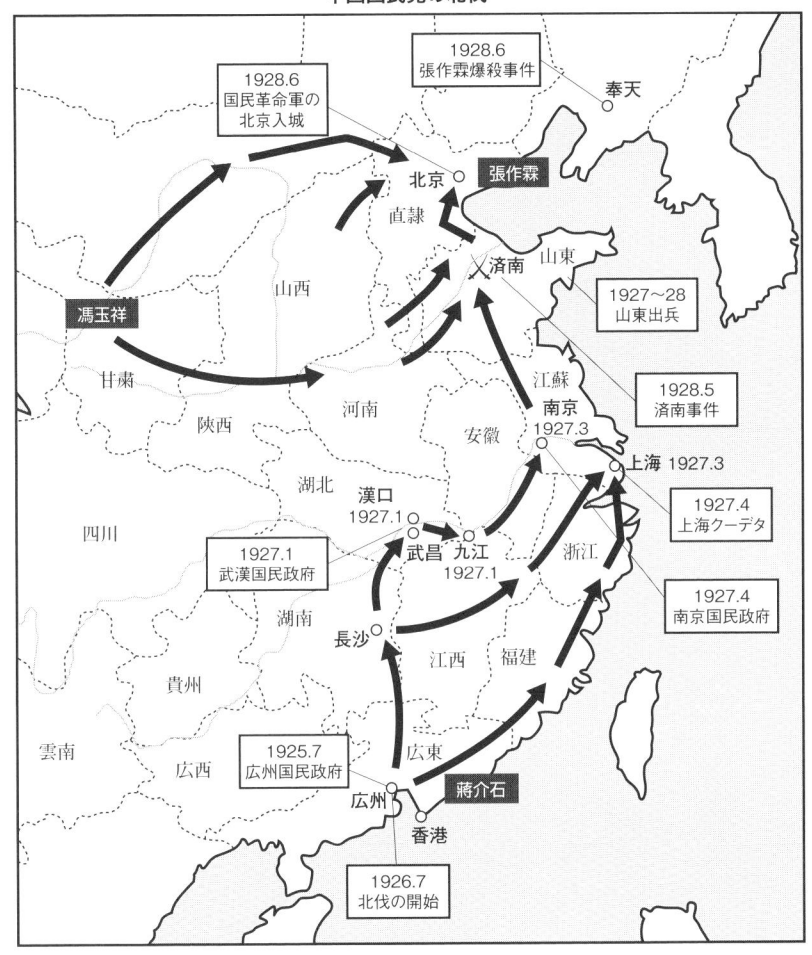

と，田中内閣は19日に日本人居留民の保護を名目として第2次山東出兵をおこなった。5月3日，出兵した日本軍は済南へ入城した国民革命軍と衝突するという済南事件を起こした。その後，国民革命軍は日本軍との衝突を避けながら北上したものの，済南事件は，次の3点で日中関係も含めて東アジアをめぐる国際政治の大きな転換点となった。すなわち，第1点は，それまでイギリスを主要敵としてきた中国のナショナリズム運動が，明確に日本を標的とするようになったこと。第2点は，蔣介石ら国民党指導部の対日感情を悪化させたこと。第3点は，第1次山東出兵には好意的

第3章　恐慌前の一時的な安定期　57

であった米英両国が，南京国民政府に接近する立場から日本に批判的となったことである(14)。ただ，米英両国はワシントン体制下での対日協調姿勢は変えなかった。

田中内閣は，5月18日に張作霖と蔣介石の双方に対して厳正中立の立場を表明し，戦乱が満州に拡大する場合には治安維持のため適切かつ有効な措置をとると通告した（「5月18日覚書」）。敗色濃厚となっていた張作霖はこの通告を受け入れて，北京から奉天への引揚げを決断した。これに対して，蔣介石はこの通告の主旨が北伐には抵触しないものと理解し，満州には当面進出しないことを約束した。一方，アメリカは，対中国政策において日本との協調を重視する観点から，「5月18日覚書」を外交上黙認する態度をとった。イギリスも，アメリカと同様に事態を静観していた。他方，関東軍首脳は，田中内閣の方針と異なり，張作霖の武装解除を狙って，軍事行動の準備をしていた(15)。

張作霖は6月2日，北京を出発して奉天に向かったが，4日に関東軍により爆殺された。関東軍は，張作霖の死亡によって満州に混乱状態が広がると想定し，それに乗じて満州の支配を狙ったが，予想した混乱は起こらず失敗に終わった。その後，東北政権（奉天軍閥）を継いだ息子の張学良は，12月29日，南京国民政府から東北政権へ干渉しないとの確約をとり，同国民政府を中国の正統政権と認めた。また，これと引き換えに満州にかかわる外交権は南京国民政府が掌握した。事実上の中国統一を果たした（1928.6.8 国民革命軍は北京に入城して北伐終了）ことで，南京国民政府は国際的威信を高めた。そのため，鉄道問題などいわゆる「満蒙諸懸案」を東北政権と交渉し，特殊権益の維持を図っていた日本は，大きな打撃を受けた(16)。

南京国民政府による中国統一は，ワシントン体制の主要構成国であった米・英・日3ヵ国間に大きな亀裂を生む契機となった。さらに中国ナショナリズム運動の高まりは，「満蒙特殊権益」の撤廃に向かわせることとなった。「満蒙特殊権益」の独占をめざす日本には，軍事的手段を行使する以外に選択肢は残されておらず，やがてそれは満州事変の勃発につながった。

南京国民政府とワシントン体制

1928年7月7日，南京国民政府が不平等条約の廃棄を宣言すると，アメリカは主要国の中でいち早く25日に米中関税条約を締結して中国の関税自主権を認めた。アメリカの意図は，ワシントン体制を米・英・日3ヵ国

協調システムから米・英・日・中の4ヵ国協調システムに転換させることにあった。そして，同年11月5日，アメリカは国民政府を承認した。英仏をはじめとする主要各国も相次いで関税条約の改正に応じ（12.20 英中関税条約，12.22 仏中関税条約），南京国民政府は国際的に承認されるようになった[17]。

一方，日本と南京国民政府との条約交渉は大きく遅れ，1929年6月3日に日本は国民政府を承認したが，中国の関税自主権を認めたのはさらに1年近くも遅れた1930年5月であった。なお，田中首相は，張作霖爆殺事件での関係者の処置をめぐって天皇から叱責され，1929年7月2日に辞任した。同日，田中内閣に代わり浜口雄幸内閣（立憲民政党）が成立し，外相にはふたたび幣原が就任した。

国民政府にとって残る課題は，ワシントン体制に挑戦していたソ連との関係であった。ソ連は，帝政ロシア時代からの権益，とくに中東鉄道（東清鉄道）の経営権を保持したままであった。国権回復を主張する張学良は，1929年7月に南京国民政府の同意を得て中東鉄道の回収に踏み切った。しかし，ソ連はこれに反発し，9月にはソ連軍が満州に侵攻し奉ソ戦争が起こった（〜12月）。ソ連軍は張学良の東北軍に圧勝し，中東鉄道は再びソ連の支配下に置かれた。奉ソ戦争は，中ソの国交回復を大幅に遅らせることとなり，「東北軍は弱兵なり，ソ連軍は存外強兵なり」という認識を関東軍に根づかせることになった[18]。

ロンドン海軍軍縮会議と金解禁

ワシントン会議では主力艦の制限にとどまったため，会議後列強は補助艦の建艦競争をおこなっていた。そこで，1927年6月20日から補助艦の制限を目的にジュネーブ軍縮会議が開催されたが，米英の対立などにより失敗に終わった（〜8.4）。このため，1930年1月21日にロンドン海軍軍縮会議が開催された。米・英・日は，4月22日に補助艦の制限に関するロンドン海軍軍縮条約に調印した。

浜口内閣は，幣原の主導する対米英協調外交と井上準之助蔵相の緊縮財政を両輪としており，ロンドン海軍軍縮会議で対米英協調を再構築することを重視した。しかし，野党の立憲政友会，海軍軍令部，右翼などは若槻元首相を首席全権とする日本政府代表団が加藤海軍軍令部長の反対を押し切って兵力量を決定したのは，統帥権干犯にあたると攻撃した。

さらに，1930年1月11日に浜口内閣は旧平価による金輸出解禁（金解禁）を実施し，為替相場の安定を試みた。第一次世界大戦中に停止した金

本位制への復帰は，ウォール・ストリートを中心とする国際金融資本の強力な支持があり，井上の金解禁の論理は当時の国際金融資本の論理であり，軍縮をはじめとする井上の緊縮財政にはそれが貫かれていた[19]。しかし，日本の金解禁のための緊縮政策は，世界恐慌の影響もあり経済状況を悪化させ，企業の倒産が相次ぎ，失業者が増大した。浜口内閣が有効な経済対策を打ち出せなかったことから，国民の間に国家主義的ナショナリズムが高まった。浜口は1930年11月14日，東京駅で右翼青年に狙撃されて重傷を負い，翌1931年4月に退陣し，8月に死亡した。浜口死亡直後の9月18日，関東軍は満州事変を起こした。

3────ロカルノ体制の成立

独仏対立

ヨーロッパでは，戦争は終結しても「他の手段による戦争」（クレマンソー）が続いており，独仏対立を軸に緊張状態がみられた[20]。

フランスの戦後政策の最大目標はドイツの弱体化にあり，その具体的な方策はドイツの復活に備える安全保障の確保と，ドイツに対する賠償の強制であった。その上で，フランスの安全保障政策は，二つの側面から構成されていた。一つは，ドイツの直接侵略に対するもので，「直接的防衛」といわれた。もう一つは，ドイツの間接侵略，すなわちドイツの東欧進出に対抗するもので，「補完的防衛」といわれた。「直接的防衛」がライン保障（フランスと国境を接するライン川流域の安全保障）であるとすれば，「補完的防衛」はドイツの東部国境の現状維持であった。

ライン保障問題に関しては，ヴェルサイユ条約およびそれと同時に調印された米仏相互援助条約が，1919年11月，米上院でいずれも批准を否決されたため，フランスは1921年12月，イギリスにライン保障を骨子とする英仏同盟案を提案した。しかし，1922年7月，イギリスはフランスの提案を拒否した。さらにイギリスは，西欧・東欧における安全保障問題にも関与することを避けようとした。そのためフランスは対東欧政策を積極化させることに迫られた。フランスの東欧政策は，ドイツ包囲とボリシェヴィズムへの防疫線構築を課題としていた。1921年2月19日，フランスはポーランド，ついで，1924年1月25日，チェコスロヴァキアとの間に同

盟を結び，この二つの同盟を媒介として，小協商諸国（ユーゴスラヴィア，ルーマニア，チェコスロヴァキア）およびポーランドとの間に，緊密な関係を作り出すにいたった。

また，ドイツ弱体化政策に関しては，自国の経済復興と対米戦債支払いにあてるために，フランスはドイツから巨額の賠償を獲得しようとしていた。1921年4月27日，賠償委員会は，賠償総額1320億金マルクを30年間の分割払いで支払うことを決定，そのうち約50パーセントはフランスの受け取りとした（1921.5.5 連合国はドイツに通告）。この数字は「天文学的数字」と呼ばれた。ドイツ側は賠償負担を300億金マルク程度と予想していたため，この数字はドイツ経済に壊滅的な打撃を与えるものと思われた[21]。イギリスは，賠償金を求めつつもドイツ市場の潜在的成長力に期待していたので，ドイツ経済が弱体化するのを好まなかった。苛酷な賠償支払いによってドイツでは，マルクの価値が低下し，急激にインフレーションも進んだので，連合国に対して賠償支払いの猶予を求めた。イギリスはこれに同調したが，フランスは拒否した。賠償問題をめぐる独仏両国の対立は，激化していった。

これを懸念したロイド・ジョージ英首相は，賠償問題と戦債問題の解決，およびヨーロッパの再建問題に取り組もうとした。1922年1月，カンヌで開かれた連合国最高会議でロイド・ジョージは，パリ講和会議に参加を許されなかった独ソ両国やアメリカも参加するジェノバ会議を開催提案し，採択された。

ジェノバ会議とラパロ条約

グランド・デザイン（大構想）と呼ばれたロイド・ジョージのヨーロッパ再建構想の前提には，ドイツの経済復興なしには賠償問題の解決は不可能であり，またヨーロッパの再建のためにはソヴィエト・ロシア（1922.12.30 ロシアなど4ソヴィエト共和国は連合してソ連を結成）を再びヨーロッパ経済・社会に復帰させることが必要である，という考えがあった[22]。そこで，独ソ両国を含む大戦で被害を受けた大陸諸国への金融支援策として，イギリス主導の国際金融借款団を結成し，この借款団に世界最大の債権国アメリカの参加を見込んだ。また，借款はポンド建ての発行を想定した。そして，将来的にはソヴィエト・ロシアを含むヨーロッパをスターリング圏に統合し，ソヴィエト・ロシアの社会主義体制を資本主義体制に転換させるという目標を持った（対ソ「積極的関与」政策）[23]。ロイド・ジョージは，ジェノバ会議の目的を「ソヴィエト・ロシア（原文は

ソ連代表）と少しでも取り引きすることが可能かどうかを同会議で確かめることである」と述べていた[24]。

　ロイド・ジョージは，ソヴィエト政権との経済関係の構築に関心を示した。彼は，1921年3月8日に開催されたロシア共産党第10回大会（〜3.16）で採択された，資本主義の要素をある程度復活させるネップ（新経済政策）をソヴィエト・ロシアの穏健化のシグナルと判断した。そして3月16日，イギリスは英ソ通商協定に調印した。

　そのソヴィエト・ロシアは，ソヴィエト・ポーランド戦争（1920.4.25〜1921.3.18）の敗北（1921.3.18 リガ講和条約）やドイツをはじめとする先進資本主義諸国における社会主義革命の挫折という事態から，政策の転換を迫られていた。しかも，国内では1918年に採用した「戦時共産主義」に対する農民の不満が極度に高まっていた。そこで，ソヴィエト・ロシアはネップへと政策転換をおこなった。その背景には，ソヴィエト国民の生活維持と経済再建のためには，外国資本・技術などの導入が必要であるとの考えがあった。レーニンはロシア共産党第11回大会（1922.3〜1922.4）での演説で，「われわれがジェノバ会議へ赴くのは，もとより共産主義者としてではなく商人としてであり，われわれは商売をしなければならないが，かれらも商売をしなければならないのである」と述べた[25]。

　一方，アメリカはジェノバ会議への参加を見送り，イギリスをはじめヨーロッパ諸国を失望させた。アメリカは，英仏などヨーロッパ諸国が主張していた戦債減額問題を議題にすることに反対であった。それ以上にアメリカが参加見送りを決断した理由は，国際金融借款団結成案を大陸諸国へのスターリング圏拡大と見たからであった[26]。アメリカは，「パクス・ブリタニカ」の維持に協力する意思はなかった。

　1922年4月10日から始まったジェノバ会議（〜5.19）では，英仏両国がソヴィエト・ロシアに帝政時代の債務支払いを要求した。ソヴィエト・ロシアはこれを拒否し，対ソ干渉戦争で受けた被害に対する賠償支払いを要求したので会議は難航した。

　ところが，会議開会1週間後の4月16日，ジェノバ近郊のラパロで独ソ条約（ラパロ条約）が調印され，両国は国交を回復し，相互に帝政時代の負債と賠償を相殺した。英仏に衝撃を与えた独ソ両国接近には，ソヴィエト・ロシア側にとっては対ソ統一戦線阻止という狙いが，一方，ドイツ側にとっては連合国側を牽制して，ヴェルサイユ条約を見直させて譲歩を引き出すという狙いがあった。さらに，ドイツ側には市場の開拓と再軍備の準備という点もあった。

ラパロ条約は，ジェノバ会議参加国にとっては衝撃的な出来事であり，とりわけヴェルサイユ体制から排除されていた独ソ両国の提携阻止を図っていたロイド・ジョージにとっては打撃となった。ラパロ条約は，ジェノバ会議を成果なく終わらせた。こうしてイギリスによるヨーロッパ再建問題は失敗した。それは，イギリスの調整能力の限界が明確となったことを意味した。

ルール占領

ジェノバ会議が失敗に終わると，フランスとベルギーは1923年1月11日にドイツの賠償支払い不能を理由に，ルール地方を占領した。ルール占領は，米英両国の強い反発を招き，ドイツには経済的・政治的危機を生み出した。ドイツ政府は，いわゆる「消極的抵抗」によって占領軍に対する協力を拒否するように指令した。

ルール占領がドイツ経済に与えた影響は深刻であり，大インフレーションが進む危機的な状況の中で，8月13日，ダスタフ・シュトレーゼマン大連合内閣が成立した。シュトレーゼマン大連合内閣は，9月26日に「消極的抵抗」の中止を宣言し，「履行政策」をとり財政再建と国際協調の方針をとることにした。これに反発したアドルフ・ヒトラーは11月8日，シュトレーゼマン内閣打倒と政権獲得をめざしてミュンヘン一揆を起こしたが，翌9日に国防軍によって鎮圧された。このような危機的状況は，経済面から解消されていった。それは11月16日のレンテンマルクの発行による大インフレーションの収束であった。これを契機として，ドイツは経済的・政治的に安定するようになった。

シュトレーゼマン大連合内閣の「履行政策」とは，条約義務を可能な限り履行することによって，連合国側の信頼と好意を獲得し，それによってヴェルサイユ条約の合理的修正を期待するものであった[27]。他方，フランスの側でも，ドイツの抵抗と占領費の増大によって財政が悪化し，さらにインフレーションも進んだ。その結果，フランス国内では，対独強硬派のポワンカレ政権に代わり，対独協調派のエリオ左派政権が発足した。

しかし，ドイツ賠償問題は依然として未解決であり，しかも同問題はヨーロッパ諸国の対米戦債問題と関連しており，その包括的な解決のためには調整能力を低下させていたイギリスに代わってアメリカの役割が必要であった。そこで，アメリカのイニシアチブによってヨーロッパ再建問題の解決が図られることとなった。

ドーズ案

　アメリカはヨーロッパの経済的破局を防ぐために，ヨーロッパ各国が負っている対米戦債の減額とドイツの戦争賠償支払いとをリンクさせることで，一挙に問題の解決を図ろうとした。1923年10月，アメリカはドイツの賠償支払い能力を検討する国際専門委員会の設置を提唱し，1924年1月，ドーズを委員長とする国際専門委員会（通称ドーズ委員会）が発足した[28]。なお，国際専門委員会に参加したドーズとヤングはいずれもモルガン系企業の人物であり，ワシントン体制を経済的に支えたモルガン商会はウォール・ストリート国際金融資本を代表する存在であった。

　1924年4月9日，国際専門委員会はドーズ案を作成した。それは，ドイツの毎年の支払い額を能力に応じたものに軽減したうえで，賠償支払いを容易にするためアメリカの銀行がドイツに融資し，この支払い監督権限を事実上アメリカの統制下に置くものであった。そして，8月16日，このドーズ案に基づく賠償支払い計画を盛り込んだロンドン議定書が調印された。同月29日，ドイツ国会はドーズ案関連法案を通過させた。ドーズ案は，9月に発効した。マクドナルド英首相（1924.1.22 就任）は，ロンドン議定書を「真の平和条約」と呼んだ[29]。

　ドーズ案によって，アメリカ資本のドイツ流入に拍車がかかった。ドイツはアメリカから資本を導入して経済を再建し，輸出を盛んにして英仏その他の連合国への賠償金を支払い，英仏その他の連合国はその賠償金を戦債の返済金としてアメリカに還流する，というメカニズムが成立した。ドイツにとっては，このメカニズムは借金をして借金を返すというものであった。

　ついでドイツは，フランス軍のルール撤兵を実現させた（1925.8.25 撤兵完了）。すでにシュトレーゼマン外相は，1923年12月，われわれの最終目標は「ルールとラインラントの解放と密接に関連させて賠償問題の最終的解決」を図ることである，と述べていた[30]。ルール撤兵には，ヨーロッパの安定が外債発行に必要不可欠と考えていたウォール・ストリート国際金融資本の強い意思が働いた。そのため，ルール撤兵に反対していたフランスは孤立し，妥協せざるを得なかった。

　このように，ヨーロッパの経済再建に関するイニシアチブをとったのは，イギリスではなく，圧倒的な資本力を持つアメリカであった[31]。ただ，アメリカが経済力をテコに自らの意思を完全に貫徹させるのは，第二次世界大戦後である。ともあれ，ヨーロッパは，ドーズ案の採択により緊

張緩和の機運が高まり，ロカルノ条約調印はさらに緊張緩和を進めることとなった。

ロカルノ条約

ドーズ案の成立により，ドイツの経済復興と賠償支払い問題がともかく解決を見たことから，ヨーロッパ各国は安全保障問題の課題に取り組むこととなった。

ドイツは，1922年以来ラインラントに関する現状維持と相互保障条約を提案していたが，フランスによって拒否されていた。イギリスは，フランスの安全を保障し，ドイツを国際社会に復帰させ，イギリスが大陸のバランサーとしての地位を確保するために，ドイツの提案を利用してラインラントに対する地域的安全保障の樹立をめざした。そして，1925年10月5日からイギリス・フランス・ドイツ・ベルギー・イタリア，およびポーランド・チェコスロヴァキアの7ヵ国は，ヨーロッパの安全保障問題を討議するための国際会議をスイスのロカルノで開催した。

この会議の結果，16日，3つの文書からなる相互不可分の諸条約が仮調印された（1925.12.1 ロンドンで正式調印）。これらの中核をなすものは，ラインラントに関する5ヵ国による相互保障条約（通称ロカルノ条約またはライン条約）であった。この相互条約は，ヴェルサイユ条約で定めたフランス，ベルギー，ドイツ国境およびラインラント非武装化を尊重することを約束し，イギリスとイタリアが保障することを規定するもので，ドイツの国際連盟加盟（1926.9.8 同日理事国就任）を発効の条件とした。

ロカルノ条約はドイツの国際的地位を高めた。その一方で，ロカルノ条約はドイツの東部国境に関する現状維持を保障していなかった。そのためフランス国内では，将来ドイツが東方へ膨張して強大化した場合の脅威が語られた。

ロカルノ条約によって成立したロカルノ体制は，ヴェルサイユ体制を補完する形で1920年代後半のヨーロッパの国際秩序を特徴づけた。それは地域的集団安全保障という側面に加えて，経済的にはアメリカに支えられているという側面も持っていた。ヨーロッパ各国は，通貨の安定が経済復興に不可欠であるという観点から，金本位制への復帰を図った。金本位制への復帰には，アメリカの金融支援が必要であった。大戦前の国際金本位制の中心にあったイギリスは，1925年4月，モルガン商会などからの金融支援によって，旧平価での金本位制に復帰した。1926年末までに，ヨーロッパの大半の国々がアメリカの金融支援によって金本位制に復帰し

た⁽³²⁾。アメリカがロカルノ条約締結国などヨーロッパ各国に金融支援をおこなった背景には，ヨーロッパの英・仏・独・伊4大国，とくに英仏がめざしていた「ヨーロッパの自律性」強化の動きを牽制する狙いがあった。

4── ロカルノ体制の展開

ロカルノ体制と英・仏・独

イギリスが，ロカルノ条約を歓迎した背景には，イギリスが独仏両国の調停者の地位を得ることで，バランサーとしての地位を復活させる狙いがあった。その一方で，オースティン・チェンバレン英外相は，ソ連に対抗する観点から，ドイツ・ポーランドを西欧に抱き込み，イギリスを中心に仏・独・伊4ヵ国による「共通の危険な存在であるソ連」に対抗する地域的集団安全保障体制を形成，確立するという目標を持っていた[33]。ロカルノ条約締結後の1927年5月27日，イギリスはソ連と国交を断絶した。

シュトレーゼマン独外相は，ロカルノ条約を「行動の自由を回復させる第一歩」と見た。シュトレーゼマンの目標は，ヴェルサイユ条約の実質的な修正の実現にあった。当面の目標として，シュトレーゼマンが「絞刑吏がわれわれの首に掛けたロープ」と称した連合国軍のラインラント占領の解消と軍備平等の実現を目指した[34]。さらに，「ドイツが負担できるような賠償問題の解決，およびドイツの復興の前提としての平和の確保，ドイツ東部国境の改定，ダンチヒ・ポーランド回廊の回復およびシュレジェン国境の改定，ドイツ・オーストリアの合併」を目標とした[35]。

こうしたシュトレーゼマンの目標は，英仏両国にとっては受け入れがたいものなので，対ソ接近という「ソ連カード」を使って英仏両国の譲歩を得ようとした。1926年4月24日，ドイツはソ連との間に独ソ中立条約（ベルリン条約）を締結し，ラパロ条約を確認した。後に，シュトレーゼマンは「自分は独ソ関係を重視しないが，しかし，それは常にわれわれの競技における切り札である」と述べている[36]。すなわちシュトレーゼマンは，ソ連との協力関係を利用しつづけ，英仏との友好関係の樹立を通して「大国」としての地位回復を図ることをめざした。このようにシュトレーゼマンは，ロカルノ体制をヴェルサイユ体制の延長ではなく，むしろヴェルサイユ体制の変質として捉えていた[37]。

ブリアン仏外相は，ロカルノ体制を「ブリアン構想」を実現させるシステムと捉えた。その「ブリアン構想」とは，金準備率がアメリカについで世界第2位となるフランスの経済力を背景に，地域的集団安全保障体制の形成，確立（ロカルノ体制の拡大）という軍事的統合の側面と，ヨーロッパを政治的・経済的に統合させるという側面からなっていた。ブリアンの狙いには，ドイツを封じ込める点があった。

ブリアン構想
　ブリアンは，ロカルノ体制を東欧（「東方ロカルノ」），さらには大西洋（「大西洋ロカルノ」）にまで拡大させるという構想を持っていた。ブリアンは，まずロカルノ会議では実現しなかった「東方ロカルノ」の実現に動いた。

　彼が描いていた「東方ロカルノ」とは，フランスを中心としたドイツ・ソ連・ポーランド・バルト三国・ルーマニア間の不戦条約という性格を持った地域的集団安全保障体制の樹立であった[38]。ブリアンが「東方ロカルノ」構想の実現に動いた動機の一つは，東欧地域に，独伊両国の浸透・進出がおこなわれ，東欧におけるフランスの地位が低下することへの懸念を持ったことである。

　ブリアンの「東方ロカルノ」構想にとって最大の障害物となっていたのは，ポーランド回廊問題であった。彼は，ドイツとポーランドとの交渉による解決，実質的にはポーランドの譲歩を期待していた。しかし，ポーランドではフランスへの不信感が強まり，1926年5月に起こったピウスツキのクーデタにより「東方ロカルノ」の実現は困難となった。ドイツとポーランドの交渉も行き詰まり，ドイツのシュトレーゼマン外相は1927年12月，「東方ロカルノ」構想を拒否した。彼の目標は，あくまでもポーランド回廊の回復であり，それを「パリとロンドンを通して」解決することにあると考えていた[39]。

　これを受けてブリアンは，アメリカを地域的集団安全保障体制に取り込むという，いわゆる「大西洋ロカルノ」構想の実現に動いていた。1927年6月，ブリアンは相互に戦争を放棄する2国間条約をアメリカに提案した。これに対してアメリカは，行動の自由が制限される可能性がありはしないかと懸念した[40]。12月，ケロッグ米国務長官は巧妙な対案，すなわち2国間条約ではなく多国間条約とし，違反国に対する軍事的制裁を除外する内容を逆提案し，ブリアンの同意を得た。アメリカは行動の自由を守ることができた[41]。

1928年8月27日，米・仏・独・日・英を含めた15ヵ国がパリ不戦条約（ケロッグ・ブリアン協定）に調印した。不戦条約は，以後1938年末までに当時の独立国の約9割に当たる63ヵ国の参加を得た。しかしこの条約では，締結国の自衛戦争は認められており，さらに条約違反への制裁規定は明記されていなかった。したがって，不戦条約自体では戦争防止に役立つとは期待できず，「もしも一枚の紙きれにすぎない国際的取り決めがあったとすれば，それはパリ条約（パリ不戦条約）である」と後年批評されたのも，当然のことであった(42)。こうして，ブリアンの「大西洋ロカルノ」構想は挫折した。

　ところで，「ブリアン構想」には，ヨーロッパの政治的・経済的統合を促進するという側面もあった。その契機は，1926年に誕生したドイツ，フランス，ルクセンブルク，そしてザールの鉄鋼業者からなる国際鉄鋼カルテルであった(43)。1929年9月5日，第10回国際連盟総会でブリアンは「ヨーロッパ連邦的な秩序」樹立（ヨーロッパ統合構想）の提案をおこなった。シュトレーゼマンはこのブリアン提案を支持した。ただしシュトレーゼマンは10月に死去したため，その後のドイツによるブリアン提案への支持は弱まった。

　フランス外務省は，1930年5月17日にブリアン提案を具体化した覚書（「ヨーロッパ連邦連合体制の組織に関する覚書」）を26ヵ国政府に送付し，回答期限を7月15日までとした(44)。この覚書では，ヨーロッパ統合は，国家の主権を前提とし，国際連盟の枠内で活動するものとした。ついで，ヨーロッパ統合の不可欠な機関である「ヨーロッパ会議」（中枢機関）と「ヨーロッパ委員会」（執行機関）の設置を提案した。また，「ヨーロッパ委員会」の基本方針の中には，ヨーロッパ経済の組織化された最終目標を「共同市場」の実現においていた。

「ヨーロッパ統合」構想は，今日のヨーロッパ連合（EU）の先駆的な試みであったと考え得る。なお，ブリアンが描いていたヨーロッパ統合で想定された地域はアイルランドからバルト三国・ブルガリアまでを含み，ソ連とトルコは除外されており，アメリカも対象外とされた(45)。

　この「ヨーロッパ統合」構想に対する各国の反応は，東欧の「小協商国」など小国は好意的で，大国は冷淡であった。イギリスは「ヨーロッパにおけるフランスの政治的覇権を強化させるのに役立つもの」と見て警戒を抱いた。ドイツは，ヨーロッパ連帯の美名による新たなドイツに対する拘束とみなした。

　フランスは各国の意見を検討して報告書を作成し，1930年9月の第11

回国際連盟総会で発表した。同月に調査委員会の設置が採択され，第1回ヨーロッパ連合調査委員会が開かれた。しかし，各国の利害調整が困難となり，しかも1929年10月の世界恐慌発生による政治的・経済的混乱の激化とあいまって，「ヨーロッパ統合」構想の具体化は第二次世界大戦以降まで待たねばならなかった。

ヤング案

アメリカ資本に支えられた1920年代半ばのドイツ経済は，すさまじいスピードで発展をとげた。工業生産力では，大戦前の水準を超えて，戦勝国に対する資本主義的競争者としての地位を確保していた。しかし，ドーズ案の履行過程で，各国がドイツ商品の攻勢に対して関税障壁を強化したため，輸出不振などによりドイツ経済は悪化し，賠償問題の再検討が必要となった。1928年1月，シュトレーゼマンは議会で将来の賠償支払いの困難を訴えた。

1929年2月11日，ヤングを委員長とする国際専門委員会が発足した。この専門委員会にはドーズ委員会の場合と異なりドイツからも専門家が参加した。ヤング委員会は，6月7日，ドイツの支払い能力を考慮して賠償総額を約358億金マルクに切り下げ，支払い期限を1988年までの59年間と定め，ドイツ財政に対する連合国の監督機関をすべて廃止するという，いわゆるヤング案を決定した。

ヤング案は，8月のハーグ賠償会議（8.6〜8.31）において部分的修正のうえで承認された。ハーグ賠償会議は，シュトレーゼマンの勝利とブリアンの敗北で終わった。ドイツは，ヤング案によってドイツ財政に対する監督機関の廃止，ハーグ賠償委員会による連合国軍のラインラントからの期限前撤兵の決定（ヴェルサイユ条約の規定では，ラインラント占領は1935年まで続くことになっていた）を，相次いで実現させた。さらに，1928年11月，ドイツは巡洋戦艦A号（後にドイッチュラントと命名）の建造に着手し，ドイツの再軍備（シュトレーゼマンの軍備平等の要求）がヴェルサイユ条約による制限の下における合法的手段において進められた[46]。

ここに，ドイツはヴェルサイユ体制を実質的に修正させるのに成功した。ボネ（後のフランス外相，在任1938〜1939）は，これを評して「同盟政策の転換点」とみなし，「東方ロカルノが実現することなしに」ラインラント撤兵が承認された，と後年述べた[47]。ドイツの国際的地位の向上に対して，フランス議会は，1930年1月，独仏国境に大規模な要塞の建設計画（後年マジノ線と呼ばれる）を可決したが，それはラインラント

撤兵後の対ドイツ安全保障を確保しようとしたものであった。

ロカルノ体制とソ連

　1924年1月21日のレーニン死後、ソ連共産党の支配権を握ったスターリン共産党書記長（1922.4.3 就任）は、ソ連共産党第14回大会（1925.12.18～12.31）においてソ連1国だけで社会主義建設が可能であるとする「一国社会主義論」をかかげ、レーニン時代の資本主義国と社会主義国ソ連とは基本的に敵対関係であるとする「レーニン主義」を否定した[48]。「一国社会主義論」の採択（1925.12 正式に採択）は、資本主義国との関係改善をもたらし、1924年に英仏と（2.1 英ソ間、10.28仏ソ間）、1925年には日本と国交が樹立された。「世界革命の参謀本部」といわれたコミンテルンも、ソ連の擁護を主要任務とする国際団体の性格を持つようになった[49]。

　ソ連は、ロカルノ条約およびドイツの国際連盟加盟といった一連の動きを、ソ連に対する包囲網の構築と見た。ソ連外相代理のリトヴィノフは、ロカルノ条約とドイツの国際連盟加盟を評して、「ドイツが国際連盟に加入しつつある事実は、国際連盟の性格の変化を意味しない。それは、若干の国が、一般にはその企図を実現する助けとしてドイツを利用することを当てにしていること、とくにソ連に対する敵対的計画を実現するためにドイツの利用を当てにしていることを意味するに過ぎない」と述べた[50]。

　そこで、ソ連は1926年4月24日、独ソ中立条約を調印して、ドイツの西ヨーロッパ諸国への接近を阻止しようとする一方で、ドイツとの提携関係に依存する状態から脱して、周辺諸国との一連の中立・不可侵条約を締結して国際的孤立からの打開をめざした。

　ソ連は、トルコ（1925.10.17）、アフガニスタン（1926.8.31）、イラン（1927.10.1）との間に、相次いで中立不可侵条約を成立させた。そして、ソ連は1932年末までにリトアニア（1926.9.28）、フィンランド（1932.1.21）、ラトヴィア（1932.2.5）、エストニア（1932.5.4）、ポーランド（1932.7.25）、フランス（1932.11.29）などの諸国との間に不可侵条約を結んだ[51]。これら一連の条約は、いわゆる「ソ連版ロカルノ体制」とも呼ばれ、一種のゆるい形での地域的集団安全保障体制といえる。

　また、不戦条約を最初に批准したソ連は、1928年12月に不戦条約の即時発効を提案した。この結果、1929年2月9日、ソ連・ポーランド・ルーマニア・エストニア・ラトヴィアの間にいわゆる「リトヴィノフ議定書」が調印された（1929年4月1日にリトアニア・トルコが、4月30日にダンチヒ自由市が、7月4日にイランがこれに参加した）。

第4章

世界恐慌と台頭するファシズム

1929 〜 1939

1───世界恐慌

世界恐慌とその波及

　1929年10月24日（「暗黒の木曜日」），ついで10月29日（「悲劇の火曜日」），世界経済の中心であるニューヨーク株式市場で株価が大暴落した。この株価大暴落はアメリカ史上最大の経済恐慌をもたらした。恐慌は価格下落を特徴とし，企業や銀行の倒産とこれにともなう大量の失業者を生んだ。アメリカからヨーロッパなど海外への資本の流れを妨げ，資本の引揚げがはじまった。このことは，アメリカの資本に依存していた国々の経済を悪化させていった。

　アメリカの経済恐慌は，政府が打ち出した積極的な金融緩和と財政出動といった緊急対策によりいったんは乗り切った。ところが，新たにヨーロッパで債務危機が発生した。この債務危機が経済恐慌を次の段階に大きく進めた。1931年5月にドイツ国債の債務不履行懸念が起こり，オーストリアの銀行が破綻した。これを機にヨーロッパ発の世界的な金融恐慌が起こり，欧米の金融機関は本格的に資本を本国に引揚げた。このことが，東欧やラテンアメリカの農産物や日本の生糸など商品市況の暴落を生んだ。この市況暴落は各国で債務不履行を起こし，恐慌を深化させた。こうして経済恐慌は，アメリカついでヨーロッパから世界各地に拡大し，世界恐慌に発展した。すなわち，世界恐慌にはアメリカでの株価暴落とヨーロッパ債務危機の2段階があった[1]。

　アメリカ資本の引揚げで経済が破綻したドイツは，1931年6月5日，賠償支払いが困難との声明を発表した。6月20日，ハーバート・フーヴァー米大統領（共和党）は，ドイツの賠償支払いと英仏の対米戦債支払いを1年間猶予するというフーヴァー・モラトリアムを出したが，事態は改善しなかった。そこで，フーヴァー・モラトリアムの期限以前に賠償問題の合意が必要であるとして，1932年6月16日，アメリカを除く英仏など18ヵ国はローザンヌ会議を開催した（〜7.9）。会議では，ドイツの賠償支払いをヤング案の約12分の1にあたる30億金マルクに減額することで合意した。ドイツの賠償支払いは，この合意により実質的に終了した。なお，アメリカ資本の引揚げは，ワシントン体制・ロカルノ体制の根幹を揺るが

し，やがて両体制を崩壊させていく契機の一つとなった。

　イギリスは，1931年9月21日に金本位制の停止とポンドの切り下げを実施して管理通貨制度に移行した。続いて，イギリスとの経済関係が密接なヨーロッパ各国，ついで日米なども相次いで金本位制を停止して管理通貨制度に移行した。金本位制の停止は，イギリスが覇権国家としての地位をおりることを宣言したものといえた。管理通貨制度を採用した各国は，自国通貨の切り下げに走り，第一次通貨戦争につながった。この対立がスターリング・ブロック（1932.8.20 オタワ協定）形成の契機となり，世界のブロック経済化を促進させた。

　1930年代の国際政治は，ソ連の成立で縮小された世界資本主義市場の再分割をめぐり，調整が平和的に進むのか，または戦争に進むのか，岐路選択の時代といえた。

国際経済秩序の崩壊

　1933年6月12日，国際協調による世界恐慌克服のために，世界経済会議がロンドンで開催された（〜7.27）。しかし，フーヴァーを破って，1933年3月4日に就任したフランクリン・ローズヴェルト米大統領（民主党）は，世界恐慌克服策を国際協調ではなく国内政策（国家が経済の調整に乗り出すニューディール政策）でおこなおうとした[2]。この結果，世界経済会議は，アメリカをはじめとする各国の非協力により失敗した。

　ここに，ワシントン・ロカルノ両体制を支えた国際経済秩序は崩壊した。モルガン商会を中心とするウォール・ストリート国際金融資本の関与を柱とする国際経済秩序の崩壊は，大国間の国際協調を柱とする国際政治秩序を動揺させた。世界経済会議後，世界の主要国は，それぞれ独自の方策によって恐慌からの脱出，経済の回復を目指して進んだ。日・独・伊3国は，軍需インフレを断行し，軍事的侵略による自給自足の「生存圏」建設を目指した。他方，アメリカは国内経済政策，英仏両国はブロック経済化への方向をますます強化した。こうして世界は，「パクス・ブリタニカ」に代わる新たな国際秩序の模索の時代に入った。ファシズム国家が国際政治の変動の推進力となった。ヨーロッパではドイツとイタリア，東アジアでは日本が，第一次世界大戦後の包括的な国際秩序であるヴェルサイユ体制への挑戦と打破，そして新国際秩序の形成に動いた。

2 ── ワシントン体制への挑戦

満州事変と国際連盟脱退

　中国の国権回収運動が満州に広がるのに危機感を深めた関東軍は、「満蒙の危機」を主張し、陸軍中央の中堅幕僚層と提携して満州を長城以南の中国から切り離して日本の勢力下に置こうと計画した⁽³⁾。また、日本経済は、世界恐慌の影響から深刻な状態に陥っており、満蒙を支配して国難を打開せよという主張が次第に有力となっていた。

　1931年9月18日、関東軍は奉天郊外の柳条湖で南満州鉄道の線路を爆破し（柳条湖事件）、これを中国軍のしわざとして軍事行動を開始して満州事変が始まった。兵力で劣る関東軍は、東北軍が手薄な時期を利用して軍事行動に出た。

　関東軍の軍事行動は、中国の主権に対する武力侵犯であるとともに、ワシントン体制に対する挑戦でもあった。それとともに、この行動は、政党政治の対米英協調路線に対抗するクーデタ的な奇襲攻撃であった。若槻礼次郎内閣（立憲民政党）は不拡大方針でこれに対抗した⁽⁴⁾。しかし、世論は日本政府の不拡大方針よりも関東軍の行動を支持し、12月13日に若槻内閣は総辞職して犬養毅内閣（立憲政友会）が成立した。この間、12月10日、国際連盟は中国の提訴をうけ、イギリスのリットンを団長とする満州調査団（リットン調査団）の派遣を決定した。

　犬養内閣は中国側との直接交渉を目指したが、軍部は国際社会の注意をそらすため、1932年1月28日に第1次上海事変を起こした（～5.5）。日本の軍事行動は国際的に非難された。2月29日、リットン調査団は日本に到着し、この後中国、満州を視察した。

　関東軍は既成事実をつくるため、3月1日、清朝最後の皇帝溥儀を執政として、満州国を建国させた。軍部の独断専行に批判的な犬養は、満州国建国には賛成していなかったこともあり、犬養に不満を持つ勢力は、5月15日、首相官邸で犬養首相を射殺した（五・一五事件）。軍部はこれを利用して政党政治に終止符を打ち、軍部支配への一歩を踏み出した。9月15日、日本は満州国と日満議定書を結び、満州国を正式に承認した。

　10月2日に発表されたリットン報告書では、満州国は自発的な民族独立

運動によって建国されたものではないとし，中国側に主権があるとしながらも一方で，満州における日本の経済的権益に配慮し，満州の自治と国際管理を勧告した。1932年12月6日，リットン報告書の審議が国際連盟総会で始まった。ジョン・サイモン英外相は，松岡洋右(まつおかようすけ)ら日本代表団にリットン報告書が提示した妥協案への同意を求めた。同報告書は，「名は中国に，実は日本に」与え，日本はこれ以上中国で手を広げず，それで事変は収束するという妥協案であった。松岡は内田康哉(うちだやすや)外相にサイモン提案の受け入れを求めたが，拒否された。1933年に入り，国際連盟の対日勧告案作成と関東軍の熱河(ねっか)作戦が重なったことによって，経済制裁が現実味を帯びてきた。2月20日，日本政府は経済制裁を回避すべく国際連盟脱退の方針を決定した(5)。24日，連盟総会がリットン報告書に基づき，日本に満州国承認撤回を求める対日勧告案を採択すると，ただちに日本代表団はこの勧告の受諾を拒否して総会から退場し，3月27日，日本は国際連盟脱退を正式に通告した（1935発効）。日本は国際連盟常任理事国の一員としての地位を捨て去り，国際的孤立の道を歩むこととなった。

　日本の国際連盟脱退は，従来の対米英協調路線を転換させる契機といえたが，日本がこの段階で米英など列強との全面対決に踏み切ったことを意味するものではなかった。

　その後，5月31日，華北の中国軍と関東軍との間に塘沽(タンクー)停戦協定が締結された。この停戦協定によって，関東軍は長城以南の非武装地帯の設定に成功し，事実上満州を国民政府の統合から分離させた(6)。柳条湖事件に始まる日中両国の紛争は，ひとまず収束した。

　国民政府は塘沽停戦協定後，共産党勢力や地方の軍閥勢力を攻撃し，中国の政治的・経済的統一を進展させた（1934.10.10 瑞金(ずいきん)の共産党軍は，国民政府軍の攻撃を受けて，長征(ちょうせい)を開始）。それは，蔣介石の国民政府が，日本軍への「抵抗能力」の限界を認識し，国際連盟と列強の力を利用するという「国際的解決路線」を優先したためである。すなわち，国民政府は，「安内(あんない)」（国内の諸問題を解決して，国家の統一と繁栄を実現する）を先に成功させてから，「攘外(じょうがい)」（日本の侵略を解消する）をおこなうことが現実的だと考えていた（「安内攘外」政策）からであった(7)。

列強の対応

　米英両国など列強は国内の経済問題に関心を奪われており，満州事変に対する関心は低かった。イギリスはポンド危機のため金本位制からの離脱を迫られ，アメリカの不況は深刻となっており，米英両国とも満州事変の

早期解決を望んでいた[8]。とりわけ、イギリスは日本に対して宥和的であった。エイマリ保守党員は「もし我々が日本を非難するならば、インドやエジプトでのわが国の政策も非難されることになる」と述べていた[9]。つまり、米英両国は、ソ連や中国民族主義運動の急進化への対抗勢力として日本に期待していたのであった。

また、1930年代半ば、日・英・米の国内には、国際協調路線に軌道修正させる道を模索していた政治勢力の存在があった。日本側では牧野伸顕らの宮廷勢力やこれにつらなる吉田茂らの外交官、そして金融界などが存在し、イギリス側ではネヴィル・チェンバレン大蔵大臣やウォレン・フィッシャー大蔵事務次官ら大蔵省首脳、またアメリカ側ではモルガン商会のラモントらが存在した[10]。

チェンバレンとフィッシャーは、銀貨の高騰による中国での金融危機の深まりから、幣制改革を支援するため、リース・ロスを中国に派遣した（1935.8 ロンドンを出発）。その際、リース・ロスは、イギリスと日本が共同して満州国に借款を供与し、次にはその借款が満州国喪失の代償として満州国から中国に支払われるという案（リース・ロス構想）を携えて、訪日・訪中した[11]。リース・ロス構想は、米・英・仏・日四国借款団の枠組みを逸脱したもので、「後の1938年のミュンヘン協定のアジア版ともいうべき対日宥和策であり、両者はいずれもチェンバレン外交の所産としての共通性を持っていた」との解釈も存在する[12]。

しかし、1935年9月6日、リース・ロスは、中国訪問に先立って日本を訪問したが、彼の構想に日本側の反応は冷たかった。ラモントは、イギリス主導による幣制改革が中国経済に対するイギリスの発言力を強化するものとして反発し、米・英・仏・日四国借款団の枠組みを通して幣制改革を図ることで国際協調を目指したが、合意は得られなかった[13]。

一方、国際連盟とワシントン体制双方の局外に立つソ連は、米英に比べて対日警戒心がきわめて強かった。ソ連は日本の脅威に対して自国の安全保障を確保するためアメリカに対日共同行動を呼びかけたが、アメリカはこれに応じなかった。そこでソ連は、日本との紛争を避けることを最優先課題とした。ソ連は1933年5月に日ソ両国の長年の懸念であった中東鉄道の北支線を満州国へ売却する提案を行い、1935年3月に売却した。

二・二六事件と西安事件

日本では満州事変後、ワシントン体制打破をかかげる勢力、いわゆる「革新派」勢力が、陸海軍を中心に、外務省の中堅、若手の間にも台頭し

てきた。海軍内では，「艦隊派」（ロンドン海軍軍縮条約に反対したグループ）がこれにあたる。「革新派」勢力は，1936年2月に発生した二・二六事件（陸軍皇道派の青年将校が「昭和維新」をめざしクーデタを起こしたが，天皇の強い意志により鎮圧）を契機として発言権を強めていった。

このころ，外交面でも日本は変化を加速させていた。1936年1月15日には，日本はロンドン軍縮会議（1930.4.22ロンドン海軍軍縮条約調印）を脱退してロンドン海軍軍縮条約が失効し，続いて1934年12月29日に破棄を通告していたワシントン海軍軍縮条約（1922.2.6調印）も失効し（1936.12），ワシントン体制から完全に離脱することとなった。この結果，日米間ではワシントン会議以前のような激しい建艦競争が再開された。

さらに，1936年3月9日，広田弘毅内閣が軍部の支援で発足した。8月，広田内閣は「帝国国防方針」を13年ぶりに改定した。同方針を改定するにあたり，陸軍はソ連主敵論＝北進論の方針を主張し，海軍は米英主敵論＝南進論を主張した。結局，「国策の基準」では，両者の主張を併記するということで妥協するとともに，大規模な軍備拡張計画が推進された。ここで重要な点は，仮想敵国にイギリスが加えられるという，日英関係史上重要な転機をもたらしたことであった。

満州事変後，関東軍など現地の陸軍機関は，陸軍中央の承認を得て，満州国に隣接する華北を国民政府から切り離して支配しようとする華北分離工作をおこなっていた。そして，1935年11月3日，国民政府がイギリスの支援を受けて幣制改革（銀本位制を廃止してそれに代わるポンドとリンクした管理通貨制に移行して，統一通貨の紙幣＝「法幣」を発行。ドルとのリンクは1936年5月以降）に踏み切ると，現地の日本陸軍機関は強く反発した。現地の陸軍機関は，華北分離工作を公然と進め，12月25日に冀東防共自治政府を樹立させた。翌1936年，広田内閣は，華北分離工作を国策として決定した。

しかし，中国では幣制改革により経済的統一が進んだ。中国統一通貨の「法幣」が通用しない場所は，満州国の東北地方のみとなった。また，国民政府は共産党勢力への攻撃を続けていたが，ソ連とコミンテルンの政策転換（1935.7.25〜8.20コミンテルン第7回大会は人民戦線戦術を採択）を契機に「連ソ制日」（ソ連との連合によって日本を制する）を構築しつつあった[14]。

こうした状況の中，東北軍（張学良指揮下）の青年将校は，蔣介石の共産党勢力への軍事的圧迫に反発し，八・一宣言（1935.8.1 中華ソヴィエト共和国と中国共産党が内戦停止と抗日民族統一戦線結成を提唱）に共

鳴していた。西安(せいあん)にいた張学良は、周恩来など中国共産党との接触や青年将校の主張も考慮し、1936年12月12日、共産党攻撃を促しにきた蔣介石を幽閉し、抗日と内戦停止を説得した。説得は難航したが、周恩来の仲介もあって蔣介石はこれを受け入れ、国民党と共産党はふたたび提携することとなった(15)。日本が満州事変を契機にワシントン体制に代わる新たな秩序の構築を目指している頃、ヒトラー政権がロカルノ体制に代わるヨーロッパの新たな秩序の構築を狙っていた。

3 ── ロカルノ体制への挑戦

ヒトラー政権の成立

ドイツでは世界恐慌後、ヴェルサイユ体制打破を主張したナチス（国家社会主義ドイツ労働者党）が急速に国民の支持を得、1933年1月30日、アドルフ・ヒトラー政権が成立した。

ヒトラーは国会放火事件を利用して共産党など左翼勢力を弾圧し、全権委任法を成立させて独裁権を手にした。ヒトラーは、対外的にはまずヴェルサイユ体制打破のための第一段階として、軍備平等権の回復を目指した。ドイツは、10月14日、国際連盟がドイツの軍備平等権の回復を認めなかったことを理由に、ジュネーブ軍縮会議と国際連盟から脱退した。ついで、ヒトラーは、東欧からフランスの影響力を排除するために、1934年1月26日、反ソ的なポーランドとの間にドイツ・ポーランド不可侵条約を締結した。この条約によって、ソ連はドイツに対する警戒をいっそう強めた。次にヒトラーは、オーストリア併合に動いたが、イタリアの強硬な態度を見て、オーストリア併合を時期尚早と判断した。

その後、1934年8月2日、ヒンデンブルク大統領が死去すると、ヒトラーは大統領・首相・ナチス党首の権限をあわせもつ総統（ヒューラー）に就任した。

ヒトラー政権の成立は、ヨーロッパ国際政治に大きな影響を及ぼした。まず、仏ソ両国にドイツが最大の脅威だという共通の認識を持たせた。「東」の日本と「西」のドイツからの脅威を肌で感じていたソ連は、英仏などの西欧資本主義諸国が日独両国を育成してソ連に対抗させる可能性を警戒した。そこでソ連は、1933年11月17日には、アメリカと国交を樹立

した。1934年1月26日に開催されたソ連共産党第17回大会（～2.10）では，第2次五ヵ年計画（1933～1937，ただし実際の開始は1934年）を採択し，軍需生産力の増強を図り，独日両国に対する軍事力の強化を目指した。それは「スターリン主義」と呼ばれるヨシフ・V・スターリン個人への権力集中と個人崇拝，非常事態的体制（粛清の嵐など）を生み出した。また，共産党大会初日におこなわれたスターリン演説は，世界恐慌の政治的結果として資本主義諸国間の矛盾が激化したとし，新しい戦争の可能性を警告した[16]。このスターリン演説と同じ日に調印されたドイツ・ポーランド不可侵条約は，フランスとの結びつきを強める一大転機となった。

フランス議会は，ヒトラー政権が成立すると，1933年5月18日に仏ソ不可侵条約（1932.11.29締結）を批准した。1934年2月9日，ドゥーメルグ政権が成立し，外相にはバルトゥーが就任した。バルトゥーは，ドイツをフランスにとって最大の脅威とみて，ドイツを集団安全保障体制の中に封じ込めることを目的とするドイツ，ポーランド，チェコスロヴァキア，ソ連を含む集団安全保障体制，いわゆる「東方ロカルノ」構想の実現に動いた。具体的には，この4ヵ国と東欧諸国との間に相互援助条約を結び，国境の維持を相互に約束し，仏ソ相互援助条約がこれを保障するというものであった[17]。

バルトゥー外交の重点はソ連に置かれ，ソ連の国際連盟加盟に向けて指導的役割を果たした。連盟総会は1934年9月18日，ソ連の国際連盟加盟と常任理事国就任を承認した。ソ連が，かつて「世界最初のプロレタリア国家を攻撃するために作られた資本主義諸国の合議体」であると非難していた国際連盟に加盟したことは，ソ連外交の大きな転換を意味した。バルトゥー暗殺（10.9）後，外相となったラヴァルは，バルトゥーの「東方ロカルノ」構想実現を継承，発展させることに努力する一方で，「英・仏・独・伊」4国協調路線をも志向していたといわれる。

一方，イタリアのベニト・ムッソリーニ首相（1922.10.31就任）は，英仏両国の対伊宥和政策をイタリアの国際的地位を高めることに利用した。かねてからヴェルサイユ体制に不満を持っていたムッソリーニは，地中海への膨張と東欧・南欧への勢力圏の拡大を目指していた。フランスにとっては，イタリアを利用してドイツを牽制しようという狙いがあった。他方，仏伊両国によるドイツへの牽制を期待したイギリスは，東アジアでの日本の膨張に対抗するための「エンパイアルート」（本国－地中海－紅海－インド洋）の安全を確保するためにも，イタリアとの関係を重視した[18]。

再軍備宣言とその影響

　1935年1月13日，ザール地方の住民はその帰属を決める投票をおこない，90パーセントという圧倒的多数で，ドイツへの帰属に同意した。これにより，ヒトラーは，ヴェルサイユ条約により失ったドイツ領土の一部を回復させ，彼の威信は高まった。ついで3月16日，ヒトラーは再軍備宣言（ヴェルサイユ条約の軍備条項の破棄宣言，徴兵制度の復活発表）をおこない，ヴェルサイユ体制からの公然たる離脱をおこなった。再軍備宣言は，バルトゥーの「東方ロカルノ」構想への回答という意味も持っていたといわれる[19]。

　ドイツが再軍備を宣言した後の4月11日に，英・仏・伊3国は北イタリアのストレーザで首脳会談を開いた。この会談では，オーストリアの独立維持，ドイツのヴェルサイユ条約の一方的破棄に対する抗議，ロカルノ条約の遵守などが決議された。ドイツに対する英・仏・伊3国の提携は，ストレーザ戦線と呼ばれた。しかし，この会談ではドイツに対する具体策は明確でなかった。4月17日，国際連盟理事会もドイツの再軍備宣言を非難する決議を採択したが，具体的措置は取られなかった。5月2日，ラヴァルはソ連のポチョムキン駐仏大使との間で仏ソ相互援助条約を調印し（1936.2フランス批准），その直後の5月13日に訪ソした[20]。ついで5月16日には，ソ連・チェコスロヴァキア相互援助条約が調印されて，ドイツに対する包囲網が一応成立した。しかし，「東方ロカルノ」構想が目標としていた集団安全保障体制は，親ソ・仏のチェコスロヴァキアと反ソのポーランドとの対立により挫折した。

　他方，イギリスでは，1935年6月7日，マクドナルド挙国一致内閣が総辞職して保守党のボールドウィン内閣が成立した。ボールドウィン内閣の軍事戦略は，爆撃機を主力とする空軍力増強を抑止力としてドイツとの緊張緩和を図るという「抑止戦略構想」をとった[21]。ボールドウィン内閣の外交政策の第一歩が，6月18日の英独海軍協定の締結であった。ドイツ海軍の再軍備を不可避と考えたボールドウィン内閣は，イギリスに有利な限度に止めさせようとして交渉し，ドイツにイギリス海軍の35パーセントの軍艦と45パーセントの潜水艦を保有することを認めた。イギリスが，ヴェルサイユ条約の軍備条項およびストレーザ決議を破棄し，しかも仏伊両国と事前に相談せず，単独でドイツと交渉・条約締結をおこなったことは，仏伊両国の反発を生んだ。ここにストレーザ戦線は崩壊した。

　仏伊両国の接近は加速し，ドイツの再軍備にはいっそう拍車がかかっ

た。その反作用として、ソ連は、ドイツの再軍備宣言に対してコミンテルンの戦術を転換させた。1935年7月25日、モスクワで開催されたコミンテルン第7回大会（～8.20）では、各国の共産党が社会民主主義政党との対立をやめ、社会民主主義政党に加えてブルジョワ民主主義政党とも提携する幅広い反ファシズム勢力の結集、いわゆる人民戦線戦術を採択した。

エチオピア戦争とドイツ軍のラインラント進駐

1935年10月3日、イタリアはエチオピア戦争を開始した（～1936.5.9）。これは、1935年4月のストレーザ会談で英仏両国はイタリアのエチオピアに対する戦争準備について黙認していたからであった[22]。

国際連盟はイタリアの侵略行動を抑止しようとしたが、満州事変と同じく失敗に終わった。失敗の理由は、英仏両国が、イタリアの侵略行動に対して軍事力に訴えるのではなく、イタリアの侵略行為を黙認し、現状維持を図るという宥和政策を展開していたことにあった。ムッソリーニは、後にヒトラーに対して、「制裁が1週間だけでも石油禁輸に拡大されていたら、イタリアにとって悲惨な結果になったであろう」と語った[23]。エチオピア戦争をめぐる英仏の対伊宥和政策は、ヒトラーの大きな賭けともいえたドイツ軍のラインラント進駐を決断させた。

1936年3月7日、ヒトラーはフランスの仏ソ相互援助条約の批准をロカルノ条約違反として、同条約の破棄を宣言するとともに、ドイツ軍のラインラント進駐を発表した。これによってドイツによるイギリス本土への空爆の可能性が現実のものとなった。ドイツ軍のラインラント進駐に対して英仏両国は、エチオピア戦争と同様に、戦争を始める危険を冒してでもドイツの行動を阻止するという決意はなく、結果として抗議をするのみであった。フランスにとっては安全保障上イギリスとの協調が重要となり、イギリスの対独宥和政策に同意せざるを得なかった。ラインラント進駐後の5月9日、イタリアはエチオピアの併合を宣言した。ラインラント進駐に成功したドイツは、ヨーロッパ国際政治における立場をより強化した。反対にフランスはその立場を弱めた。

ポーランドやチェコスロヴァキアなどフランスの東欧同盟諸国は、ドイツとの国交調整によって自国の安全確保に向かった[24]。また、エチオピア戦争の際に芽生えた独伊両国の接近ムードは、スペイン内戦（市民戦争）を通して本格的に促進された。

第4章　世界恐慌と台頭するファシズム

スペイン内戦と日・独・伊の提携強化

1936年7月17日，フランコ将軍はスペイン領モロッコでアサーニャ人民戦線政府（2.19成立）に対して反乱を起こし，スペイン内戦が始まった（～1939.3.28）。

英仏両国は「不干渉政策」をとり，反乱軍に軍事援助をおこなっていた独伊両国の干渉を黙認し，結果としてフランコ側の勝利に貢献した。独伊両国は，スペインが持つヨーロッパにおける戦略的位置の重要性や豊富な鉱物資源という経済的重要性という点に注目して干渉をおこなった。

これに対抗してソ連は，フランコ側の勝利はヨーロッパにおけるファシズムの勢力増大を意味し，ひいてはそれが自国の安全保障にとっての脅威の増大となるという認識をもって，人民戦線側に対して援助をおこなった。また，コミンテルンは各国の共産党を通して国際義勇軍への参加を呼びかけ，欧米の社会主義者や知識人からなる「国際旅団」が共和国政府支援のため戦争に加わった。しかし，ソ連の共和国政府への影響力が強まると，これに反発する勢力との対立，衝突が起こった。スペイン内戦は共和国政府の分裂もあり，フランコ側の勝利，共和国側の敗北で終結した（1939.3.28 マドリード陥落）。

スペイン内戦が展開されている時期，独・伊・日3国の提携関係は強化された。独伊両国は，1936年10月25日の「10月議定書」によって提携関係を強化させ，両国の提携関係は「ベルリン・ローマ枢軸」と呼ばれた。そして，日独両国は，11月18日にはフランコ政権を承認し，11月25日には，コミンテルンに対抗するために日独防共協定を締結した。

そこには，ドイツ外交の政策転換があった。ヒトラーは，イギリスがスペイン内戦で不干渉政策をとったことに失望した。そこで，ドイツ外交は「イギリスとの提携」路線から「イギリス抜き」路線へ，さらに「日本との提携」路線へとドラスティックに転換した[25]。ついで，1937年11月6日，イタリアが日独防共協定に参加し，ここに日独伊三国防共協定が成立した。12月11日にはイタリアも国際連盟から脱退した。

こうしてドイツ，イタリアは，両国の対外膨張にとって最大の障害になるイギリスを，ヨーロッパ，地中海で牽制していくうえでの手段として日本を重視していく。この時期，ドイツ，イタリアのアジアにおける自己の権益確保は二義的なものとなり，外交の重点をヨーロッパ，地中海に置くこととなる。また，日本も，ドイツ，イタリアがヨーロッパ，地中海でイギリスを牽制することを期待していた。

4 ── 第二次世界大戦への道

宥和政策

　英仏両国の日・独・伊への宥和政策とは，これら3国の「失地回復」などの要求に対して，部分的譲歩によって敵対関係に入ることがないように帝国主義的共存政策＝現状維持を図る政策である[26]。すなわち，宥和政策は，その本質において現状維持を戦略的課題とする保守的外交政策であり，反ソ・反共主義はその保守的外交の一側面であった[27]。

　現状維持勢力の代表格にあたるイギリスは，政治的・軍事的宥和に加えて，経済的宥和も追求していた。この経済的宥和とは，日・独・伊に対して経済的手段を使って，軍事力による現状打破を抑止しようとする政策といえ，日・独・伊国内の「穏健派」勢力の強化，拡大に期待を持っていた。また，経済的宥和には，スターリング圏の形成，拡大によって金融面での力の維持，発展を図り，帝国権益を追求するという狙いもあった[28]。しかし，こうした日・独・伊への宥和政策は，さらなる日・独・伊の膨張を助長することとなった。

日中戦争の勃発と拡大

　第1次近衛文麿内閣発足（1937.6.4）直後の1937年7月7日，日中戦争の発端となった盧溝橋事件が起こった。北京郊外の盧溝橋で起こった日中両国軍の偶発的衝突は，11日に現地の双方の軍の間で停戦協定が成立した。しかし，同日に日本政府は「不拡大，現地解決」の方針を変更し，陸軍中央の事態拡大派の主張を受け入れて華北への派兵を決定した。事態不拡大派は，対ソ戦備に全力をあげ，中国との軍事紛争となればその力が削がれるため，戦争を避けたいと考えていた。なぜなら，日中戦争は，事態不拡大派の陸軍参謀本部が対ソ戦備増強に着手したばかりの時点で起こったからであった[29]。

　国民政府は断固たる抗戦の姿勢をとったため，戦闘は日本側の予想を超えて拡大した。日本は，戦線を華北から華中へと拡大せざるを得ず，8月13日には，上海でも戦闘が始まり（第2次上海事変），日中両国は全面戦争に突入した。1937年9月2日，日本政府は「北支事変」を「支那事変」

と改称した⁽³⁰⁾。これに対して中国側も全面抗戦体制を固めた。9月23日、中国国民党と中国共産党との間に第2次国共合作が正式に成立した。日本がもっとも恐れていた抗日民族統一戦線が結成されたことにより、日本はいまや全中国を相手に戦うはめに陥った。

日本軍はつぎつぎに増援部隊を送り込み、ようやく11月12日になって上海を占領した。これに対して国民政府は、11月20日、長期抵抗のために重慶遷都を発表した。また、蔣介石は、11月にブリュッセルで開かれた九ヵ国会議で対日制裁が採択されなかったことに失望した。その頃、日本は外交ルートを通じて和平を模索しており、いわゆるドイツ大使による和平仲介工作が始まった。12月2日、蔣介石は日本軍の南京占領を避けることなどから日本との和平協議の開始を決定した。しかし、12月13日、日本軍は国民政府の首都南京を占領した。この南京占領のさい、日本軍による中国市民への虐殺事件、いわゆる南京大虐殺事件が起こった。

上海では日本軍に頑強に抗戦した蔣介石が、南京撤退を早期に命じたのは「第2のスペイン」を避ける強い意志を持っていたからであった。すなわち蔣介石は、南京で徹底抗戦をすれば、マドリードのように長期戦になり、共産党勢力が拡大することを恐れていた。蔣介石は、日本との持久戦に持ち込めば、最終的には勝利できると予測していた。そのため、「一時的に南京を撤退し、南京を日本軍の手に落としても、それは共産党の手に落とすよりは取り戻しやすい」と判断したのであった[31]。

1938年1月16日、日本政府は、ディルクセン駐日ドイツ大使に和平工作（後述）の打ち切りを通告するとともに、「国民政府を対手とせず」という第1次近衛声明を発表し、国民政府との和平交渉の道を完全に閉ざした。国民政府は、抗戦体制を崩さず、米英やソ連からの物資搬入ルート、いわゆる援蔣ルートを通じて援助を受けた。日本軍は、1938年10月に広州、武漢を占領したが、侵攻作戦はここで限界に達し、中国との長期戦の泥沼に引き込まれた。そのため、日本軍が支配できたのはせいぜい点（都市とその周辺）と線（鉄道と幹線道路）にすぎず、それ以外の地域では民衆の支持をえた八路軍や新四軍の主導するゲリラ戦にかきまわされた[32]。こうして、日中戦争は両軍が対峙する長期・持久戦へと移った。

日中戦争への各国の対応

ドイツの東アジア政策は、1936年4月に武器輸出を中心とする独中借款条約を締結する一方、11月には日独防共協定を締結する、といった二重外交を展開していた。ドイツは、国民政府軍強化のために軍事顧問団を派

日中戦争

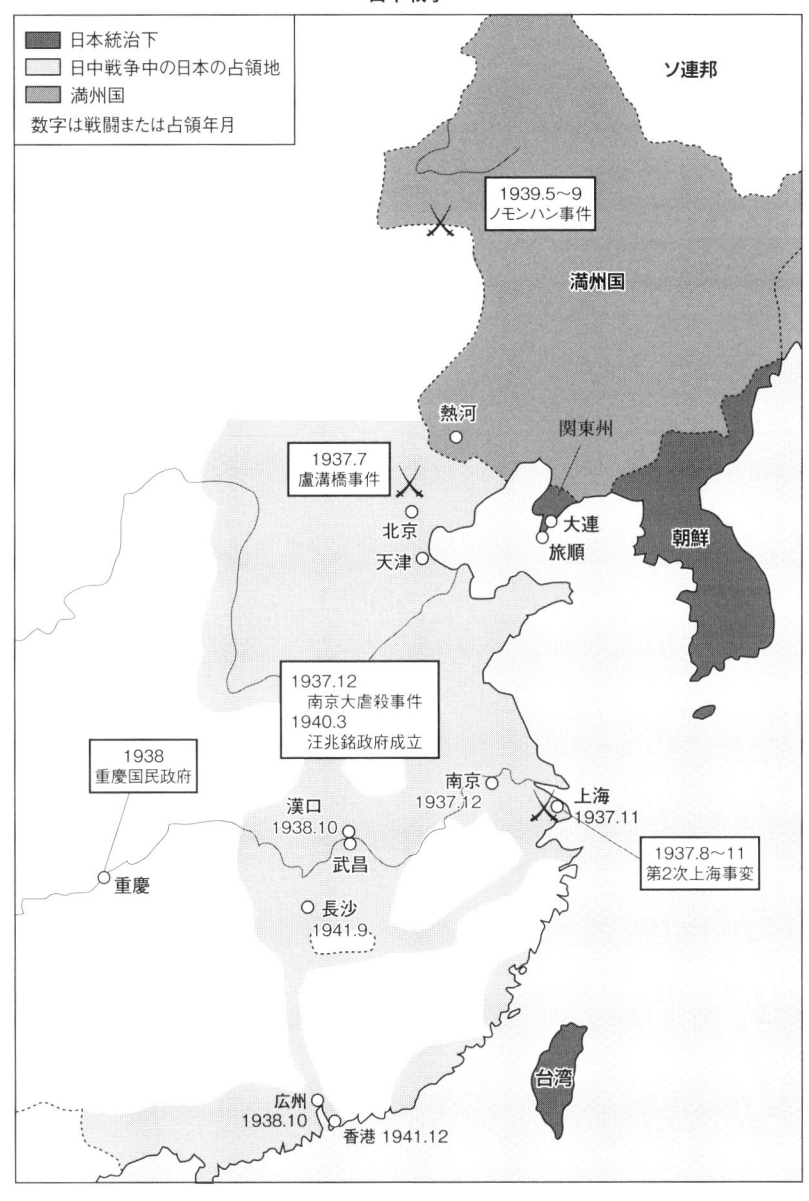

凡例:
- 日本統治下
- 日中戦争中の日本の占領地
- 満州国
- 数字は戦闘または占領年月

- ソ連邦
- 1939.5〜9 ノモンハン事件
- 満州国
- 熱河
- 関東州
- 1937.7 盧溝橋事件
- 北京
- 天津
- 大連
- 旅順
- 朝鮮
- 1937.12 南京大虐殺事件
- 1940.3 汪兆銘政府成立
- 1938 重慶国民政府
- 南京 1937.12
- 上海 1937.11
- 漢口 1938.10
- 武昌
- 1937.8〜11 第2次上海事変
- 重慶
- 長沙 1941.9
- 台湾
- 広州 1938.10
- 香港 1941.12

遣しており，中国に軍需物資などを輸出して，中国からタングステンなどの軍事的に重要な戦略物資を輸入していた。そのため，1937年8月13日に勃発した第2次上海事変は，「第2次日独戦争」のごとき様相を呈していた。ドイツは友好関係を保っていた日中両国の戦争に困惑した。

そこでドイツは日中戦争を早期に収拾する必要から，中国駐在大使トラウトマンを仲介者とする，いわゆる「トラウトマン和平工作」を，1937年11月からおこなった。1938年1月に入り，蔣介石は，この和平工作をいったん受け入れる姿勢をみせた。しかし，日本政府が南京攻略後に和平条件を吊り上げたため失敗した[33]。

1938年2月にナチス党幹部のリッベントロップが外相に就任すると，外交の一元化がはかられ，ドイツは東アジア政策を大転換させた。ヒトラーは，リッベントロップの意見（対日関係重視の立場から日・独・伊三国連合を主張）を選択した。5月，ドイツは満州国を承認し，中国への軍需物資の輸出を停止する措置をとり，軍事顧問団を中国から引揚げた。6月には，ドイツは国民政府と事実上国交関係を断絶した。

ソ連は，日本を中国に釘付けにすることに意義を見出し，1937年8月21日に中ソ不可侵条約が結ばれた。以後，ソ連は多額の借款供与と軍事援助をおこない，義勇兵名目でソ連人パイロットを派遣して戦闘に参加させた。ソ連は，1940年に至るまで中国に対する最大の援助国となった。

日中戦争勃発後の1937年10月5日，フランクリン・ローズヴェルト米大統領は，中西部孤立主義者の拠点であるシカゴで，「戦争は伝染病のようなもので，伝染病患者が病院に隔離されるように，戦争は隔離されなければならない」と演説（「隔離演説」）をおこない，侵略国（枢軸国）と侵略反対国とを区別し，アメリカは侵略反対国の側にたつ意図を示唆した。しかし，アメリカは具体的行動をとらなかった。イギリスもヨーロッパ情勢への対応が最優先とされ，日本に対する強い態度をとらなかった。1937年11月，ベルギーのブリュッセルで開催された九ヵ国会議（日本は参加を拒否）では，対日経済制裁には踏み切れず，対日非難にとどまった。

「東亜新秩序」声明と米英

1938年11月3日，近衛内閣は，「東亜新秩序」の建設を図るという声明を出した（第2次近衛声明）。それは，日本を盟主として，満州・中国との協力によって共産勢力の進出を阻止することを日中戦争の目的と位置づけ，その先にワシントン体制に代わる新しい体制を構築するという構想であった。

この「東亜新秩序」声明の中にある「中国」の対象として考えられたのが、国民政府内の汪兆銘一派である。国民党副総裁汪兆銘は、フランスのペタンと同様に反共を第一義として対日早期妥協を主張していた。汪は、1935年の時点で胡適の「日本切腹、中国介錯論」（米ソを日中紛争に巻き込むには、中国が日本との戦争をまずは正面から引き受けて、2，3年間負け続けることだと主張）を批判して、「日本との戦争をやっている間に、中国はソヴィエト化してしまう」と反論していた。日本側も汪の擁立による日中戦争の収拾を試みた。12月18日、汪兆銘は重慶を脱出し、ハノイに到着した。近衛内閣は汪兆銘の重慶脱出と合わせて、12月22日、中国和平の基本方針として三原則（善隣友好・共同防共・経済提携）からなる声明を出した（第3次近衛声明）。12月29日、汪兆銘は対日和平通電を中国全土に発したが、彼の行動に同調する動きは起こらなかった。日本軍未占領地域での対日和平政権樹立をめざす汪兆銘の構想は、はじめからつまずいた。日本側が期待した国民政府の瓦解は起こらなかった[34]。その後、汪兆銘は1940年3月30日、南京に国民政府を樹立した。
　近衛は、国際情勢への甘い見通しを前提として初めて公式に「新秩序」という語句を使用したのであった。この近衛声明の狙いは、東亜新秩序の正当性を国際世論に訴えると同時に、日中間の対立をアジア対欧米の対立という軸によって置き換えようとしたのであった。そしてこの声明は、東アジアにおける英米（とくにイギリス）勢力との対決とその排除の姿勢を明確に打ち出していく端緒となった[35]。この「東亜新秩序」を推進するための最大の障害となるのが、長江以南で各種の既得権益を擁し、東南アジア地域でも強固な支配力を誇るイギリスであることは明白であった。かくて日英の武力衝突は次第に不可避の形勢となっていった[36]。そのため、この近衛声明は、アメリカの東アジア政策も転換させる重大な契機となった。
　ローズヴェルト政権は、1938年11月の「東亜新秩序」声明を、日本がワシントン体制に公然と挑戦する政策をとるようになったと受け取った。
　そこで、ローズヴェルトは、12月に2500万ドルの対中借款を発表し、翌1939年1月に航空機および部品の対日輸出を禁止した[37]。ついで、ローズヴェルトは、この「東亜新秩序」声明を受けて、東アジア政策を転換させて世界的な反ファシズム政策と一体化させた。具体的には、対日（太平洋）を中心に置く軍事戦略構想から対ヨーロッパ（大西洋）を第一とする軍事戦略構想への転換、およびそれに応じた軍備増強であった。こうした日・独・伊3国を仮想敵国とした世界的戦争に備えた軍事戦略（レイン

ボープラン）の中での対日戦略の位置づけが，日米開戦までの対日政策のあり方を決めた。すなわち，ヨーロッパでの対独戦争を第一と置いているので，アジア・太平洋地域では日本の行動を抑止することで対日戦争を回避することを目標とした[38]。

一方，イギリスも「東亜新秩序」声明に強く反発し，1939年3月には1000万ポンドの対中借款をおこない，アメリカとともに中国支援の態度を明確にした。

宥和政策をめぐる対立

1937年5月28日にネヴィル・チェンバレン保守党政権が誕生し，外相にはアントニー・イーデンが再任された。1937年以降，イギリスは，ヨーロッパ・地中海・東アジアの三方面で独・伊・日3国の挑戦に直面し，単独で立ち向かうことはできなかった。指導層の間では，チェンバレンらが主張する宥和政策の継続によって「敵の敵を減らす」か，イーデンら反宥和主義者が主張する枢軸諸国に対抗する「米・ソ・仏など潜在的同盟国の結集」を図るかをめぐって対立が生まれた。

チェンバレンにとっては，米・ソ・仏3国はいずれも信頼できる同盟国ではなかったし，米ソはイギリス帝国に対する挑戦者であり現状打破勢力なのであった。したがって，チェンバレンは植民地や小国を犠牲にしつつイギリス帝国の現状維持を図ろうとした[39]。これに対してイーデンは，世界の大国としてのイギリスの地位が，グローバルな帝国の維持によって支えられていると想定していた。彼は，ヨーロッパ，地中海，東アジアにおけるイギリス帝国の諸権益を一体不可分の存在とみなし，イギリスが独・伊・日3国の侵略行動に対して積極的な対応をとることを主張した[40]。

チェンバレンは，英・仏・独・伊4大国による「西欧条約」を結ぶことで「ヨーロッパの全般的宥和」の実現を目指して，ドイツとの折衝に期待をかけた[41]。1937年11月19日，チェンバレンはハリファックスを非公式にドイツに派遣して，ヒトラーと会談させた。席上ハリファックスは，ソ連に対抗する「英・仏・独・伊四国協定」構想案を示唆し，その構想実現の代償として「ダンチヒ，オーストリアおよびチェコスロヴァキア」における平和的国境変更という方法ならば，イギリスは「それを妨げるつもりはない」と語った。これに対してヒトラーは，この四国協定構想に消極的姿勢を示したため，ハリファックスはこの構想を実現困難と認識したといわれる[42]。しかし，チェンバレンはハリファックス帰国後の閣議において，ドイツが東・中欧で「ビーバーのようにせっせと活動を続けること」

を妨げるつもりはなく,「オーストリアへの武力侵攻といった有害な行為でない限り許されてよい」と語り,事実上ドイツによる併合を容認した[43]。チェンバレンの外交戦略は,ミュンヘン協定へとつながっていった。

1938年2月20日,宥和政策に反発してイーデンは辞任し,ハリファックスが後任の外相に就任した。イーデン辞職問題は,国内問題にとどまらず,第二次世界大戦への道の大きな転機となった。イギリスは,チェンバレン,ハリファックスが主導する対ドイツ宥和政策を本格的に推進することとなった。また,この頃フランスもイギリスの対独宥和政策に追随せざるを得なくなっていた。ヒトラーはこうした英仏の対独宥和政策を最大限に利用した。

ズデーテン危機とミュンヘン会談

1938年3月13日,ドイツは武力の威嚇でもってオーストリアを併合し,ここに本格的対外侵略の第一歩を踏み出した。昔から「東南ヨーロッパへの門」と考えられていたウィーンを支配下に置いたことで,ドイツはハンガリー平原からバルカン半島の入口に睨みを利かせることになった。ドイツの次の侵略目標は,チェコスロヴァキアに向けられた。

すでにヒトラーは,日独伊三国防共協定成立の前日の1937年11月5日,ベルリンの総統官邸で開かれたナチス・ドイツ指導部の秘密会議の席上,ドイツに近接しているヨーロッパの土地を「生存圏(レーベンスラウム)」として獲得するという構想を示し,武力行使をおこなう不退転の決意を述べており(会議に出席したホスバッハ大佐が作成した覚書),オーストリアとチェコスロヴァキアを併合する方針はこの会談で決定されていた。

ドイツは,ドイツ系住民が多数を占めているチェコスロヴァキアのズデーテン地方のドイツへの帰属を求めた。ズデーテン危機が一挙に高まったことをうけて,1938年9月29日,ドイツのミュンヘンにおいてチェンバレン英首相・ダラディエ仏首相・ムッソリーニ伊首相・ヒトラー独総統の4国首脳会談(ミュンヘン会談)が,関係当事国チェコスロヴァキア,ソ連を除外した形で開催された。席上,ヒトラーは「ズデーテンは余がヨーロッパにおいてなすべき最後の領土的要求である」と述べたので,英・仏・伊3国首脳はドイツのズデーテン獲得を認め,ここに30日未明チェコスロヴァキアを犠牲とする「ミュンヘン協定」が調印された。同協定は,英仏両国による対独宥和政策の頂点をなすものであり,かつ英仏の宥和政策が弱小諸国の犠牲による「大国共存」の政策へと変質したことを意味した[44]。10月1日,ドイツ軍はズデーテン地方に進駐し,ドイツは東南ヨー

ロッパに対する戦略的拠点を確保した。英仏両国民は戦争が回避されたことに安堵(あんど)の念を抱いた。

ダンチヒと天津租界封鎖事件

1938年11月，ドイツは日本に対し，「防共協定」を強化して「ソ連」に加えて「英仏」を仮想敵国とする軍事同盟にすることを提案した。しかし，日本側は仮想敵国を「ソ連」一国に限定しようとする陸軍・外務省と仮想敵国を「ソ連」に加えて「英仏」とする海軍との調整が進まずに完全に行き詰まった。その過程で，1939年1月5日，近衛内閣は総辞職し，平沼内閣が成立した。

「防共協定」強化問題をめぐる日・独・伊3国間の交渉が暗礁(あんしょう)に乗り上げている間に，ドイツは1939年3月15日，ミュンヘン協定を破棄してチェコを併合した。翌16日にはスロヴァキアをドイツの保護国として独立させた。チェコスロヴァキアは解体された。次にドイツはポーランドに侵略の矛先を向けた。21日，ドイツはポーランドに対してダンチヒのドイツへの復帰，ポーランド回廊を通過する治外法権を持つ自動車道路と鉄道の敷設権を要求した。ドイツ・ポーランド交渉は難航した。

ここにいたって，イギリスも対独政策を転換した。それは，対独開戦を回避もしくは延期することを基本目的とし，対独開戦の原因となりうるドイツの侵略行動の「事前抑止」を狙いとするものであった。対独抑止政策の具体策は，ポーランドに重点をおいた東・南欧諸国との対ドイツ戦線，すなわち東方戦線の構築にあった（3.31英仏の対ポーランド援助声明，4.13英仏のギリシア・ルーマニア援助声明）。すなわちイギリスは，ダンチヒを理由にした戦争は回避する方針であった[45]。

イギリスはまた，対独抑止政策を強化するためにソ連との交渉を開始した。4月，イギリスはソ連に対して「平和戦線」に参加を求める提案をおこなって，英・仏・ソ3国間の交渉が本格化した。一方，ドイツは4月28日に英独海軍協定と独・ポーランド不可侵条約の破棄を宣言して，イギリスの対ドイツ包囲網に対抗措置をとり，ソ連との交渉を本格化させた。5月に対ポーランド戦を決定したドイツは，ポーランド戦争に勝利するためには，英仏，ソ連の介入阻止の国際環境を作り出す必要があった。

ところで，イギリスのこうした対独抑止政策は，ヨーロッパ，地中海，東アジアの3地域における危機の同時進行に直面したために考慮された選択であった。1939年7月，イギリスの戦略構想は再検討され，優先順位を本国および西欧中心に置き，事実上地中海と東アジアに関する防衛義務の

ナチス・ドイツの拡大⁽¹⁾

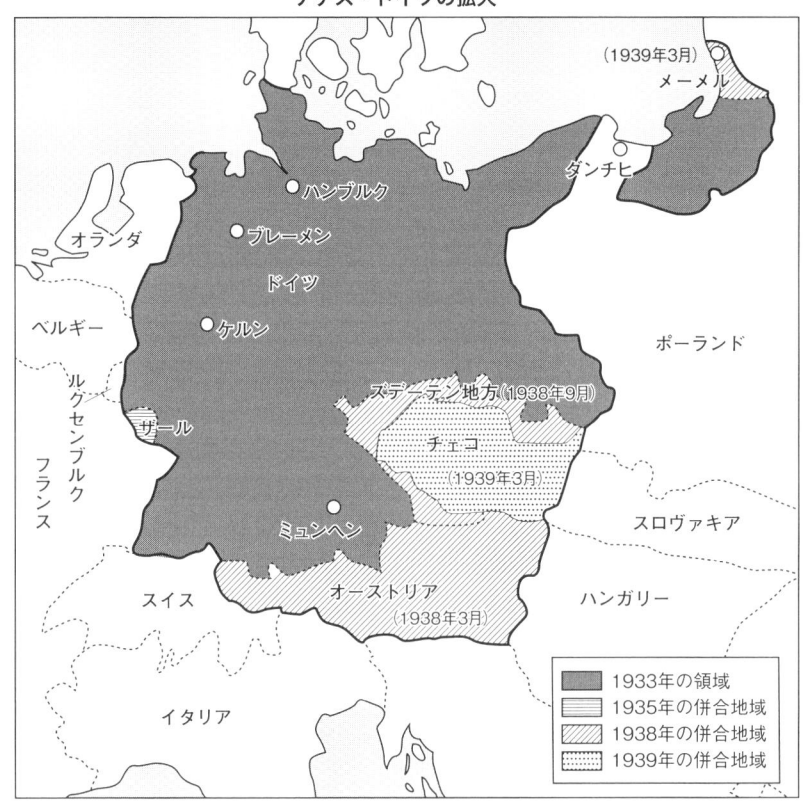

放棄を決定した⁽⁴⁶⁾。

　イギリスは，1939年夏，アジアにおいても危機に直面していた。日本軍は，6月14日に天津(テンシン)の英仏租界(そかい)を封鎖した。イギリスは日本に譲歩し，7月24日に日英仮協定に署名した。ヨーロッパにおける1939年夏の危機が，イギリスにとっては東アジアにおける交渉力を奪い，妥協を選択せざるを得なくした。

　天津租界封鎖事件は，イギリスの東アジアでの影響力の低下を示す出来事であった。この天津租界封鎖事件の反作用として，アメリカは7月26日，日米通商航海条約（1911.2.21締結）の破棄を通告した。この条約の規定では，通告から6ヵ月後，つまり1940年1月に失効することになっていた。破棄通告が日英仮協定調印の2日後になされたのは偶然ではなかった。日本は軍需資材など戦略物資の大半をアメリカからの輸入に依存し

第4章　世界恐慌と台頭するファシズム　91

がら中国での戦争を続けていたので、このアメリカの破棄通告は日本にとって衝撃であった。また、アメリカは大西洋に展開していた海軍の主力をハワイに戻す措置をとって日本軍の行動を牽制した。日本がヨーロッパ情勢に便乗して中国におけるイギリスの地位を脅かそうとしたとき、アメリカはそれに反対して日本の前に立ちはだかった[47]。

独ソ不可侵条約

1939年前半、英仏、ドイツ双方はソ連との交渉を本格的に開始したが、他方ソ連はドイツとの交渉を急いでいた。その最大の要因がノモンハン事件（1939.5.～9.15 日本軍とソ連・モンゴル連合軍の武力衝突が起こり、連合軍が圧勝）であった。「ミュンヘン協定」を反ソ4国協定と見ていたソ連は、ドイツとの提携を政策の選択の一つとして考慮するようになった。

ソ連による対独連携のシグナルは、1939年3月10日のソ連共産党第18回大会でのスターリン演説で示された。スターリンは、ソ連の選択肢が英仏に対してだけではなく、ドイツに対しても開かれていることを明らかにした[48]。ソ連は、対ドイツ接近をすでに着々と進め、5月3日には集団安全保障外交（英仏を中心とした西欧各国との協調によってドイツの動きを牽制する）を推進していたリトヴィノフ外相を更迭し、後任の外相にはモロトフが就任した。一方、英仏両国とソ連との交渉は、進展がなかった。イギリスが、ソ連との提携を日・独・伊3国に対抗するブロック形成であると日本にみられることを懸念していたからであった（第二の天津租界封鎖事件を避ける）[49]。

8月23日、リッベントロップ独外相が訪ソし、独ソ不可侵条約に調印した。なおこの不可侵条約には、ソ連に対する「防疫線」とみなされていたポーランドを含む東欧における独ソ両国の勢力範囲を定めた秘密議定書が付属していた。この秘密議定書そのものに積極的であったのは、ソ連の方であったといわれる[50]。ヒトラーはこの条約によって、きたるべきポーランド攻撃でソ連の中立を確保することに成功した。

独ソ不可侵条約の締結は関係国に大きな衝撃を与えた。もっとも大きな衝撃を受けた国は、ノモンハンでソ連・モンゴル連合軍と戦闘中だった日本であった。独ソ不可侵条約の締結によって、対ソ戦に備えるための防共協定強化問題が意味を失ったからである。日本外交は根本的な再検討を迫られた。また、独ソ不可侵条約の成立に驚いた英仏両国は、ドイツと対決する決意を固め、8月25日、ポーランドとの間に相互援助条約を締結した。

第5章

第二次世界大戦

1939 〜 1945

1 ── 第二次世界大戦の勃発と拡大

ドイツの大陸制覇

1939年9月1日，ドイツ軍はポーランドに侵略を開始し，これに対して英仏両国は9月3日，ドイツに宣戦を布告，ここに第二次世界大戦が勃発した。ドイツ軍の「電撃作戦」によってポーランド西部は2週間で占領され，17日にはソ連軍も失地回復を理由にポーランド東部に侵入して占領し，ポーランドは独ソ両国によって分割占領された（1939.9.28 独ソ友好条約）。独ソ両国の占領地区では，強圧的な占領政策がおこなわれた[1]。一方，ドイツの西部国境では，英仏両軍とドイツ軍とが本格的な戦闘を交えずに対峙して「奇妙な戦争」と呼ばれる状態が開戦後半年あまり続いた。

しかし，1940年4月，ドイツ軍は西部国境への本格的攻撃を開始し，デンマーク，ノルウェーに，5月にはオランダ，ベルギー，北フランスに侵攻し，退路を断たれた英仏両軍はダンケルクから退却した。6月14日，ドイツ軍はパリを無血占領した。22日に独仏休戦協定が調印され，北・中部フランスがドイツの占領地域とされ，南部フランスはヴィシーを首都とする親ドイツのペタン政権が統治することとなり，ここにフランス第三共和政は消滅した。シャルル・ド・ゴール仏陸軍次官らは6月23日，ロンドンに自由フランス国民委員会（CNF）を結成して国民に対独レジスタンス運動（抵抗運動）を呼びかけた。ただ，フランス国内の対独レジスタンス運動は，小規模な範囲でしか起こらなかった[2]。

ところで，フランス降伏に先立つ6月10日，イタリアはドイツ軍の優勢をみてようやく英仏両国に宣戦し，ニース，サヴォイアを占領した。こうしたイタリアの行動は，独伊関係が，決して強固な同盟関係ではないことを示していた。

大陸制覇の影響

ドイツのヨーロッパ大陸制覇は全世界に大きな衝撃を与えた。イギリスでは政権交替をもたらし，ダンケルクからの退却直前の5月10日，チェンバレンに代わって対ドイツ強硬派のウィンストン・チャーチル（保守党）

が首相に，イーデン（保守党）が外相に就任するとともに，副首相にはアトリー労働党首を迎え，挙国一致の戦時内閣が組織された。ドイツは対英上陸作戦（「あしか作戦」）実施のため，1940年7月から10月にかけて激しい空爆を繰り返したが，制空権を握ることはできなかった（「バトル・オブ・ブリテン」）。ヒトラーは，10月12日には「あしか作戦」の実施を翌年春まで延期することを決定した。そして，「あしか作戦」実施の可否を検討する過程から，対ソ攻撃の可能性を考えるようになった。また，イギリスが当てにしていたアメリカを牽制する必要から日本の役割を期待し，日独伊三国同盟結成に向け動き始めた。日本でもドイツのヨーロッパ大陸制覇によって，ドイツに対する関心が強まっていた。

日独関係は，独ソ不可侵条約締結により冷却化していた。しかし，日本はドイツの大陸制覇が対外政策の行き詰まりを打開する絶好の機会をもたらすと考えた。仏印（フランス領インドシナ），蘭印（オランダ領東インド）などの資源を獲得して自給自足体制を構築するとともに，援蔣ルートを遮断しうる絶好のチャンス到来とみた日本では，「南進」論が急速に高まった。

海軍は，1940年1月段階で海南島を「南進の前進拠点」としており，ドイツの大陸制覇を受けて，これまで日独伊三国同盟に消極的だった姿勢をかえ，「南進論」実行の障害となるアメリカの対日参戦を牽制するため，ソ連を加えた「日・独・伊・ソ四国連合」構想を抱くようになった。すなわち，海軍上層部が日独伊三国同盟に賛成したのは，「他に選択肢はない」という消極的なものではなく，むしろ積極的なものであった[3]。

1940年7月22日に発足した第2次近衛文麿内閣の目標は，「日・満・支三国」による「東亜新秩序」をさらに広げて，東南アジアを含む「大東亜共栄圏」の建設にあった。しかし1940年3月30日，汪兆銘が日本軍占領下の南京に樹立した「国民政府」の実質的な支配領域は，江蘇，浙江，安徽の3省にとどまり，国際的な承認は日・独・伊3国程度にとどまった[4]。そして北部仏印進駐（9.23）と日独伊三国同盟結成（9.27）は，日本が日中戦争からアジア・太平洋戦争へと戦線を拡大していくことを意味し，英米両国の反発および両国の対日対決の姿勢を招き[5]，それがまた，日本政府・軍部内においては次第に英米「不可分」論を有力にさせた。

ドイツの大陸制覇まで，ソ連はバルト三国に海軍基地の使用権と軍隊の駐留権を認めさせる内政不干渉政策をとっていた。一方で，ソ連はフィンランドにも基地に関して同様の要求をしたが，フィンランドに拒否されると，1939年11月30日にフィンランドを攻撃し，ソ連・フィンランド戦争

（冬戦争）に発展した。英仏指導下の国際連盟は12月14日，ソ連を「侵略国」とみなして連盟から除名したが，1940年3月12日には，ソ連はレニングラード周辺地域をフィンランドから獲得した（ソ連・フィンランド講和条約）。しかし，ソ連はこの戦争において国際世論を敵に回し，また甚大な被害を受けたことから，軍事的弱体化をドイツに印象づけ，独ソ戦開始後にフィンランドを敵に回してしまうなどの大きな痛手を負った[6]。

ドイツの大陸制覇以降，ソ連はドイツの次の矛先が東に向くことを想定した。ソ連はいわば緩衝地帯を形成する目的で，1940年6月28日にルーマニアのベッサラビア（現モルドバ共和国）などを占領した。8月6日には，独ソ不可侵条約の付属議定書（密約）に従ってバルト三国を併合してソ連邦内の社会主義共和国とした。

ベルリン会談と日ソ中立条約

スターリンは独ソ両国の現状維持を望み，1940年11月10日，モロトフ外相にベルリンを訪問させ，ドイツ首脳との会談がおこなわれた（11.12～16）。ベルリン会談では，独ソ両国は双方の勢力範囲を画定したうえで「日・独・伊・ソ四国協定」を結ぶことを議論したが，勢力範囲についての合意には至らなかった[7]。

ベルリン会談後，12月18日，ヒトラーはドイツ軍に対ソ攻撃計画を命令した。これは「バルバロッサ作戦指令」と呼ばれ，対ソ攻撃準備を1941年5月15日までに完了することになっていた。ここに，リッベントロップと松岡洋右外相が描いていた「日・独・伊・ソ四国連合」構想（四国協定を締結して，その力で米英を圧倒し，日・独・伊の主導する新国際秩序の樹立を目指した構想）は破綻した。なお，対ソ戦は，実際には5月15日ではなく6月22日に開始された。延期された理由は，ドイツのバルカン制圧（1941.4）に時間がかかったからである[8]。

ドイツ軍が対ソ攻撃を準備している頃，日ソ中立条約が締結された（1941.4.13）。ドイツのバルカン制圧により，ドイツとの戦争を不可避と見たソ連は，東方の安全を確保することを急いでいた。一方，日本には，南進政策を進めるために北方の安全を確保し，日米関係の悪化を日ソ提携の力で調整する必要があった。さらに，日中戦争膠着の原因が国民政府への米・英・ソの軍事援助であると考え，その一角であるソ連の援助を停止させたかった。

ところで，松岡外相は1941年3月に独・伊訪問に出発し，そして4月13日にモスクワで「日ソ中立条約」を締結した。しかし，ドイツは密かに対

ソ攻撃を決定していたため，松岡の「四国連合」構想の前提はすでに崩壊していた。また日独両国が三国同盟で目指していたアメリカを牽制するという目的が，武器貸与法（レンド・リース・アクト）などローズヴェルトの一連の政策により挫折していた。一方，スターリンは米英両国政府やゾルゲなどによって1941年3月以降もたらされたドイツの対ソ攻撃が近いとの情報を無視していた。スターリンはドイツに攻撃の口実を与えないようにすることで，独ソ戦の回避を図った。スターリンが対決の道を選択しなかったのは，ソ連の抗戦準備がまだ未完成だったからである。その原因は軍人の粛清を含むスターリン体制そのものに求められた[9]。

アメリカの政策転換と日米関係

　ローズヴェルトはドイツを主敵とみなしていた。こうした姿勢は，対ソ政策にも反映されていた。1939年9月，ソ連がポーランドを侵略したとき，ローズヴェルトは中立法にしたがってソ連を「交戦国」と認定するのを避けていた。さらに，ソ連が同年11月にフィンランドを攻撃した際には，抗議の姿勢を示しながらも，ソ連がこれ以上ドイツに接近しないように努め，刺激するのを差し控えた[10]。

　ローズヴェルトは，ドイツの大陸制覇を受けて本格的に政策転換をおこなった。軍需生産の拡大に努め，平時としてははじめて徴兵制を実施した（1940.9.16）。11月5日，ローズヴェルトは「不参戦・対英援助」を公約にして大統領選挙で史上初の3選を果たした。アメリカは，イギリスを支援するために武器貸与法を制定した（1941.3.11）。武器貸与法は，二重の意味で，アメリカを世界の指導国にしていくものであった。第一に，それはイギリスを含むファシズム諸国と戦うすべての国および勢力に武器を与えるというものであり，アメリカを「民主主義の兵器廠」とした。第二に，それには戦後に返済する責務を明記した条項もともなっており，返済の棒引きとイギリス帝国への「門戸開放（オープン・ドアー）」を要求することで，戦後を「パクス・アメリカーナ」にしうる可能性を持っていた。こうして1941年4月から，武器貸与物資の対英輸送が開始された。

　アメリカが対英援助体制づくりを進めていた頃，日独伊三国同盟が結成された（1940.9.27）。これに対してアメリカは，1940年10月5日に日独伊三国同盟を強く非難する一方で，重慶国民政府への援助を積極的におこなった。アメリカは，日本軍の北部仏印進駐（1940.9.23）に対して，9月25日，4月の2000万ドルの対中借款に続き，新たに2500万ドルの対中借款を決定し，9月26日にはくず鉄の対日輸出の禁止を発表した。しか

し，アメリカは対英援助を最優先の政策としていたので，三国同盟には慎重に対応した。それが日米交渉であった。日米交渉は，最初1940年末から民間レベルでの交渉という形で開始されていた。しかし，日米交渉がおこなわれていた1941年4月13日に，日ソ中立条約が締結された。アメリカは，日本とドイツが協議して北方の安全を確保し，ドイツが対英攻撃を再開すれば，それに呼応して日本がシンガポール攻撃に打って出ると予測した。そこでアメリカは，4月16日に日米民間人の間で作成した「日米諒解案」を叩き台とする野村吉三郎駐米大使とコーデル・ハル国務長官との間の政府間交渉を提案，日本もこの提案に同意した。こうしたアメリカの慎重な方策を転換させる契機となったのが，独ソ開戦であった。

独ソ開戦と日米関係

1941年6月22日，ドイツは対ソ攻撃を開始した。ドイツはソ連の抗戦能力をきわめて低く評価し，1ヵ月ないし3ヵ月でソ連は敗北すると予測していた。

ドイツの対ソ攻撃は米英に余裕をもたせ，ソ連を米英の「敵の敵」とした。イギリスは，独ソ開戦直後の7月12日にソ連との間の英ソ軍事協定に調印した。一方ローズヴェルトも，6月24日対ソ援助を表明した。しかし，ソ連がドイツの攻勢に持ちこたえることができるか否かが未確定のため，当面対ソ援助は名目的なものにとどめた。また，日本が独ソ開戦後の情勢変動を受け，北進と南進のどちらかを選択するのかが注目された。アメリカは日本の暗号電報解読（「マジック電」）に成功し，「7月2日の御前会議で，対米英戦も辞せず（初めて国策に明記）南進と決定」の情報をキャッチした。

第2次近衛内閣は対米戦争を回避するためにも日米交渉の継続を図り，7月に対米強硬論者の松岡外相を除くためいったん総辞職した。第3次近衛内閣が成立（7.18）した直後の7月28日に，すでに決定されていた南部仏印への「進駐」を断行し，イギリスの東アジア支配最大の根拠地シンガポールが日本の空爆圏内に入った[11]。ついにアメリカは8月1日，在米日本資産を凍結し，石油の対日全面禁輸を決定した。アメリカの狙いは，日本のさらなる南方進出を抑制するためであり，日本の対ソ攻撃を阻止するためでもあった。さらに，日本のさらなる南方進出は，イギリスの対独継戦を困難にし，イギリス帝国の崩壊をもたらしかねない深刻な事態であると考えられていた。すなわち，アメリカにとって，イギリスの崩壊は安全保障上絶対に阻止せねばならなかった[12]。一方，日本にとっては，もっ

とも重要な戦略物資である石油の供給をアメリカに頼ってきた日本の致命的弱点を直撃するものであり，日本は決定的な岐路に立たされた。

そういうなかで，ローズヴェルトはチャーチルと大西洋上会談をおこなった（8.9〜8.12）。チャーチルは日本への強硬策を主張したが，ローズヴェルトは，ソ連の冬季持久が確認されるまで日本を「あやす」として慎重な姿勢を示した。なお，この会談後の8月14日，戦争目的と終結のためのルールを明示した「大西洋憲章」が発表され，第二次世界大戦の性格をファシズムと反ファシズムの戦いと位置づけた。しかし，その憲章作成の際に，アメリカの「門戸開放」要求とイギリスの「スターリング・ブロック体制」保持が対立した。そしてこの問題は憲章に，「門戸開放」と「スターリング・ブロック体制尊重」を併記するという形で処理された。

日米交渉

アメリカによる対日石油全面禁輸発表後，日本では「ジリ貧論」（持久戦ができない日本としては，石油など重要な戦略物資の備蓄燃料が激減していくなか，勝機が少しでもあるうちの開戦を主張）が軍部を中心に強まった[13]。陸軍は英米「可分」論から海軍の英米「不可分」論と同じ立場に転じ，「南進」論においても積極的な海軍に同意した。軍部は，対英米開戦の決意を固めた。

1941年9月6日の御前会議では，近衛らの交渉継続論と東条英機陸相らの即時開戦論が対立した。その結果，日米交渉の期限を「10月上旬」と区切り，「交渉が成功しなければ対米（および対英・対蘭）開戦に踏み切る」という外交交渉と開戦の両論を併記した帝国国策遂行要領を決定した。10月に入ると，ソ連の越冬存続が可能となり，アメリカの対日姿勢が厳しくなった。10月2日には，アメリカは近衛が提示していた日米巨頭会談の開催に否定的な回答を提示した。さらに，東条らは近衛の中国からの日本撤兵問題でのアメリカへの譲歩に反対し，交渉期限の延長にも反対した。その結果，16日に近衛内閣は総辞職し，18日に首相が陸相，内相を兼任する形で東条内閣が発足した。

天皇は，これを受け東条に9月6日の御前会議決定を白紙に戻して再検討することを命じた[14]。これを受け，東条内閣は日米交渉を継続させた。東郷茂徳外相は，アジア・太平洋全般にわたる包括案の「甲案」と重要問題に絞って暫定的な妥協点をみいだそうとした「乙案」という二つの対米提案を用意し，まず，「甲案」で交渉し，妥協ができなければ「乙案」で交渉するという二段構えの構想を持っていた。「甲案」には，さま

ざまな留保条件があり，アメリカの同意は望み薄であった。たとえば，中国からの撤兵（和平成立後中国の要地に25年駐兵継続）は蔣介石との和平交渉成立による平和回復が前提であった。東郷が日米合意の可能性に期待したのは「乙案」であり，これは日本が仏印以外の東南アジアには進出しない代わりに日米通商関係を在米資産凍結以前の状態に戻すことを求める暫定協定案であった[15]。東郷は，野村駐米大使に「乙案」は名実ともに最終案である，との電報を送っていた。11月5日の御前会議は，対米交渉の「甲案」「乙案」を決定するとともに，日米交渉の期限を「11月末」とし，その後は対米開戦，という帝国国策遂行要領を採択した。

　11月7日，日本はアメリカに「甲案」を提出した。それがアメリカに拒否された（11.15）後，20日にアメリカに「乙案」が提示された。ローズヴェルトは，マジック電によって「乙案」が日本の最終案であることを知っていた。ローズヴェルトは，ハルに「対日戦の準備が整うまで，開戦を引き延ばすこと」を指示した。そのために「乙案」に対する対案として「暫定協定案」の作成を指示し，11月22日にできあがった。それは，「日本がこれ以上南方進出しないことを条件に，アメリカは経済制裁をゆるめ，日中戦争の解決には干渉しない」など3ヵ月期限の暫定協定案で，日本に妥協的な内容であった。この暫定協定案は，日米交渉が進展する可能性を持った内容であった。しかし，イギリス側と中国側はこの案に猛反発した。チャーチルや蔣介石が猛反発した理由は，アメリカの参戦を望んでいたからである。さらに，ローズヴェルト政権内にも対日不信が強く，ハルは孤立していた。11月26日，ハルは同時に手渡すはずであった「暫定協定案」を放棄し，「乙案」に対する回答として包括案である「ハル・ノート」のみを日本側に提示した。その内容は，日本軍の中国と仏印からの撤退，蔣介石政府以外の中国政府の不承認，日独伊三国同盟の実質的廃棄を求めるものであった[16]。

日米開戦

　ローズヴェルト政権は，すでにマジック電によって日米交渉の期限が「11月末」で，その後は日米開戦に進むという情報をキャッチしていた。11月26日，ローズヴェルトは数十隻からなる日本の大型輸送船団が台湾沖を南方に移動しているとの情報を軍部から受け取り，日本軍は南進を開始したと判断した（後に軍関係者の過大報告と判明）。ローズヴェルトは，日本が本当に妥協する気があるのかと，日本の姿勢に疑問を抱いた。すなわち，日米交渉をおこなっているさなかの7月末に南部仏印進駐とい

う軍事行動に出た日本が、ふたたび「乙案」を提示しながら一方で軍事行動をとる可能性に危機感を持った。ローズヴェルトは対日戦を決意し、日本に最初の一発を撃たせて戦争の名分を獲得しようと考えた。「ハル・ノート」提出翌日の27日、ハルはヘンリー・スティムソン米陸軍長官に「私は手を洗った」と伝えた[17]。同日、軍部は日本の攻撃方向を「フィリピン、タイ、あるいはボルネオ」と想定し、現地司令官に「戦争警告」を出した。

　一方日本側は、「ハル・ノート」を日本に対する最後通牒（つうちょう）と受け止め、12月1日の御前会議で対米・英・蘭開戦を決定した。「ハル・ノート」を知った東条や東郷は、アメリカ側の「暫定協定案」の内容が判（わか）っていただけに強い衝撃を受けた。両者とも開戦やむなしと判断した。さらに、「ハル・ノート」は、当時の陸軍をリードしていた二人の人物、すなわち日米開戦回避を主張していた武藤章（むとうあきら）陸軍省軍務局長と日米開戦を主張していた田中新一（たなかしんいち）陸軍参謀本部作戦部長との対立を解消させた。武藤は、「ハル・ノート」を交渉打ち切りの通告と判断し、日米開戦に同意した。

　7日（日本時間8日）、日本陸軍が英領マレー半島に奇襲上陸し、その直後日本海軍がハワイ真珠湾を奇襲攻撃した。日本は、米英両国に宣戦布告し、中国戦線のほかに、対英戦争を主とする東南アジア方面と対米戦争を主とする太平洋方面へと戦線を拡大し、いわゆるアジア・太平洋戦争が始まった[18]。

　8日（日本時間9日）、米英両国は対日宣戦布告をおこない、9日、中国政府（重慶国民政府）も日・独・伊に対して宣戦布告をおこなった。11日に、独伊両国もアメリカに宣戦布告し、ここに文字通り第二次世界大戦は世界的規模の戦争へと発展、拡大するにいたった。

　日本が真珠湾を奇襲攻撃する直前の12月2日、ドイツ軍のモスクワ近郊進撃は阻止され、5日にはソ連軍の反攻が開始された。12月8日、ヒトラーは対ソ攻撃作戦の停止を命じ、戦線を後方に下げる命令を出した。日本はドイツがヨーロッパで勝利することを国策の前提として米英と戦争に入ったが、ドイツ軍はモスクワから退却を始めた。

2 ── 大同盟の戦時戦略

ミッドウェー海戦・スターリングラードの戦い

　独ソ開戦から半年後，日本軍による真珠湾奇襲攻撃をきっかけにアメリカは交戦国となり，ここに米・英・ソの「大同盟」が成立した。1942年夏までは，日・独・伊3国を中心とする枢軸国側が優勢を保ったが，同年後半から連合国側の反撃が始まり，戦局の主導権は連合国側の手に移った。

　北アフリカ戦線では，エル・アラメインの戦いに勝利し（1942.11.4），それに続く北アフリカ上陸作戦にも勝利した（1943.5.12）。太平洋戦線では，ミッドウェー海戦で日本海軍の高速空母部隊の主力を撃破して（日本海軍は出撃した空母6隻のうち4隻を失った）戦局を転換させ（1942.6.5），ガダルカナル島の日本軍を撤退させた（1943.2.1）。

　同時期に，ソ連もスターリングラードでドイツ軍に勝利していた（1943.2.2）。スターリングラードの戦いでのソ連軍の勝利は，米英にとってソ連がもはや利用できる「敵の敵」にとどまらず，確実に対独抗戦して存続する能力のあることを証明した。

　そこで，ローズヴェルトはスターリングラードの戦いでソ連軍の勝利の見通しが開けたのを受け，スターリンに米・英・ソ3国首脳会談を提案したが，スターリンは軍事情勢の緊迫を理由に参加しなかった[19]。そのため，1943年1月14日，仏領モロッコのカサブランカで，米英首脳会談がおこなわれた（～1.24）。この会談で「ドイツ打倒，ついで日本」というヨーロッパ第一主義の軍事戦略が再確認され，チャーチルの地中海戦略に沿った形で「北アフリカ作戦に続けて，次にシシリー島を攻略する」作戦を決定した。また，ローズヴェルトは，「日・独・伊に無条件降伏を要求する」と述べ，第二戦線形成の延期に対するソ連の反発をやわらげる含みをもたせた。

　1943年7月10日，米英連合軍はシシリー島攻略作戦を開始した。25日，ムッソリーニは宮廷内革命によって失脚，拘束され（9.12 ドイツ軍によって救出），翌26日，バドリオ政権が成立した。バドリオ政権は，9月3日，連合国に無条件降伏した（9.8公表）。同日，米英連合軍はイタリ

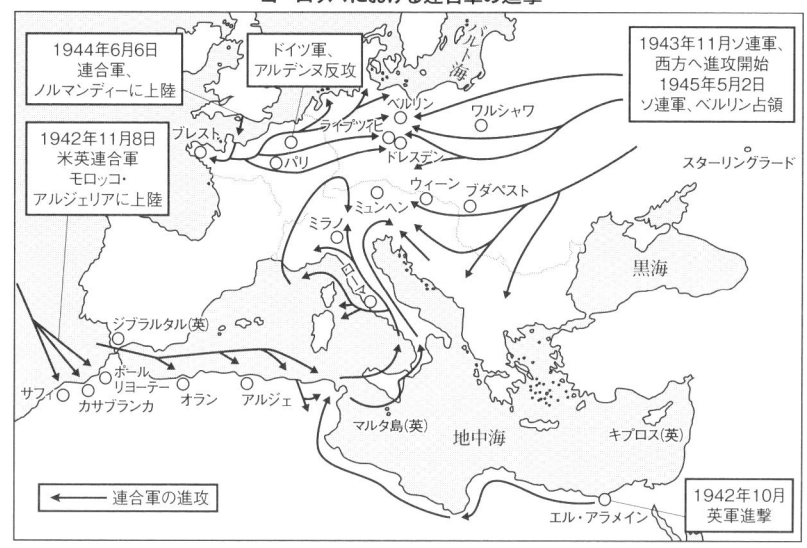

ヨーロッパにおける連合軍の進撃⁽¹⁾

[地図：ヨーロッパにおける連合軍の進撃を示す地図]

- 1944年6月6日　連合軍、ノルマンディーに上陸
- ドイツ軍、アルデンヌ反攻
- 1943年11月ソ連軍、西方へ進攻開始　1945年5月2日ソ連軍、ベルリン占領
- 1942年11月8日　米英連合軍　モロッコ・アルジェリアに上陸
- 1942年10月　英軍進撃
- ← 連合軍の進攻

地名：ノルウェー海、ベルリン、ワルシャワ、ブレスト、ライプツィヒ、パリ、ドレスデン、ウィーン、ブダペスト、スターリングラード、ミラノ、ミュンヘン、ローマ、黒海、ジブラルタル(英)、ポール・リヨーテー、サフィ、カサブランカ、オラン、アルジェ、マルタ島(英)、地中海、キプロス(英)、エル・アラメイン

ア半島南部に上陸し，ローマをめざして進出した。

　スターリングラード防衛に成功したソ連は，7月5日にクルスクで開始されたドイツ軍の総攻勢に大勝利を収め（8.23），ソ連軍は国境を越え，中欧にまで深く進出する可能性が出てきた。いまや，膨大な戦力をもって進撃してくるソ連にどのように対応するのかが，アメリカの戦略策定での最重要問題となった。ローズヴェルトは，1943年に入り国力の消耗が明確となったイギリスをジュニア・パートナーと位置づけて米英関係を維持し，そのうえでソ連を外交交渉の第一の相手方として交渉，協力して，勝利への道を進む構想を立てていた。ソ連は西ヨーロッパで米英が第二戦線を形成することを求めており（1941.7.18 スターリンのローズヴェルトとチャーチルへの要請が最初），アメリカは北フランス上陸作戦を実行に移すときがきたと判断した。

　クルスクの戦いが終結に近づいていた頃，第1次ケベック米英首脳会談が開催された（8.17～8.24）。同会談でローズヴェルトはあくまで地中海作戦の拡大を主張するチャーチルに，1944年の北フランス上陸作戦（オーバーロード作戦）実施をのませた。独ソ開戦以降，北フランスに第二戦線形成をというソ連の要求をめぐって展開されてきた米英とソ連との対立は，ここにようやく決着をみた。また同会談では，ドイツが北フランス上陸作戦実施前に急に降伏・崩壊または弱体化した場合におこなうドイ

ツ占領緊急作戦（ランキン作戦）を準備することでも米英は一致した[20]。

カイロ会談・テヘラン会談

米・英・ソ3国モスクワ外相会議（1943.10.19～10.30）では，戦後に国連を「4大国（米・英・ソ・中）一致」の原則で設立することが合意され，ソ連を大国として処遇することが確認された。この会議を受けて，スターリンはテヘランにおける米・英・ソの首脳会談開催の提案を承諾した。ローズヴェルトは，いよいよスターリンと戦後処理問題などの外交交渉をおこなうことになった。そしてテヘラン会談に備えて，対ソ武器援助を「取り引きの梃子」にすることを主張していたスタンドレー駐ソ大使を罷免し，後任のハリマン大使に対ソ「無条件」武器援助の継続を強く指示した。

そのうえで，まず米・英・中3国首脳が出席したカイロ会談（1943.11.22～11.26）がおこなわれた。11月27日，日本に1914年以降獲得した太平洋上の島を放棄させ，満州（中国東北地方）と台湾を中国に返還させ，朝鮮を独立させるなど，日本領土の処分方針を決めた「カイロ宣言」が作成された（1943.12.1 公表）。しかし，会談中，蔣介石は対日戦意を示さなかった。ローズヴェルトは，蔣介石政権を戦後アジアの唯一の安定勢力にすることを断念し，その代わりにソ連に戦後アジア安定の役割を分担させる構想を描くこととなった。

カイロ会談の後に，1943年11月28日から米・英・ソ3国首脳が出席したテヘラン会談がおこなわれた（～12.1）。会議では，まずヨーロッパ第一主義を世界戦略とすることが確定された。その上で独ソ開戦以降ソ連が要求していた北フランス上陸作戦を米英が1944年5月1日に実施すること，それを支援するという形でソ連も1944年春に東部戦線で大攻勢をかけることが決まった。

オーバーロード作戦・ローマ・サイパン

1944年に入ると，日・独の敗北が確実なものとなった。

6月6日（＝Dデー），米英連合軍はオーバーロード作戦（ノルマンディー上陸作戦）を開始した。この作戦が開始された時期，太平洋戦線では，7月7日に米軍がサイパン島を占領し，日本本土への空爆が可能となった。サイパン陥落は，日本が設定していた「絶対国防圏」の崩壊を意味した。さらにこの時期ビルマ戦線も崩壊していた。7月18日，一連の敗戦責任をとって東条内閣は総辞職した。

アジア・太平洋戦争

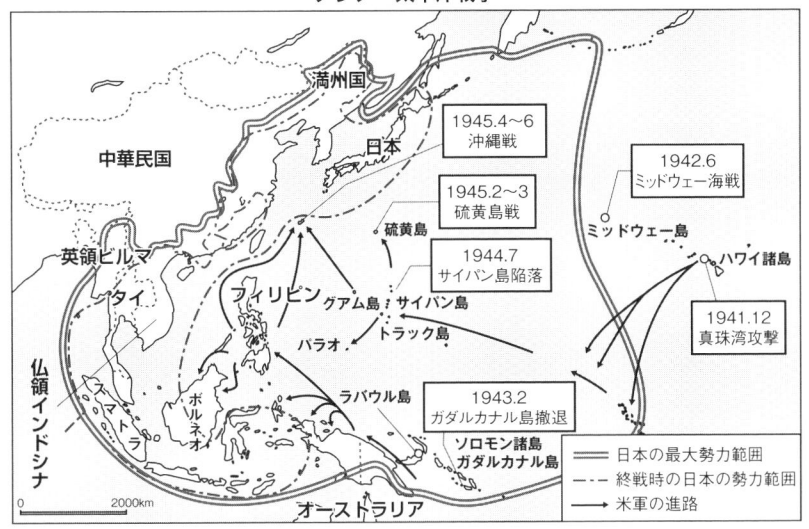

[地図：アジア・太平洋戦争関連地名および戦闘地点（満州国、中華民国、日本、英領ビルマ、タイ、仏領インドシナ、スマトラ、ボルネオ、フィリピン、グアム島、サイパン島、パラオ、トラック島、ラバウル島、ソロモン諸島、ガダルカナル島、オーストラリア、硫黄島、ミッドウェー島、ハワイ諸島。1941.12 真珠湾攻撃、1942.6 ミッドウェー海戦、1943.2 ガダルカナル島撤退、1944.7 サイパン島陥落、1945.2〜3 硫黄島戦、1945.4〜6 沖縄戦。日本の最大勢力範囲、終戦時の日本の勢力範囲、米軍の進路）]

　一方，イタリア戦線では，1943年9月8日，バドリオ政権は連合国への無条件降伏を公表したが，ドイツ軍は同日ローマを占領した。国王とバドリオは南方に脱出した。その後1944年6月4日，連合軍がローマを奪還した。

　東部戦線では，ソ連軍が，1944年の春，バルト三国からポーランド，チェコスロヴァキア，ルーマニアの3方面で総攻撃に出ていた。そして8月1日，アンジェイ・ワイダ監督の映画「地下水道」で有名なワルシャワ蜂起が起こった（〜10.2）。ソ連軍は，ワルシャワ郊外に達したにもかかわらず，ロンドン亡命政府指揮下の軍によるワルシャワ蜂起を見殺しにして，亡命政権の本国での政治的基盤を弱体化させた。しかし，このワルシャワ蜂起の結末は，結果的にポーランド国民の伝統的な反ソ感情をさらに悪化させることになった[21]。9月にはブルガリアへ，11月にはハンガリーへと進攻を続けたソ連軍は，かつてのドイツ同盟国ルーマニア，ブルガリア，ハンガリーをいずれもその軍政下に置いた。

　ソ連軍占領下のルーマニア，ブルガリア，ハンガリーの占領管理体制については，ソ連は「イタリア方式」を先例として，実質的には米英を排除するという排他的占領管理体制を実施した。

　「イタリア方式」は，1943年7月にイタリアのムッソリーニ政権が崩壊した際，次のような経緯によって形成された。1943年9月，米・英・ソ連

は，連合国管理委員会（ACC）設置を決定した。連合国管理委員会は，3大国がそれぞれ拒否権を持つという，3大国が対等な占領管理体制をつくることを名目として設置されたものであった。しかし，この連合国管理委員会設置を提案したイーデン英外相の狙いは，イタリアよりも東ヨーロッパのルーマニア，ブルガリア，ハンガリーの方が先に降伏するという前提から，ソ連の一方的占領体制づくりを阻止することにあった。イタリアが降伏すると，米英はソ連を排除するため，連合国管理委員会にソ連を加えるが，実権は米英が握ったのである。つまり，「イタリア方式」とは軍事的に解放した国が占領地域で実権を握るという体制で，1943年10月のモスクワ外相会議で，ソ連は事実上この方式を受け入れた[22]。

3 ── 戦後国際秩序を求めて

ブレトン・ウッズ会議とダンバートン・オークス会議

オーバーロード作戦以後，戦後世界経済に関するブレトン・ウッズ会議（1944.7.1～7.22）が，また戦後の国際平和組織（国連）に関するダンバートン・オークス会議（1944.8.21～10.7）が，相次いでアメリカで開かれた。これらの会議はアメリカの構想を基礎として進められた。

戦後の国際経済秩序をめぐる交渉は，米英両国を中心に進められた。ブレトン・ウッズ会議では，世界の44ヵ国（ソ連はオブザーバーとして出席）が参加し，国際通貨基金（IMF）と国際復興開発銀行（世界銀行，IBRD）を設置するブレトン・ウッズ協定が調印された（7.22）。それは保護貿易を廃止させて，自由貿易体制を確立しようという協定であった。また，ドルを世界の基軸通貨としつつ，貿易赤字国にはIMFと世界銀行を通じて国際融資をするというもので，アメリカの巨大な経済力を世界の諸国に浸透させていく協定でもあった。ブレトン・ウッズ体制は，多くの孤立主義者を含めて，アメリカが第一次世界大戦以来，実現を期待していた「パクス・アメリカーナ」に道を開く国際経済体制であった[23]。

これによって，アメリカが戦後資本主義世界で主導権を確立するのに最大の障害となっていたイギリス帝国体制を解体する方向性が決まった。しかし，チャーチルは，イギリス帝国の国力を回復させる方策として西欧ブロック構想を持っており，アメリカの政策に抵抗する意志を抱いていた。

戦後の国際安全保障秩序の問題は，国連の創設をめぐって検討が進められていた。米・英・ソ・中の4ヵ国による国際連合創設のための予備会議が，ワシントン郊外の邸宅ダンバートン・オークスでおこなわれた。この会議で，全加盟国を包含する総会と，米・英・ソ・中の4大国にフランスを加えた5大国を中核とする安全保障理事会の二つからなる国連を設立するための提案が作成された。しかし，安全保障理事会の表決方式について，大国一致の原則が確認されたものの，拒否権行使の範囲をめぐって，ソ連と米英の間に対立が残った。ソ連は，自国の安全保障は国際機構に頼らないという自力安全保障の考え方を重視していたからであった。また，信託統治領などの取り扱いについても，米英の意見が対立した。

「モーゲンソー・プラン」

　ローズヴェルトは，ダンバートン・オークス会議開催中の9月，チャーチルとの会談（9.11〜9.16 第2次ケベック会談，9.18〜9.19 ハイド・パーク会談）で，ドイツ戦後処理計画として，ヘンリー・モーゲンソー米財務長官が作成したいわゆる「モーゲンソー・プラン」をイギリスに提案した。そのプランは，第三次世界大戦阻止のための徹底的なドイツ弱体化案（ドイツ分割，非軍事化，農業国とする）であり，ソ連が懸念している安全保障への不安をなくし，ソ連の戦後復興経済援助にはアメリカからの借款という方法でソ連の要求に応えるものであった。1944年8月のワルシャワ蜂起以後は「対ソ戦後復興経済援助を，東欧諸国の解放をソ連に確約させる交渉の梃子に」というハリマンの主張に対して，ローズヴェルトはまったく無視する態度をとり，対ソ協調関係の維持に努めていた。
　チャーチルは，「戦後の西ヨーロッパ経済復興にドイツの工業力活用」を考えていたので，「モーゲンソー・プラン」に反対した。しかしローズヴェルトは，ハイド・パーク覚書で，「米英間で原子力開発情報を完全に交換」し「情報を第三国（ソ連）に与えない」とし，「最初に完成した原爆を使用するとすれば日本に」（ローズヴェルト自身が署名した秘密文書）を梃子に使い，また戦後の対英経済復興援助問題とからませて，「モーゲンソー・プラン」をチャーチルに同意させた。また経済復興援助を約束したのは，ブレトン・ウッズ協定同意への代償として与えるのが主要な動機であった[24]。
　しかし，ハルやスティムソンといった米政府高官も，チャーチルとは違い，アメリカ優位のヨーロッパ市場の再編という動機から，戦後西ヨーロッパの復興にドイツの工業力活用を主張し，ドイツ弱体化論の「モーゲン

ソー・プラン」に反対した。そのため、ローズヴェルトは、10月20日、「いまだ占領していない国家に対する詳細な計画の作成は好ましくない」との理由で、「モーゲンソー・プラン」を事実上否認した。

4 ──── ヤルタ会談

チャーチル・スターリン協定

　チャーチルは、1943年に入るとはやくもソ連に対する警戒心を抱きはじめていた。1943年11月テヘラン会談に向かう途中、チャーチルは「ドイツは片付いた……いまやロシアこそが問題だ」と述べていた[25]。チャーチルにとっては、国力の衰退もふまえて、いかにして大国の地位を保持するかが、最大の課題であった。

　1944年10月9日、訪ソしたチャーチルは、スターリンとバルカン問題とポーランド問題を話し合った（〜 10.18）。バルカン問題で両者は、勢力範囲に関して合意した。それは、ルーマニアとブルガリアをソ連の勢力範囲に入れる代わりに、イギリスはギリシアを確保するというもので、ユーゴスラヴィアとハンガリーは、英ソ両国で均等とした。このチャーチル・スターリン協定（「百分率協定」）は秘密で、ローズヴェルトには知らされていなかった。

　ギリシアでは、ドイツ軍撤退に活躍した左派の全国人民解放軍（ELAS）と全国人民解放軍の母体である国民解放戦線（EAM）が勢力を強めていた。チャーチル・スターリン会談が終わった18日、ロンドン亡命政府がギリシアに戻り、イギリス軍が駐留した。ギリシア政府からギリシア軍の指揮権を与えられたイギリス軍司令官は、全国人民解放軍の解散を要求し、これに反発して国民解放戦線の閣僚が辞職した。イギリス軍は、12月事件（12.3 イギリス軍と全国人民解放軍との武力衝突）を機に総攻撃を開始し、1945年1月、全国人民解放軍は武器引き渡しに原則的に同意し、2月には武装解除した。ひとまず、ギリシアの危機は去った。この間、スターリンはイギリスの行動をおとなしく眺めていた[26]。

　ポーランド問題では、新政権の性格問題をめぐって英ソ両国は対立した。チャーチルは、ロンドン亡命政府とルブリン委員会との対等な合併による新政権の樹立を提案したが、スターリンはルブリン委員会が新政権の

中心であるべきとして，拒否した。チャーチル・スターリン会談後，12月31日，ロンドン亡命政府を排除した形でルブリン委員会を中心とするポーランド共和国臨時政府が樹立された。ソ連は1945年1月5日に同政府を承認した。米英は，ポーランドでのソ連の圧倒的な既成事実の重みを痛感せざるを得なかった。

　ギリシア，ポーランド問題に示されたソ連の態度は，前者が大国間協力政策，後者は自力安全保障政策といえた。大国間協力政策は，相互にバイタル・インタレスト（死活的利害）には触れぬ政策として示され，自力安全保障政策は，東欧を親ソまたは中立の諸国にするものであった[27]。なお，1943年5月15日のコミンテルンの解散声明は，大国間協力政策の一環として発表されたもので，ソ連が西欧諸国（とくに，共産勢力が強力な伊仏両国）の政治には介入しないことを示した。したがって，伊仏両国の戦後政治をめぐっては，アメリカとイギリスが対立していた。

イタリア問題

　Dデー以前のイタリアでは，南部のバドリオ政権（1943.7.26成立）と同政権の存在を否定する社会党，共産党を中心としたイタリア国民解放委員会（CLN）とが，戦後の発言権確保をめざして対立していた。ところが，1944年3月14日，ソ連はイタリア唯一の合法政府としてバドリオ政権を承認した。それに続いて同月末モスクワから帰国したトリアッチ伊共産党書記長は，バドリオ政権へ参加する用意があるとし，この結果イタリア国民解放委員会もバドリオ政権に加わった。ローマ解放直後の6月10日，イタリア国民解放委員会も加わったボノーミ政権が成立したが，親米派といわれたスフォルツァが外相として就任した。イギリスはこれをアメリカによるイタリアの政治的支配の前触れとして反発した。

　イギリスは，イタリアを勢力圏に組み込む意思を持っていた[28]。ところが，イギリスにはボノーミ政権を支援するだけの経済力がなかった。これに対してアメリカには，十分な経済力があった。9月18日，19日の両日，ローズヴェルトとチャーチルは，ハイド・パークのローズヴェルトの邸宅において，原爆問題などとともにイタリア問題も討議して，19日いわゆる「ハイド・パーク宣言」を出した。この宣言は，直接的には戦後の講和においてイタリアに対し事実上賠償を請求しないことを示唆し，同時に，占領政策の重点を「空腹の共産主義」への対応策として復興重視策に転換させた[29]。アメリカは，イタリアに「地中海の工場」としての役割を持たせ，戦後自由貿易体制の中にイタリアを組み込んでいく展望を持っ

ていた⁽³⁰⁾。したがって,「ハイド・パーク宣言」は,マーシャル・プランの先駆けとしての性格も持っていた。

その後イタリアの政治は1945年6月,ボノーミ政権の総辞職,そしてカトリック政党の指導者で広範な大衆的基盤を持つデ・ガスペリがアメリカの後ろ盾を背景に,戦後イタリア政治での発言権を強めていくことになる(1945.12.10 第1次デ・ガスペリ政権成立)。革命の危機がイギリスの対米依存度を強めていくという過程は,戦後の米英両国関係の先例ともいえた。

ド・ゴールのフランス

フランスの抵抗運動は,次の三つの地域において生まれていた。ロンドンに拠点を置くド・ゴールの自由フランス国民委員会(CNF),アルジェに拠点を持ちアメリカが支持していたジロー派,そしてフランス国内での抵抗運動を統一して結成された全国抵抗評議会(CNR)があった。

この三つの抵抗運動は,全国抵抗評議会がド・ゴールを支持したことにより,1943年6月4日,フランス国民解放委員会(CLN)が設置された(11.9 ド・ゴールが委員長に就任)。そしてド・ゴール派とジロー派との抗争は,1943年秋にド・ゴールが主導権を握って,ジロー派は排除された。1944年6月のオーバーロード作戦開始とともに,これに呼応してフランス国内では全国抵抗評議会の軍事組織であるフランス国内軍(FFI)が軍事行動を展開し,自力で解放を進めた。一方,オーバーロード作戦の3日前の6月3日,ド・ゴールはフランス国民解放委員会をフランス共和国臨時政府に改組・宣言し,8月25日にド・ゴールのフランス軍が先頭を切ってパリへ入城,解放した。そこには,戦後フランスの指導者はド・ゴールであることを内外に示す狙いがあった。

ド・ゴールは権力の一元化を目指し,9月,臨時政府を改組して全国抵抗評議会の代表を入閣させ,一定の譲歩を示した。しかし愛国市民軍問題をめぐって,全国抵抗評議会で主導権を握っていた共産党との間で緊張が高まった。しかし1944年11月,モスクワから帰国したトレーズ仏共産党書記長はド・ゴールを支持し,愛国市民軍の役割は終了したと述べた。同市民軍は解散し,フランス国内軍も正規軍に編入された。そしてフランスは,パリ解放直前に開催されたダンバートン・オークス会議(1944.8.21〜10.7)において,将来設置される国連安保理で常任理事国としての地位を与えられ,5大国の一つに加えられた。10月23日,米・英・ソ3国はド・ゴール政権を承認した。

1944年11月10日からチャーチルはフランスを訪問し，ド・ゴールに西欧ブロック構想を提示した。しかし，ド・ゴールはイギリス主導下の英仏同盟に否定的な態度をとり，フランス独自の動きを展開しはじめた。ド・ゴールはソ連からの招待をうけ，12月に訪ソした（1944.12.2～12.10）。
　スターリンは「仏ソ同盟相互援助条約」を提案した。その代償はルブリン委員会の承認であった。ド・ゴールは，ルブリン委員会承認を拒否し，「仏ソ同盟相互援助条約」のみ手に入れた。「仏ソ同盟相互援助条約」は戦後ドイツの脅威への共同措置を骨子としていた。
　スターリンは「たとえ私の味方にくみしなくとも，自分でなにがしたいのかわかっている人の方が，私は相手として望ましいのです」とド・ゴールに言った[31]。その一方でスターリンは，「仏ソ同盟相互援助条約」を締結することによって，イギリスの対ソ封じ込め的発想を切り崩していこうとしていた[32]。しかし，フランスはヤルタ会談には招かれなかった。

ヤルタ会談

　ローズヴェルトはヤルタ会談開催の前に，できるだけ米英軍をベルリン・ライプチヒの線まで前進させ，それをもって会談に臨もうとした。しかし，米英軍がライン渡河(とか)作戦を実施しはじめた1944年12月16日に，ドイツ軍は最後の大反抗作戦であるアルデンヌ高原攻撃（「ラインの守り」作戦，別名「バルジ大作戦」）をおこなった。1945年1月12日，ソ連軍が米英の要請によって悪天候のなかをくりあげて東部戦線で大攻勢を開始したこともあり，ドイツ軍最後の反撃は不成功に終わった。
　このため米英軍のライン渡河作戦は，約2ヵ月遅れることとなった。一方，ソ連軍は，2月のヤルタ会談の直前にはベルリンからわずか80キロの地点にまで迫っていた。そこで，ロンドン空襲への報復とともにソ連軍に対して米英の空軍力を見せつけるために実施したのが，2月13日のドレスデン爆撃であった（ドレスデンは，戦後ソ連占領地区として予定されていた）[33]。
　1945年2月4日，クリミア半島のヤルタで米・英・ソ3国首脳会談が開かれた（～2.11）。当時の戦局は，米英軍がテヘラン会談より1年あまりの間に，ドイツ領内に進撃して，ソ連をより東方に押しとどめる状況をつくれなかった。したがってヤルタ会談で，ローズヴェルトは，テヘラン会談の時にスターリンに口頭で約束したことを，ほぼそのまま協定にした。
　ヨーロッパ問題では，(1) ドイツを（エルベ河を東西の境界にして）米・英・仏・ソ4大国が分割占領し，(2) 東欧諸国の将来を事実上ソ連の

意思にゆだねた。対日・東アジア問題では，ソ連の対日参戦と戦後に蔣介石政権を支持することの代償に，ソ連が外モンゴル，南樺太，千島の領土権と南満州鉄道，大連港などの使用権を持つことを極秘裏に容認した。また国連問題については，ソ連がもっとも懸念していたドイツの再侵略防止を米ソ共同で保障する機構であることを納得させ，ソ連に国連加盟を確約させた。

　こうしたローズヴェルトの態度は，病身による気力の衰えからスターリンの要求を認めたものではなく，米ソ協力を戦後も継続していこうとする明確な意志を持っていたことによる。すなわちヤルタ協定は，ローズヴェルトの戦後構想の集約であった。その基本点は，(1) ソ連と共産主義の干渉と活動を自制させ排除しながら，資本主義世界でアメリカの政治的・経済的支配を確立させる，(2) アメリカの経済力，その他の手段（原爆など）でもって，ソ連の要求に妥協しながら，東欧諸国の市場と政治，そしてソ連の市場も開放させていく，ということであった[34]。

ローズヴェルト大統領の急死

　アメリカ国内では，1944年に入り，バンデンバーグ上院議員らの共和党議員を中心に，ローズヴェルトの対ソ政策，戦後構想への反対が強まっていた。議会共和党議員の多数は国連創設に賛成していた。それは第一次世界大戦後と違って，アメリカがヘゲモニーを持つ国際組織であったからである。しかし，国連の運営について，イギリス帝国を含む世界をアメリカの影響下に置く一方で，ソ連の領土拡大を保障する機関としないように要求するようになっていた。民主党内でも保守派を中心にドイツを戦後復興に活用すべしという主張が強くなっていた。これは日本の降伏条件の緩和と連動するものであった。

　こうしたローズヴェルトの戦後構想とは違った戦後構想についての超党派の要求が強まり，それらの主張は，のちのアメリカの冷戦外交を先取りするものであった。

　ローズヴェルトは，第一次世界大戦後，上院が国際連盟加盟を否決した教訓により，超党派外交によって議会の支持をとりつけようとした。ローズヴェルトは，ヤルタ会談から帰国すると，サンフランシスコで開催される国連創設総会の米代表団にバンデンバーグを入れることにした。バンデンバーグは，ヤルタ会談の結果を不満とし，「戦争中の諸決定，諸協定は国連で再検討」を公言して代表団に加わった[35]。

　だがローズヴェルトは「強い大統領」であり，バンデンバーグにはロー

ズヴェルトと対決できる自信はなかった。しかし，4月12日にローズヴェルトは急死した。副大統領のハリー・S・トルーマンが大統領に昇格した。トルーマンは，民主党各派の主張と議会の声に耳を傾けるという「小物」の大統領であった。バンデンバーグは翌13日の日記に「これによってできる一つのことは，彼（ローズヴェルト）がスターリンやチャーチルに与えた密約をきれいさっぱり御破算にすることだ。はなはだ結構なことだ」と記した。ローズヴェルトの死去とトルーマンの大統領就任は，アメリカが冷戦外交に向かう一つの画期となった。

第6章

戦後秩序の構築

1945〜1947

1 ── 大戦の終結

トルーマン大統領の対ソ外交

　トルーマンが大統領になると，ローズヴェルト路線からの転換を主張する意見が強まり，民主党と共和党の超党派外交グループや駐ソ大使ハリマンが，対ソ政策の見直しを進言した。その内容は，ソ連の東欧支配をローズヴェルト大統領の責任とし，ソ連の支配拡大を否認・非難しながら，その他の世界に対するアメリカの影響力を強化することであった。

　1945年4月20日，トルーマンは，対ソ政策会議で「アメリカがソ連を必要とするよりもソ連はもっとアメリカを必要とする」ので，「ソ連を恐れないで断固たる態度をとるつもりである」と発言し，トルーマンに対ソ政策の見直しを進言した人々を安心させた。ついで，トルーマンは，4月23日，国連創立総会出席のためにアメリカに来たソ連外相モロトフに，ソ連がポーランド問題でヤルタ協定に違反していると非難した。それは，モロトフに「今日までだれひとり私にこんなものの言い方をしたものはない」といわしめたほど激しい対ソ非難であった[1]。それはアメリカの戦後世界政策，いわゆる冷戦政策の開始を予告する発言であった。

　さらに，サンフランシスコの国連創立総会（4・25～6・26）で，バンデンバーグ米上院議員は，ローズヴェルトが構想していた5大国による世界的な集団安全保障体制と矛盾する「個別的および集団的自衛権」を挿入させることに成功した（国連憲章第51条）。その規定の先例となったのが，ローズヴェルト政権末期に米州特別会議（1945.2.21～3.8）で採択された米州の地域的集団安全保障協定であるチャペルテペック決議であった。そして憲章第51条の規定は，世界各地に反ソ軍事同盟の網を形成していくことも適法となるというものであった[2]。

ドイツ降伏

　一方，戦場において米英連合軍は，ソ連軍と協調を保ってドイツ軍と戦っていた。ヤルタ会談後の1945年3月下旬，米英連合軍はライン川を越え，ドイツ中央部へと前進した。ソ連軍も進撃を再開し，ドイツ領奥深く進撃していた。4月1日，チャーチルは政治的立場からベルリン占領を最

優先するようにローズヴェルトに宛てて書簡を送った。しかし，すでにヤルタ協定に沿ってエルベ川以東の地域はソ連軍の占領地域となっていたため，ローズヴェルトは拒否した。そして，4月16日，ソ連軍はベルリン総攻撃を開始した。30日にヒトラーは自殺し，5月2日にはソ連軍はベルリンを占領した。7日，ヒトラーの後継者デーニッツ提督は連合国に無条件降伏をおこなった（5.8 発効）。ヨーロッパの戦争は，米英連合軍とソ連軍が協調を保って，ヤルタ会談での合意にしたがって終結した。

5月11日，アメリカは「対日戦目的以外の武器援助の打ち切り」を，英ソなどに通告した。ソ連はまだ日本と戦争をしていないので，打ち切りは全面打ち切りを意味した。またアメリカは，イギリスが対日戦に重要な役割を果たすことを望んでいなかった。英ソ両国がアメリカに抗議したため，アメリカは対日戦終了までは武器援助を継続すると表明した。トルーマンの態度はきわめて政治的なものであった。そのアメリカの態度を，ソ連は「アメリカが政治目的実現のために武器援助・戦後復興援助を梃子として圧力をかけてくる」と受けとめ，イギリスは「援助を武器貸与法による援助から平時の借款供与に切り換え，借款供与の代償にイギリス帝国体制の解体を求めてくる」と受け取った[3]。

しかし，アメリカは冷戦政策を進める前にいくつもの問題を処理せねばならなかった。すなわち，国連が創設されていなかったし，対日戦は続いていた。

ポツダム宣言と原爆投下

ドイツ降伏後，アメリカは対日勝利を早く実現する必要があった。米国民は戦勝気分となり，戦争の長期継続は困難となっていた。ヨーロッパ諸国やソ連は平和を回復し，戦後復興を始めようとしていた。また，ブレトン・ウッズ協定（1944.7.22 締結）で「パクス・アメリカーナ」実現への道を開いたが，そのためにも対日戦を終わらせて，ヨーロッパ諸国の戦後復興に関与することが重要であった[4]。

しかし，日本軍との戦闘で米軍の死傷者は予想外に大きかった。米軍はヤルタ会談直後の1945年2月19日，硫黄島へ上陸を開始し，激戦の末，3月17日に占領した。4月1日には沖縄本島上陸作戦が開始され，激戦が3ヵ月近く続き，双方は多数の死傷者を出して，6月23日，米軍は沖縄本島を占領した。

アメリカは，最少の犠牲で早期に対日戦の終結を図るために，ソ連の対日参戦を必要としていた。そこでトルーマンは，対ソ対決政策を転換し

て，少なくとも対日戦終結と国連創設まではヤルタ会談におけるソ連との了解（ドイツ打倒2〜3ヵ月後に対日参戦）の線で進むことが必要となった。その結果，冷却化していた米ソ関係打開のため，ローズヴェルトの側近であったホプキンズを「ローズヴェルトの分身」として訪ソさせ（5.26〜6.7），スターリンにポーランドの国連加盟承認と対ソ武器援助の継続などを確認し，スターリンから，国連創設への協力とヤルタ協定に沿った形での対日参戦実施の約束を取りつけた。政権内部の一部に出ていた「天皇」を決め手として，日本を早期降伏させるというグルー米国務次官（日米開戦時は駐日大使）らの意見は採用されなかった。

6月18日，対日最終作戦決定の米政府最高首脳会議が開催され，日本本土上陸作戦を決定した（11.1 開始予定）。原爆問題は，この会議の議題とならなかった。しかし，原爆の完成が近いと知っていたトルーマンは，チャーチルの米・英・ソ3国首脳会談の開催要請（5.12）に対し，開催日を引き延ばしていた（トルーマンが極秘の原爆開発計画である「マンハッタン計画」を知ったのは，スティムソン米陸軍長官から報告を受けた大統領就任翌日の1945年4月13日であった）。

ポツダムに到着したトルーマンは，7月16日にスティムソンからニューメキシコ州アラモゴードでおこなわれた原爆実験が成功したとの報告を受け，その翌日の17日からポツダム会談が開催され（〜8.2），トルーマン，チャーチル（会談中に選挙に敗北して，労働党のクレメント・アトリーに交替），スターリンが出席した。7月21日に原爆の威力に関する報告を聞いたトルーマンは，24日に日本への原爆投下を決定した。翌25日，トーマス・ハンディー米参謀副長官は，カール・スパーツ米陸軍戦略空軍司令官に「8月3日頃以降，準備が整い次第，広島，小倉，新潟，長崎のうちの一つの標的に投下」という指令を出した。ソ連が8月の中旬に対日戦を開始することをトルーマンは想定していたから（7.17 スターリンは「8月中旬までに対日戦開始の用意あり」とトルーマンに述べた），原爆投下前に日本に対して最後通牒（ポツダム宣言）を出さねばならなかった。ポツダム宣言は原爆投下を正当化するために出された[5]。

トルーマンが原爆投下を決定したのは，アメリカ自身の行動で日本を降伏させることが，戦後のアジア情勢の安定のために必要と判断したからである。つまり，原爆の完成により，ソ連の対日参戦は不必要と判断された。ついで，原爆投下は，その後の対ソ政策の武器になった。また，最少の犠牲で早期対日戦終結を図るという米国民の要望に応えるものであった。なお，7月24日，トルーマンは原爆開発をスターリンに示唆したが，

スターリンは無関心を装ったといわれている。しかし，スターリンはソ連のスパイ網からアメリカの原爆開発計画に関する情報を十分に入手していた。スターリンはモスクワへの帰路，1942年に開始された原爆開発計画をいっそう促進するように指令を出した[6]。

7月26日，米英および中国の3交戦国の名で，日本に「軍隊の」無条件降伏と戦後の民主化を要求したポツダム宣言が発表された。無条件降伏とせず，「軍隊の」無条件降伏としたのは，降伏条件の緩和を意味した[7]。しかし，日本政府は，これをカイロ宣言の焼き直しとみて「黙殺」し，アメリカは，8月6日にウランを使用した原爆を広島に，9日にはプルトニウムを使った原爆を長崎に投下した。日本は降伏しなかった。

ソ連の対日参戦と日本の降伏

最終的に日本の指導層に降伏を決断させた決め手は，ソ連の対日参戦であった。8月7日，アメリカによる広島への原爆投下の報告を受け取ったスターリンは，ただちに行動を起こした。スターリンは，対日攻撃の開始の日時を48時間繰り上げて8月9日の0時（ザバイカル時間，モスクワ時間8月8日午後6時）に設定することを命じた。「ヤルタの密約」の期限である8月8日，ソ連外相モロトフは，佐藤尚武駐ソ大使に対して対日宣戦を通告した。ソ連は対日宣戦布告の中で，連合国のソ連に対するポツダム宣言への参加要請を参戦の理由としてあげた。翌9日未明，近代化されたソ連軍は，国境を突破して満州に攻め入り，関東軍を撃破していった。

ソ連の対日参戦は，日本の支配層の天皇制に対する確信を動揺させた。8月9日午前10時30分，最高戦争指導会議が開かれ（～午後1時30分），鈴木貫太郎首相はポツダム宣言受諾を提議した。会議では，どのような条件でポツダム宣言を受諾するかをめぐって意見が対立した。東郷外相の「国体護持」（東郷は「皇室の安泰」と表現）のみを条件とする主張が米内光政海相の支持を得たものの，阿南惟幾陸相らは，戦争犯罪人の処罰，武装解除の方法，占領軍の範囲についても条件に含めるように主張し，議論は平行線をたどった。ついで，午後2時30分から臨時閣議が開かれたが，ここでもポツダム宣言を受託する条件を「国体護持」のみにするかどうかで意見が分かれ，午後10時20分に散会した。この閣議の最中に，長崎に原爆が投下された（8.9午前11時2分）という報告が入ったが，この報告はポツダム宣言受諾条件に関する議論に影響を与えなかった[8]。8月9日午後11時50分，御前会議が開催され，ポツダム宣言受諾の条件をめぐって議論がなされたが，事実上天皇の聖断という形で「国体護持」のみを条件

にポツダム宣言受諾を決定した。

　8月10日，日本政府は天皇の統治権の存続を唯一の条件として同宣言を受諾するとの意思表示を中立国経由で連合国に打電した。アメリカは他の連合国の同意をえて，「天皇は日本政府および大本営に……降伏条項署名の権限を与え，保障することを要請される」との一節を加えた回答を日本に通告した。天皇はこのアメリカの回答で十分との意向だったので，14日の御前会議で天皇の決断を仰いでポツダム宣言受諾の最終決定をおこなった。そして翌15日，正午の天皇の「玉音放送」によって国民に対する降伏の発表がおこなわれた[9]。そして9月2日，東京湾上の米艦ミズーリの艦上で降伏文書の調印がおこなわれ，アジア・太平洋戦争は終結した。

対日占領政策とアジアの民族革命

　日本の占領，管理について，日本降伏直前の1945年8月11日，トルーマンは，英・中・ソ3国の首脳に対し，マッカーサーを連合国最高司令官（SCAP）に任命する点についての承認を求める書簡を送った。アメリカは，日本にいわゆる「イタリア方式」という排他的占領管理体制を貫徹するという強い意思を表明したのであった。

　トルーマンは，日本占領ではドイツ占領の二の舞をやってはならないとの決意を固めていた。8月16日，スターリンはトルーマンに対して，ソ連占領地区としてヤルタ協定に沿ってソ連への帰属が決まっていた千島列島とともに北海道の北部を加えることを要求した。対日占領からソ連を排除する決意を固めていたトルーマンは18日，ソ連の千島占領を認める一方で，北海道北部の占領を拒否した。

　アジア各地では，大戦末期から民族革命の機運が高まっていた。日本降伏前後，中国では，共産党が抗日武装闘争を展開しながら，華北から中国東北地方にかけて解放区を拡大していた。これに対して，蔣介石（しょうかいせき）の国民党は，日本は「皮膚の病」だが共産党は「心臓の病」だとして，日本に抗戦するよりも共産党討伐に重点を置いていた[10]。したがって，共産党と国民党との衝突は不可避と予見された。日本植民地の朝鮮は，ポツダム会談で米・英・ソ・中4大国による共同管理下の信託統治案が検討されたが，合意をみるにいたらなかった。その後，アメリカはソ連の対日参戦時に急遽（きゅうきょ），ソ連に朝鮮の米ソ分割占領を提案し（8.16），ソ連は同意した。その結果，朝鮮は北緯38度線で米ソに分割占領された。

　東南アジアでは，大戦末期から日本の侵略と占領に抵抗しながら，民族独立運動のための武装解放闘争が共産主義者や革命的民族主義者の指導の

もとに強化されつつあった。インドシナでは，民族統一戦線としてのベトナム独立同盟（ベトミン）が1941年以来の抗日武装闘争を展開し，日本がミズーリ艦上で降伏文書に調印した1945年9月2日に，ホー・チ・ミンを大統領とするベトナム民主共和国の独立を宣言した。その後ホーは，フランスから独立するための援助をアメリカ政府に要請した（1945.10～1946.2）。しかし，アメリカはすでにフランスのインドシナ復帰を約束していたため，ホーの要請を事実上無視した。フィリピンでは，フィリピン人民抗日軍（フクバラハップ）が，ゲリラ闘争を1942年から日本に対して，またアメリカがフィリピンを解放した1945年3月以降はアメリカに対して展開していた。インドネシアでは，共産党の指導力がなお弱く，スカルノやハッタが日本の軍政と協力しながら独立工作を進めていた。ビルマでは，アウン・サンが日本の軍政と妥協しながら独立工作を進めていた[11]。

トルーマン大統領の冷戦政策

　第二次世界大戦の結果，国際政治構造は大きく変動した。まず，ファシズムとの闘争の中でヨーロッパや東アジアでの「人民民主主義革命」（共産党中心の連合政権）の条件がつくられ，社会主義陣営の形成が始まった。それは，ソ連の影響力の増大をもたらした。次に，日・独・伊3ヵ国の敗北と英仏両国の大戦による疲弊で，アメリカの覇権＝「パクス・アメリカーナ」への条件が生まれた。そして民族独立運動で急進化の条件が生まれ，植民地体制の崩壊（民族革命）へと向かうこととなった。この結果，米ソを軸とする新たな国際政治構造が生まれた。

　さらに，世界的規模での二つの危機，すなわちヨーロッパや東アジアでの「革命」の危機と植民地体制崩壊の危機への対抗を通じて，アメリカは冷戦政策へ向かい，米ソの対立構造が形成されていった。

　冷戦政策の狙いは，ソ連の東欧支配を非難しながら，ソ連・東欧以外の世界をアメリカに対して門戸開放（オープン・ドアー）の世界に，つまり「パクス・アメリカーナ」の世界にすることであった。そのためには，第一次世界大戦後のような「革命と混乱の時期」を避け，各国の労働者勢力，西欧の共産党勢力，アジア・アフリカの民族独立運動をソ連と分断させる必要があった。また，復員気分にひたっているアメリカ国民の意識をかえ，冷戦状態を国民的コンセンサスにしていくことも必要であった。

　アメリカの戦後アジア政策の基本線は，日本が降伏文書に調印した1945年9月2日に出された一般命令第1号であった。同命令は，各地の日本軍が誰に降伏すべきかを指示しつつ，事実上民族革命運動に対抗する包

括的な反革命宣言というべきものであった。その内容は，(1) 中国，台湾，北緯16度線以北のインドシナにある日本軍は蔣介石の国民党軍に，(2) 中国東北地方（満州），北緯38度線以北の朝鮮，樺太，千島の日本軍はソ連軍に，(3) 北緯16度線以南のインドシナ，ビルマからソロモン諸島にいたる地域の日本軍は英豪両国軍に，(4) 日本本土，フィリピン，北緯38度線以南の朝鮮，太平洋地域の日本軍は米軍に，それぞれ投降させることからなっていた。そして，日本軍の投降した相手が，基本的に当該地域を占領，管理することにつながっていった。

　一般命令第1号は，中国の国民党政府を東アジアにおける重要な安定要素とし，共産党軍が日本軍の武器資材を手に入れることを阻止しようとした。また，東南アジアにおいては，西欧諸国の復帰を展望するものであった。前任者のローズヴェルトと異なり，トルーマンは8月24日，ワシントンを訪問したド・ゴールにフランスのインドシナ復帰を約束していた。

　アメリカの軍事戦略とヨーロッパ政策の基本線は，日本降伏前後のトルーマンの一連の声明などで明示された。それは，(1) 原爆機密保持論を表明し（8.6 広島原爆投下の日の声明），(2) 軍事基地確保論と，(3) ヨーロッパの旧社会組織破壊＝革命の危機を克服するための援助必要論を語り，(4) ソ連の東欧支配に反対する東欧解放論を述べ［以上 (2) から (4) は，8.9 ポツダム会談報告］，(5) 暴政に対する勝利は自由の勝利だとするアメリカ民主主義・アメリカ的生活様式賛美論を展開した（9.1 VJデー＝対日戦勝利の日演説）。(1) と (2) は「原爆」とその「運搬手段」の独占を基礎にした軍事戦略を，(3) と (4) は「資本と技術援助」供給力の独占の活用対象と目標＝革命の危機克服を，(5) は以上の政策を正当化するイデオロギーを示した[12]。トルーマンは，「パクス・アメリカーナ」を実現させる条件を「二重の独占」（後に「武器供給力の独占」も加わり「三重の独占」となった）に置いていることを示したわけであった。

　そのうえで，トルーマンは10月27日に大統領就任後初の包括的外交演説（セントラル・パーク演説）をおこない，アメリカ外交は正義と公正の原則に基づき，悪魔とはいかなる妥協も認めないと言明した[13]。このように「二重の独占」と善悪闘争論に基づく冷戦政策がトルーマン政権の基本政策となった。しかし，冷戦政策が本格的に開始されるのは，戦後処理問題に決着をつけてからとなる。

2 ── 戦後処理問題

ロンドン外相会議

　トルーマン政権は，ハンガリー，ルーマニア，ブルガリアにおける「イタリア方式」を切り崩そうと試みた。ポツダム会談ではこれら3国の民主化を迫る米英に対して，ソ連はいまだ自由選挙を実施していないイタリアの現状を攻撃した[14]。その結果，戦後処理問題の多くが未決着のまま，中仏を含めた5大国の外相会議（ロンドン外相会議）にゆだねられた。

　ジェームス・バーンズ米国務長官は，原爆を交渉の梃子として，ソ連から東欧・バルカン問題で譲歩を引き出すことを期待して，原子力の国際管理のために米ソ直接交渉を提唱したスティムソン米陸軍長官の意見を退けた。そのうえで，バーンズはロンドン外相会議に臨んだ。ロンドン外相会議（1945.9.10〜10.2）では，バーンズはハンガリー，ルーマニア，ブルガリア3国政府の民主的改組を承認の条件とし，ドイツの非武装化と引き換えにソ連軍の東欧・バルカン地域からの撤退を迫った。これに対してモロトフは，東欧・バルカン諸国に反ソ政権が成立するのは承認できないと述べ，日本占領への発言権確保を要求してバーンズと対立した。

　こうした米ソ対立の重要な点は，東欧諸国の管理体制をめぐる問題が，日本の管理体制をめぐる問題と密接な関係を持っていたことである。その契機は，東欧・バルカンにおいてはソ連による排他性の除去を求め，逆に日本では自らの排他性の維持を図るという，東欧・バルカンと日本に対するアメリカ外交の「ダブルスタンダード」にあった。このアメリカ外交の「ダブルスタンダード」は，ロンドン外相会議の決裂をもたらす最大の要因となった[15]。ロンドン外相会議には，バーンズの「お目付役」としてダレス（1953.1.21米国務長官就任）も参加していた。

モスクワ外相会議

　1945年10月24と25日，スターリンはハリマンとの会談で，東欧において対等性を求めつつ，日本においてアメリカが排他性を維持し続けるならば，ソ連は東欧で一方的行動をとりうることを示唆した。これに対してバーンズは，ソ連の東欧における一方的行動を阻止するために，アメリカも

一方的行動を変更せねばならないと判断した。

　1945年10月31日，バーンズは，ラテンアメリカと東欧，東欧と日本とを「パラレルな関係」において捉えるという演説をおこなった[16]。そしてバーンズは11月23日，モロトフに12月16日からモスクワで3国外相会議を開催することを提案，ソ連はこれに同意した。ちなみにトルーマンは，モスクワ外相会議開催には消極的であったが，ソ連の一方的行動を制御することに役立つと判断したから同意した。一方，事前に3国外相会議開催の通知を受けていなかったイギリスは，バーンズの行動を非難した。イギリス側が危惧したのは，バーンズがソ連との問題解決を優先し，イギリスにとって重要地域であるギリシア，トルコ，イランなどにおける自国の権益を譲り渡すのではないか，という点であったが，最終的にはイギリスもモスクワ外相会議に同意した[17]。

　モスクワ外相会議（12.16〜12.26）では，ロンドン外相会議とは異なり「お目付役」ダレスが出席せず，バーンズはソ連に対する妥協を含んだ自由行動がとれた。まずバーンズが原子力の国際管理問題を取り上げ，原子力平和利用に関する特別委員会設置でソ連と同意した（1946.1.24 国連原子力委員会設置）[18]。ついで，日伊両国とハンガリー，ルーマニア，ブルガリアの東欧3国の管理体制について，たがいに対等性を主張しつつ自らの排他的実権は確保しようとして，バーンズはスターリンとの直接取り引きで妥協を図った。ソ連が要求していた対日管理理事会（本部は東京）・極東委員会（本部はワシントン）への参加を形式的に認め，ハンガリー，ルーマニア，ブルガリアの民主化を条件としてこれら3国を事実上承認した。それは，バーンズがソ連と西側の勢力圏を相互に尊重したものであった。他方，スターリンは東欧のウラン鉱を確保するために日本管理問題でバーンズに妥協した（第7章第2節を参照）。

　その結果，イタリア・ルーマニア・ハンガリー・ブルガリア・フィンランド5ヵ国の戦後処理問題は，1946年7月29日から10月15日にかけて開催されたパリ平和会議を経て，翌1947年2月10日のパリ講和条約調印によって解決された。アメリカをはじめとする西側は，正式にソ連の東欧3国への排他的占領管理体制を認めた。ここに，東欧の戦後処理問題は事実上決着した。しかし，ドイツ，日本の講和問題は未解決であった。

　ところで，モスクワ外相会議は「モスクワのバーンズの努力とヤルタにおけるローズヴェルトのそれとの間の類似」という評価が強調され，モスクワ外相会議直後，アメリカ国内ではバーンズの対ソ外交への攻撃が本格化していった[19]。

3——一方的行動に向けて

ケナンの長文電報

　モスクワ外相会議の直後の1946年1月5日，トルーマンはバーンズ外交を批判し，東欧，イラン，地中海など各地域におけるソ連の浸透に対する非妥協的対決を強調する一方で，「太平洋と日本の完全な支配」を維持すると指摘したうえで，「私はソ連を甘やかすことに飽きた」と述べた。この時期，アメリカの政策形成者の間で，ナチス・ドイツに比すべき「ソ連全体主義」という概念が支配的となりつつあった。この概念は，モスクワ外相会議を「ミュンヘン」とみなし，バーンズを「宥和主義者」や「新しいチェンバレン」ときめつける評価と「メダルの裏表」の関係にあった[20]。

　トルーマン政権が対ソ強硬政策への傾斜を強めつつある時期，ジョージ・ケナン駐ソ米公使は1946年2月22日，ソ連の対外行動に関する長文電報を送付した。世界情勢の混乱の一切の責任をソ連に帰するというケナンの電報は，対ソ強硬政策に理論的枠組みを提供した。そしてケナン電報の半月後の3月5日，チャーチルはトルーマンの出身地ミズーリ州フルトンで「バルト海のシュテッティンからアドリア海のトリエステにいたるまで鉄のカーテンが降ろされている」という有名な「鉄のカーテン」演説をおこない，ソ連の脅威に対する「英語国民」の結束を訴えた。同席したトルーマンは一言も批判しなかった。4月16日，バーンズはトルーマンに辞意を表明した（正式辞職は1947.1.7。後任はジョージ・マーシャル）。ついで，9月20日，対ソ協調政策を主張したウォーレス米商務長官が辞任した。後任は対ソ強硬派のハリマン駐ソ大使であった。

ノヴィコフ電報

　ソ連の戦後ヨーロッパ政策は，戦後復興と安全保障の確保を二大目標としていた。ソ連の戦死者数は，大戦死者総数の4割にあたる約2000万人（後のゴルバチョフ時代に約2800万人と修正）と推定された。国土の被害とあわせてソ連が受けた打撃はきわめて深刻であり，容易に回復しがたいものであった。したがってソ連の戦後復興問題は，戦勝国ソ連の当然の権利としての戦後賠償だけでは解決できないほど深刻な問題であった。そこ

で，ソ連はアメリカからの経済援助（借款）の可能性について打診していた。そこには，経済的な面から，戦後の米ソ協調関係を継続していきたいという意図も存在していた。これは米英との協調を重視する「ソフト派路線」の考えであった。

ところで，ソ連指導部には，米・英・ソ3国協調路線を基調とする「ソフト派路線」，自力復興・防衛を基調とする「保守派国家主義路線」，対米対決と冷戦を基調とする「ドグマ派路線」の三つの路線が併存していた[21]。ソ連は，当初ソフト派路線をとっており，ブレトン・ウッズ協定調印（1944.7）もその路線の考えに基づいていたものであった[22]。

1945年1月3日，モロトフはハリマンに60億ドルの借款供与を要請した。その後，ポツダム会談後の8月28日，ソ連はさらにアメリカに10億ドルの追加借款供与を要請した。9月には，スターリン自身が訪ソ米議員団にソ連再建の厳しさから借款供与を期待すると語り，1946年1月に口頭でハリマンに借款の申し入れをするなど，ソ連側の積極的姿勢が目立った。しかし，3月1日，米国務省は対ソ借款供与の条件として，ソ連のIMF・世界銀行への加盟と市場経済の導入を示した旨の覚書を提示した。スターリンは15日，アメリカの条件を拒否した[23]。「一見するとおいしそうなキノコのようだが，よくよく吟味すると毒キノコだったのだ」とソ連の高官は評価した[24]。借款問題は1946年末には事実上立ち消えとなった。

すでにソ連は，1946年2月9日，スターリンが，自力復興主義に政策転換を開始したことを表明していた。そして，ソ連が一方的行動を展開しつつある時期の1946年9月27日，ノヴィコフ駐米大使がモロトフに宛てた電報がワシントンから送付されてきた。その電報は，世界支配をたくらむ米帝国主義による対ソ戦争の可能性に備える必要性を強調した危機意識にあふれたもので，ケナンの長文電報と「パラレル」な位置に立つものであった[25]。

「ソフト派路線」を排除しつつあったソ連は，「保守派国家主義路線」の一環として，ドイツの賠償に頼ろうとする。しかし，アメリカの一方的行動により，ソ連の思いどおりにはならなかった。

ドイツ問題

ソ連のドイツ政策は，全ドイツからの賠償取り立て（ドイツ工業の中心である西側占領地区からの賠償取り立てが必要なため）と全ドイツの非軍事化・中立化を基本としていた。ソ連は，当初からドイツ東部地区（ソ連占領地区）を共産主義化しようと考えていたわけではなかった[26]。

降伏後のドイツでは，1945年6月5日，ドイツを管理する米・英・仏・ソ4ヵ国からなる管理理事会が設置された。これによってドイツおよび旧首都ベルリンは，米・英・仏・ソ4ヵ国の共同分割占領下に置かれたが，各占領地区は当該国の絶対的な占領権力の統制下に置かれるという「イタリア方式」が，各占領地区において貫徹された。また，ドイツ賠償問題について，復興よりも賠償の優先を主張する仏ソ両国と，賠償よりも復興の優先を主張する米英両国との間に対立が起こっていた。

　生前，ローズヴェルト大統領は，ソ連のドイツに対する強硬政策が安全保障政策に根ざしていると認識していた。そこでソ連に戦後経済復興のための借款供与を示唆し，ソ連の安全保障は国連を通して保障する代わりに，ドイツをヨーロッパ復興の梃子とすることをソ連に了解させようとした。ところが後任のトルーマン大統領はイギリスに同調し，より明確に賠償よりも復興を優先させようとした。ポツダム会談において，米・英・ソ3国は，原則としてドイツを単一経済単位として取り扱うことで同意した。しかし，賠償は各々の占領地区から自動的に獲得するという「自ゾーン主義」原則を主張し，他の占領地区から取り立てる場合はバーター方式とするというアメリカの提案にソ連は妥協を強いられた。ソ連が「自ゾーン主義」の原則を受け入れたのは，ソ連が要求していたポーランドの西部国境をオーデル川とその支流ナイセ川（オーデル＝ナイセ線）にすることを，アメリカが受け入れたことへの代償であった。

　ポツダム会談後，ドイツに対する工業水準計画と賠償をめぐり米・英・仏・ソ4ヵ国の間で対立が起こり，ドイツ問題の解決のめどは立たなかった。1946年後半，アメリカは一方的なドイツ復興優先＝賠償抑制路線を進めていった。1946年5月3日，クレイ米軍政長官は，ソ連に対する米占領地区からの賠償引き渡しの停止を発表，英仏もこれに同調した。

シュツットガルト演説

　アメリカは，東欧とバルカンの講和問題が事実上決着した1946年後半から，ドイツの工業力を活用して西欧復興を図り，ドイツ西部地区（西側3国の占領地区）を含めた西欧を，アメリカ主導の戦後世界経済システムに統合しようとした。その西欧では，経済的・社会的危機が進行し，政治的危機に発展する状況も危惧された。アメリカは，こうした西欧の状況をふまえつつ，ブレトン・ウッズ体制を早く軌道に乗せようとした。それを貫徹させるのに障害となったのが，西欧各国の経済ナショナリズムと社会主義化への動きであった。とくに最大の課題は，イギリス帝国体制＝スタ

ーリング・ブロック体制であった。

　イギリスは、巨額の戦債を抱えており、第一次世界大戦後以上に深刻な経済状況に直面していた。イギリスがアメリカなどに負った債務は約40億ポンドになっていた。しかも、「武器貸与法」によるアメリカの戦時借款は、対日戦終結とともに停止された。イギリスは対策として、アメリカに借款供与を求め、その結果、1945年12月6月に「米英金融協定」が調印され、対英借款44億ドル、武器貸与による対米負債は帳消しに近い条件で清算された。協定調印の取り引き材料は、スターリング・ブロック体制解体であった。しかし、同協定の批准を求められた米議会では、対外援助そのものに反対する空気が強かった。こうした議会の対英借款反対論をおさえる梃子としてソ連脅威論が活用された。その役目を果たしたのが、1946年3月5日のチャーチルのフルトン演説であった。その結果、7月15日に「米英金融協定」が成立した。

　一方、アメリカはヨーロッパ大陸でソ連と対抗するためにフランスを強化しようとした。そのフランスはドイツ問題で米英と対立し、しかも戦後のフランスは社会的・経済的危機に直面していた。1946年3月、フランスはアメリカから経済援助を獲得した。それは、「米英金融協定」と同様に、戦時中の債務棚上げと6億5000万ドルの借款供与を内容とした。その取り引き材料は、ドイツ問題でアメリカに同調し、三党（社会党、共産党、人民共和運動派）連立内閣から共産党を排除するということであった。

　対英、対仏借款供与が確定された直後の9月6日、バーンズはドイツ政策を中心とするヨーロッパ政策を明示したシュツットガルト演説をおこなった。それによると、(1) ドイツ（西側占領地区）復興によるヨーロッパ復興を基本線とし、(2) ローズヴェルトが描いていた米軍の早期復員構想を覆し、米軍を長期にわたって駐留させ、(3) ドイツ政策ではフランスが反対していたドイツ臨時政府を樹立させ、(4) ソ連が要求していた経常生産賠償は拒否する、というものであった。

イラン・トルコ・ギリシア危機

　アメリカは、伝統的にイギリスの勢力圏にあった中東地域（三大陸の接点に位置する交通の要衝であり、豊富な油田地帯）、および東地中海地域（イギリス帝国の権益維持のうえで交通上・戦略上の要衝）を西欧と結びつけて、アメリカ主導の世界経済システムに統合しようとした。一方、イギリスは、米ソと並んで大国としての地位を維持する観点からも、中東・東地中海を重要な地域の一つとしていた。とりわけ、「ロシアの下腹」に

位置する中東でのイギリスの軍事基地が持つ役割は，東西対立からいっそう高まった。イギリスは，「冷戦の論理」を使ってアメリカの関与を引き出そうとしたが，このことはイギリスのアメリカへの依存を深めさせる結果を招いた[27]。

米英両国は1945年9月24日，アメリカの石油資本が主導する石油協定に調印し，両国による世界石油の独占的共同支配をめざした。ところが，それに挑戦する動きがイランで起きてきた。その動きにはソ連によるイラン北部の石油利権要求とイラン自体の民族主義がからみあっていた[28]。

スターリンの対イラン政策の重点は，革命ではなくソ連軍占領下のイラン北部の石油資源確保にあった。それを実現させるために，イラン北部の民族主義的な分離独立勢力を利用して石油採掘権の確保を図った。ソ連は1945年12月12日，イラン北西部にアゼルバイジャン自治共和国を，1946年1月22日にはクルド人のクルディスタン人民共和国を相次いで樹立させ，ソ連軍を駐留させていたが，1946年4月5日，イランとの間にソ連・イラン協定を締結して撤兵を約束した。撤兵の条件は，石油利権とイラン内閣へのツデー党（共産主義政党）の入閣などであった。これによりソ連は，駐留軍の撤兵を交換条件として1944年以来棚上げされてきた石油採掘権を獲得した[29]。このことは，中東石油の共同支配を狙っていた米英両国にとっては，重大な脅威であった。ソ連・イラン協定締結の翌日の1946年4月6日，トルーマンは中東に対する援助強化を強調した。米英両国は，以降このソ連・イラン協定の形骸化に全力を集中させていった[30]。

その後，12月にソ連軍の保護を離れたアゼルバイジャン自治共和国とクルディスタン人民共和国は，イラン軍の攻勢にたちどころに崩壊した。イランは両共和国をその統治下に置いた。ソ連は中東から後退し，以後約10年間，中東における行動をやめた。イラン危機後，米英両国間では，イランはイギリス，サウジアラビアはアメリカ，という相互の既得権益の尊重を認めあうことによって一応の調整が図られた[31]。しかしその一方で，1947年10月6日，アメリカ・イラン軍事協定が成立し，アメリカは同協定を通して軍事顧問団を派遣してイランへの影響力浸透を図った。

イラン危機が収束した直後の1946年8月，トルコ海峡問題（ボスポラス・ダーダネルス両海峡の管理問題）をめぐって，米英とソ連との間に緊張が起こった。米英とソ連は，1945年11月からトルコの海峡航行を規定したモントルー条約（1936.11 締結）の改定について，トルコとの交渉を開始していた。1946年8月7日，ソ連はトルコに対して，トルコおよび黒海沿岸諸国による海峡管理体制の樹立とトルコ・ソ連による海峡の共同

防衛など5項目の提案をした[32]。アメリカはこのソ連の提案を，ソ連のトルコ支配を意図したものとみた。アチソン米国務次官はトルーマンに対して「ソ連はトルコの支配を狙っており，さらにギリシア，中東の石油，そしてインドと中国もソ連の手に落ちる可能性がある」と強調した。トルーマンは，「ドミノ理論」の先例ともいうべきこうした考えに同意した[33]。

アメリカの支援をうけたトルコはソ連の要求を拒否し，その後10月26日，ソ連は，モントルー条約改定交渉は時期尚早と述べて危機は一応回避された。こうしてソ連は東地中海でも後退した。逆にアメリカは，10月1日，東地中海に巨大航空母艦フランクリン・ローズヴェルトを中心とした米艦隊を常駐させることを発表，同地域への影響力を強めた。

また，トルコ海峡問題をめぐる国際的緊張は，アメリカのギリシア政策を積極的な関与姿勢に転換させた。1946年9月，米英両国は，ギリシア・トルコに対する援助分担の合意（両国への経済援助が主としてアメリカ，軍事援助が主としてイギリス）を秘密裏に成立させた[34]。

ギリシアでは，1946年3月の総選挙で王政派連合政権が成立していた。王政派連合政権は，対外的には国民の不満を解消させようとして，「大ギリシア主義」を掲げて領土の拡大を重要な政策目標としたため，ユーゴスラヴィア，ブルガリア，アルバニアとの関係を悪化させていた。また国内では，ギリシア革命を推進していた共産党は1946年3月の総選挙をボイコットしたあと，武力闘争を展開して急速に勢力を拡大していた。共産党を中心に反王政派勢力が高まりをみせており，連合政権は，王政存続問題のための国民投票を，当初の予定を繰り上げて，9月1日に実施した。アメリカは地中海艦隊を派遣して国民投票に圧力をかけ，その結果，王政存続が支持された。28日，国王は帰国したが，王政派連合政権の権力基盤が弱体化していた。さらに，隣国のユーゴスラヴィアがブルガリアとの間で両国の国境にまたがっているマケドニア人の帰属問題との関連で，バルカン連邦の結成を目指す交渉を進行させていた。バルカン連邦結成との関連で，ユーゴスラヴィアはギリシア革命を支援する立場をとっていた[35]。

このためアメリカは，1946年10月3日，4500万ドルの経済援助を決定し，ギリシアへの梃子入れを強めた。そうした中で，1947年2月10日，ヨーロッパにおける第二次世界大戦の戦闘状態を法的に終わらせるパリ講和条約が調印されたので，法的にイギリス軍をギリシアに駐留させる根拠がなくなった。アメリカは，外部からの支持なしには連合政権は存続しない，との見通しを持つにいたった。1946年9月以降，アメリカは東地中海地域を自らの安全に関わるものとみなし，関与を強めていった。

第7章

冷戦時代の幕開け

1947 〜 1953

1 ── 冷戦の開始とヨーロッパの分断

「パクス・アメリカーナ」に向けて

　1947年2月24日，イギリスはアメリカに対し，本国の経済危機により，3月31日をもってギリシア援助を打ち切ると通告した。1946〜1947年の冬は，イギリスにとって実に66年ぶりという厳冬で，そのために深刻な燃料危機が発生し，戦争による経済的疲弊をいっそう深刻にした。さらに対外借款に依存したことは巨額の対外政府支出を継続すること自体を困難にさせ，帝国政策の根本的再検討が始まった。

　1947年1月の白書では，内外の軍事支出の削減が表明され，2月末にはドイツ占領地区への負担軽減からドイツの西側占領地区を統合させる「ベヴィン・プラン」を考案した(1)。この間，1月28日にはビルマへの自治権の付与が，2月14日にはパレスチナ分割案の国連付託が，20日にはインドに近い将来独立を付与すること（アトリー声明）が発表された。ギリシア，トルコも例外ではなかった(2)。

　アメリカは，イギリスの動きを事前に知っていた。アメリカは，イギリスの通告をイギリス帝国の解体過程の徴候として解釈し，アメリカ主導下の資本主義世界再編成へと本格的に乗り出すチャンスとみた。しかしその一方で，イギリス帝国の政治的解体の進行は，帝国内の諸民族の民族独立運動を高めるものであり，そうした民族独立運動が社会主義的方向に発展する可能性も出てきた。そのため，ギリシア問題を「東西問題」の枠組み，つまり「冷戦」の論理の中で捉え，ギリシアにおける反王政派の民族運動の背景には，ソ連の支持があるとみて，同情勢をソ連の「間接侵略」と把握した。アメリカは，イギリスに代わって自ら資本主義世界の秩序維持の必要性を認識した。すなわち，アメリカは資本主義世界における「パクス・アメリカーナ」の形成と実現へ向けて積極的な関与に乗り出すこととなった。課題は，議会と国民の同意を獲得することであった。

トルーマン・ドクトリン

　アチソン米国務次官は，対外援助に批判的な空気が強い議会指導者に，「腐ったリンゴ論」（樽の中の1個の腐ったリンゴ［ギリシア］が，他の多

冷戦初期のヨーロッパ(1)

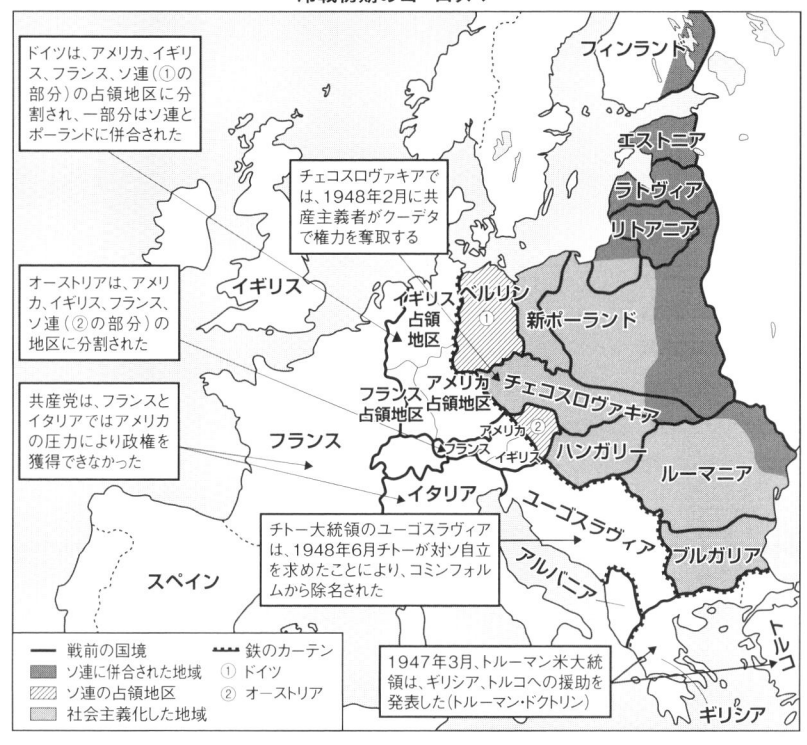

- ドイツは、アメリカ、イギリス、フランス、ソ連（①の部分）の占領地区に分割され、一部はソ連とポーランドに併合された
- チェコスロヴァキアでは、1948年2月に共産主義者がクーデタで権力を奪取する
- オーストリアは、アメリカ、イギリス、フランス、ソ連（②の部分）の地区に分割された
- 共産党は、フランスとイタリアではアメリカの圧力により政権を獲得できなかった
- チトー大統領のユーゴスラヴィアは、1948年6月チトーが対ソ自立を求めたことにより、コミンフォルムから除名された
- 1947年3月、トルーマン米大統領は、ギリシア、トルコへの援助を発表した（トルーマン・ドクトリン）

凡例：
― 戦前の国境　　┅┅ 鉄のカーテン
■ ソ連に併合された地域　　① ドイツ
▨ ソ連の占領地区　　② オーストリア
▤ 社会主義化した地域

くのリンゴ［西欧］も腐らせてしまう）を使ってギリシア・トルコへの援助の必要性を説明した。バンデンバーグ米上院議員はトルーマン大統領に「もし大統領が同様なことを議会と国民におっしゃるなら私はあなたを支持します」と述べた。

　トルーマンは，1947年3月12日，議会でトルーマン・ドクトリンを発表し，ギリシアとトルコに対する4億ドルの軍事，経済援助供与を訴えた。トルーマンは，復員気分にあるアメリカ国民や大規模な対外援助に消極的な議会を納得させるレトリックとして，「二者択一」（二つの生活様式論や善悪闘争論）や「ドミノ理論」という構図で説明する手法をとり(3)，また，「全体主義」という語でナチス・ドイツとソ連とを同一視するイメージも提示した。そして，トルーマンは「武装した少数派もしくは国外からの圧力によって計画された破壊活動に抵抗している自由な諸国民を援助することが，合衆国の政策でなければならないと信ずる」と述べた(4)。トルーマン・ドクトリンは，ソ連・東欧への「隔離（封じ込め）」宣言であ

り，グローバルな冷戦開始の宣言でもあった。そして5月15日，米議会はギリシア・トルコ援助法案を可決した。

トルーマン・ドクトリンには，モンロー・ドクトリンの「世界化」という評価がある。モンロー・ドクトリンでは，「西半球」をヨーロッパから隔離すれば，「西半球」がアメリカ的体制を選択するであろうと前提したように，トルーマン・ドクトリンも，もし共産主義国家を隔離すれば，世界各国はアメリカ的体制を選択するであろうことを前提とした[5]。

さて，トルーマン・ドクトリンが体制の問題を強調したため，仏伊両国政府から共産党閣僚の排除をもたらした（フランスは5.4，イタリアは5.30）。

ついで，トルーマン・ドクトリン発表は，ドイツ問題に取り組んだ米・英・仏・ソ4ヵ国モスクワ外相会議（3.10〜4.24）を失敗に終わらせた。ソ連は，「中立・統一ドイツ」国家構想を前提として，ソ連占領地区および西側占領地区からの賠償取り立てを最優先課題として外相会議に臨んだ。

しかし，アメリカはすでに，ソ連の協力を得られない場合でも西側占領地区の工業力を活用して西欧の経済復興を図るというヨーロッパ復興計画（ERP）の検討に入っていた。ジョージ・マーシャル米国務長官（1947.1.7就任）はスターリンとの会談で，「ヨーロッパの経済復興は期待されたところよりもはるかに遅く，分裂的勢力が表面化している」と述べ，「医者が協議している間に患者は死にかかっている」とし，アメリカの一方的行動を示唆した（4.28上下両院議員報告）。外相会議から帰国したマーシャルは，5月5日，国務省内に設置された政策企画室（PPS）室長ケナンにヨーロッパ復興計画の検討作業を命じた。

マーシャル・プラン

西欧諸国の経済は，1946年末から1947年にかけて危機的な状態にあり，政治的危機に発展する可能性があった。米国務省のポール・ニッツェ（1950.1政策企画室室長に就任）によれば，当時もっとも危険であったのは，ソ連による侵略の恐れではなく，むしろヨーロッパ経済の崩壊であった。ヨーロッパが経済的に破綻すれば，主要な国々が社会主義化する可能性が高く，そうなれば米経済の停滞を引き起こし，ひいては資本主義体制そのものをも脅かす事態になりかねないからであった[6]。

また，トルーマン政権内では，イギリス労働党を含む西欧の社会民主主義政党による一連の社会政策すら危険と受けとめていた。そのため，各国

で社会政策が進めば，アメリカの目指す世界的な経済的自由化政策は重大な困難に直面するという危機感を抱いていた[7]。さらに，トルーマン政権は，西欧の経済統合構想のあるべき姿を世界的な通商自由化構想の一環として位置づけており，米ソに対抗しうる西欧統合構想を警戒していた。とりわけ，アメリカが注視したのはイギリスの動向であった。

　大戦後イギリスの政治指導者の間で共有されていた外交戦略は，イギリスが「三つのサークル」が交差する中心に位置することで，米ソと並ぶ世界の大国としての地位と役割を確保させるという考えであった。その「三つのサークル」とはイギリス連邦，大西洋共同体（とくにアメリカとの特別な関係），西欧である[8]。ポツダム会談直後の1945年8月13日，アーネスト・ベヴィン英外相は，戦後秩序形成に関する「グランド・デザイン」を作成した。それは「第三勢力」としての西欧同盟の形成をめざし，英仏同盟をその中心として，西欧全体の政治的・経済的および軍事的協力の拡大という長期的な目標を示した。そしてそれは，アメリカの資本主義，ソ連の独裁制に対抗する「社会民主主義の最後の要塞」（ヨーロッパの社会民主主義）を構築するというものであった[9]。ベヴィンの「グランド・デザイン」は，1947年3月4日，英仏同盟条約（ダンケルク条約）として具体化した。この条約は，名目上は対ドイツであったが，実際上は対ソ同盟に主眼があった。

　こうしたヨーロッパ各国の構想を受け，トルーマン政権は，西欧の政治的・経済的危機克服とアメリカ本来の構想実現である西欧（できれば東欧も）の経済的統合を目指すという二重の目的を持った大規模対外援助計画であるヨーロッパ復興計画を策定した。とくに後者は，アメリカ主導の戦後国際経済秩序の柱であるIMF・世界銀行と並んで，貿易と投資の自由化をめざす関税および貿易に関する一般協定（GATT）と国際貿易機構（ITO）を前進させる観点から打ち出された。しかし，GATTの設立は決まったが（1947.10.30），国際貿易機構は米議会の反対により実現しなかった[10]。

　総額170億ドルに及ぶ4ヵ年の大規模な長期援助計画を内容とするヨーロッパ復興計画（ERP）は，6月5日のハーバード大学でのマーシャル米国務長官演説で打ち出されたことから，マーシャル・プランと呼ばれた。演説では，まず「ヨーロッパ側のイニシアチブ」という形をとり，ついでアメリカが主導権を発揮できるように国際機関を通しての援助を否定した[11]。それゆえ，計画の実施にあたってはヨーロッパ各国とアメリカとの二国間協定を通してアメリカの発言権を確保していた。さらに，マーシャルは

「アメリカの政策は特定の国とか主義とかを対象とするのではなく，飢餓，貧困，絶望，混乱が対象である」と述べて人道主義を強調した。ついで同計画の目的は「自由な制度が存続できるような政治的・社会的条件」づくりにあるとし，対象国は西ヨーロッパだけに限定されていなかった。その一方で，「他国の復興を妨げようとするいかなる政府，政党，グループもアメリカの援助を受けないであろう」と指摘し，ソ連が受諾できないような条件を付与しながらも表面的には援助対象から排除せず，実質的には東欧も援助対象とするという布石が読み取れた(12)。

マーシャル・プランが発表されると，ただちに英仏会談（6.17〜18）が開かれた。ベヴィンはこの援助計画を彼の「グランド・デザイン」に沿って英仏の共同行動によって受け入れたいと考えた。しかし，このヨーロッパ復興計画の実施過程で，将来の西欧経済統合に関する英仏間の潜在的な対立点が，次第に明確となった。イギリスは，国家主権を維持したうえでの政府間協力による国家連合というアプローチをとった。これに対して，フランスはモネの「ヨーロッパ連邦」構想に代表されるように，超国家機関による経済統合に強い意欲を示した(13)。しかも，フランスはソ連欠席では米英ペースに陥るとの懸念を抱き，ソ連に参加を呼びかけた。

6月26日，モロトフはパリに到着，英・仏・ソ3国外相会議が開催された（6.27〜7.2）。アメリカはソ連がヨーロッパ復興計画に参加する条件に，東欧，ソ連の市場開放を要求したといわれる。そのため，3国外相会議は決裂した。そのあと英仏両国は7月4日，ヨーロッパ復興会議に出席するようスペインとソ連を除くすべてのヨーロッパ諸国を招請した。しかし，会議が開催されたとき，東欧諸国はソ連の圧力によって出席を阻止された。とりわけ，IMF協定に調印したポーランドとチェコスロヴァキアは復興会議への積極的な参加を表明していたが，会議参加自体が反ソ行動と受け取られると判断し，参加しなかった。

7月12日，西欧16ヵ国が参加したパリ会議（〜7.15）では，ヨーロッパ経済復興のための4ヵ年計画を作成し，同時にマーシャル・プランの受け入れ組織としてヨーロッパ経済協力委員会（CEEC）が設置された（7.13）。その結果，9月22日，西欧諸国はアメリカに対し193億ドルの経済援助を要請した。

ところで，マーシャル・プランが発表された直後の7月31日，ケナンは「X氏」という匿名を使って「ソ連の行動の源泉」という論文を外交雑誌『フォーリン・アフェアーズ』に発表した。ケナンは，ソ連の膨張傾向を「長期の，辛抱強い，しかも確固とした注意深さでもって」「隔離する（封

じ込める)」ことが，今後のアメリカの対ソ政策の中心でなければならないと説いた。すなわち，「隔離」政策で膨脹を抑止すれば，ソ連の内部矛盾（経済問題と政治権力の構造の弱さ）が成長し，自壊する。かくしてソ連は「ソ連権力の崩壊かまたは漸次的な穏和化に出口を求めねばならなくなる」という展望を示した⁽¹⁴⁾。その「X氏」論文は，「ソ連の領土拡大を否認・非難し，世界（ソ連・東欧諸国を除く）の門戸開放（オープン・ドアー）を進める」政策に論拠を与えるものであった。

コミンフォルム設置とジダーノフ演説

ソ連指導部内では，マーシャル・プラン受け入れの可否をめぐり論争が存在していたといわれたが，最終的に受け入れを拒否した。かくてソ連は，対米借款を求めた「ソフト派路線」とドイツの賠償に頼ろうとした「保守派国家主義路線」の二つの路線を放棄し，「ドグマ派路線」に転換した⁽¹⁵⁾。それは，マーシャル・プランを拒否する代わりに，東欧の工業力を利用することであった。

モロトフがパリから帰国した4ヵ月後の1947年10月5日，コミンフォルム（ヨーロッパ共産党情報局）結成の発表があった。9ヵ国共産党（ソ連，ユーゴスラヴィア，ブルガリア，ルーマニア，ハンガリー，ポーランド，チェコスロヴァキア，仏，伊）がメンバーで，この機関設置はヨーロッパ復興計画参加に関心を示していたポーランド，チェコスロヴァキアへの回答であった。この結成会議に参加したスターリンの代理アンドレイ・ジダーノフは，コミンフォルムの指導原理として，世界を「帝国主義・反民主主義陣営」と「反帝国主義・民主主義陣営」と捉える二大陣営論を主張，社会民主党右派指導者たちを非難した。この新方針は，ソ連側からの冷戦開始宣言といえた。

ソ連はこうした新しい方針のもとで，東欧諸国に共産党政権を樹立し，これら諸国を計画経済体制に統合する路線（革命を当該地域に輸出し，社会主義陣営を形成することで自国の戦後復興を成し遂げる），およびアメリカの進出から自国の安全を確保する自力防衛路線が展開された⁽¹⁶⁾。

ちなみに，コミンフォルム結成に指導的役割を果たしたのがユーゴスラヴィアであった。ギリシア内戦援助問題などでもっとも激しく西側を非難し，マーシャル・プランの提案に対して，東欧諸国のうちでまっさきに拒否宣言をおこなったのもユーゴスラヴィアであった。そのため「ソ連のもっとも忠実な徒弟」といわれたユーゴスラヴィアの首都ベオグラードに，コミンフォルムの事務局が置かれた。その一方で，コミンフォルム結成の背景

には，ソ連の抱いていた東欧情勢に対する危機感がみられた。スターリンがもっとも恐れたのは，東欧の社会主義諸国が人民戦線路線（共産党以外の政党との連立政権）を追求していくこと，さらにソ連の指導を離れて自立化の道を歩むことであった。そのため，コミンフォルム創立大会を，マーシャル・プランで動揺し人民戦線路線にこだわるポーランドで開催する一方で，ソ連から見てもっとも自立した路線を歩むとみられるユーゴスラヴィアにコミンフォルムの事務局を設置したことの意味は重要である[17]。

こうして，ヨーロッパは復興問題をめぐって二つの陣営に分裂していった。

チェコスロヴァキア政変とユーゴスラヴィア追放

画一的なスターリン主義体制が東欧各国に導入される契機となったのは，1948年2月に起こったチェコスロヴァキアの政変であった[18]。東欧で唯一民主連合政府が成立し，「東西のかけ橋」と位置づけられたチェコスロヴァキアでは，2月25日の政変で，ゴットワルトを首相とする共産党中心の政権が誕生した。3月10日にはマーシャル・プラン受け入れ主張で知られるマサリク外相が自分の執務室から「墜落死」した。6月7日には，ベネシュ大統領が新憲法（5.9 制定）への署名を拒んで辞任し，6月14日にゴットワルトがそのあとを継いだ。西側諸国はこの政変を共産党による事実上のクーデタとみた。西側は態度を硬化させた。

そして，1948年6月28日，コミンフォルム第2回大会はコミンフォルム創設に指導的役割を果たしたユーゴスラヴィアを，内外政策における右翼的および民族主義的偏向を理由に除名した。除名の真の理由は，ユーゴスラヴィアが他の東欧諸国のように従順さを示さなかったことと，さらにバルカン連邦構想（対等の原則に基づくユーゴスラヴィア，アルバニア，ブルガリアが構成国）にみられるように，バルカンにおけるユーゴスラヴィアの指導性に危機感を持っていた点にあった。ソ連は，バルカン連邦構想を対ソ「コルドン・サニテール」（防疫線）の再現とみて，1948年1月，この連邦構想を非難していた。ユーゴスラヴィア追放は，ソ連陣営が分裂したことを示した。

ユーゴスラヴィアはソ連の圧力に屈しなかった。アメリカは，1948年12月，在米ユーゴスラヴィア資産の凍結を解除するなど，ユーゴスラヴィアへの援助を本格化させた。

政治的・経済的画一体制

　1947年までは、東欧諸国における人民民主主義体制の独自性・多様性が強調されていたが、チェコスロヴァキアの二月政変以降、人民民主主義はプロレタリア独裁の一形態であると転換された。そして政治体制の画一化が進められた。1948年を通して各国共産党による社会民主党左派の吸収が進められ、ルーマニアが「労働者党」（1948.2）、ハンガリーが「勤労者党」（1948.6）、ポーランドが「統一労働者党」（1948.12）というように名称を変えたが、実際は共産党の独裁体制が固められた。ついで、1949年11月29日、コミンフォルム第3回大会で、「人殺しとスパイに支配されるユーゴスラヴィア共産党に関する決議」を採択し、チトー主義者の名目で共産党指導部内で民族主義派とみなされた人々を追放、粛清した（ポーランドのゴムウカ、チェコスロヴァキアのフサークなど）。

　さらに経済的な画一化も進んだ。1949年1月25日、ソ連および東欧5ヵ国は東欧経済相互援助会議（コメコン）を結成した。コメコンの特徴は画一的な重工業建設に全力が集中され、農工業、軽工業や国民生活水準はほとんど無視された。1949年以降、東ヨーロッパ各国はつぎつぎと五ヵ年計画を採用し、ソ連型の中央集権的計画経済を実施し、同時に、農業の集団化も強引に進められた。しかも、ソ連と東ヨーロッパ各国の間に合弁会社が作られ、収奪的低価格で東ヨーロッパの資源がソ連に送られた。

マーシャル・プランの成立

　ヨーロッパ復興計画の本格的審議が始まる前に、西ヨーロッパの政治的・経済的危機はより深刻になっていた。とくに仏伊両国では、経済危機に労働攻勢がこれに加わった。

　トルーマン政権は、西ヨーロッパの危機対策が緊急の課題となった。1947年10月23日、トルーマンは特別議会の招集（11.17開催）を発表した。11月17日、トルーマンは、議会に仏伊両国への緊急援助を含む26億ドルの対外援助を要請した。この要請は、復興ではなく、救済＝西ヨーロッパ諸国の政権強化のためであった。12月17日、議会は中国を含む各国への緊急援助として6億ドルの支出を承認した。緊急援助成立直後の19日、トルーマンはヨーロッパ復興計画として170億ドル供与の教書を議会に送ったが、審議は難航した。ところが、1948年2月のチェコスロヴァキア政変、ついでイタリア総選挙（4.18実施予定）での共産党優勢との予測が高まり、4月2日、米議会はヨーロッパ復興計画を含む対外援助法を

圧倒的多数で可決した。ヨーロッパ復興計画，すなわちマーシャル・プランは，4月4日のトルーマンの署名で成立した。アメリカは，1948年から4年間に，総額130億ドルの経済援助を西ヨーロッパ諸国に与えてゆく。

トルーマンは採択された対外援助法に署名するにあたって「この法は自由世界に刃向かうものへの回答である」と述べた。そして，4月16日，ヨーロッパ復興計画に参加する16ヵ国とドイツ西側占領地区はヨーロッパ経済協力委員会（CEEC）を改組したヨーロッパ経済協力機構（OEEC）を設立した。これはやがてヨーロッパ共同体（EC）へと発展するヨーロッパ統合への第一歩となった。なお，その設立過程において，仏外相ビドーとベルギー外相スパークは，超国家的性格を持つ常設機関の設置を求めたが，英外相ベヴィンは北欧諸国の支持を得てゆるやかな政府間機関を設立することに成功した。

この間，アメリカは，共産党政権が成立すれば援助を停止すると表明するなどイタリア総選挙への干渉をおこなった。その結果，カトリック教会の支援もあり，アメリカが支援する親米保守のキリスト教民主党が単独過半数を獲得し，イタリア再建のイニシアチブを握った[19]。

ベルリン封鎖とドイツの分断

ヨーロッパが，東西両陣営に二分化されていく中で，米・英・仏・ソ4ヵ国により分割占領されていたドイツにも分裂の波が波及した。アメリカの対独占領政策は，1947年7月11日，非ナチ化重視からドイツ西側占領地区の復興という内容に修正された（JCS〈米統合参謀本部〉1779）。それは1945年5月に決定された徹底した非ナチ化などの方針を盛り込んだ占領政策（JCS1067）からの明確な転換であった[20]。12月19日，トルーマンは，マーシャル・プランの対象にドイツ西側占領地区（ベルリンの西側占領地区も含む）を組み入れ，ヨーロッパの復興のために活用する方針を公表した[21]。ドイツの分断は決定的なものとなった。

1948年2月，米・英・仏3国はベネルクス三国とともにロンドンで外相会議を開催した（2.23～3.6）。同外相会議では，(1) ドイツ西側占領地区で統合した経済政策の実施，(2) ドイツ西側占領地区をヨーロッパ復興計画に参加させる，(3) 西ドイツの連邦政府創設およびこのための憲法制定，以上3点を中心とするロンドン計画を決定した（公表は6.7）。この間の主導権はアメリカが握り，経済援助と米軍の恒常的ドイツ駐留の約束でフランスの消極姿勢を転換させて，同意にこぎつけた[22]。ついで3月20日，ロンドン外相会議に招かれなかったことを理由として，ソ連はド

イツ4ヵ国管理理事会から退席し，このあと二度と理事会は開かれなかった。そして6月7日，西欧6ヵ国は，連邦制による西ドイツ政府の樹立，ルールの国際管理，通貨改革などを内容とする西ドイツ処理協定（ロンドン協定）に調印した。

　この直後の6月18日，ドイツ西側占領地区では通貨改革が発表された（6.20 通貨改革実施）。この通貨改革と結びついて，統制経済から市場経済に政策転換がおこなわれ，「奇跡の経済復興」のスタートが切られた。23日，ソ連はソ連占領地区と東ベルリンでの通貨改革を発表し，24日には西側占領地区から西ベルリンへの交通路を全面的に遮断し，同地区への電力と石炭の供給を停止するという挙に出た。いわゆる「ベルリン封鎖」である。ソ連がベルリンを封鎖した目的は，西ドイツ政府樹立計画の実現を阻止することにあった。これに対し，アメリカを中心とする西側諸国は6月26日，「空の架け橋」と呼ばれた空輸作戦によって西側占領地区から西ベルリンへの物資供給を開始した。ソ連はベルリンでの軍事衝突を避けようとし，西ベルリンへの航空路の妨害をやらなかった。6月28日，トルーマンは原爆搭載可能なB29戦略爆撃機60機をイギリスに派遣（7.10 イギリスに配備）することを決定した。しかし，この爆撃機は原爆を搭載できるようには整備されていなかった。このことはソ連側も，スパイ活動を通じてわかっていた[23]。

　ベルリン空輸作戦はイスラエル承認とともに，1948年11月の大統領選挙で当初劣勢とされたトルーマンに勝利をもたらした（1948.11.2）。1949年に入り，ソ連の強硬姿勢に変化がみられた。5月12日，ソ連は一方的に「ベルリン封鎖」を解除した。この間，ソ連国内では，1948年8月，ジダーノフが死亡し，やがてレニングラード事件といわれたジダーノフ派を対象とした粛清がおこなわれた。そして，国内経済重視論を主張していたマレンコフやフルシチョフが台頭しはじめていた。

「ベルリン封鎖」解除後，ドイツは二つに分裂した。西側占領地区のドイツは1949年5月23日，「ドイツ（ボン）基本法」を制定し，9月7日にドイツ連邦共和国（西ドイツ）を発足させた（初代首相はコンラート・アデナウアー）。10月7日，ソ連はそれに対抗してドイツ民主共和国（東ドイツ）を成立させた（初代首相はオットー・グローテヴォール）。ソ連が東ドイツの国名に「人民主義」を意味する「人民」ではなく「民主」をつけたのは，統一ドイツと中立ドイツへのこだわりをみせていたからであった[24]。

第7章　冷戦時代の幕開け　141

NATO結成

「ベルリン封鎖」は二つのドイツをもたらしたが、その一方で、アメリカは「ベルリン封鎖」を利用してソ連の軍事脅威を強調して、西ヨーロッパの軍事的統合＝北大西洋条約機構（NATO）結成への動きにはずみをつけた。ただし、軍事的統合問題でもイギリスの動向が鍵となった。

イギリスは、チェコスロヴァキア政変（1948.2.25）を直接の契機として「第三勢力」としての西欧同盟形成よりも英米関係を軸とした大西洋同盟の強化を優先する方向に動いていった[25]。チェコスロヴァキア政変直後の3月17日、英、仏、ベネルクス三国はブリュッセル条約（西欧連合条約）を締結し、4月17日にはブリュッセル条約機構（西欧連合機構）を設立させて、西欧連合（WU）が成立した。WUは西ヨーロッパの政治的、経済的、軍事的分野の協力体制の発展をめざした。しかし、ブリュッセル条約は、実質的には国連憲章第51条の集団的自衛権にもとづく軍事同盟であった。そのため、西ヨーロッパの軍事的統合を望むアメリカはこの条約を高く評価した。

ベヴィンは、ブリュッセル条約だけではソ連の脅威を防ぐことはできないと考え、次の課題としてアメリカをその条約に結びつけること、つまりアメリカを西ヨーロッパ防衛に引き込むことをめざした。米・英・加3ヵ国はフランスを除外したうえで、3月から4月にかけて、ワシントンで大西洋同盟の形成を目指す極秘会談を進め、「ベルリン封鎖」直前の5月末には、「ペンタゴン・ペーパー」と呼ばれる北大西洋条約の原案が作成された[26]。その会談の過程で、ヨーロッパに対する相対的独自性を保つイギリスの態度は、アメリカの疑念を生んだ。アメリカは、西ヨーロッパ全体をアメリカに従属させるべき地域として位置づけており、イギリスをヨーロッパの一員として見ていたからである。

アメリカは19世紀以来、平時にヨーロッパと軍事同盟を結んだ前例がないため、米議会を納得させるのが難しかった。ところがチェコスロヴァキア政変（1948.2）が米議会に影響を与えた。1948年6月11日、リオ条約（1947.9.2）の根拠となった国連憲章第51条の個別的・集団的自衛権が、西半球以外の地域にも適用できるとしたバンデンバーグ決議が採択された[27]。米州会議（1947.8.15～9.2）で調印されたリオ条約とは、アメリカが平時ではじめて結んだ軍事同盟である。さらに1948年4月30日には、ボゴタ憲章が調印され、米州機構（OAS）が創設されることとなった。これらはNATOの先例ともいえた。

1949年4月4日，ワシントンで米・加を含む12ヵ国による北大西洋条約が調印され（8.24 発効），これと並行して条約実施のためNATOが結成された。ついで7月25日，トルーマン政権は西ヨーロッパ諸国の軍備増強を図るための軍事援助計画を議会に提出したが，多額の援助額に対して議会は必ずしも好意的ではなかった。しかし，9月23日，米政府がソ連の原爆実験（8.29）を確認したと公表したことにより，9月28日，議会は対外軍事援助費13億ドルからなる相互防衛援助法（MSA）を承認した（10.6発効）。

　このようにアメリカの統制力を軍事的にも確立しようとしたのが，NATO結成であったが，それに加えてアメリカはその統制力をソ連への戦略物資禁輸，軍事・民生両面にわたる技術移転規制政策にも拡大していった。アメリカの対ソ禁輸政策を促進させる要因となったのは，1949年9月のソ連の原爆実験の確認公表，10月のMSA発効とそれに伴う援助増大であった。その結果，1949年11月30日に米，加，英，仏，伊，ベネルクス三国，ノルウェーが参加して，ココム（COCOM／対共産圏輸出統制委員会）が発足した（1950.1 活動開始）。このココムは，対共産圏（主に対ソ）戦略物資禁輸政策という側面と，それを通して西側先進国をアメリカの禁輸，技術移転規制政策の統制下に置くという側面を持っていた[28]。

ギリシア内戦の終結

　「ベルリン封鎖」が解除された頃，トルーマン・ドクトリンの契機の一つとなったギリシア問題は，解決の方向に動いていた。

　1948年6月，コミンフォルムから追放されたユーゴスラヴィアは，輸出入の半分以上をソ連・東欧諸国に依存していたため，経済的にも最大の危機を迎えた。チトーは必然的に西側へ接近した。1948年9月8日，米輸出入銀行がユーゴスラヴィアへの2500万ドルの借款供与に応じたのを皮切りに，西側各国は政治的・経済的な梃子入れを始めた。1949年7月23日，ユーゴスラヴィアはギリシアの反政府ゲリラへの支援，援助打ち切りを発表した。その結果，反政府闘争は弱まり，12月25日，ギリシア政府は主要都市で戒厳令を解除し，軍政を廃止した。そして1950年5月にはユーゴスラヴィアとギリシアは国交を回復した。

　こうして，第二次世界大戦末期から続いていたギリシア問題は一応の決着を見た。ここに，ヨーロッパが国際政治の焦点であった局面は，東西両陣営相互の暗黙の既成事実容認（現状固定）ということでひとまず終結することとなった。

2 ── ソ連の原爆保有とアジアの冷戦

ソ連の原爆保有

　日本がポツダム宣言を受諾した直後の8月20日、ソ連指導部は核開発を国家の最重要課題であるとし、秘密警察を担当するラブレンティ・ベリヤ政治局員を委員長とする国家防衛委員会付属の「特別委員会」設置を決定した。核開発に必要なウラン鉱確保に関しては、当時ソ連国内のウラン鉱が必要分の7分の1であったため、国外のウラン鉱の利用が指示されていた。ソ連軍占領地域のチェコスロヴァキア、ブルガリア、ルーマニア、ドイツ東部に、ウラン鉱が豊富であった。とりわけ、高品質のウラン鉱が採れたブルガリアは、ソ連にとっては重要であった[29]。そのため、ソ連は核兵器保有のためにブルガリアなどの支配を優先し、日本占領におけるアメリカの主導権を容認した（1945.12.16～12.26 モスクワ米英ソ三国外相会議）。

　核開発中のソ連は、アメリカが1946年6月14日に国連原子力委員会に提出した「バルーク案」に警戒を抱いた。なぜなら、「バルーク案」は、原子力の原材料とその査察を国連組織の管理下に置き、拒否権発動の対象からはずすという内容で、事実上ソ連の核開発を断念させる可能性を持っていたからであった[30]。そのため、原子力の国際管理についての米ソの合意ができない中で、ソ連は核開発を急いだ。ソ連は、1949年8月29日、最初の原爆実験に成功し、アメリカについで世界で2番目の核保有国となった（1949.9.25 公表）。ソ連の原爆実験成功から約4週間後の1949年9月23日、トルーマン米大統領はソ連の原爆実験の事実を公表した。

中国革命と中ソ同盟

　自力で国共内戦に勝利して中国本土の大半を解放した中国共産党は、1949年10月1日、中華人民共和国の樹立を宣言した。主席は毛沢東、国務院総理に周恩来が選ばれた。そして、年末にはベトナム国境にまで進出し、台湾に逃れた国民党政府の打倒（台湾武力解放）の準備を進めた。

　ソ連は、中華人民共和国建国樹立宣言の翌10月2日に、世界で初めて同国を承認した。ついで東欧諸国が相次いで承認し、以下1950年1月までの

間にインド，イギリスなどが承認した。イギリスの中国承認（1.6）の短期的動機は中国にある権益維持のためだったが，長期的展望として「中国チトー化」（中国をソ連から離れて自主独立路線をとったチトー大統領のユーゴスラヴィアのような状態にさせる）による中ソ離間戦略が考慮されていた。

　1949年12月に毛沢東は訪ソし，1950年2月14日，中ソ友好同盟相互援助条約を締結した。同条約によれば，期間は30年とされ，同盟の対象は「日本軍国主義とその同盟者」であったが，実態はアメリカを対象としていた。中華人民共和国の成立と，それに続く中ソ友好同盟相互援助条約の締結は，アジアの国際政治に大きな影響を与えた。広大な領土と人口を持つ中国が，大戦後超大国化したソ連との同盟関係を結んだからである。ヨーロッパ同様，東アジアでも中ソ対アメリカという二極対立構造が成立した。

　この間，中ソの間では，アジアでの国際秩序を決める枠組みが合意された（1949.7 スターリン・劉 少奇（りゅうしょうき）会談）。その枠組みとは，対米関係など戦略問題をソ連共産党が担当し，アジアの共産党への指導，民族独立運動の舵（かじ）取りは中国共産党に任せるというものであった（中ソのパワー・シェアリング）。こうして中国共産党は，アジアの革命運動の司令塔となった。それは，インドシナ，フィリピンなどアジアの共産党の多くが，華僑（きょう）ネットワークによってつながっていたからである。ただ，当時のスターリンは，アメリカや西欧諸国との全面対決を恐れ，中国による香港，台湾解放については消極的立場をとっていた[31]。

アメリカの対策

　1949年後半，アメリカの冷戦政策の前提の一つであった「原爆の独占」が，予想より早いソ連の原爆保有により崩れた。これに中国革命による「中国の喪失」が続いた。「原爆の独占」の喪失により，原爆独占を前提に置いていたアメリカの世界的軍事戦略は，修正が必要となった。トルーマンは，1950年1月31日，水爆の開発を決定し（1952.11.1 水爆実験成功），対ソ核優位の維持を図った。また，西ドイツ再軍備を含む西ヨーロッパ地上軍建設に向けて動きだした。同時にトルーマンは，平時と戦時におけるアメリカの外交政策と軍事戦略の再検討を命じた。ディーン・アチソン米国務長官は，水爆製造に反対のケナン政策企画室室長をポール・ニッツェと交替させ，ニッツェ新政策企画室室長を中心にその作業を進めることとなった。

一方，中国革命の成功については，トルーマン政権は早くから不可避とみていた。国民党政府の崩壊と共産党の勝利が確実となった1949年8月5日，トルーマン政権は中国喪失の非難をかわすための政治的措置として『中国白書』を公表し，国民党政府の敗北を全面的に同政府の責任であると断定し，アメリカに介入の意図のないことを示した。

　中国革命の結果，ソ連の蔣介石政権支持（ソ連は，日本がポツダム宣言受諾を連合国に通告した1945年8月14日，蔣介石政権との間に中ソ友好同盟条約を調印）を前提にしていたアメリカの戦後アジア政策の構想が崩れたため，アメリカは新たなアジア政策である国家安全保障会議政策文書NSC48/2を策定した（1949.12.30 トルーマン承認）。

　1950年1月12日，アチソン米国務長官は，ナショナル・プレス・クラブ演説でNSC48/2に基づいた中国革命以後の包括的なアジア政策を述べた。それは，中国のナショナリズムに期待して中ソ離間戦略による「中国チトー化」と台湾への不介入（国防省の主張を退けて）を強調するものであった。そのため，中国の隣邦において共産主義を封じ込めるという方針をとり，アメリカの防衛線をアリューシャン―日本―沖縄―フィリピンに引き，その線を確保して中国に対抗するとした（アチソン・ライン）。しかし，防衛線と中国との中間地帯（韓国，台湾など）に対するアメリカの政策は，鮮明にされていなかった。さらに，アチソンは，民族主義が共産主義に対抗するものであるとし，共産主義勢力浸透の危険をもたらす経済的困窮に直面しているアジア諸国には，技術的な援助を供与する意向を表明した。

　すでにトルーマン政権の民族主義強化政策は，1950年1月4日の大統領年頭教書以来，推進されていた。トルーマンは前年の大統領就任演説（1949.1.20）で提起したポイント・フォア計画（低開発地域への技術，経済援助を述べたもの）の立法化を議会に要請した（1950.6.5 国際開発法として成立）。その計画はアジア地域統合の重要な手段としての性格を持つもので，民族主義支援の立場に立ち，民族自決や社会変革の要求にできるだけ応えていくというものであった[32]。

　ポイント・フォア計画の立法化をこのタイミングで打ち出した理由は，一方で，中国革命の影響をくいとめる（「もう一つの中国」を避ける）という緊急の必要性があったからで，他方で，中国での教訓として，軍事援助の効果には限界があり，経済援助がより利益をもたらすことがわかったからであった。トルーマン政権にとって民族主義運動と「パクス・アメリカーナ」をいかに接合させていくかが課題となった。

アチソン演説2日後の1950年1月14日には，アメリカは大陸の共産党政府不承認を決定したが，台湾がアメリカの防衛線から除外されていたため，親台湾派の共和党議員を中心にトルーマン政権への激しい批判が起こった。これが後に「マッカーシズム」のおり，国務省攻撃への絶好の材料として使われた。さらに，2月14日の中ソ友好同盟相互援助条約締結の発表は，「中国チトー化」の喪失を意味し，トルーマン政権に衝撃を与えた。

対日占領政策の転換

「中国革命」が進展する中，アメリカは，日本をヨーロッパの西ドイツと同様にアジアのジュニアパートナーとするための政策を展開していった。

対日占領政策の当初の重点は，「非軍事化・民主化」という二大目標であり，日本がふたたび脅威となることを防止することに置かれた。しかし，中国革命が進展した1948年以降，アメリカの対日占領政策は転換した。1948年1月6日，ロイヤル米陸軍長官は「日本を完全に自立できる程度に強力で安定し，かつ，北東アジアにおいて起こりうるいかなる全体主義的脅威に対しても防壁として役立つようにする」と述べた。アメリカは，日本を西側陣営の一員として政治的・経済的に安定した工業国として復興させ，共産主義に対抗する東アジアにおけるアメリカの拠点，友好国とする政策を採用した（1948.6 NSC13/2）。そして，1949年3月には，ジョンソン米国防長官は国家安全保障会議に日本の限定的な再軍備の必要性に関する文書を提出した（NSC44）[33]。

また，日本の経済復興と関連づけて，日本と東南アジアとを経済的に結びつけるなど，東南アジアが重要視された。それには，日本にとって伝統的な市場であった中国を「中国革命」で失ったことが，経済復興にとって深刻な問題をもたらすことに対する配慮があった。アメリカは，1949年12月にNSC48/2を策定し，東南アジアを，共産主義のこれ以上の拡大を中国の隣邦で封じ込める地域として注目するとともに，西欧諸国のドル不足解消という観点から重視すべき地域とした[34]。

インドシナ革命とNSC68

アメリカは，東南アジアでとくにインドシナを重視した。そのインドシナでは，フランスがハノイ協定（1946.3.6 ベトナム民主共和国のフランス連合内での自治承認）を無視しベトミン軍の武装解除を要求したので，1946年12月19日以降，ベトナム側との衝突が起こり，インドシナ戦争が勃発した。

第7章 冷戦時代の幕開け 147

1949年10月の「中国革命」の成功は、インドシナの革命運動に大きな影響を及ぼした。1950年に入ると、ベトミン軍の戦術はゲリラ戦から正規戦へと成長するにいたり、さらに1月14日、ベトナム民主共和国は中華人民共和国を承認した。これを受けて、中ソはベトナム民主共和国を承認した（中国の承認は1.18、ソ連の承認は1.29）。中ソによるベトナム民主共和国承認は、ベトナム国（元首バオ・ダイ、いわゆる後の「南ベトナム」）への援助を考えていたアメリカに衝撃を与えた。

　アメリカは当初、まずフランスがエリゼー協定（1949.3.8 オリオール仏大統領とバオ・ダイとの間で調印）を批准してベトナム国を独立させ、そのうえでアジア諸国などによるベトナム国承認で国際的認知を受け、ついでアメリカがベトナム国に援助を与える、ということを考えていた。しかし、中ソのベトナム民主共和国承認に向けた動きを受けて、アメリカはフランスにエリゼー協定の早期批准を迫り、1950年1月29日、フランス国民議会はエリゼー協定を含むインドシナ関係三協定を承認した。2月2日、フランスはベトナム国、ラオス王国、カンボジア王国をフランス連合内の独立国として承認した。

　2月7日、アメリカはイギリスとともにベトナムなどインドシナ三国を承認し、7月には初代アメリカ大使がサイゴンに着任した。ここにアメリカは、中ソと対立する立場に自らを置いた。中ソのベトナム民主共和国承認、とくにソ連によるベトナム民主共和国承認と、それに続く「中ソ友好同盟相互援助条約」調印は、アメリカ政府内に強まっていた軍事第一主義路線の論理を証明させた[35]。そのことは対インドシナ政策で技術・経済援助政策を重視してきた国務省の路線が破綻し、軍事的観点に立つ国防省と軍部の路線が国策の基礎となることを意味した。そして、2月27日、軍事第一主義路線を確認する国家安全保障会議政策文書NSC64が策定された。

　NSC64によれば、インドシナを「直接的な共産主義の脅威にさらされている地域」と断定し、そのため国務、国防両省は「最優先事項として、インドシナにおいてもアメリカの安全保障上の利益を守ることを目的とした、実行可能なあらゆる手段についての計画と準備をしなければならない」と指摘した[36]。5月8日、アメリカはベトナム駐留のフランス軍に軍事・経済援助供与を発表した。アメリカは「これ以来ベトナムの悲劇に直接巻き込まれることとなった」[37]。このようにアメリカがフランスにインドシナ戦費を援助することは、西ドイツ再軍備をフランスに同意させる梃子の意味もあった。

こうしてインドシナ革命への対応として打ち出された論理，つまり軍事第一主義路線の集大成が，1950年4月14日，国家安全保障会議（NSC）でニッツェが中心となって作成した報告書を，国策として策定した国家安全保障会議政策文書NSC68であった[38]。

NSC68と朝鮮戦争

　NSC68は，「クレムリンの企図は世界支配」にあると指摘，それを失敗させるには「自由世界の政治・経済・軍事力の急速かつ持続的増強」と「ソ連から主導権を奪うための確固たる計画」の確立が必要とした。その際，核戦力のみならず，局地的戦争に対応できる通常戦力の強化を重視し，そのために必要な軍事支出は年間500億ドル（従来の軍事予算の上限の約3倍半）と想定された。さらにNSC68は，世界各地の民族独立運動と共産主義の膨脹とを同一視するという観点にも立っていた[39]。

　トルーマンは，軍事費の大幅な増大に議会の承認が必要なこともあり，慎重な姿勢を崩していなかった。そのためトルーマンは，1950年4月14日，NSC68文書の結論部のみを承認し，財政的な裏づけとなる金額などは各省間の検討にゆだねさせた。その検討作業中に朝鮮戦争が勃発した。朝鮮戦争は，NSC68を具体化させる決定的な契機をつくった。1951年1月，議会は，1952年度国防予算を416億ドルとして採択した。NSC68路線は承認されたのである。

　その朝鮮戦争は次のような経緯で展開された。1950年6月25日，朝鮮民主主義人民共和国（以下，北朝鮮と略す）は，武力による朝鮮統一をめざして，また大韓民国（以下，韓国と略す）の民衆の武装蜂起を想定して開戦に踏み切った。北朝鮮は事前に中ソの了解を得ていた。統一をめざして南進する北朝鮮軍に対し，6月27日，トルーマンは国際共産主義による侵略行動であると非難し，朝鮮に軍隊派遣，台湾海峡に第7艦隊の派遣（台湾中立化），在フィリピン米軍強化と対フィリピン援助強化，インドシナのフランス軍援助強化を表明した（トルーマン声明）。さらに，ソ連欠席の国連安保理は，「国連軍」（7.7 安保理で国連軍創設決議を採択）の名で米軍急派を決定した。民族の統一を目指した「内戦」が，北朝鮮軍と国連軍（実態は米軍）との「国際戦争」，すなわち朝鮮戦争に発展した[40]。

　中国は，アメリカの敏速かつ大規模な軍事介入に衝撃を受けた。中国はトルーマン声明（6.27）を，中国に対する「三路向心迂回」（朝鮮，台湾，インドシナ3方向からの中国侵攻）戦略と判断した。6月30日，中国は台湾侵攻作戦の大幅な延期を決定し，7月には軍事顧問団をベトナムに

第7章　冷戦時代の幕開け　149

派遣して中越国境地帯におけるフランス軍の守備部隊を撃破した。それとともに、中国指導部はアメリカと一戦を交えるうえで、中国に有利な戦場として、朝鮮半島に向けて重点的な軍備配備をした[41]。

9月15日から開始された国連軍の仁川(インチョン)上陸作戦は戦局を一変させ、国連軍が戦争の主導権を握るようになった。トルーマン政権は、中ソは軍事介入をしないとみて、ダグラス・マッカーサー国連軍司令官の北進要請を認め、10月に入り、38度線を越えて進撃して武力による朝鮮統一をめざした（10.7 国連総会は南北統一政府の樹立を決議）。10月3日、韓国軍は38度線を突破して北進、10月8日には国連軍が38度線を突破して北進した。10月15日、マッカーサーはトルーマンとウェーク島で会談した際、中国が参戦する可能性はないと述べた。国連軍は10月19日、北朝鮮の首都平壌を占領し、さらに中朝国境の鴨緑江(おうりょっこう)流域に迫った。

しかし、中国指導部は、10月18日の政治局会議で最終的に参戦を決定した[42]。10月19日、中国義勇軍はソ連空軍の援護なしという厳しい軍事的条件の中で朝鮮領内に出動した。10月25日にははじめて韓国軍と戦火をまじえ、10月下旬には国連軍と交戦した。ここに米中両国の直接軍事対決が始まった。国連軍の強気の策は中国義勇軍の介入を招き、戦闘は38度線で膠着(こうちゃく)状態となった。

トルーマンは、中国東北部への原爆使用や爆撃、さらには「中国革命」自体を圧殺する展望を持った戦争拡大論を主張したマッカーサーを1951年4月11日に解任し、中国との本格的戦争を回避した。

朝鮮戦争は局地化され、ソ連のマリク提案によって1951年7月10日から休戦交渉が開始された。交渉は捕虜の帰還などをめぐり難航したが、1953年3月5月のスターリンの死後進展し、7月27日、板門店(パンムンジョム)で38度線付近の軍事境界線で朝鮮を南北に二分する「朝鮮休戦協定」が調印された。

対日講和問題

朝鮮戦争の勃発と、それに続く中国義勇軍の介入は、まず米中対立という図式が、アメリカの東アジア政策全般の基軸に据えられたことを意味した。中国への輸出の事実上の全面禁輸（1950.12）という強硬政策を打ち出したアメリカは、1951年5月16日に新たなアジア政策に関する国家安全保障会議政策文書NSC48/5を策定した。その政策文書によれば、中国への評価が従来のソ連の「衛星国」からソ連の「同盟国」という表現に代わり、共産中国の地位が高まったことを意味し、それはやがてアジアでの主敵＝共産中国とする見方につながっていった[43]。1952年8月には、コ

コムのアジア版ともいうべきチンコム（対中国輸出統制委員会）が設置された。

ついで，朝鮮戦争はアメリカの対日政策を急転回させた。NSC48/5では，日本が北東アジア（極東）の安全保障と安定に寄与することを対日政策の中心課題とし，日本の復興を促進し東南アジア市場との結びつきを強化させる方針を明確にした(44)。そのためにも，対日講和問題があらためてクローズアップされた。

朝鮮戦争の勃発以前，トルーマン政権内では，ソ連を排除した「片面講和」と日本の再軍備の必要性については基本的な合意がなされていた。ただ，対日講和の最大の難問は，講和の時期とあわせて独立後日本の安全保障確保の方法であった。どのような方式をとるかに関して政権内では意見の対立が存在していた。国務省は，早期講和を実現し，日本をアメリカの同盟国として国際社会に復帰させるべきと考えていた。他方，国防総省は，アジア戦略の要である在日米軍基地の自由な使用を主張し，早期講和には消極的であった。

トルーマンは，対日講和を超党派で実現するため，1950年4月6日に共和党の実力者ダレスを国務長官特別顧問に任命し，5月18日，正式に対日講和担当としての問題にあたらせた。朝鮮戦争の勃発は，対日講和への動きを加速させた。ダレスは，国防総省に「講和後もアメリカ側が望むだけの期間，日本本土のどこにでも望むだけの規模の軍隊を駐留させる」方針と説明し，国防総省は対日講和推進に同意した(45)。そして，アメリカは日本を東アジアで中ソに対抗する拠点として位置づけ，早期講和と別個の安全保障条約という二つの条約を同時に締結させることを決定した。

朝鮮戦争は日本に「朝鮮特需」をもたらし，これが日本経済の「離陸」を可能にさせた。また，朝鮮戦争は日本の再軍備への圧力も一気に高めた。1950年7月8日，マッカーサーは警察予備隊の創設を決定し，ここに日本再軍備の道が開かれた。他方，吉田内閣は，講和の時期をめぐる問題は在日米軍基地問題と考え，基地提供の見返りに独立後の安全をアメリカに「守ってもらう」道を選択した。こうして，アメリカに「守ってもらう」立場の日本は，アメリカへの「貢献」を求められるという論理構造を形成させることとなった(46)。

サンフランシスコ講和条約と日米安全保障条約

「日本の復活」をめぐって，米英は必ずしも共同歩調をとったわけではなかった。まず，対日講和会議への中国政府参加問題に関して米英間で対立

が起こった。「中ソ可分論」の立場にたつイギリスは，大陸の共産党政府の参加を主張した。そこには，イギリスの伝統的な市場である東南アジアへの日本の経済的進出に対する懸念があったからである。一方，「中ソ不可分論」の立場にたつアメリカは，台湾国民政府の参加を主張した。最終的には，講和会議には双方とも出席させないことで妥協した。

また，アジア・太平洋地域の安全保障に関しては，アメリカはイギリスの影響力排除をめざしたため，イギリスの反発を招いた。アメリカは，米比相互防衛条約（1951.8.30）・太平洋安全保障条約（ANZUS,1951.9.1）・日米安全保障条約（1951.9.8）の3本立てによりアジアの安全保障を組織化した。このうち，イギリスを排除したANZUS結成によって，対日講和強硬派のオーストラリア，ニュージーランドの説得に成功し，同時に太平洋地域におけるアメリカの政治的優位を確立することができた。こうして，アメリカは対日講和条約締結への難しいハードルの一つをともかくも乗り越えた[47]。

1951年9月8日，日本はサンフランシスコ講和条約を48ヵ国（ベトナムでは，バオ・ダイ政府）と締結し，さらにアメリカとは，同日，日米安全保障条約（安保条約）を締結した[48]。それは，ソ連，中国，インドなどいくつかの交戦国の参加しない「片面講和」であった。そして，日本が中国との間で講和条約を結ぶべき相手としては，アメリカの圧力により台湾の国民政府が選択された（1952.4.28 日華平和条約締結）。

日米安全保障条約にもとづいて1952年2月28日には日米行政協定が調印され，日本は在日駐留米軍に基地を提供し，駐留費用を分担することとなった。また，同日，講和・安保両条約が発効した。在日米軍は，北東アジアの安全のためならいつでも北東アジア以外にも出動できることとなった。

またアメリカは，日本の経済復興を促進するために，日本の賠償金支払いを大幅に削減させた。こうして日本は主権を回復した。それはまたアメリカにとっては，日本をアメリカの主導する自由主義的経済体制に参入させていくことを意味した（1952年8月西ドイツとともにIMFに加盟）。

3 ── ヨーロッパと中東情勢の変化

シューマン・プランとプレヴァン・プラン

　朝鮮戦争中も，アメリカは西欧重視路線を維持していた。西欧では，経済的「国家主義」にソ連の原爆保有を契機として軍事的「国家主義」（ド・ゴールの自力防衛論）が加わる可能性が強まっていた。マーシャル・プラン本来の目的であるアメリカ主導の経済的統合という目標は果たされていなかった。

　1949年の西欧経済は不況に突入しており，イギリスは9月18日に30パーセントのポンド切り下げに追い込まれ，多数の国々がこれに追随した。トルーマン政権は，ヨーロッパの経済的・軍事的統合を促進する必要があると判断し，フランスがそのイニシアチブをとることを期待するようになった。それが，シューマン・プランやプレヴァン・プランにつながっていった。

　また，トルーマン政権は，朝鮮戦争中にもヨーロッパに米軍部隊4個師団を派遣するとともに，西ドイツの再軍備計画を強力に推進した。アメリカは，朝鮮戦争勃発直前の1950年5月の米英仏3国外相会議（5.11〜5.13）とNATO理事会（5.15〜5.18）でヨーロッパ統合軍形成の基本方針と西ドイツ再軍備を認めさせ，NSC68の具体化を進めていた。すでに西ドイツは，再軍備をおこなってからの主権回復の実現を考えており，アメリカは西ドイツを再軍備させてから西ドイツ軍をヨーロッパ統合軍に編入させることを考えていた。そこには，アメリカがイギリスの「西欧同盟」構想に対抗して，独仏主導による経済的・軍事的統合にアメリカが関与するという構想が背景にあった。

　この西ドイツ再軍備構想にもっとも敏感に反応したのが，今世紀二度の大戦でドイツと戦い，自国の安全保障にもっとも強い関心を抱いていたフランスだった。フランスはまず経済的に対応した。すなわち，従来の西ドイツ復活反対一本槍をやめて，西ドイツを超国家的機関に組み込むことによって同国を統制しようという政策に転じた。

　1950年5月9日，シューマン仏外相は，「独仏両国による石炭および鉄鋼の生産全体を，他のヨーロッパ諸国にも参加の道を開いてある機構の中で

共同の最高機関のもとに置く」という提案，いわゆるシューマン・プランを発表した。アメリカは，同プランがアメリカを排除するという形でのヨーロッパ独自の超国家機関とはならず，むしろアメリカが描くヨーロッパ経済的統合に沿うものと見て支持した。しかし，イギリスは同プランには消極的であった。シューマン・プランは後に，1951年4月18日，仏，西独，伊，ベネルクス三国（ベルギー，オランダ，ルクセンブルク）の6ヵ国が調印して成立したヨーロッパ石炭鉄鋼共同体（ECSC，発効は1952.7.23）として具体化された。

ついで，軍事的には，西ドイツ軍の統制を柱とした超国家的なヨーロッパ統一軍創設案（プレヴァン・プラン）を発表した（1950.10.24 プレヴァン仏首相発表）。そして，朝鮮戦争勃発後の1950年12月のNATO理事会（12.18～12.19）では，各国軍隊から拠出された軍隊でヨーロッパ統一軍を創設し，統一軍に西ドイツ軍を編入するという形で西ドイツの再軍備を認めた。このヨーロッパ統一軍の機構的枠組みは，ヨーロッパ防衛共同体（EDC）と呼ばれた。

その後，1951年4月，アイゼンハワー米将軍を最高司令官とするNATO軍最高司令部が設置された。これによって平時でもアメリカ軍がヨーロッパに駐留することになり，北大西洋条約の機構化（NATO化）が開始された。1952年5月27日，EDC条約は仏，西独，伊，ベネルクス三国の6ヵ国によって調印され，同時に陸・空軍の協力，イギリスのEDC常設代表部の設置などを定めたイギリス・EDC条約が締結された[49]。なお，イギリスはECSC，EDCに参加しなかった。イーデン英外相によれば，その理由は「イギリスの利益と生きる道は，ヨーロッパ大陸をはるかに越えるところにあるから，これを失えば，われわれはもはやヨーロッパ海岸の沖にただよう島に住む数百万の住民に過ぎず，だれからも特別の関心を寄せられなくなる」からであった[50]。

ともあれアメリカは，マーシャル・プラン発表後4年目にして，西欧の経済復興からその軍備強化に重点を移した。しかし，西欧諸国の軍備強化は，増税とインフレーションを招いて国民の生活水準を低下させた。1951年後半から1952年にかけて，西欧諸国は「バターか大砲か」を真剣に論議しはじめた。そこで西欧諸国は，経済危機打開策として，東西間の貿易拡大を図ることを考え，アメリカの反対にもかかわらず，1952年4月，モスクワ国際経済会議（4.3～4.12）に参加し，一定の成果を生むこととなった。しかも，西欧諸国とアメリカとの対立は，政治的，軍事的な面にまで拡大していった。とくに，チャーチル英首相（1951.11.3 就

任）は，1952年12月のNATO理事会で（12.15〜12.18），NATO再軍備計画のスローダウンを主張した。そのチャーチルは，労働党政権以上に，米ソから距離を置いた第三勢力形成の積極的な推進者であった。

中東の変動

アメリカの第三世界に対する戦後構想は，英仏の植民地体制を崩して，同地域の門戸開放（オープン・ドアー）を実現することであった。しかし，トルーマン政権下のアメリカは，まだ第三世界に対する関心は低かった。その例外は，かつて英仏植民地であった石油産出地帯の中東であった。

第1次中東戦争とイスラエルの領土拡大

- 国連分割案(1947)によるイスラエル領
- 第1次中東戦争の占領地
- 第1次中東戦争後のアラブ領

戦後の中東では，1947年11月29日に，国連総会がパレスチナ分割案（パレスチナ地方をユダヤ人，アラブ人に分割し，イェルサレムを国際管理下に置く）を採択し，1948年5月14日，パレスチナのユダヤ人は「イスラエル国」の建国を宣言した。建国宣言の15分後，アメリカはトルーマンの強い指示で同国を承認（正式承認は1949.1.31），17日にはソ連も承認した。

イスラエル建国を認めないアラブ連盟（1945.3 イギリスの中東における地盤固めとして設立）諸国は，5月15日イスラエルを攻撃したが，逆にイスラエルは反撃して支配地域を拡大した（第1次中東戦争，〜1949.2.24）。イスラエルがアラブ側に勝利した要因としては，アメリカの承認や援助の他に，ソ連の軍事的支援（チェコスロヴァキア政変後，共産党政権からのチェコスロヴァキア製武器供給）も考えられた[51]。イスラエルに土地と家を追われたパレスチナ・アラブ人は，ヨルダン川西岸やガザへと逃れ難民となった（パレスチナ難民）。

第1次中東戦争後，米・英・仏3ヵ国はNATOを中東と結びつける方策を打ち出した。朝鮮戦争勃発（1950.6.25）直前の1950年5月，ロンドンで米・英・仏3ヵ国外相会議（5.11〜5.13），NATO理事会（5.15〜

第7章　冷戦時代の幕開け

5.18）が相次いで開かれた。そこで中東諸国をNATOに結びつける中東防衛機構（MEDO）構想の方針が決定された。そして，米・英・仏3国は，5月25日にアラブ，イスラエル双方への武器供給を通して，すなわち「武器供給力の独占」を武器に現状（アラブ，イスラエルの並存）維持を図る中東三国宣言を発表した。

　一方，アラブ諸国はこの中東三国宣言に反発した。イギリスの勢力圏のイラン，エジプトを中心にナショナリズムが高揚した。アメリカは，アラブ・ナショナリズムを活用してイギリス排除を始めた。すでに，アメリカは，1949年10月に中東政策を策定していた（NSC47/2）。同政策文書によれば，中東を停滞と混乱から救い，共産主義の浸透を防ぐためにもはやイギリスは頼りにならず，アメリカがアラブ諸国に援助と助言をする必要があり，とりわけエジプトを親欧米勢力の指導国とすべきである，と述べていた[52]。

　イランでは，1951年4月29日，反英のモサデグ政権が成立した。5月2日，イランはイギリス石油資本のアングロ・イラニアン石油会社（AIOC）を接収し，石油国有化を宣言した（1951.3.15 イラン国民議会，石油国有化法案を可決）。1952年10月22日，イランはイギリスに国交断絶を通告した。この時，アメリカはモサデグ政権を支持した。また，エジプトでは，1951年10月8日，ワフド党内閣が英・エジプト条約（1936 締結，イギリス軍のスエズ運河地帯駐兵権などを除きエジプトは「完全」独立）を一方的に破棄し，翌1952年7月23日には，ナギブをかつぐ「自由将校団」（中心人物はナセル）がクーデタを起こして国王を追放した。1953年6月18日には共和制を宣言し，ナギブが大統領兼首相に就任した。アメリカは，この時もイランの場合と同様に「自由将校団」を支持した。

第8章

変容する冷戦
1953〜1962

1 ── ソ連とアメリカの政策転換

スターリンの死と朝鮮休戦協定

　1951年半ば以降，朝鮮戦争は膠着状態に陥っており，戦争継続をめぐってソ連と中国・北朝鮮との間で意見の違いがみられていた。対米直接対決を避けつつ戦争継続を主張したスターリンと，勝利の見込みがない以上休戦もやむをえないとする北朝鮮・中国指導部との溝は，埋まっていなかった。1952年8月，スターリンと訪ソした中国の周恩来首相との会談では，スターリンの戦争継続という立場が貫徹された[1]。

　しかし，1953年3月5日，スターリンが死亡すると，秘密警察を握っていたラブレンティ・ベリヤとゲオルギー・マレンコフ新首相が一時的に政権の主導権を握った。新指導部はスターリンの戦争不可避論を修正し，平和共存論を積極的に主張するなど外交政策を転換させはじめた。3月15日，マレンコフは，核戦争は共産主義国と資本主義国の双方にとって「共滅」をもたらすと述べ，核戦争回避のためにも米ソ二大陣営間（米ソ中心）の平和共存を提唱した。ソ連の平和共存論は，従来主張していた「中立・民主・平和愛好国」としての統一ドイツを前提とし，西ドイツの再軍備とNATO加盟阻止の主張を含んでいて，それらの実現を前提にしたアメリカの現状承認と対立するものであった。核開発の責任者でもあったベリヤは，対外的にはドイツ統一と中立化を模索し，国内的には収容所解体やコルホーズ見直しをおこなった。しかし，ドイツ統一に積極的であったベリヤは東ドイツでの6月暴動と関連して失脚し，軍の支援を受けたニキタ・フルシチョフソ連共産党第一書記（9.12就任）が権力を掌握しはじめた[2]。

　この間，ソ連新指導部は朝鮮戦争の停戦に動き，北朝鮮・中国もそれに歩調を合わせた。一方，アメリカも朝鮮戦争の停戦に向けて動いた。アイゼンハワー（共和党）は大統領選挙での演説で，「米軍本来の使命」（本来の敵であるソ連に備えて対ソ軍事包囲網を形成する）回復のために「朝鮮のワナ」から脱出すべき点を訴えていた（1952.10.29）[3]。その結果，1952年11月4日，朝鮮戦争休戦を公約にしたアイゼンハワーが大統領選挙に当選した。1953年1月20日に発足したアイゼンハワー政権は，まず

全面勝利論を否定して朝鮮戦争から手をひくことを決断した。アイゼンハワー政権が「世界的闘争」の主たる相手をソ連と捉え，朝鮮問題のウェイトを下げたのであった。かくて，1953年7月27日，朝鮮休戦協定が調印された。ただ，アイゼンハワー政権は，先にマレンコフが提示した平和共存の呼びかけ（1953.3.15）には消極的態度を示した。

「ニュールック戦略」

　アイゼンハワー大統領は，就任当初から米ソ関係の変化を認識しており，ソ連との対立が「長期戦」に入ったとみなしていた。この「長期戦」に対応するために確立された戦略が，「ニュールック戦略」と呼ばれた国家安全保障会議政策文書NSC162/2（1953.10.30）である[4]。

　NSC162/2には，「支払い能力に裏付けされた安全保障体制」（健全な米経済とソ連への軍事的封じ込めの両立）を生み出さなければならないというアイゼンハワーの信念が反映されていた[5]。NSC162/2は，アメリカの軍事負担を軽減（通常戦力の削減）する一方で，戦略空軍を中心とする核戦力の強化を重視した。核戦力は通常兵力よりもコストがかからないという前提のもと，膨大な軍事支出を伴うNSC68路線を修正し，財政均衡予算に基づく健全な国民経済を堅持するために，核抑止力を重視した結果であった。

　同盟諸国に対しては，通常戦力の整備と強化，米軍基地の確保と拡大を求めた。具体的には，アメリカを軸とする対ソ軍事包囲網（集団安全保障体制と2国間の相互防衛条約網）の構築が展開された。対ソ軍事包囲網では，NATOとリンクした中東の「北層計画」構想（1953.6）と東南アジアの東南アジア条約機構（SEATO）が結成された（1954.9）。また，二国間の相互防衛条約網では，トルーマン時代の日米安全保障条約（1951.9）に加え，米韓相互防衛条約（1953.10），米華相互防衛条約（1954.12）などが結ばれた。さらに，ソ連の威信やイデオロギーの有効性を低下させる「非公然手段」（具体的には，親ソ政権の転覆，外国要人の暗殺，亡命の援助などの秘密工作）が，ソ連圏内部の対立や分裂を助長し，かつソ連圏の潜在的な軍事力と経済力の発展を阻害する手段として追求された[6]。この戦略には，アメリカが圧倒的優位な核兵器で敵の行動を抑止し，米地上軍の地域紛争への介入を極力回避しようとの意図があったといえる。

　「ニュールック戦略」は，1954年1月12日に米外交問題評議会（ニューヨーク）におけるジョン・フォスター・ダレス米国務長官の演説で明らか

にされた。共産主義勢力の侵略に対しては,「われわれの選ぶ方法と場所において即座に反撃できる巨大な報復力（原爆）に主たる重点を置く」という「大量報復戦略」を表明し，その決意を核戦争一歩手前のところまでもっていくことから「戦争瀬戸際政策」とも呼ばれた[7]。「大量報復戦略」の代償は米ソ間の核軍拡をもたらした。

ダレスは,「善悪闘争論」「大量報復戦略」といった挑戦的で威嚇的なレトリックを用いてソ連や中国を攻撃した。彼は,「受動的」「現状維持的」なトルーマン政権の「封じ込め政策」ではなく,積極的な世界政策＝「巻き返し政策」でなければならないと述べた（1953.1.27）。ダレスはまた,世界を共産主義世界＝悪に対する,自由世界＝善の戦いとして道徳的に設定し（「善悪闘争論」），悪＝共産主義との妥協を否定した。「善悪闘争論」を提起したことは,中立主義は共産主義との闘争を否定したものと受け止められた。

こうしたダレスのソ連への強硬な態度とアイゼンハワー政権の現実の政策には乖離があった。アイゼンハワー政権は米国民や世界に緊張感をもたらすことによって政策形成の主導権を維持しつつ,現実にはヨーロッパ防衛共同体（EDC）の早期実現と第三世界に対する影響力の拡大に向けた政策を,緊縮財政の中で進めた。

インドシナ休戦協定

1954年1月25日,4年8ヵ月ぶりにベルリンで米・英・仏・ソ4ヵ国外相会議が開催された（〜2.18）。会議では,ダレスがドイツ問題に限定しようとしたのに対し,英仏両国は議題を幅広く取り上げることを主張した。結局,アジア問題を討議するジュネーブ会議を4月26日から開催することを決定した。また,ソ連の提案によりジュネーブ会議への中国の参加が決まった。さらに,EDCに備えてインドシナ戦争の終結を望んでいたフランスの提案により,インドシナ問題もジュネーブ会議で討議されることとなった。

ベトミン軍のディエンビエンフー包囲が狭まる中,ジュネーブ会議の開催が近づくとダレスは西側諸国の軍事的統一行動によるインドシナ戦争への介入を呼びかけた。しかし,イギリスの抵抗や米軍部内の不統一,さらにはディエンビエンフーの陥落（1954.5.7 フランス軍の降伏）によって実現しなかった。

しかもディエンビエンフー陥落後,フランスでは6月12日,インドシナ戦争継続派でEDC推進派のラニエル内閣が倒れ,17日にインドシナ戦争

終結を公約したマンデス・フランス急進社会党内閣が成立した。

　こうして始まったインドシナ休戦交渉は，イギリスや中ソなど関係国もそれぞれの思惑(おもわく)からインドシナ戦争の早期終結を望んでいたこともあり，進展した。イギリス（チャーチル保守党内閣）は「主たる関心がマラヤ」であったため，マラヤへの共産主義勢力の浸透を防止するためにインドシナを中立化して，「できるだけ北方に効果的な防壁」を構築することに重点を置いていた。ソ連は，インドシナ戦争休戦で協力する代わりにフランスにEDC構想を放棄させようとしていた。中国はアメリカのインドシナ戦争への軍事介入に脅威を感じており，早期の戦争終結によって国内経済の再建，発展に向けて動かねばならなかった[8]。

　7月上旬，中ソ両国は，ベトナム南部まで支配地域を拡大していたホー・チ・ミンを説得し，北緯17度線を暫定軍事境界線として停戦を実施して，2年後に南北ベトナムの統一選挙を実施するという案を受け入れさせた[9]。その結果，7月21日，インドシナ休戦協定が調印された。フランス軍はインドシナから撤退した。

　一方，アメリカはディエンビエンフー陥落後に政策を転換し，1954年6月末，ベトナム分割に同意した。分割受け入れの理由は，17度線以南を反共の拠点とするための準備が整いつつあったからだった。まず，ベトナムの完全独立という目的を達成し（6.4 フランス・南ベトナム独立協定），ついでカトリック教徒で反共親米派とみなされたゴ・ディン・ジェムを新首相とすること（6.16）に成功していた。

　ただし，アメリカはベトナム国とともにインドシナ休戦協定に調印せず，8月17日，インドシナ三国への援助を今後フランスを通さず，直接三国に供与すると表明した。アメリカは，ゴ・ディン・ジェムに直接援助を与えることによって，フランスに代わって南ベトナムで親米政権の育成を開始した。

　また，アメリカはインドシナ休戦協定調印後の1954年9月8日，イギリス，フランス，オーストラリア，ニュージーランド，フィリピン，タイ，パキスタンとともにSEATOを結成した。条約適用地域にはインドシナ三国が含まれていた。しかし，SEATOはダレスが期待していたNATO型の軍事同盟にはならなかった。その理由の一つは，イギリスがSEATOを「帝国の論理」に基づいた香港やマラヤ防衛に加えて政治的・社会的・文化的福祉拡大のための地域協力組織にすることをめざしたからであった。

2 ── ドイツ再軍備と「北層計画」

EDC構想の挫折と再軍備

　ヨーロッパに目を転ずると，インドシナ休戦協定はEDC構想を揺るがしていた。EDC実現の最大の鍵であったフランスでは，1951年6月の総選挙で，ド・ゴールのフランス人民連合（RPF）を中心としてEDC反対派が伸び，EDC条約の批准作業が進まなかった。さらに，チャーチルによる東西首脳会談の提唱（1953.5.11）や，朝鮮休戦協定調印（1953.7.27）など国際的な緊張緩和のムードが広まり，そのことがEDC創設の緊急性を減少させた。

　こうしたヨーロッパの状況に危機感を抱いたダレスは，1953年12月のNATO理事会（12.14～12.16）において，EDCの即時創設ができなければ対ヨーロッパ政策の「苦痛にみちた再検討」をおこなうと警告した。強圧的なダレスの警告は，かえってフランスのEDC反対派を硬化させた。

　ジュネーブ会議が開催されると，フランス国内では反EDC世論は以前より強くなり，ディエンビエンフー陥落によって反EDC世論はピークに達していた。そして，インドシナ休戦協定調印（1954.7.21）後の8月30日，フランス国民議会はEDCの批准を否決した。EDC反対派の論拠は，フランスの主権がヨーロッパ統一軍（実際は米軍が指揮）によって制限，侵害されることへの危惧にあった。また，フランスは対ソ関係改善（ソ連は，フランスがEDCを拒否すればインドシナ戦争終結をフランスに有利に仲介する，というアプローチ）や経済再建も軌道に乗り，帝国の再編をめざして，独自の立場を模索しはじめており，それはド・ゴール路線につながった。

　EDCは実現しなかったが，西ドイツの再軍備そのものは実現した。イーデン英外相は，新たな「西欧同盟」（WEU）構想の実現に向けてイニシアチブをとった。その構想は，WUをWEUとして改組し，次に西ドイツとイタリアを加盟させることによって，西ドイツ再軍備を実現させつつも，西ドイツの軍事力を統制するものであった。

　1954年9月に，イギリスの主導により，WU6ヵ国に米，英，カナダを加えたロンドン9ヵ国会議が開催され（9.28～10.3），ブリュッセル条約

(1948.3.17締結) を修正して西ドイツとイタリアをWEUに加盟させ、WEUの一環としてNATOの指揮下に入ることなどを決めた（1954.10.3 ロンドン協定)。そして，10月23日，西ドイツの主権回復と再軍備（NATOの枠内での再軍備）を認めるとともに，そのWEU・NATO加盟を定めたパリ協定が締結された（1955.5.5 発効)。

　フランス国民議会も，1954年12月30日，パリ協定を批准した。なお，パリ協定にフランスが同意した背景には，フランスが希望していた対独保障要求（1998年までイギリスは4個師団の兵力と戦術空軍をヨーロッパに駐留）をイギリスが受け入れたためであった。

　1955年5月5日，西ドイツは主権を回復し，翌6日，NATOに加盟した。そして，5月7日，WUはNATOとの関係を持つWEUとして発足した。その本部はロンドンに置かれたが，理事会と軍備管理機関はパリに置かれた。

　アメリカにとってのWEUは，ソ連の拡大を封じ込め，同時に西ドイツを再軍備させながら，かつそれを西欧の将来の脅威にはさせないという，いわゆる「二重の封じ込め」戦略に基づいたもので，NATO軍強化というアメリカの目標はともかく達成された[10]。

「北層計画」と中東

　ダレスは中東歴訪後の1953年6月1日，NATOとリンクする「北層計画」を発表した。「北層計画」とは，中東防衛機構（MEDO）に代わるアメリカ独自の新中東防衛構想であり，NATOの東端トルコと，後に創設されるSEATOの西端パキスタンとの間の中東の北の層を構成する国々を組織化する計画であった。

　「北層計画」実現の布石は，朝鮮戦争休戦後の1953年8月20日，イランで反米ナショナリズムを強めたモサデグ政権を，米中央情報局（CIA）を使ったイラン軍部のクーデタで打倒したことで打たれた（アジャックス作戦)。アメリカは，ただちにイラン新政権に援助を与え，アメリカ系の石油会社がイランの石油利権を獲得した。1954年に入り，アメリカと「北層計画」の対象国となっていたトルコ，パキスタン，イラクそれぞれの間には二国間の軍事援助協定が成立した（4.2 トルコ・パキスタン軍事協定，4.21米・イラク軍事援助協定，5.19 米・パキスタン相互防衛援助協定)。

　「北層計画」は，イギリスの反発を招いた。イギリスは「北層計画」を「もう一つのANZUS」と見たからである。ANZUSは，アメリカと英連邦

のオーストラリアとニュージーランドからなり，イギリスを排除したものであった。「北層計画」は，英連邦のパキスタンを取り込みながら，イギリスを排除する点でANZUSと類似点を持っていた。イギリスは反撃に転じ，まず1955年2月24日に，トルコ・イラク間でバグダッド条約が結ばれ，4月4日にイギリスがそれに参加し，そして11月22日にパキスタン，イランを加えて，バクダッド条約機構（中東条約機構［METO］）を結成した。

　METOは，その本部がイギリスの勢力圏イラクの首都バグダッドに置かれたことが示すように，イギリス主導下の組織である。しかし，このMETOには，非アラブのイギリス，トルコ，イラン，パキスタンが加入し，アラブはイラクのみであった。なお，アメリカは，国内政治上および対アラブ政策を配慮して正式加盟はせず，オブザーバーとして参加した。「北層計画」はまた，親米路線をとっていたエジプトのナギブ政権に大きな衝撃を与えた。北層計画から排除されたエジプトは，社会主義諸国への経済的接近を含む政策転換を開始し，その政策転換過程の中でナギブとナセルとの権力闘争が起こり，1954年4月18日，ナセルは自ら首相となって実権を握り，ナギブは有名無実の大統領となった。そのナセルにイギリスは接近し，スエズ運河問題でエジプトと妥協して「北層計画」に対抗した。

　1954年10月19日，英・エジプト協定が調印され，イギリスはエジプトにスエズ運河地帯からの撤退で譲歩しながら，その一方でスエズ運河地帯の管理権・緊急時使用権を認めさせ，スエズ運河での発言力を確保した。英・エジプト協定調印直後の11月14日，ナセル暗殺未遂事件を機にナセルはナギブの官職を剝奪し，大統領代行となり権力集中を進めた。

3——バンドン会議

「北層計画」とバンドン会議

「北層計画」にはインドも反発し，これがバンドン会議開催につながっていった。インドのネルー首相は，「米ソいずれの軍事ブロックにも反対し，戦争に反対し平和を維持する平和地域の樹立を目指す」という「平和地域＝第三地域論」（1953年2月16日に提唱）拡大政策への干渉として「北層計画」を把握した。ネルーの対抗策は，中立主義諸国の結束と対中

接近政策であった。

中立主義諸国の結束としては、ジュネーブ会議開催中、セイロン、インドネシア、ビルマ、インド、パキスタン5ヵ国首脳がセイロンのコロンボで首脳会談を開き（1954.4.28〜5.2）、ジュネーブ会議終了後、再びボゴール会議として再開された（1954.12.28〜12.29）。同会議では、1955年4月に第1回アジア・アフリカ会議をインドネシアで開くことが決定され、中国招請とバランスをとるために日本が招かれた[11]。

インドの対中国接近策は、ジュネーブ会議の最中に具体化された。すなわち、1954年6月25日に周恩来がジュネーブからの帰途インドを訪問してネルーと会談し、(1) 領土・主権の尊重、(2) 相互不侵略、(3) 内政不干渉、(4) 平等互恵、(5) 平和共存の「平和五原則」を、アジアおよび世界の国々の関係に適用すべきであることを強調した。ネルーの対中接近政策の狙いの一つは、アメリカの敵対政策で中国がより過激な方向に向かうのを阻止するために、中国を国際社会に参画させる必要があった。もう一つの狙いとして、インド・中国両国の友好関係を異なる体制間の平和共存として世界に宣言することによって、インドに対する敵対的な態度を中国にとらせない環境を作り出すこと、すなわち「友好による封じ込め政策」が意図されていた[12]。

1955年4月18日、インドネシアのバンドンで第1回アジア・アフリカ会議（バンドン会議）が開かれ（〜4.24）、アジア・アフリカ（以下、AA会議と略す）から日本を含めた29ヵ国の政府代表が参加した。参加国の人口は世界人口の55パーセントを占める15億人の規模となり、史上初の有色人種だけによる国際会議であった。「平和五原則」を土台とした「バンドン十原則」を打ち出し、AA諸国の連帯強化を謳った。ここにいわゆる「バンドン精神」が生まれ、緊張緩和を促進させることとなった。この会議をリードしたインドと中国の国際的地位は、いちだんと高まった。アメリカは中国のAA諸国への影響力が増大することをかねてより懸念していたが、その懸念は現実のものとなった。

バンドン会議の影響

アメリカは、ソ連の第三世界への経済攻勢、バンドン会議でのAA諸国のナショナリズム運動の高まり、そして中国の影響力拡大に懸念をもっていた。ダレスはこれらの懸念を払拭するため、アメリカ主導でAA諸国を西側に引きつけることをめざした「逆バンドン会議」構想を打ち出した。1955年10月、ダレスはジュネーブでハロルド・マクミラン英蔵相と会談

し，この構想を提示したが，最終的には実現しなかった[13]。

　また，アイゼンハワー政権内では，対AA援助政策をめぐって二つの路線，すなわち「長期・大規模援助，中立主義容認，経済援助重視」路線と「短期・節約援助，中立主義反対，軍事援助第一主義」路線とが対立していた。1955～1956年段階は，前者の路線が次第に優勢となっていたが，後者の路線の考えも根強く存在していた。

　その後，1957年5月21日議会に提出された対外援助特別教書は，基本的に前者の路線にそった内容といえたが，これを政策として実行させるには後者の路線支持者が多い議会多数派の共和党の同意が必要であった[14]。前者の路線が具体化するのは，ケネディ政権の誕生（1961）を待たねばならなかった。

　他方，イギリスはバンドン会議以前においては「帝国の論理」を「冷戦の論理」より重視し，前者の正当化のために後者の論理が活用された。具体的には，南・東南アジア諸国への経済援助を目的としたコロンボ計画（1951.7.1発足）の推進や，イギリスの重要な拠点である香港やマラヤを含む地域防衛を通した帝国影響力の維持手段としてSEATO（1954.9.8結成）に参加した。

　しかし，バンドン会議以降の「反植民地主義」の高まりは，イギリスのアジアへの影響力を脅かした。さらに，1956年11月のスエズ戦争での政治的敗北は，イギリスの危機感をより強めた。

　そこで1956年末，イギリスはアジアでの影響力保持を図るため「アジアにおけるニュールック」政策を提唱した。同政策はインドとの関係を重視し，防衛費削減の代わりに経済技術援助や人的交流など文化政策の拡大といった非軍事的な面に重点を置いていた。それは「冷戦の論理」がさらに後退したものとみられた[15]。この「アジアにおけるニュールック」政策を本格化させたのが，1957年1月に発足したマクミラン保守党内閣であった。

　バンドン会議は，国連とナセルにも大きな影響を与えた。すでに1952年秋の国連総会で，米英ブロックとソ連ブロックという二つの状態から，中東三国宣言（1950.5.25）への対抗として中立主義的傾向を示していたアラブ諸国は朝鮮戦争を機に中立的態度をとり，ここに三つのブロックへと変化をとげた。加えてバンドン会議が大きなインパクトを国連に与えた。1955年12月14日，16ヵ国一括加盟が可決され，国連加盟国は76ヵ国となった。アメリカの「投票機械」とみなされたラテンアメリカの20票が国連総会の3分の1を占める時代は終わり，アメリカの国連における影響力の低下をもたらした。

一方バンドン会議は，当時危機的状況にあったナセルに立ち直らせる契機を与えた。ナセルは，イラク（1955.2.24 トルコとバグダッド条約調印）とイスラエルにより打撃を受け（1955.2.28 イスラエル軍によるガザ襲撃事件で，エジプト人が数十人負傷），最大の危機に直面していた。ナセルにとって，権力維持には軍事力の強化が不可欠であったが，武器購入先は西側しかなかった。しかし，アメリカはナセルの武器援助要請に黙殺の態度をとった。
　ナセルは，バンドン会議を契機に積極的中立主義＝非同盟主義に目覚めた。そして，バンドン会議以降，中国，ソ連・東欧諸国に接近，提携強化を進めた。1955年5月14日，ナセルはアラブ連盟に対して中華人民共和国承認を提案するとともに，5月16日に台湾国民党政府の承認を取り消して中華人民共和国を承認した。その結果，米議会における親台湾派の共和党議員と南部民主党議員の強い反発を招いた。9月27日，ナセルはチェコスロヴァキア（実際はソ連）との武器購入協定（アームズ・ディール）調印を発表した。

4──ジュネーブ巨頭会談

東西首脳会談をめぐるアメリカと英仏
　アメリカにとっての東西首脳会談開催の契機の一つは，台湾海峡での米中対決の危機であった（第1次台湾危機 1954.9～1955.4）。
　1954年9月3日，中国軍が金門・馬祖両島を砲撃し，第1次台湾危機が始まり，1955年1月18日には一江山島を占領して情勢は緊迫した。アイゼンハワーは24日，「台湾ドクトリン」を打ち出して米軍使用の権限を確保した。アイゼンハワーは，中国軍による金門・馬祖両島への攻撃の可能性なしとわかると，自らイニシアチブをとり，紛争収拾に乗り出した。そうした危機打開策として東西首脳会談開催が考えられた。東西首脳会談開催のもう一つの契機として考えられたのが，アイゼンハワー自身が全面的な核戦争を回避するために，直接ソ連首脳と交渉することを望んでいたことであった。
　アイゼンハワー政権は，1953年春の朝鮮休戦交渉をめぐる捕虜送還問題，1954年春のインドシナ危機，1955年3月の第1次台湾危機の緊迫化で

は核兵器の使用を検討していた。これらはいずれもアジアの局地紛争であり，しかも核兵器を持たない中国を対象とした議論であった。しかし，水爆を保有しているソ連（1953.8.8 水爆保有公表）との間では，核戦争を回避しなければならないと考えていた。すでに，アイゼンハワーは，1953年12月8日の国連総会で原子力の平和利用を目的とする国際管理機関の設置を提案していた（1957.7.29 国際原子力機関〈IAEA〉正式発足）[16]。

他方，英仏両国は，西ドイツの主権回復とNATO枠内での再軍備を認めてパリ協定批准の代償に東西首脳会談を求めた。チャーチルは，1953年5月，東西首脳会談を提唱したが，アイゼンハワーは「ソ連が口先だけでなく何か行為で示す」ことを求め，時期尚早として応じなかった。しかし，1954年10月，フランスがパリ協定を批准したのは，東西首脳会談開催にアメリカが同意するものと想定してのことだった。最終的には，パリ協定発効（1955.5.5）と西ドイツのNATO加盟（1955.5.6）直後の5月10日，米・英・仏3国はソ連に東西首脳会談の開催を呼びかけ，ソ連の受諾はワルシャワ条約機構結成（1955.5.14）後の5月26日であった。

「三重の独占」打破

ソ連は，1955年前半から東西首脳会談に向けて積極的な姿勢を示した。その時期には，国内の権力闘争に決着がついていた。すなわち2月，フルシチョフ第一書記が実権を握り，マレンコフ首相は失脚した（後任はブルガーニン）。またソ連は西側の冷戦政策の基礎であった「三重の独占」（「資本と技術援助供給力の独占」「武器供給力の独占」「核兵器と運搬力の独占」）をこの時期までにほぼ崩壊させていた。これにより，ソ連と西側の力関係が大幅に変化したため，この意味で東西首脳会談の準備態勢はできていた。そのうえで，ソ連は東欧支配（東欧の領土，政治的な現状維持）を西側に認めさせ，東西ヨーロッパ間の戦争回避の確認をすることを会談の目標とした。

ソ連は東西首脳会談への布石として，オーストリアとの平和条約締結，東ドイツの主権回復・再軍備・ワルシャワ条約機構加盟，およびユーゴスラヴィアとの関係改善に動いた。ソ連は，1954年1月，米・英・仏・ソ4ヵ国ベルリン外相会議（1.25〜2.18）では，対オーストリア平和条約と対ドイツ平和条約をリンクさせることを主張していたが，フルシチョフが実権を握った1955年2月に，オーストリア平和条約に関してのみ交渉開始を呼びかけた。その結果，5月15日，米・英・仏・ソ4ヵ国はオーストリア国家条約に調印した。オーストリアは永世中立国となり，戦後9年間西

東西両陣営の安全保障体制[1]

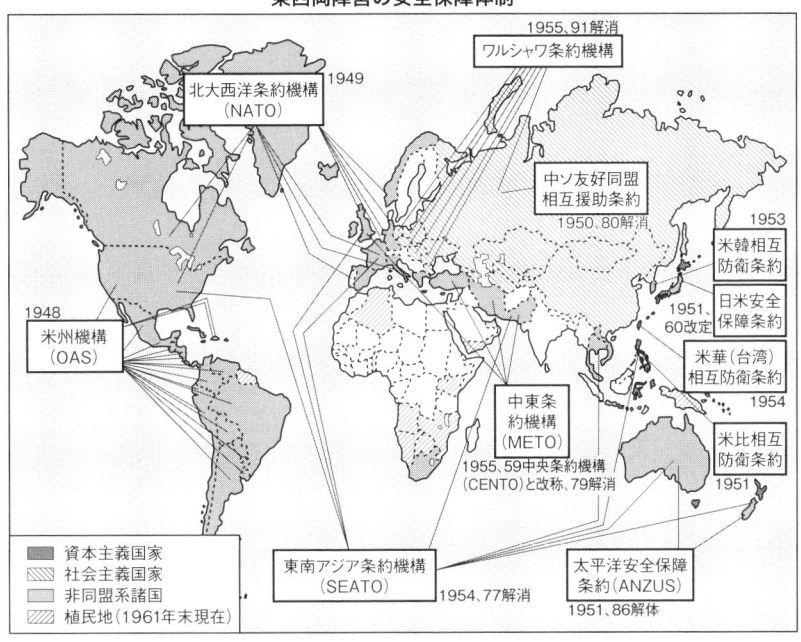

- 北大西洋条約機構（NATO）1949
- ワルシャワ条約機構 1955、91解消
- 中ソ友好同盟相互援助条約 1950、80解消
- 米州機構（OAS）1948
- 米韓相互防衛条約 1953
- 日米安全保障条約 1951、60改定
- 米華（台湾）相互防衛条約 1954
- 中東条約機構（METO）1955、59中央条約機構（CENTO）と改称、79解消
- 米比相互防衛条約 1951
- 東南アジア条約機構（SEATO）1954、77解消
- 太平洋安全保障条約（ANZUS）1951、86解体

凡例：
- 資本主義国家
- 社会主義国家
- 非同盟系諸国
- 植民地（1961年末現在）

側と対立していた問題の一つが解決した。

　ついで，ソ連は，「統一ドイツ」政策から「二つのドイツ」政策に転換した。西ドイツのNATO加盟直後の1955年5月14日，東ドイツはソ連をはじめとする東欧諸国7ヵ国とともにワルシャワ条約機構を結成し，西ドイツ再軍備，NATO加盟に対抗した。そして，ジュネーブ巨頭会談後の9月20日，東ドイツも主権を回復した。また，1955年5月26日からフルシチョフら党・政府首脳はユーゴスラヴィアを訪問し（～6.2），過去の対ユーゴスラヴィアの関係について遺憾の意を表明するとともに，両国の共同宣言（ベオグラード宣言）において，主権，独立，領土不可侵などの原則をあげ，社会主義発展の具体的な道はそれぞれの国民が決めるという共産主義体制内の「多様化」を確認した（6.2）。チトーの名誉回復は，「チトー主義者」として追放，処刑された東欧各国の人々の名誉回復を意味し，それは東欧に動乱の種を蒔くこととなった。

　かくて，ヨーロッパの中心エルベ川をはさんで，東側のワルシャワ条約機構と西側のNATOとが対峙するという状況が生まれた。このことは，ヨーロッパの現状維持の固定化，相互容認につながっていった。

第8章　変容する冷戦　169

ジュネーブ巨頭会談

1955年7月18日から23日にかけ，米・英・仏・ソの4大国巨頭会談が，ジュネーブで開かれた（4巨頭とは，米大統領アイゼンハワー，英首相イーデン，仏首相フォール，ソ連首相ブルガーニン）。

7月18日の巨頭会談では，アイゼンハワーはドイツ統一問題と自由選挙にもとづいた新たな統一ドイツ政府の成立が重要な問題であると指摘した。これに対して，ブルガーニンはドイツ統一に反対であると述べた。ついで，7月21日の巨頭会談では，米・英・仏3国がドイツ統一問題を議題からはずすというソ連の提案を受け入れたことによって，「イーデン構想」と呼ばれた東西ドイツ間の非武装地帯設置構想も討論されないこととなった。また，同日の巨頭会談では，アイゼンハワーが，奇襲攻撃防止のための「オープン・スカイ（空中査察）」を提案した。その提案とは，第1段階として米ソが相互に「軍事施設について最初から最後までの完全な青写真」を与えようというもので，第2段階として米ソ相互に「空中査察の十分な便宜」を図ることになっていた。この提案について，フルシチョフは，アメリカ側の情報収集に有利になるという理由で拒否した[17]。

このようにジュネーブ巨頭会談は，ドイツの統一，ヨーロッパの安全保障，核兵器管理問題をめぐって実質的な成果をもたらさなかった。しかし，ジュネーブ巨頭会談は，ポツダム会談後10年ぶりに開かれたこと自体に意義があり，「ジュネーブ精神」という言葉を生み出した。その言葉は，戦後10年間の交渉不可能論の時代とは異なり，話し合いにより緊張は緩和されることを示した。さらに，東西ドイツをはじめとする東西ヨーロッパ，そして朝鮮半島やインドシナをも含めたアジアの分断は固定化され，米ソは相互の勢力圏を相互承認し，相互に統制するという現状維持を，基本政策とするようになった[18]。ここに，米ソ間が直接交渉をしないという相互認識に立った「狭義の冷戦」は終結した。

ジュネーブ巨頭会談後の米ソ

ジュネーブ巨頭会談後，アイゼンハワー政権は冷戦の軍事的側面が後退し，むしろ経済競争という非軍事的な側面が全面に出てくるものと認識した。アメリカは，ソ連の経済成長とそれが第三世界の国々に与える影響に警戒心を持っていた。

1956年1月18日の国家安全保障会議でダレスは，ソ連の農業国家から工業国家への転換は「無条件に第一級の重要性を持つ世界史的な出来事」

であり，第三世界の国々はこの現象に「印象づけられて」おり，100年前に始まった「アメリカの偉大な実験」が，ここ30年間の「ロシアの偉大な実験」の前に影が薄くなってしまったため，アメリカはアジアなど第三世界地域に対するソ連の「強大な衝撃」を座視すべきではなく，この問題への対処に失敗すれば，「ソ連が全アジアを支配することになろう」と結論づけた[19]。事実，ソ連はジュネーブ巨頭会談後，第三世界を含む「新外交」を展開させていた。

　ソ連の外交はブルガーニン首相とフルシチョフ第一書記によるいわゆるB・K外交として活発に展開された。まず，ドイツ問題では，「二つのドイツ」政策を本格化させた。1955年9月13日にソ連は西ドイツと国交を樹立した。ソ連の狙いは，ドイツの工業品輸入と技術にあり，西ドイツはソ連と国交を結ぶ（1955.9.13）ことによって，西側諸国に対する完全な政治的従属を防ぐことができた。アデナウアー西独首相のソ連訪問（9.9〜9.13）は，その後の西ドイツの「東方外交」政策の端緒となった[20]。さらに，第三世界政策として，9月27日にエジプトとの武器購入協定調印が発表され（ナセル大統領がチェコスロヴァキア［実際はソ連］との武器購入協定調印を発表），11月から，B・Kのコンビがインド，ビルマ，アフガニスタンを訪問し（11.18〜12.19），経済援助や技術援助供与を強化してソ連の影響力拡大を図った。

　かくて，新興独立国が増加した第三世界での米ソの綱引きが始まり，両国のどちらが第三世界にとって魅力的な国家建設のモデルを提示できるかという点が重要となってきた。この状態は，いわゆる「冷戦のグローバル（世界）化」と呼ばれた[21]。

5 ── スエズ戦争とその影響

スエズ戦争[22]

　ナセルの対ソ接近政策に直面したアメリカは，従来のイスラエル・アラブ諸国への等距離外交を放棄し，エジプトを孤立化させる政策に軌道修正した[23]。それを受けて，1956年7月19日，アメリカはエジプトに対し，その国内開発と国家的大事業のシンボルであるアスワン・ハイ・ダム建設計画への融資（1956.2.10）取り消しを発表した。

突然この決定を知らされたナセル大統領（1956.6.23就任）は，ファルーク王退位記念日の7月26日，対抗措置として万国スエズ運河会社を国有化すると宣言，アスワン・ハイ・ダムの建設費をスエズ運河通行料で賄う(まかな)こととした。

　この措置で最大の打撃を被ったのは万国スエズ運河会社の二大株主の英仏であった。スエズ運河は，西ヨーロッパへの石油ルートであり，ナセルの行動は「ヨーロッパ経済の喉元に親指をかけた」[24]と認識された。これに対して，7月26日の英閣議で，イーデン首相は，「ナセルが我々の喉元に手をかけるのを許してたまるものか」と語り，中東での大国の地位を守るために，たとえイギリスが単独でも軍事行動をとることが決定された[25]。こうしてイギリスは，8月10日，エジプトに対する武力行使（「マスケット銃士」作戦）を決定した。他方，フランスは植民地アルジェリアのアルジェリア民族解放戦線（FLN）の勢力拡大の原因として，エジプトによるFLNへの武器援助に注目していた。また，イスラエルもエジプトの軍事的脅威に対抗するために英仏に協力することに同意した。

　英仏両国は国連外共同行動による解決，すなわちエジプトへの武力行使を密かに決意した。ただし，両国はアメリカの支持を期待していた。とりわけ，イギリスは「冷戦の論理」を使ってアメリカからの支援を模索した。これに対してアメリカは，「反植民地主義」の論理を展開し，英仏への協力を拒否した[26]。また，アメリカは，スエズ運河の「国際性」を唯一の根拠としてエジプトの主権に立ち向かおうとした英仏の方針に消極的であった。スエズ運河問題がアメリカの支配下にあるパナマ運河に波及することを恐れたからであった[27]。

　10月23日の英仏会談は，エジプトに対する武力行使を決定し，「マスケット銃士」作戦開始を10月29日とした（その後「マスケット銃士」作戦開始は10月31日に変更）。イスラエルにも同様の方針が伝えられた[28]。計画どおり，10月29日，イスラエルはスエズ運河を目指して進撃し，スエズ戦争が始まった。31日，英仏両国軍は軍事行動を開始し，スエズ運河地帯占領をめざした。緒戦は英・仏・イスラエルの優勢のうちに展開された。

　しかし，エジプト軍は抵抗を続け，AA諸国では反英仏運動が広がり，英仏両国でも反戦デモが起こった。アメリカは，英仏を支援せず，反英仏の立場に立つことによって，AA地域でのアメリカの政治的立場を守り，世界の目を中東からソ連軍のハンガリー侵攻（この時期，ハンガリー動乱が進行中）へ向けさせようとした。アメリカは，ソ連の英仏への警告（核による威嚇(いかく)）を利用して，英仏に撤退を求めた。

スエズ戦争[ii]

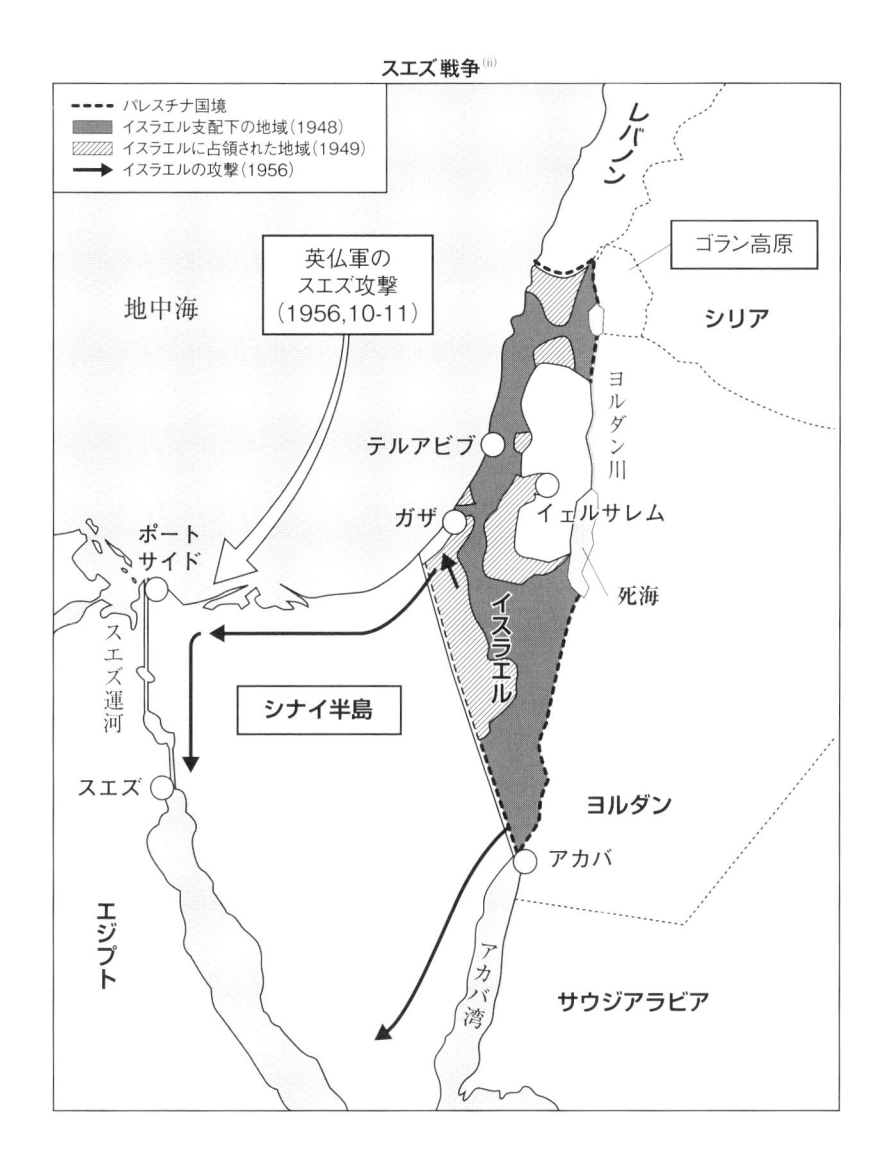

凡例:
- ---- パレスチナ国境
- ■ イスラエル支配下の地域（1948）
- ▨ イスラエルに占領された地域（1949）
- → イスラエルの攻撃（1956）

英仏軍の
スエズ攻撃
(1956.10-11)

地名: レバノン、ゴラン高原、シリア、地中海、テルアビブ、ヨルダン川、ガザ、イェルサレム、死海、ポートサイド、イスラエル、スエズ運河、シナイ半島、スエズ、ヨルダン、エジプト、アカバ、アカバ湾、サウジアラビア

　英仏はスエズ運河閉鎖により石油危機（英仏は中東の石油に代わってラテンアメリカから石油の供給を受けていたが、アメリカの圧力でラテンアメリカからの石油供給停止）に見舞われ、さらにイギリスにはポンド危機が加わった。イギリスはアメリカに緊急融資を要請したが、停戦が融資の条件であった。こうしたアメリカの圧力により、11月6日、英仏は停戦に同意した[(29)]。9日間にわたるスエズ戦争は収束した。またハンガリー動乱

もほぼ同時期に収束し，英仏とソ連双方への非難は相殺された。
 こうしてスエズ戦争は，英仏の中東での影響力の低下を決定的なものとし，ナセルにアラブ世界のリーダーとしての地位を築かせることとなった。

アイゼンハワー・ドクトリン

 スエズ戦争をきっかけに，中東情勢は激変した。ナセルはシリアやヨルダンと手を結び，パン・アラブ主義の拡大強化に努めた。彼は，アラブ・イスラム諸国に，METOから離れて反イスラエル・反帝国主義の「国家を超えたアラブ連合」に結集するように呼びかけた。これはダレスがもっとも懸念していたことであった。ダレスは個人的にナセルを「ソ連から援助を求めようとするヒトラー・タイプの拡張主義的独裁者である」と非難した[30]。イラク，ヨルダン，シリアでは，反英仏ナショナリズム運動が起こり，それがアラブ・イスラム世界全体の運動に発展していった。
 反英仏闘争が中東全土に拡大する中で，再選を果たしたアイゼンハワーは，1957年1月5日，中東特別教書（アイゼンハワー・ドクトリン）を議会に提出し，「国際共産主義に支配されている国から武力侵略を受けた場合，米軍を使用する権限」を大統領に与えるよう求めた。その目的は，ソ連の中東進出に対抗することと，スエズ戦争で動揺した親西欧的なアラブ諸国への梃子入れをすることにあった。米議会は，3月7日，いわゆる「中東決議」によって米軍使用の権限を大統領に付与した（1957.3.9発効）。
 1958年に入り，中東各国では革新派と保守派の対立と再編が進行した。アラブ革新派のエジプトとシリアは2月1日，「アラブ連合」結成を宣言した。それは「国家を超えたアラブ連合」の第一歩とみられた。これに対してアメリカは，イギリス主導であったMETOを親米諸国の防衛条約機構に改組して，「国家を超えたアラブ連合」に対決することにした。まず，2月14日，アラブ保守派のイラクとヨルダンに「アラブ連邦」を結成させて対抗させた。ついで，7月14日，イラクでアラブ革新派のカセムを中心とする軍事クーデタが起こると，米英はアラブ保守派への梃子入れとして，アメリカはレバノンに，イギリスはヨルダンに軍隊を派遣した。結局イラクでは王政が廃止され共和政に移行し，1959年3月24日にMETOから脱退し，6月23日にはスターリング（ポンド）圏からも脱退した。イラクはイギリスの勢力圏から離れた。
 アメリカは，1959年3月5日，パキスタン，イラン，トルコとの間に2

国間の相互軍事援助条約を締結（1959.5.5発効）し、8月19日に北層地域を再編成してMETOを中央条約機構（CENTO）に改称した。本部はアメリカの勢力圏であるトルコの首都アンカラに置かれた。CENTOの結成は、中東におけるイギリスの政治的・軍事的立場の喪失を示していた。また、前記2国間協定が、いわゆる「中東決議」を背景にして締結されたことからもダレスが描いていた「北層計画」の事実上の出現を意味した。

中東からアフリカへ

アフリカ・ナショナリズムの波は、エジプトを媒介として急速に高まった。北アフリカではアルジェリア独立闘争、サハラ以南のアフリカではガーナがその出発点であった。

アルジェリアは石油資源が豊富である以上に、人口の約1割を占めるコロン（フランス人入植者）が強力に「フランスのアルジェリア」の保持を主張しつづけていた。そのためアルジェリア独立闘争は激烈をきわめた。スエズ戦争後の1958年5月13日、コロンと現地の右派軍人はクーデタを起こしてマシュー将軍が実権を掌握した。彼らは、インドシナの喪失に始まったフランス植民地の一連の喪失（1956.3 モロッコ、チュニジア独立）に対して、いかなる犠牲を払ってもアルジェリアだけは保持する決意を固めていた。そのため、彼らの目的はアルジェリアを救うだけでなく、フランス国内に反共的な国家体制を樹立することにあった。そこで彼らは、ド・ゴールに政権の樹立を要請した。本国議会でも中道・右派は内乱を避け、かつ共産党の影響力をおさえるため、ド・ゴールを支持した。

1958年6月1日、ド・ゴールは国民議会で首相に選出され、劇的なカムバックを遂げた。9月28日、ド・ゴールは、大統領の権限を強化し逆に議会の権限を縮小させるという憲法草案を国民投票にかけ、圧倒的多数の支持を獲得した。10月5日に第五共和政が発足し、12月21日にはド・ゴールは大統領選挙に当選した（1959.1.8大統領に就任）。ド・ゴールはフランス植民地再編策として、「フランス共同体」参加という形での独立付与を考えていた。その共同体方式では、アルジェリアも適用の対象となっていた。

1960年1月22日、ド・ゴールはマシュー将軍を解任した。翌年1月国民投票がおこなわれ（1961.1.6～8）、アルジェリアに民族自決を認めるというド・ゴール案（ド・ゴールは、FLNではないアルジェリア人政府を希望）が、3分の2以上の賛成を得た。これに反発した右派将軍による反乱が4月に起こったが、これも国民の支持を得たド・ゴールによって粉砕さ

れた。そして1962年3月18日，ジュネーブのレマン湖畔エビアンでフランス政府とアルジェリア臨時政府との間で協定が結ばれ（エビアン協定），フランスはサハラ領有権を放棄する代わりに，臨時政府はサハラにおけるフランスの権益を認めるということで両者が妥協した。ここに約8年間続いたアルジェリア独立闘争は終わり，7月3日，アルジェリアはフランスから正式に独立を達成した。

　一方，サハラ以南のアフリカでは，1957年3月6日，エンクルマを指導者に英領ゴールドコーストが独立してガーナとなったのをきっかけとして，1958年10月1日にはセク・トゥーレ指導下のギニアも「フランス共同体」参加を拒否して完全独立を果たした。1958年11月23日，ギニアはガーナとの間にガーナ・ギニア連邦協定を調印し，世界の注目をあびた。さらに1960年には，フランス植民地を中心に17の新興独立国が誕生し，この年は「アフリカの年」と呼ばれた（17ヵ国は国連に加盟）。こうしたきっかけをつくったガーナ大統領エンクルマは，アフリカ民族主義者の中でも急進的な意見の持ち主であり，アフリカ・ナショナリズムの中心人物となった。

アフリカからラテンアメリカへ

　アラブ・ナショナリズムを媒介して高まったアフリカ・ナショナリズムの波は，ラテンアメリカにまで拡大した。

　ラテンアメリカは，バンドン会議が開催された1955年頃，政治的・経済的危機に直面していた。ダレスはこの危機を共産主義によってもたらされているものと非難した。しかし，ソ連のラテンアメリカに対する関心はそれほど高いものではなく，危機の根源は経済問題にあった。

　第二次世界大戦以降，ラテンアメリカ経済はアメリカによって支配されていた。朝鮮戦争の休戦以降，ラテンアメリカ産の原材料に対する需要が急減して価格は暴落し，輸入量は輸出量を急速に上回った[31]。そのためアメリカとラテンアメリカとの経済的不均衡がいっそう拡大していった。さらにラテンアメリカは軍事独裁型の政治が中心で，その経済的基盤は大地主制度であったから，国民の間で貧富の差への不満が募っていた。

　独裁体制が一つの転機を迎えるきっかけとなったのは，バンドン会議が開催された1955年の出来事であった。同年9月20日，アルゼンチンのペロン独裁政権が崩壊したのを機に，1956年9月30日，ニカラグアでソモサ独裁政権が倒れ，1959年1月のキューバ革命へとつながった。

　また，ラテンアメリカのナショナリズムの高まりは，軍部独裁体制を支

アフリカ植民地の独立

1954～62 アルジェリア戦争
1962 エビアン協定で
フランスから独立
1974 革命
1975 共和政
1991～ 内戦
1961～91 内戦
1961 共和国(英連邦脱退)
1991 アパルトヘイト諸法撤廃
1994 英連邦復帰
モロッコ
チュニジア
アルジェリア
リビア
エジプト
西サハラ
モーリタニア
マリ
ニジェール
チャド
スーダン
エリトリア
ジブチ
エチオピア
ソマリア
ガンビア
セネガル
ギニアビサウ
ギニア
シエラレオネ
リベリア
コートジボワール
ブルキナファソ
ガーナ
トーゴ
ベナン
ナイジェリア
中央アフリカ
ウガンダ
カメルーン
ケニア
ガボン
赤道ギニア
ルワンダ
コンゴ民主共和国
コンゴ共和国
ブルンジ
タンザニア
マラウィ
アンゴラ
ザンビア
モザンビーク
マダガスカル
ナミビア
ジンバブエ
ボツワナ
スワジランド
南アフリカ
レソト
1945年以前の独立国
1959年までの独立国
1960年の独立国

援しているアメリカに対しても向けられた。1958年4月から5月にかけてのニクソン米副大統領のラテンアメリカ訪問は，各地で反米デモに遭遇し，ニクソンは帰国後アイゼンハワーに「ラテンアメリカにおける共産主義の脅威がかつてないほど大きくなっている」と述べ，ラテンアメリカ政策の再検討の必要性を強調した。しかしアメリカの再検討は，依然としてラテンアメリカ情勢を「冷戦の論理」でしか捉えていなかった。したがって，アメリカによる援助は，反動的な支配層への梃子入れにしかならず，社会改革は軽視されていた。

こうしたアメリカのラテンアメリカ政策への不満が爆発して起こったのが，1959年1月1日のカストロによるバチスタ独裁政権打倒のキューバ革命であった。キューバ革命を評して，後にフルシチョフは「モンロー・ド

クトリンは死滅した」と述べた[32]。

6 ── 東西両陣営内の亀裂

ヨーロッパの地盤低下とスエズ戦争

　スエズ戦争は，英仏をはじめとする西欧諸国が，対米自立への道を模索するきっかけをつくり，ヨーロッパ経済共同体（EEC）とヨーロッパ原子力共同体（EURATOM）創設の決定的要因となった。すでに，西欧諸国はスエズ戦争以前から国際政治における発言力の低下に危機感を持っていた。1956年5月29日，ヨーロッパ石炭鉄鋼共同体（ECSC）6ヵ国外相会議は，ヨーロッパ経済の復活を目的にEECとEURATOMの設立を勧告したスパーク報告書（4.21）を採択し，6月26日からEEC・EURATOM設置の政府間交渉を開始した。その直後の7月，ナセルのスエズ運河国有化宣言に始まるスエズ危機が起こった。

　英仏はスエズ危機でアメリカが共同歩調をとらなかったことに反発していた。スエズ戦争勃発1ヵ月ほど前の1956年9月26，27の両日，英仏はアメリカを除外して会談を開いた。両国共同声明は，西欧諸国の「政治的・軍事的・経済的協力を強化」する政策を検討し，「この政策がとるべき新しい方策について検討」することを明らかにした。

　こうした英仏の新しい動きに対応していたのは，アデナウアー西独首相であった。彼は英仏会談前日の9月25日の演説で，「次の4つの国際情勢の発展からみて，ヨーロッパ統合の早期実現が必要である」と強調，イギリスを含むヨーロッパ統合を提唱した。その4つの国際情勢とは，(1) ソ連の強大化，(2) ヨーロッパが無期限にアメリカの保護のもとに生きていくことは不可能なこと，(3) 米ソがヨーロッパをしのいで世界の経済的強国になったこと，(4) インド，中国，エジプトのような非白色人種の国が重要な政治的要素として出現してきたこと，であった。

　かくして仏独両国はスエズ危機の最中にもかかわらず，1956年9月29日，首脳会談をおこない，ヨーロッパ統合を進めるうえでの独仏提携を確認し長年両国の懸案であったザールの西ドイツへの返還が決まった。会談後モレ仏首相は，「スエズ問題は石油以外のエネルギー資源をヨーロッパが必要としていることを明らかにした」と述べ，エネルギー資源確保の必

要性を強調した。こうして，独仏提携をステップとして，1957年3月25日，仏，西独，伊，ベネルクス三国の6ヵ国が加盟するEECとEURATOMを設立するローマ条約が調印され，西欧諸国は一大経済ブロックを形成することとなった。フランスは，スエズ戦争終結以降ヨーロッパ統合を進展させることで威信回復を図った。

一方，イギリスもスエズ戦争を契機として，対米自立の傾向を明らかにしつつあった。スエズ危機のさなかの10月3日，ハロルド・マクミラン蔵相は経済的な対米自立の意図を強調，EEC加盟の是非を検討していることを示唆した。そのマクミランは1957年1月13日，イーデンに代わって首相に就任した。

マクミラン新内閣には，強硬派＝対米自立派のロイド外相などが留任し，非強硬派＝対米関係重視派は力を失った。1月17日，マクミランは首相就任後初のラジオ演説で，「われわれはアメリカとたもとを分かつことを望むものではないが，アメリカの衛星国には甘んじたくない」と述べ，「物力の面から見ればイギリスは米ソ両国の膨大な資源にはかなわない。しかしイギリスは孤立していない。イギリス連邦とヨーロッパ諸国がわれわれとともにある」と強調した。

ところが，イギリスは，経済危機脱出でアメリカに依存せざるを得なかった（2.25日輸出入銀行借款の執行，3.6 米英借款協定修正調印）だけでなく，4月5日に発表の核兵器とミサイルに重点を置く新国防計画実施もアメリカの支援なしには不可能であった。その支援獲得のためにおこなわれた，1957年3月のバミューダ米英首脳会談（3.21〜3.24）が，対米自立を後退させ，逆に「米英特殊関係」を強調するようになった。

アイゼンハワーによれば，「この会談は第二次世界大戦終結以来，自分が出席した国際会議の中でもっとも成功した会談」であった。アイゼンハワーは会談の成功の理由を，「イギリスが米英特殊関係においてアメリカの立場が常に支配的でなければならないということを了解していた」からであったと語った[33]。イギリスは，「3つのサークル」の中のアメリカとの関係を再構築することで威信の回復を図った。

EECとFTA

マクミラン英蔵相は，スエズ危機が起こった時期の1956年11月，ヨーロッパ経済協力機構（OEEC）閣僚理事会に自由貿易地域（FTA）案を提出した。FTA案は，EEC加盟国も含めたOEEC加盟国によってFTAを形成するもので，国家連合ではなく連合国家の設立を目的としていた。マクミ

ランのFTA案は，アメリカとイギリス連邦との結びつきを軸に，「ヨーロッパの一部ではなくヨーロッパと共にある」イギリスを追求するものであった。それは，超国家的なヨーロッパ統合に対しては参加するのではなく外側から支援することによって，ヨーロッパ統合でのイギリスの指導性を発揮するという1950年来のイギリスの「国家戦略」でもあった[34]。1957年2月，OEEC閣僚理事会はFTA設立に向けての協議開始を決定した。

これに対してフランスは，FTAに対抗するかのようにEEC結成のローマ条約調印を急いだ（1957.3.25 調印）。さらに1958年6月，「フランスの栄光，強い国家」を主張するド・ゴールが政権に復帰したことで，FTAへの対抗姿勢はさらに強まった。ド・ゴールには，ヨーロッパ統合を通じてこそ「強いフランス」が達成できるものと考えていた。ド・ゴールは，FTA案を「共同体を自由貿易地域に吸収し，その結果として解消する」ことをめざしているとして拒否し，1958年11月，フランスはFTA交渉の継続を拒否し，12月，OEECは交渉の打ち切りを宣言した[35]。

OEECでのFTA交渉打ち切りは，さまざまな影響を及ぼした。OEECは，主にアメリカの意向によって，西欧以外の先進工業諸国をも含んだ自由貿易推進機関として改組され，1960年12月14日にアメリカ，カナダなど20ヵ国が加盟する経済協力開発機構（OECD）として発足した。一方，FTAについては，1959年11月20日，イギリスなど非EEC加盟国の7ヵ国からなるヨーロッパ自由貿易連合（EFTA）協定が調印された（1960.5.3発効）。その結果，西欧はEECとEFTAの二つの市場に分裂した。

こうして，スエズ戦争の結果，西側陣営内ではフランスを中心に対米自立への動きが現れたが，それはアメリカが戦後一貫して追求してきた西欧の第三勢力化阻止の崩壊を意味した。他方，東側陣営内でも，フルシチョフのスターリン批判をきっかけに，陣営内の亀裂が生まれた。

フルシチョフのスターリン批判

フルシチョフは，1955年のジュネーブ巨頭会談で得た権威と安堵感を背景に，翌1956年2月24日，ソ連共産党第20回大会（1956.2.14～25）でスターリンの個人崇拝批判をおこなうことが可能になった（秘密報告）。また公式の演説では，フルシチョフはスターリンの「二つの世界市場論」の国際認識を修正した。

主要な修正点は，次の3点であった。まず，「平和共存」をソ連の外交政策の基本原則に置いた。その認識の前提は，核兵器の登場によって，世

界戦争になった場合には、資本主義諸国だけでなく社会主義諸国も生き残れないという点にあった。次に、「帝国主義戦争の不可避性」というレーニンのテーゼを否定して、世界戦争の回避可能を述べた。これは「世界革命論」を否定するものであった。そして、「社会主義への移行形態の多様性」を是認した。この中でもっとも重視したのは、先進資本主義諸国における議会制を通した社会主義への移行、いわゆる「平和移行論」の可能性であった。これが中ソ論争の一つの焦点になっていった[36]。

　また、フルシチョフはAA諸国の中立主義を高く評価し、いわゆる「平和地域」との結びつきの強化を述べた。しかも第20回党大会中に、コミンフォルムの解散が決定された（1957.4.17 正式発表）。西側は、第20回党大会の意味を、外交政策は「平和共存」政策を基調としたものとなったと解した。また、西側は、ソ連がバンドン会議などでAA諸国の訴えた「平和五原則」を基礎として米ソ関係の改善を図るものと判断し、フルシチョフの党内における指導的地位とその安定ぶりに注目した。

　このようにフルシチョフは、とりわけアメリカとの「平和共存」を重視し、「世界革命論」に代わるものとして「平和移行論」を提示した。その「平和移行論」を実現させるものが、生産力における社会主義世界の優位、すなわち「アメリカに追い付き、追い越す」ことであった[37]。

　ところで、フルシチョフの「スターリン批判」は、国際共産主義運動に大きな影響を与え、スターリンによって事実上任命された、いわゆる「小スターリン派」と呼ばれた東欧各国指導者の地位を揺さぶった。すでにスターリンの死（1953.3）の直後、スターリン時代の強権的支配に反発していた東欧各国では、東ベルリン暴動（1953.6.16）をはじめ小規模な暴動が発生していた[38]。とくに、戦中から戦後にかけて共産党の影響力がとりわけ弱く、それだけスターリン主義体制の導入に矛盾をかかえていたポーランド、ハンガリーでは激しい動揺を引き起こした。

ポズナニ暴動とハンガリー動乱

　ポーランドでは、国民の間に非スターリン化を求める動きが高まった。1956年6月28日から30日にかけてポーランド工業の中心地ポズナニの労働者が、政治的・経済的要求をかかげて暴動を起こした。6月30日、ソ連はこの暴動が外国の手先によって操られたものだ、と非難した。10月21日、ポーランド統一労働者党中央委員会総会では、チトー派として追放されていたゴムウカ（ゴムルカ）が復活し、党第一書記に選出された。

　ゴムウカは、社会主義への道は多様なものであると強調し、農業集団化

の緩和や宗教の自由など民族共産主義の道を歩み出した。しかしその一方で，ゴムウカは社会主義，ソ連・東欧ブロックからの離脱，ワルシャワ条約機構からの脱退はおこなわない点をソ連に確約した。ポーランドの政変は，党指導部が国民の民主化要求を吸い上げる形で事態を収拾したので，「10月の春」と呼ばれた。

　同じ頃ハンガリーでも，ポーランドとほぼ同様な政変が進行中であった。10月23日，ブダペストの知識人，学生を中心に国民の信頼が厚いナジ・イムレの首相就任，ソ連軍の撤退，複数政党制の総選挙などを要求するデモがおこなわれた。同日，ユーゴスラヴィアから帰国したゲレ党第一書記はデモ隊の要求をきっぱりと拒否した。これをきっかけにデモは暴動化し，たちまち全国に波及した。

　10月24日，党中央委員会は，反スターリン主義者として失脚していたナジの首相就任，それと同時にソ連に軍事介入を要請する，という矛盾した決定をおこなった。いわゆるソ連軍の第1次介入が始まった。しかし，ソ連軍の出動に民衆は反発し，事態は収拾不可能になっていた。10月25日，ゲレに代わってチトー派として追放されていたカダル・ヤノシが後任の第一書記に就任した。

　しかし，暴動は全国化し，各地に革命委員会などが設置され，政治的要求はますます高まっていった。それに押されてナジは，28日にソ連軍の撤退を求め（10.31 ソ連は一時ブダペストから撤収），30日には複数政党制を承認すると発表した。しかし，11月1日，ソ連軍がカダルの要請という形で，新たに国境を越えて大規模な侵入を始めた。いわゆるソ連軍の第2次介入である。ソ連は，10月31日の英仏軍によるエジプトへの武力攻撃開始という機会を捉えて，一挙に問題の解決をめざした。

　11月1日，再度のソ連軍介入に激怒したナジは，ワルシャワ条約機構からの即時脱退と完全中立を宣言し，国連にその保障を求めた。ソ連軍は，ハンガリー国民の激しい抵抗にもかかわらず介入を続け，同月下旬にはソ連軍への抵抗をほぼ終わらせた。ナジはユーゴスラヴィア大使館に亡命したが，ハンガリー当局が身柄を拘束しないということを保障したので，11月22日同大使館を出たところでソ連軍に逮捕され，ルーマニア方面に連行された。1958年6月16日，ハンガリー司法省発表という形で，ナジら4人の裁判と処刑が発表された（ソ連の発表は1958.6.17）[39]。

スターリン批判と東欧の動乱をめぐる中ソ関係

　「スターリン批判」とそれに伴うポーランド・ハンガリーの動乱は，東側

陣営内に深刻な亀裂を生じさせた。フルシチョフの「スターリン批判」に対する中国の最初の公式反応は，1956年4月5日付の『人民日報』論文に示された。同紙論文では，スターリンの功績について「七三開」(功績7分，誤りは3分) の観点から論じ，フルシチョフの「スターリン批判」を完全には認めなかった[40]。中国は，次第にソ連との対等性を求め始めた。

　一方，中国は，1956年秋の東欧の政治的危機に際してソ連と東欧との調停に乗り出した。10月下旬，劉少奇と鄧小平らはモスクワを訪問し，劉少奇は24日のソ連共産党政治局会議にも出席した。そこで，劉少奇は「ソ連こそ社会主義の盟主となるべきだ」と提示し，ポーランドのゴムウカは行き過ぎていると批判する一方，ポーランド介入に積極的なソ連に対し慎重論を展開したといわれる。他方，劉少奇らは危機が迫ったハンガリーへのソ連軍の介入を積極的に支持した。中国は，ポーランドとハンガリーに社会主義陣営の団結の必要性を認めさせる一方で，ソ連の立場を基本的に支持しながら，社会主義国家の相互関係は「平等，領土保全，主権の尊重，内政不干渉」という原則をソ連に受け容れさせるという調停役を果たした[41]。

　ハンガリー動乱は，ユーゴスラヴィアと中ソとの論争を起こした。論争のポイントは，ハンガリー動乱が社会主義と革命に関する基本的な実践的・理論的諸問題を根本から問い直したことにあった。ユーゴスラヴィアは社会主義体制を擁護しつつも各国の独自性を重視した。ソ連は自らの覇権的地位と各国共産党支配体制の現状維持を重視した。中国は革命運動の世界的展開を求め，共産党支配体制下でも革命運動の一層の徹底を求めた。そのことはやがて中ソ論争に発展していく一つの契機となった[42]。

第9章

キューバ危機と核戦争の恐怖

1957〜1963

1──スプートニク・ショックとその波紋

アイゼンハワー政権の対応

　フルシチョフ第一書記は，ハンガリー動乱後のソ連における権力の動揺を，1957年6月のマレンコフ，モロトフらの追放（1957.7.3 発表）によって乗り切った。さらにフルシチョフは，史上初の大陸間弾道弾（ICBM）打ち上げ成功（1957.8.26 発表，発射実験は数日前）と史上初の人工衛星スプートニクの打ち上げ成功（1957.10.4）を背景に，積極的な平和攻勢に乗り出した。

　ICBMとスプートニクの打ち上げ成功は，重爆撃機の数においてアメリカに対し劣勢だったソ連が，弾道ミサイルを必死に開発してきた結果であった。しかし，それは核抑止戦略で圧倒的優位に立っていると信じていたアメリカ国民に衝撃を与えた。いまやアメリカ本土そのものがソ連の核攻撃の直接的脅威にさらされることになった。アメリカの衝撃は「スプートニク・ショック」という言葉で，米ソの技術的・軍事的格差は「ミサイル・ギャップ」という言葉で表現された。

　ところが，U2型機のスパイ飛行などにより，実は「ミサイル・ギャップ」など存在しないことを熟知していたアイゼンハワーは，国内の大幅軍拡案（一例は超党派で構成された大統領科学諮問委員会のゲイザー報告）を退けた[1]。そのうえで，すでに着手していたICBMのアトラスやタイタン，潜水艦から発射するポラリスなどの戦略核兵器の開発を急ぐ一方，当面のつなぎ措置として西欧諸国への中距離弾道弾（IRBM）配備と発射基地の建設に取り組もうとした。そして，1957年12月中旬に開かれたNATO理事会にはアイゼンハワー自らが出席し，スプートニク・ショックによる動揺から東西緊張緩和で安全保障を確保しようとしていた西欧諸国を抑えた。また，ソ連が提唱した東西交渉にも拒否の姿勢を示した。

ド・ゴールの挑戦

　しかし，アイゼンハワーが諸政策を実施したにもかかわらず，ソ連のスプートニク打ち上げ成功は，スエズ戦争後に始まった西欧諸国の対米自立の動きを加速した。1957年12月のNATO理事会で，アメリカは西欧諸国

へIRBMの配備を提案したが，同兵器の発射権限はあくまでもアメリカが握り，西欧諸国は関与できないという条件であった。そのため一方では，ド・ゴールのようにアメリカの「核の傘」に頼らない独自の核武装追求（核ドゴーリズム）の動きを加速し，他方では，英首相マクミランの東西不可侵条約の提唱（1958.1.4）のように東西緊張緩和によって安全保障を求めるという動きを生み出した。

　アルジェリア問題を機にフランス政界に復活したド・ゴールは，独自の核戦力政策を明白にし，アメリカと真っ向から対立した。それはフランスの国防政策の表明にとどまらず，フランスが欧州統合を背景に，第三勢力化していくことを表明したものといえた。ただしド・ゴールは，超国家的な共同体を否定し，フランスの主権を維持できる国家連合的な共同体を求めていた[2]。

　また，1958年9月24日，ド・ゴールはNATO三頭制を提唱した。それはNATOが「2ヵ国ではなく3ヵ国（米英仏）で率いられるべきだと提案した」ものだった[3]が，米英は拒否した。この後フランスは，1960年2月13日，サハラ砂漠で初の原爆実験を成功させ，米英ソにつぐ第4の核兵器保有国として独自の核戦力建設に踏み出し，米英に拘束されないかつてのフランスの栄光＝大国フランスの国際的復活を目指していく。それを支えるのが強力なフランス経済と「フランスのためのEEC」という構想であった。

ベルリン危機とキャンプ・デービッド会談

　そうしたなか，1958年11月27日，ソ連のフルシチョフは米英仏3国と西独に対し，半年以内の西ベルリン自由市化とドイツ平和条約調印を求め，実現しない場合はベルリンに関するソ連の権限を東ドイツに委譲すると言明し，ベルリン危機を再燃させた[4]。この危機は，1959年2月末のマクミランの訪ソにより当面回避され[5]，3月26日，米英仏は外相会議の開催を提案し，ソ連も同意した。

　外相会議に先立つ4月15日，これまで米ソ首脳会談に反対してきたダレス米国務長官が辞任した（1959.5.24 ガンのため死亡，後任ハーター）。いまやダレス外交は終わり，アイゼンハワー自身の外交が展開されることになった。1959年5月から8月にかけての米英仏ソ4ヵ国外相会議と，6月から7月のニクソン米副大統領ら米ソ政府高官の相互訪問の実現をはさんで，1959年8月3日には米ソ首脳相互訪問が発表された。

　フルシチョフの訪米は，ソ連の月ロケットが月面に到達した翌日の9月

15日のことであった。フルシチョフは、まず国連総会で全面的な軍備撤廃を提案し、ついでアイゼンハワーとキャンプ・デービッド会談（1959.9.25～27）をおこなった[6]。両者は、アイゼンハワー訪ソ（1960年春の予定）の前に東西首脳会談を開くという原則的了解に達した。さらに共同声明は、重要な問題を武力に訴えることなく、交渉を通じて平和的手段によって解決することを述べ、これは「キャンプ・デービッド精神」と呼ばれた。

この訪米によって、フルシチョフはクレムリンにおける立場を強化できた。後年、彼は「アイゼンハワーが英語で私を『マイ・フレンド』と呼んだと通訳が訳してくれた時、どんなに嬉しかったか、私は今でも覚えている」と回想した[7]。二人とも政府の中ではもっとも穏健なメンバーだった。両者はこの会談によって、はじめて互いに相手が取り引きのできる信頼のおける指導者だと確信した[8]。

U2型機事件とパリ東西首脳会談の流会

その東西首脳会談の開催直前の1960年5月1日、ソ連領内でアメリカの秘密偵察機U2型機が行方不明となり、5日、フルシチョフは、最高会議で同機をソ連のミサイルで撃墜したことを発表した[9]。U2型機はアメリカが極秘に開発した7万フィート（2万1000メートル）以上の超高空を長時間飛行できる秘密偵察機であった。

U2型機の撃墜によっていちばん打撃を受けたのは、実はフルシチョフだった。政府内の反対派を抑えてアイゼンハワーとの交渉に踏み出した矢先のこの事件は、彼の権力基盤をゆるがした[10]。フルシチョフはこの領空侵犯によるスパイ飛行を「挑発的な米軍部陰謀団」の仕業とし、アイゼンハワー自身の責任を回避できるように区別して、アメリカを非難した。

ところが5月11日、第二次世界大戦時のヨーロッパ戦線連合軍総司令官でもあったアイゼンハワーは、部下に責任を負わせることを潔しとせず、公式謝罪も拒否した[11]。こうして、5月16日からパリで開かれることとなっていたパリ東西首脳会談の成功は望み薄となった。16日の首脳予備会談でフルシチョフは再度、アメリカの公式謝罪と責任者の処罰を要求したが、アイゼンハワーはこれを拒否し、ついに東西首脳会談は流会してしまった。同時にアイゼンハワーの訪ソも中止となった。

フルシチョフは18日、帰国の挨拶にド・ゴール仏大統領を訪問し、アイゼンハワーを「凡庸にして部下のいいなりになる人物」と散々にこきおろしたが、その後1960年末にかけて、次期米大統領に対しては話し合お

うという姿勢を示した[12]。この年は，アメリカで大統領選挙がおこなわれる年であった。

アイゼンハワー最後の旅行

　一方アイゼンハワーは，U2型機事件により米ソ交渉の機会を失ったとはいえ，決してフルシチョフのいうような「凡庸」な大統領ではなかった。彼は流会に終わったパリ首脳会談以上に，第三世界の情勢を重視していた。アイゼンハワーはその政権の初期より，第三世界諸国において共産化の動きを認めると躊躇せずにCIAを使って政権転覆を図り，その姿勢は政権末期にいたるまで変わらなかった[13]。

　1959年から1960年にかけて，第三世界は民族主義の高揚に揺れ，これら地域とその周辺では第二次世界大戦後に形成された国際政治の権力構造を変動させる事件が相次いでいた。こうした状況に対応するべく，アイゼンハワーはその政権の末期に3回にわたる訪問外交を展開した。

　第一旅行は，インドを中心とする11ヵ国歴訪（1959.12.3～12.22）で，訪問経路に近い中東地域は，アラブ諸国やイスラエル双方に配慮して巧妙に訪問国から外された。第一旅行の最重点はインド訪問にあったから，この旅行は，中印国境紛争（1959.8）後にネルーのインドが反中国の立場を鮮明にしたタイミングを捉えておこなわれた。アイゼンハワーの訪印は中印両国の間にくさびを打ち込み，ひいては中印国境紛争を機に悪化した中ソの対立をさらに激化させた。

　第二旅行は，ラテンアメリカ歴訪（1960.2.23～3.2）であった。このとき，1959年のキューバ革命がカストロのもとで社会主義化しつつあったので，ラテンアメリカへの左派の影響を排除する必要があった。さらに，ラテンアメリカ諸国の右派独裁政権への反発が各地で高まっていたため，それに対応する必要もあった。アイゼンハワーは特に，ドミニカの独裁者トルヒーヨの打倒を考慮しつつあった。

　こうして，ラテンアメリカ各国の政権中枢から極右と左派を排除する腹を固めたアイゼンハワーは1960年2月にラテンアメリカ訪問に出発し，プエルトリコを経由してブラジル，アルゼンチン，チリ，ウルグアイを訪れた。熱狂的な歓迎デモの中に「我々はアイクが好きだ。フィデル（カストロ）も好きだ」というプラカードを見つけてガッカリしつつ[14]，帰国後CIAに対して，グアテマラにいる亡命キューバ人を中心としたキューバ侵攻計画を命じた。

　そして第三旅行は，東アジア歴訪（1960.6.13～6.20）であった。フ

ィリピン，台湾，沖縄（当時は米国の施政権下にあった），韓国を訪れたこの旅行は，当初は6月に予定されていた歴史的なアイゼンハワー訪ソの後，その足で日米安保条約の改定に合わせて6月19日に日本を訪れる計画であった。しかし国際情勢の変動は，アイゼンハワーの第三旅行に多くの変更をもたらした。

　まずU2型機事件によるパリ東西首脳会談の流会はアイゼンハワー訪ソ取り消しにつながり，その結果フィリピン，台湾，韓国が訪問国に追加された。1960年4月の学生革命（四月革命）による李承晩(イ・スンマン)政権の崩壊は，韓国訪問に新政権の見極めという意味をもたせた。そして最初の訪問国のフィリピンを訪問中の6月16日，アイゼンハワーは日本政府より訪日の中止を要請された。日本では，安保闘争が日ごとに激化し，6月15日，国会を取り巻いたデモ隊と機動隊の衝突の中で一女子学生が死亡し，これが岸信介(きしのぶすけ)政権のアイゼンハワー訪日中止要請を決定的にした。政府に対する批判は強く，岸内閣は新安保条約発効とともに退陣した。

　こうして，アイゼンハワーの東アジア旅行の力点は，李承晩政権崩壊直後の韓国訪問に置かれることとなった。アイゼンハワーは李承晩追放デモを指導した2，3名の学生も同席した韓国での朝食会で，運動の行きすぎを戒めた。

　韓国ではこの後しばらくして，学生運動が「南北交流」を指向しはじめたとき，親米派軍人の朴正熙(パクチョンヒ)によりクーデタが起こされた（1961.5.16）。朴正熙は，以後1970年代末に暗殺されるまで長期にわたり政権を握り軍事独裁をおこなったが，1960年代半ばからは高度経済成長を続ける日本のパートナーとして韓国経済を急成長させ，1960年代後半に登場したインドネシアのスハルト政権やフィリピンのマルコス政権を典型とする親米派の反共軍人・政治家による開発独裁の先例となった。

　しかし，米大統領選挙の年である1960年に起こった各地の変動は，米国の情勢統制力をはるかに超えるものであった。ラテンアメリカ，中印，韓国以外にも，トルコのメンデレス政権崩壊，「1960年はアフリカの年」と呼ばれたアフリカ17ヵ国の独立，コンゴ事件，ラオス危機の激化，南ベトナム解放民族戦線の結成などが相次ぎ，米国にとってはまさに「崩壊の1960年」であった。

中ソ論争の開始

　1950年代の後半，紆余曲折(うよきょくせつ)を経つつも米ソ間では交渉と緊張緩和が試みられていたが，東側では中ソ間に深刻な対立が生じつつあった。

中ソ関係は，(1) 両国共産党間の理論闘争と (2) 国家間対立との二重構造を持っていた。両党の対立の根底には社会主義建設の方式をめぐる対立があり，生産力の増大の鍵(かぎ)を毛沢東(もうたくとう)は主観的能動性＝意識の変革に求め，フルシチョフは物質的刺激に求めていた。とはいえ，ハンガリー動乱の折には，中国は一応ソ連軍介入を支持した[15]。

　毛沢東がフルシチョフに社会主義建設の方式で妥協できなかった理由は，それが中国国内の路線対立を反映していたからであった。第一次五ヵ年計画 (1953～1957) が正式採択された1955年7月30日の翌日，毛沢東は省・市・区の下級党幹部を集めて「農業協同化について」と題する報告をおこない，公式に採択されたばかりの「穏歩前進」路線を批判して，「多快好省」（より多く，より速く，より良く，より無駄なく）のスローガンのもと急激な集団化を呼びかけ，それは1956年末までにほぼ完成をした[16]。批判された高級幹部のリーダー格は劉少奇(りゅうしょうき)であった。

　その後中国国内では，1957年6月，「百花斉放・百家争鳴」の呼びかけから一転して反右派闘争が展開され，毛沢東の急進主義は先鋭化していた。同年11月，毛沢東はロシア革命40周年のモスクワ会議 (11.6～) に出席するためにソ連を訪れ，フルシチョフの平和共存路線を痛烈に皮肉った「東風は西風を圧する」という言葉で知られる演説をおこない，中ソ間の国際情勢認識のずれを際立たせた。その結果，毛沢東は中国独自の社会主義建設を決断した。

　帰国後，毛沢東は中国各地を視察して重要講話をおこない，1958年5月23日以降は大衆動員による経済建設の高速度化と人民公社の創設を柱とする「大躍進政策」に突き進んだ。さらに毛沢東は，7月に訪中したフルシチョフの「中ソ連合艦隊」建設の提案を退け，8月23日突如金門(きんもん)・馬祖(ばそ)島への砲撃を開始した。台湾海峡は緊張したが，「平和的解決も可能」とするダレス声明 (9.4) に周恩来(しゅうおんらい)声明 (9.6) で答え，9月15日にワルシャワでの米中会談が再開され，9月23日の交戦を最後に台湾海峡危機は収束した。周恩来声明の翌日にフルシチョフは中国支持を明らかにしたが，毛沢東は懐疑的であった[17]。

　フルシチョフが米ソ「平和共存」を志向し，核競争の負担から脱出したいと望むにつれて，中ソ間の国際情勢認識と社会主義国のとるべき政策についての対立が深まり，1959年にいたって，ソ連の対外政策が中国の対外政策と完全に分離したときから，(2) 国家間対立が (1) 両国共産党間の理論闘争にとって代わった。そして同時に，個人崇拝をめぐる対立も深まっていった。

中ソ対立の深刻化

1959年1月27日，ソ連共産党第21回党大会は，資本主義諸国との経済競争・平和共存をあらためて強調した。ついで1959年6月20日，ソ連は一方的に1957年締結の「中ソ国防新技術に関する協定」（1957.10.15）を破棄し，かねて中国に約束していた原爆のサンプルや技術提供を拒否した。

また，1959年3月チベットで反乱が起き，同月末ダライ・ラマ14世がインドに亡命して保護を受けた。中印国境は緊張し，8月25日には中印両国の最初の武力衝突事件が起こった。この日，東部国境地帯のロンジュで中印両軍の衝突が起こり，さらに10月21日には，西部国境地帯のコンカ峠での発砲事件が続いた。争点はインドが東北部の国境線と主張するマクマホン・ラインと中国の新疆（しんきょう）からチベットへの軍用自動車道路が通る西北部のアクサイチン地区の帰属であった。

この間，9月9日，ソ連は中印国境での武力衝突に「遺憾」の意を表明した。中国側は，ソ連の表明が社会主義国中国と非社会主義国インドとを同一レベルで取り扱ったことに激しく反発した。しかし9月14日，ソ連はインドの第3次五ヵ年計画への15億ルーブル借款（しゃっかん）のための協定に調印した。その翌日，フルシチョフは訪米に出発し，9月下旬にアイゼンハワーと会談した。

訪米後，フルシチョフはただちに北京を訪問し（1959.9.30），中国首脳と会談した。会談は決裂し，当然あるべき共同コミュニケは発表されなかった。1959年の段階では，中ソ関係の悪化は対外的には公表されなかったが，両者の対立はもはや決定的なものとなっていた。中国は後になって，すなわち1963年2月27日の人民日報社説で，「キャンプ・デービッド会談後，『一部の同志』（フルシチョフを指す）は頭がくらみ，中国共産党の対外政策，国内政策に公然たる攻撃を加えてきた」と述べた[18]。

「独立の完成」を目指す日本

警察予備隊を前身とする保安隊（1952年発足）は，吉田茂（よしだしげる）自由党政権末期の1954年7月，自衛隊に改組された。1954年12月に成立した鳩山一郎（はとやまいちろう）日本民主党政権は，「独立の完成」を目指し，憲法改正，自衛軍創設，米軍漸次撤退と安保条約の「双務的条約」への改定を課題とした。1955年8月，訪米した重光葵（しげみつまもる）外相がダレス米国務長官に安保改定を打診したが，逆に防衛力の増強を求められ，また保守合同を急ぐべきと示唆され

中印国境紛争（1959・1962）[i]

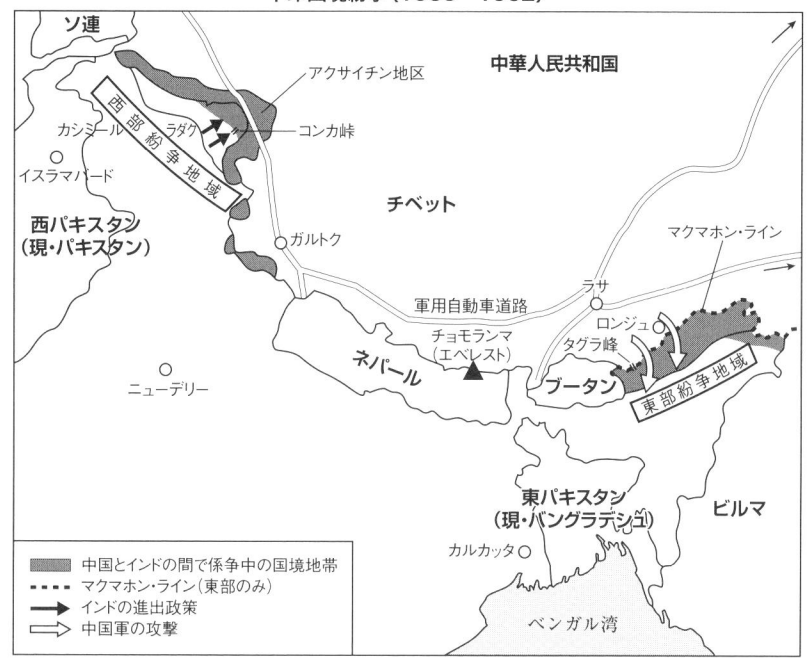

た。

　1955年に，左右社会党の統一による日本社会党が成立し，続いて自由党と日本民主党が合併して自由民主党が生まれ，親米保守の政党と非武装・中立の革新政党の二大政党が対峙（たいじ）する「55年体制」ができあがった[19]。鳩山自由民主党政権は，1956年11月，日ソ共同宣言により日ソ国交回復を実現し，同年12月18日には国連加盟を果たした。

　短命の石橋湛山（いしばしたんざん）政権をはさんで，1957年2月下旬，岸信介政権が発足した。岸はA級戦犯容疑者（不起訴）の経歴を持つ人物で，占領体制の清算と「日米対等」「独立の完成」への重要なステップとして，日米安全保障条約の改定を位置づけていた。岸首相は1957年11月には，東南アジアを歴訪してインドネシア賠償問題を解決した。インドネシアの賠償は，「戦後処理」だけにとどまらず，「冷戦の文脈」で重い意味を持っていた[20]。

　安保改定へのアメリカ側のハードルは高かったが，ダグラス・マッカーサー2世駐日米大使（1957.2 着任）の「日本が中立に傾斜することを阻止するためには，日米安全保障条約の改定に応じ，日本を平等なパートナーとして扱うべき」「双務性を担保するために日本が果たすべき軍事的貢

第9章　キューバ危機と核戦争の恐怖　193

献は，海外派兵ではなく，米軍基地の安定供給である」という進言がアイゼンハワー政権を動かした。

かくて1958年10月に日米安保改定交渉が本格的にスタートし，1960年1月には新安保条約の調印にこぎつけた。旧条約との違いは，(1) 米軍の日本防衛義務が明記された，(2) 条約に期限が設けられた，(3)「内乱条項」が削除された，(4) 日米行政協定が改正され，日米地位協定に改められた——以上の4点であった。

新安保条約調印時に，条約本体とは別に，「事前協議制度」に関する覚書が日米で交わされた。それは日米「対等」を実現するための目玉の一つとされたが，後年，事前協議制度に関する「密約」が取りかわされていたことが明らかになった。一つは，事前協議なしで米軍の核搭載艦船が日本に寄港することについての暗黙の了解であり，今一つは，朝鮮半島有事の際に米軍が事前協議なしで在日米軍基地から出撃できるというものである[21]。日米同盟の強化を危惧する人は多く，岸の「強行採決」に頼った強引な国会運営は，戦前・戦中の記憶を国民に呼びおこし，国論を二分させ安保闘争が全国に拡大した。

池田政権の内政と外交

岸政権に代わった池田勇人政権は，安保闘争の余韻を沈静化するために，自由民主党の党是である憲法改正や再軍備は当面棚上げにして，国会においては「寛容と忍耐」「低姿勢」をとり，「所得倍増」計画を打ち出した。こうして，高度経済成長路線を突き進みつつ，国民の視線を政治から経済に向けさせた。そのうえで池田政権は，「自由主義陣営の有力な一員」という地位を与えるように欧米諸国に求めた。ケネディ政権から日米「イコール・パートナーシップ」を認められ，西欧諸国に対しては日米欧「三本柱」論を説きつつ，「経済協力開発機構（OECD）加盟」と差別待遇の象徴であった「関税及び貿易に関する一般協定（GATT）35条援用撤廃」を粘り強く追求した[22]。

さらに池田政権は，アジアの「冷戦」に対する日本の貢献策として，韓国との関係改善に取り組む一方，東南アジアではタイ，ビルマ，インドネシアなどに対して，戦争賠償などに代わる無償・有償の援助を梃子に関係の拡大に努めた。とりわけビルマは，「中立政策」をとり，ネ・ウィンのクーデタ（1962.3.2）以後は「ビルマ式社会主義」を標榜していたが，戦争中からのつながりが少なからずあり，中国に隣接しタイとも長い国境線がありながら，アメリカが関与できないため，アメリカに代わって日本

が積極的に支援に取り組むことになった。この「ビルマ重視路線」は、池田政権のアジア反共外交の、とくに東南アジアにおける要(かなめ)であったといわれる[23]。同様に、ラオスのプーマ政権に対しても、中立が崩れればタイが共産勢力に直面することから支援の要請に応じた。とはいえ、池田外交を支えていたものを単純な反共主義という言葉だけで説明することはできない。対中国外交に目を転ずると、池田政権は台湾の中華民国政府との関係を維持しつつ、中華人民共和国については、接触を拒否していたアメリカと異なり、1962年11月に日中間で民間の「LT貿易」を始めたのである。しかし池田政権期（1960〜1964）の国際情勢は、池田政権が中華人民共和国との国交樹立に向かうことを許さなかった[24]。

2 ── ベルリンの壁

ケネディの登場と新版NSC68

1960年アメリカ大統領選挙の争点は、ニューヨーク・タイムズ紙の著名な記者ジェームズ・レストンによれば、「どちらの候補者と党とが、変容しつつある世界にもっとも良く対処できるか」であったから、両党とも柔軟な対応が可能な若い候補者を指名することになった。民主党はケネディ上院議員とジョンソン、共和党はニクソン副大統領とロッジのコンビを立てて争い、大接戦の末、ジョン・F・ケネディが辛勝した。選挙戦においては、ケネディは「ミサイル・ギャップ」を取り上げて共和党のアイゼンハワー政権を批判していた[25]。

1961年1月17日、アイゼンハワーはお別れ演説で「軍産複合体」の危険に対して警告を発した[26]。その一般的な評価とは裏腹に国防費の増大を抑えつづけ、またソ連との限定的核実験停止を密(ひそ)かに求めて果たせなかった大統領の遺言であった[27]。

ソ連首相フルシチョフはケネディに呼応していた。ケネディ当選への祝電、米ソ首脳会談の早期開催呼びかけ、「一月（解放戦争）演説」は、米ソ関係改善を求めるサインであった。「一月演説」でフルシチョフは、世界戦争を選択肢から外すと明確に宣言することにより、再度モスクワと北京の強硬派を退け、同時に西側諸国を安心させたつもりだった。

ところがケネディは、フルシチョフが全面核戦争を望んではいないこと

には気がついたが，世界各地の民族解放闘争支援の姿勢を明確にしたことで，これをフルシチョフの野望を包括的に述べたものと受け取り，その返答として，最初の一般教書で「今や国の存亡を分けるとき」として危機的状況にふれ，防衛戦略全体の見直しと軍備増強計画に言及した(28)。アイゼンハワーとは違い，ケネディはフルシチョフのレトリックに過敏に反応したのだった。

さらに2月1日，ケネディ政権は大陸間弾道弾（ICBM）ミニットマンの初の発射実験をおこなった。ミニットマンは，ソ連にはない即応性の高い固体燃料のミサイルであった。ついで2月6日，マクナマラ国防長官は記者の質問に答えて，極秘情報をいろいろ調べてみたがミサイル・ギャップはなかったと率直に答えた。アイゼンハワーが細心の注意を払って守っていた暗黙の了解——フルシチョフを追いつめてソ連のミサイル計画をエスカレートさせたり軍事費を増額させたりすることがないよう，またフルシチョフが嘘つきという烙印を押されることのないよう，フルシチョフがミサイル急増計画をどんなに誇張して吹聴しようとも表立った異議は唱えない——をうっかり破ってしまったのだ(29)。

その結果，2月11日にフルシチョフは農業地帯の視察先から急遽モスクワに呼び戻された。反フルシチョフ派が不意打ち的にソ連最高会議幹部会を招集し，もっと強硬な対抗措置を取るように要求したといわれる(30)。強硬派をなだめるためにも，ひとまず強硬な姿勢を示す必要があった。こうして2月17日，フルシチョフはベルリン問題を再燃させ，ドイツ平和条約締結についてのモスクワの確固たる決意をアデナウアー首相に対して伝えた。

ケネディ政権には，ゲイザー委員会の主要メンバーで，かつてNSC68立案にも関わったニッツェやトルーマン政権の国務長官であったアチソンらが加わっていた。それゆえ，その戦略思想はアイゼンハワー時代のニュールックと呼ばれた大量報復戦略とは異なり，核戦争から通常兵器による局地戦争など，あらゆる段階の戦争に対応しうる「新版NSC68」といえるものであった。この線で第三世界におけるゲリラ戦対策も重視され，反乱鎮圧のための特殊戦争を担うグリーンベレーはその象徴となった。

大量報復戦略を採用していたアイゼンハワー政権では，スプートニク・ショックに対応する形で末期にICBM開発など核戦力の増強を図ったが，これはそのままケネディ政権に引き継がれ，さらにそれに各種の通常兵器と兵力の大幅増強が加わる形となったため，軍事費支出は大幅増となった。

やがて「柔軟反応戦略」と呼ばれることになるこれらの軍事戦略は，1961年10月にケネディ政権のベルリン政策NASAM109として公式に採用され，1962年4月にアテネで開催されたNATO閣僚級会談でマクナマラ米国防長官によって提案された（NATO戦略としての正式採用は1968年）。

さらに1962年7月4日，フィラデルフィアにおけるケネディ演説で，ケネディ政権のヨーロッパ政策の全体像「大構想（グランド・デザイン）」が示された。「大西洋パートナーシップ」を訴えたその演説は，イギリスを加えた統一ヨーロッパとアメリカとの間で経済的な相互依存を進め，多角的核戦力（MLF）と柔軟反応戦略という二つの軍事戦略の統合を図り，新しい大西洋共同体を作ろうとするものであった[31]。

具体的にケネディは，NATO諸国への「非核戦力の増強」を条件とした数隻のポラリス原潜供与によるMLFの構築を目指した。それは，柔軟反応戦略の一角を担いつつ，西欧諸国への核拡散を抑える核ドゴーリズム対策でもあった。MLFについて，アメリカはナッソー協定（1962.12）でまずイギリスを参加させたが，フランスは参加を拒否し，核ドゴーリズム対策という目的は達成できなかった〔第3節参照〕[32]。

ドゴーリズム対「大西洋共同体」論

ケネディ政権は，対西欧ではフランスの国際組織論すなわちドゴーリズムを重視した。たとえばフルブライト上院外交委員長は，ドゴーリズムを「新しい現実」――（1）西欧の復興，（2）アメリカの世界金融上の地位の低下，（3）米経済の慢性的不振，（4）西側に有利な軍事バランスの変化（つまり欧州におけるソ連の脅威の低下）――の産物とみて，それゆえ西欧は「第一次大戦とともに始まった対米依存」から抜け出し，米ソ二大非ヨーロッパ勢力の統制する世界システムに挑戦する可能性があると展望し，アメリカとドゴーリズムとの間の「基本的争点は，西側と世界の将来の組織に関する二つの異なった概念の間の争いだという点にある」[33]と解していた。

アメリカの西側組織論は，「大西洋共同体」論であった。米欧を米へゲモニー下で一体化するものであり，その軍事的表現こそNATOにほかならない。ドゴーリズムのそれは米欧対等論であり，「独自の核武装」はその軍事的表現であった。経済的側面では，アメリカはEECが「閉鎖的・制限的な貿易地域」となることに反対して「門戸開放」を求め，ド・ゴール構想が「アウタルキー的（閉鎖的な）欧州農業経済」を目指していると非難していた。

ケネディ政権は、西欧に通常戦力強化を求め、かわりに「核の傘」を保障する「柔軟反応戦略」を採用し、1961年4月、アデナウアー西独首相との会談で支持を獲得した。同月、マクミラン英首相との会談では、イギリスのEEC加盟方針を支持したが、その理由はイギリスの加盟が「フランス、西独の突飛な政策を抑圧」し、「共同市場（EEC）が高関税の、閉鎖的な、白人クラブとなるのを阻止」するだろうことに求められていた。

　英・西独両国の支持を背景に、ケネディは翌5月末からド・ゴールとパリで会談した。ケネディはド・ゴールに対し、ソ連の西欧攻撃にはアメリカが核兵器で応ずると保障したが、ド・ゴールは「（アメリカは）自国の領土が直接脅かされた場合にしか核兵器を使わないだろうし、またそれが当然である」と述べ、「独自の核武装」方針不変を明らかにした[34]。ケネディの言葉は無力であった。だからこそケネディ政権は、言葉を事実で裏づけるために、軍拡に乗り出したのであった。

　1961年4月のキューバ侵攻事件（ピッグズ湾事件）の失敗の後、5月25日に、ケネディは異例の2回目の年頭教書を発表してゲリラ戦用装備から核シェルターにいたる大軍拡を求め、同時に1970年までにアメリカ人を月に着陸させるアポロ計画のための無制限の予算を議会に要求した[35]。前者の軍拡は、対ソ・対第三世界政策上必要とされたが、大軍拡がおこなわれた今一つの背景には、「独自の核」を追求しようとするド・ゴールの「核ドゴーリズム」への対策という側面があった。とはいえ、いかなる背景があったにせよ、アメリカの大軍拡それ自体がソ連の態度を硬化させた。

　一方、マクミランは1961年7月末、EEC加盟申請を発表したが、イギリスが加盟する理由については、「われわれは自由世界全体のより大きな一致をはかる運動の前衛を務めるべきである。それには、西欧の外にいるよりも中にはいったほうがよくできる」と説明した。マクミランは、ド・ゴールの目指す西欧の第三勢力化を否定し、ケネディの意向に沿っていた。

ウィーン米ソ首脳会談

　1961年6月、同年2月21日付親書によるケネディ提案がやっと実って[36]、ウィーンで米ソ首脳会談が開かれることになった（1961.6.3～4）。会談におけるケネディ発言で注目すべきは、米ソとも特定領域で「死活的に重要な利害（バイタル・インタレスト）」を持っているが、「世界の他の地域での闘争が、われわれ両国の極めてバイタルな利害に影響を与えないよう」にすることだ、と述べた部分であった。通訳にあたったチ

ャールズ・ボーレンは後に,「かれ（ケネディ）はフルシチョフに, アメリカの新政府は世界の現実的な勢力均衡に基づくデタントを求めているのだということを, 理解させることができなかった」と記した[37]。それは米ソ関係と世界各地の紛争とを切り離し, 後者がすぐに米ソ関係に反射して米ソ対立を深めるのを防ぎたい, との希望が実らなかったということであった。

ケネディの希望が実らなかった第一の理由は, 軍拡競争であった。ケネディ政権は5月25日の教書で大軍拡政策に乗り出していた。

第二の理由は, 米ソの国際情勢認識（「現状」の認識）に大きな差があり, 双方とも相手の見方に同調できず, いまだ相互不信から脱却できずにいたことであった。つまりウィーン会談では, ケネディは,「現状」を, 勢力の均衡した現在あるがままの状況と捉え, フルシチョフは世界各地で社会革命や経済革命が進みつつある状況と捉えていたと考えられる。ウィーン会談で米ソ首脳の話がすれ違いに終わった一因はこの点にあった[38]。

「ベルリンの壁」の出現

ウィーン会談後にソ連は, 同会談でフルシチョフが提示した「12月」という東ドイツとの平和条約締結期限を共産党機関紙『プラウダ』で公表し（1961.6.10 側近メモ）, ベルリン問題をむし返した。1961年6月16日には, 東独のウルブリヒトが記者会見でベルリンの周囲に「壁」を構築する可能性に言及したため, 翌日以降, 西ベルリンに脱出する東独市民が一気に増加した。

これを受けて米ソ両国首脳部内でベルリン論争が始まり, 交渉論が勝ったものの, 軍事対決論も一定の影響力を維持した。そのため, ソ連の軍事支出増（7.8 3分の1増額）とアメリカの軍事費追加（7.25 再追加32.5億ドル, 予備部隊25万召集権限要求）を引き起こし, 東独市民の西独への脱出を加速した。ついに8月13日, 人材の流出にたまりかねた東独は, フルシチョフの了解のもとに東西ベルリンの通行を遮断して西ベルリンの周囲に「ベルリンの壁」を築き始めた[39]。

ケネディはジョンソン副大統領をベルリンに派遣し, 西独駐留の米軍1500名に西ベルリンへの移動を命じた。8月末にはソ連が大気圏内の核実験を再開し, 9月半ばにはアメリカも地下核実験を再開した（1962.4 大気圏内核実験再開）。

折から第1回非同盟諸国会議がユーゴスラヴィアの首都ベオグラードで開かれていた（1961.9.1〜9.6）。26ヵ国が参加した同会議は米ソ首脳に

直接交渉開始を求めるアピールを発表し，特使を米ソに派遣した。すでに交渉論に傾いていた米ソ首脳は特使の顔を立てる形で対応し，9月下旬，国連総会を機にラスク米国務長官とグロムイコ・ソ連外相の会談が開かれ，危機はひとまず収束に向かった(40)。

「壁」は，東西ベルリンに別れて住む多数の家族を引き裂き，また「壁」を乗り越えて西ベルリンへの脱出を試みた多くの東独市民の命を奪った。しかし東独にとって，1961年夏のベルリン危機は「新たな始まり」であった。「壁」が両ドイツ間の流動部分を切断した結果，それがさしあたり向こう10年あまりにわたる東独経済の本格的成長の始点となり，「二つのドイツ」が既定の事実となって，さらに1973年には東西両独の国連同時加盟が現実のものとなっていく。

以上のような見方に対して，「壁」の建設を，東ドイツの国内状況がいかに「危険で爆発的」な状況であるかを露呈するものと見なす見方も存在した。ベルリンの壁崩壊あるいは東西ドイツの統一からしばらくの間の旧東ドイツの貧しさは，むしろ後者の見方を裏付けるものといえた(41)。

ケネディの対独政策転換とソ連・西独の対応

ベルリン危機の後，ケネディは対独政策を変えてドイツの既成事実承認を明白にした（1961.9.25 国連演説）。それにソ連と西独が反応した。ケネディの対独政策がわかったとき，フルシチョフは東独との単独平和条約を引っ込めた（1961.10）。そしてケネディの核ドゴーリズム反対が明白になったとき，「核拡散反対」という米ソの共通点が，米ソ関係改善を徐々に進ませていった。1962年の春から夏にかけて，米軍縮案（ジュネーブ軍縮会議）には「条約加盟国の首脳と国連事務総長を敏速かつ信頼できる通信網で結ぶ」との項目が入り，8月には，(1) 査察付き全面核実験停止と，(2) 地下核実験を除く部分核停（部分的核実験停止）案との2本立て案を出し，9月にフルシチョフも (2) に賛意を表明した(42)。

一方，アデナウアーはケネディの対独政策転換に反発し，ド・ゴールに接近しはじめた(43)。11月のEEC閣僚会議は「英国の加盟を容易にしたいが，共同市場の独自性と強力な立場は保持したい」との共同声明を発表し，米英ペースの英加盟を暗に拒否した。

ケネディは翌1962年1月の一般教書で，EECの発展をはじめて「挑戦」と呼んだ。アデナウアーはド・ゴールとの会談（1962.2）後，次第に「EEC拡大反対」や「イギリス加盟は困難」と発言するようになった。アデナウアーがドゴーリズムに与するかにみえたので，ケネディは1962年

夏から秋にかけてイギリスのEEC加盟推進に努力した。「ベルリンの壁」から1年あまり，米・英・西独関係は揺れ動いていた。米・西欧の対立の深化と米ソ対立の緩和が並行した1962年秋，キューバ危機が起こった。

3 ── キューバ・ミサイル危機

キューバ侵攻作戦と「進歩のための同盟」

　アメリカの第三世界政策は，まずラテンアメリカ政策にその傾向を示す。ラテンアメリカ革命に対するアイゼンハワー政権とケネディ政権との政策は，二つの路線を代表した。しかし双方とも，共産主義とは対決するという姿勢では共通していた。「崩壊の1960年」をへて登場したケネディ政権はアイゼンハワー政権から多くの「危機」を引き継いだ。

　キューバ，コンゴ，ラオス，ベトナムなど第三世界は問題山積みで，共産主義の影をそこに見出したとき，アイゼンハワー政権は躊躇せずCIAを使って問題の「除去」を図り[44]，それを引き継いだケネディ政権もその政策を継承した。とはいえ，「コンゴ危機（コンゴ動乱）」[45]の場合には国連軍を前面におしたててアメリカは背後にまわり，ルムンバ政権が打倒されると，やがて登場した親米のモブツ政権を支え，ラオス危機ではとりあえず1962年のジュネーブ協定で中立化を選択したが，親米政権を成立させていたベトナムでは米軍を投入した〔第10章参照〕。

　問題はすでに反米政権が成立していたキューバであった。アイゼンハワーは革命の震源地をつぶすのが先決だと考えて，亡命キューバ人によるカストロ打倒計画の立案をCIAに命じ（1960.3.17），これを「遺産」としてケネディに残した。

　ケネディはキューバ革命から教訓を得て，ラテンアメリカの革命を根本的に抑えるには，その社会的・経済的構造の改革が必要と考えた。改革を条件に援助を与える「進歩のための同盟」計画[46]を構想し，改革の主体としての民主主義的民族主義の育成・強化を目指していた。しかし，「遺産」を短期の，「同盟」づくりを長期の政策と見れば矛盾しないので，同時進行方式を決定した。

　かくして1961年4月14日，ケネディは「同盟」結成のための米州機構（OAS）会議開催を呼びかけ，16日にはキューバ侵攻計画に青信号を出し

た。翌日，最初の侵攻軍がプラヤヒロン（米名ピッグズ湾）に上陸を開始したが，72時間で粉砕された。呼応するキューバ内反カストロ蜂起も起きず，亡命者部隊がアテにした米軍介入もできず，侵攻作戦は大失敗に終わった。

この失敗はまずアメリカのインドシナ介入を加速し，加えてキューバをソ連側に追いやった。侵攻事件直後にカストロはキューバは社会主義国だと宣言し，全政党統合方針を発表した（1965.10 キューバ共産党と改称）。

「キューバ・ミサイル危機」とその結末

ケネディはピッグズ湾の失敗であきらめず，秘密裏に対キューバ破壊工作を進行させた。1961年11月，ランズデールによる「マングース作戦」計画が完成すると，1962年春に工作員を潜入させて半年間に5000件以上の破壊工作をおこなわせる一方，フロリダ半島で空海軍の演習を繰り返した。カストロ政権は，再び米軍侵攻が実行されるとみて，ソ連と武器援助協定を結んだ。同時期に米スパイ機U2型機が，キューバにおける地対空ミサイル基地建設中の写真を撮った（1962.8.29）。米議会内で対キューバ強硬論が燃え上がった。ケネディは特別声明で，アメリカが実力行使に訴える基準の一つに「攻撃用ミサイル発射能力を備えた場合」をあげた（9.13）。

ソ連のフルシチョフは米軍の再侵攻があり得ると予測し，それを阻止する唯一の有効手段としてキューバへのミサイル配備を決定して，7月から大規模輸送作戦（アナディール作戦）を開始していた[47]。ケネディはキューバへの核配備阻止を1962年10月はじめに決断し，ランズデールに破壊活動強化を指示し，10月20日までに侵攻の準備を終了せよとの指令を下した。ところが10月14日，U2型機が中距離核ミサイル基地建設中の写真を撮影した。「悪夢の13日間」が始まった[48]。

ソ連がキューバに配備しようとした核ミサイルは，射程距離およそ1000マイル（1600キロ）のMRBM（准中距離弾道弾）と，同2000マイル（3200キロ）のIRBM（中距離弾道弾）であった。核弾頭を衛星軌道に投入できるICBM（大陸間弾道弾）の場合，最大射程距離は1万キロを超え，米ソ間の飛行に要する時間はわずか30〜40分であるが，キューバに持ち込まれたスピードがはるかに遅いIRBMやMRBMが北米の目標に到達するために必要な時間は，約15分と考えられた。それは報復攻撃のタイミングを逸する時間であり，米政府首脳に衝撃を与えた。

米側では極秘に対策協議が始まり，当初は奇襲攻撃による侵攻論が強か

キューバ・ミサイル危機（1962）[ii]

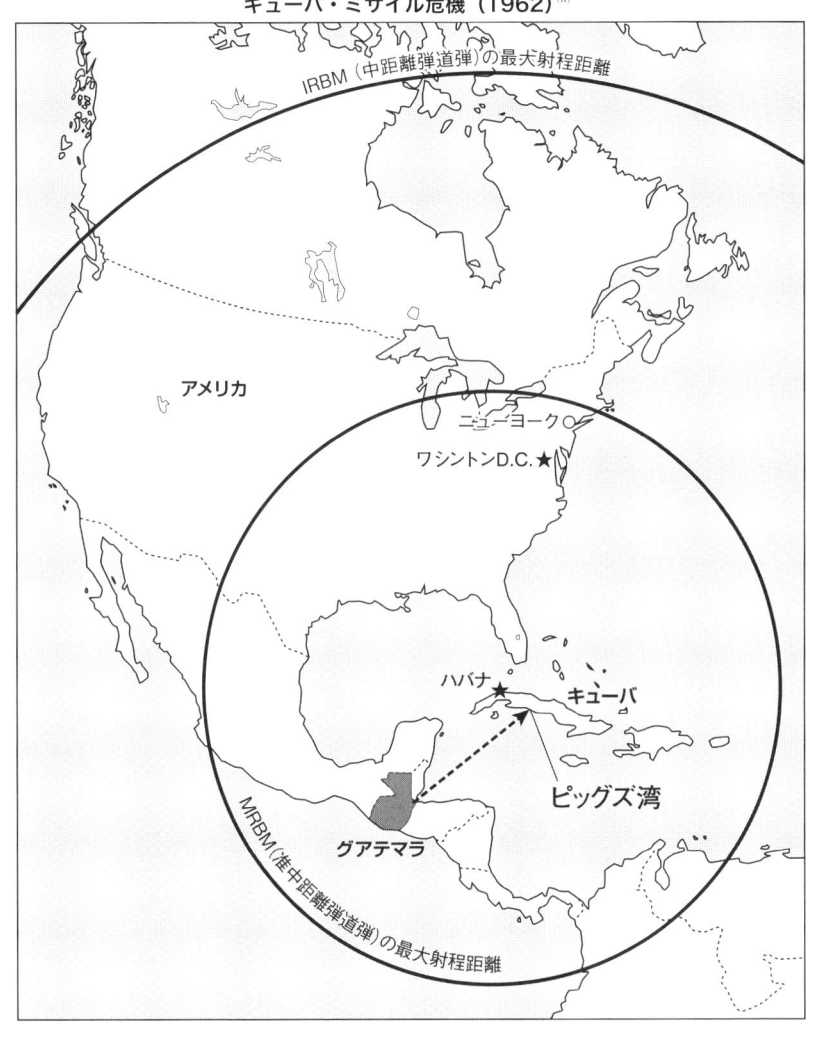

- IRBM（中距離弾道弾）の最大射程距離
- アメリカ
- ニューヨーク
- ワシントンD.C. ★
- ハバナ ★
- キューバ
- ピッグス湾
- グアテマラ
- MRBM（准中距離弾道弾）の最大射程距離

った。ミサイル基地完成の前につぶす作戦だが，アメリカの予想に反し，キューバ駐留のソ連軍はこの時すでに中距離ミサイルの核弾頭だけでなく，これを含め計百数十発の核爆弾や戦術核兵器を持っていたため，この作戦の実施は米ソ核戦争に発展する危険大であった[49]。

　10月22日，政権内でもっとも穏健であったケネディ大統領は侵攻論を退け[50]，海上封鎖（ミサイル追加持ち込み阻止）を命じ，すでに持ち込んだミサイルの撤去を要求し，キューバからのミサイル発射はソ連からのそれとみなす，と声明した。フロリダ周辺とキューバ近辺には第二次世界大戦後最大規模の米軍兵力が集結した。米ソ間の通信が手間取り，双方が全軍に警戒態勢をとらせる切迫した状態で28日，フルシチョフが，対キューバ侵攻せずとのケネディ書簡により，ミサイル撤去を指令したとラジオによる「放送メッセージ」を発し，危機は去った。

キューバ危機から部分核停へ

　「キューバ・ミサイル危機」は，米ソ接近の後退ではなく，前進をもたらした。フルシチョフは封鎖開始から解除までの1ヵ月間を回顧して総括をおこない（1962.12最高会議報告），米軍のキューバ侵攻阻止，ケネディのキューバ不侵攻約束，熱核世界戦争阻止などを勝ち得たと述べ，「理性が勝ち」「当事者が冷静な態度を示した」と暗にケネディを評価した。

　ケネディも総括をおこない（12.16記者会見），「米ソ間の通信をより早くすることが急務」との意見に同意し，フルシチョフにつき，「われわれがいかに危険な世界を生きているかを彼が自覚している」と思うと述べ，「共産中国の考え方よりもソ連の考え方のほうに」気楽さを感ずるとした。両首脳は互いに相手の「理性」を評価した。とくに米ソ間直通通信線が必要だとの主張が当然とされた点は，相手がそれを悪用せぬとの信念を前提とするわけだから，強い相互不信を特色とする「冷戦的思考」の時代が終わりはじめたことを示していた。

　キューバ危機もすぐに収まったわけではなく，1962年10月末から12月にかけて，イリューシンIL28型中型爆撃機の撤去とキューバのソ連部隊基地の国連による査察をめぐり，カストロの抵抗もあって後を引いた。そして，核実験禁止条約の締結に向けての動きも査察回数をめぐり暗礁に乗り上げた。しかも1963年1月初旬には，ソ連の中央委員会強硬派による反フルシチョフの動きも強くなった。リーダーは当時ナンバー2のコズロフであった。しかし4月10日付『プラウダ』は，5月に中央委員会が開催されるとフルシチョフの了解を得ずに報じたものの，翌11日に心臓発作

でコズロフが倒れてソ連政界から姿を消し，反フルシチョフ派の動きは一時鎮静化した。その直後から，1962年春以降にみられた軍縮問題をめぐる米ソ接近は一挙に加速した。

　すでに1962年末，米軍縮代表が米ソ首脳間および両者と国連事務総長間をむすぶ直通電話（ホット・ライン）を提案し，翌1963年1月から，米英ソ3国の核停交渉が始まっていた。そして4月にはトルコに配備されていたアメリカの旧式の中距離弾道弾（IRBM）ジュピターの撤去も完了した。危機の折にケネディ大統領が秘密裏に弟のロバート・ケネディ司法長官を通じてドブルイニン駐米ソ連大使に伝えた交換条件が満たされた[51]。

　米ソ関係をさらに進展させる突破口となったのは，6月におこなわれたケネディのアメリカン大学演説（ワシントンD.C.）であった。演説は米英特使の7月訪ソを予告し，パクス・アメリカーナは求めぬといい，ソ連好戦論を否定し，「核兵器の拡散」を阻止するためには核実験停止が必要だ，との見解を表明した。演説の10日後，米ソ直通テレタイプ回線設置協定（ホット・ライン協定）が米ソ軍縮代表によって調印され，即日発効した（1963.6.20）。ついで米英ソ部分核停条約が調印された（7.25仮調印，8.5本調印モスクワ）。この条約はオーストリア国家条約以来8年ぶりの東西間条約だったが，調印後のモスクワでは「ハリマン（米代表）とフルシチョフが，フランスと中国の問題を取り上げていた」[52]。

　こうして，米ソ対立を緩和するチャンスが訪れたが，ケネディ政権のベトナム介入の深まりと中ソ公開論争の開始が事態を複雑にし，それ以上の緊張緩和の進展を阻んだ。

　一方，ラテンアメリカでは，1963年の9月から10月にはドミニカ，ホンジュラスでクーデタが発生し，コスタリカ以外の中米諸国は全部軍事政権になった。ケネディは，「進歩のための同盟」計画の実現のためには立憲政権が不可欠だとして，両軍事政権と即時断交し，軍事経済援助の全面停止を決めた。「同盟」計画行き詰まりが明白になった1963年11月，ケネディはテキサス州のダラスで暗殺され，翌年秋にフルシチョフも失脚し，これに中国初の原爆実験が続いた。米ソ間デタントの最初の機会は去った。

キューバ危機後の米仏対立の激化

　1962年10月の「キューバ・ミサイル危機」は，米欧関係を変化させ，とりわけ米仏対立を激化させた。アメリカはこれを「NATOに活を入れる絶好の機会」と見て，今度は大西洋路線の軍事面を推進した。バハマ諸島

ナッソーでのケネディ・マクミラン会談（1962.12）が生み出した「ナッソー協定」がそれであった。

同協定は，それまで対英供与が約束されていた航空機搭載のスカイボルト・ミサイルの開発中止の代償として，アメリカが海中発射用ポラリス・ミサイルの本体を供給し，イギリスはその核弾頭と搭載用潜水艦を建造し，英核抑止力のこの部分を「多角的なNATO核抑止力」体制に編入するものである。これでアメリカは英核戦力をNATOに引き止めうるし，イギリスは「国家最高の利益が脅かされる」場合には引き揚げ可能（第8項）として，妥協を成立させた[53]。ケネディはただちにド・ゴールに対し，同じ条件でのポラリス供与を申し入れた。

ド・ゴールはすぐに反撃した。1963年1月14日，彼はナッソー協定不参加を表明し，EEC側の条件をのまぬ限りイギリスの正式加盟には反対すると表明した。そこでは，イギリス加盟を機にイギリス・ペースでEECが大きく拡大されるなら，「そのような欧州は米国に従属し，米国にあやつられる巨大な大西洋共同体となり，欧州はその中に吸収されてしまうだろう」と述べられていた[54]。ついで訪仏したアデナウアーと「独仏協力条約（仏独協力に関する仏・西独条約）」に調印した（1.22）。同条約は軍事・外交・社会面での協力強化を謳っていた。同条約の重要性につきクーブ・ド・ミュルビル仏外相は，対ソ均衡のための独仏結合の必要を説き，ポンピドー仏首相は1962年10月の「キューバ・ミサイル危機」が示したように，米国はまず第一に自国の安全と利益を考えるから，独自の核抑止力が必要だと述べた。

しかし，やがて西独ではエアハルト副首相ら反仏親米派の力が強まり，「独仏協力条約」を骨抜きにし，1963年10月，エアハルトが首相となった。同月，イギリス首相もマクミランからヒュームに代わった。いまや米・英・西独3国の最高首脳はド・ゴールと距離を置きはじめた。

ド・ゴールは再反撃に転じた。すでに「部分核停」不参加を表明していたが，1963年10月，エドガー・フォール元首相を訪中させ，年が明けた1964年1月27日に中仏国交樹立を発表し，世界にショックを与えた。「東」と「西」の主流（米ソ）が「部分核停」で連携すれば，その異端（仏中）がいまや連携した。それぞれ独自の国際組織論を持つ4大国の本格的対立が始まった。

キューバ危機から中ソ公開論争へ

1962年の「キューバ・ミサイル危機」は，同時期の「中印国境紛争」

(1962.10.10〜11.21)⁽⁵⁵⁾と共に中ソ間の間接的名指し批判段階をもたらした。

1962年12月には，フルシチョフが最高会議におけるキューバ危機総括報告で中国を「一部の教条主義者」として間接的に名指しし，(中国は)帝国主義を「張り子のトラ」というが，「原爆の牙」を持つトラであることを軽視し，闘争では，「時と場所と状況」を考慮すべきことを忘れ，ソ連を世界戦争に押しやろうとしたと非難した。

中国は強烈に反論し，キューバへのミサイル持ち込みは「冒険主義」，核脅迫にあわてたのは「降伏主義」，中国批判は「大国ショービニズム」，世界平和を帝国主義との妥協に託すのは帝国主義の美化，妥協を「他国(キューバ)の主権を犠牲にするようなやり方」でするのは「正真正銘の宥和政策――『ミュンヘン』」だと批判する事態となった。

翌1963年7月にソ連の呼びかけで中ソ両党会談がモスクワで開催されたが，この会談中に同じモスクワで"部分核停"米英ソ三国交渉が進められ，中ソ会談決裂直後に仮調印がおこなわれたのだった(7.25)。

もはや遠慮は無用となった。1963年9月6日からは『人民日報』と『紅旗』に共同論文シリーズの発表が始まり("一評"「ソ連共産党指導部とわれわれとの意見の相違の由来と発展」〜1964.7"九評")，中ソ論争は機密事項を暴露して相手を批判する公開論争の段階に入った⁽⁵⁶⁾。

キューバ危機解決以後の米ソの接近に対しては，中国はフランスと接近し，さらに1964年には中仏国交を樹立した(1.27)。この年に入ると中ソ論争は激しさを増し，中国がフルシチョフ打倒を呼びかければソ連も中国「破門」を呼びかけるという形で，たがいに各党に対するヘゲモニー争いに突入し，各国共産党に分裂をもたらしていった。

1964年10月15日，フルシチョフが失脚した。その約10時間後の16日，それを祝うかのごとくに中国は初めての核実験に成功した。フルシチョフ失脚後のソ連新政権(ブレジネフ第一書記，コスイギン首相)は，中ソ対立について，党レベルすなわちイデオロギー面では譲らなかったが，国家関係の面ではその緩和を試みた。しかし，ソ連の第2回AA会議参加意向表明(1965.5)以降，中ソ対立は強まり⁽⁵⁷⁾，1965年秋，中国の「プロレタリア文化大革命」(実質は毛沢東の権力奪回闘争)開始で全面対立となり，行き詰まってしまった⁽⁵⁸⁾。

第10章

ベトナム戦争と「多極化」への道

1963〜1970

1 ── ベトナム戦争の拡大

南ベトナム解放民族戦線の結成へ

　インドシナ戦争（1946.12～）休戦のためのジュネーブ会議（1954.4～7）開催の直前と直後に，アメリカは軍事介入を密かに検討していた。結局，インドシナ戦争への直接介入は回避したものの，1954年7月21日に締結されたインドシナ戦争休戦のためのジュネーブ協定の最終宣言に署名せず，代表のベデル・スミス国務次官が単独の宣言でジュネーブの諸協定に「留意する」と述べた[1]。そして，同協定成立直後の8月20日，アイゼンハワーは「東北アジアにおけるアメリカの政策の再検討」と題する国家安全保障会議の覚書を承認した。それは（1）軍事的にはフランスとの協力は必要最小限に，（2）経済的には援助は直接ベトナム人に，（3）政治的にはベトナムのジェム首相と協力するがより民主的制度を奨励──を柱としたもので，ジュネーブ協定以後のアメリカの対ベトナム政策はこうして決定された[2]。

　しかし，米政府内部にはなお，ジェム首相の統治能力に対する強い懸念があった。これに対してダレス国務長官は，「われわれには，ベトナム援助とジェム支持を続ける以外には道がない」と支持を続けた。

　すでにアメリカはジュネーブ会議開催中の1954年6月に，CIAのランズデール大佐率いるアメリカ人の工作班（サイゴン軍事使節団SMM）を現地に送り込んで北ベトナムのベトミン（ベトナム独立同盟）に対する隠密工作を開始させていた。工作班はCIAのサイゴン機関を通じてワシントンの指示を受けていた[3]。

　ランズデール大佐は，1955年4月28日，反共・反ジェムの武装反乱激化による危機の折にも，ジェムを「アメリカの支持に変わりはない」と励まし，ジェムはその日のうちに武装勢力のビンスエンに対する反撃を命じ，9時間で反乱を鎮圧して統治能力を証明し，ワシントンの懸念は消滅した[4]。

　こうして，南ベトナムでは1955年10月に，親仏的なバオ・ダイを主席とする「ベトナム国」に代わって親米的なカトリック教徒であるゴ・ディン・ジェムを大統領とする「ベトナム共和国」が成立した。この政権は，

一族中心の少数独裁制を採り，反体制勢力への苛酷な弾圧によって，国民のあらゆる階層を敵に回していた。

一方，南に残っていた旧ベトミン残留分子は，北ベトナムにより，1956年7月に予定されていた統一選挙に向けて「政治闘争」を展開するよう指示されていた。しかし，ジェム政権の苛酷な弾圧のため，旧ベトミン残留幹部の一部は「武力闘争」への転換を余儀なくされた。さらに1957年1月24日には，ソ連が南北ベトナムの国連加盟を提案した[5]。ホー・チ・ミンは「驚きと怒りを示した」。こうしたソ連の対応は，中越関係をさらに接近させた。

1959年1月と5月に，北ベトナムの労働党第15回中央委員会拡大総会は「南部武力解放戦略」である「15号決議」[6]を承認した。この時，中国は南ベトナムでの革命に反対する積極的な処置をとらなかった[7]。1960年に入ると，8月にラオスではコン・レ大尉のクーデタが起こり，親米政権が倒された。そして同年12月，南ベトナムに「南ベトナム解放民族戦線」が結成された[8]。

キューバからインドシナへ

キューバ打倒計画の失敗（1961.4.19）がケネディ政権をインドシナへ追い込んでいった。ケネディ政権は失敗を埋め合わせるべく，キューバ侵攻軍の壊滅した翌日の4月20日から，(1) ラオスの米軍事顧問を正式な軍事援助顧問団に格上げし，(2) 至急のベトナム情勢再検討を命じ，(3) テーラー元陸軍参謀総長に特殊戦争（対ゲリラ戦争）の特別研究を命じるなど，一連の手を打った[9]。

1961年前半のインドシナでは，ラオスが危機の中心だった[10]。右派のノサバン将軍，中間のプーマ首相，左派のパテト・ラオ三者の力関係は急激に左派有利に変化した。6月，ケネディとフルシチョフのウィーン会談での中立ラオス実現の合意を経て，翌1962年6月にプーマを首相とし，ノサバン（右派）とスファヌボン（左派）とを副首相とする連立内閣が成立，1962年7月「ラオス中立宣言」が調印されて一段落する。アメリカ側の交渉担当者はアベレル・ハリマンであった[11]。しかしアメリカはラオスで，右派支持一辺倒から中立受け入れへと後退させられ，解決のイニシアチブを英ソに握られた。

ケネディは，「アメリカがラオスで一歩後退した以上，次にベトナムでも諦めるようなことをしたら，アメリカはその他の場所で，断固として地歩を守るという決定をソ連に信じさせるのは困難になろう」[12]と判断し

た。そこでケネディは，1961年春には南ベトナムの米軍事顧問団の増員と，北ベトナムやラオスをも含む隠密作戦（工作員の潜入，襲撃，攪乱工作）開始を命じ(13)，年末の12月14日には米支援部隊の投入を公表した。ついにケネディは，米軍事力で南ベトナムを守り，解放戦線と戦う道に踏み出してしまった。それでも1962年の春から夏にかけて，米政府内には，農村のゲリラ対策としてとられた戦略村計画の「進展」を背景に楽観論が広がっていた。それは強制移住させられた農民の恨みに気づかず，南ベトナム政府の誇大な報告を鵜呑みにしたことによる，見当外れの楽観論であった(14)。

1962年後半から南ベトナムの様相が変わった。このときまでに，米軍事援助顧問団は南ベトナム援助軍司令部MACVに改組され（1962.2），米軍事顧問の人数は，1961年6月の685人が1962年末には1万1000人に増えた。軍事顧問は直接に戦闘に関与するようになり，米兵の死傷者も急増した。さらに，ケネディ政権のベトナム政策は軍事面重視，政治面軽視になり，かえって解放戦線の力は増大しつづけた。

1963年5月，ついに仏教徒がジェムに対して立ち上がった。ベトナム中部の古都フエで仏教徒の反ジェム・デモが始まり，仏教徒の抗争は全国化し，焼身自殺も起こった。焼身自殺に対してジェムの弟ゴ・ディン・ニューの夫人は「バーベキュー」とか「もっと焼身自殺があったらいい。あったら拍手するわ」などの発言をしていっそうの怒りを呼び起こした(15)。ジェム批判は国際化し，それはアメリカのベトナム政策への批判となった。

ケネディ政権は政策転換を開始した。10月はじめには，対ジェム政権経済制裁実施の決定を下した。これをゴーサインと見たズオン・バン・ミン将軍は，1963年11月1日，クーデタを敢行した(16)。ジェムも弟のゴ・ディン・ニューも殺され，9年間のジェム時代は終わった。

政権末期になってベトナム情勢の深刻化にやっと気づいたケネディは，「国家安全保障行動覚書263号（NSAM263）」（1963.10.11付）において，1963年末までに米軍1000人を撤退させ，1965年末までにベトナムにおける米国の役割を終了させることを米国民に約束する決意をしていた。しかし，この計画は米軍のベトナムからの全面撤退を意味するものではなく，むしろ民主化要求を内政干渉として拒むジェム政権への圧力装置としての役割に力点があった。また並行して，北ベトナムへの隠密作戦が検討されており，1963年11月20日にマクナマラを中心に開かれたホノルル会議で，「34-65作戦」が承認され大統領の承認を待つばかりになっていた(17)。

ところがその2日後，ジェムが打倒された3週間後の1963年11月22日，ケネディもテキサス州ダラス市で暗殺され，副大統領リンドン・ジョンソンが昇格した。

ジョンソンの戦争拡大過程

　ジョンソンのベトナム政策は，大統領就任4日後の「国家安全保障行動覚書273号（NSAM273）」（1963.11.26付）を承認したことでその方向性が決まった。行動覚書は，1965年末までの勝利という目標を再確認したのである[18]。しかし，ベトナムの情勢はますます悪化していた。ジェム政権打倒のクーデタは，サイゴン政権の政治的支配機構を崩壊させてしまったから，失敗であった（1964.3 マクナマラ国防長官報告）。いまやアメリカ自身の介入度を上げていくしか道はなくなった。

　そして「トンキン湾事件」が発生した[19]。1964年8月2日と4日，トンキン湾の公海上で対北ベトナム情報収集のデソート・パトロールをおこなっていた米駆逐艦が，二度にわたり北ベトナム魚雷艇の攻撃を受けたので反撃した。さらに8月5日，米空軍は北ベトナム沿岸警備艇25隻を撃沈または撃破し，その基地とビン郊外貯油施設の90%を報復爆撃により破壊したと国防総省が発表した。

　この反撃政策への支持をジョンソンが求めると，米議会は8月7日，圧倒的多数で「トンキン湾決議」を可決した。要点は，米軍に対する「いかなる武力攻撃も撃退し，侵略を阻止するため，必要な一切の措置をとるという大統領の決意を承認し，支持する」という点にあった。米議会も国民も感情的になり，一気に"白紙委任状"をジョンソンに渡してしまった。後になって事件の1回目の攻撃直前にはサイゴン政府軍を用いた対「北」隠密作戦（34A作戦）が展開されており，少なくとも2回目の攻撃はなかったと判明した[20]。

　トンキン湾事件は中国にも衝撃を与えた。中国は8月6日に毛沢東と周恩来の審査をへて作成された政府声明を発表して，トンキン湾事件は「徹頭徹尾の捏造」と厳しく批判し，「ベトナム民主共和国に対する米国の侵犯はすなわち中国への侵犯であり，中国人民は絶対にこれを座視して救援しない訳にはいかない」とこれまでにない強い口調で対米警告を行った。それはかつて朝鮮戦争において，中国義勇軍介入に先立って発せられた最終警告と同様の表現を使ったものだった[21]。

　2ヵ月後の10月，「フルシチョフ解任」（10.15），「中国核実験成功」（10.16）のニュースが，世界の耳目を驚かせた。中国の核保有はアジア

におけるその影響力の増大をアメリカに予測させ，アジアに留まる意思と力とを示す必要性を痛感させたであろう。その頃にはサイゴン政権が年内に倒れそうだとの報告がもたらされており，戦争拡大しか手はないことで米首脳部はほぼ一致していた。

北爆開始と中国の関与

　ジョンソンは戦争の「国際化」と北ベトナムに対する爆撃（北爆）に踏み出した。まず1965年1月，韓国軍2000人の派兵を求め，ついで2月7日，中部高原プレークの米軍基地が攻撃されたのを機に，ついに北爆（フレーミング・ダート作戦）開始を命じた。第7艦隊の空母から発進した米軍機は，北緯17度線北40マイルのドンホイを爆撃した[22]。

　ちょうどこのとき，ソ連のコスイギン首相がハノイを訪問しており，大規模な北爆は，ソ連が求めてきた平和解決が不可能と悟らせたうえに屈辱感も味わわせた。これを機にソ連も対北ベトナム援助を具体化させた[23]。

　3月，北爆は連続北爆（ローリング・サンダー作戦）となり，北緯19度線，20度線と次第に北上していった[24]。米軍は南ベトナム北部のダナンに上陸した。そして南部でガス使用，枯葉作戦を開始した。4月，米海兵隊，補給部隊の増強，在沖縄空挺師団の派遣などが決定された。6月，「索敵撃滅作戦（サーチ・アンド・デストロイ）」が採用され，ついに米地上軍の本格的投入が始まった。この戦略は，敵を探して粉砕するという積極的・攻撃的なものである。この戦略の採用によって「単に敵に勝利をあたえないというのではなく，敵に敗北を負わせるのが望ましいとの考え方をついに受け入れた結果，果て知れぬ追加兵力増派への扉が開かれたのである[25]」。1965年は，ベトナム戦争史上，画期的な年になった。

　北爆の開始（1965.2）から連続北爆への移行（1965.3），ついで南ベトナムへの米地上軍の投入開始（1965.3）と続く，ベトナム戦争の急激な拡大は，中国に危機感を抱かせた。1965年春，中国は人民日報や周恩来首相と陳毅外相らがさまざまな外交ルートを使ってワシントンに警告を送った。米が北爆を超えて地上軍を北に投入するならば，中国は軍を送らなければならない。中国は米国との対決をできるだけ避けるが対決を恐れない，ということだった[26]。

　実は，北爆の初期の段階から，中国は防空や鉄道・道路の修復にあたる多数の支援部隊を送っていた。ところがベトナム戦争の進行につれて北ベトナムとソ連はより親密な絆を確立した。ソ連の供給するレーダーなどの防空システム，地対空ミサイルSAM2やミグ戦闘機は北爆への対抗上不可

欠であった。北ベトナムがソ連からより多くの支援を受けるにしたがい、中国と北ベトナムの裂け目は深くなった。それは中国の文化大革命の時期に重なっていた。1968〜1969年には中国の国内情勢も変わり、毛沢東の必要とするものはすでに変化していた。1969年3月には中ソ国境で衝突が起こり、1969年の早い時期に毛沢東と周恩来は中国の安全保障に果たすアメリカの役割を再考した。北ベトナムはすでに1968年からパリ和平会談でアメリカとの直接交渉に踏み出していた。1969年遅くには中国の支援部隊はほぼ完全に帰国した。物資の支援は続いたが、それも1968年がピークで1969年、1970年と年を追って減少した[27]。

　中ソ対立に加え、中国と北ベトナムとの間にも亀裂が生じていたが、ともかくアメリカは軍事的勝利を重視していた。それゆえ現地の軍事情勢に米首脳は非常に敏感になっていた。1965年には米首脳は圧倒的に強気だったが、この見方はすぐに崩れ、1966年秋、マクナマラ国防長官の視察報告は「米海兵隊前線の背後でも、サイゴンでも、地方でも、夜は完全に敵に支配されている」と分析していた。北爆の密度は強化され、ベトナム派遣米軍総司令官ウェストモーランド将軍の増派要請は1965年6月に計17万5000人だったが、1966年6月には計54万2000人になり、1967年春には計67万人にまで増えた。米首脳部内の論争は激化し、ついにマクナマラは、大統領宛覚書で「われわれは南ベトナム国民の努力と不釣合なほど（中略）努力を続けなければならないという義務は負っていない」(1967.5)[28]と進言するようになった。しかし、ジョンソンはこれを受け入れず、11月末、マクナマラは辞意を表明する（後任はクラーク・クリフォード）。

テト攻勢，北爆停止，パリ和平会談の開始

　1968年1月末，解放勢力は南ベトナム全土で大攻撃を開始した。ベトナムの旧正月（テト）の名をとった「テト攻勢」であった。一部の攻撃隊は31日，サイゴンの米大使館に突入し，一時的に占領して玉砕した[29]。ホイーラー統合参謀本部議長の視察報告によれば，敵が「主導権を握っている」ので，現在の兵力52.5万人に20万人プラスした計73万人が必要であった。20万人増派には28万人の予備役召集と年間100億ドルの軍事費増加が必要であった。ついに予備役召集が決まった。

　しかしこのころ，反戦運動の圧力が政界をゆるがしはじめていた。議会と協議せよ，議会が（ベトナム戦争の）主導権をとれとの声が上がった。加えて大統領予備選でジョンソン批判派のユージン・マッカーシー上院議員が善戦し，ロバート・ケネディ（ケネディ大統領の弟）が大統領候補に名乗りを上げた。

　3月下旬ジョンソンはウェストモーランドを更迭（こうてつ）し，ついで3月25日「賢者会議（ワイズメン）」に判断を求めた。賢者会議の進行はマクナマラの後任のクリフォード新国防長官がおこない，メンバーはアチソン元国務長官，ブラッドレー陸軍元帥，マクジョージ・バンディ（ケネディの大統領特別補佐官），アーサー・ディーン（朝鮮休戦交渉米代表），リッジウェイ将軍（朝鮮戦争時，マッカーサー更迭後の米軍司令官）その他，アメリカ戦後史の主役たちばかりであった。賢者会議メンバーのうち，ジョージ・ボール前国務次官とゴールドバーグ国連大使以外はタカ派として知られ，半年前にはジョンソンの戦争政策の支持者であった。だが「テト攻勢」によって彼らは態度を変え，ジョンソンに引導を渡した[30]。

　3月31日，ジョンソンは和平交渉を呼びかけ，北爆の南部地域への限定と大統領選不出馬を発表した。そこには，大敗の予測がされていた4月1日のウィスコンシン州予備選挙での敗北を回避して，北ベトナムが和平交渉を拒否すれば戦争続行で国論統一ができるという，再選出馬にも未練を残すジョンソンの打算があった[31]。

　しかし4月3日，北ベトナムは米側と交渉する用意があると発表し，5月13日，パリで正式会談が始まった（米代表ハリマン）。一方，南ベトナムでは，1968年の「テト攻勢」後にウェストモーランド将軍と交替したエイブラムズ将軍が戦略を変え，索敵撃滅から主要都市周辺防衛の拠点確保に移った。

　大統領選挙直前の10月末，ジョンソンは北爆全面停止と，パリ会談へ

の南ベトナム政府と解放戦線の参加を認める方針を発表した。しかし11月2日，南ベトナムのチュー政権が和平会談出席を拒否し，11月5日，大統領選挙では共和党のリチャード・ニクソンが勝った[32]。そして1969年1月，南ベトナム政府が参加しないまま，拡大パリ会談が始まった。

2 ── 1960年代の欧米

核拡防条約の成立過程

1965年以降，ソ連は北ベトナムを支援しつつも，ベトナム戦争と核拡散防止条約（核拡防NPT）問題とを切り離し，アメリカとの核拡防締結を求めていた。中国が核保有国となり（1964.10），これ以上核保有国が増えては困るからであった。事情は米側も同じであった。

アメリカのベトナム戦費は1965年1月に1日3000万ドルであったのが1966年1月には1日6000万ドルと増え，1965年中の金流出は1960年以降最大（16.6億ドル）となった。1966年の国防費は史上3番目の規模に達し（1944，1945年に次ぐ），ジョンソンの社会福祉政策「偉大な社会」計画の実現は不可能となった[33]。さらにフランスがNATO軍事機構を脱退（1966.7）したため，米管理下のNATO核武装計画自体も頓挫せざるを得なかった。核保有国の増大は，超大国の国際政治統制力を失わせる。米ソは対立しつつも，核保有国増大の阻止で協力せざるを得なかった。米政府内の対ソ強硬論は抑えられるときが来た。

1966年10月，ジョンソンは在欧兵力相互削減をソ連に呼びかけ，ソ連首脳招待の意向を示した。同月末，核拡防案で米ソはほぼ合意に達した。12月，NATO理事会声明はベトナム，中国の情勢にふれず，さらに同時に出された米・英・仏・西独4ヵ国声明では，ドイツ問題解決の基礎が「欧州大陸に和解の空気をつくり出すことにかかっている」旨を述べた。それはヨーロッパにデタントをもたらす意図を示唆していた。

年が明けた1967年3月，米上院は米ソ領事条約を3年ぶりに承認し，米ソは弾道弾迎撃ミサイル（ABM）問題で接触を開始した[34]。4月，米側は西独・伊の反対を無視して米ソ2国間で核拡防交渉を進めると発表し，5月，NATO国防相会議は欧州兵力目標を30個師団から20個師団に下げた。

そこへ6月，中東で「六日間戦争」すなわち第3次中東戦争が起こり（6.5），これに続き中国が初の水爆実験をおこなった（6.17）。この直後，国連出席中のコスイギン・ソ連首相は，ジョンソンと「グラスボロ米ソ首脳会談」をおこなった（6.23　グラスボロはニューヨークとワシントンの中間）。このグラスボロ米ソ首脳会談で核拡防問題はついに山を越えた[35]。同条約の正式調印は1968年7月1日，米英ソ3首脳でおこなわれた（62ヵ国参加，中仏は不参加）。中仏両国の動向は，アメリカをして「ソ連との共同行動の領域を拡げようとつとめ」させる要因となった（1967.6.19 ジョンソン演説）。

仏ソ接近とフランスのNATO脱退

　東京オリンピック開催中の1964年10月に，ソ連のフルシチョフが失脚した。失脚の原因は国内の農業政策の失敗と伝えられたが，キューバ危機への対応に共産党内から強い反発があった可能性が高い[36]。新たにソ連の指導者となったブレジネフ第一書記とコスイギン首相のコンビは，フルシチョフの対ヨーロッパ政策に大きな変更を加えた。フルシチョフがした（ソ連指導者の）西独訪問の約束（9.3）はキャンセルされ，仏ソ関係を重視した外交への転換がなされた。

　ソ連の対仏政策転換は，ドゴーリズムに拍車をかけた。1964年1月に「中仏国交」を打ち出したド・ゴールは，1965年に入ると，「コンゴ動乱」[37]を例にあげて国連がアメリカの道具にならぬようにすべきだと述べ，ドイツ問題では西独の希望する「占領4大国による解決」方式を否定し，「ドイツ統一はドイツの隣国が主としてあたるべき問題である」と論じた（1965.2）。さらに1966年に入ると，NATOとEEC両政策を一歩前進させた。

　第一，NATO軍事機構から脱退した。まずNATO改革案（米英仏3国による核管理・他の6ヵ国による欧州政治執行部形成）を出し（1966.2），これがアメリカに拒否されると，米軍のフランス駐留は「仏指揮下」でのみ認めると通告し，またNATO軍事機構からの一方的離脱方針を通告した。1966年6月，アメリカが在仏米軍引き揚げを発表すると，すぐド・ゴールは訪ソし（6.20～7.1），仏ソの結束を固めて帰国すると，その日にフランス軍をNATO軍事機構から正式に脱退させた（7.1）。翌1967年3月，「パリ郊外の欧州軍最高司令部にひるがえっていた連合国の国旗は，このほど永久的におろされた（1967.3.30 閉鎖）。──歴史的一時代の終幕を示すものである」とニューヨーク・タイムズ紙は評し，ポンピドー首

相は「フランスはいまや『独立』を回復した」と語った。ただ，この脱退の一方で，もし東西間の戦争が勃発した場合にはフランス軍がNATO軍事機構にもどり協力する秘密協定があったことが，近年になって明らかになった(38)。

第二，イギリスのEEC加盟反対の姿勢を変え，加盟容認に転じた。それまでにまず欧州3共同体（EEC，EURATOM，ECSC）の一体化，すなわち単一理事会・単一委員会創設条約をまとめ（1965.4 調印，1967.7 発効），EC（欧州共同体）を発足させた。またハルシュタイン委員長（西独）率いるEEC委員会の権限縮小によって欧州諸組織が「超国家性」を追求することを阻止し（1966.1），農業政策ではフランスの主張を押し通しつつ（1966.3），イギリスにEEC加盟容認を伝えた（1966.3）。3月に成立した第2次ウィルソン労働党政権は，従来の方針を変えてEEC加盟賛成に転じていた。イギリスの弱体化をフランスは考慮に入れた。翌1967年5月から，イギリスのEC加盟をめぐる歴史的な討議が始まった。イギリスはこの後，1967年11月にはポンド切り下げ（14.3パーセント）をおこない，1968年1月には，イギリス軍を1971年までにスエズ以東より撤退させる方針を発表することになる。

以上のように，ド・ゴールが推進した対米自立とフランス指導下の統合欧州づくりは，仏ソ接近の上に進められ，イギリスのEEC加盟容認のカギはイギリスの弱体化であった。

エアハルトの退陣とブラント東方外交の始まり

1965年初め，仏ソ接近と「ドイツの隣国によるドイツ問題の解決」（ド・ゴール）という主張に不安を感じた西独では，独自性発揮を求める声が上がった。1966年，西独経済は戦後初の景気後退に見舞われ，大規模な増税措置が不可欠となった。親米派のエアハルトは前年末に続き9月に再訪米し，前回ドル防衛のため米国が押しつけた多額の米軍駐留費分担金に対し支払い猶予を求めたが失敗した。ベトナム介入強化を続ける米国は欧州への関心を低下させており，西独の望む「ドイツ問題解決」への支持も与えなかった。12月のNATO理事会は追い打ちをかけて，「ドイツ問題解決の基礎は欧州の緊張緩和」との声明を出した。

この過程で西独に政変が生じた。1966年10月エアハルトの内外政策批判を機に起こった内閣分裂からエアハルトが退陣し，キージンガーが後継首相に選出された。ここに，与党キリスト教民主同盟（CDU）とキリスト教社会同盟（CSU）は野党社会民主党（SPD）に大連立を申し入れ，キ

ージンガー首相とブラント（SPD党首）副首相兼外相の大連立内閣が発足した（12.1）。キージンガーはエアハルトの反仏親米政策を転換し，対仏関係改善，核兵器製造保有放棄，対米関係堅持，東欧との関係改善を謳った。

ついで1967年1月，西独・ルーマニア外交関係樹立が発表され，2月，ブラント外相はユーゴスラヴィアとの関係正常化への期待を語った。ユーゴスラヴィアの東独承認（1957.10）を機に発動された「ハルシュタイン・ドクトリン」（東独承認国とは外交関係断絶，例外はソ連）は，事実上廃棄されたのであった。

キージンガー首相は1967年2月，核拡防条約につき，アメリカが事前に十分な話し合いを西独としなかったことを批判し，「西側同盟はなお存在する。米ソ間の敵対関係も存在する。しかもそのうえに核に関する共同謀議が進んでいるのだ」と語った。4月，野党自由民主党（FDP）は「国家連合」を目指して東独政府と交渉せよと主張した。「ドイツ再統一」に代わる「国家連合」の提案は，西独の大政党としては初めてであった。キージンガーも，前年12月に提案した「ソ連・東欧諸国との不侵略宣言」の対象国に「ドイツの他の部分」（東独）を加えた。西独は，自らのドイツ政策を変えはじめるとともに[39]，米ソ関係と核抑止の現状についても自己主張を始めたのであった。

3　1960年代のアジア・アフリカ

ジョンソン登場とゲバラの死

ジョンソン大統領は，対ラテンアメリカ政策においてケネディ路線でなくアイゼンハワーに近い武力解決路線を選択した。「南ベトナムおよびカリブ海域で，共産主義の侵略と戦うため全力をつくさねばならない」（1963.12）として，ケネディが断交したドミニカとホンジュラスの軍事政権をすぐに承認し（12.14），ついでブラジルのクーデタに歓迎のメッセージを送り（1964.3），1965年には「ドミニカ出兵」（4.25）をおこない，1966年には中南米政権への「武器輸出」政策をとった。

ベトナム戦争拡大は，第三世界の革命家たちに，ゲバラのラジカルな革命論を受け入れさせた。1967年8月，キューバのハバナで開かれた「中南

米人民連帯会議」はゲバラ理論を称揚し,「中南米の大多数の国では武装闘争が緊急かつ基本的任務」と宣言した。ゲバラからは大会に「二つ，三つ，そして多くのベトナムを！」というメッセージが送られてきた。だが2ヵ月後,ゲバラはボリビアで革命の闘いの中で死んだ。そして,ゲバラの死とともに,キューバ革命以来のラテンアメリカ革命（LA革命）の波はピークを越えた。

「建国の父」たちの退場

ゲバラがキューバを去ってボリビアの戦場に赴いた1965年から,アジア・アフリカ地域新興国の権力構造には大変化が生じ,次々と「建国の父」たちが去った。この変化には中ソ対立も絡まり,第1回アジア・アフリカ会議（AA会議,1955.4 インドネシアのバンドン）以来のナショナリズムの「上げ潮」が終わったことを示した。

東南アジアでは,マレーシアの発足（1963.9 ラーマン首相）がかかる変化の契機となった。ジョンソン・ヒューム米英首脳会談がたがいにベトナム,マレーシア政策支持を約束し（1964.2),マレーシアが安保理に入ったので（1964.12),インドネシアのスカルノ大統領は反発して国連を脱退し（1965.1),中国に接近した。中国・インドネシア共同声明は米英のベトナム,マレーシア派兵を新旧植民地主義者の「相互援助による侵略活動」と断じ,「平和共存は不可能」とし,「国連改組」の必要を謳った（1965.1 北京）。スカルノは「国連との対決」を叫んだ。

ところが1965年9月,「九・三〇事件」が起こり,実権はスカルノからスハルトに移り（1966.3),インドネシアは国連に復帰し（1966.9),「建国の父」スカルノの時代は終わり,スハルト時代が長く続くことになった（～1998)。

同じ1965年の8月,インド・パキスタン紛争（印パ紛争）が,両国の係争地のカシミールを舞台に起こった。しかし,今度の紛争はソ連によって調停された（1966.1「タシケント宣言」)。印パをめぐる勢力配置は,1950年代の〈中・ソ・印〉対〈米・英・パ〉から,1960年代には〈中・パ〉対〈米・英・ソ・印〉に変わっていたから,調停成功は中国に対するソ連の得点であった。

アフリカでは,西アフリカのガーナでクーデタが発生し,ハノイ訪問途上北京に立ち寄っていたクワメ・エンクルマ大統領が全権力を失った（1966.2)。1957年にブラック・アフリカ初の独立国となったガーナのエンクルマは,「建国の父」であると同時に「パン・アフリカ主義」や「新

植民地主義反対」の旗手であった。しかし，1962年には終身大統領となり，「救世主」と呼ばれるなど「個人崇拝」が目立ち，主要輸出品ココアの価格が1954年価格の5分の1以下に下がったこともあり，国内ではクーデタは歓迎された。中ソの技術者は去っていった。

このような情勢の中で，第2回アジア・アフリカ会議（AA会議）は1965年6月，アルジェリアで開催と決まっていた。ところが開催寸前にアルジェリア軍部がクーデタを敢行（6.19），「建国の父」ベン・ベラ大統領を失脚させ，ブーメジェン陸軍参謀総長を議長とする革命評議会が権力を握った。ソ連はベン・ベラを支持し，ソ連人顧問を派遣していたが，中国はただちに革命評議会の「全面，無条件支持」を表明した。しかし，中国はアルジェリア新政権の意見に反してAA会議延期案を出し，11月には会議は無期延期となった。

第2回AA会議は流れ，第1回の主役のうち，「建国の父」たちはすでに亡きインドのネルーも含めて去り，残るはエジプトのナセル大統領と中国の周恩来首相だけになった。その中国は1965年秋から「プロレタリア文化大革命」（文革）の時代に入り（本格化は1966年），しばらくの間国際舞台から去ることとなった。

日・韓・ASEANと沖縄返還

1964年から1965年のアジア情勢の大変化——中国核実験（1964.10），ベトナム戦争拡大（1965.2以降）——は，日米同盟の中で日本がより重要な役割を果たす契機となった。すでに池田政権のもとで「自由主義陣営の有力な一員」として「負担分担」を拡大してきたが，佐藤政権（1964～1972）はそれをさらに進め，アジアへの開発援助を一層増加させるようになったのである[40]〔池田政権については第9章参照〕。

第一，日韓関係は急進し，両国は日韓基本条約調印に至った（1965.6.22 東京）。この基本条約では，「韓国の管轄権は休戦ライン以南に限られる」（8.6 佐藤首相）ものとしつつ，韓国が「唯一の合法政府であることを確認」した（第3条）。これ以後，日韓経済関係は緊密になり，日本の資本は大量に韓国に流入していった。日韓請求権経済協力協定による無償3億ドル，有償2億ドル，10年にわたる対韓経済協力のスタート（1966.4 日本閣議承認）は，その第一歩となった。

第二，「アジア・太平洋地域協力のための閣僚会議（ASPAC）」発足の5ヵ月後，アジア開発銀行（アジア開銀）創立総会が東京で開かれた（1966.11）。アジアにおける諸地域機構の発足にあわせた設立であった。

アジア開銀は、米州開銀、アフリカ開銀につぐ3番目の地域開発銀行であり、本店はマニラに置き、初代総裁に渡辺大蔵省顧問が就任した。ラスク米国務長官は「アジアの新風」という表現で、地域協力体制の発展を歓迎した。

　第三、年が明けた1967年8月、「東南アジア諸国連合（ASEAN）」が創設された。メンバーはタイ、マレーシア、フィリピン、シンガポール、インドネシアの5ヵ国であり、5ヵ国は経済・文化その他各面で協力し、資源開発、貿易・通信面の研究を進めることになった。「地域内の政治的安定と団結のための基盤強化」（ラモス比外相）を重視する発想に立ち、日・米・世銀などの援助を想定していた。もはや「マレーシア紛争」は過去のものとなり、台湾、シンガポール、韓国、タイなどはベトナム戦争の影響を受けて経済が活況を呈し、経済成長率を高め、やがて新興工業国（NICS）ついで新興工業経済地域（NIES）と呼ばれるようになっていった。むろん日本の輸出も好調で、高度成長のピッチは上がり、経済大国への道を突進していった。

　第四、ASEAN発足の翌月から佐藤首相は、ASPAC参加国にビルマ、シンガポールを加えた10ヵ国を訪問し（1967.9〜10）、ついで訪米してジョンソン大統領と共同声明を出した（1967.11）。

　佐藤・ジョンソン共同声明は、(1)中国の核開発に注目し、「アジア諸国が中共からの脅威に影響されないような状況を作ること」を目指して協力し、(2)日本は対東南アジア経済援助を強化し、ベトナムにおける「米国の立場に対する支持」を表明し、(3)沖縄については、その米軍基地の重要な役割（バイタル・ロール）を認めつつ、「両3年内に——返還の時期につき合意すべきである」との佐藤首相発言を考慮し、施政権返還方針のもとに検討することに合意した。

　1967年11月の佐藤訪米の最大の目的は、「沖縄施政権の返還」を求めることだった。沖縄問題は、1965年の北爆開始とともに新段階に入っていた。B52爆撃機の編隊が、沖縄からベトナムへ渡洋爆撃（1965.7）をおこなって以来、日本を基地とするベトナム侵略との抗議が国内で高まり、沖縄現地でも住民の日本への復帰希望は強まった。日本で展開された学生・労働者・市民による激しい抗議運動は、佐藤訪米をアメリカの反中国・反ベトナム政策に加担するものと批判して、アメリカ側にも対応を迫っていた。

　その後、佐藤・ニクソン会談の日米共同声明（1969.11.21）で1972年中に沖縄施政権返還を「核抜き・本土並み」でおこなうという約束を得た

が，これには緊急時の核持ち込みの事実上の黙認と日米繊維問題での自主規制の密約が伴ったことが後年明らかになる。1971年6月17日の沖縄返還協定調印をへて翌1972年5月15日に沖縄の施政権返還は実現したが，広大な米軍基地がほぼそのまま残され，「本土並み」にはほど遠い状況が続いていく[41]。

ちなみに佐藤首相は密約の後，日米繊維問題の打開に動かず事実上放置したため，ニクソンとキッシンジャーを怒らせたという。1971年に「ニクソン訪中」と「金ドル交換停止」という発表が日本政府の頭越しにおこなわれ，ともに「ニクソン・ショック」と呼ばれたが，それはニクソンとキッシンジャーによるしっぺ返しであったとする見方がある[42]。

ともあれ，日本は池田政権と続く佐藤政権のもとで「アジアの一国」から，名実ともに西側の一国として行動する時代に移った。1960年代に始まる日本の国際的行動様式は，その証明であった。

PLO，ナセル，第3次中東戦争

1960年代のアラブ世界には，パレスチナ問題解決を目指す二つの路線が存在していた。パレスチナ人の祖国帰還という目的を，一方はアラブ諸国家の団結と軍事的強化により果たそうとする路線であり，他方はパレスチナ人自身が闘うことで果たそうとする路線だった。前者の路線をエジプトのナセル大統領が体現し，後者の路線を「アル・ファタハ」（パレスチナ民族解放運動，1956年結成）が体現していた。

ナセルは上からのパレスチナ人組織化に乗り出し（1964.1 第1回アラブ諸国首脳会議），第1回パレスチナ民族評議会（PNC）を開き，パレスチナ解放機構（PLO）の創設を宣言し（1964.5），PLOをパレスチナ人民の唯一の代表として承認した（1964.9）。初代PLO議長は，ナセル主義者を自任するアル・シュケイリだった。ところが1966年2月，シリアにバース党左派政権が生まれ，ナセル主義に対抗して人民解放闘争路線をとり，ファタハのゲリラ闘争を支援しはじめた。この情勢下に第3次中東戦争が発生した（1967.6.5〜6.10）。

戦争はイスラエル空軍の奇襲で始まった。エジプトその他アラブ諸国はイスラエル・シリア国境の衝突に備えていたが，イスラエル・エジプト間国境への備えは手薄であった。6月5日早朝，イスラエル空軍は地中海上空を迂回して背後からエジプト空軍基地を襲い，午後2時，シリアを空襲し，16時間でアラブ側の400機をほとんど地上で粉砕した。制空権を失ったアラブ側はシナイ砂漠の大戦車戦で完敗して，軍事力の70パーセント

を失い，10日までに停戦した。イスラエルの圧勝に終わった「六日間戦争」だった。

イスラエルは支配領域を一気に3倍以上に増やした。シリアのゴラン高原，ヨルダンのヨルダン川西岸（含，東イェルサレム），エジプトのシナイ半島全域を占領し，さらにアラブ地区の東イェルサレムをユダヤ地区の西イェルサレムに併合し，新占領地区にはユダヤ人の入植地（コロニー）を作り，40万人以上のパレスチナ人を新たな「難民」にした。

第3次中東戦争

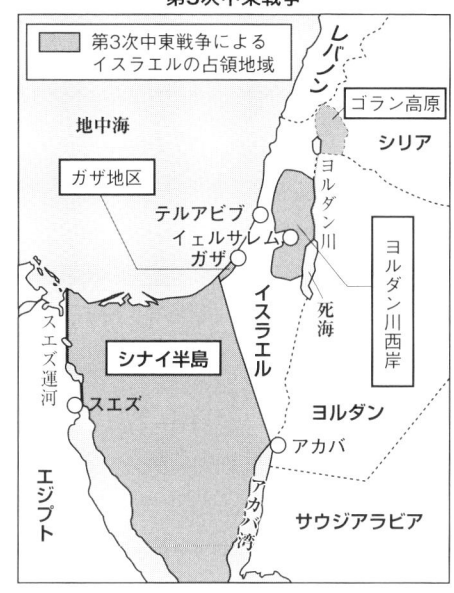

地図中の凡例：第3次中東戦争によるイスラエルの占領地域
地名：レバノン、地中海、ゴラン高原、シリア、ガザ地区、テルアビブ、イェルサレム、ガザ、ヨルダン川、ヨルダン川西岸、死海、スエズ運河、シナイ半島、イスラエル、スエズ、ヨルダン、アカバ、エジプト、アカバ湾、サウジアラビア

「六日間戦争」の結果，安保理事会は全会一致で決議242号を採択した（1967.11）。その内容は（1）イスラエルのアラブ占領地からの撤退，（2）中東のすべての国家の主権，領土保全，政治的独立などの尊重であった。（1）は（2）つまりイスラエル国家承認をアラブ諸国に迫る要求とセット化されていた。かくてイスラエル承認に「ノー」か「イエス」かの局面が始まり，まず「ノー」の闘争が起こった。

こうした局面の中でパレスチナ問題に関するナセルの政治的権威は低下し，逆にファタハの権威が上昇していた。1969年2月には，ファタハの指導者ヤセル・アラファトがPLOの議長となった。つまりPLOの主導権は，アラブ諸国の妥協的な指導者たちの手からパレスチナ人民抵抗組織の手に移ったのだった。

アラファト率いるPLOはアラブ諸国との対立を深め，1970年9月，ヨルダンで「黒い9月」と呼ばれる事件に発展した。ヨルダンは人口の70パーセントがパレスチナ人で，PLO基地が置かれていた。国連安保理決議242号を認める政府と否定するパレスチナ人の対立が，PLO左派の指導下に爆発した。しかし，PLOはヨルダンの権力奪取と対イスラエル闘争を志向したが失敗，ヨルダン政府による軍事弾圧で約2万人のパレスチナ人が死んだという。調停に立ったナセルは9月末に死に，アンワル・サダトが後継

大統領となり，PLOは基地をレバノンに移さざるを得なくなった。このあと，PLO左派はハイジャック作戦を開始，イスラエルが反撃するという闘争が続いた。

第11章

「ニクソン・ショック」と国際秩序の転換

1969〜1974

1────ベトナム戦争の終結

1969年の状況と方針

　ニクソン政権（1969～1974）最大の課題は，ベトナム戦争を終結させて米軍を撤退させることであった。政権第1期がそのために費やされた。

　戦争終結のためには，(1)米国内の反戦運動の強さ，(2)超大国としての信頼確保の必要，という2点への考慮が不可欠であった。(1)を考えれば，ベトナムで「全面的勝利」を追求することは不可能であった。(2)については，一方的・全面的撤退＝南ベトナム政府を見捨てる政策をとるようなことをすれば，アメリカに対する各国の信頼性は失われ，アメリカの世界政策は麻痺する。したがって，ニクソン政権に残された唯一の方法は，交渉にもとづく「名誉ある撤退（解決）」の追求となった。

　「名誉ある撤退」とは，米軍撤退後にも何らかの形でサイゴン政権を存続させることであった。そのためには，南ベトナム軍の力を強化し（ベトナム戦争の「ベトナム化」），解放戦線を支持する北ベトナムと，北ベトナムを支持する中国・ソ連との間を裂かねばならない。つまり，米中関係，米ソ関係の新たな打開が必要であった。

　ニクソン政権のベトナム政策は，米軍撤退と「ベトナム化」（ベトナム軍強化）のセットが方針になった。撤退で世論の支持を得て，「ベトナム化」で南ベトナム軍の持久力を強化すれば，北ベトナムを真剣な交渉に引き込めるだろうし，「ベトナム化」が効果的に進めば，北ベトナムとの合意なしにもアメリカの介入は終えられるかもしれないという甘い計算すらあった。

「ベトナム化」と米軍撤退作戦

　ニクソンは，1969年7月25日，海外歴訪の出発点グアム島で，「グアム・ドクトリン」を語り，それはやがて「ニクソン・ドクトリン」と呼ばれるようになった。これは，アジア政策の指針として，(1)条約義務の遵守，(2)「核の傘」の提供，(3)自助の原則を謳った。(3)は，被援助国が自衛のための兵力を供給する第一義的責任を負うことを条件に援助を

与えるというもので,「ベトナム化」を具体化するものであった。

　ところが計算はたちまち狂った[1]。撤退発表はニクソンのベトナム政策支持を増やすどころか,逆に撤退をスピードアップせよとの要求を強めた。相互撤退どころか機械的・一方的撤退の継続に追い込まれていった。撤退はハノイとの取り引き材料にならなくなった。10月,アメリカ議会では戦争の早期終結を求める決議案が続々提出され,全米で数十万人ともいわれる「ベトナム・モラトリアム・デー」(第1次10.15,第2次11.13〜15) デモも発生し,撤退期限明示を要求した。そこへ米軍がソンミ村の多数の村民を虐殺した「ソンミ事件」(1968.3) が暴露され,早期終結の声を一段と高めさせた[2]。

　もはや撤退の継続は不可避となった。中ソとの関係打開には手間がかかる以上,まずは現地で解放戦線へのハノイの支援を抑制するしかない。そこで,地上軍の撤退を続けつつも,解放戦線に対する軍事的圧力を低下させることなく,「名誉ある解決」を目指すためには,「自らに課した制約」を北ベトナム以外のところで外すという選択,すなわち当面の打撃の方向をラオス,カンボジアに向けるという戦争拡大策が不可避となった。

　こうした中,1970年3月にカンボジアで右派ロン・ノルのクーデタが起こり,シアヌーク元首が解任された (3.18)。パリからモスクワへと旅行中だったシアヌークは北京で反撃に転じた[3]。中立の立場を放棄したシアヌークを支えるのは従来カンボジア政府軍と闘っていたクメール・ルージュ(紅いクメール)を主とする勢力になった。

　4月下旬,米・サイゴン軍はカンボジア侵攻作戦を開始したが反撃にあい,2ヵ月後に撤退した。南ベトナムとの国境を越えたところはホーチミン・ルート南端の地区であり,この地域に対する作戦は,米軍撤退・ベトナム化を保障するもので大成功だったとニクソンは自賛した。

　翌1971年2月,ラオス侵攻作戦が開始された。今度はサイゴン軍中心の侵攻で,爆撃や空輸は米軍が全面的に支援した。ホーチミン・ルート切断とサバナケット到達が目的とされた。しかし,予定は狂って侵攻軍はまもなく退却を開始し,4月初めに米軍も南ベトナム北部の基地ケサンを放棄して作戦は終わった[4]。

　ラオス作戦はアメリカ国民のニクソン批判をいっそう高めた。そのベトナム政策への反対がついに賛成を上回り (1971.3.7発表のギャラップ調査),ニクソンへの信頼度は最低になった (3.15 ハリス世論調査)。米議会でも,議会の権限を使ってベトナム介入を終わらせようという動きが目立ってきた。反戦運動は反ニクソン運動となった。4月,ワシントン,サ

ンフランシスコの反戦集会は会場に50万人（警察発表25万人），会場に入れなかった者50万人という史上空前の大集会になった。

そこへさらに「国防総省秘密報告」（通称ペンタゴン・ペーパーズ）の暴露が加わり（1971.6.13より「ニューヨーク・タイムズ」紙掲載開始），トルーマンからジョンソンに至る歴代大統領のベトナム政策の秘密を暴露し，米政府・サイゴン政権のウソや不正や腐敗を白日のもとにさらした。それはベトナム戦争の根本的再検討を米国民にうながし，反ニクソンの声を高める追加材料となった(5)。

ニクソン訪中・訪ソ

だが同じ1971年，米中ソ3大国の関係に変化が生じ，ベトナム戦争の終結をもたらすことになった。

1971年とは，「ニクソン訪中予告」(7.15)の年である。中国こそがベトナム戦争終結の最大の梃子となった。中国＝梃子論を早々とニクソンに伝えたのはド・ゴールであった。大統領就任直後のニクソンが訪欧したときのド・ゴール発言——ソ連の「主要な関心事は中国」だから「西側に中国と取り引きさせないように，ロシアは，西側に歩み寄る政策をとるのではないだろうか」(6)——は予言的であった。その直後に起こった中ソ国境衝突（1969.3）と中国の反応ぶりを見て，米側も同じ見解に達し，米中関係打開の努力を加速した。ソ連に決定を促す「客観情勢」が生み出されたとき，事態を操作するヘゲモニーもまたアメリカの握るところとなった。

1972年2月のニクソン訪中は，北爆と南ベトナム北部に対する記録破りの連続大爆撃を背景にしていた。パリ会談は中断した。「北」のベトナム労働党機関紙「ニャンザン」紙は，「米中共同コミュニケ」を「ある文書」と呼び，米中一致点を含む部分をも「ニクソン発言」として引用しつつ，批判を加えた。

ニクソン訪中から3ヵ月後，ニクソンはソ連を訪問した（1972.5.22～30）。訪中はむろんのこと，訪ソもまた米大統領としては戦後はじめてのことであった。ニクソン訪ソは，ベトナム戦争終結にソ連を協力させるというニクソン政権の目標が実ったことを意味した。これがニクソン訪ソの結果だった。「ニャンザン」紙の社説は，「もし自己の民族の小さな利益のためにもっとも反動的な勢力を援助するならば，水死しつつある強盗に浮袋を投げ与えるようなもので，（中略）悪質な妥協である」（1972.8.17）と論評した。

ベトナム和平協定の成立

　明らかにアメリカと中ソの「デタント」政策を批判したこの社説のあと，北ベトナム政府は政策を転換した[7]。1972年9月2日，北ベトナムは米捕虜3人の釈放を発表した。キッシンジャーと北ベトナムの特別顧問レ・ドク・トとの交渉は煮詰まり，10月には「9項目協定」がなるかにみえたが，サイゴン政権のクレームを理由に再交渉を米国が求めて行き詰まった。ニクソン政権は北ベトナムに対するクリスマス爆撃（ラインバッカーⅡ）をおこなう一方，南ベトナムのチュー政権に対しても協定に同意するよう最後通告をおこなっていた[8]。記録的なクリスマス爆撃をへて交渉が再開され，1973年1月27日，ベトナム和平協定（パリ協定）は調印された。

　実現しなかった「9項目協定案」と調印されたパリ協定の両者を比較すると，二つの協定文には明らかな違いが認められた。パリ協定にはより明確な南ベトナム政権の存続保障あるいは「現状」維持の約束といえるものが盛り込まれていた[9]。ただし，それも「ある程度の期間（a decent interval）」の存続を保障するという見方もありえた[10]。

　1973年3月29日，協定どおり米軍撤退，米捕虜釈放が完了した。サイゴンに置かれていた米援助軍司令部は解散し，米軍はついにベトナムを去った。米側の弾薬使用量は第二次世界大戦の2倍近く，死傷者・損失機数では朝鮮戦争の2.5倍近く，戦費は2200億ドルを超えたというアメリカにとって第二次世界大戦後最大の戦争は終わった。ニクソンにとっては，ともかくもサイゴン政権の存続を確保したのだから，和平協定は「名誉ある解決」だった。今後は経済援助と一対一の武器取り替え規定による軍事援助，それにタイ駐留米軍や第7艦隊による「海空中心主義」でチュー政権を支えられるはずであった。

　一方，解放勢力側にとって南ベトナムでの勢力配置は，増大した北ベトナム軍・解放戦線勢力と米地上軍の支えがなくなった南ベトナム軍との対立になった。和平協定に書かれた停戦ひとつとってみても，それが守られるかどうかにかかわる二者合同軍事委（南ベトナム政権，臨時革命政府）は，全会一致制をとっていた。長年の敵対者間に全会一致がありうるか。ありうるはずはなかった。

サイゴン陥落とインドシナの変貌

　1973年1月のベトナム和平協定後の2年間に，ベトナムでは協定が有名

無実化して戦闘が続き，南ベトナムでは1974年秋からチュー独裁反対闘争が高まっていた。カンボジアでは，1974年1月には首都プノンペンが砲撃され，ロン・ノル政府は守勢に立ち，7月には無条件和平交渉を呼びかけたが，カンボジア王国民族連合政府側に拒否された。ラオスでは1974年4月，プーマ首相のビエンチャン政府とパテト・ラオ（スファヌボン殿下が中央議長）とが臨時民族連合政府を樹立した。ラオス，カンボジア情勢はベトナム情勢に連動していたが，アメリカ議会は対南ベトナム軍事援助を年々減らしていた。1972〜1973会計年度（1972.7〜1973.6）には16億ドルだったのが，1973〜1974年度には10億ドルに，1974〜1975年度には7億ドルになっていた。

ところが1974年8月，野党民主党に1972年大統領選挙で悪どい選挙干渉をおこなったウォーターゲート事件によりニクソンは辞任に追い込まれ，ニクソン時代は終わった。これに先立つ1973年6月に，米議会はカンボジア爆撃用予算支出即時打ち切りを可決してニクソンからカンボジア爆撃への戦費支出を8月15日に限定するという妥協を引き出し，同年11月には大統領戦争権限法を成立させていた。

1974年8月にニクソンの後任として大統領に昇格したフォードが行使できる大統領権限は，議会により大幅に制約されており，その結果，ニクソン政権期に構想された南ベトナムを維持するための計画はその前提が崩れてしまっていた。同年10月，北ベトナムの参謀本部は「南」における力関係の有利な変化を確認し，アメリカの再介入は困難か，介入してもサイゴン政権の崩壊を阻止できぬと判断した。ウォーターゲート事件，ニクソン辞任，石油危機，米国と同盟国との摩擦などが考慮要因となった。

こうして1975年春，サイゴン攻略作戦が開始され，やがてそれは「ホーチミン作戦」と命名された。中ソ両国はそれぞれ密かに南の解放に懸念を伝えていたが，ハノイはその要請には応じなかった。解放軍のサイゴン進撃が続き，4月30日，サイゴンに突入した。南ベトナムのチュー政権は4月21日に倒れ，南ベトナムの大統領職はフォン副大統領からさらにズオン・バン・ミン将軍へと引き継がれたが，ミン将軍は無条件降伏を宣し，ここに南ベトナムの運命は決した。翌1976年4月の統一国会議員選挙をへて，6月，統一ベトナム国会が開かれ，7月2日統一宣言を発表した。国名は「ベトナム社会主義共和国」と改められ，北ベトナム主導の統一国家がついに出現した。

カンボジアでも，1975年早々からプノンペン攻撃が始まり，4月1日，ロン・ノル大統領はインドネシアに脱出し，同17日，プノンペン政権は

降伏した。サイゴン陥落の13日前であった。1970年3月のシアヌーク追放以来5年ぶりに，カンボジアの闘いも終わった。1975年9月，シアヌークは帰国し，1976年1月5日に発布された新憲法により国名は従来の「クメール共和国」から「民主カンボジア」と改められた[11]。国名変更は王制の終わりを意味したが，それは「クメール・ルージュ（紅いクメール）」に実権があることを示していた。

ベトナムとカンボジアにおける激変はラオス内政を変化させた。1975年12月の全国人民代表大会は王制を廃止し，パテト・ラオが実権を握り，ラオス人民民主共和国樹立を宣言した。

第二次世界大戦後の30年間，激動を続けたインドシナ3国は，ついにすべて社会主義国家となり，長い闘争の歴史は新段階を迎えた。インドシナ革命の成功は，周辺に影響を及ぼした。1976年2月，インドネシアでASEAN（東南アジア諸国連合）初の5ヵ国首脳会議が開かれ，東南アジア友好協力条約に調印し，中立路線をとることを声明した。ASEANは結束を固め，状況変化に対応できる体制づくりに移った。ベトナム戦争中，ピーク時には5万人の米兵と750機の航空機の基地となっていたタイも，インドシナ3国の要求に応じて，アメリカとの関係を改めねばならなかった。米側は基地を返還し，7月20日に撤退を完了した。フォード政権は，インドシナの喪失を傍観せねばならなかった。

2 ── チェコ事件とヨーロッパ・デタント

チェコ事件とブレジネフ・ドクトリン

1968年初め，チェコスロヴァキアで始まった自由化への試みは「プラハの春」と呼ばれたが，同年8月，ワルシャワ条約機構に加盟する5ヵ国の軍隊が侵攻し，ドプチェク第一書記らによるチェコスロヴァキア共産党の改革運動を挫折させた。介入の主要な理由は，(1)「人間の顔をした社会主義」を目指す党『行動綱領』への危惧であり[12]，(2) 改革闘争の中から複数政党論の高まりを危惧させる動きが出てきたことであった[13]。ついで，「ブレジネフ・ドクトリン」（制限主権論，1968.11.12 演説）によって介入が正当化された。社会主義陣営全体の利益に構成国の利益は従属し，その主権は制限されるというものであった[14]。

チェコ事件の衝撃は，ヨーロッパにもアジアにも及び，事件勃発の直後，周恩来は「かつてのヒトラーのチェコ侵略にひとしく，また今日のベトナムに対する米国の侵略とも変わらない」と評したが，さらに「ブレジネフ・ドクトリン」が出されたことで，中国の対ソ観はより厳しいものとなり，中ソ対立は深刻化していった。

ヨーロッパ・デタントの模索

1969年に，ソ連がヨーロッパ政策の目標としていたものは，東欧における「現状」を西側が承認することによるデタントの確立であった。ニクソン政権発足直後，ワルシャワ条約機構は「全欧安全保障会議」の開催を呼びかけた (1969.3.17)。その背景の一つには，前年に起こったチェコ事件があった。チェコ事件は米中接近の契機となり，この米中関係打開の動きは，ソ連の西部国境における安全保障確保の必要性を一段と強める結果になった。

西欧もまた，ソ連とのデタントを望んでいた。ベトナムで消耗しているアメリカに対し，西欧各国は相対的な独自性を発揮する時期に入り，内部矛盾をはらみつつも東西関係の再編へ動いていた。

こうして1969年からヨーロッパは激しい変化の時期に入っていった。まずフランスのド・ゴールが退陣した。あとを受けたポンピドー政権は英EEC加盟反対を緩め，チェコ事件に対応するようにNATOとの協力に転じ，ド・ゴール時代の政策からの転換を示した。次に同年10月，西独でキージンガー政権に代わりウイリー・ブラント政権が出現した（社会民主党SPDと自由民主党FPDの連立)。

ブラント新政権は，最初に東欧諸国との関係改善を目指した前政権の政策がチェコ事件で破綻したのを受け，ソ連との交渉を重視しつつ大胆に「東方政策」を打ち出した[15]。ソ連の求める東西間武力不行使宣言とワルシャワ条約外相会議声明 (1969.10.21) の二つの要求，――東独承認とオーデル＝ナイセ線承認――に応えていった。

1969年，まず11月に核拡散防止条約に調印し，ソ連に武力不行使交渉を申し入れ，12月，ソ連と交渉を開始した。東独首相とは1970年3月，実に20年ぶりの両独指導者間の交渉を始めた。この間，2月にポーランドとの政治会談も始まり，3月には11年ぶりの4大国ベルリン問題会議もおこなわれた。ブラントは現実をふまえて大胆に行動を始めた。現実とは，「ドイツ再統一」は夢であり，米ソも周辺国もそれを望まず，西独国民も信ぜず，中部欧州の既成事実の安定だけが望まれているということであっ

た。

　しかし，ブラント連立政権はドイツ連邦議会でかろうじて多数を占めるにすぎず，ブラントが東側と締結する条約への抵抗も強かった。「ベルリン協定が成立しない限り」議会の承認は得られないことは明らかであり，さらにベルリン協定成立には4大国つまりはアメリカの承認が不可欠であった[16]。だからNATO外相会議（1969.12）は，アメリカの要請に基づき，全欧安保会議にはベルリン問題と独ソ交渉の進捗を条件として同意することにした。アメリカはソ連のもっとも望むヨーロッパ・デタントの制度化（全欧安保会議の成功）を，ソ連をベトナム戦争終結に協力させる代償となしうるチャンスを得た。米中接近には，ベトナムについてのソ連からの協力取り付けを確実なものにする効果があった。

　こうして1970年8月，ブラントは訪ソして「ソ連・西独武力不行使条約」に正式調印した（8.12）。同12月，今度はワルシャワに赴いて，「西独・ポーランド関係正常化条約」に調印した（12.7）。これでソ連はついに西独に現国境の尊重を約束させ，ヒトラーのポーランド侵攻（1939.9）以来の変動・対立・憎悪に転機をもたらした。西独は事実上東独の存在を認め，アデナウアー時代の政策——ドイツ統一，東独不承認，オーデル＝ナイセ線不承認——にピリオドを打った。ソ連は西独から得たいものを得た。今度はソ連が譲る番になった。

米中関係打開の模索

　すでにニクソン政権の成立直後から，米中接近のサインのやりとりがあったが，1969年3月2日と15日の2回，中ソ国境ウスリー江の中州（ソ連名：ダマンスキー島，中国名：珍宝島）で起こった中ソ国境衝突の後，米中接近が本格化した。1969年4月の「九全大会」では，林彪が政治報告で「文革」の勝利を叫び，毛沢東の後継者と認められたが，その報告は従来の米主敵論から米ソ同列扱いに変化し，ベトナムへの不介入を示唆していた。1970年秋の国連総会では「国府追放・中国招請」というアルバニア案はついに過半数を占めた（米政府の意を受けた日本などの働きかけにより，可決には3分の2以上が必要とする重要事項指定方式が適用されていたため未成立）。

　1971年4月初め，名古屋を舞台に開かれた第31回世界卓球選手権大会を機に「ピンポン外交」が展開された[17]。約10年ぶりに参加した中国卓球代表団が，大会参加の米選手団を中国に招待したのである。これを受け，他の5ヵ国の選手とともに4月10日，戦後初めて米スポーツ選手が中

国へ入った。米記者団も同じく1949年以来初めて中国に入った。米中接近は米国民に大歓迎された。7月15日には「ニクソン訪中」予告があり，9月下旬，中国は米中接近への反対を背景とする林彪事件を抑え込んだ。ついで10月25日，国連総会でアルバニア案が重要事項指定方式にもかかわらず地滑り的圧勝をした。ただちに中華民国（台湾）代表は「国連脱退」声明を出した。中国はついに安保理の常任理事国として国連に堂々と席を占めることとなった。中国は「ニクソン訪中」を待つ態勢を完成させた。

ニクソン訪ソへの道

米中関係の道筋が見えてきたことで，米ソ交渉のときが来た。米ソ間には4つの問題があった。ベルリン協定，米ソ首脳会談，戦略兵器制限交渉（SALT），そしてベトナムであった。ベルリン協定とSALTはソ連も望んでいたため，妥結への動きが進んだ。こうして1971年5月20日，まずSALT交渉手続きに関する米ソ合意が発表され，ついでベルリン協定をめぐる交渉が進展し，「ニクソン訪中予告」（1971.7.15）のあとの9月3日，4大国間で仮調印された。米ソ首脳会談については，いまや米側は米中首脳会談（ニクソン訪中）の後で，と主張できる立場にあり，同10月12日，「ニクソン訪ソ予告」が発表された。以上の経過に4月の「ピンポン外交」を加えれば，一連の流れは，ピンポン外交―SALT交渉合意―ニクソン訪中予告―ベルリン協定仮調印―ニクソン訪ソ予告―訪中―訪ソ―ベルリン協定正式調印（「東方政策」仕上げ）―欧州安保会議へ，となる。米中関係の打開によって米ソ関係の外交的ヘゲモニーは，明らかに米側に移った。

ニクソン訪中

翌1972年2月，ついにニクソンは中国を訪問し，大歓迎をうけた（2.21〜2.28）。発表された共同コミュニケには，「覇権条項」での合意が示されていた。この条項は，ソ連を念頭に置いていた。覇権という言葉を最初に持ち出したのは，アメリカ側であった[18]。米中対立の緩和と正常化に中国が応じた理由について，キッシンジャーは，（中国が）「孤立化から脱出する手立てとして」であり，また，中国が北部の中ソ国境で感じているソ連による「脅威に釣り合う勢力として」アメリカを必要としたからだ，と解した。覇権条項は，ソ連がだしに使われたことを示していた。

ニクソン訪中は，たちまち東アジア諸国とりわけ日本に影響を与えた。1972年5月，佐藤首相は北京政府が「唯一の正統政府」だと言明した。6

月，中国は5年ぶりに，日中覚書貿易の東京連絡処首席代表を派遣する旨を明らかにした。7月，佐藤内閣から田中角栄内閣への交代があったが，9月にはもう田中訪中が実現し，日中関係も正常化した[19]。

ニクソン訪中がもっとも大きな影響を及ぼしたのはベトナムであり，ベトナム戦争終結への決定的梃子となった。1972年2月のニクソン訪中後，ベトナムでは「北」が本格的攻勢に出たが，今度は米側は強気に出て，ソ連に対してハノイ抑制を迫った[20]。このとき北爆も強化したが，米ソ首脳会談をソ連は取り消さなかった。取り消せば，米ソ軍拡競争が継続し，ブラント政権の「東方政策」が破綻し，ソ連の欧州政策も崩壊して，西側とソ連の貿易拡大や技術導入拡大が不可能になるなど，要するにソ連に不利になるからであった。

ニクソン訪ソ

1972年5月，ニクソンは訪ソし，弾道弾迎撃ミサイル（ABM）制限条約と第1次戦略攻撃兵器制限暫定協定（SALT I）に調印した。ABM基地は米ソいずれも2ヵ所とすること，向こう5年間大陸間弾道弾（ICBM）の現レベル凍結（米1054基，ソ1618基，近代化は自由），潜水艦発射弾道ミサイル（SLBM）発射基とミサイル積載原子力潜水艦の上限設定（米710基で艦数44隻，ソ950基62隻）を主内容とし，中距離弾道弾（IRBM），准（準）中距離弾道弾（MRBM），戦略爆撃機，核弾頭数はSALT対象外とした。また「米ソ関係の基本原則に関する共同文書」が調印された。「共同文書の基本的目標は，危機に際して米ソ2国の行動を支配する原則をあらかじめ設定すること」とキッシンジャーは述べた。米側はこれを「ブレジネフ・ドクトリン」の放棄を意味すると解し，ソ連側は地域紛争と米ソ関係との切断を中心とするルールと解した[21]。

これに続く4大国ベルリン協定正式調印（6.3）は，ソ連によるベルリンへの自由通行の保障と，ボンと西ベルリン市民の地位向上（西独領事保護権の適用，西独旅券の使用可）をもたらし，ベルリンをめぐる積年のトラブルは終わることになった。それは西独がドイツ分割と戦後ヨーロッパの既成事実を認めたことへの代償であった。ついで仕上げとしての「東西両独基本条約」の作成が始まり，正式調印にいたった（12.21）。やがて翌1973年，東西両独は国連に加盟する。

ヘルシンキ宣言──ヨーロッパ・デタントの完成

以上のように，1972年，どこから見てもヨーロッパにおける戦後の既

成事実は固定された。年末には全欧安保準備会議も始まり，ヨーロッパ・デタントの制度化へ踏み出した。西独は中国との国交を樹立し（10.11），ドイツ問題の解決で主要な極の間の外交的パイプの貫通も成った。米・中・ソ・欧・日関係の変化で，新しい国際政治構造が生まれた。

　こうして生まれた米・ソ・欧のデタントは，その後次のように進んでいった。

　米ソ関係は，ビジネスライクになった。1973年6月，ブレジネフは訪米し，核戦争防止協定やSALT Ⅱ基本原則などに調印した。翌1974年6月，ニクソンが訪ソし，長期貿易協定やABM制限条約付属議定書などに調印した。一方，全欧安保に関わる動きは，1975年7月末から8月初旬の全欧安保協力会議（CSCE）の首脳会談でのヘルシンキ宣言（ヘルシンキ議定書）の調印へとつながり[22]，「東」は現状固定確認を得，「西」は人と情報の東西交流促進の約束を得た〔第12章参照〕。

3───米欧対立

拡大ECの出現

　イギリスは，1968年にスエズ以東からの兵力撤退を宣言したとき，もはや超大国ではないことを自覚していた。イギリスは生きる途として，本格的に欧州共同体（EC）加盟を求めるにいたった。

　かつてケネディ時代に，マクミラン首相がEEC加盟の意向を表明したときには，「イギリスは自由世界全体のより大きな一致をはかる運動の前衛を務めるべきである」（1961.8）と言明して米国寄りの姿勢を示したが，10年後のヒース首相の態度は一変した。1970年12月にヒースが訪米したとき，ニクソンに対して，イギリスの最優先目標はEC加入であり，米国の利益については，加入後には配慮するが，この問題を米英間で事前協議する気はないし，「またヨーロッパにおけるアメリカのトロイの木馬にみられたくもない──いわんやその役割などしたくない」と言った[23]。かれは米英特殊関係を二の次にした。

　翌1971年6月23日，ブリュッセル閣僚折衝でイギリス加盟が決定し，1972年1月アイルランド，ノルウェー，デンマークを加えて，4ヵ国が加盟条約に調印，その後ノルウェーは加盟を取り消し，1973年1月，9ヵ国

**EEC-EC-EU
ヨーロッパの統合**(1)

原加盟国	フランス、西ドイツ、イタリア、ベルギー、オランダ、ルクセンブルク
第一次拡大 (1973年)	イギリス、アイルランド、デンマーク
第二次拡大 (1981年)	ギリシア
第三次拡大 (1986年)	スペイン、ポルトガル
第四次拡大 (1995年)	オーストリア、スウェーデン、フィンランド
第五次拡大 (2004/2007年)	チェコ、スロヴァキア、ポーランド、ハンガリー、エストニア、ラトヴィア、リトアニア、スロヴェニア、キプロス、マルタ／ブルガリア、ルーマニア

　拡大ECが正式に発足する。もし10ヵ国ならGNPで約6400億ドル（米約9800億ドル，ソ約4900億ドル），人口約2.6億人（米約2.1億人，ソ約2.5億人）と計算された。フランスが英EC加盟に積極的になった理由は，ブラントの「東方外交」を見て，ドイツ・ナショナリズムの将来に不安を抱き，イギリス加盟でバランスをはかろうとしたからであった——このような見方をキッシンジャーはしていた(24)。

第2「ニクソン・ショック」

1971年7月15日,「ニクソン訪中予告」ショックがあり, さらに8月15日, 第2の「ニクソン・ショック」が起こった。この日, ニクソンはドル防衛と国際収支赤字の是正策を発表した。具体的には対外経済援助の10パーセント削減, 全輸入品に対する10パーセント課徴金の導入, ドルと金との交換停止であった。西欧と日本とは, これを経済戦争宣言とみなし, 第二次通貨戦争につながった。とくに日本は発表が突然であったことと, 課徴金による対米輸出抑制という一方的措置にショックを受けた。

先進資本主義諸国間の大騒動は, とどのつまり通貨再調整へ向かった。12月の10ヵ国蔵相会議（ワシントンのスミソニアン博物館）で日本は16.9パーセント（1ドル＝360円から308円へ）の円切り上げを呑み, これで会議は一挙にまとまった。金に対するドル切り下げ, ドルに対する円切り上げを中心に各国通貨調整と為替変動幅の拡大（上下限各1パーセントを2.5パーセントへ）で合意し, アメリカは課徴金を撤廃した。ドルの優位下に金1オンス＝35ドルを基準とする各国平価決定, 金・ドル自由交換を前提とするという意味での1944年以来のIMF体制（ブレトン・ウッズ体制）はここに崩壊し, 新国際通貨体制「スミソニアン体制」（会場名をとったもの）が発足した。しかし, こちらは短命に終わり, やがて完全な変動相場制に移行していく。第2の「ニクソン・ショック」もまた, 第1の訪中予告と同様, 戦後体制の一つの終わりであった。

「新大西洋憲章」演説

ニクソン政権は拡大EC発足の1973年を「欧州の年」とし, 米欧関係のルールづくりに踏み出した。それは, ベトナム和平協定（1973.1）に続く4月, キッシンジャーの「新大西洋憲章」演説（1973.4.23 ニューヨーク）によって始まった。

演説は, 五つの「新しい現実」から生じた諸問題に包括的に対処するため, 大西洋関係の「将来の目標を設定する新大西洋憲章作成の作業」を, 秋に予定されるニクソン訪欧までに完成させることを求めた。究極的には日本も含む先進工業国の新関係づくりだった。「新しい現実」とは, (1) 西欧の活力回復と「経済的結合」の成功, (2) 東西の戦略的軍事力の均衡, (3) 主要な極（パワー・センター）の一つとしての日本の登場, (4) 緊張緩和時代に入り, 各国の主体性の主張と相剋が現れたこと, (5)「工業化諸国へのエネルギー供給の確保」など新タイプの協力活動の

必要化——以上であるとされた。また，欧州の団結を支持するかわりに共同防衛の負担を求めるなど，ギブ・アンド・テイクの姿勢を示した。

この演説は，米国の利害と責任とは「全世界的」だが，欧州（西欧）のそれは「地域的利害」であると対比し，欧州の結合を「西側陣営強化のための一手段」視して，ECが地中海・アフリカをふくむ「閉鎖的貿易体制」をつくることに警告を発する一方で，明白に大西洋共同体路線の追求を示していた。6月，ロジャーズ米国務長官によって，キッシンジャー提案は「先進工業民主主義国家間の将来の指針となる諸原則の宣言」の提案と修正され，これを正式名称とした。正式名称はアメリカの求める「宣言」が先進資本主義国家間の「ルール」であることを明示した。米欧関係のルールづくりは，いわば「西西間（西側内部での）ルールづくり」ともいえた。

これに対してEC側は9月，「宣言」のEC案を採択した。その「前文」は「米国を一方の当事者とし，欧州共同体およびその加盟国を他方の当事者とする両当事者は」との文章で始まった。以下「両当事者は」の表現に満ちており，具体的政策の明示はなかった[25]。EC側はEC加盟国間の一体性と対米平等というドゴーリズム同様の主張を明示し，明白にアメリカの大西洋共同体路線を拒否していた。

翌10月に第4次中東戦争が起こり，石油戦略が発動されて石油価格が急上昇し，西欧と日本とに大打撃を与える状況となった。この事態は米側に「宣言」の必要性を痛感させたが，キッシンジャーが「エネルギー行動グループ」づくりを提案すると（12.12），EC側は「EC一体性宣言」を出して反発するありさまであった。

1974年に入ると，深刻な経済危機がEC各国を襲った。ニクソンの呼びかけで2月，石油消費国会議が開かれた（2.11～2.13ワシントン）。ここでは消費国の結束による産油国への対抗というアメリカの主張と，消費国と産油国との合同会議を主張するフランスの主張とが最後まで対立した。しかも，「EC一体性宣言」にもかかわらず，フランスは武器売却その他を代償に，アラブ産油国との直接取り引きを進めており，西独もまた独自の動きを見せていた。

翌3月，米欧対立はピークに達した。米側は一方的に，3月8日に予定されていた「宣言」討議の中止を発表した。キッシンジャーは，米外交最大の問題は，敵対国との競争ではなく，友好国に協力の必要性を認識させることであると言い（3.11），ニクソンは「ECは『徒党』を組んで米国に反抗している」「政治，経済面で対立しながら，安全保障面だけで協力する

ことはできない」などと語った（3.15 シカゴ）。

欧米首脳交代の波と米欧対立の緩和
このような米欧対立のピークで，欧米首脳交代の波が来た。イギリスでは1974年3月の総選挙で野党の労働党が勝ち，党首のハロルド・ウィルソンがヒース首相と交替した。フランスでは4月，ポンピドー大統領が病死し，翌5月に与党のバレリー・ジスカールデスタンが就任した。西ドイツでは5月，首相秘書のスパイ容疑事件でブラントが引責辞任し，シュミット首相（社会民主党）の内閣が発足した[26]。アメリカでも8月8日，ニクソン大統領が辞任を表明し，翌9日，フォードが大統領に昇格した。

米欧の首脳交代で，米欧関係は対立よりも協調へ向かいはじめた。まず，6月19日，NATOオタワ理事会で「大西洋関係に関する宣言」が採択された。1年越しの懸案は，政治・経済面を除き，安全保障面のみの妥協的宣言となり，共同防衛の一体不可分・米軍駐欧継続と欧州側の分担論受け入れ，協力促進を謳ってピリオドを打った。ついで，エネルギー問題をめぐる対立も緩和し，9月の5ヵ国外・蔵相会議（米・英・仏・西独・日），11月15日，国際エネルギー機関（IEA）創設（仏は不参加），12月のフォード・ジスカールデスタン米仏首脳会談にいたった。この会談では，産油国・消費国会議というフランス案に合意を見た。

ロメ協定と西側サミットの発足
年が明けた1975年，石油危機後のインフレ，国際収支悪化に悩む西側先進国の対応はロメ協定と西側サミットを生み出した。

ロメ協定は2月28日，トーゴの首都ロメで結ばれた。EC9ヵ国とアフリカ・カリブ海・太平洋地域（ACP）46ヵ国との協定で，後者の主要輸出品のコーヒー，ココア，綿花，木材など12品目の輸出所得安定化を保障し，ECが46ヵ国の農産物，工業製品に市場を開き，5年間に約40億ドルの援助（過半は贈与）を与えるという内容だった[27]。主として英連邦20ヵ国と旧仏植民地からなるACPとECとの新関係は，拡大ECの出現に伴う市場・勢力範囲の再編成となった。

西側先進工業国首脳会議（通称サミット）は11月15日から3日間，パリ郊外のランブイエ城で開かれた。米・英・仏・西独・伊・日の6ヵ国が参集し，共通する危機の前に資本主義経済体制と「民主主義社会全体」を守る努力を開始した。これがサミット・シリーズの始まりとなった。

4 ── 中東問題とアフリカ

大国・産油国・第4次中東戦争

1970年代初め,米ソの中東関与とアラブ産油国の影響力増大とが目立ち,これがまず第4次中東戦争と石油危機とを生み出した。

米ソ関与の契機はイギリス軍のスエズ以東撤退だった。イギリスは,1967年には南イエメンのアデン基地から去り,1968年にはペルシア湾からの全面撤退を発表し,1971年末には中東地域から撤兵してしまった。

ベトナム戦争に手足を縛られているアメリカは,イギリスに代わって進出できないので,中東産油国のうちイランととくにサウジアラビアに期待した。だから1972年5月の「ニクソン訪ソ」の帰途,ニクソンはイランに立ち寄ってイラン軍強化を約束した。イランは中東の非アラブ国であり,しかも唯一の親イスラエル国だった。後ろ盾を得たイランは同年末,ペルシア湾の3つの島を占領した。1973年春にベトナム戦争が終わると,アメリカの「武器売り込みチーム」がすぐに中東に赴き,イランと20億ドル,サウジと10億ドル,クウェートと5億ドルの契約を結んだという。イランは「ペルシア湾の憲兵」と呼ばれるようになった。

また,アメリカがサウジアラビア,クウェートなどアラブの保守派産油国に梃子入れしたのは,アラブ産油諸国が急進派と保守派に分かれたためだった。国際石油会社に対し,急進派は「国有化」を進め(1972.6 イラク,1972.9 リビア),石油を反帝・反イスラエル闘争の武器にせよという「石油武器化論」を打ち出した。保守派はその動きを利用して「事業参加」方式を進めた。サウジアラビア,クウェートなどは国際石油資本(メジャー)との間で段階的資本参加を決め(1972.12 リヤド協定),収入を増やした[28]。「国有化」方式は販売先探しに苦労したが,「事業参加」方式はメジャーの販売網をそのまま利用できた。

豊富なオイルマネーを得たサウジアラビアは1973年8月,年2億ドルの援助と軍事援助とをエジプトに申し入れた。エジプトのサダト大統領はすでにソ連離れを始めていた(1972.7 ソ連軍事顧問追放)。それを見てイスラエルのメイア首相は,サダトに直接交渉を申し入れていたが,サダトはソ連に代わる新スポンサーを得た今,イスラエルに一撃を加えてから交

渉する道を選択した(29)。

こうして第4次中東戦争が，今度はエジプトとシリアの奇襲攻撃で開始された（1973.10.6）。イスラエル軍は大打撃を受けたがすぐに立ち直り，国連安保理の停戦決議を受け入れて戦争は終わった（10.23）。サダトは「勝利した」と強調した。対イスラエル交渉（事実上の承認）を正当化するためであった。サダトは，対イスラエル政策のヘゲモニーをパレスチナ解放機構（PLO）から奪回するため，この戦争を起こしたことを強調したのだった。

石油戦略とアフリカの新情勢

中東戦争開始後の10月10日，石油輸出国機構（OPEC）とその一部をなすアラブ石油輸出国機構（OAPEC）とが石油戦略を発動した。OPECは原油公示価格をまず70パーセント上げ，OAPECは対米石油輸出禁止とイスラエル支持国への供給削減を決定した。中東戦争が収まるころ，OPECは1974年1月1日から公示価格を2倍に引き上げると追いうちをかけた（1973.12.23）(30)。

この結果，石油価格は1年前比約4倍の「10ドル原油時代」に入った。1バレル2～3ドルに馴れきっていた世界は，「石油ショック」を受け，政府は石油買いあさりに，民衆は品不足とうわさされた商品の買いあさりに走った。だが，対米禁輸は1974年3月に終わり，6月には日本の新聞が「石油製品だぶつく」「昨年の"危機"ウソのよう」（6.9「朝日新聞」）という見出しを掲げた。石油戦略が保守派主導だったせいである。

しかし，石油の高価格は継続し，アラブ産油国に集中したオイルマネーをどう還流させるかが国際金融の課題になった。また安価な石油を大前提に築かれていた先進工業諸国の経済は大打撃を受け，共通のエネルギー対策が切迫した課題となった。キッシンジャーが「新大西洋憲章」演説（1973.4.23）で予見したとおりになり，この事態が「西側サミット」を生んだ（1975.11以降）。

石油危機に西側諸国が動揺していたこの時期に，アフリカの政治情勢に変化が起こった。契機の一つはポルトガル革命，もう一つはソ連の民族解放闘争支援であった。

まず1974年4月のクーデタを機に，ポルトガル革命が始まり，同国植民地が続々と独立した（1974.9 ギニアビサウ，1975.6 モザンビーク，1975.11 アンゴラ）。ポルトガル植民地における民族解放闘争は，1960年代前半から3国合計で13万人程のポルトガル軍を釘づけにし，中ソ・東欧

諸国から武器その他の支援を得て闘い抜かれた。そしてついにこの闘争がポルトガル本国に反映し，1933年以来40年あまり，サラザールからカエターノに引き継がれて続いた独裁体制が打倒された。半世紀ぶりのメーデーを市民，労働者は赤いカーネーションで祝い，「花の革命」と呼ばれた。もっともその後のポルトガル内政は，戦後世界のあらゆる思想・勢力のぶつかり合いの観を呈し，ソアレス社会党単独内閣の成立（1976.7），つまりは社会民主主義の勝利で一段落するまでに2年あまりかかった。

　同じ1974年の2月のクーデタを機に，エチオピアではハイレ・セラシエ皇帝の強制退位（1974.3.12）から帝制廃止に至り（1975.3.21），約3000年続いたエチオピアの帝制は終わった。ソ連はクーデタ派を支援し，また独立後のアンゴラ内戦の左派をキューバ兵1万2000人と戦車の空輸で支援した。アフリカにはタンザニア，ギニア，コンゴ，ソマリア，エチオピアと「社会主義国」が増えてきた。アンゴラとモザンビークに黒人政権が出現したのに脅威を感じた南アフリカ連邦の白人政権は，アンゴラ左派打倒を目指して軍事介入したが失敗した。

　ここでキッシンジャーは白人政権に引導を渡した（1976.4ザンビアのルサカ演説）。(1) 南ローデシアの黒人多数支配，ナミビア（南西アフリカ）の独立を支持する，(2) 南アフリカ共和国のアパルトヘイトの撤廃を求める，(3) 南ローデシアの白人政権と南アフリカとが右の要求に応えぬときは，厳しい態度をとる，というものだった。アメリカは大勢に抗しえぬと認めたのである。南アフリカと南ローデシアの白人政権は窮地に追い込まれた。

　1973年石油危機，1974～1975年のアフリカ黒人の勝利，1975年ベトナム統一（南の解放），PLOの躍進という第三世界の「上げ潮」の中で，1974年秋の国連総会は，南アフリカの出席と発言を阻止し，アラファトPLO議長を総会へ招待し，パレスチナの民族独立と国家主権を確認し，PLOに国連常駐オブザーバーの資格を与えた。また1974年12月の国連総会では「経済権利義務憲章」が採択された。世界経済の新秩序と南北格差是正を目指す憲章は，「南」の92ヵ国が提案し，米・英・西独など6ヵ国が反対し，日・仏など10ヵ国が棄権したが，賛成120票で採択された。西側諸国では「多数の横暴」との声が上がった。

　「北」の先進資本主義工業諸国は，「南」における資源ナショナリズムの高揚により石油資源などの価格コントロール力を失ってゆく。

　一方，金ドル交換停止に追い込まれたアメリカは，基軸通貨としてのドルを維持するために，先物取引市場を整備して金融経済による利潤の拡大

を目指した[31]。

　かくて次第にオイルマネーはニューヨークのウォール街を媒介として，第三世界諸国，とくにラテンアメリカに流れ込み，1980年代に各国を襲う経済危機の遠因となっていくのである。

第12章

米ソ「デタント」と揺れ動く第三世界

1974〜1980

1 ── フォードからカーターへ

フォード政権の誕生

　1974年8月，ニクソン大統領は任期半ばで退陣し，後任には副大統領のフォードが昇格した。ニクソンが「ウォーターゲート事件」（民主党本部盗聴事件）に関与したとの疑惑から，米議会が弾劾手続きを開始したためであった。フォード政権（1974.8～1977.1）は，ベトナム戦争やニクソン弾劾で分裂した世論と向き合いつつ，対外政策に関する以下の諸課題に対処せねばならなかった。

　第一に，米国内でデタント反対論が盛り上がっていた。戦略兵器制限交渉（SALT）や米ソ貿易協定がソ連を利するだけだとの批判や，デタントの名の下で米政府は世界各地の人権抑圧を看過しているとの批判が強まっていた[1]。「冷戦コンセンサス」と呼ばれた超党派合意は姿を消し，「デタント」は諸勢力から槍玉に挙げられはじめていた。その背景には，ベトナム戦争によって引き起こされたアメリカ社会の深刻な分裂があった[2]。

　第二に，米ソデタントにかかわらず，第三世界では左派勢力の動きが活発になっていた。1974年4月のポルトガル革命を契機として左派の「民族解放」勢力が勢いを増し，タンザニア，ギニア，コンゴ，ソマリア，エチオピア，アンゴラといった国々が「社会主義」化した。中東ではアラファト率いるパレスチナ解放機構（PLO）がレバノンを拠点に武力闘争を展開した。インドシナでも，サイゴン陥落（1975.4.30），カンボジアでの米国籍船マヤグエース号拿捕事件（1975.5），パテ・ラオによるラオスの首都ビエンチャン奪取（1975.8）などが立て続けに起こった。

　第三に，第三世界情勢の変動は米ソ間のデタント認識のずれを明確にしていた。アメリカ側は第三世界へのソ連の関与が抑制されることを期待したのに対し，ソ連側はデタントと第三世界の問題を区分して，第三世界への関与を強化しつつあった。さらに，米ソ両国政府内部でもデタントと第三世界政策の連関について深刻な意見対立が起きていた[3]。

　フォード政権は，核管理に関する米ソデタントを大枠で継続しつつも，第三世界情勢の変化と内外世論のデタント批判に対応すべく，ニクソン政権期の外交政策の修正を図った。

フォード政権の対外政策

　まず，修正の対象になったのは対韓政策であった。ニクソンが米軍の一部撤退を図ったのをやめて，在韓米軍削減はしないことを表明した（1974.11.22米韓共同声明）。アメリカが「手を引く」かに見えると，韓国に内政と軍事面での危機をもたらしたからであった。内政面では，韓国情報部（KCIA）が朴政権を批判する政治家金大中を東京から拉致する事件（1973.8金大中事件）を起こし，また，朴大統領夫人を在日韓国人文世光が射殺するという事件（1974.8 文世光事件）も発生した。軍事面では，朴政権が核兵器開発を模索していた[4]。在韓米軍維持は韓国の内政危機を鎮め，韓国に核兵器開発を断念させる説得材料となった。

　逆に，政策継続の対象となったのは，米ソ軍備管理交渉であった。フォードはウラジオストクでブレジネフ書記長と会談し，戦略核兵器運搬手段の総量につき米ソ同数原則を打ち出した（1974.11.24）。この分野における米ソデタント継続の一つの動機は，非核保有国に核拡散防止条約（NPT）を遵守させることにあった。もし，米ソが一方的な核軍拡に踏み出して関係を悪化させれば，NPT体制の柱である国際原子力機関（IAEA）の査察や国連制裁も機能せず，非核保有国への歯止めが利かなくなる。1974年5月18日にNPT未加盟国のインドが第1回核実験に成功したことで，非核保有国に動揺が広がっており，NPT体制への梃子入れが必要であった[5]。

　しかし，反デタント派はソ連による第三世界への武器支援を疑い，ソ連とのデタントを継続するフォードを批判した[6]。1974年暮れ，反デタント派のジャクソン米上院議員（民主党）らは，米ソ貿易協定の批准に際して「ジャクソン・ヴァニック修正条項」を可決させた（1975.1フォード大統領署名）。同条項はソ連政府によるユダヤ系市民への移民制限を念頭に，最恵国待遇付与の条件として移民制限の廃止を求めた。ソ連はこれを拒否し，米ソ貿易協定は御破算となった。

　また，南ベトナム・チュー政権支援のニクソン公約が果たされなかったため，西側諸国にも対米不信が生じた。そこで，フォードは急遽開かれたNATOブリュッセル首脳会議（1975.5）で，在欧米軍約31万人の一方的削減はしないと確認した。他方で対ソ配慮を示すために，フォードはソ連を追放された反体制作家ソルジェニーツィンとの直接会談を拒んだ（1975.7.2）。後にフォードは，ヘルシンキで開催される全欧安全保障協力会議（CSCE）首脳会議の後にならソルジェニーツィンに会ってもよい

と伝えたが，それは反デタント派の感情を逆なでにする対応であった⁽⁷⁾。

世論対策，対同盟政策，対ソ配慮のバランスに苦慮しつつ，フォードはCSCE首脳会議に出席し（1975.7.30〜8.1），「ヘルシンキ議定書」に調印した。同議定書は米ソ間とヨーロッパ大陸それぞれのデタントの動きが連動した成果であった⁽⁸⁾。同議定書の「第3バスケット」（人道的分野と他の分野における協力）が東側の反体制運動を間接的に保護して，冷戦終焉の遠因となったとの解釈も存在する⁽⁹⁾。しかし，第三世界情勢のさらなる変動は，米ソデタントのこれ以上の進展を許さなかった。

CSCE首脳会議の後，ラオスで王制が廃止され（1975.12.2），アンゴラでも，キューバとソ連の支援を受けたアンゴラ解放人民運動（MPLA）が優位に立ち，アンゴラ独立を宣言した（1975.11.11）⁽¹⁰⁾。第三世界情勢の変動は，米国内における反デタント派の言動をさらに活発にした⁽¹¹⁾。共和党内でも，反デタント派のレーガン・カリフォルニア州知事が1976年の大統領選挙への出馬を模索しており，存在感を増していた⁽¹²⁾。

フォード政権の変化

1975年11月初め，フォードは大規模な人事交代を断行して内外情勢の変化に対応した（通称「ハロウィーンの虐殺」）。次期大統領選挙でロックフェラー副大統領を交代させることを決め，キッシンジャー国務長官の国家安全保障問題担当大統領補佐官職との兼任を解いた⁽¹³⁾。さらに，共和党穏健派のジョージ・ブッシュ駐中国大使（後の第41代米大統領）を中央情報局（CIA）長官に任命し，同党タカ派の支持するシュレジンジャー国防長官を更迭して，両者の次期大統領選出馬を封じた。その上で，デタントに慎重なラムズフェルド大統領首席補佐官を後任の国防長官とし，ラムズフェルド側近のディック・チェイニーを大統領首席補佐官に据えた。一連の更迭劇の筋書きはラムズフェルドによると報じられた⁽¹⁴⁾。

この一件は，フォード政権内におけるキッシンジャー（米ソ関係重視・デタント継続派）とラムズフェルド（第三世界情勢と国内政局重視・デタント慎重派）との権力闘争の存在を明らかにし，また，後者の影響力増大を示唆していた。

「フォード・ドクトリン」

フォードは人事を一段落させると，第1回西側サミットに出席した（1975.11.15〜11.17仏ランブイエ）。続いて訪中して中国との国交正常化を約束し（12.1〜12.5），その帰途，東南アジア諸国連合（ASEAN）

のインドネシア，フィリピンを訪問し，さらにホノルルで「フォード・ドクトリン」を発表した（1975.12.7）。内容は，(1) アメリカの力の強化，(2) 日米関係重視，(3) 米中国交正常化を目指す，(4) ASEANとの関係強化であった。(1)，(2)，(3) でソ連に対抗し，(4) とともにアジアにおけるアメリカのプレゼンスを明示するのが目的で，かつて「ニクソン・ドクトリン」がアジアから手を引く印象を与えたのを帳消しにする意図を示していた。アメリカのプレゼンスなしに秩序なし——フォードは第三世界の攻勢を前にこの結論に落ち着いた。次に問題となるのは対ソ政策と対第三世界政策の立て直しであった。

フォード政権は1976年末のアメリカ大統領選挙をにらんで，同年初頭から対ソ強硬論をアピールした[15]。キッシンジャーはソ連の軍事的膨張に対する「新封じ込め政策」を主張し（1976.2.3），フォードは「デタント」という用語の使用をやめ，「力による平和政策」を展開すると言明した（3.1）。ソ連も態度を硬化させた。その背景にはアンドロポフKGB議長らによる第三世界介入論があった[16]。ブレジネフは権力集中によって党内基盤を固める一方で（1976.5 ソ連邦元帥就任，1977.6 ソ連邦最高会議幹部会議長と共産党書記長を兼任），デタントと民族解放闘争を支持することとは矛盾しないと語り，アメリカとの対決姿勢を鮮明にしていった（1976.2.24 ソ連共産党第25回党大会報告）。

しかし，フォードは1976年大統領選の共和党予備選挙でレーガンに苦戦を強いられ，結局，本選では人権尊重の立場からデタントを批判した民主党のカーターに敗れた[17]。デタント見直しはアメリカ政界の大勢となっていた。では，なぜ見直しが必要なのか？ CIAの「チームB」のまとめた『国家情報評価 (NIE)』（1976.12）やラムズフェルド国防長官の『1978会計年度国防報告』（1977.1発表，以下『ラムズフェルド国防報告』）がデタント慎重派の立場からの答えを示していた[18]。

ラムズフェルド国防報告と冷戦志向

『ラムズフェルド国防報告』はフォード政権最後の国防報告だった。注目すべき点は二つあった。(1) 1974〜1975年に国連に出された重要案件につき「アメリカと見解を一にしたのはわずかな国」であり，アメリカと同じ投票をしたのは「加盟国の10分の1以下」で，終始一貫米側に立ったのは加盟140ヵ国以上のうち「合計13ヵ国だった」。(2)「もし同盟諸国ないし中立国が軍事的均衡をアメリカよりソ連の方が優位とみなすならば，これら諸国のゆるぎない国家的独立は，調整，順応，（ソ連への）従

属への道をたどらざるを得なくなるかもしれない」，アメリカ核戦力の「持てる力が正確に認識されるよう，確実を期さねばならない」。

以上，(1)の状況の主因は第三世界であり，(2)は対ソ核優位明示の必要を説く主張である。ベトナム戦争終結以来のデタントの中で，米ソが「対等の核能力を有すると受け取られている」現状でも，「アメリカの見解」は受け入れられていないから，ソ連の軍事力が優位とみなされてはおしまいだ，核優位が対米信頼維持の鍵(かぎ)だという主張であった。かくして第三世界を不安定にする要因をソ連の外交・安全保障政策に見出し，対抗策を要求するというタカ派の冷戦論がまた出現したのである。

カーター政権の初期政策

しかし，カーター政権のデタント見直し論は，ラムズフェルドのそれとは異なっていた。カーターは，核拡散問題を意識して米ソ核軍備管理交渉を支持しつつ，アメリカ的価値観とアメリカ外交の実態との乖離(かいり)を問題としていた。すなわち「人権外交」を進めることで，アメリカと第三世界の権威主義体制との関係を見直すことを主張したのである[19]。米ソ核軍備管理交渉と人権外交を両立させるための「前提」は，米ソ関係と第三世界問題をリンクさせないことであった。しかし，第三世界情勢はカーターの予期せぬ展開を見せ，「前提」は破綻(はたん)して後退を余儀なくされる。

カーターは就任早々，ブレジネフにSALT交渉推進を呼びかける親書を送りつつも（1977.1.26），「人権外交」の一環としてソ連の反体制物理学者サハロフにも書簡を送り（1977.2），ソ連を怒らせた[20]。また，援助政策と人権外交，さらには核拡散防止条約（NPT）調印をリンクさせたのでラテンアメリカ諸国の反発を買った[21]。アルゼンチン，チリなどが援助返上を通告し（1977.3〜6），ブラジルはアメリカとの相互防衛条約を破棄し（1978.3 失効），ニカラグアでは反政府運動を元気づけてソモサ独裁政権が倒れる（1979.7）など，アメリカとラテンアメリカ諸国との関係は悪化した。

対韓政策では，米軍撤退政策と人権外交＝独裁批判をリンクさせたため，混乱を引き起こした。撤退政策は朝鮮半島の緊張に巻き込まれるのを避け，かつ，朝鮮半島情勢が「第二のベトナム」となることを避ける狙(ねら)いだったが，結局フォードと同様に撤退政策を放棄した（1979.7）。ついで，この間盛り上がった反独裁闘争の中で，朴正熙(パクチョンヒ)大統領が韓国情報部（KCIA）の金載圭(キムジェギュ)部長によって射殺され，18年あまりの朴時代が終わった（1979.10.26）。

朴暗殺後、文民出身の崔圭夏(チェギュハ)大統領が就任して漸進的民主化に踏み出すと、1980年には「ソウルの春」と呼ばれる民主化の季節が訪れた。しかし、粛軍(しゅくぐん)クーデター(1979.12)で軍の実権を握っていた全斗煥(チョンドゥファン)国軍保安司令官がKCIA部長代理となり、民主化運動との対決姿勢を鮮明にしてゆく。1980年5月、金大中(キムデジュン)ら野党リーダー逮捕、光州市学生デモ、陸軍空挺(くうてい)部隊投入、市民も加わる大デモ、内乱状態、戦車と戒厳軍で鎮圧(軍発表死者計190人)、という経緯をたどった「光州事件」(5.18〜5.27)が起こった。光州事件を経て、全斗煥は韓国政府の実権も事実上掌握(しょうあく)していった(1980.8.27 大統領就任)。むろん政治変動の根拠は韓国内部にあったが、カーターの政策は変動の加速要因となった[22]。

　カーター政権初期の対ソ政策はブラウン国防長官による『1979会計年度国防報告』(1978.2)によく示されていた。ラムズフェルド国防報告とは異なって、対ソ対抗、軍事力中心の分析ではなく、米ソ関係は「競争と協力」状態と判断し、「大多数の国際問題が平和的方法で解決されている」という「国際環境」を国防予算規模決定の考慮要因とみなし、軍事力偏重ではない形で「抑止力と安定」を維持することが必要だとした[23]。その結果、過去15年間のソ連国防支出平均増加率に見合う約3％をNATO首脳会議(1977.5)での軍事費支出方針としたし、対ソ政策では軍事的優位追求ではなく、安定維持の観点から、SALT II 必要論に立っていた(1979.6.18米ソ交渉妥結)。対ソ政策の一前提は米中戦争の除外であるから、ブラウン国防報告は「1.5戦略」を明示した(1は米ソ戦、0.5は中東・ペルシア湾地域の戦争を想定)[24]。この線上に米中国交正常化政策が位置づけられ、「フォード・ドクトリン」が引き継がれていた。

第三世界とカーター政権の変化

　以上の初期路線は、ブラウン国防長官とヴァンス国務長官に代表された。これに対し、ブレジンスキー大統領補佐官は第三世界の紛争とソ連の膨張政策との連関を疑っていた[25]。カーターはヴァンス対ブレジンスキーの争いの中間的な立場にいたが、アフリカの新情勢が三者の関係を動かし、ブレジンスキーの対ソ警戒論が台頭してゆく[26]。

　通称「アフリカの角(つの)」に位置するソマリアは、1977年6月以来、失地回復をスローガンに、エチオピアのオガデン地方に攻撃をかけた。この紛争でソ連は、従来のソマリア支持政策からエチオピア支持に転換した。1977年11月下旬からソ連は大空輸作戦を展開してエチオピアを支援し、1万数千人と推定されるキューバ兵もエチオピア支援に赴いた。1978年3

月，ソマリア軍はオガデン地方から事実上撤退した。アフリカ統一機構（OAU）はソマリアの現状変更政策を認めず，エチオピア支持の立場をとった。OAUの立場は国境線尊重の論理にもとづいていたが，ソ連はこれをアフリカへの自らの影響力の高まりを示すものと評価した。

　アメリカは敏感に反応した。1978年5月，カーターは，中央アフリカのザイール紛争をアンゴラとキューバが悪化させていると非難し，パウエル報道官は，ソ連のアフリカにおける「勢力拡張」がSALT II交渉に悪い影響を与えると非難した。カーター政権内では，SALT IIと他の国際問題——アフリカ問題や人権問題——とを切り離すべしという意見（ヴァンス）と，結びつけよというリンク論（ブレジンスキー）との論争が強まった[27]。そのときインドシナ，アフガニスタン，イランの情勢が大変動を起こした。

2 ── カンボジア侵攻，イラン革命，アフガン侵攻

ベトナム・カンボジア紛争

　ベトナム統一から3年足らずで，インドシナ情勢は緊迫してきた。「クメール・ルージュ（紅いクメール）」が勝利したカンボジアでは，ポル・ポト政権によって，復古的ともいえる奇妙な社会主義が展開された。すなわち都市・知識人・通貨を否定し，人口を農村に移動させ，ベトナム人や反対派を根絶する恐怖政治を強行し，犠牲者数百万人ともいわれる虐殺を続けたのである。その結果，カンボジアはベトナムとの対立を深めてゆき，1977年12月末には，両国間の国境紛争の要因はベトナムによるインドシナ連邦化計画にあるとして，ベトナムとの外交関係を断絶した。反対に，中国はポル・ポト政権を支持した。

　1978年に入ると中国とベトナムの対立が表面化するに至った。ベトナムは漸進的なベトナム統一政策から転じ，1978年3月，資本主義的商業の廃止に踏み出し，5月，南北通貨を統一した。在越華僑は動揺して脱出を始め，中国は対ベトナム援助を減少させた。そこでベトナムはソ連依存を深め，コメコン（経済相互援助会議）に加盟した（1978.6.29）。中国はただちに対ベトナム援助を打ち切り，技術者総引き揚げを発表した（7.3）。ベトナムは「ソ連・ベトナム友好協力条約」（ソ越条約）に調印し

(11.3)、ついで12月、カンボジア東部で反ポル・ポトの救国民族統一戦線（ヘン・サムリン議長）を旗揚げさせ、その支援のためベトナム軍をカンボジアに侵攻させた（1978.12.25）。ベトナム軍はたちまちプノンペンを占領し（1979.1.7）、ヘン・サムリン政権を樹立して「カンプチア人民共和国樹立宣言」を発表させた（1.10）。

　これを見た中国軍は中越国境を全面突破し、ベトナムに対する制裁作戦を開始した（1979.2.17）。約30キロ南下し、拠点ランソンを制圧したのち撤退を発表した（3.5）。しかし、百戦錬磨のベトナム軍の反撃は強烈で、中国軍に大打撃を与えたという。以後カンボジアでは、ヘン・サムリン政府軍・ベトナム軍と、西部タイ国境沿いの山地に逃れたポル・ポト派、シアヌーク派、ソン・サン元首相派の「反越三派」軍との間で戦闘が続いてゆく[28]。国連総会（1979.9.21）ではポル・ポト政権残留案が採択され（賛成71、反対35、棄権34）、この状態が1980年代も継続した。他国の軍事力によって樹立された政府は承認できないという中国やASEANの主張が通った結果だった。しかし、反対と棄権の多さは、ポル・ポト政権への国際的嫌悪感を示し、侵略反対とポル・ポト批判とのジレンマを示していた。

米中・日中国交正常化

　インドシナ情勢のこのような急変を背景にして、米中関係が強化された。ベトナムから華僑が中国へ大量流出した1978年5月、ブレジンスキーが訪中し（5.20～5.23）、これが米中国交正常化の突破口となった。彼は歓迎宴で、米中関係を「戦術的方便」とは見ておらず、「共有する関心事」、つまりソ連の脅威に対応する戦略的観点に立つ関係と見ていることを強調し、「米中関係の完全正常化」実現の決意を表明した。

　こうして米中両国は1978年12月15日、共同コミュニケを発表した。それは、1979年1月1日付で国交を樹立し、同年3月には大使を交換するとの内容であった。米中共同コミュニケ発表と同日、カーターは台湾の蔣経国総統へのメッセージを送り、今後も台湾への武器供与を続ける旨を明らかにした。この間、日中平和友好条約が調印され（1978.8.12）、1972年9月に始まった日中国交正常化の仕上げが終わった。

　ホルブルック米国務次官補は米中国交正常化の意味を、「過去半世紀、米国の極東政策が絶えず日中いずれかの選択を迫られてきた、というパターンからのきわめて有望な変化である」と的確に捉えていた（1978.6.16ホノルル）。

いまやグローバルな勢力配置が明確になった。アジアで米・中・日が結束し，対するソ連は友好協力条約網で結束した。まず，1971〜1972年に結ばれたソ・印 (1971.8)，ソ・イラク (1972.4) に加え，1978年にはソ・越 (11.3)，ソ・エチオピア (11.20)，ソ・アフガン (12.5) の各条約が結ばれ，それらが副条約と結びついた[29]。ソ連は，米中関係が進展するごとに，それに対抗する形で，中国の向こう側のインドやベトナムとの関係を深め，条約網を拡げたのだった。

鄧小平時代へ

1979年1月の米中国交正常化の時点までに，中国の内政は一変していた。毛沢東と周恩来はすでに1976年に世を去っていた。また，文革を支えてきた「四人組」（王洪文，張春橋，姚文元，江青）も失脚して，「改革・開放」を旗じるしとする鄧小平時代が始まろうとしていた。

鄧小平による権力掌握までにはさまざまな曲折があった。鄧は文革によって失脚したが，1973年4月，周恩来首相が副首相として復活させた。しかし，四人組は鄧を疎んじ，1976年1月，周恩来が亡くなると，四人組は華国鋒を担いで首相代行にした。さらに，周首相をしのぶ花輪を当局が撤去したため騒動となった事件（四・五天安門事件 1976.4.5）を機に鄧を更迭した (1976.4)。

1976年9月9日，毛沢東が死去するや文革を主導した四人組は逮捕された (10.6)。かつて四人組に担がれた華国鋒は保身を図って党主席となり，表向き華国鋒を支持することで鄧小平はまたまた復活した (1977.7)。しかし，鄧は文革をなかなか清算できない華国鋒に見切りをつけ，権力掌握を進めた。1978年12月の第11期3中全会（中国共産党第11期中央委員会第3回全体会議）で鄧派が優勢となった。その後1981年6月の第11期6中全会で採択された決議は，文革を「内乱」として否定した。

文革時代は終わった。しかもこの間，内政大変動にもかかわらず，反ソのための米中結束という権力政治的な対外政策は継続していた。アメリカの方でも，米中結束にはカーター，ヴァンス，ブレジンスキー間に異論はなかった[30]。

だが，中東で発生した新事態がブレジンスキーに政権内で主導権を握らせることになった。新事態はイランで発生した。

イラン・イスラム革命の波紋

米中国交正常化の翌月，1979年2月11日，イランのパーレビ王制は崩壊し，「イラン・イスラム革命」が成功した。イスラム教シーア派宗教指導者のホメイニに率いられる「ホメイニ師のイラン」時代が始まった。

ホメイニは1964年以来国外に追放されていたが，亡命先のフランスから激しいパーレビ批判を続けていた。イランの世俗化，対イスラエル外交での弱腰，対米従属，秘密警察による弾圧と独裁，などが批判の要点であった。これらの批判は，石油危機以来の収入増を背景としたパーレビの近代化政策加速による社会的緊張の高まりやインフレ激化による物価高騰に不満を抱くイラン国民の間に広く浸透した。1978年1月，聖地コムでの神学生によるデモへの弾圧を機に全国的な行動を伴う局面に突入した。同年9月の主要都市戒厳令，10月のアバダン精油所労働者のスト開始と反体制運動は拡大し，1979年に入るとパーレビ国王の国外脱出（1.16），ホメイニ帰国（2.1），軍の中立宣言（2.11）で革命はほぼ成功した。国民投票を経て，ホメイニはイスラム共和国の成立を宣言（4.1），イスラム教シーア派の聖職者が実権を握る新体制が発足した。

この間，イラン石油の減産を見て石油輸出国機構（OPEC）は価格を引き上げ，その結果，原油価格が1バレルあたり30ドル台に高騰し，世界各国は「第2次石油ショック」に見舞われた（危機前は約14ドル）。それゆえ，1979年6月の「東京サミット」宣言はエネルギー問題中心になった。

エジプトとイスラエルの和解

このイラン・イスラム革命のプロセスは，エジプト・イスラエル平和条約の締結を加速し，アラブ・イスラエル問題に新局面をもたらし，エジプトと他のアラブ諸国との分裂を生み出した。

エジプトのサダト大統領は，第4次中東戦争（1973.10）の「勝利」をステップに，アラブ・イスラエル間の硬直した対立状態の打開を考えていた[31]。イスラエルは周辺アラブ各国と一対一の直接交渉による問題解決を主張していたから，それを利用して，イスラエル訪問による状況打開を試みることにした。1977年11月，サダトはイスラエルを訪問して国会で演説し，イスラエルの存在を認め，全占領地からのイスラエル軍撤退とパレスチナ人国家の創設を提唱した。翌月，イスラエルのベギン首相がエジプトを訪問，両国間の直接交渉が始まった（12.25）。

翌1978年初夏，カーターは本格的に両国間交渉を仲介する決意を固

め，9月にはカーター，サダト，ベギンの三者会談をキャンプ・デービッド（米メリーランド州にある大統領別荘）で開いた[32]。会談の結果，エジプト・イスラエル間「平和条約締結への枠組み」と，5年以内にヨルダン川西岸とガザ地区にパレスチナ人自治政府をつくり，パレスチナ問題解決に踏み出すという「中東における平和の枠組み」との二つの文書に合意が成立した（9.5〜9.17）。

アラブ諸国はこれをエジプトの単独講和，対イスラエル譲歩と見て一斉に反対した。しかしカーターは，エジプト・イスラエル両国に計40億ドル以上の援助を与え，1979年春，両国を平和条約締結に持ち込んだ（3.26）。このあとイスラエル軍はシナイ半島の3分の2から撤退し（1980.1），両国は正式に国交を樹立した。つまり，両国間の「平和条約締結への枠組み」だけが実りを上げたが，中東におけるエジプト孤立は続いた。

イラン革命の方は，イラン・イスラム共和国成立宣言（1979.4）から半年後，「米大使館人質事件」を引き起こした（11.4）。ホメイニ支持のイスラム学生がテヘランの米大使館を占拠，館員67名を人質にした。国外に逃れたパーレビ国王がガン治療のためニューヨークの病院に入院し（10.22），イランの要求する身柄引き渡しをアメリカが拒否したからだった。イラン革命発生当初，カーター政権の期待していたホメイニとの妥協の可能性は消えた[33]。そのとき，イランの隣のアフガニスタンで大事件が起こった。

ソ連軍アフガニスタン侵攻事件

1979年12月27日，アフガニスタンでクーデタが発生，革命評議会議長ハフィズラ・アミンは死亡し，バブラク・カルマルが同議長兼首相に就任した。これを契機として推定約8万人のソ連軍が介入し首都カブールはじめ主要都市と幹線を制圧し，反カルマルの旧政府軍やゲリラとの戦闘に入った[34]。

アフガンでは，1973年に人民民主党が政権を奪取して王制を廃止したものの，同党内で社会主義建設の速度と方法について激烈な権力闘争が続いており，それにイラン・イスラム革命の影響が加わって諸社会勢力間の抗争に発展しつつあった[35]。ソ連の軍事介入は，人民民主党を通じてアフガン情勢を掌握する方策が行き詰まっていたことを示していた[36]。

米ソ関係への影響が懸念されたが，「NATOの二重決定」や米議会によるSALT II批准の遅延によって，ソ連側は米ソデタントがすでに形骸化したと理解していた[37]。そのため，ソ連指導部はアフガン介入が国際関係

に劇的な影響を与えるとは判断していなかった。しかし，ソ連は戦後初めて同盟国以外に軍事介入したことになり，国際的に猛烈な非難を浴びた。

　カーターは，「私のソ連観は先週1週間のうちに，これまでの2年半以上に，劇的に変わった」と語り，噴出した米国内の対ソ強硬論に乗って，SALT II批准審議延長，対ソ穀物輸出大幅削減，ハイテク製品輸出禁止など制裁措置をとり（1980.1.4），ついで国際的なモスクワオリンピックへのボイコットを呼びかけた。さらに，「ペルシア湾岸地域の支配を獲得しようとするいかなる外部勢力による企てをも，米国の死活的に重要な利益（バイタル・インタレスト）に対する攻撃とみなし」，「軍事力をも含む必要ないかなる手段を行使してでも撃退する」との「カーター・ドクトリン」を発表した（1980.1.23 一般教書演説）。

PD59

　カーター政権は，アフガン侵攻事件で一挙に政策転換をおこなったのではなく，すでに開始していた転換を加速したのだった。たとえばペルシア湾への「緊急展開部隊（RDF）」派遣構想は1978年2月発表の『（1979年会計年度）国防報告』に予告されていたし，RDF司令部のフロリダ設置と初代司令官任命は，アフガン侵攻事件直前に済んでいた。また，ソ連が中距離核戦力（INF）のSS20を1970年代後半に配備したのに対し，いわゆる「NATOの二重決定」（1979.12.12 NATO首脳会談）──つまり（1）パーシングIIなどの欧州配備，（2）米ソ欧州戦域核削減交渉の開始──は，ソ連のアフガン軍事侵攻（1979.12.27）以前になされていた。

　政策転換が加速された結果，まず1980年7月25日の大統領指令第59号（PD59）を生んだ。PD59は，ハイテク時代におけるミサイル命中精度向上をふまえ，限定核戦争を意識した軍事戦略であった[38]。これに先立って発表された『（1981会計年度）国防報告』も，「向こう5年間で国防計画（予算）を大幅に拡大する必要」があると述べていた（1980.1.29）[39]。要するに，ソ連軍のアフガン侵攻事件は，かつての『ラムズフェルド国防報告』（1977.1）路線への回帰をもたらしたのだった。

　この間，イランの人質事件はなお解決されていなかった。カーターは救出作戦に踏み切ったが，失敗した（1980.4.25）。ヴァンス国務長官は救出作戦に抗議して辞職した。1980年9月にイラン・イラク戦争が勃発すると，アメリカはイラクのサダム・フセイン政権を支援し，イランへの圧力をかけた。イランは，米大統領選で共和党のロナルド・レーガンが勝ったのを見て，その就任の日に240億ドルと引き換えに人質を釈放した

(1981.1.20)。その前日に発表されたカーター政権最後の『(1982会計年度)国防報告』は、「わが国の軍事力増強を求める歴史的かつ長く待たされていたコンセンサスが形成された」と論じ、カーター政権期にアメリカ国内で軍拡のコンセンサスが成立したことを明らかにした[40]。

ヨーロッパ諸国の抵抗

西欧諸国はアメリカとは異なった反応を見せた。ソ連のアフガン侵攻について、フランスはソ連非難を1980年1月まで控え、西ドイツも緊張が高まっているからこそ東西交渉継続の必要性を訴え、1980年に予定されたシュミット首相の訪ソ予定を変更しなかった(1980.6.30〜7.1 訪ソ)。イギリスのサッチャー政権ですら、1980年2月に切れる対ソ信用供与の更新を認めない方針を明らかにしつつも、新たな条件下における更新の余地を残していた[41]。

西欧諸国の反応を受けてカーターは後退し、全面的な対ソ制裁措置の発動よりも軽いモスクワオリンピックへのボイコットを対ソ非難の象徴と位置づけて、各国に同調を求めた。アメリカに同調したのは、日本、西独、カナダ、ノルウェー、トルコ、中国などであった。しかし、NATO加盟国の多くはオリンピックに参加した[42]。ヨーロッパ大陸におけるデタントの継続が西欧諸国の総意であった。また、中東でも冷戦の論理では割り切れない状況が出現していた。アフガンで対立する米ソ両国がイラン・イラク戦争ではイラクのフセイン政権を支援しつつ、水面下ではイランとの関係構築も模索していた[43]。

それゆえ、カーターを破ってアメリカ大統領に就任したレーガンは、「新冷戦」を演出しつつも、西欧諸国の主張する対ソ交渉継続論に配慮することを余儀なくされてゆくのである。

第13章

レーガンとゴルバチョフ

1981 〜 1989

1 ── レーガンの軍拡

レーガン政権成立
　1980年の米大統領選挙では，共和党のロナルド・レーガンが圧勝した。選挙演説でレーガンはベトナム・シンドローム（後遺症）からの脱却を訴え，「ベトナムでの米国の過ちは，戦争を始めたことではなく，勝てなかったことだ」，さらには「ベトナム戦争は，小国の自助努力を助けるという尊い目的のための戦いだった」と主張した[1]。アメリカは正しく，その正しさを貫くためには強くなければならない，ということであった。
　西側諸国を米指導下で結束させ，社会主義国（中ソ）と第三世界に対する反攻を本格的に開始し，アメリカはそれを通じて国際情勢統制力を奪回する——これがレーガンの基本戦略となった[2]。この戦略を実行するためには，ハイテク軍事力における絶対的優位の確保が不可欠であり，戦略正当化のためには「ソ連の脅威」を訴える手法が有効であった[3]。
　新政権成立直後，ワインバーガー国防長官は「もしアメリカがソ連の核戦力によって"人質"のような状態に置かれるとすれば，アメリカは通常戦力の面でも，さらには外交面でも効果的に対抗できなくなる」と発言した[4]。ニクソン政権以来の基本戦略である，米ソの対立と一つの地域紛争への介入の準備を整える「1.5戦略」は転換された。
　こうしてレーガンは，核戦争はありうるとの想定に立つ大軍拡に乗り出した。就任早々の1981年2月18日，今後5年間で年平均7パーセント増，合計で1兆5000億ドル規模の国防予算案を発表，1982年度分として史上最高の2000億ドルを計上し，議会の承認を得た。その後もレーガンは，8月8日に中性子爆弾生産も決定し，10月1日に国家安全保障決定指令（NSDD）12号「戦略兵器近代化計画」に署名，次期大陸間弾道弾（ICBM）のMXミサイルや新型B1戦略爆撃機などの生産配備，ステルス型爆撃機などの開発を決定した[5]。さらに翌日，レーガンはこの決定を記者会見で発表し，軍拡の意志を世界に印象づけた。
　さらに1983年3月23日には，ハイテクノロジーを駆使した高性能兵器生産計画の延長上として戦略防衛構想（SDI，通称「スターウォーズ計画」）を発表した。それはソ連から飛来するミサイルを宇宙空間などで迎

撃し破壊するというもので，ソ連はこのハイテクノロジー競争に立ち向かわなければならなくなった[6]。

NATOの「二重決定」

西欧諸国はレーガンの核軍拡政策を懸念した。アメリカが一方的に対ソ核優位を追求すればソ連の反発を招き，それは欧州での大規模軍拡競争をもたらしかねないからであった。

そもそも，フランス以外の西欧諸国は何らかの形でアメリカの核の傘に依存しており，これまでも欧州における米ソの核均衡を維持させることに苦心してきた。1970年代後半，ソ連は東欧へ「戦域核」と呼ばれる分野の核ミサイルであるSS20を配備した。これは中距離核戦力（INF）の一つで，欧州など特定地域での使用を目的とし，米ソが互いに直接攻撃する戦略核兵器の制限を目的とした戦略兵器制限条約（SALT）の対象外としてきた。アメリカは戦域核を欧州に配備していなかった。

シュミット西独首相は，対ソ均衡がデタントの大前提であり，それが崩れた状態ではデタントは「宥和」に変わっていくと考え，戦域核もSALT II交渉の対象とするようカーター米大統領に求めた。これに対しカーターは，戦域核をSALT IIの対象とはせず，むしろアメリカの中距離核ミサイルを西欧に配備することを提案した[7]。西欧諸国は，アメリカの戦域核配備受け入れの目的はあくまで米ソ核均衡の維持であり，ソ連に対する一方的な核優位追求ではないことを確認するよう求めた。なぜなら，戦域核の配備は欧州を舞台とする核戦争が現実味を帯びるものになるからであった。その危険性は除去しなければならなかった。

交渉が重ねられ，その結果北大西洋条約機構（NATO）は「二重決定」をおこなった（1979.12.12）。それは，NATO加盟国がアメリカに対し，(1) 欧州への戦域核配備を求め，(2) それを背景にした米ソ軍備削減交渉を要請するというものであった[8]。

だからレーガンが大規模軍拡を打ち出すと，西欧諸国はアメリカに釘をさした。1981年4月上旬，NATO国防相会議（ボン）が開催され，米中距離ミサイルの配備は予定通り実施，欧州戦域核軍縮交渉を夏にも開始するようソ連に呼びかける，との2点で合意した。「二重決定」を再確認したのであった。

反核運動と「共通の安全保障」

ところが，戦域核の配備が予定された西欧諸国では，欧州が米ソ核軍拡

競争の舞台になるのではという危機感が高まり、反核運動が空前の高揚を示した。欧州の左翼政党が戦域核配備に反対したのは当然だが、今回は左派・右派を問わぬ反核運動の拡大と規模の大きさに特色があった。1981年の秋には欧州各地で数十万人規模のデモが相次いだ。このような反核運動を反映して、オランダ政府は戦域核受け入れを保留するに至った（1981.11.16）。

NATO加盟国の「二重決定」へのこだわりと市民の反核運動によって、アメリカが核軍拡を貫徹することは難しくなった。こうして、「二重決定」の（2）の部分＝対ソ交渉が俄然欧州の注目を集めた。

11月18日、レーガンは、（1）ソ連が配備した西欧向けの中距離核ミサイルを廃棄するならば、アメリカも欧州配備予定の中距離核ミサイルの配備をやめること（通称「ゼロ・オプション」）、（2）米ソが戦略兵器削減交渉（START）をおこなうこと、を提案した[9]。ソ連はこの提案を拒み、米ソとも相手の戦力減らしに重点を置く提案をしては互いに非難を重ねた。とはいえ、1981年11月末から始まった米ソ間のINF交渉は継続され、1982年6月末からはSTARTも始まった[10]。

アメリカ国内でも変化が起こっていた。1982年3月、米議会に核兵器の凍結・削減を求める決議案が出され、多数の同調議員が出た。4月7日にはマクナマラ元国防長官、ケナン元駐ソ大使ら4人が、核兵器の先制不使用宣言を提案した。ポイントは、先制不使用ならば報復能力だけの保有ですみ、核の大増強を無用化するし、西欧諸国自身の国内的健全さをもたらす、ということにあった。

また、第2回国連軍縮特別総会（6.7～7.10）に合わせてニューヨークでおこなわれた反核デモには史上最大規模の100万人近い市民が参加した。反核運動は世界的な動きとなった。

この第2回国連軍縮特別総会では、「軍縮と安全保障に関する独立委員会」のオルロフ・パルメ委員長（スウェーデン首相）が『共通の安全保障』と題した報告書を提出した。従来の発想が専ら自分の側の安全保障のみを考えるのに対し、「共通の安全保障」という考え方は相手側の安全保障にも配慮するというものであった。前者が果てしない軍拡を生むなら、後者はその逆転を可能にする。反核運動は新しい発想を生んだ。

大韓航空機撃墜事件

1980年代前半は米ソの対立が激化したと目された時期であったが、それを象徴するような出来事が起こった。それが大韓航空機撃墜事件であっ

た。1983年9月1日午前3時半頃，ニューヨーク発ソウル行きの大韓航空007便がサハリン上空でソ連戦闘機のミサイルにより撃墜され，乗員・乗客計269名が全員死亡した。同機は実際に飛行するはずの航路より500キロもソ連寄りを飛んでいたから，当然領空侵犯機とみなされるのだが，ミサイルによる民間定期航空便の撃墜であったため，国際世論の非難はソ連に集中した。

アメリカも当然ソ連を激しく非難したのだが，事件直後の9月3日，レーガンは「軍縮交渉は継続する」[11]と述べた。その後も米ソ穀物協定（ソ連は毎年一定量の穀物をアメリカから輸入するというもの）は破棄せずとの方針を示し（9.18），また19日にはブッシュ副大統領が「中距離ミサイル配備が始まっても，米ソどちらも交渉のテーブルから退席するとは思えない」[12]と述べるなど，アメリカは米ソ関係を根本から変えることはしなかった。11月にはINF交渉が中断したが，あくまで中断であり，決して打ち切りではなかった（交渉は1985年3月から再開された）。

1983年に入ると，レーガン政権内部で主導権の移動が生じた。対ソ強硬派のヘイグ前国務長官（1982.6辞任）やワインバーガー国防長官よりも，対ソ交渉派のシュルツ新国務長官の影響力が強くなった。シュルツは核兵器削減交渉に熱心であった。その理由は，交渉での合意達成が核軍拡に脅威を感じている同盟国を安心させること，また，若干でも国防支出を減らせることで財政の一助とすることにあった[13]。

1984年の大統領選挙でレーガンは圧勝して再選されるが，それは彼がますますタカ派の政策を主張したからではなく，その逆であった。この時期に盛んに使われた「新冷戦」という言葉は，第二次世界大戦直後の米ソ対立を指して用いられた「冷戦」とは違い，当時の国際情勢を客観的に反映したものではなかった。アメリカは対ソ交渉を続けていたし，ソ連に対する一方的な行動も抑制していた。

2 ── 第三世界をめぐる情勢

第三世界への攻勢へ

むしろ，レーガンが強硬姿勢を鮮明に打ち出したのは，第三世界に対してであった。1981年7月，レーガンは，第三世界諸国における親米勢力支

援のため公然たる武器輸出を認める方針に署名した（NSDD5号，1981.7.1署名）[14]。カーター政権末期に模索の始まった軍拡路線は，対第三世界においても加速された。

すでに新方針への署名前から具体例は積み重ねられていた。まず，レーガンが大統領就任後初めて会見した外国の要人は全斗煥（チョンドゥファン）韓国大統領であり，その席でカーター政権期の在韓米軍撤退計画は白紙撤回された（1981.2.2 米韓共同声明）。さらに，チリに対する援助停止を解除し，3月には中米エルサルバドルの軍事政権に追加軍事援助2500万ドルと軍事顧問団派遣を決め，サウジアラビアと早期警戒管制機（AWACS）その他80億ドルの商談に乗り出し，イスラエルが反発すると新たな対イスラエル軍事援助を約束した。韓国にはF16戦闘機36機売却と5年間で15億ドルの軍事援助を決めた。

そして，1983年10月，南米の小国グレナダでクーデタが発生して左派政権が登場すると，レバノン紛争に赴く途次の米軍が介入し，カリブ海6ヵ国軍も動員して打倒した（10.25 グレナダ侵攻事件）。これは現地多国籍軍づくりのモデルとなった。

こうしたレーガンの姿勢は，「共産化阻止」のためなら権威主義体制支持も内政干渉も可であり，「第2のベトナム」化を避けうるなら武力行使も可である，というものであった。サッチャー英首相の強硬姿勢がこれに続いた。

フォークランド紛争

1982年4月2日，アルゼンチン軍が英名フォークランド（アルゼンチン名マルビナス）諸島に突如上陸，100人に満たぬ英軍守備隊をたちまち降伏させ，全島の領有を宣言した。アメリカによる仲裁にも耳を貸さず，実力行使で長年にわたる領有権紛争にけりをつけたのだった。サッチャーは即日断交し，はやくも4月5日には機動部隊をポーツマス港から出港させた。6月14日，50日にわたる戦闘はアルゼンチン守備隊の降伏で終わった。この勝利でイギリスのナショナリズムは大いに高揚した。

サッチャーは「1956年のスエズの大失敗以来，イギリスの外交政策は長期にわたって後退を続けていた」とし，「イギリスは友からも敵からも自国の利益を守る意思と能力のない国だとみなされていた。フォークランドにおける勝利はこれを変えた」と総括した[15]。いわゆる「スエズ・シンドローム」は克服されたのである。これ以降，イギリスはアメリカとともに海外における強制力行使に積極的に乗り出していった。

イスラエルの強硬政策

　第三世界に対するレーガン，サッチャーの強硬政策の先駆者はイスラエルのベギン首相（在任1977.6〜1983.10）であった[16]。

　1981年6月7日，イスラエル空軍は当時イスラエルと紛争状態になかったイラクを奇襲，バグダッド郊外にフランスの援助で建設中のオシラク原子炉を爆撃し，これを破壊した。間違いなく国際法違反であったが，国際的非難は無視され，制裁も加えられず，ベギン政権は周辺アラブ諸国の核保有は絶対許さぬとの意思を貫き，6月末の総選挙では事前の予想を覆して勝利を収めてしまった。

　9月，ベギンは訪米し，レーガンとの間で「戦略的協力」を結ぶことに合意した（9.9）。さらに12月14日，第3次中東戦争で占領したシリア領ゴラン高原の併合を緊急閣議で決定した。国連安保理決議242号（1967.11採択）は占領地返還をイスラエルに求めていたから，併合は安保理を侮辱する決定であったが，結局ベギンは意思を貫き，アメリカも黙認した。そしてイスラエルは，レバノン侵攻作戦の準備を進めた[17]。

サダト暗殺からムバラクへ

　同じ1981年10月6日，エジプトのサダト大統領が暗殺され，ムバラクが後継者となった。

　サダトはアラブ・イスラエル関係の新局面を「キャンプ・デービッド合意」（1978.9）で切り開いたが，それ以来アラブ世界で孤立していた。国内ではイスラム原理主義勢力が力を強め，政権側による9月の大弾圧に対する復讐（ふくしゅう）がサダト暗殺を呼んだのだった。もともと反西欧の彼らにとっては，親西欧に親イスラエルを加えたかにみえるサダトは許しがたい存在であった。

　しかし，翌11月，アメリカはエジプトを舞台に米・エジプト合同演習「ブライトスター82」をおこなった。世界はムバラクがサダト路線を引き継ぐことを知った。イスラエルは，サダトとの約束どおり1982年4月25日にシナイ半島をエジプトに返還し，パレスチナ解放機構（PLO）に目を向けた。

レバノン戦争

　1982年6月3日に駐英イスラエル大使が撃たれたことを口実に，イスラエルはPLO本部をレバノンから追放するための軍事作戦を開始した。PLO

は8月下旬に撤退を開始し（本部はチュニジアのチュニスに移動），入れ代わるように米・英・仏・伊4ヵ国からなる「国際監視軍」が派遣された。ところが，PLO撤退完了からほどない9月14日，キリスト教右派のファランジスト党党首で，親米・親イスラエルの次期レバノン大統領バシール・ジェマイエルが自派本部で爆殺され，2日後にはファランジスト党の民兵がパレスチナ難民キャンプへ報復をおこなうと，その後は諸勢力の争いがますます深刻化し[18]，パレスチナ問題は二の次となった。

1983年10月23日，爆弾満載の特攻トラックが仏軍宿舎と米海兵隊司令部に突入し，約300人を殺害した。11月4日にはイスラエル軍南部レバノン地区司令部も攻撃され，約70人が死亡した。攻撃の背後にシリアとイランがいるとして，イスラエルはレバノン各地で報復攻撃を展開し，レバノン政府はイランと断交した。交渉による戦争解決は困難になった。

1984年2月6日，反政府派イスラム民兵が一斉蜂起，ついにレバノン政府軍は崩壊に向かった。翌7日，レーガンはレバノンに派遣されていた米海兵隊に対し沖合の第6艦隊への引き揚げを命じ，英仏伊軍も同様の措置をとった。支柱を失ったレバノン政府は政策転換した。3月，前年5月に締結したイスラエル軍撤退協定を破棄し，親シリアで反政府派のラシド・カラミ（スンニ派）を首相に指名し，4月，キリスト教徒・イスラム教徒同数の挙国一致内閣を成立させた。イスラエルによる，レバノンを「エジプト化」させる（アラブ国家でありながら，イスラエルと国交を持つ）政策は破綻した。1985年6月にイスラエル軍の撤退が完了したが，レバノンの内戦状態は長期化し，多数の犠牲者を出した。

パレスチナ新情勢

イスラエルとアメリカのレバノン政策は挫折した。しかし，両国は空爆を重視するやり方で，第三世界に対する強制力行使そのものは続けた[19]。1985年10月1日，イスラエル空軍はテロへの報復としてチュニスのPLO本部を爆撃，さらに1986年4月15日，今度は米軍がリビアを空爆した。西側諸国での様々な爆破テロ事件への報復という名目であった。イギリスも1986年4月に起きた航空機爆破未遂事件の背後にシリアがいるとして，シリアと断交した（10.24）。

レバノン戦争で威力を発揮した爆弾テロも，西側とイスラエルの政策を変更させる効力を失いつつあった。それまでアラブの友好国・勢力に支援を続けてきたソ連も，ゴルバチョフ政権になってから支援を控えるようになっていた[20]。

このような状況下で，パレスチナ住民は「インティファーダ」と呼ばれる自発的抵抗運動を開始した。運動はイスラエル占領軍への投石やデモにとどまらず，生活のあらゆる面における自立と抵抗に及んだ。それはPLOの指導性すら超えるほどの自主性を持っていた。
　その一方で，アラブ諸国やPLO主流派は西側とイスラエル優位の軍事情勢に適応していった。1988年7月31日，ヨルダンのフセイン国王はヨルダン川西岸に対する主権の放棄を一方的に発表した。同年11月，アルジェでパレスチナ民族評議会（PNC）が開かれ，11月15日にはパレスチナ独立国家樹立を宣言したが，それは，イスラエルの生存権を認め，テロ活動を否定する政治宣言を伴っていた。PNCがついに，イスラエルの生存権を認める国連安保理決議242号，338号を受け入れたのは画期的だった。12月16日，チュニスで初の米・PLO公式会談が開かれた。だが，イスラエルとPLO内強硬派にはなお妥協の気配はなかった。

イラン・イラク戦争
　1980年9月22日，イラク空軍はイランの諸都市や空港に奇襲攻撃をかけ，ここにイラン・イラク戦争が始まった。
　イラクのサダム・フセイン大統領は，開戦直前の9月17日に開戦理由を明らかにしていた。シャト・アル・アラブ川の中央を両国の国境線とした「アルジェ協定」（1975.3）は無効であり，失地回復に乗り出すというものであった。イラクは，革命後のイランは弱体化したとみて，「失地回復」と中東における指導権確立を目指して突進したのだった[21]。ところがサダムの計算はたちまち狂った。イランは内部の結束を固め，ナショナリズムを燃え上がらせた。また，非アラブ国のイランとの戦争だからアラブ諸国は当然イラクを支持するだろう，との思惑は外れ，リビアとシリアはイラン支持に回り，サウジアラビアやクウェートなどイランの近くに位置する国々はその報復を恐れて，イラクへの表立った軍事支援を控えた[22]。
　米ソ両大国はそれぞれ「イラン米大使館人質事件」と「アフガニスタン侵攻事件」を抱えていたので，拱手傍観せざるを得ず，超大国の統制力低下を世界に示した。だからこの戦争は，イスラエルを一方の当事者とする戦争ばかりという第二次世界大戦後の中東の歴史に，新しい戦争の型を加えたのだった。
　だが戦争が長期化する中，イランの革命輸出を恐れたアメリカはイラク支援に動き出した[23]。1983年12月20日，ラムズフェルド大統領特使が米高官として16年ぶりにイラクを訪問，フセインと会談しレーガンからの

メッセージを手渡した(24)。アメリカは1984年11月26日，17年ぶりにイラクと国交正常化を果たした。

ところが，1986年11月，「イラン・コントラ事件」が暴露(ばくろ)され，アメリカはイランとも秘密裏に接触していたことが明らかになった。アメリカはイスラエルを通じてイランに対空・対戦車ミサイルなど武器を供給し，その代金の一部はニカラグアの反政府ゲリラ（コントラ）に回されていたというものだった。武器供給の目的はレバノンのイラン系グループに捕まった米人人質の釈放であった。レーガンが一連の取り引きを承認していたのではないかとの疑惑が浮上し，レーガンは窮地に立たされた(25)。

翌1987年には，諸大国の関与の度合いが高まった。3月には中国がイランに「シルクワーム」ミサイルを供与したとの報道が流れ，1983年にイラクへの武器輸出を再開していたソ連も，1987年5月にクウェートに護衛付きタンカー3隻貸与で合意した。7月20日には即時停戦と兵力撤退を求める国連安保理決議598号が採択されたが，イランが反応しないことから，アメリカも直後からタンカー護衛や武装ヘリのイラン艇攻撃など，武力関与を強めた。

こうした事態はアラブ諸国を再結集に向かわせた。11月11日，ヨルダンのアンマンで開催されていた緊急アラブ首脳会議はこの戦争を初めて主題としてイランを非難し，イランを全アラブの当面の敵と規定，ついで対イラン安全保障の名目で，イスラエル承認を理由にエジプトと断交していた国々は続々と復交し始めた。首脳会議は実はエジプトと復交するための儀式だったともいえた。

1988年7月3日，ペルシア湾の米新鋭イージス艦がイラン航空の旅客機を軍用機と誤認し，ミサイルで撃墜した。7月18日，イランは安保理決議598号の受け入れを発表，8月20日に停戦が実現して，8年に及ぶ長期戦はついに終わった。決議受諾につきイランのホメイニ師は，「毒を飲むよりつらいことだが，私は名誉を捨て，神の意思に従って毒（決議）を飲む」(7.20)(26)と語った。

イラン・イラク戦争は終結した。しかし，中東情勢は安定せず，1990年8月にはイラク軍がクウェートに侵攻し，再び戦争が勃発することになる。

3 ── 中ソの変化

中ソ対立の緩和

　レーガン政権による反共政策の主張は，中ソ対立を緩和させた。まずソ連が動いた。レーガン政権成立直後の1981年2月23日から始まったソ連共産党第26回大会で，ブレジネフ書記長は中国を「帝国主義政策と結託している」としつつも「対中関係正常化を目指すわれわれの諸提案は効力を維持している」として，「具体的な協議をする用意がある」[27]と発言した。さらにブレジネフは1982年3月24日，ウズベク共和国の首都タシケントでの演説で，「前提条件なしに中国との関係改善のための交渉に入る用意がある」と呼びかけた。中国はただちに反応した。26日，中国外務省は「留意する」「われわれが重視しているのは実際の行動」と発言し，強い関心を示した[28]。

　同年夏，中国側が積極的に行動しはじめた。鄧小平（とうしょうへい）は党中央指導者たちに対し対ソ関係改善の意志を示し，同時に改善のために条件を設定した。それは (1) 中ソ国境地帯とモンゴルからのソ連軍の撤退，(2) アフガニスタンからのソ連軍の撤退，(3) カンボジアからベトナム軍が撤兵するようハノイを説得する，であった。このことによって，中ソ関係は「イデオロギー上の論争から国益の考慮へと重点が移り」，そして「現実的な問題の解決が最優先される」ことになった[29]。こうして中ソは次官級政府特使による政治交渉開始に合意し，ソ連軍のアフガニスタン侵攻以来中断していた中ソ次官級協議は，同年10月，北京で再開された。また三つの条件は，9月1日に始まった中国共産党第12回全国代表大会における胡耀邦（こようほう）党主席の政治報告の中で，中ソ関係改善に関する脅威（いわゆる「三つの障害」）として指摘された[30]。

　11月10日，ブレジネフが急死すると黄華（こうか）外相が葬儀に出席し，アンドロポフ新書記長，グロムイコ外相と会談した。ソ連側の関係改善は，貿易や科学技術面に終始し，「障害」について克服する歩み出しはなかった。とはいえ，両国は「政治対話」継続を約束した。中国は，11月から始まった第五期全国人民代表大会で憲法を改正し，ソ連を指す「社会帝国主義」という語句を削った。1984年12月23日，ソ連のアルヒポフ第一副首

相は中国を訪問し，姚副首相と会談し，中ソ間で長期貿易協定を締結することに合意した（1985.7.10調印）。

1980年代前半は「三つの障害」をめぐる対立，ソ連指導者の相次ぐ死去で，中ソ関係改善の動きは大きな成果をあげることはできなかったが，とにかくその後も接触は続けられた。

ソ連の選択

レーガンの大軍拡計画に直面したソ連では，1981年7月，ウスチノフ国防相が「アメリカの目的は単に軍事的優位を達成するだけでなく，未曾有の軍拡競争を展開することによって，社会主義諸国の経済の破壊を狙っているのである」と論じた（7.25付『プラウダ』寄稿論文）。これは妥当な見解であった[31]。ブレジネフが軍事力で量的目的（米ソ均衡）を達成すると，今度はレーガンが質的挑戦（アメリカ優位）をした。全面的ハイテクノロジー競争を，過去30年にわたるココム規制（ハイテクノロジーの対ソ禁輸）に加えたのであり，今度の競争では社会体制の対応力が問われた。

したがって，ソ連の選択肢は二つしかなかった。従来どおりのやり方で，単により多くの軍事費を投入し「軍事力のみ超大国」路線を追うか，それとも，社会体制の改革をおこない，社会をより活性化してハイテクへの対応力を強化し，「総合力の超大国」を志向するかであった。前者の方式はすでに限界に達しており，抜本的対策が必要であった。しかし，ブレジネフ時代末期は「従来どおり」の前者が選択された。それに対し，ブレジネフの後任アンドロポフは後者を志向した。

1983年4月下旬，中央の政策立案者の設けた制約から各工場の管理職を解き放つことを狙った，実験的経済諸政策が発表された。そしてソ連科学アカデミー・シベリア支部の「経済秘密報告」がリークされた（1983.8）。報告は1930年代につくられた中央集権型管理システムは現状にそぐわず，抜本的改革が必要であり，経済官僚の保守性が改革の障害である旨を指摘していた[32]。ソ連の経済問題とは，要するにソ連型経済体制（中央管理型の計画経済）そのものであった。

抜本的改革を志向したアンドロポフは在任1年3ヵ月で死んだ。後任のチェルネンコも病身で，在任13ヵ月で死んだ。ブレジネフも含め3人とも高齢だった。

4 ゴルバチョフの改革

ゴルバチョフ登場

1985年3月11日，チェルネンコ死去（1985.3.10）の公表からわずか4時間後，後任書記長はゴルバチョフ政治局員と発表された。年齢は54歳，初の大学出（モスクワ大学法学部）の書記長だった。チェルネンコ時代末期の1984年12月にイギリスを訪問したゴルバチョフと会見したサッチャーは，一緒に仕事ができる相手とみた[33]。サッチャーはゴルバチョフの中に，イデオロギー臭を感じさせないヨーロッパ的センスを感じ取り，リアリストの交渉相手として見出したのだった。

ゴルバチョフ登場の内因がソ連社会の行き詰まりであったとすれば，外因は西側経済力の強大化に加えて，世界各地の「社会主義」経済の行き詰まりと転換であった。1960年代以降に第三世界各地に出現した「社会主義」は，いたるところで農業生産力を低下させ，農産物輸出国を輸入国に転じさせ，そのため「脱計画経済化」を図る国が増えた。その点ではソ連・東欧も同じだったが，中国だけは異なっていた。鄧小平の中国の農工業生産の増加率は1983年10.2パーセント，1984年14.2パーセントと急上昇し，農産物は輸出の柱の一つになっていた。ソ連は，もし社会主義グループのリーダーシップを維持したいのであれば，軍拡で挑むアメリカと経済成長著しい中国とに対応せねばならなかった。アンドロポフに重用されたゴルバチョフは，政治・経済の包括的かつ抜本的改革でそれを試みた。この改革が「ペレストロイカ」であり，「新思考外交」と「グラスノスチ（情報公開）」はその重要な柱となった。

書記長就任演説でゴルバチョフは改革の構想を語った（1985.3.11）。その中でグラスノスチの必要性に触れ，ソ連経済が立ち遅れていることへの危機意識を示し，先端科学技術発展の重要性を力説し，中間管理機構の再編や企業自主性の拡大，労働規律の引き締め，科学技術教育推進の必要を説いた。

登場から1年後の1986年2月25日，第27回ソ連共産党大会の政治報告でゴルバチョフは，まずブレジネフ時代を「停滞の時代」と断罪し，その要因を「惰性，管理の方法と形態の硬直性，活動におけるダイナミズムの低

下，官僚主義の肥大化」に求め，「科学技術の進歩」や「経済の構造改革」による質的に新しい成長を目指すためには国民の「創造力」喚起が必要であり，その喚起のためには公開性と民主主義との拡充が必要だと主張した。「公開性なしには民主主義はありえない」。グラスノスチなしにデモクラシーなく，デモクラシーなしに創造力なく，創造力なしに停滞打破なし。彼は1年でソ連を政治改革先行の状態に到達させた。

　ゴルバチョフはその間，外交面の人事変更と米ソ首脳会談とを実現した。1985年7月には，それまで外交を牛耳ってきたグロムイコを最高会議幹部会議長（国家元首）とし，新人シェワルナゼを外相に据え，11月19日からレーガンとジュネーブ米ソ首脳会談をおこなった（11.19～11.20）。この会談は，6年半ぶりの首脳会談であり，3500人もの記者団が集まった。会談後のコミュニケで両首脳は，重要問題で「深刻な意見の相違」が存在することを指摘しつつも，「種々のレベルで定期的な対話を進めることに合意」した[34]。

チェルノブイリ原発事故

　しかし，第27回共産党大会の直後，大事件が起きた。1986年4月26日深夜，ソ連を構成している共和国の一つであるウクライナ共和国のチェルノブイリ（首都キエフの北方130キロ。東京と福島第一原子力発電所間は約220キロ）にある原子力発電所4号炉で，核反応の制御不能により原子炉が暴走し爆発を起こした。この事故による放射性物質放出の規模と広がりは空前のものとなった。事故から6年後の1992年春，ウクライナ政府は事故による死者数が6000～8000人規模に及んでいると発表した[35]。事故の現場責任者6人はその後裁判で死刑判決を受けた[36]。

　この事故を最初に報じたのは放射能雲を探知した北欧諸国であり，ソ連政府は28日になってやっとこの事故を認めた。この遅れはソ連の秘密主義のあらわれとみなされ，ソ連は痛烈な国際的批判を浴びた。ゴルバチョフはこの事故で，グラスノスチがいかに大事かを思い知らされ，核軍縮の必要性に思い至った[37]。

　グラスノスチは加速された。事故報道が以前よりも迅速（じんそく）になっただけではなく，年末には反体制物理学者サハロフ博士のモスクワ帰還が許可された。「公開性の原則に立つ以上，同意できない意見であっても発言の機会を与えるのが原則だ」とザハロフ文化相は語った[38]。以前のソ連では考えられない驚くべき発言であった。

　ただし，グラスノスチは思わぬ副産物も生み出した。情報公開によって

スターリン体制下で秘密にされてきたさまざまな史実が明らかになると，反体制派だけでなく，各地の民族運動にも刺激を与えるようになったのであった。1986年末には，カザフ共和国第一書記の人選をめぐって数百人規模の民族暴動が起こった。この先，ゴルバチョフが頭を悩ませることになる，ソ連各地で起こったナショナリズム運動高揚の前兆であった。

「新思考外交」の加速

1986年夏，ゴルバチョフは「新思考外交」も加速させた。7月28日，ゴルバチョフはウラジオストクで演説をし，アフガニスタンからのソ連軍の部分撤退計画を明らかにし，初めてモンゴル駐留ソ連軍の部分撤退に言及した。そして，中国との国境河川紛争については中国の主張を認めて解決する方針であることを示した。ソ連側が動くことで中ソ関係改善を強く呼びかけたのだった。10月15日，アフガニスタン駐留ソ連軍の部分撤退開始が発表された[39]。

1987年4月，ゴルバチョフはチェコスロヴァキアを訪問し (4.9〜4.11)，プラハでの演説でブレジネフ・ドクトリン（制限主権論）を否定した。ゴルバチョフはこの演説の中で，「なんぴとも社会主義世界で特別の地位を要求する権利を持たない（＝モスクワはコントロールセンターではない）」「真理の独占者は存在しない」，社会主義諸国は「各国の条件を考慮に入れ，その特殊性に応じて政治路線を決定できる」と述べた。そして5月末，ワルシャワ条約機構首脳会議のコミュニケからついに「帝国主義」という表現が消えた[40]。翌1988年3月，ゴルバチョフはユーゴスラヴィアを訪問し，その際，ソ連・ユーゴスラヴィアの共同宣言として，制限主権論を放棄した「新ベオグラード宣言」が発表された (3.18)。制限主権論放棄が文書でも確認されたのだった。

レイキャビク会談とINF全廃条約

1986年10月11日から12日にかけて，ゴルバチョフは，アイスランドのレイキャビクでレーガンと2度目の首脳会談をおこなった。その際，ゴルバチョフは英仏の持つ核戦力がINF交渉から除外されることに初めて同意し（それまでは，英仏の核戦力も交渉に含むという立場であった），戦略核削減についても，何パーセントという割合ではなく，双方の実数が等しくなるようにする，ということに同意した（割合を同一とする方式では核の総数が多いソ連側が，残った実数でも多くなる）[41]。

そして1987年12月8日，ワシントンでの米ソ首脳会談でレーガンとゴ

ルバチョフは「INF全廃条約」に調印した。ついに歴史上初めての核の削減が実現することになった。1988年5月29日，レーガンはモスクワを訪問し4回目の米ソ首脳会談をおこない（〜6.1），批准書を交換してINF全廃条約を発効させた（6.1）。戦略核削減の合意はならなかったが，地域紛争問題ではアンゴラからのキューバ軍撤退，ナミビア独立交渉推進で合意した。テレビの映像は世界の人々に米ソ関係の安定を印象づけた[42]。

韓ソ国交樹立

1988年9月16日，ゴルバチョフはクラスノヤルスクで新しいアジア政策を発表した。中国に対しては「中ソ首脳会談」を希望すると語り，さらに韓国との経済交流促進について語った。

クラスノヤルスク演説の翌日からソウルオリンピックが始まり（1988.9.17〜10.2），ソ連選手団はこれに参加した。韓国はこれを歓迎し，韓ソの関係改善への動きが本格化した。そして，1990年9月30日，韓ソ国交覚書が調印され，ついに両国の国交が樹立した。12月には韓国の盧泰愚（ノ・テウ）大統領が訪ソし（12.13〜12.16），国連への南北朝鮮同時加盟でソ連の支持を取りつけ，翌1991年1月，韓国がソ連に総額30億ドルの借款（しゃっかん）を提供することで合意した。中国も1990年10月20日に韓国と貿易事務所の相互開設で合意，ソ連を露払（つゆはら）いにして対朝鮮半島政策を変えた。1991年9月17日，南北朝鮮は，バルト三国とともに国連に加盟した。国連加盟の陰で北朝鮮は中ソの支援を実質的に失い，後に問題となる核兵器開発を加速させた。

中ソ関係正常化へ

1986年7月のウラジオストク演説に中国も注目し，歓迎した。1987年2月，中ソ国境協議は再開され，1988年12月1日，銭其琛（せんきしん）外相が訪ソした（〜12.3）[43]。中国外相の訪ソは実に31年ぶりであった。その結果，1989年前半に中ソ首脳会談が開催されることとなった。銭は記者会見で，中ソ関係正常化の始まりであることを強調した。12月8日，新華社通信は，ゴルバチョフが国連演説でソ連軍の兵力削減やモンゴル駐留ソ連軍の大部分の撤退を表明したことを，演説開始から2時間以内という異例の早さで報じた[44]。

1989年5月15日，ゴルバチョフは訪中した。30年ぶりの中ソの首脳会談後，共同コミュニケが発表された。コミュニケは，(1) 両国家関係の正常化，(2) カンボジア問題の協議継続，(3) 中ソ国境双方の軍事力削

減，(4) 両国家間交流促進，(5) 両党間交流深化を謳い，国家関係の「普遍的諸原則」として「平和五原則」を挙げ，これを中ソ両国関係の基礎とした。歴史的には異なった体制間のルールとして1954年に中国がインドとともに打ち出した「平和五原則」は，いまや同じ体制内の原則となった。

「ブレジネフ・ドクトリン」は死んだ。社会主義各国は急激な変動過程に入った。

六・四天安門事件

ゴルバチョフ訪中時，北京は騒然としていた[45]。事の起こりは胡耀邦総書記の死去だった。1989年4月15日夕，死去の報が伝わるや，北京大学構内で学生が一斉に追悼の壁新聞を張り出した。追悼行動に参加した学生は数を増し，「官僚主義打倒」「鄧小平は引退せよ」と追悼行動はしだいに抗議行動になった。デモの規模は拡大していき，人民日報社説は「動乱」と非難した（4.26）。北京の天安門広場にも学生のほかに市民が集まっていた。

5月20日，北京市の一部に戒厳令が出された。1949年の建国以来の首都戒厳令だった。事態はいったん鎮静化したが[46]，天安門広場に学生たちによる「民主の女神」像が出現して再び事態は緊迫化した。長安街など天安門広場周辺に再び労働者など市民が押し寄せ一部暴徒化した。6月4日午前0時過ぎ，戒厳部隊は本格的進撃を開始，武力鎮圧をおこない，死傷者多数と報道された。しかし，戒厳部隊は天安門広場にただちに突入せず，広場にいた学生たちは侯徳健や劉暁波らに説得されて撤退した[47]。当局が恐れた主勢力は労働者や農民であった[48]。「学生運動は愛国的」(6.3) と評した趙紫陽総書記はやがて解任され，上海市長の江沢民が総書記となった。

北京の戒厳令の先駆は1989年3月のラサ戒厳令だった。1987年，1988年とチベットでは独立要求のデモが起こったが，1989年3月に起きたデモは大規模な暴動となり，政府はついに戒厳令でこれを抑え込んだ。このとき現地の指揮を執ったのが，後に国家主席となる胡錦濤チベット自治区党委員会書記であった。

二つの戒厳令の論理は同じだった。体制否定は許さぬということであり，政府とは異なる立場・主張は認めぬということであった。経済の改革・開放はその前提の上に推進するという意思表示が戒厳令だった。それは政治改革先行のソ連とは対照的であった。

アメリカをはじめ西欧・日本は経済制裁で中国に臨んだ。ただし，アメリカはその実，秘密裏に特使を派遣し，米中関係の悪化を防ごうとしていた[49]。

第14章

冷戦の終結とソ連の消滅

1980 〜 1991

1 ──── 東欧大変動と冷戦終結

ポーランドの10年

　1980年の夏，ポーランドで共産党支配から独立した労働組合「連帯」が出現した。ストライキや，政府側と労働者側との交渉を経て，8月31日，「連帯」は公認された（グダンスク協定）。それはポーランドのみならずソ連・東欧社会主義圏の歴史において前代未聞のできごとであった[1]。「連帯」は1980年末までに800万人近くを組織するに至った。これは，旧来の官製労働組合がそれだけ解体されたことを意味した。1980年9月6日，ギエレク第一書記解任，後任カニアが発表された。1956年のポズナニ暴動，1970年の反政府暴動につぐ3度目の，労働者からの圧力による党最高指導者の交替だった。1981年2月11日，ヤルゼルスキ国防相が首相に任命された。

　ソ連は「連帯」を抑えるよう，カニアとヤルゼルスキに圧力をかけた[2]。9月18日の「連帯」の大会は，東欧労働者向けのアピールを採択した。ヤルゼルスキによれば，「モスクワその他の東側の指導者にとって，声明は堪忍袋の緒を断ち切る最後の一撃となった」[3]。「連帯」は，社会主義全体の敵とみなされた。東欧情勢は緊迫の度合いを強めた。10月18日にカニアは辞任し，ヤルゼルスキが第一書記となり，政府・党の最高権力者になった。そして12月13日午前0時，ヤルゼルスキは全土に非常事態宣言（戒厳令）を出し，救国軍事評議会を設置，自ら議長となって軍政を開始した。ワレサら「連帯」活動家約6000人を逮捕・拘束し，抗議ストを打った労働者達は警察と軍隊によって制止された[4]。翌1982年10月，新労組法が制定され，「連帯」は正式に非合法化された。

　アメリカは，ポーランドに対してのみならずソ連に対しても制裁措置をおこなうことを公表した（1981.12）が，23日のNATO理事会は，制裁を求めるアメリカを支持せず，同日のヨーロッパ共同体（EC）委員会は，ポーランドに対し緊急援助を決める[5]など，デタント継続を望む西欧は，アメリカに同調しなかった。さらにソ連向けのシベリア・パイプライン資材輸出をめぐっても，禁輸を求めるアメリカに対して西欧は激しく反発した。

　米・西欧間の対立が解消され，アメリカのソ連向けパイプライン資材禁

輸が解除されたのは翌1982年11月14日のことであった。ソ連のブレジネフ書記長が死去し，また，ワレサが釈放されたというタイミングであった。

戒厳令はソ連軍介入を阻止した。しかし，ヤルゼルスキは「連帯」の息の根を止めるほどの弾圧はせず，1年後の1982年11月12日には逮捕していたワレサを釈放し，戒厳令も1983年7月22日の独立記念日に解除した（救国軍事評議会も解散へ）。他方，その間にヤルゼルスキは限定的な政治・経済改革を進めた。憲法を改正し，社会主義国初の憲法裁判所の設置を謳い（1982.3），新経済立法（1982.7発効）によりソ連型中央指令経済からの脱却を図り，利潤原理導入を試みた。だが，経済危機は深刻化していった。

1988年に入ると，再び労働者によるストライキが各地で発生した。1989年2月，政府は「連帯」との円卓会議に入り（2.6〜4.5），「連帯」は7年ぶりに合法化された（4.7）。ポーランドの改革は加速された。国会はさらにカトリック教会に合法的地位を認める法案を可決した（5.17）。社会主義国では初めてのことだった。6月4日，上下両院選挙が実施された。「連帯」の圧倒的勝利だった。ソ連は動かなかった[6]。

ポーランドの政治は一変した。7月19日にはヤルゼルスキが大統領となり，8月25日には「連帯」系の人物で，カトリック教会やローマ教皇とのつながりもある，マゾビエツキが首相に選出された。ついに非共産系の内閣が誕生し（9.12正式発足），11月16日に統一労働者党（共産党）は党解散を決議した。さらに12月29日には憲法が改正され，「ポーランド人民共和国」から「ポーランド共和国」へと国名も改められた。

ハンガリーの変化

ハンガリーは，1980年代に，経済改革を政治改革とともに進めていった[7]。1988年9月には，共産圏でははじめて韓国との間で大使級常駐代表部設置に正式合意した。1989年1月，政治改革に伴い，政党や政治団体の結社・集会が合法化された。これも共産圏でははじめてのことであった。2月には，複数政党制への移行も決定された。民主化は過去の過ちの見直しも加速させ，6月16日，1956年のハンガリー事件で処刑されたナジ・イムレ元首相の名誉回復と改葬がおこなわれ，ソ連代表も出席した。10月18日，ハンガリー国会は憲法から「共産党の指導的役割」条項を削除し，23日には，ポーランドと同じく，「人民共和国」から「共和国」に国名が改められた。ハンガリーは静かに変化した。

東欧社会主義政権の崩壊

　東独の崩壊も始まった。1989年8月上旬，夏休みでハンガリーに来た東独の学生数は前年の2倍，約3万5000人に達した。9月11日，ハンガリー政府は東独市民に対し，オーストリアとの国境を開放し，西独への大量流出の口火を切った[8]。10月7日，建国40年式典に出席したソ連のゴルバチョフ書記長は，東独指導部との会談で「一歩遅れた者は，その責めを一生負うことになる」と発言した[9]。10月18日，東独で18年間君臨したホーネッカー社会主義統一党書記長が退陣した（後任クレンツ）[10]。11月4日の東ベルリンでのデモは100万人規模にまで達した。ついに東独政府は国境開放を決定し，11月9日深夜，「ベルリンの壁」は崩れた。

　11月10日，ブルガリアでは35年間君臨したジフコフ共産党書記長が辞任した。12月3日，チェコスロヴァキアでは非共産党員5名を含む連立内閣が生まれ，翌4日，ワルシャワ条約機構首脳会議が，1968年の「プラハの春」介入は誤りだったと確認，10日には非共産党多数派内閣への移行が決定され，28日には「プラハの春」の立役者ドプチェクが連邦議会議長に選ばれた。こうして旧体制崩壊が続いた。

　いずれも平和的な変化だったが，ルーマニアだけは暴力的変化になった。12月中旬，軍が出動して地方都市ティミショアラでの反政府デモを弾圧したが，21日，首都ブカレストで開かれたチャウシェスク支持集会が一転して反政府集会に転ずるという激変を生んだ。戒厳令が全国に布告されたが，軍は市民側につき，市街戦を経て，チャウシェスク夫妻は銃殺処刑された（12.25 秘密裁判）。チャウシェスクによる24年間の強権政治は共産党を私物化しきり，他の東欧諸国のように当面の事態を切り抜ける工作さえできなかった。

　激変の結果，ほとんどの国は複数政党制へ向かった。ゴルバチョフもついに12月9日の党中央委総会で「党の指導的役割」条項を憲法から削除・修正する方針を明らかにした[11]。

ドイツ統一へ

　「ベルリンの壁開放」によって東西両ドイツ間の問題は，まず「統一か否か」が焦点となり，次に「いかなる統一か」へと移った。サッチャー英首相やゴルバチョフらは統一に反対であった。クレンツも「社会主義体制の枠内で」改革を実現する「二つのドイツ」の存在が必要との立場であった[12]。新しく就任したモドロウ東独首相は条約共同体構想による対等合

東欧諸国の変動

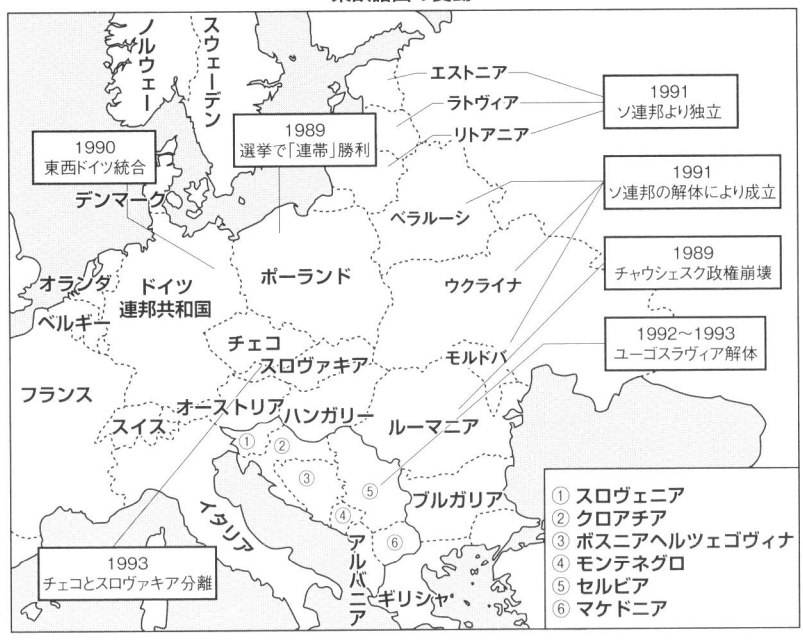

- 1990 東西ドイツ統合
- 1989 選挙で「連帯」勝利
- 1991 ソ連邦より独立（エストニア、ラトヴィア、リトアニア）
- 1991 ソ連邦の解体により成立（ベラルーシ、ウクライナ、モルドバ）
- 1989 チャウシェスク政権崩壊
- 1992～1993 ユーゴスラヴィア解体
- 1993 チェコとスロヴァキア分離

① スロヴェニア
② クロアチア
③ ボスニアヘルツェゴヴィナ
④ モンテネグロ
⑤ セルビア
⑥ マケドニア

併論，コール西独首相は三段階統一構想による事実上の吸収合併論であった。

　コールは事態のヘゲモニーを握るべく行動した。壁開放後，西ベルリンを訪問した東独市民に1人100マルクをプレゼントして物品を購入させ，東西の格差を痛感せしめて西への流出を加速させた[13]。1990年2月10日，訪ソしたコールはゴルバチョフと会談し，金融支援と引き換えにドイツ統一を認めさせた[14]。ソ連の態度は後退を続けた。ソ連外務省の統一ドイツのNATO加盟反対声明（2.24）に対し，コール・ブッシュ（父）米大統領会談（2.24～2.25）は統一ドイツのNATO加盟で合意し，「大国ドイツ」出現に対する周辺国の恐怖感を緩和した。外交もコールのペースとなった。3月18日におこなわれた東独総選挙は投票率90パーセントにのぼり，そして東独市民は吸収合併を支持した。早期統一の約束と両独通貨交換比率1対1の確認（選挙直前の3月13日）が決め手となった。コールの奮闘は実を結んだ。総選挙と同じ日に開かれたワルシャワ条約機構外相会議では，統一ドイツのNATO加盟に反対したのはソ連だけだった。翌19日，コールは一転して東独市民に対し，東独にとどまって国づくりをするよう訴えた。

コールはドイツ統一に向けての具体的なプロセスに入った。東独のキリスト教民主同盟（CDU）とドイツ社会民主党（SPD）は連立内閣づくりで合意し，4月12日，CDUデメジェールを首相とする内閣が正式に発足した。7月16日，ゴルバチョフは，統一ドイツのNATO加盟を容認し，10月3日，統一ドイツは正式に誕生した[15]。政治には「時の勢い」というものがある。1989年の東欧と東独の激変はその典型だった。時の勢いは各国の漸進改革を不可能にしたが，コールはそれを利用してドイツ統一を実現させた。

冷戦終結

1989年5月12日，中ソ首脳会談を前にして，ブッシュ（父）米大統領は対ソ政策に関する演説で，冷戦中の対ソ封じ込め政策の成功を宣言しつつ，今後はソ連の国際社会への統合を目指すことを明らかにした。その上で五つの措置をソ連に求めた。(1) ソ連軍事力を脅威のないレベルまで削減する。(2) 中部・東部欧州諸国の自決権支持，ブレジネフ・ドクトリン放棄。(3) 西側との協力による地域問題の外交的解決。(4) 政治的複数主義と人権尊重をさらに発展させる。(5) 麻薬，環境など地球規模の問題への取り組みに加わる。このうち重視されたのは (1) と (2) であった。

5月末のNATO理事会から戻ったとき，ブッシュは「今こそ冷戦に終止符を打つときだ」と言い，「アメリカはさらに別の大胆な軍縮提案を検討している」と表明した (6.2)。五つの措置のうち (1) を加速するためであった。こうしてブッシュは冷戦終了を語りはじめた。だからこそ今後の目標を挙げたのだった。ゴルバチョフもまた，7月に「戦後の冷戦は終わった。欧州はいま平和期という劇的な時代を迎えている」と初めて冷戦終結を宣言した (7.4 ミッテラン仏大統領の夕食会)。

ついで8月から12月にかけての東欧の大変動が起こり，前記 (2) が実証された。だから年末の米ソ首脳会談で両首脳が揃って冷戦終了を宣言したのも当然だった（1989.12.3 マルタ島）。この「マルタ会談」でゴルバチョフは，ソ連はアメリカを敵視しない，とまでブッシュに言明し[16]，記者会見でも，もう決して熱い戦いは起こらない，と述べたのだった。その後1991年6月28日にはコメコン（経済相互援助会議）解散議定書が調印され，ワルシャワ条約機構も7月1日の最終首脳会議で解体が完了した。

アメリカから見れば，ソ連・東欧地域のこのような動きはアメリカの希望どおり進んだ。だから冷戦終了を語りえたし，その進行がゴルバチョフ

外交によるところ大であったからこそ，ブッシュはゴルバチョフに「感謝」したのだった[17]。そしてこの（アメリカの主導する）米ソ関係がはっきりとした形で現れたのが湾岸戦争であった。

2━━━湾岸戦争

湾岸の危機

　1990年6月7日，サッチャーはNATO外相会議（スコットランドのターンベリ）で「NATOの仮想敵国はもはや欧州にはない。欧州以外の中東が脅威になることを想定する必要があろう」と述べた[18]。事態はその通りになった。

　これより前，ブッシュ政権は，1989年10月に国家安全保障指令26号（NSD26）で湾岸政策をまとめていた。そこではイラクとの「正常な関係を保つ」ことがアメリカの利益であるとされ，「ペルシア湾および中東全体の安定に寄与する」とされていた。よって「正常な関係」を維持するため，1990年1月，イラクに2億ドルあまりの融資を決めた[19]。

　しかし，中東を作戦範囲とするアメリカ中央軍は2月，「この地域で侵略行為をとる可能性がもっとも強いのはイラクとの結論に達し」[20]，4月になると国務省内でも，イラクの動向に対応するため，制裁措置適用など，イラク封じ込めの検討が始まった[21]。だがそれは，あくまで国務省レベルであって，政府レベルの政策転換ではなかった。

　イラク革命記念日の7月17日，サダム・フセイン大統領は演説でクウェートとアラブ首長国連邦（UAE）の不当な原油増産を非難，軍事行動の可能性を示唆した[22]。イラク軍もクウェート国境に移動を始めた。アラブ諸国による調停も活発におこなわれる中，UAEは米中東艦隊の軍事演習に参加し，25日にイラクはこれを非難した。そして同日，フセインは駐イラク米大使エイプリル・グラスピーを突然呼び出し会談した。グラスピーは「イラクとクウェートの国境紛争のようなアラブ内部の問題については，われわれは口をはさまない」と言い，ブッシュ大統領がイラクとの友好関係を望み，敵対行動をとらぬことを示唆した。アメリカ政府の対応は，NSD26のままであった[23]。

第14章　冷戦の終結とソ連の消滅

イラク軍クウェート侵攻

1990年8月2日，イラク軍はクウェート侵攻を開始，たちまちこれを制圧し，サウジアラビア国境近くまで軍を進めた。侵攻の知らせを受けた訪米中のサッチャーは，コロラドでブッシュと会談し，侵略者を決して許してはならないこと，サウジアラビアに侵攻する可能性を考え，すみやかにイラクの動きを封じなければならないことを主張した。1982年のフォークランド紛争の経験に学んだものであった[24]。ブッシュは同意し，記者会見で対イラク武力行使の可能性を排除しないと述べた（8.2）。

8月3日，ベーカー米国務長官はシェワルナゼ・ソ連外相と組んで，イラクへの武器供給の停止を含むイラク非難の共同声明を出すことに成功した。シェワルナゼは長年のパートナーであるイラクを見捨てることに反対するソ連外務省や軍部内の一部の意見を抑えたのだった。共同声明は，米ソが共同歩調をとっていることを明白に示すものであり，外相レベルにしろ，これまでは考えられもしなかった米ソ共同行動が現実化したのだった[25]。

8月3日夜，イラクは5日から全面撤退を開始すると発表したが，6日，国連安保理は経済制裁を決議した（決議661号）。7日にはアメリカ軍のサウジアラビア派遣が決定された。そのため，イラクは一転して8日にクウェート併合を宣言した[26]。第二次世界大戦後，はじめて主権国家が併合された。10日，NATO外相会議は米軍のサウジアラビア派兵支持を表明しつつも，アメリカが呼びかけた多国籍軍への参加は「各国が独自に判断する」とした[27]。アラブ首脳会議はイラク説得に失敗し，その結果「アラブ各国軍」の派遣を決めた（8.10）。

「リンケージ提案」から開戦まで

8月12日，フセイン・イラク大統領はパレスチナ問題とクウェート問題のいわゆる「リンケージ提案」をおこなった。もしイスラエルがパレスチナ占領地から撤退すれば，イラクもクウェートから撤退する，という同時撤退案であった。国連安保理が，イスラエルに対しては撤退決議の無視を容認しながら，イラクにのみ撤退を強制するという「二枚舌」を使うのはおかしいではないかとの批判だった。しかし逆に考えれば，これは撤退の明確な意思表示でもあった[28]。だがアメリカは同日全面拒否し，さらにイラクの海上封鎖を表明し，以降「サウジアラビア防衛」から「対イラク制裁」へ重点を移していった。

ソ連は「撤退」という言葉に注目し，リンケージを実現させることを志

向し始めた。ソ連は政治的解決を望んだのだった。9月9日にはヘルシンキでブッシュ・ゴルバチョフ共同声明が出され、「イラクの侵略は容認できない」とし、「国連安保理決議の完全な実施以外は受け入れられない」と強調したが、他方、「中東地域及びペルシア湾地域に残されているすべての問題を解決するために積極的に動くことが不可欠である。双方はお互いに相談しあい、適当な時期にこれらの広範な目的を遂行するための手段を打ち出す」と、イラク撤退後に中東和平会議を開くことを示唆した。さらにはミッテラン仏大統領の和平提案が現れ（9.24 イラク軍無条件撤退、クウェートの主権回復、パレスチナとレバノン問題を含む中東問題国際会議の開催など）、アラブ側にも「リンケージ提案」が受け入れられたことを示す発言が現れた[29]。

アメリカの武力行使の準備は10月から始まっていたが、国連での武力行使決議案への各国の反応は芳しくなかった。しかし、12月の国連安保理議長国は武力行使反対の立場をとるイエメンの番であり、安保理でアメリカが議長を務める11月末までに採択する必要があった。

ベーカーは、国連代表ではなく首脳もしくは外相と直接会談することで15の全理事国の支持を取りつけようとした。朝鮮戦争以降、アメリカは国連で武力行使の承認を求めたことはなく、失敗するわけにはいかなかった[30]。この工作は功を奏し、11月29日に国連安保理決議678号が採択された。翌1991年1月15日までにイラクがクウェートから撤退しない場合は、国連加盟国がイラクの侵略のおこなわれる前の状態に戻す（原状回復）ために「あらゆる必要な手段を使う」ことを認めるとの内容であった（キューバとイエメンは反対。中国は棄権）。1991年1月13日、デクエヤル国連事務総長は戦争回避の最後の機会を求めてフセインと会談した。しかし、二人とも戦争回避の鍵は国連ではなく、アメリカにあることを認識しており、調停は不調に終わった[31]。

戦争がもたらしたもの

現地時間1991年1月17日未明、アメリカ軍によるバグダッド空爆が始まった。作戦名は「砂漠の嵐」と付けられた。「28ヵ国の軍隊、五つの大陸の国が湾岸に派兵し、団結して戦っている」とブッシュは開戦直後の演説（1.16）で述べたが、この軍は「国連軍」ではなく、あくまで「多国籍軍」であった。アメリカのパトリオット迎撃ミサイルやステルス戦闘機など、高度な先進技術による「ハイテク戦争」が湾岸戦争を特色づけた。

ソ連は開戦後も地上戦を避けるべく外交努力を続けていた。プリマコフ

特使のバグダッド訪問（2.12）を受け，2月15日，イラク国営放送は，イラク軍撤退を含む国連安保理決議に関し交渉の用意ありと伝えた。開戦後初めて「撤退」という表現が使われたが，ブッシュは即日，無条件撤退を強調した。戦闘開始から停戦まで約40日，戦争はイラクの敗北で終わった。

ブッシュが当初訴えていた湾岸戦争の目的は「原状回復」であり，それを根拠として国連安保理決議678号が採択された。結局ブッシュはフセイン退陣に向けた動きを具体化せず，イラク北部のクルド人蜂起と南部のシーア派蜂起への支援を途中でやめてしまった[32]。クウェートは独立を回復したが，首長が再び実権を握った。ブッシュは，クウェートが民主化できないことに失望したかと聞かれた際，「クウェート民主化のための戦いではなかった」と答えた[33]。

「ベトナム戦争の悪夢はアラビア半島の砂漠の中に永遠に埋め込まれてしまった」——湾岸戦争後のラジオ演説でブッシュはそう強調した（1991.3.2）。この戦争の勝利で，アメリカは長年にわたる，ベトナム戦争の後遺症から抜け出したのでもあった。

中東和平への取り組みは，1991年10月30日，マドリードで開かれた中東和平会議で実現した。それは「米ソ共同主催」という形に意義があり，ブッシュ，ゴルバチョフ両大統領によって開会式が主宰された。イスラエルとアラブ諸国を同席させたことは歴史的な出来事であり，この会議は1993年のオスロ合意，パレスチナ暫定自治協定へと続いていった。

3 ── ソ連崩壊

ボン経済宣言

1990年4月11日，全欧安保協力会議（CSCE）第1回経済協力会議が「ボン経済宣言」を採択して閉幕した（3.19〜4.11）。1975年のCSCEヘルシンキ会議最終文書にいう「経済協力」がついに実現したもので，アルバニアを除く全欧州諸国とアメリカ・カナダの35ヵ国，約2000人が参加，東西間経済会議としては最大規模であり，「ソ連・東欧の自由主義経済への新規参入はこれで全欧諸国に正式に認知された」と評された[34]。

「ボン経済宣言」は，前文で「参加各国は民主的制度と経済的自由が経済

と社会の進歩を促していることを認める」として，中央指令型の社会構造を否定し，私有財産制度の重要性を強調した。だから今後のソ連・東欧諸国の努力目標が列記されていた。

「ボン経済宣言」に同意したことによって，ソ連は自己の社会経済体制と哲学とを否定し，西側のそれを認め受け入れることを黙認した。このことは，外交交渉よりも軍事力を重視する米ソ間の戦争瀬戸際政策としての「狭義の冷戦」だけでなく，社会経済体制やイデオロギー上の対立を含むいわゆる「広義の冷戦」も終わったことを意味していた[35]。

ソ連は自由主義経済へ移行することになったが，それを実行するために対ソ支援が「必要」であるとする独仏と，支援は「不必要」とする米英は対立した。ゴルバチョフは西側からの支援が鍵とみていたから，1990年7月には，市場経済移行への「長期的で大規模な援助をおこなう協定」を結んで欲しいと懇願する手紙を先進7ヵ国（G7）各国に送ったし[36]，1991年に設立された欧州復興開発銀行からの招待を喜んで受けた。しかし，G7のうちソ連への大規模援助とそれによるゴルバチョフの権限強化に賛成したのは，フランス，カナダ，イタリアだけであった。7月のロンドン・サミットにやってきたゴルバチョフに事実上援助は与えられなかった[37]。

そして8月，モスクワで反ゴルバチョフ・クーデタが発生した。その原因はソ連内政にあった。

反ゴルバチョフ・クーデタ

1990年3月13日，ソ連では憲法改正がおこなわれ，共産党の指導性放棄と大統領制が導入され，ゴルバチョフは大統領に就任した（3.15）。他方，5月29日にはエリツィンがロシア共和国の最高会議議長選で当選し，ロシア最高会議議長となった（ソ連はロシアをはじめ15共和国からなる連邦制国家）。同じ最高会議議長でも，選挙という市民の洗礼を受けて正統性を確保したエリツィンとそうでないゴルバチョフとでは，ロシア共和国内ではおのずから評価が違うことになった。6月12日，エリツィン新議長はロシア共和国主権宣言を同人民代議員大会で採択させた。同日，ゴルバチョフはソ連を「主権国家連邦」に再編する構想を語り，さらに19日にはロシア共和国共産党結成を提案した。ついでゴルバチョフは，7月2日に始まった第28回ソ連共産党大会で，党と国家機能の分離を決定させ，政治の主体を国家と各共和国とに移し，「主権国家連邦」への途（みち）を定めさせた。

1991年1月13日，多国籍軍によるイラク攻撃開始直前に，ソ連軍がリ

トアニアで実力行使に踏みきった。バルト三国はソ連邦を構成する15ヵ国の一員であり、その独立は許せぬとする保守派の意思を反映した行動だった。ゴルバチョフは自己の関与を否定したが（1.23）、もし関与していないのであれば彼の統制力喪失は明白であった。

1991年7月29日，新連邦条約最終案はゴルバチョフ，エリツィン，ナザルバエフ・カザフ共和国大統領の三者会談によって合意された。その骨子は，税金徴収権を各共和国に委ねるというものであった。ゴルバチョフは何としても「ソ連邦」を維持したいがために譲歩したのであった。しかし，新連邦条約最終案は連邦財政主権の喪失を前提とし，中央権力の完全無力化を意味するなど，「ソ連解体案」とも受け取れた。

ゴルバチョフは，モスクワにブッシュを迎えて戦略兵器削減条約（START）に調印した（7.31）。対米9割の戦力を7年後には7割5分にして，アメリカから最恵国待遇と対ソ経済支援を受け取るというもので，保守派からすれば外交的屈服に他ならなかった。ついに，保守派は決起した。

8月18日夕刻，当時クリミヤ半島南端の大統領別荘にいたゴルバチョフ（翌19日にモスクワに戻り，20日の新連邦条約調印式に参加する予定だった）のもとを，バクラーノフ国防会議第一副議長ほか4人が訪問し，非常事態宣言に署名するか，ヤナーエフ副大統領への大統領権限の移譲を求めた。ゴルバチョフが拒否すると，別荘はKGBの手で封鎖隔離された[38]。

翌19日午前6時，ゴルバチョフの健康上の理由によりヤナーエフが職務を代行すること，午前4時から国内一部地域に非常事態を宣言し，それに伴い非常事態委員会を設置すること，さらに「ソ連国民へのアピール」などが発表された。いずれも18日付だった。これに加えて，連邦条約に問題ありとのルキヤノフ最高会議議長書簡が読み上げられた。

エリツィンの行動は素早かった。情報をつかむとただちに，ロシア大統領府（通称ホワイトハウス）に直行した。エリツィンを拘束すべくKGBスペツナズ（特殊部隊）が公邸に突入したのは，エリツィンが公邸を出た10分後であった。クーデタ派にとって，本来倒すべきエリツィンをいち早く拘束しなかったことが，後々大きく響いた。「ソ連政府」と「ロシア政府」とが真っ向から対立したのだった。この日の昼ごろ，モスクワ中心部には2000〜3000人の市民が集まっていたが，その数はさらに急速に膨れ上がった。

21日午後2時頃，クーデタ派は作戦中止を決めた。22日午後3時過ぎ，ゴルバチョフはモスクワに戻った。クーデタ派の逮捕が続き，3日間で事

件は終わった。ゴルバチョフが進めたペレストロイカは、保守派のクーデタで危機を迎えた。だが、ペレストロイカによって生まれた改革派がこれを救ったのだった。「ペレストロイカがペレストロイカを救った」[39]のであった。

しかし、「八人組」と呼ばれたクリュチコフKGB議長ら首謀者は、すべてゴルバチョフによって登用された人物だった。そのこと自体がゴルバチョフには致命的であり、ヘゲモニーはエリツィン側に移った。

ソ連消滅

1991年8月24日、ゴルバチョフはソ連共産党の解散と書記長辞任を発表した。31日、ソ連最高会議は共産党活動停止の大統領令を追認し、内閣不信任を議決して、現憲法下での最後の活動を終えた。党は消滅し、ソ連邦中央の実態も消滅した。

9月6日、バルト三国が正式に独立した。12月1日、国民投票でウクライナ共和国の完全独立が決定し、8日にはロシア、ウクライナ、ベラルーシのスラヴ3共和国首脳が独立国家共同体創設、連邦消滅を宣言し、21日には11共和国首脳が「独立国家共同体（CIS）条約」に調印した。25日、ゴルバチョフは大統領辞任演説をし、クレムリンに帝政ロシア時代の国旗がひるがえった。ソ連は消滅した[40]。

1989年にゴルバチョフが中国を訪問した際、ゴルバチョフは鄧小平に対して「われわれソ連は政治改革から手を付け、あなたがた中国は経済から始めた。しかし、行き着くところは同じです」[41]と語ったが、「行き着くところ」は大きく違った。ソ連は崩壊し、中国は高度経済成長を迎えようとしていた。

こうして1991年という年とともに、一時代が終わった。20世紀の国際政治は第4段階に入った。

第15章

西側秩序の拡大

1990〜2000

1 ── 西側秩序と路線対立

「西側秩序」

　湾岸戦争とソ連崩壊を経て，国際政治史は新段階に突入した。その特徴は「西側秩序」の台頭であり，西側諸国間の力関係の変化が国際関係全体に大きな影響を及ぼすようになったことであった。

　西側諸国とは，冷戦期にアメリカと何らかの軍事的協力関係を築いてきた先進工業諸国を指す。これらの国々によって構成される国際秩序（西側秩序）は，国際的には多国間協調と自由貿易の原則を重視し，国内政治は資本主義経済を前提とした民主主義体制（市場民主主義）によって統治される[1]。ただし，西側諸国は秩序運営の方法について必ずしも一致しているわけではない。そのため冷戦期には，ソ連の「脅威」とアメリカの力を背景として西側諸国の政策がすり合わされてきた。しかし，ソ連は崩壊し，冷戦に「勝利」したはずのアメリカの力には翳りが見えていた。1990年代初頭はまさに西側諸国間関係の変動と調整の時期であった。

日米欧の路線対立

　アメリカは，パナマ・ノリエガ将軍逮捕作戦（1989年12月）などで軍事力を見せつけた。しかし，より大規模な湾岸戦争では，国連安保理決議678号（1990.11.29）を根拠として組織された「多国籍軍」によって，ようやくサダム・フセインに対峙できた[2]。しかも，戦費の大部分は中東産油国，日本，ドイツなどによって賄われた[3]。アメリカ経済は「双子の赤字」（財政と経常収支の赤字）を抱え，欧州や日本企業との競争にさらされていた。経済の不振はアメリカの軍事力を制約しつつあった。

　欧州共同体（EC）の加盟国は域内市場の統合に向かっており（1986年2月単一欧州議定書調印，1992年2月マーストリヒト条約調印），共通農業政策は対外貿易交渉における欧州諸国の結束を象徴していた。また，冷戦終焉を受けた在欧米軍の縮小計画とあいまって，ECの共通外交安全保障政策（CFSP）への期待も高まっていた。フランスなどは安全保障面での対米自立を模索し，「欧州安全保障防衛アイデンティティ（ESDI）」の確立を主張して西欧同盟（WEU）の強化を目指した。この動きは，NATO

やWEU域外における平和維持活動の議論とも連動していた。欧州諸国は，域外活動の法的根拠として国連安保理決議を重視し，さらに，アメリカの参加しない域外活動についてWEUや欧州諸国がNATOの施設や装備を利用可能にする協定の取り決めを求めた。

　アメリカは欧州の共通農業政策を批判して「欧州要塞化」の動きを牽制(けんせい)し，また，NATOの役割を強調して欧州自立論に釘(くぎ)をさした。このうち，農業問題については1992年11月の「ブレアハウス合意」によって米欧妥協が一応成立したものの，安全保障問題の決着はつかなかった。1991年11月にまとめられたNATO『新戦略概念』では，ESDIを大西洋同盟の枠内で形成すると確認したが，域外活動の法的根拠やWEUとNATOとの協力関係についての米欧合意は得られなかった。

　同じ頃，アジア情勢も変動していた。韓ソ国交樹立（1990.9.30），南北朝鮮の国連加盟（1991.9），カンボジア和平の成立（1991.10.23 パリ和平協定成立）といった具合に，アジアの安全保障環境も相対的に改善されつつあった。これと連動してアジア駐留米軍縮小の動きも始まっていた。アジア諸国は，従来型の軍事同盟網だけではなく集団安全保障の要素も加味した地域秩序形成への関心を高めていた。

　日本もこの動きとは無縁でなかった。日本は湾岸戦争の戦費負担をめぐる国際交渉で孤立し，それを契機に外交・安全保障政策の見直しを本格化させた。日本は将来的な国連安保理の常任理事国入りを目指して国連平和維持活動（PKO）への自衛隊派遣を決断した。そのはじめての事例となったのは国連カンボジア暫定統治機構（UNTAC）への派遣であり，日本の活動はUNTACの明石(あかし)康(やすし)代表を助けた。1993年8月に発足した細川護熙(ほそかわもりひろ)政権は「防衛問題懇談会」を立ち上げて安全保障政策の再検討をおこない，その報告書（通称『樋口レポート』）は過度な米軍依存からの脱却と地域的な集団安全保障枠組みの制度化を提言した[4]。

　また，天安門事件（1989.6）後の日本の対中政策も各国の注目を集めていた。天安門事件への経済制裁で西側諸国と中国との関係は冷え込んでいたが，日中関係は別であった[5]。日本は1990年7月に対中円借款(しゃっかん)の供与再開を決定し，1992年10月には史上初めての天皇訪中を実現させた。アメリカなど西側各国は水面下で対中関係の改善を模索していたが（たとえば1989年7月1日のスコウクロフト米大統領補佐官の極秘訪中など），天皇訪中は日本の対米自立の兆(きざ)しと受け止められた[6]。

　さらに，「バブル景気」に沸く日本への国際的な羨望と警戒，そして日米経済摩擦への日本国内における不満が，内外の識者に日本の対米自立へ

の想像を逞しくさせていた⁽⁷⁾。また，マレーシアのマハティール首相は，東南アジア諸国連合（ASEAN）と日中韓を中心にしてアメリカやオーストラリアを除いた「東アジア経済協議体」（EAEC）による自由貿易圏構想を提唱していた。日本はEAEC構想に及び腰であったが，潜在的な対米自立の動きは地域統合の側面でも芽生えはじめていた。

アメリカの国際組織論

　西側秩序についてアメリカも独自の組織論を構想していた。ブッシュ（父）大統領は湾岸危機の最中に「新世界秩序構想」を提示し，安全保障面で国連の機能を強化することと，旧東側諸国や発展途上国も西側秩序に取り込んでいく考えを明らかにした（1990.9.11 米議会演説）。また，経済面ではアメリカの農工業製品市場や投資先を確保するために，多国間・二国間交渉に加えて地域統合の実現も目指した。具体的には，ガット・ウルグアイラウンド交渉妥結，北米自由貿易協定（NAFTA）締結やアジア太平洋経済協力会議（APEC）の強化を目標に据えた。このように，国際協調を手段としてアメリカ経済を再生させて覇権の衰退を食い止めることが，ブッシュ大統領やスコウクロフト補佐官などデタント外交の流れを汲む勢力の構想であった⁽⁸⁾。

　ところが，国連と国際協調の重視はアメリカにとって諸刃の剣であった。国連はアメリカの軍事行動に正当性を提供しうる。しかし，国連の集団安全保障が十分に機能すると西側各国は安全保障政策を見直し，それは対米自立の契機となりうる。また，国連安保理決議によってアメリカの軍事行動が制約される恐れもある。湾岸戦争の際，ブッシュとスコウクロフトは正当性の確保を重視して，国連安保理決議に則ってクウェート解放で作戦を止めた。しかし，タカ派はアメリカの威信と行動の自由を重視しており，フセイン政権打倒を望んでいた⁽⁹⁾。

「国防計画指針」

　タカ派の代表格はチェイニー国防長官，ウォルフォウィッツ国務次官補，フランシス・フクヤマ国務省政策企画局員などのいわゆる「ネオコン」であった。彼らは自由民主主義体制の絶対的優位性を信奉し，アメリカが軍事的にそれを支えるという構想を抱いており，こうした構想は各省庁の中堅政策担当者たちに浸透しつつあった⁽¹⁰⁾。

　タカ派の浸透ぶりは，1992年3月にリークされた『国防計画指針（Defense Planning Guidance）』の草稿に窺えた⁽¹¹⁾。同草稿は，体制移

ユーゴスラヴィア連邦の崩壊(i)

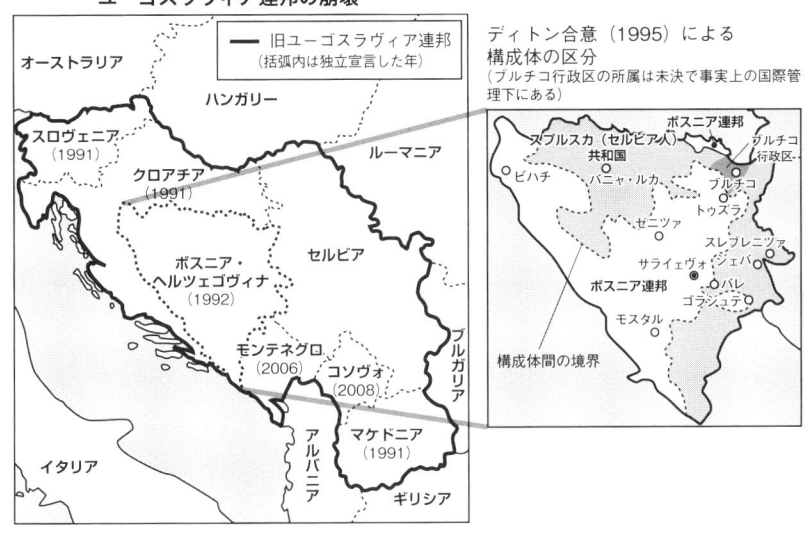

行国が自由貿易や民主主義といったアメリカ的価値観に沿って改革することを促し，さらに，西側諸国の台頭を牽制しつつ，アメリカ単独で反米勢力を打倒できる軍事力の維持を主張した(12)。かつての『ラムズフェルド国防報告』を彷彿とさせ，また，後のアフガン・イラク戦争での「ブッシュ・ドクトリン」の先駆例でもあった。草稿への各国の反発を懸念したスコウクロフト補佐官らが巻き返して最終稿は穏健な表現に改められたが，タカ派はこの決着に不満を抱いた(13)。西側秩序の方向性をめぐる論争の舞台は，ユーゴスラヴィア連邦解体問題へと移った。

2 ── 旧ユーゴスラヴィア紛争の勃発と西側諸国間関係

ユーゴスラヴィア連邦崩壊

1991年初め，ユーゴスラヴィアはソ連とほぼ同時期に分裂の危機に直面していた。経済政策のつまずきと失業率の悪化を一つの契機として，連邦制と社会主義体制への人々の不満が鬱積していた。そこで台頭したのが，セルビア共和国のミロシェビッチ大統領やクロアチア共和国のツジマ

ン大統領など極端なナショナリストであった[14]。1991年6月、スロヴェニア共和国とクロアチア共和国が独立を宣言し、旧ユーゴ連邦軍と交戦状態に入った[15]。1992年1月、ヨーロッパ共同体（EC）は、ドイツの主張に押される形でスロヴェニアとクロアチア両国の独立を容認した。

ボスニア紛争

両国の独立を受け、ボスニア・ヘルツェゴビナ政府も独立を目指した。ECは住民投票の実施を勧告し、その投票の結果、1992年3月にボスニアの独立が宣言され、ムスリム（イスラム教徒）のイゼトベゴビッチ大統領がボスニア政府の主導権を握った。これに対して、クロアチア共和国との連携を主張するクロアチア系住民、セルビア共和国との連携を求めるセルビア系住民がそれぞれ武装して抵抗し、三つ巴の戦いがボスニア全土で展開された[16]。

旧ユーゴ紛争調停の主導権を握ったのはECであった。1991年9月、当時のEC「トロイカ」（前、現、次期のEC理事会議長国で構成）一員のルクセンブルク外相ジャック・ポスは、アメリカではなくECが旧ユーゴ問題への対応を主導すべきと明言し、アメリカへの対抗意識を隠さなかった[17]。アメリカもECの実力を値踏みするために、あえて旧ユーゴ問題への関与を控えていた[18]。しかし、ボスニア紛争が本格化すると欧米各国のメディアによる人道問題に関する報道も盛んになり、ボスニア紛争への対応は国際的な論争へと発展した。

サライェヴォ空港包囲事件

国際論争の山場の一つは、1992年6月のサライェヴォ空港包囲事件への対応であった。国連による人道支援の拠点となる同空港がセルビア人武装勢力に包囲され、支援が滞ったのである。6月26日、ガリ国連事務総長は国連加盟国に対して、48時間以内に包囲が解除されなければ強制力の行使を検討するように求めた。米欧諸国はそれぞれ対応策を検討した。

アメリカでは、ベーカー国務長官が国際的な武力介入の実行を示唆し、「ネオコン」グループや議会の一部も同調した。ベーカーは表向きには人道問題解決のために介入が必要と説明したが、本音では欧州自立への対抗という文脈で旧ユーゴ問題を捉えていた[19]。しかし、米欧対立とボスニアにおける複雑な民族対立を懸念したスコウクロフト補佐官らが巻き返して、アメリカ主導の武力介入は見送られた（6.26)[20]。1992年8月、ベーカーはブッシュ大統領再選チームのリーダーに任命されて国務長官のポス

トを外れ，スコウクロフト側近のイーグルバーガーが職務を引き継いだ。事実上ベーカーを政権中枢から排除したことで，米政府内の路線対立はいったん収束に向かった。

サライェヴォ空港包囲事件について，ECも首脳会談で議論し（6.26〜27），フランスのミッテラン大統領がWEUによる軍事介入を訴えた。当時，ミッテランには追い風が吹いていた。1992年6月19日，WEUは『ペータースブルグ宣言』をまとめ，国連安保理決議に従って域外平和維持活動に乗り出すことを明らかにしていた。また，同宣言発表の直前，ガリ国連事務総長は『平和への課題』（1992.6.17）を発表して，「平和執行」型の平和維持活動（紛争当事者の合意を必ずしも必要とせず）の展開を主張していた。

しかし，EC各国首脳はミッテランの動機が対米自立の制度化にあることを見抜き，WEUによる軍事介入に反対した[21]。その結果，WEUによる軍事介入は見送られた。首脳会議後，ミッテランは自らが搭乗した仏軍機をサライェヴォ空港に強行着陸させ，空港機能の再開をアピールした。欧州諸国の結束の乱れを糊塗したのであった。フランスは，WEUによる欧州自立の制度化を事実上断念せざるを得なかった[22]。

ロンドン会議

サライェヴォ空港包囲事件を経て米欧間の妥協が模索された。その原動力となったのはイギリスのメージャー政権であった。イギリスは，フランスの主張する対米自立論とアメリカの欧州要塞化警戒論との板ばさみからの脱却を望んでいた[23]。欧州諸国の多くもイギリスと類似の思惑を抱いていた。こうして，1992年8月，紛争当事者と国連，EC，米，ロシアなど旧ユーゴ問題に関係する各国・組織代表の参加する国際会議がロンドンで開催された（ロンドン会議）。

ロンドン会議は，旧ユーゴ紛争の国際調停を国連とECが主導することを決め，その機関として「旧ユーゴスラヴィア国際会議」（ICFY）を発足させた。ICFY共同議長には，国連側代表としてアメリカ元国務長官のヴァンスと，EC側代表としてイギリス元外相のオーウェンが就任した。また，会議参加各国は旧ユーゴ全域への武器禁輸を定めた国連安保理決議713号（1991.9.25）を遵守することを確認した。さらに，ボスニアに展開されている旧ユーゴスラヴィア国連保護軍（UNPROFOR）の目的は戦況を変化させるための強制力行使ではなく，人道支援にあることも確認した[24]。つまり，会議参加各国はボスニア紛争を事実上「内戦」と解釈

し、「中立」の立場で調停をすることに合意したのである。

ソマリア介入
こうして米欧対立が小休止すると、ブッシュ政権は国連活動への本格的支援に乗り出してゆく。氏族対立と政情不安に揺れるソマリアがその具体的事例となった[25]。ソマリアには1992年4月から第1次国連ソマリア活動（UNOSOM I）が展開されていたが、治安の悪化から十分な成果を上げることができなかった。そこで、1992年12月、ブッシュ政権は国連安保理決議794号を根拠として、多国籍軍の統合機動部隊（UNITAF）を派遣した。ガリ国連事務総長の「平和執行」構想に呼応したのであった[26]。1993年3月、UNITAFとUNOSOM I を発展的に引き継ぐ形で、第2次国連ソマリア活動（UNOSOM II）の設置が決定され、米軍もその本体任務に参加した。

しかし、1993年後半に入るとソマリア情勢はいっそう悪化し、ボスニアでの米欧協調も破綻して、アメリカの国連重視路線は後退してゆく。その兆しはすでに1992年の米大統領選挙にあらわれていた。

3 ─── クリントン政権の迷走

1992年アメリカ大統領選挙
1992年11月の米大統領選挙は、共和党現職のブッシュ、民主党のビル・クリントン、そして第三の候補である大富豪のロス・ペローが争った。当選したのはクリントンであった。

クリントンは経済対策を米政府の重点課題とすることを主張し、湾岸戦争と冷戦終焉を最大の功績として選挙を戦ったブッシュ大統領を批判した。また、外交問題についてもクリントンはブッシュ政権との対比を鮮明にした。国連平和維持活動への積極的参加を主張することでリベラル派の支持を獲得し、さらにタカ派（とりわけ「ネオコン」）の一部からの支持も獲得するため、アメリカ的価値観と人権の擁護、ボスニアへの武器禁輸解除の検討、対中最恵国待遇の年次更新と人権問題改善のリンク、日本やECを競合相手と見なした貿易政策の実施などを訴えた[27]。

しかし、クリントンの主張する国際協調と国益確保との間には矛盾があ

った。国際協調を重視すると，アメリカの国益や人権問題について妥協する必要がある。逆に，アメリカ的価値観や国益確保を重視すれば，国際協調を軽視することになる。この矛盾は，ブッシュ政権期に収斂(しゅうれん)しつつあった西側秩序をめぐる路線対立を再燃させた。しばしの迷走を経て，クリントン政権は国益確保をより重視することを決断し，西側軍事同盟の再強化で路線対立を収束させようとするのである。

クリントンの初期政策

　クリントンは，大統領に就任するとただちに「国家経済会議」(NEC)を新設して経済再建戦略の策定に乗り出し，ウォール街出身のロバート・ルービンをその委員長に据えた。ルービンは，農業，情報通信，サービス，金融分野といったアメリカの得意分野に狙(ねら)いを定めた貿易自由化と，知的財産権保護を含む自由貿易の国際的ルール作りを目指した(28)。これと並行して，クリントン政権は貿易自由化に伴う国内対策として，ヒラリー大統領夫人やライシュ労働長官らの主張する教育や医療保険制度改革も推進することとした(29)。

　しかし，医療保険制度改革は米議会からの反発を招き，挫折を余儀なくされた（1993.9 提案，1994.8 廃案）。さらに，クリントン大統領が人権尊重を理由に同性愛者の軍隊への採用を認める方針を示したことで，軍，議会保守派，宗教右派などからの反発も招いた。NAFTAの批准を控え，クリントン政権の国内政局運営は行き詰まっていた。

　対外的にもクリントン政権は国際協調と国益確保の間で先述の矛盾を抱えていた。一方でクリントン政権は，前政権に引き続き米軍の前方展開兵力縮小を計画し，それを補うための国際協調枠組みの構築を試みていた。アスピン国防長官は『ボトム・アップ・レビュー』と呼ばれる米兵力見直し報告をまとめ（発表は1993.9.1），オルブライト国連大使ら外交政策担当者も「積極的多角主義」を唱えて，国連平和維持活動への貢献を打ち出した。この線で，国家安全保障戦略の見直しも検討されていた(30)。

　しかし他方で，貿易自由化の実現には，アメリカが各国に対して有する安全保障上の影響力を維持する必要があった。なぜなら，主権国家体制の建て前によって市場のルールは各国家によって管理されており，市場開放や規制の均一化には各国の同意が必要だからである。そこで，安全保障問題における権力関係の強弱が市場開放の圧力として大きく物を言う。冷戦期において，アメリカとその同盟国との力関係は明確であった。ただし，アメリカは対ソ同盟網を維持するため，市場開放の要求を相対的に抑制し

てきた(いわゆる「埋め込まれた自由主義」)。冷戦終焉によってアメリカは市場開放の要求を遠慮する必要がなくなった。しかし,同時に国連による集団安全保障への期待も高まっていた。

　もし,多数の国々が国連の集団安全保障機能に信頼を寄せるようになると,アメリカが保有する各国への軍事的影響力も低下する。このような国際協調と国益確保との矛盾がもっとも先鋭化したのは,ボスニア紛争調停での米欧対立であった。それゆえ,この紛争調停は冷戦後の国際秩序を左右する問題へと発展したのである。

ボスニア和平案

　クリントン政権の発足と同じ1993年1月,旧ユーゴスラヴィア国際会議(ICFY)は「ヴァンス・オーウェン和平計画」を提示した[31]。ボスニアを事実上10分割し,国連安保理決議によって組織される平和維持部隊が和平合意実施を監視する計画であった。ICFYは,アメリカをはじめとするNATO加盟国がこの平和維持部隊の主力を提供することに期待した。欧州諸国と国連事務局も同和平計画を支持し,紛争当事者とアメリカへの説得を本格化させた[32]。

　しかし,クリントン政権は米地上兵力の派遣に消極的であり,ICFY和平案への協力を事実上拒否した。米兵の安全もさることながら,国連安保理決議によってNATOの活動に制約が加えられることを懸念したのである。アメリカは代案として,1993年5月1日,「空爆と武器禁輸解除」政策を提示して各国に受け入れを迫った。この政策は,国連安保理決議713号(旧ユーゴ全域への武器禁輸)を無効化してボスニア政府の武器取得を助け,さらに,NATOがボスニア政府を支援するための戦略的空爆を実施するという内容であった。要するに,間接的武力介入を主張したのである。

　英仏をはじめとする欧州諸国はアメリカの方針に猛反発した。欧州諸国はICFYの和平調停を支援していたし,人道支援のために展開されていた旧ユーゴスラヴィア国連保護軍(UNPROFOR)の主力を提供していたからであった。英仏両国は,「空爆と武器禁輸解除」政策が強行された場合には,(1)UNPROFOR要員を撤退させる,(2)その後の人道支援を維持する責任はアメリカにあり,地上兵力を派遣してその責任を果たすべきと主張した[33]。アメリカの地上兵力派遣の回避を重要目標としていたクリントン政権は身動きが取れなくなった。

　結局,ヴァンス・オーウェン和平計画は流産した。そのかわりに国連安保理決議836号が採択され(1993.6),UNPROFOR要員保護の名目で

NATOの空爆が認められた。ただし，その実行には国連とNATO双方の合意を必要とする「二重の鍵」がかけられた。こうして，国連側の「鍵」を実質的に管理した明石康国連事務総長特別代表（1994.1 就任）やUNPROFORの主力を提供した英仏両国を一方に，「空爆と武器禁輸解除」政策の実行を目論むアメリカをもう一方に，という膠着した対立関係が紛争終結までの数年間継続することになった[34]。

1993年8月，ICFYはボスニア3分割案をまとめ（「オーウェン・シュトルテンベルク和平計画」），NATOを中核とした国連平和維持部隊の派遣を再び提案した[35]。アメリカは，国連安保理決議とNATOとの関係を懸念してこの和平案にも否定的な態度を示し，「空爆と武器禁輸解除」政策の実行を引き続き主張した[36]。ところが，1993年9月8日，ボスニアのイゼトベゴビッチ大統領が訪米して武器禁輸解除を要請すると，クリントンはそれを拒んだ[37]。ボスニアへの武器輸出は英仏の人道支援部隊撤退をもたらし，それは米兵派遣への引き金となるからであった。アメリカは，国際協調の重視とボスニア政府への武器支援という両立しえない目標を追求することの限界に直面していた。

ロシア情勢

この頃，ロシア政局も緊迫化していた。体制改革をめぐる権力闘争を契機として，ルツコイ副大統領やハズブラートフ議長らがロシア議会ビルに立てこもり，エリツィン大統領と対峙していた。1993年9月21日，エリツィンは議会の解散を命じ，10月3日に非常事態を宣言，翌4日にはロシア軍を動員して議会ビルを砲撃させて強制的に議会を解散した。ところが，1993年12月におこなわれた新議会選挙でエリツィン派は振るわず，反対に，ジリノフスキー率いる極右政党「ロシア自由民主党」やロシア共産党が議席を伸ばしたのであった。東欧諸国はロシア情勢の展開に衝撃を受け，NATO加盟を求めた。しかし，ボスニア問題での対立を背景として，既存のNATO加盟国間の足並みは揃わなかった。

日米関係

日米関係も揺らいでいた。1993年7月の日米首脳会談では，アメリカが求めた米製品輸入拡大の数値目標設定に宮澤喜一首相が難色を示した。またアメリカ国内では，先述の医療制度改革やNAFTAをはじめとする諸政策についてクリントン政権の支持層に亀裂が走っていた。この時期，クリントン政権にとっての明るい話題は，「（パレスチナ）暫定自治政府に関す

る原則の宣言」（オスロ合意）の署名式典を取り仕切ったことぐらいであった。

　クリントン政権は西側秩序運営の行き詰まりを打開する必要に迫られていた。そこで，1993年9月末におこなわれた米政府高官による一連の演説で政策転換を宣言し，1994年に入ると国連への選択的協力方針を明示した大統領決定命令25号（PDD25）と「関与拡大」戦略をまとめ，さらに，日米安保体制とNATOの「再定義」を推し進めた。

4──「関与拡大」戦略とPDD25

「関与拡大」戦略

　1993年9月末，クリントン政権は高官による一連の演説によって「(市場民主主義の) 関与拡大」戦略を明らかにした[38]。「市場民主主義」とは資本主義経済を前提とする民主主義を意味し，それを統治原理とする国内政治体制を世界各地に「拡大」することを目標として，アメリカと西側諸国が各地の問題に「関与」するという内容であった。それは，一見かつてのウィルソン大統領の考えを彷彿とさせた。

　ただし，クリントン政権によれば，関与は無条件になされるのではなく，市場民主主義の拡大というアメリカの国益にかなう場合にのみなされる。また，関与の担い手は国連や地域的な集団安全保障組織よりもむしろ，アメリカを中核とする西側同盟網であるとされた。つまり，アメリカの覇権を維持しつつもコストの掛かりすぎる対外関与を控え，アメリカや西側の軍事同盟網の行動を制約する関与は避けることを意味していた。また，資本主義経済の受容を事実上の条件として，中国やロシアなど政治的民主化に問題の残る国々との協調を排除するものではなかった。

　その上で，「多角主義は（アメリカの国益を確保するための）『手段』であり『目的』ではない」（クリストファー国務長官）として，国連や西側諸国との関係もアメリカの国益を基準に規律されるとした[39]。こうした論理を具体化すべく，NATOと日米安全保障体制の「再定義」が進められることになった。

PDD25

　1994年5月に署名された大統領決定命令25号（PDD25）は，国連平和維持活動についても上記の論理を貫徹させ，アメリカの国益にかなう場合にのみ参加する方針を明示した[40]。国連は「平和執行」型のPKOの派遣をあきらめざるを得なくなり，1995年1月，ガリ国連事務総長は『平和への課題―補遺』でそれを追認した。国連活動が縮小した結果，ソマリアは事実上無秩序状態のまま放置され，ルワンダでのツチ族とフツ族間の虐殺行為に対してなす術もなかった[41]。さらに，ボスニア問題の国連による解決も困難になり，紛争長期化の遠因となった。

　これとは対照的に，米議会はクリントン政権との対立を一時沈静化させ，1993年暮れにNAFTAを批准した（発足は1994年）[42]。NAFTA発足はアメリカ主導の地域統合を一歩前進させた。すでにクリントンは1993年7月に東京で「アジア太平洋共同体」構想を提唱しており，1994年1月には東欧を含めた欧州諸国とアメリカとの経済政策協議も呼びかけた。これと並行してクリントン政権は世界的な貿易自由化交渉も進め，1993年12月にはガット・ウルグアイラウンド交渉を妥結させ，翌年4月のマラケシュ協定により1995年1月に世界貿易機関（WTO）を発足させた。

　さらに，アメリカは中ロとの関係改善も進めた。中国については人権状況の改善よりも投資機会の確保を重視し，貿易における対中最恵国待遇更新と中国の人権問題とをリンクさせないこととした。ロシアについては，エリツィン政権への支援を継続し，核拡散問題での連携の継続やNATO拡大への協力を求めた。アメリカは，中ロ両国の抱える人権問題や民主化の遅れを事実上黙認したのであった。つまり，1993年9月の政策転換は，普遍的な民主主義的価値観や国際協調よりもアメリカの国益を重視することを意味していた。

ソマリア問題と政策転換

　ところで多くの文献は，クリントン政権による政策転換の契機を1993年10月3日に起こったソマリアでの米兵殺害事件に求めている。この日，米海兵隊員18人がソマリア人武装勢力によって殺害され，その凄惨な映像が報道されてアメリカ世論は沸騰した[43]。クリントン政権は批判の矛先を国連に向け，国連の指揮命令系統に従わざるを得なかったために米兵が犠牲となったと総括した[44]。これが，政策転換の契機に関する通説の論拠となっている。

しかし，実態は異なっていた。ソマリアではかねてよりアイディード将軍派と国連との緊張が高まっていた。1993年6月にはUNOSOM II 要員のパキスタン兵が襲撃され，ソマリアPKOを支援する各国から犯人逮捕とアイディード将軍排除を求める声が高まった。アメリカは国連の指揮命令系統とは別に海兵隊（タスク・フォース・レンジャー［TFR］）をソマリア沖に駐留させて，犯人逮捕の名目で独自の強制行動を取った。この強制行動に参加した米兵が1993年10月に犠牲となったのであった。ガリ国連事務総長は，TFRによる強制行動実施の事実すら知らされていなかったという[45]。

それゆえ，タイミングと事実関係から判断して，1993年10月のソマリア米兵殺害事件は同年9月に宣言された米政府の政策転換を加速させた要因に過ぎなかった[46]。同年夏までに先鋭化していたボスニアでの米欧対立とアジアでの日米対立こそ，政策転換をもたらした根本的要因であった。だから，クリントン米政権は政策転換を宣言すると，NATOと日米安保体制の再定義に向けた動きを本格化させた。

5 ── NATOの「再定義」とボスニア紛争の終結

NATO「再定義」

1994年1月，クリントン大統領はNATOブリュッセル首脳会議に出席し，10万人規模の在欧米軍を維持することを表明する一方で，対ソ軍事同盟として発足したNATOの役割を見直し，市場民主主義の守護役として再定義する方針を明らかにした[47]。具体的な第一目標は欧州諸国にNATOの重要性を再認識させることであり，NATO首脳会談ではひとまず「欧州安全保障防衛アイデンティティ（ESDI）」を大西洋同盟の枠内に留めることを再確認した。第二目標は東欧諸国へのNATO拡大であった。しかし，両目標の達成には障害があった。

「平和のためのパートナーシップ」

その一つは，NATO拡大に対するロシアの反発であった。そもそもNATO拡大をアメリカが構想した背景には，1993年に起こったロシア情勢の変動があった。1993年12月のロシア新議会選挙と前後して，エリツ

ィンはこれまでの親欧米路線を修正し、「大国」を意識した言動をとることで議会と世論対策を進めた。ロシア情勢の変動に東欧諸国は安全保障上の不安を覚え、ドイツやアメリカにNATO拡大を働きかけたのである。

しかし、アメリカがNATO拡大を強行すればロシアの反発を招く。また、東欧諸国がアメリカによる防衛力提供に過度な期待を抱くとアメリカの負担が増える。このように、米ロ対立を回避するだけでなく、東欧防衛の選択権がアメリカにあることを明示する必要があった。そこで、1994年1月のNATO首脳会議でアメリカが提案したのが、NATOとの「平和のためのパートナーシップ（PfP）」計画であった。PfPの主要対象国はロシアも含めたヨーロッパ大陸の旧社会主義諸国であり、その目的は、平和維持活動を念頭に置いた合同訓練の実施や軍備の平準化を図ることにあるとされた[48]。

ロシアのエリツィン大統領は、PfP計画成功の鍵がロシアの参加にあることを見抜き、PfP参加に関する条件闘争を展開した。アメリカは、先進国首脳会議へのロシアの参加を認めるなど一定の配慮を見せてロシアとの交渉を進めた。1994年6月ロシアはPfPに調印した。

米欧対立とコンタクト・グループの結成

しかし、NATO再定義に関する最大の障害は、ボスニアでの米欧対立であった。この対立は以下の3点とも絡んでいて利害は錯綜していた。第一に、安全保障分野における欧州側の自立性確保の問題が存在していた。第二に、NATOやWEUが域外活動を開始する手続きの問題があった。つまり、域外活動に国連安保理決議を必要とするか、それとも、各組織加盟国の総意で十分とするのかという論争である。第三に、域外活動におけるNATOとEUやWEUとの連携関係の構築であった。この点について1994年のNATO首脳会議では、NATOがWEUと「共同統合任務部隊（CJTF）」を組織することで合意した[49]。しかし、その具体案は決まっておらず、詳細についての交渉は事実上ボスニア紛争の動向にかかっていた。

このため、NATO再定義の方針を固めると、アメリカはボスニア問題により積極的に関与するようになった。1994年2月にはサライェヴォの「マレカレ」市場砲撃事件（何者かによって市場付近が砲撃され、68人の市民が犠牲となった）をめぐってNATOによる戦略的空爆の開始を主張し、続く3月には、ボスニア政府とボスニア・クロアチア人勢力とを半ば強制的に説得して「（通称）ムスリム・クロアチア連邦」を形成させ、ボスニア・セルビア人勢力との勢力均衡を試みた。この際、アメリカはボスニ

ア・クロアチア人勢力に大きな影響力を持っているボスニア隣国のクロアチア共和国による国際的な武器密輸を黙認した[50]。領土保全のためにアメリカの軍事的関与を求めるボスニア政府よりも、軍事的には相対的に自立しているクロアチア共和国やボスニア・クロアチア人勢力の方が扱いやすいと判断したのである。冷徹な計算であった。

　欧州諸国や国連は「ムスリム・クロアチア連邦」形成過程の蚊帳(かや)の外に置かれ、武器密輸黙認の事実も知らされていなかった。欧州諸国はアメリカとの関係改善の必要性を痛感した。こうして、1994年4月、米、英、仏、独、ロシアの5ヵ国からなる「コンタクト・グループ」が結成された。その活動は、現地情勢の沈静化よりも、5ヵ国間の利害調整に重点が置かれていた。しかし、欧州側の交渉優先論とアメリカ側の間接的軍事介入論との間の溝は埋まらず、「二重の鍵」をめぐる米欧対立は継続した[51]。

ボスニア紛争の終結

　1995年5月、クロアチア共和国軍が同国領内においてセルビア系住民の居住するクライナ地方西部に攻撃を開始し（「閃光(せんこう)作戦」）、戦況が大きく変化した。この戦闘によってクロアチア共和国領内在住のセルビア系住民が難民としてボスニアに流れ出した。この影響を受けてボスニアでも戦闘が激化した。UNPROFORは人道支援を継続することや国連指定の「安全地域」を維持することが困難になり、同年6月、英仏蘭はUNPROFOR撤退も視野に入れて「緊急対応部隊」を派遣した。7月、アメリカは本格的に軍事介入することを決断し、NATOによる戦略的空爆への合意を国連と欧州諸国から強引に取りつけた[52]。

　この直後、「安全地域」の一つだったスレブレニツァ駐在のUNPROFORオランダ部隊が撤退し、同地に避難していた数千人に上るムスリム難民がセルビア人武装勢力によって虐殺されるという事件が起こった[53]。この「スレブレニツァ事件」はNATOによる戦略的空爆開始を後押しした。1995年8月、NATOは本格的な戦略的空爆を開始し、クロアチア共和国軍やボスニア政府軍による地上軍事作戦（「嵐作戦」）と連携してセルビア人勢力の拠点に打撃を与えた[54]。こうして11月、アメリカのデイトン空軍基地で停戦合意がまとめられた（「デイトン合意」）。12月、同合意はパリで正式調印され、ようやくボスニア紛争に終止符を打った[55]。足かけ4年にわたる紛争の犠牲者は約10万人に上った[56]。

NATO拡大

　ボスニア紛争終結と前後して，アメリカはNATO東方拡大への動きを加速させた。すでに，1994年1月のNATO首脳会議などで拡大に向けた検討を進めるとの合意を得ていたが，ロシアの反対と欧州諸国の消極姿勢から進行が滞っていた。しかし，1995年5月にフランスでシラク政権が誕生し，同政権はボスニアでの経験をふまえてNATOとの関係改善を模索しはじめた。他のNATO加盟国もアメリカの意向を重視せざるを得ず，1995年9月のNATO外相会談は拡大に向けた本格的作業の開始を決めた。

　ロシアとNATOとの関係も変化していた。エリツィン大統領は，1994年12月の全欧安保協力会議（CSCE）首脳会談後の記者会見において，NATO拡大を構想する西側とそれに反対するロシアとの関係を「冷たい平和」と表現していた。しかし，ロシアは体制移行のために西側からの支援を必要としており，次第に条件闘争に移っていった。アメリカもボスニアの平和維持活動にロシア軍の参加を求めるなど，対ロ配慮を示した[57]。このような経緯を経て，1997年3月，米ロ首脳会談でNATO拡大問題への決着が図られた。その骨子は，新規NATO加盟国には核兵器を配備しないこと，ロシアにNATOのオブザーバーとしての地位を与えることであった。1997年5月，この妥協に基づく「NATOロシア基本文書」がまとめられ，NATO拡大への障害は取り除かれた。

　1997年7月のNATO首脳会談で，チェコ，ハンガリー，ポーランドが第一陣の拡大対象国と決定され，1999年3月にNATOの正式な加盟国となった。東欧社会主義体制の崩壊から約10年を経て，「西側秩序」の地理的拡大が始まったのである。その後，EUも東方拡大を開始し，2004年5月にはチェコ、ハンガリー、ポーランドやバルト三国など10ヵ国が、2007年1月にはブルガリアとルーマニアがEUに加盟した。

6　日米安保の「再定義」と朝鮮半島・台湾海峡危機

日米安保の「再定義」

　1980年代後半から1990年代はじめにかけて，東アジアでは駐留米軍縮小の動きが続いていた。1990年2月には在韓米軍削減合意，同年9月フィ

リピンのクラーク米軍基地撤退合意（後にスービック海軍基地からも撤退），1993年9月の『ボトム・アップ・レビュー』（米兵力展開の見直し）といった具合であった。それゆえ，先述のアジア諸国による相対的な対米自立の模索には，各国のナショナリズムや貿易摩擦などに起因する反米感情の側面だけでなく，アメリカの覇権衰退に対応した合理的反応という側面があった。

しかし，アメリカは北米自由貿易協定（NAFTA）とアジア太平洋経済協力会議（APEC）によってアジア・太平洋地域に自由貿易圏を組織する目標を掲げていた。その達成のためには，アメリカの覇権が衰退していないことを明示する必要があった。この点に着目したジョセフ・ナイ国務次官補は『東アジア戦略報告』（1995.2 発表）をまとめ，冷戦終焉時点での兵力水準の維持を主張した。つまり，アジア・太平洋地域に約10万人，在日米軍約4万5000人の規模で米軍の前方展開兵力を維持するということであった。さらに，朝鮮半島有事や台湾危機などいわゆる「周辺事態」に関する日米協力の深化を要求し，ミサイル防衛分野の日米協力も促した。

これを受けて，1996年4月17日，『日米安全保障共同宣言』が両国首脳によって発表され，米側は10万人規模でアジア・太平洋地域に前方展開兵力を維持すること，日本側は日米防衛協力の対象を拡大することで合意した。1997年9月23日，日米両政府は新しい『日米防衛協力のための指針』（新ガイドライン）を決定し，1998年5月，日本は「新ガイドライン関連法案」を国会で可決して法制化した。

こうして，日米安全保障体制と在日米軍は，日本防衛だけでなくアジア・太平洋地域安定の機能も担うものと位置づけられた。日本の自衛隊もこれまでの「専守防衛」を見直し，「後方支援」の名目で米軍との共同作戦行動を構想するようになった。さらに，ミサイル防衛に関する日米協力も進められた。NATO再編とほぼ同時に，日米安保の機能と役割も再定義されたのである。

北朝鮮核問題

日本が「再定義」を受け入れた契機は，北朝鮮核問題に伴う朝鮮半島情勢の緊張と，台湾海峡ミサイル危機であった[58]。

北朝鮮は冷戦終焉に伴う東アジア情勢の変動の中で孤立感を深めていた。ライバルである韓国は，1988年9月のソウルオリンピック，1990年9月の韓ソ国交樹立，1992年8月の中韓国交樹立と国際的な地位を向上させ

ていた。これに対して北朝鮮は，日朝交渉（1990.9 金丸訪朝団），南北同時国連加盟（1991.9.17），南北基本合意文書（1991.12.13）などの動きを示したが，実質的な成果は乏しかった。そこで，核開発計画を加速させることで対米交渉の実現と閉塞状況の打開を目指すようになった。

これに対し国連安保理は，北朝鮮の核開発疑惑について決議825号を採択し，国際原子力機関（IAEA）の査察を受け入れるように求めた（1993.5.11）。これに対し，1994年6月13日，北朝鮮はIAEAからの離脱を宣言した。アメリカのクリントン大統領は北朝鮮の寧辺にある核施設への奇襲空爆を決断した[59]。しかし，空爆作戦は実行直前で中止された[60]。空爆決行前日，カーター元米大統領からホワイトハウスに連絡があり，その内容はカーターが北朝鮮を訪問するとのことだった。クリントンはカーターの訪朝を見守ることとした。

こうして開催された1994年6月16日と17日のカーター・金日成会談の結果，北朝鮮が核開発を凍結する代償として代替原子力発電施設と経済支援を与えるという取り引きがまとまった。これをもとに1994年10月21日，「米朝枠組み合意」が結ばれて，朝鮮半島エネルギー開発機構（KEDO）が設立され，核開発凍結の代償として北朝鮮にエネルギーと経済支援を与える枠組みが発足した[61]。空爆はひとまず回避された。

しかし，カーター訪朝から間もない1994年7月に金日成は亡くなり，後継者となった息子の金正日は再び核開発を加速させた。金正日は1997年10月に朝鮮労働党中央委員会総書記に就任したものの，軍部依存の国家運営という世襲指導者の弱点を抱えており，慢性的な経済不振にも悩まされていた。そこで，核開発によって緊張を演出することで北朝鮮国内を引き締め，対外的にはさらなる経済支援の上乗せを要求したのである[62]。

1998年8月31日，北朝鮮は射程距離約1500キロとみられる「テポドン1号」を日本海に向かって発射した。北朝鮮が核兵器のみならず核の運搬能力をも保持する可能性が出てきたのである。同年2月に韓国大統領に就任していた金大中は，北朝鮮の国際的孤立を防ぐことが核拡散防止につながると判断，「太陽政策」を加速させて南北関係の緊張緩和を働きかけた[63]。2000年6月13日，金大中は平壌を訪問し，史上初の南北首脳会談を実現させた。首脳会談では核問題には深く触れず，将来南北統一がなされた場合には駐留米軍を維持することで一致したという[64]。

南北関係改善がアメリカの頭越しで進むことをクリントン政権は警戒したものの，「太陽政策」が核拡散防止に貢献すると判断した[65]。そこで，2000年10月23日にはオルブライト国務長官が平壌を訪問，2002年9月17

日には小泉首相の訪朝と,日米による北朝鮮への接触が続いた。

台湾海峡危機

台湾海峡でも危機が起こった。香港返還（1997.7.1）が近づくと,中国は「一国二制度」論を台湾にも適用することを主張した。台湾の李登輝総統はこれを受け入れず,1995年4月,「新中国大陸政策」を発表した。台湾を主権国家と位置づけ,中華人民共和国と台湾との首脳会談開催を提案するなど,「一つの中国」路線を修正して台湾独立の意図があることを示唆していた。さらに,同年6月李登輝は訪米することに成功した。また,次期総統選挙（1996.3）を予定通り直接選挙によっておこなうことを決断し,1995年12月に予定された立法議会選挙と合わせて,民主化の進展も内外にアピールした。

中国は,1995年7月から1996年3月にかけて,台湾海峡で大規模な軍事演習をおこない,台湾独立論への脅しをかけた。アメリカは空母2隻を台湾海峡に派遣し,中国側の動きを牽制した。1996年7月に米中外相会談が開催されるまで,米中関係も一時冷え込んだ。

日米安保「再定義」後の東アジア

二つの危機の影響を受けつつ進行した日米安保の「再定義」であったが,それは次のような問題を残した。第一に,日米軍事協力の強化は沖縄駐留米軍基地の固定化を意味していた。沖縄県民は不満を募らせ,1995年9月4日に起きた米海兵隊員による少女暴行事件を契機に,1972年の本土復帰以来最大規模の反基地運動を展開した。この結果,普天間基地の県内移設を含んだ米軍再編計画などが提示されたが,沖縄県民の多くは基地の県外移転を求めており,日米両政府との溝は埋まっていない。

第二に,アメリカは日米関係と並行して米中関係も深化させていた。台湾海峡危機にもかかわらずこの基調は続いた[66]。米中経済関係の緊密化を背景として1997年10月に江沢民国家主席が訪米し,1998年6月にはクリントン大統領が訪中した。この際,クリントンは同盟国である日本や韓国を素通りした。尖閣諸島が日米安全保障条約の適応範囲に含まれるのか否かについての米政権高官発言のぶれとともに,アメリカは日本よりも中国を重視しているとの論調がマスコミを賑わした[67]。

第三に,アメリカはアジア各国と二国間軍事同盟を結んでいるが,アメリカのアジア同盟国間の多国間防衛協力は組織化されていない（いわゆる「ハブ・アンド・スポーク」構造）。それゆえ,アメリカのアジア同盟諸国

間の信頼関係はNATO加盟国間のそれに比較すると希薄とされる。また，日本の戦争責任問題は依然根深く，日米安保再定義の意義をアメリカがアジア諸国に説明した際には，日本の膨張をアメリカがチェックするという「ビンのふた」論がしばしば用いられたという[68]。

　第四に，日米安保の再定義は日本の国際的発言力を高めたわけではなかった。その一例は，1997年に起こったアジア通貨危機への対応であった。1997年7月タイで通貨危機が起こり，それは，インドネシア，韓国，ロシア，ブラジルなどへと波及した。各国はIMFに融資を求め，インドネシアではスハルト政権が崩壊する事態（1998.5.21）に発展した。危機収拾のため日本は「アジア通貨基金（AMF）」の設立を提唱した。しかし，アメリカがアジアの対米自立に警戒感を示したため，この構想は後退を余儀なくされた[69]。

　端的にいえば，日本はアジア・太平洋地域においてアメリカの力を補完する存在として再定義されたのであった。2001年4月に発足した小泉政権の外交政策は，この現実をよく反映していた。

7 ── コソヴォ紛争と「西側秩序」の変質

コソヴォ紛争

　1990年代後半，ボスニア紛争の終結とNATO再定義の進行によって，アメリカは西側の盟主としての地位を回復して，冷戦後のヨーロッパにおける秩序変動は転換点を迎えつつあった。この局面で英独仏では政権交代が起こり，この現状に対応した政策を打ち出していった[70]。つまり，英独仏の新政権は，一方で，国連の諸手続きよりも人道的価値の擁護を優先した強制力行使を支持することでアメリカと自国との距離を接近させ，他方で，多少とも自立性を確保するために欧州統合のさらなる深化と拡大を進めた。

　新たな米欧関係を構築する舞台となったのは，再び旧ユーゴ問題であった。ボスニア紛争が終わった1996年頃から，セルビア共和国コソヴォ自治州では独立を求めるアルバニア系住民とそれに反対するセルビア系住民との緊張が高まっていた。セルビア共和国のミロシェビッチ大統領はコソヴォ維持を国民統合のシンボルとすべく，アルバニア人勢力への弾圧を

強化した。コソヴォ・アルバニア人勢力の中でも権力闘争が起こり，穏健派のコソヴォ民主連盟（LDK）に代わって強硬派のコソヴォ解放軍（KLA）が台頭した[71]。しかし，西側諸国はKLAの暴力性と地下経済活動を警戒しており，表向きには事態のなりゆきを見守っていた[72]。

1998年初頭，ミロシェビッチ政権とコソヴォ・アルバニア人勢力は全面的な武力衝突に突入した。両勢力の衝突によって多数の難民が発生したことから，3月31日，国連安保理決議1160号が採択された。同決議は，両勢力に暴力行為の停止を促すとともに，「新ユーゴスラヴィア連邦」（セルビアとモンテネグロを構成国家とする）への武器輸出を禁止した。しかし，状況がさらに悪化したため，9月23日，国連安保理は戦闘行為の即時停戦を求める決議1199号を採択した。

1998年10月，アメリカはホルブルック特使を現地に派遣し，休戦協定を斡旋した。しかし，事態は沈静化せず，1999年1月15日，コソヴォ中部のラチャック村が攻撃されて約45人のアルバニア系住民が死亡したと報じられた。かねてよりコソヴォ問題への強い関心を示していたイギリスのブレア首相は武力介入を主張し，仏独もイギリスに同調した。ヨーロッパ各国による連携の背景では，英仏両首脳が「サン・マロ合意」（1998.12.4）を発表し，域外活動での協力の強化に乗り出していた。アメリカも必要とあればNATOの空爆で武力介入する決意を固めた[73]。

コソヴォ介入の法的・政治的問題

ただし，武力介入には法的・政治的問題が残っていた。法的な筋道として，NATOの域外活動は国連安保理決議によって授権される必要がある。しかし，安保理常任理事国のロシアと中国はNATOのコソヴォ介入に否定的であった。両国は自国の民族問題への影響を懸念しており，また，ロシアはNATOの役割拡大を警戒していた。結局，NATOは「人道的介入」という論理で空爆を正当化した。

政治的問題としては，第一に，紛争後のコソヴォの地位，第二に，西側諸国間の利害関係の調整，第三に，米ロ間の利害関係の調整が存在した。

第一の政治問題であるコソヴォの地位についての対立は，1999年2月，パリ郊外のランブイエ城で開催された紛争当事者と関係諸国間の協議（「ランブイエ会議」）でさっそく露見した。アメリカは，コソヴォ「独立」ではなく，「高度な自治」をセルビアに認めさせる方針であった。「独立」を支持すれば，セルビアとコソヴォの緊張関係の長期化と紛争後の治安維持の負担を覚悟しなければならなくなるし，「人道的介入」の論理も

破綻するからであった。当初，セルビアも「高度な自治」を認める意向であった。しかし，コソヴォのKLAは「独立」にこだわっていた。アメリカはKLA説得に時間を稼ぐ必要があった[74]。

そこでアメリカは，ランブイエ会議終盤に和平合意案の軍事付帯文書（Annex B）を提示した。この文書には，和平合意実施のために派遣される「コソヴォ治安維持部隊（KFOR）」に新ユーゴ連邦領域内を自由に通行する権利を認めるとの文言が盛り込まれていた。セルビア側は，コソヴォだけでなく新ユーゴ連邦全体を事実上NATOの軍事占領下に置くものと受け取った[75]。セルビアは態度を硬化させ，ランブイエ会議は2月23日に決裂した。アメリカがKLA説得にようやく成功したのは3月18日であった。セルビアだけが和平案受け入れを拒んだという形式を整えて，3月24日，NATOはセルビアに対する空爆を開始した。明示の国連安保理決議なき作戦開始であった。

コソヴォ介入と米欧対立

第二の政治問題は，コソヴォへの介入方法と紛争後の治安維持についての米欧対立であった。当初欧州側は，NATOが空爆を開始する前に国連安保理決議を採択することをアメリカに求めていた[76]。また，イギリスは紛争の早期決着の観点から，KLAに地上での戦闘や紛争後の統治を委ねるのではなく，NATO主体の平和維持部隊や地上兵力の派遣を主張した[77]。この点に関して，独仏などは地上兵力派遣についても，国連安保理決議か，少なくとも欧州諸国の同意（NATO加盟国の全会一致）を取りつけることを期待した[78]。そこには，欧州主導でNATOの域外活動を制御したいとの思惑も見え隠れしていた。

アメリカはいずれのケースについても，追加の国連安保理決議を必要と考えていなかった[79]。とりわけ，米議会対策と米兵の安全確保の観点から，KLA（地上での戦闘）とNATO（空爆）との分業による戦闘遂行を主張した[80]。先駆例はボスニア紛争でのクロアチアとNATOの連携であった。また，アメリカは，域外活動に関する欧州諸国の連携に不信感を抱いていた[81]。それゆえ，アメリカはNATO加盟国に対して，域外活動の手続き問題よりもイラクを念頭に置いた大量破壊兵器拡散問題を重視することを求めていた[82]。

米欧交渉の山場は，コソヴォ空爆の最中に開催された1999年4月のNATO結成50周年記念首脳会議であった。ワシントンに集ったNATO加盟国首脳は『新戦略概念』を発表し，NATOの主要任務を集団防衛としつつ

も，欧州周辺情勢の変動に対応することを宣言した。しかし，本音の部分での米欧合意は成立せず，NATO首脳会議後に発表された共同声明には，域外活動に関して国連の権威を重視することと，中東の大量破壊兵器拡散問題に取り組むことの両論が併記された[83]。結局，コソヴォ紛争の終結方法，紛争後の治安維持方法の決定権は事実上アメリカが握ることになった[84]。

　1999年5月，クリントン政権はコソヴォ紛争終結方法の検討に入った。クリントン大統領は戦闘終結のため，NATOの地上部隊を派遣することを決断した。ただし，欧州諸国がアメリカの終戦戦略に同意しない場合は，アメリカ単独で行動する意志をちらつかせて圧力をかけた[85]。さらに，紛争後に展開されるコソヴォ治安維持部隊（KFOR）についても，形式的には国連安保理決議1244号（1999.6.10）によって設置されたものの，実質的にはNATOが指揮命令系統を掌握することを受け入れるように各国を説得した[86]。

コソヴォ介入と米ロ対立

　第三の政治問題は米ロ対立であった。アメリカはコソヴォ終戦交渉を有利に進めるために，ロシアからセルビアへの軍事支援の可能性を封じ，セルビアのミロシェビッチ大統領を国際的に孤立させる必要があった。ロシアはアメリカの足元を見つつ，(1) セルビア側がNATOの要求を受け入れてコソヴォからの治安部隊撤退を決めたら，撤退実施前でも空爆を中止すること，(2) ロシアをKFORに参加させることを要求した。(1) については米ロ合意が成立し，セルビアも治安部隊の撤退を受け入れたことで，NATOの空爆は1999年6月10日に中止された。同日，国連安保理決議1244号が採択され，KFORを構成するNATO部隊がコソヴォ進駐を開始した。しかし，(2) についての米ロ交渉は難航した。

　1999年6月12日，ロシアは既成事実を作ることを狙い，ボスニアに平和安定化部隊の一員として駐留していた約4000人のロシア兵を動員して，コソヴォの首都にあるプリシュティナ空港を占領した。これに対し，クラークNATO軍司令官（米）は，現地に展開されたKFORイギリス部隊にロシア軍を排除するように命令した。ところが，ジャクソンKFORイギリス部隊長は「私は第三次世界大戦を開始することはおこなわない」と反論して命令を拒否し，米英関係にも緊張が走った[87]。しかし，アメリカは単独でコソヴォ復興を担うつもりはなく，交渉を重ねた結果，ロシアもKFORに参加することとなった[88]。

コソヴォ紛争後の世界

コソヴォ紛争へのNATOの武力介入は多方面で物議を醸した。既述の合法性の問題以外にも、NATOが駐セルビア中国大使館を「誤爆」して破壊したことや（1999.5.7）、劣化ウラン弾を多用したことで様々な健康被害をもたらしたことなどは、紛争後も批判の対象となった。また、欧州諸国はアメリカに依存して域外活動を展開したために、軍事能力の不足をより深刻に受け止めた[89]。

対照的にアメリカ国内では、いわゆる「（アメリカ）単独主義」的な行動への支持が広がっていた[90]。米議会は包括的核実験禁止条約（CTBT）の批准議案を否決し、地球温暖化防止の京都議定書にも消極的な姿勢を取った[91]。2000年の米大統領選挙では、アメリカの軍事力と国益を重視することが超党派的合意となった。

要するに、ブッシュ（子）政権の諸政策や9.11事件の衝撃が「（アメリカ）単独主義」を作り出したのではなく、その潮流はクリントン政権期に着実に形成されていた。いまや「西側秩序」はアメリカの覇権をより鮮明にした秩序へと変貌しつつあった。論壇でもさまざまな「（アメリカ）帝国論」が展開されるようになった。しかし、覇権への反作用として反米勢力は各地で活動を盛んにし、NATOと日米安保体制の再定義によって強まったはずの西側諸国間の結束にも綻びが目立つようになっていった。

第16章

アフガニスタン戦争とイラク戦争

2000 〜現在

1 ── 湾岸戦争後の中東と南アジア

「西側秩序」への編入

　湾岸戦争後も中東から南アジアにかけての地域は不安定さを抱えていた。しかし，この地域は東アジアとヨーロッパという世界のGDPの約5割を生み出す地域に隣接し，海上交易や資源供給に枢要な役割を果たしていることから，「市場民主主義」の安定と拡大のために，西側がより「関与」すべきと認識されるようになった。こうしてこの地域を「西側秩序」に編入しようとする動きが始まった。

　湾岸戦争終結後の地域情勢は次のように変化していた。第一，湾岸戦争以来の国際制裁によってイラクのサダム・フセイン政権は弱体化しつつあったが，イラン，トルコ，シリア，イスラエル，インド，パキスタンなどは着実に軍備を増強していた。第二，この勢力構図の変動から，各国はアフガニスタンやレバノンへの影響力行使をより活発に競うようになり，両国の政情不安を増幅させた。第三，同じく勢力構図の変動を受けて，イスラエルは安全保障上の危機感を高め，その反作用としてパレスチナやシリアも態度を硬化させて中東和平交渉は停滞した。第四，さらに，勢力構図の変動は大量破壊兵器の拡散を加速させ，インドとパキスタンが核実験をおこなっただけでなく，中東諸国による核開発も疑われた。

クリントン政権の中東・南アジア政策

　かかる情勢変化に対して，クリントン政権は核拡散防止で大国間協調を図りつつ，包括的核実験禁止条約（CTBT）を支持して非核保有国の不満を和らげようとした（1996.9 国連総会にて採択，1999.10 米議会は批准案を否決）。しかし，他方でミサイル防衛計画を推進して，軍事的優位性を維持する姿勢も明確にした[1]。中東と南アジアについては，イラン・イラクに対する「（二重）封じ込め」政策を提唱して両国の核兵器開発疑惑の具体的解決を先送りにし，印パ問題やアフガニスタン問題への本格的関与も事実上見送った[2]。

　こうしてクリントン政権は，中東和平問題（イスラエルとパレスチナ，シリア，レバノン交渉）への対応に焦点を絞った[3]。クリントン大統領は

2000年1月にアル゠シャラ・シリア外相とバラク・イスラエル首相との三者会談、同年7月にはバラク首相とパレスチナのアラファト議長との三者会談をおこなったが、いずれも妥結に至らなかった。

そもそも、中東諸国間の利害調整、イスラエルの占領地からの撤退問題、パレスチナ難民帰還問題などを事実上棚上げにして、もっぱらパレスチナ側やシリア側に妥協を要求する交渉には限界があった[4]。各当事者は根強い不信感を相互に抱いており、また、国内（または組織内）に和平慎重派を抱えていた。さらに、シリアのハフェツ・アサド大統領が2000年6月に死亡し、大統領職を事実上世襲した息子のバッシャール・アサドは対イスラエル交渉よりも国内統治体制の確立を優先するようになった[5]。

2001年1月に共和党のジョージ・ブッシュ（子）がアメリカ大統領に就任すると、アメリカ側の中東和平問題への関与も弱体化した。対照的に、アフガニスタン情勢が国際的な注目を集めるようになった。

アフガニスタン情勢の変動とタリバン

アフガニスタンでは、1989年2月のソ連軍撤退と1992年4月のナジブラ政権の崩壊の後、ブルハーヌディン・ラバニ新大統領派とグルブディーン・ヘクマチアル新首相派とがアフガン統治の主導権を争っていた。

この争いは、反共ゲリラの主力であったムジャヒディン（イスラム民兵）諸勢力間の抗争や部族・地域対立とも連動して、混沌たる状況を生み出した。主な部族とその居住地は、カンダハルを中心にした中南部からパキスタン北西部にかけて分布するパシュトゥーン人（総人口の約4割）、首都カブールから北部にかけて分布するタジク人（総人口の約3割で、イラン語群ダリー語を用い、スンニ派が多い）、同じくイラン系のハザラ人（総人口の約1割で、シーア派が多い）、トルコ系のウズベク人やトルクメン人などである[6]。

この混沌とした政情の中で、ムハンマド・オマルを指導者とする「タリバン」がパキスタン北西部からアフガニスタンへと流れ込み、1996年9月には首都カブールを制圧した。タリバンは戦乱に辟易していたパシュトゥーン人の一部から消極的支持を得た。しかし、タリバンは厳格なイスラム戒律を支配地域の住民に強要し、従わぬ者には容赦なく暴力を行使した。タジク、ウズベク、ハザラ人系のムジャヒディン諸勢力は、ラバニを代表、アフマド・シャー・マスードを司令官として「北部同盟」を形成してタリバンに対抗したが決め手に欠け、一進一退の攻防が続いた。

関係諸国の思惑(おもわく)

タリバン躍進の背景には，「パキスタン軍統合情報局（ISI）」による支援があったとされる[7]。タリバンはもともと，パキスタンのマドラサ（イスラム神学校）で学ぶアフガニスタン難民(きゅうごう)を糾合して武装し，パキスタン北西部を拠点として活動を始めた。この地域にはパシュトゥーン人が多数居住しており（地域人口の約6割），同じくパシュトゥーン人が多いアフガンへの攻略に都合がよかった。ISIは，タリバンを媒介としてアフガンへの影響力を確保することで，北部同盟への支援などを通じてアフガンで存在感を増しているイランを牽制(けんせい)した。

パキスタンがアフガンに関与した大きな動機は，自国の国土防衛に保険をかけることにあった。すなわち，パキスタンが右隣のインドと衝突した場合，左隣のアフガニスタン国境部分でもう一つの紛争を戦う余裕はない[8]。また，サウジアラビア，アラブ首長国連邦，アメリカなどもイランやシーア派系政治勢力の影響力拡大を懸念して，タリバンによる統治を当初は容認していた[9]。

ところで，1990年代初頭，サウジアラビア出身の富豪オサマ・ビン・ラディン率いるイスラム原理主義組織「アル・カイダ」は，反米テロを世界各地で展開していた。そのアル・カイダが拠点としたのがスーダンとアフガンであった。とくにタリバンがアフガンの首都カブールを制圧して以降，タリバンとアル・カイダの関係は密接になった。アル・カイダはタリバンへの資金提供をおこない，タリバンはアル・カイダに活動拠点を提供したという[10]。1993年2月のニューヨーク世界貿易センター爆破事件，1996年6月のサウジアラビア米軍基地爆破事件，1998年8月に起きたケニアとタンザニアの米大使館同時爆破事件など，アル・カイダによるとみられるテロ事件が頻発した。

アメリカやサウジアラビアは，1997年末頃からアル・カイダとタリバンの引き離しを試みた[11]。その一例は，1998年4月におこなわれたビル・リチャードソン米特使のアフガン訪問であった。リチャードソン特使は，タリバンに国連の仲介する和平調停への参加を約束させる一方で，北部同盟に対しては米政府が北部同盟とイラン（北部同盟の支援国）双方との関係を改善する意思のあることも伝えていた[12]。さらに，サウジアラビア情報機関は水面下でタリバンとの交渉を進め，1998年6月にはビン・ラディンをサウジアラビアへ引き渡すことでタリバンと暗黙の合意ができあがっていたという[13]。

この頃アメリカやサウジアラビアは，イランのハタミ政権（1997.8 大統領就任）の進める対外政策見直しに注目し，アフガン情勢転換の方策を練っていた。イスラエルも同じようにイランの政策変化に注目していた。イスラエルは，インドやトルコとの連携を深めたり核開発疑惑を指摘したりしてイランを牽制しながらも，イスラム革命前のイランとの間に存在する負債返還を検討するなど関係改善を模索した(14)。
　しかし，1998年5月の印パ核実験と同年8月31日の北朝鮮ミサイル発射実験（「テポドン1号」日本列島上空飛来）によって，クリントン政権は大量破壊兵器拡散防止への取り組みを優先するようになった。米議会の「ラムズフェルド調査委員会」も報告書をまとめ，米諜報機関が大量破壊兵器の脅威を軽視していると批判していた（1998.7.15）(15)。核兵器開発疑惑を抱えるイランとアメリカとの関係改善は難しくなった。

アフガニスタン・イラン危機

　米・イラン関係改善の失敗と連動して，アフガン情勢も悪化した。1998年8月20日，米軍はアフガニスタンとスーダンのアル・カイダ拠点を爆撃した。同月7日に発生した，ケニアとタンザニアの米大使館同時爆破事件への報復であった。しかし，この爆撃以降，タリバンとアル・カイダの距離はより接近し，ビン・ラディンの身柄引き渡しもアフガン和平実現も困難になった(16)。タリバンは軍事力を強化し，1998年夏にはアフガンの大半を支配下に置いた。
　この際，タリバンは北部同盟ドスタム将軍派の拠点マザーリシャリフを奪取し（8.8），現地にいたイラン人外交官を殺害して人質も取った。イランはこの報復としてアフガン・イラン国境地域で大規模軍事演習を展開し，9月には7万人規模，10月には20万人規模の兵士が動員された。10月の動員は1979年12月にアフガンへ侵攻したソ連軍の2倍を超え，イラン・イラク戦争以来最大規模の動員であった。緊張は一気に高まった。現地に急派されたブラヒミ国連特使のとりなしでこの危機は回避されたものの，アフガン周辺諸国の緊張関係は継続した(17)。

カルギル戦争

　このうち印パ両国はついに武力衝突を引き起こした。1999年5月，カシミール地方のカルギル地域での小競り合いを契機として，印パ両軍は交戦状態に突入した（通称「カルギル戦争」）。クリントン米政権は核武装した印パ両国の軍事衝突に危機感を抱き，パキスタンが軍隊を後退させること

を条件として仲介に乗り出して，1999年7月に停戦が成立した[18]。国内にくすぶる対印強硬論や政権批判の高まりに直面したパキスタンのシャリフ首相は，ムシャラフ参謀総長を更迭することで事態の収拾を試みた。しかし，同年10月12日，ムシャラフ参謀総長は逆にクーデタを決行してパキスタンの全権を掌握した。ムシャラフ新政権は対米関係を重視してインドとの融和を模索しつつも，アフガニスタンについては北部同盟とその友好国イランを牽制するため，タリバン政権支持の姿勢を継続した[19]。

アメリカの行き詰まり

アメリカは引き続きタリバンとアル・カイダの分断を試みた。しかし，タリバンは軟化せず，アル・カイダも活発に活動した（2000.10.12 米駆逐艦コール襲撃事件など）。アメリカは国連安保理で対タリバン制裁決議を取りつけ，圧力をかけた（決議1333号，2000.12.19 採択）。タリバンは国際的に孤立して，2001年3月には国内の仏教遺跡（バーミアン大仏立像）を爆破するなど，明らかに行き詰まっていた[20]。

アメリカはタリバンとアル・カイダの分断を試みると同時に，アフガン情勢安定のもう一つの鍵であるイランとの関係改善を再び検討した。2000年3月，オルブライト国務長官は対イラン政策を見直す意思を表明した[21]。しかし，アメリカとイランが関係を改善すれば，パキスタンはタリバンへの肩入れを強化しかねない。また，アメリカの同盟国であるイスラエルも刺激する[22]。イスラエルの懸念を押し切ってアメリカがイランとの関係を改善させた場合，イスラエルは安全保障環境が悪化したと判断し，周辺諸国とパレスチナへの態度を硬化させる。それはアメリカの思い描く中東和平構想を行き詰まらせる。アフガン和平と中東和平の間でアメリカはジレンマに陥っていた。こうして，イランとアメリカの関係改善は前進しなかった。

アメリカは，タリバンとアル・カイダを離間させる政策，イランの影響を制限できるアフガン政府の確立，イラン・イラク封じ込め政策，そしてイスラエルの安全確保，これら4点を調和させられる構想を提示する必要があった[23]。しかし，クリントン政権も，2001年1月に発足したブッシュ（子）政権もその解を見出しえなかった。

2001年9月11日の米同時多発テロ事件がこの状況に大きな変化をもたらすことになる。大きな変化とはアメリカの軍事介入による前記ジレンマの打開であり，力ずくの中東とアフガン「和平」構想の推進であった。

2 ── 9.11事件とアフガニスタン戦争

9.11事件

 2001年9月11日，ニューヨークの世界貿易センタービルにハイジャックされたとみられる2機の米旅客機が激突し，多数の市民を巻き添えにしてビルを破壊した。ほぼ同じ頃，ワシントンDC郊外の国防総省（ペンタゴン）にも旅客機が激突した[24]。アメリカの経済と政治の中枢は麻痺状態に陥った。

 ブッシュ政権はアル・カイダによる自爆テロによってこの事件が引き起こされたと断定し，その首謀者ビン・ラディンの逮捕とアル・カイダ撃滅，そして，アル・カイダをかくまってきたアフガニスタンのタリバン政権打倒を目標とした武力攻撃を決断した。西側諸国はアメリカを支持し，パキスタンもアメリカの決意の前に選択肢はなく，アメリカへの支持行使を表明した。

アフガニスタン戦争

 2001年10月7日，アメリカとイギリスを中心とする多国籍軍が「無限の正義作戦」（後に「（アフガニスタンにおける）不朽の自由作戦」と改称）を発動，アフガニスタン戦争が勃発した。多国籍軍はアフガンの北部同盟と連携してタリバンを攻撃した。NATOも結成以来初めて集団的自衛権の行使を宣言（2001.9.12 行使の準備合意，10.2 行使決定）して，アフガニスタン戦争直後からNATO加盟国の空軍機がアメリカ本土防衛を補助した（「鷲の補佐作戦」［Operation Eagle Assist］）。2001年11月，タリバンは首都カブールから撤退し，事実上タリバン政権は瓦解した。

 これを受けて，12月，タリバン政権後のアフガン復興問題を議論する国際会議がドイツのボンで開催された。会議では，人口で少数派のタジク人やハザラ人主導の北部同盟によるアフガン統治への反発を和らげるために，パシュトゥーン人のハミド・カルザイを代表とする暫定政府の樹立を決め，正式政府発足に向けた道筋を示した「ボン合意」をまとめた（2001.12.5 調印）。

 ボン合意による正式政府発足への道筋を略述すると，暫定政府発足

(2001.12.22),「ロヤ・ジルガ（大部族会議／国民大会議）」開催（2002.6),移行政府の発足（2002.6),新憲法制定（2004.1),大統領選挙（2004.10),正式政府発足（2004.12.7）であった（括弧内は実際に移行した時期)。また,ボン会議参加各国はNATOを主軸とする「国際治安支援部隊（ISAF)」の展開にも合意した。これを受けて,国連安保理はボン合意とISAFの展開を支持する決議を採択して（1383, 1386号),アメリカ主導の戦後復興を正当化した。

しかし,アメリカは時間とコストのかかる政府再建や復興開発など,「国家建設」に関する仕事を回避して,ビン・ラディンの捕捉とアル・カイダ掃討に集中した[25]。これに伴って,米軍は継続している戦闘行動,ISAFは治安回復,国連は政府再建と復興開発支援といった具合に国際組織の分業が決められて相互の連携を欠き,アフガン支援活動への人的な手当てもなおざりにされた。実際,ボン合意から1年を経た2002年暮れの段階で,アフガンに駐留する外国兵力は,ISAFが約5000人,米軍が約9700人に過ぎなかった[26]。ブッシュ大統領も後に認めるように,アメリカによるアフガン支援の真剣さが疑われても仕方がなかった[27]。

こうした事情を見透かして,タリバンはアフガン南部やパキスタン国境地域を拠点として抵抗を続けた。しかも,アフガン移行政府の統治能力は非常に低く,政府内部では汚職と腐敗が横行し,諸部族による権力闘争も継続していた[28]。治安悪化に対するアフガン国民の不満は募り,タリバンは再浸透していった。折しも,アフガンはアヘンの世界的供給地と化しており,それを資金源として諸勢力が戦闘を継続するという悪循環に陥っていた。

アフガン情勢は混迷の度を深めていたが,ブッシュ政権の関心はすでにイラクへと移っていた[29]。

ペルシア湾岸と南アジア(i)

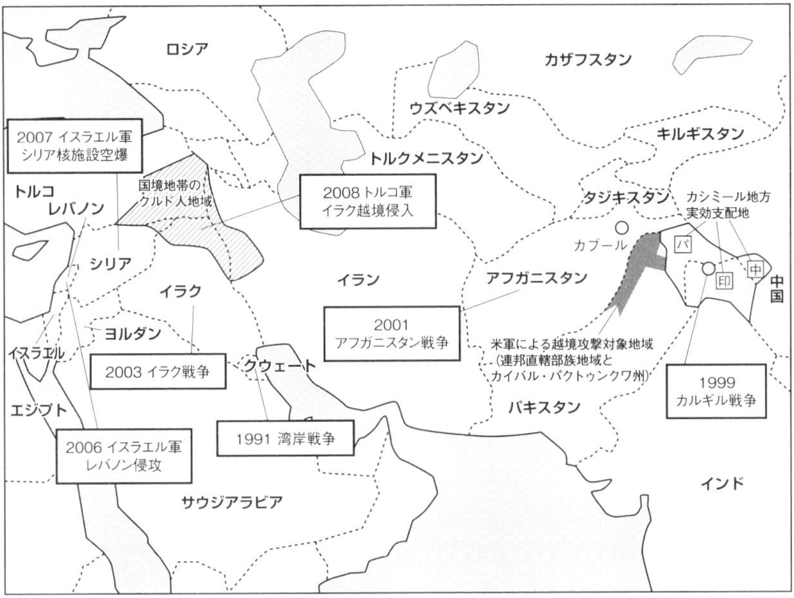
ロシア
カザフスタン
ウズベキスタン
キルギスタン
2007 イスラエル軍
シリア核施設空爆
トルクメニスタン
トルコ
国境地帯の
クルド人地域
2008 トルコ軍
イラク越境侵入
タジキスタン
カシミール地方
実効支配地
レバノン
カブール
パ
シリア
印
中
中国
イラン
アフガニスタン
イラク
2001
アフガニスタン戦争
ヨルダン
米軍による越境攻撃対象地域
(連邦直轄部族地域と
カイバル・パクトゥンクワ州)
イスラエル
2003 イラク戦争
クウェート
1999
カルギル戦争
エジプト
パキスタン
2006 イスラエル軍
レバノン侵攻
1991 湾岸戦争
インド
サウジアラビア

3――イラク戦争

イラク戦争計画

アフガニスタン戦争最中の2001年11月，ブッシュ政権はイラク・イラン「封じ込め」戦略の見直しに着手した。新政策の概要は，経済面と軍事面で潜在力を持つイランに対しては封じ込めを続けて国際原子力機関(IAEA) などによる監視を強化しつつ，隣接するアフガン情勢を米軍が掌握してイランの浸透を防ぐ。さらに，制裁で弱体化しているイラクに対してはフセイン政権打倒を目標にした戦争を計画するというものだった(30)。いわば，アフガニスタン戦争とイラク戦争を事実上連動させることで，両国に挟まれているイランに圧力をかけるという構図を描いたのであった。

2002年1月の一般教書演説でブッシュ大統領は，イラン，イラク，北朝鮮が「悪の枢軸」を構成していると批判し，とりわけ，イラクの大量破壊

兵器がアメリカの安全を脅かしていると強調した。それを除去する手段は武力行使であり，ブッシュはブレア英首相に対イラク軍事作戦へ参加するように求めた（2002.4 テキサス州クロフォード米英首脳会談）[31]。イギリスの軍事力が必要であったというよりも，アメリカが主導する軍事力行使を国内外に向けて正当化するために役に立つからであった[32]。

ブレアはイラク攻撃計画には反対しなかった[33]。ただし，ブレアはアメリカの「単独主義」的な行動を懸念しており，武力を行使する場合には国連安保理決議を採択するように働きかけた。また，パレスチナ問題の解決も視野に入れて中東情勢の安定を図る必要性を強調した[34]。ブレアは，アメリカの単独行動に歯止めの利かない場合，イギリス国内世論や労働党内からのブレア政権批判が高まることと，パレスチナ問題を放置すれば中東各地でイギリスへの反発が起こることを懸念していた[35]。また，欧州各国からブレア政権の親米路線への反発が強まれば，欧州統合問題でイギリスの立場が弱体化することも予想された。

国連利用の背景

ブレアの働きかけに対して，ブッシュはパレスチナ問題に対処する必要は認めたが（2002.6 中東和平プロセス再開の呼びかけ），国連で対イラク武力行使を議論することには消極的であった[36]。しかし，2002年9月7日の米政府関係閣僚の会議で国連を媒介させることを決定し，同夜の米英首脳会談でブレアに通知した[37]。続く9月12日の国連総会演説でブッシュは同方針を公表した。

ブッシュはこの国連総会演説で，イラクのフセイン政権が湾岸戦争以来採択されてきた国連安保理の諸決議に違反して大量破壊兵器製造能力を向上させており，かつ，国際的なテロネットワークをかくまっている危険な存在であることを強調し，これらの問題解決に国連の存在意義がかかっていると主張した。また，同時期に発表された『国家安全保障戦略』では，国連がアメリカの意向に従わないならばアメリカ単独で「先制攻撃」をおこなうとの決意を表明して，国連での議論に圧力をかけた[38]。

ブッシュがひとまず国連でイラク問題を議論することを決断した要因は，イギリスや中東諸国に対する配慮だけでなく，アメリカの国内事情もあった。それは，ブッシュ政権内部と与党共和党内でのイラク政策に関する論争の激化であった[39]。政権内部では，イラク戦争に消極的なパウエル国務長官らと積極的なラムズフェルド国防長官やチェイニー副大統領らとの対立が生じていた[40]。また共和党内でも，ブッシュ（父）元大統領

側近のスコウクロフト元補佐官，イーグルバーガー元国務長官，ベーカー元国務長官らが開戦懐疑論を展開していた[41]。ブッシュ（子）は国連安保理決議の獲得を目指す姿勢を示すことで，政権内と共和党内部の論争収束を試みたのであった[42]。

国連安保理での攻防

国連安保理では，フランスとドイツ（当時，安保理非常任理事国）が開戦反対で連携し（2002.9.7 独仏首脳会談），ロシアもこれに加わった。これに対しイギリスは，「45分以内」にイラクが大量破壊兵器を使用しうるとの偽情報に基づく諜報文書を公表して，アメリカを援護した（2002.9.24）[43]。約2ヵ月に及ぶ大国間交渉の結果，ようやく11月8日になって国連安保理決議1441号が採択された。

国連安保理決議1441号は，イラクが30日以内に全ての大量破壊兵器関連計画について報告すること，また，「イラク問題に関する国連監視検証査察委員会（UNMOVIC）」とIAEAによる核査察に無条件かつ全面的に協力することを要求した。そして同決議は，イラクがこれらの要求を満たさない場合，「深刻な結果」に直面するとの文言を盛り込んでいた。米英は，「深刻な結果」がイラクに対する武力行使を意味すると主張した。しかし，安保理決議1441号は湾岸戦争の開戦前に採択された678号とは違い，憲章7章に基づいた「必要なあらゆる措置」を取るとまでは踏み込んでいなかった。国連安保理が強制力行使を認めたと各国を説得するためには追加の決議が必要であった。米英は第二の安保理決議採択へ向けて動いた。

イラクは第二の決議を回避するため，中東諸国，ロシア，カトリック教会などによる仲介を期待しつつ，核開発に関する報告書を国連に提出して一定の譲歩を示した（2002.12.7）。国連機関（UNMOVICおよびIAEA）は，イラクの提出した報告書や査察の有効性を指摘しつつ衝突回避の可能性を探った。これに対し，ブッシュ政権は対イラク武力行使を決意しており，パウエル国務長官らを国連に送り込んで安保理メンバーに強制行動への同意を迫った（2003.2.5 安保理演説）[44]。また，ラムズフェルド国防長官は，イラク戦争に反対する仏独ロを「古いヨーロッパ」，アメリカを支持する東欧の新規NATO加盟国などを「新しいヨーロッパ」として対比して，欧州世論の分断を試みた[45]。

しかし，世界各地で大規模な反戦・反米デモが巻き起こり，アメリカに追従するイギリスのブレア政権への反発も強まった。マンデラ元南アフリ

カ大統領はブレアを「アメリカの外務大臣」と揶揄し，英国内でもブレアを「ブッシュのプードル犬」と呼ぶ蔑称が流布した[46]。こうした状況の中，フランスのシラク大統領は，国連安保理で米英が武力行使決議採択を強行すれば拒否権を発動すると言明した（3.10 仏テレビ放送）。

　アメリカは第二の安保理決議採択を断念し，「有志連合」を組織して軍事行動を起こすことを決意した。2003年3月16日，ポルトガル領アゾレス諸島で開催された4ヵ国首脳会談（米，英，西，ポルトガル）は有志連合の開戦準備会合となった。この会談でブッシュは，戦後のイラクを有志連合中心に運営し，国連を補助的にのみ関与させる方針を通知した[47]。また，イギリス議会が開戦決議を否決したらブレア首相は辞任し，アメリカ単独で開戦することも確認された[48]。アメリカの方針が先にあって他国はこれに従う，これが有志連合の実態であった。

イラク戦争開戦

　2003年3月20日，米英軍を中心とする有志連合は「イラクの自由作戦」を開始し，イラク戦争が勃発した。2003年4月に入ると首都バグダッドは事実上無政府状態となり，クルド人勢力も武装蜂起してイラク北部を占領下に置いた。サダム・フセインは行方をくらまし，イラク政府は崩壊した（フセイン拘束は2003.12.13，絞首刑執行は2006.12.30）。あっけない敗北であった。それもそのはず，湾岸戦争以来の経済制裁，飛行禁止区域の設置，度重なる空爆などによって，フセイン政権はすでにイラク戦争の開戦前から弱体化していたのである。

　2003年5月1日，ペルシア湾からカリフォルニア州サンディエゴに帰還した米空母を訪問したブッシュは，イラクでの大規模な戦闘が終結したことを宣言した。続いて，有志連合の統治機関である「連合国暫定当局（CPA）」代表に就任したポール・ブレマーは，命令第1号を発してイラク政治の脱バース党化を決定し（5.16），命令第2号でイラク軍をはじめとする軍事・諜報関連組織の解体を言い渡した（5.23）[49]。これらの命令は，占領統治を管轄するラムズフェルド国防長官の意見を反映させていた[50]。有志連合は，イラク戦争の目的として掲げていた大量破壊兵器開発の阻止ではなく，フセイン政権の残滓一掃とイラク民主化，そしてイラクの外交・安全保障政策の抜本的再編を目標に据えて占領統治を開始したのである。

　しかし，脱バース党政策の対象者は中央省庁だけでなく各地の学校や病院関係者にも及び，数万人が公職追放され，基本的な社会機能が麻痺する

ことになった。また，軍隊や諜報関連組織の解体によって数十万人の元兵士や元政府職員らが受け皿もないままに失業することになった。これらの命令はイラクの治安を悪化させた要因の一つとなった[51]。

4 ── イラク戦争の国際的影響

イラク戦争は国際政治に大きな影響を及ぼした。とりわけ関係の深い，中東和平問題，核拡散問題，アフガニスタン問題，中央・南アジア地域の民主化運動について，それぞれの概要をまとめておく。

中東和平問題
アメリカは，フセイン政権による大量破壊兵器開発に関する国連安保理決議違反と独裁政治を批判してイラク戦争に突入した。しかし，中東で法の支配や民主化を唱える以上，避けられない問題があった。パレスチナ問題である。かつて湾岸戦争のときにサダム・フセインは「（二重）リンケージ」論を提唱して一定の支持を集めたから，対策を打つ必要があった。ブッシュ（子）政権はパレスチナ国家建設の支持を表明して（2002.6.24 演説），パレスチナ問題がイラク戦争遂行の妨げにならぬように試みた。

ところが，イスラエルはパレスチナ情勢の一方的な統制を目指していた。イスラエルはヨルダン川西岸地区に「分離壁」を建設してパレスチナを物理的に「隔離」しつつあった。またイスラエルは，ハマスだけでなくアラファトPLO議長にも「第2次インティファーダ」の責任があると主張し，アラファトを排除する形での対パレスチナ交渉を構想していた[52]。イスラエルの意を汲んだアメリカは，アラファトに圧力をかけてパレスチナ自治政府に「首相」職を設けることに同意させ，マフムード・アッバスが「首相」に任命された（2003.3.19 任命）。さらに，アッバス首相がパレスチナ側の和平交渉を管轄することをアラファトに確認させた。イラク戦争開戦ぎりぎりのタイミングであった。

その上で，米，ロ，国連，EUからなる「カルテット」は，パレスチナ国家建設を含んだ中東和平の「ロードマップ」を提示し，イスラエルとパレスチナ双方に実行を要求した[53]。2003年6月4日にヨルダンのアカバで開催されたイスラエル・パレスチナ首脳会談（「アカバ・サミット」）にはブッシュも同席し，双方にロードマップ実現を約束させた。さらに，国連

安保理決議1515号が採択され（2003.11.19），ロードマップに国際的な正当性が付与された。

　ロードマップ実現のための課題の一つは，パレスチナ住民の居住するヨルダン川西岸地域（パレスチナ自治政府本部があるラマラを含み，ファタハの支配地域）とガザ地域（ハマスの支配地域）の分断克服とユダヤ人入植地の整理であった。しかし，イスラエルのシャロン首相は両地域の地理的な結合を認めることに難色を示し，軍事的な優位を維持してパレスチナ勢力を分断・隔離し，そのうえで一部入植地からの一方的撤退を行う政策を構想した（通称「一方的撤退」政策）。その一環として，イスラエルはガザ地区を支配するハマス創設者のヤシン師を暗殺して組織の弱体化を試みた（2004.3.22）。また，和平交渉からのアラファト排除も継続された。さらにイスラエルは「分離壁」の建設を継続した。「壁」に包囲されたパレスチナ住民の眼から見れば，それはまさに，ユダヤ人がかつてヨーロッパ各地で押し込められていたゲットーを皮肉にもイスラエル国家が作り出しているようなものであった。パレスチナ問題の解決が先送りされるなかで，2004年11月，アラファトはパリの病院で死亡した。

　ところで，アメリカにとってパレスチナ国家樹立の前提はイスラエルの安全確保にあるから，イスラエルと国境を接するレバノン問題についても対策が打たれた。焦点はシリア軍のレバノン駐留であった。2004年9月2日，アメリカは国連安保理決議1559号の採択にこぎつけた（賛成9票，ロシアや中国など6ヵ国は棄権）。同決議はレバノンにおける公正な選挙の実施を求めるとともにレバノン駐留兵力の撤退を求めた。さらにアメリカは，イラク治安情勢悪化の責任もシリアに帰して，対シリア包囲網の形成を進めた。こうしたなか，2005年2月14日，レバノンのラフィーク・ハリリ首相が暗殺され，同事件へのシリア情報機関の関与が取り沙汰された[54]。この一件でレバノン内外からシリア軍撤退を要求する声が高まり，ついに2005年4月シリア軍はレバノンから撤退し，レバノンは政治変動期に突入した（通称「杉の革命」）。

　その後イスラエルでは，2006年1月にシャロン首相が脳卒中で倒れ，オルメルトが首相に就任した。オルメルトは「一方的撤退」政策を継続し，ガザを拠点とするハマスを和平プロセスから排除する政策を維持した。しかし，2006年1月におこなわれたパレスチナ立法評議会選挙でハマスは多数派の地位を獲得しており，イスラエルによるハマス排除へのパレスチナ住民の反発は根強かった。この緊張を背景として，同年6月25日，イスラエルはガザ地区でハマスと武力衝突を引き起こし，27日には同地区を軍

事占領した（2006.11 撤退）。この煽（あお）りを受けて，ガザ地区ではパレスチナ勢力間の武力闘争も激化した。

さらにイスラエルは，2006年7月，レバノンのイスラム組織「ヒズボラ」支配地域にも武力侵攻した（2006.10 撤退）。また2007年9月6日にはイスラエル軍機がシリアを空爆した。標的はシリアの核施設であったと報じられた[55]。イスラエルはロードマップの実施を迫られる前に，力ずくで自らに有利な安全保障環境を形成しようと試みていた。しかし，イスラエル世論はこれら政策の成果に満足せず，シャロンやオルメルトよりもさらに，強硬論を唱えるネタニヤフの率いる野党リクードへ支持を寄せるようになった。こうして，ロードマップの実現すら困難になっていった（2009.3 第2次ネタニヤフ政権発足）。

大量破壊兵器拡散問題と「リビア方式」

イラク戦争は中東諸国だけでなく，核開発疑惑を抱える諸国に大きな動揺をもたらした。とりわけ，リビア，イラン，北朝鮮は敏感に反応した。

かねてよりアメリカはリビアを「テロ支援国家」に指名し，大量破壊兵器開発も疑ってきた。米軍は1986年3月にシドラ湾，同年4月に首都トリポリを爆撃した。さらに，1992年3月には国連安保理決議748号が採択されて国際経済制裁もリビアに科された。これらの圧力によって，カダフィ大佐の猛（たけだけ）しい弁舌とは裏腹にリビアは徐々に軟化していった。1998年8月にはパン・ナム機爆破事件の容疑者引き渡しと同事件裁判の管轄について米英との妥協が成立し，2001年11月13日にはCTBTにも署名した。

イラク戦争にリビアは危機感を抱き，同戦争開戦時の2003年3月，イギリスに接触してアメリカとの仲介を依頼した。米，英，リビア3ヵ国間の水面下での交渉が始まり，2003年9月の対リビア国連経済制裁解除を経て，2003年12月19日に米，英，リ3ヵ国間交渉が妥結した。リビアはCTBTを批准して核開発を断念することを受け入れ，その見返りに対米関係の改善が図られた（2004.1.6 リビアのCTBT批准，2004.10 アメリカが対リビア経済制裁を解除，2005.4 米リビア国交正常化，2006.10 アメリカがリビアをテロ支援国家から指名解除）。この「リビア方式」は，軍事的圧力と外交交渉を絡め合わせた核開発放棄の成功例とされ，米英両国は自信を深めた[56]。

イラン核問題

同じ頃，イランも強い危機感を抱いていた。アフガニスタン戦争とイラ

ク戦争によって、イランの両隣で米軍が戦闘行動を展開していたからであった。2003年5月、イランは水面下でアメリカとの包括的関係改善交渉を提案した。この提案には、核兵器開発の中断、レバノンのヒズボラやパレスチナのハマスとの関係見直しなど、イランが幅広い分野で譲歩する可能性を含んでいた[57]。イランはこの時期、欧州諸国やイスラエルなどにも類似の接触をおこなって、国際的孤立からの脱却を模索していた[58]。

しかし、ブッシュ政権はイランの提案を弱気の表れとみなし、一層の圧力強化に動いた。交渉推進派のパウエル国務長官よりも、慎重派のチェイニー副大統領やラムズフェルド国防長官の意見が重視されたからであった[59]。この時期はフセイン政権崩壊（2003.4）の直後であり、米国内の「ネオコン」やイスラエルの強硬派は勢いを増していた。2003年9月12日、IAEA理事会が全会一致でイラン非難決議を採択すると、アメリカは対イラン制裁のさらなる強化を主張した。

これに対してEUはイランとの交渉を重視し、2003年10月21日、英独仏のEU三ヵ国外相がイランを訪問した。イランのハタミ政権は、ウラン濃縮活動停止に向けた努力をすること、IAEAに協力することを約束した（「テヘラン合意」）。2004年11月15日、英独仏とイラン側代表が再度会談。イランはウラン濃縮活動の停止を約束し、その見返りとしてイランのWTO加盟を支援することなどで合意した（「パリ合意」）。しかし、アメリカは対イラン交渉に慎重な姿勢を崩さず、結局、2005年8月のイラン大統領選挙で対米、対イスラエル強硬派のアフマディネジャド政権が誕生すると、イラン側の対話姿勢も後退していった。

北朝鮮核問題

北朝鮮もアフガニスタン戦争とイラク戦争を深刻に受け止めていた。二つの戦争と前後して、北朝鮮をめぐる国際環境が厳しくなったからである。両戦争の開戦前、北朝鮮をめぐる国際環境は徐々に改善する兆しを見せていた。たとえば、2000年6月13日から15日にかけて韓国の金大中（キムデジュン）大統領が訪朝、初の南北首脳会談が開催された。その後、2000年10月23日にはオルブライト米国務長官の訪朝、2002年9月17日には小泉首相の訪朝と続いた。

しかし、「悪の枢軸」演説、日本人拉致問題、ウラン濃縮疑惑などによって米朝関係は冷え込み、2002年10月には朝鮮半島エネルギー開発機構（KEDO）による軽水炉支援が停止された。イラク戦争が始まると、北朝鮮は危機感を抱いてアメリカへの接触を本格化させ（2003.4 米中朝3ヵ

国会談），2003年8月27日には北京で核問題をめぐる6ヵ国協議が開催された。その後，2005年2月に北朝鮮は核拡散防止条約（NPT）からの脱退と核兵器開発宣言をしたものの，同年9月19日には6ヵ国協議「共同声明」の発表にこぎつけた。共同声明は，北朝鮮が「すべての核兵器及び既存の核計画」を廃棄してNPTとIAEAの保障措置に早期に復帰することを約束し，米などが軽水炉を「適当な時期」に提供することを宣言した。

ところが，北朝鮮はその後態度を硬化させ，2006年7月にはミサイル発射実験，10月には核実験をおこない，交渉は暗礁に乗り上げた。その理由として，米による北朝鮮資金源封鎖への反発，対中牽制，北朝鮮国内での権力闘争説などがささやかれた[60]。

ただし，2005年から2006年にかけて北朝鮮やイランが強硬姿勢を打ち出した要因は，個別事情だけでなく，イラクやアフガン情勢とも関係していた。2001年12月のアフガン和平に関する「ボン合意」や2003年5月のブッシュ大統領によるイラク戦争「勝利宣言」にもかかわらず，両国の情勢は好転していなかった。2005年末の段階でイラクには約16万人，アフガンには約1万7800人の米兵が駐留していた。しかも，両国駐留米兵の犠牲は2000人を超えていた。そのため，米軍が単独で北朝鮮やイランを本格的に攻撃することは難しくなっており，「リビア方式」を押しつけるための軍事的な圧力は事実上弱体化していた。この事情を察知して，北朝鮮やイランは核開発停止への見返りの上乗せを要求して時間を稼ぎつつ，いざという場合に備えて核開発能力の温存を図った。

アフガニスタン問題

アフガニスタン正式政府が発足した2004年12月以降，同国の治安は逆に悪化していた。背景には，イラク戦争勃発に伴う米英のアフガン駐留兵力の減少があった。2005年末までにタリバンが勢力を回復して南部と北西部に活動範囲を広げ，さらにアル・カイダ系勢力の犯行とみられる自爆テロがアフガニスタン各地で頻発した。これに対抗して，アメリカは2006年春から冬にかけて大規模空爆作戦を展開し，ISAFも活動範囲を南部（2006.7）や東部（2007.8）に拡大した[61]。しかし，治安は改善しなかった。

アフガン情勢の悪化と連動して，パキスタンとアフガニスタンの緊張も高まった。アフガン政府が，パキスタン軍統合情報局（ISI）によるタリバンへの支援を批判したためであった[62]。2006年9月27日，ブッシュは三者会談（ブッシュ，カルザイ・アフガン大統領，ムシャラフ・パキスタ

ン大統領)をワシントンで開催して対テロ戦争への協力を求めたが、パキスタンとアフガン政府の溝は埋まらなかった[63]。両国の緊密な協力は期待できず、2007年2月15日、ブッシュはアフガンへの米軍増派を表明することを余儀なくされ、NATO加盟国にも協力を求めた。

　米軍の増派は、アフガン・パキスタン国境地域での対タリバン掃討作戦の強化を意味していた。アメリカはパキスタンのムシャラフ政権への圧力をかけつつ、パキスタン国境内への空爆も頻繁におこなうようになった[64]。パキスタン国内では反米感情が高まっただけでなく、ムシャラフ政権への不満も募った。2007年12月27日のブット元首相暗殺事件を一つの契機として、パキスタン世論はムシャラフ政権批判へと向かい、2008年8月18日、ムシャラフは退陣して文民政権が復活した。しかし、文民政権の権力基盤は脆弱であり、イスラム教の宗派間対立やイスラム原理主義勢力の台頭に悩まされている[65]。

中東と南アジアの民主化運動

　アメリカにとって、アフガニスタン戦争とイラク戦争の副主題は「民主化」の推進であり、「民主化」を通じて親米勢力を強化することで中東・南アジア地域秩序の再編と市場拡大を構想していた。しかし、パキスタンでは軍事政権の退陣によって政情が不安定化し、イランでは対米強硬論を主張するアフマディネジャド政権が登場し、イスラエルでは度重なる政権交代と中東和平消極派優位の政治状況をもたらし、パレスチナではハマスの台頭を招き、レバノンでもヒズボラが政治的影響力を拡大させた。

　また、独裁体制を維持するアラブ各国の指導者は、地域秩序の変動と自らの政治権力の揺らぎに直面して、反体制派やイスラム運動への弾圧を強化した。それは長年の貧困にあえぐ人々の不満を高め、中東各地で大衆動員を伴う反政府運動を呼び起こした。このような「民主化」の進展は、アメリカの頼りにしてきたアラブ穏健派を弱体化させ、反米勢力の台頭をもたらす可能性がある。とりわけ、2011年2月のムバラク政権崩壊は、1970年代以来のアメリカとイスラエルの中東政策の基盤が揺らいでいることを意味している。

5 ── イラク情勢の悪化と「出口戦略」

フセイン政権崩壊後の情勢

　フセイン政権崩壊後のイラクに視点を戻すと，有志連合による占領に対して強烈な反発が起こっていた。旧バース党員と旧軍人の公職追放は政府機構の無力化を招き，さらに元バース党員や元軍人による武装蜂起を誘発し，闇経済の蔓延に伴う人質ビジネスの横行をもたらした。また，これまでフセイン政権下で抑えられてきた地域・部族対立やイスラム教シーア派対スンニ派の宗派対立も顕在化し，イラク中部と南部は空前の無秩序状態に陥った[66]。さらに，北部のクルド人自治地域では隣接するトルコやイランとの緊張も高まった。

　フセイン政権崩壊直後，アメリカは亡命政治家を軸とした臨時行政府を設立して，早期に撤退する計画を立てていた[67]。しかし，亡命政治家の統治能力に不安を抱いたアメリカは，イラク各地の代表も加えたメンバーで政府を形成する計画に修正し，新憲法を起案させた[68]。その計画に，国連安保理決議1483号（2003.5.22 採択）によって設置されたセルジオ・デ・メロ国連事務総長イラク担当特別代表率いる活動を協力させる目論見であった[69]。また，同決議は，イラク南部に自衛隊を派遣した日本をはじめとする，各国の対イラク政策を正当化させる役割も果たした（2003.7「イラク特措法」成立）。

　しかし，イラク情勢の悪化は深刻であり，2003年8月19日，バグダッドに開設された国連事務所がテロ攻撃によって爆破され，デ・メロ特別代表をはじめとする多数の職員が犠牲となった。国連はイラクでの活動を事実上休止し，有志連合は治安回復と「国家建設」双方に対する全面的な責任を負うこととなった。

イラク暫定政府発足

　そのイラク新政府形成の順序は以下のようになった（以下，括弧内は実施された時期）。「連合国暫定当局（CPA）」による統治（2003.5），CPAからイラク暫定政府への統治権移譲（2004.6），制憲（国民）議会選挙（2005.1），移行政府の設立（2005.4）と制憲（国民）議会による憲法草

案審議 (2005.8), 憲法草案への国民投票 (2005.10), 新憲法下での国民議会選挙 (2005.12), 正式な政府発足 (2006.5), 米軍撤退 (2010.7戦闘部隊撤退開始)。

しかし, イラク国民間の融和を欠いたままイラク新政府を形成する試みは, 親米勢力による支配を既成事実化することを意味する。そのため, 2004年から2005年におこなわれた暫定政府への統治権移譲と国民議会選挙に反発する諸勢力が, イラク中部のファルージャや南部のバスラ周辺などで大規模な武装蜂起を起こした。

さらに, イラク戦争の長期化やイラクの大量破壊兵器開発疑惑の虚構性が明らかになるに伴って, 有志連合から離脱する動きも起こった。たとえば, 2004年4月サパテロ・スペイン新政権はイラクからの撤兵を決断した。同年3月におこなわれたスペイン総選挙直前にマドリードで列車爆破テロが起こり, その実行犯がスペインのイラク戦争協力に反対していたことを重視したのであった。同じく2004年4月には, アブ・グレイブ収容所での米軍属による虐待行為が発覚し, 9月にはアナン国連事務総長がイラク戦争開戦時の違法性を指摘し, さらに同月末, イラク戦争開戦時に大量破壊兵器が存在していなかったことを米政府調査団が明らかにした。ブッシュ米政権への国際的信頼は失墜した。

ブッシュ政権は, イラク治安悪化の責任をイランやシリアに帰することで世論の批判をかわそうと試みた。また, 米議会共和党の一部は, 国連のおこなっていた「(イラク) 石油食糧交換計画」をめぐるアナン国連事務総長の親族の汚職疑惑を取り上げてメディアの注目を集め, ブッシュ政権を間接的に援護した[70]。しかし, イラク情勢悪化の第一義的な責任はブッシュ政権率いる有志連合にあることは明らかであった。

ブッシュ再選とイラク問題

このころ, ブッシュ政権内ではイラクの治安維持や占領行政のあり方をめぐって, パウエル国務長官とラムズフェルド国防長官の権力闘争が激化していた。ブッシュ大統領は2004年5月11日, 国家安全保障大統領命令 (NSPD) 36号に署名し, イラク占領行政の管轄を国防総省から国務省に移すことと, 連合国暫定当局を廃止することを決めた[71]。ラムズフェルド国防長官と国防総省の政治的権限を大幅に縮小し, イラクの治安回復に専念させる決定であった。この線で, 連合国暫定当局からイラク暫定政府への統治権移譲も宣言された (2004.6.28)。しかし, イラクの治安は悪化の一途をたどり, ブッシュ政権内部の確執も収まることなく続いた。

こうした情勢にもかかわらず，ブッシュは2004年11月の大統領選挙で再選され，上下両院も共和党が多数を制した。野党民主党は大半の議員がイラク戦争開戦に賛成していたため，精彩に欠けていたのである。ブッシュは対テロ戦争継続の意向を明言し，「ネオコン」との確執に辟易したパウエル国務長官は引退を決意した（後任はコンディーサ・ライス国家安全問題担当大統領補佐官）(72)。ただし，第2期目のブッシュ政権では，イラク情勢の悪化に比例して「ネオコン」の影響力は徐々に低下してゆくことになる(73)。

イラク新政権発足と「出口戦略」

　再選を果たしたブッシュの懸案は，もちろんイラク情勢の安定であった。情勢安定の一つの鍵は，イラクの制憲（国民）議会における新憲法草案作りの過程で諸政治勢力間の融和を図ることにあった。しかし，それは難題であった。

　新憲法草案作成に関する最大の争点は，石油権益と連邦制の関係であった。北部のクルド人地域（「クルディスタン地域政府」）には豊富な石油資源があり，同じように石油資源の豊富な南部に居住するシーア派勢力が，南部にも地域政府を形成するように主張したのである。これに対して，石油資源の少ない中西部に居住するスンニ派は，石油権益から疎外されることを警戒した。また，石油資源の豊富なキルクークを北部のクルド人地域に帰属させるのか否かも論争点となった。結局，アメリカが仲介に入り，各地域の石油権益の分配率は新憲法制定後に話し合うことで，キルクークの帰属は新憲法制定後に住民投票をおこなうことで妥協を成立させた(74)。

　新憲法形成と並行して，ブッシュ政権は米軍の「出口戦略」を本格的に検討していた。2005年11月30日に発表された『イラクでの勝利に向けた国家戦略』は，イラクにおける政治的安定と治安部隊の強化につれて駐留米軍を削減する方針を示していた(75)。さらに2005年末，ブッシュは4度にわたる外交政策演説をおこない，イラク政策の見直しを進めていることを印象づけた(76)。具体的なイラク政策の見直しには，2006年3月に発足したベーカー元国務長官らによる超党派の「イラク・スタディ・グループ」の助言を求めることになった(77)。

　この頃になると，ブッシュ大統領はキッシンジャー元国務長官などかつての共和党を代表する外交政策専門家の意見にしばしば耳を傾けるようになった(78)。それに伴って，ブッシュ政権内でも「ネオコン」への風当たりが強くなりはじめ，チェイニー副大統領の首席補佐官でイラク戦争主唱

者の一人であったルイス・リビーが失脚し，ラムズフェルド国防長官更迭論もささやかれた(79)。

「内戦」状態のイラク

ブッシュ政権が「出口戦略」の模索を始めた2005年12月，イラク国民議会選挙がおこなわれ，世俗勢力が後退して宗教勢力が台頭した。選挙ではシーア派穏健派のイラク統一同盟（UIA）が多数を獲得したものの過半数には達せず，新政権発足のための交渉は難航した(80)。しかも，UIAは内部分裂を起こし，この混乱の中で，ついにスンニ派とシーア派の本格的な武力衝突が発生した。イラクの治安はフセイン政権崩壊以来最悪の状況に陥った。

この衝突の中でもっとも注目を集めたのは，2006年2月22日，イラク中部にあるシーア派の聖地サマラのモスクが爆破された事件であった。実行犯はザルカウィ率いるスンニ派過激集団であると報じられた。シーア派穏健派の長老シスターニ師は冷静な行動を呼びかけたが，シーア派強硬派のサドル師に近いとされる民兵集団（マフディ軍団）は首都バグダッドのスンニ派モスク数十ヵ所への報復攻撃をおこない，騒擾はバグダッド全市に及んだ(81)。宗教対立の背景には，ジャファリ移行政府首相の新首相任命を支持するシーア派やイラン，それに反対するスンニ派との駆け引きがあった。

アラウィ前暫定政府首相はこの事態を「内戦」と呼び，シーア派とイランの影響力拡大を警戒するエジプトのムバラク大統領やサウジアラビアのサウド外相もこれに同調した(82)。ブッシュは「内戦」論を否定しながらも，密かにシスターニ師と接触してシーア派穏健勢力の取り込みを図りつつ，新首相候補のジャファリ移行政府首相を更迭することで事態の沈静化を試みた(83)。2006年4月，ライス米国務長官とストロー英外務大臣がともにイラクを訪問してジャファリに引導を渡し，5月にヌリ・マリキがようやく新政府（正式政府）の首相に選出された(84)。2005年末のイラク国民議会選挙からほぼ半年が経っていた。

米英の焦燥

イラク新政府の発足に何とかこぎつけたものの，イラク情勢の悪化は米英両国の政権運営も困難にしつつあった。イギリスのブレア政権は2005年5月の総選挙に勝利したものの，与党労働党の党内対立は深刻さを増していた(85)。党内分裂を抱えたまま迎えた2006年5月4日の統一地方選挙で

労働党は大敗を喫し、ブレアは大幅な内閣改造をおこなって立て直しを図った。しかし、ブラウン財務相への禅譲（ぜんじょう）を求める党内世論を抑えることはできず、2006年9月7日、ブレアは翌年に引退することを示唆するに至った（首相辞任は2007.6.27）。

アメリカでも、イラクとアフガンでの死者数の増加や、米南部を襲ったハリケーン・カトリーナ（2005.8）被害者への対応の遅れからブッシュ政権への不満が高まっていた。これらを追い風として、2006年11月の米議会中間選挙で上下両院とも民主党が勝利し、ついにラムズフェルド国防長官らイラク戦争を主導してきた国防関係者が更迭された（国防長官の後任は「イラク・スタディ・グループ」メンバーのロバート・ゲーツ元CIA長官）[86]。ブッシュとブレアに与えられた時間は限られていた。イラク戦争からの「出口戦略」をいよいよ実行に移すときが来た。

「出口戦略」の実行

2006年12月、ブッシュはイラク撤退に向けた環境を整えるため、大規模掃討作戦をおこなうことを決断した[87]。2007年2月、ジョージ・ケーシー将軍に代わりデービット・ペトレイアス将軍をイラク駐留米軍の司令官に任命し、イラク各地で米軍とイラク治安部隊による大規模武力掃討作戦（通称「サージ［The Surge］」）を展開させた[88]。

イラクでもマリキ新政権が硬軟両様の構えで治安回復に乗り出していた。強硬な側面として、スンニ派過激派指導者のザルカウィを殺害し（2006.6.7）、サダム・フセイン元政権の幹部への死刑を執行した（2006.12.30サダム・フセイン死刑執行）。柔軟な側面としては、幹部以外の旧バース党員を取り込みつつ、イラク治安部隊を強化するためのトレーニングを本格化させた。また、スンニ派諸部族を糾合した「イラク覚醒（かくせい）評議会」を組織させて、アル・カイダやシーア派民兵組織への抑止力として利用し、治安回復を図った。

これらの戦略の結果、相対的ながらもイラクの治安情勢は改善の兆しを見せはじめた。各地で多国籍軍からイラクへの治安権限の委譲が始まり（2009.1.1 バグダッド中心部の「グリーンゾーン」の権限委譲）、イラク覚醒評議会の統制もアメリカ側からイラク側へと移管された。

アメリカのジレンマ

ただし、イラク北部のクルド人地域は独自の問題を抱えていた。イラク政府（本章入稿の2011年10月現在）の与党であるクルド民主党やイラク

のタラバニ大統領が代表を務めるクルド愛国同盟とは別に，武装した非合法組織が存在している。たとえば，トルコ国境地帯を中心に活動する「クルド労働党（PKK）」やイラン国境地域を中心に活動する「クルド自由生活党（PJAK）」などである。しかも，合法的クルド諸政党と非合法組織とが完全に袂を分かっているとは言いがたい。トルコ，イラン両国はこれら非合法組織の活動に不満を募らせている。

実際，トルコ政府軍とクルド労働党の衝突は頻発しており，2007年10月にはクルド労働党が数十名のトルコ兵を殺害する事件が起こった。2008年2月21日，トルコ軍はこの報復を名目に国境を越えてイラク北部に侵攻した。アメリカの圧力によってトルコ軍は撤退したが，両勢力はにらみ合いを続けている。イラク・イラン国境地帯でも，2006年4月や2007年8月にクルド勢力とイランが迫撃砲で攻撃しあい，イラン軍が越境するなど緊張が高まった。

イラク戦争開戦時にクルド諸勢力は有志連合に協力しており，また，イラク連邦制を安定させるためにクルド人勢力を取り込むことは不可欠である。しかし，アメリカがクルド人武装勢力の活動を座視すると，それに反発するトルコとイランの立場を接近させることになる。それは，イラクの安全保障環境を悪化させることになりかねないし，イランの核拡散問題に対する国際的連携を乱しかねない。

アフガニスタン戦争以前にアメリカの抱えていたアフガン和平と中東和平のジレンマを軍事的に突破することを試みたブッシュ政権は，結局，新たなジレンマに逢着したのであった。

6 ── 二つの戦争の経済的影響

リーマン・ショック

イラクとアフガン情勢改善のためのもう一つの鍵は，アメリカの財政事情にあった。「対テロ戦争」の戦費は数百兆円に上ると言われており，1990年代から続いたアメリカ経済の成長がそれを支えてきた[89]。しかし，2008年秋，アメリカ発の金融危機が発生し，ついに米財政も限界に達した。

金融危機の一つの要因はリスクの高い住宅金融（サブプライムローン）

への巨額の貸付にあった。2007年6月，住宅金融問題で負債を抱えていた米証券会社ベア・スターンズの金融子会社が破綻した。これを受けて，ブッシュ政権は信用不安の拡大阻止に力を注いだ。しかし，市場の動揺は収まらず，2008年9月15日，ついに米大手証券会社リーマン・ブラザーズが倒産するに至った。負債総額が60兆円を超えるアメリカ史上最大の倒産であった。世界経済を「リーマン・ショック」が襲った[90]。

　リーマン・ショックはアメリカ経済だけでなく，金融業に依存していたアイスランド，アイルランド，イギリス，ドバイに深刻な影響を与え，さらにハンガリー，ギリシア，ポルトガル，スペインなどに波及して各国の財政危機を引き起こした。この危機は，もはや西側先進国グループ（G7）だけで対処できる規模を超えていた。

G20と米中関係

　かくして注目されたのが，これまで新興国と西側諸国の中央銀行・財務相による政策調整機関と位置づけられてきたG20の格上げであった[91]。ワシントンで開催された「金融・世界経済に関する首脳会議」と名づけられた第1回G20首脳会談では，世界金融問題についての政策協調を確認した（2008.11.14～15）。これまでのG7にBRICs（ブラジル，ロシア，インド，中国の頭文字を取った通称），サウジアラビア，インドネシア，韓国，南アフリカ，メキシコ，チリ，トルコ，EU代表部を加えた国と地域がそのメンバーであった。G20の枠組みに加えて，アメリカは米国債最大の保有国となった中国との政策的連携に期待を寄せた[92]。

　G20首脳会談開催や米中関係の強化は，新興諸国の経済成長が著しいことを象徴する出来事であった。1990年代からアメリカの進めてきた，「西側秩序」の再定義や「（アメリカ）単独主義」による世界秩序運営は，いまや軍事面だけでなく経済面でも行き詰まったのである。限界に直面して，ブッシュは政権末期になると「国際協調」の強化を口にせざるを得なくなっていた。次章でみるように，続いて登場したオバマ政権は，アメリカ外交の包括的見直しをもう一段加速させた。

第16章　アフガニスタン戦争とイラク戦争　343

第17章

「核とテロなき世界」の実像

2009〜

1──オバマ政権による「変化」の実質

オバマ政権の世界政策

2009年1月に発足したオバマ政権は，アフガニスタン戦争とイラク戦争の終結とアメリカ主導の国際秩序運営を両立させるため，ブッシュ（子）政権末期に着手された終戦過程の「イラク化」や「アフガン化」を加速させ，それと連動した世界政策全般の見直しも本格化させた。

見直しの骨子は次の4点である。第一，イラクとアフガンからの米兵撤退の実現のため，イラク連立政権に実質的な統治責任を移譲し，治安情勢の悪化しているアフガンへ兵力を傾注する。第二，大量破壊兵器の国際管理体制再確立を目的とした，米ロ関係の修復。第三，アメリカの景気回復と自由貿易・国際為替管理体制の再構築を目的とした，米中関係の緊密化。第四，アメリカの軍事的覇権を維持するための西側同盟国との関係修復である[1]。

つまり，オバマ政権の試みていることは，「（アメリカ）単独主義」を国連中心の理念的な「多角主義」へ転換させることではなく，アメリカを中核とした大国間協調を復活させることにある。この一つの先駆例として，ベトナム戦争終結過程とデタントの関係が挙げられる[2]。ただし，1970年代と現代には，冷戦構造の不在と新興市場国家群の台頭という大きな相違がある。この違いはオバマ政権の世界政策にどのような影響を与えているのであろうか。以下，具体的な政策の展開を整理しつつ考えてみよう。

2──アフガニスタン・イラク撤退に向けた行動

アフガニスタン新政策

オバマは，大統領に就任するとまもなくイラクからアフガニスタンへの政治・軍事的資源の集約を進め，さらに，両国からの戦闘部隊撤退実現を目的とした新政策作成に着手した。手始めに，旧ユーゴ紛争調停に携わっ

たホルブルック元国連大使をアフガン・パキスタン問題担当特使に，アフガン従軍経験のあるカール・アイケンベリー中将を駐アフガン米大使にそれぞれ任命して，アフガン重視を印象づけた。

しかし，オバマ政権内部ではアフガン新政策について意見が割れていた[3]。マクリスタル・アフガン駐留米軍司令官など国防関係者は，カルザイ政権の継続を前提としてアフガンへの増派を求めた[4]。国防関係者の構想したアフガン新政策の先駆例は，イラクでの対反乱作戦（通称「サージ」）であった。それは，米軍増派だけでなく，現地の諸政治勢力間の交渉促進策とイラク政府の統治能力向上への支援を組み合わせていた。これに対し，バイデン副大統領やアイケンベリー駐アフガン米大使らは，カルザイ政権の統治能力に疑問を抱いていた。そのため，アフガン統治をアメリカが実質的に担うリスクを警戒して，増派への慎重論を唱えた[5]。むしろ，彼らはカルザイ政権への支援を続けることの是非を議論すべきと主張したのである。

政府内での検討を経て，2009年12月，オバマ大統領はカルザイ政権の存続を前提に米軍の大規模増派を決断した[6]。そのうえで，バイデンらが懸念したアフガン統治の責任を負うリスクを軽減するため，元CIA局員でイスラム原理主義問題を専門とするブルース・リデルの報告書をもとに，アフガンの隣国であるパキスタンのテロ対抗能力向上も目指すことにした（通称「アフ・パク」戦略）[7]。

こうして，イラク駐留の米戦闘部隊は2010年8月をめどに，アフガン駐留の米戦闘部隊は2011年7月をめどに撤退を開始するとの日程がそれぞれ発表された（2009.2.27および12.1）[8]。そして，アフガンからの戦闘部隊撤退の前提となる治安回復のため，大規模な増派がおこなわれた。アフガン駐留米軍の規模は，2009年初頭の約3万人から2010年末には約10万人へと拡大した。

パキスタン北西部の紛争

オバマ政権がアフガン撤退の日程を明らかにしはじめると，アフガンとパキスタン双方でタリバン諸派の活動が再び活発になった[9]。アメリカは，タリバン諸派が拠点としているアフガン・パキスタン国境地帯への無人爆撃機による空爆を強化し，また，クエッタ・シューラなどタリバン強硬派幹部の身柄拘束も進めた。パキスタン国内では，これに反発するパキスタン・タリバン運動の犯行とみられる自爆テロ事件が頻発した[10]。空爆による民間人の犠牲と治安の悪化から，パキスタン国民の反米感情は高

まった。

　パキスタン政府は，2004年3月からアフガン国境地帯でタリバン掃討作戦を展開する一方で，タリバン諸派との停戦交渉もおこなっていた。また，シャリーア（イスラム法）の適用を容認したり，同地域で多数派のパシュトゥーン人に配慮した州名変更をおこなったりして諸勢力の懐柔を試みた[11]。アフガニスタンのカルザイ政権もタリバン諸派との交渉を模索した（2007.4 対タリバン交渉論示唆，2010.6 ハッカーニ・ネットワーク［タリバンの一派］とカルザイ政権との交渉開始の報道）。しかし，アメリカはタリバン諸派とアル・カイダとの連携を警戒して，対タリバン交渉には消極的であった。

　マクリスタル・アフガン駐留米軍司令官は，これらの足並みの乱れについてオバマ政権を批判したために更迭され（2010.6.24），後任にはイラク情勢安定に貢献したペトレイアス将軍が任命された[12]。ペトレイアス新司令官は，増派兵力を活用して，アル・カイダ掃討とタリバン強硬派鎮圧とを目標とした対反乱作戦を強化させた。他方で，タリバン穏健派とアフガン政府による交渉を後押しして，状況打開の糸口もつかもうとした（2010.9 対タリバン交渉への協力開始）。残された課題は，パキスタンからの協力の確保とカルザイ政権の統治能力の向上にあった[13]。しかし，その実現には数々の障害があった。

アフガニスタン新政策の行き詰まり

　パキスタンは，米軍による越境攻撃を批判するだけでなく，ブッシュ（子）政権期から進んでいた米印関係の緊密化（2005.7 米印原子力協定の交渉開始，2007.7 妥結）も警戒し，中国との関係を強化して米印双方を牽制していた。それは，2008年3月中国の援助によるグワダル港湾総合開発の運用開始，同年10月商用原発開発協力の発表，2009年11月中国製戦闘機購入，2010年11月中パ共同開発戦闘機の公開，2010年12月中国・パキスタン間で原子力を含むエネルギー協力合意，といった具合に包括的なものであった。1990年代後半から中国はインドを取り囲む形で各国の港湾インフラ建設支援に乗り出しており，将来的には中国海軍の寄港地を増やす狙いがあった[14]。この通称「真珠の首飾り」戦略が，パキスタンの思惑と一致して成果を上げはじめていた。

　ただしその一方で，パキスタンではイスラム原理主義勢力の犯行とみられる自爆テロ事件が相次ぎ，その責任問題から連立政権が一時崩壊したり（2011.1.2），世俗派の主張に理解を示す与野党要人の暗殺が相次いだり

した[15]。

　また，アフガニスタンのカルザイ政権はタリバン諸派との交渉だけでなく，国境を接するイランや中国との関係強化も進めていた[16]。イランは主に安全保障確保の動機から，中国は主に天然資源開発の利権を求めてカルザイ政権に接近した。パキスタンだけでなくアメリカもカルザイ政権の動きを警戒した[17]。そのアメリカとカルザイ政権との緊張関係は，「ウィキリークス」と名乗るウェブサイトが米政府内部文書を暴露したことで広く知れわたった[18]。さらに，アメリカでは2010年11月の中間選挙で野党共和党が躍進し，12月には「アフ・パク」戦略の一端を担っていたホルブルック特使が急逝した（2010.12.14）。オバマ政権のアフガン・パキスタン政策は行き詰まりはじめ，米軍増派や撤退日程の見直しも検討された[19]。

ビン・ラディン暗殺

　打開策は「対テロ戦争」の原点に見出された。2011年初め，アル・カイダの首領オサマ・ビン・ラディンがパキスタンのイスラマバード近郊アボッターバードの邸宅に潜んでいることを米諜報機関が確認した。米政府はパキスタン政府に極秘でビン・ラディン暗殺作戦を準備し，2011年5月2日，邸宅に突入した米特殊部隊がビン・ラディンを射殺した。これを受けて，6月22日，オバマ大統領はアフガニスタンからの撤退を予定通り開始すると発表した。オバマ政権のアフガニスタン政策に対する米世論の批判はひとまず収まった。

　しかし，アル・カイダはテロ活動の継続を宣言しており，タリバン諸派も動きを活発にしている[20]。パキスタンとアフガニスタンの政情不安も収まっていない。アメリカとアフガニスタンは，パキスタン情報機関とタリバン諸派との関係を疑っており，それに反発するパキスタンの動きを含めて三ヵ国間関係の今後が注目される[21]。

3────「アラブの春」とNATOのリビア介入

「アラブの春」

　オバマ政権の対イラク・アフガニスタン政策を揺るがす要因として，国

際的なテロ活動だけでなく，中東・北アフリカ諸国で展開されている「アラブの春」と呼ばれる大規模な反政府運動の影響も考えなくてはならない[22]。本章入稿時点（2011.10）までに，チュニジア，エジプト，リビアでは政権交代が起こり，イエメン，バーレーン，アルジェリア，ヨルダン，レバノン，シリアなどにおける反政府デモの動きが報じられている。

　かつて，ブッシュ（子）政権は2003年11月に「中東における自由の前進戦略」を提唱し，アフガンとイラクを先駆けとして「民主化」を中東各地で推進して親米勢力を増加させ，地域情勢の安定を回復できるとの見通しを示していた[23]。オバマ大統領も「アラブの春」がこうした戦略を実現する機会を提供すると訴えた[24]。

　しかし，エジプトやチュニジアなどの長期独裁政権は西側と密接な関係にあった。仮に大衆が政治の実権を握れば，西側の利益に反する政策を追求する可能性がある。たとえば，イスラエル・パレスチナ問題に対する政策の変更，イスラム的政治体制の輸出，イランとの関係改善，中ロとの関係強化，南北格差の是正要求などが考えられる。ところが，実際に政権を掌握したのは旧独裁政権の幹部や軍人たちであった。大衆デモと相対的に独自の動きとして，国家指導層内部の権力闘争が発生しており，その闘争を生き残った旧政権の幹部たちは，従来の国家機能と対外政策をある程度維持したのである。

　西側諸国は，最高権力者，政権の受け皿となる旧政権幹部，大衆デモ，この三者関係の変動を慎重に観察していた[25]。西側は，大衆デモがイスラム政治の純粋化などではなく「政権交代」を要求し，かつ，国家指導層内の旧政権離反組に勝機ありと判断すると，人道上の関心と「民主化」支援の名の下で最高権力者との関係を清算した[26]。武力衝突に発展したリビアでも，鍵を握っていたのは旧政権幹部の動きであった。

カダフィ政権の崩壊

　そのリビア反政府運動は次のように展開した。2011年2月17日に起こった反政府デモへの弾圧を契機として，リビア国連代表部，ムスタファ・アブドルジャリル法相，アブドル・ファタハ・ユニス公安相らがカダフィ政権から離反。2月27日，アブドリジャリルを議長とする「リビア国民評議会」がリビア東部ベンガジで発足。同評議会はリビア軍将校や部族勢力を糾合して武装蜂起した。

　フランスは国民評議会を他国に先駆けて政府承認し（3.10），さらにリビアへの武力介入を主張して，イギリスもそれに追随した[27]。仏英によ

アラブの春[(i)]

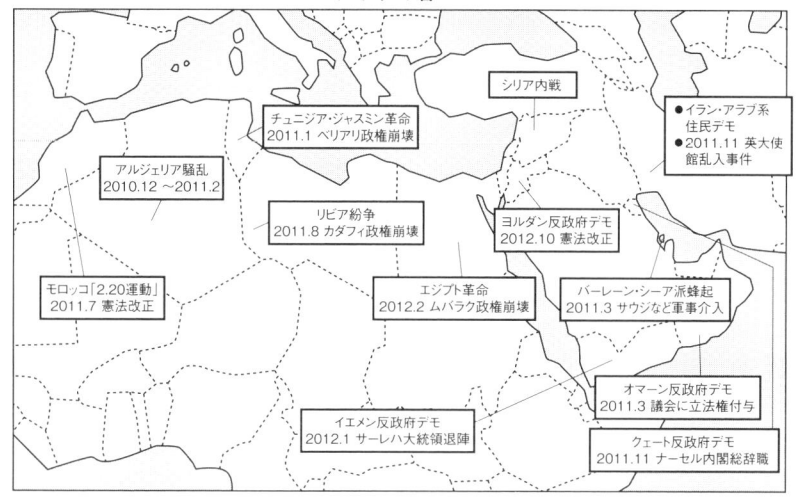

- シリア内戦
- チュニジア・ジャスミン革命 2011.1 ベリアリ政権崩壊
- イラン・アラブ系住民デモ 2011.11 英大使館乱入事件
- アルジェリア騒乱 2010.12〜2011.2
- リビア紛争 2011.8 カダフィ政権崩壊
- ヨルダン反政府デモ 2012.10 憲法改正
- モロッコ「2.20運動」2011.7 憲法改正
- エジプト革命 2012.2 ムバラク政権崩壊
- バーレーン・シーア派蜂起 2011.3 サウジなど軍事介入
- オマーン反政府デモ 2011.3 議会に立法権付与
- イエメン反政府デモ 2012.1 サーレハ大統領退陣
- クェート反政府デモ 2011.11 ナーセル内閣総辞職

る強い働きかけで国連安保理はリビア問題を討議し，カダフィ政権による非人道行為の停止を求め，国連憲章第7章にもとづいて対リビア武器禁輸（決議1970号，全会一致）と飛行禁止区域設定（決議1973号，ロシア，中国，インド，ブラジル，ドイツは棄権）を決定した。後者の決議は，文民保護と人道支援，そして，飛行禁止を執行するために「必要なあらゆる措置」を講ずる権限を国連加盟国に付与するとしていた。

3月19日，上記安保理決議の実行を論拠として仏，英，米などが軍事介入を開始し，NATOを主力とする多国籍軍の介入も続いた[(28)]。仏英は，NATOの域外活動を欧州側のイニシアチブで，かつ，国連安保理決議を一応の根拠として組織するという，1990年代初頭以来の宿願を達成したのであった。

7月末，カダフィ側が激しく抵抗し，国民評議会内での権力闘争も激化する中で，国民評議会側の軍司令官だったユニス前公安相が何者かによって暗殺された。ユニス暗殺をめぐって国民評議会内部は分裂含みの対立を抱えたため，8月初旬，アブドリジャリル議長は国民評議会幹部を大幅に入れ替えて事態の収拾を図った。ようやく，8月末に国民評議会側は首都トリポリを奪取し，カダフィ政権は事実上崩壊した。

中東「民主化」の行方

リビアをはじめとする中東「民主化」に顕著な問題は，大衆の反政府運

動と旧国家指導層の権力闘争という二つの動きが必ずしも一体ではないこと，また，新政権内部も大衆運動内部も一枚岩ではないことにある[29]。新政権への西側の過度な関与も大衆の反発を招く。これらの問題は旧政権最高権力者の追放後に表面化しやすくなる。今までも各地で繰り返されてきたように，政治的緊張が継続すると軍や情報機関の役割が大きくなり，その反動として諸勢力による組織的な暴力行使を誘発しやすくなる。

　中東・北アフリカの国際関係には，各国の政治体制の問題以外にも，パレスチナ問題，対イスラエル政策，シーア派とスンニ派の対立，イランとの政治的距離，イスラム原理主義運動，資源問題，貧困問題，大量破壊兵器拡散問題，旧宗主国への反発などの要素が絡み合っており，アメリカや西側諸国の期待するような地域情勢安定への道のりは険しい。また，英米との交渉で核兵器開発を断念したリビアのカダフィ政権を追放したことで，今後，北朝鮮やイランが態度を硬化させる可能性もある[30]。また，リビア介入が強制的な政権交代をもたらしたことで，中東諸国やロシア，中国などが西側諸国との政策協調を見直す可能性もあろう。

　それでは，大量破壊兵器拡散問題を中心にオバマ政権のこれまでの国際的な政策協調への取り組みを整理してみよう。

4 ── 大量破壊兵器の拡散防止に向けた行動

プラハ演説

　2009年4月5日，オバマ大統領はプラハで演説し，大量破壊兵器拡散問題についての包括的な政策を明らかにした。核兵器の廃絶を目指すことを表明した演説と受け止められたが，それは将来的な理想像として触れたに過ぎなかった。実際は核抑止力の維持を明確にしつつ（2010.9.15 臨界前核実験実施），とりわけイランの核兵器開発阻止を目標として大量破壊兵器拡散防止に取り組むことを明らかにしたのであった。この線でオバマ政権は，国際的な「核安全サミット」を開催することと，米ロ間で戦略兵器削減交渉（新START）を加速させることを目標に掲げた[31]。

イラン核問題

　オバマ政権の打ち出した核拡散防止政策は，イラクとアフガニスタン戦

争の終結過程と連関していた。とりわけ，両国と国境を接しているイランの核兵器開発を阻止することがオバマ政権の重要な目標であった。では，なぜオバマ政権はイランの核兵器開発を阻止することを重視しているのであろうか。その理由は次のようにまとめられる。

　イランが核兵器開発に成功すれば，周辺諸国に核開発の連鎖をもたらす可能性が高い。中東で核拡散が起こった場合，イスラエルは軍事的な安全保障をより重視するだろうから，中東和平交渉は停滞する。アラブの大衆はイスラエルの同盟国アメリカに反発し，各地で米軍や米政府関係者への態度を一段と悪化させかねない。また，核保有国となったイランは，西隣のイラク，東隣のアフガニスタンへの影響力を強めるであろう。イラクのスンニ派勢力やパキスタン軍情報機関はそれに対抗するに違いない。こうしてイラク・アフガン情勢安定の道筋も見えなくなってゆく。

　中東情勢の悪化は原油価格を不安定にし，アメリカの景気や世界経済の動向に悪影響を及ぼす。しかも，中東諸国が自前の「核抑止力」で安全保障を確保したら，勢力均衡の要としてのアメリカの役割は低下する。

　イスラエルがイランの核施設を攻撃する可能性もある。しかし，もしそれが起これば イラン国民は反発して強硬な外交政策を支持し，イランは西隣のイラクと東隣のアフガンへの関与を強化する。すると，イラクの連立政権に隙間風が吹き，パキスタンはアフガンへの影響力を維持するためにタリバンやアル・カイダへの取り締まりの手を緩める。結果として，アフガニスタンからの米戦闘部隊撤退のめどがつかなくなる。

　つまり，イランによる単独行動（核開発）もイスラエルによる単独行動（イラン核施設爆撃）もアメリカの国益に役立たない。また，アメリカによる単独行動（中東での一方的軍事力行使）も現実的選択ではない。ブッシュ（子）政権期におこなわれた単独行動の結果としてアメリカの国力はすでに低下しており，それはイラクやアフガンの政情不安をもたらした。また，アメリカの単独行動は北朝鮮やイランによる核開発も加速させた。さらにアメリカの単独行動は，ロシアや中国による対米抑止力確保のための独自兵器開発（2007.1 中国による衛星攻撃兵器実験など）や軍事的連携の動き（2007年から毎年おこなわれている上海協力機構による軍事演習「平和の使命」など）も招いた。これらに対する反省をふまえてオバマ政権の選択した路線は，冷戦期に成立した核拡散防止体制の再構築であり，それを支えてきた大国間協調の復活であった。

米ロ関係修復の試み

　核拡散防止条約（NPT）は，五大国（米，ロ［ソ連］，英，仏，中）を「核兵器国」として認定して，それ以外の国々の核保有を認めないという論理で構成されている。非核保有国をこの論理に従わせるためには，核保有国による核兵器削減に向けた一定の努力が不可欠である[32]。それゆえ，オバマ政権は大量破壊兵器拡散防止体制を再生させる一歩として，米ロ核軍縮交渉の促進を目指した。

　まず，2009年3月6日，米ロ外相会談でクリントン国務長官は，ブッシュ（子）政権時代に悪化した米ロ関係を「リセット」することを提案した。続いて，オバマ大統領も米ロ間の懸案であった東欧へのミサイル防衛について，イランの核開発の推移次第で見直しが可能であることを示唆した（2009.4.5 プラハ演説）。オバマは2009年9月の米ロ首脳会談直前にさらに踏み込み，東欧へのミサイル防衛システム配備を見直す方針と，ロシアの世界貿易機関（WTO）加盟を支持することを表明した（2009.9.17）。ロシアはこれを歓迎し，米ロ「新START」交渉推進とイランの核開発に対してアメリカと連携して対応することに合意した。米ロがイラン核開発問題で協調する姿勢を示したことで，ブッシュ（子）政権期に独自のイラン外交を模索していたEUも米ロと足並みを揃えることになった。

イラン包囲網

　これを受けて，米，ロ，英，仏，独とイランとの間で交渉が行われた（通称「P5＋1」）。2009年10月21日，IAEAはイランが主張する原子力の平和利用に必要な燃料をロシアとフランスにおいて濃縮するという暫定合意案を提示した。しかし，実際の核燃料運搬方法や濃縮の手続きなどについて話し合いは難航し，合意は具体化されなかった。

　アメリカは対イラン包囲網のさらなる強化に動いた。2009年11月17日の米中首脳会談でイランの核開発に対する懸念を共有していることを確認させ，2010年4月8日に開催された米ロ首脳会談では「新START」に両国首脳が調印するとともに，イラン制裁に向けて協議することを確認した。また，2010年4月12日と13日にはワシントンで47ヵ国の首脳を集めた「核安全サミット」が開催され，イランを念頭に置いたNPT体制の強化と核テロ対策での国際協調に向けた話し合いがもたれた。さらに，この機会に開催された米中首脳会談で，両国首脳はイランの核兵器開発阻止に向けた国連安保理決議を検討することで合意した。

イランの巻き返し

イランのアフマディネジャド大統領は巻き返しを図った。2010年5月17日，トルコ首相とブラジル大統領をイランに招き首脳会談を開催した。会談後，3ヵ国首脳は「テヘラン宣言」を発表し，核濃縮過程の半分をイランで，残り半分をトルコでおこなうことを提案した。

後にブラジルのアモリン外相は，もともとアメリカの要請でイラン問題の仲介に乗り出したと説明した。しかし，アメリカはイランへの国際的圧力をかけたうえでの交渉を目論んでいたから，少なくともタイミングに関してブラジルの行動はアメリカの計算を狂わせた[33]。BRICs と呼ばれる新興国グループの一翼を担うようになったブラジルは，かねてより大国の核軍縮の遅れやアメリカのラテンアメリカ政策に不満を抱いており，イラン核問題での独自外交はその一つの表現であった。

トルコは，第16章で触れたように，クルド人問題でアメリカのイラク政策と緊張関係を抱えている。また，トルコはイスラエルによるパレスチナ・ガザ地区の包囲を批判しており，両国関係も悪化していた（2009.1 大使召還，2010.5.31 イスラエル軍によるトルコ船籍船の攻撃など）。加えて，トルコのEU加盟交渉は長らく実質的進展を見せておらず，かねてよりトルコは不満を表明してきた。イラン核問題でのトルコの行動にはこのような伏線があった。

イラン包囲網の強化

アメリカは，ブラジルとトルコへの強い不快感を表明して牽制したうえで，米ロ，米中協調を維持して「テヘラン宣言」を事実上無視することとした。こうしてアメリカは，2010年6月9日，国連安保理決議1929号の採択に成功した。これは，イラン核問題に関する四度目の安保理決議であった。ただし今回の決議はこれまでと違い，国連安保理常任理事国が賛成で一致した点，そして，中ロの対イラン貿易継続に一定の配慮をしつつも，イランに対して実質的な経済制裁を科している点でこれまでよりも重大なものといえた。

アメリカは，対イラン交渉の国際的主導権の確保を目指して，ロシアへのさらなる配慮を示した。2010年8月，オバマ政権はこれまでの方針を転換し，ロシアが核燃料を管理・提供するという条件で，イランのブシェール原子力発電所への技術協力を容認した（2010.8.21 核燃料提供開始，2011.9.12 稼動開始）[34]。国際管理下で，かつ，非軍事的利用が明確な場

合（核兵器転用の疑われるレベルのウラン濃縮をおこなわない場合）であれば原発建設を容認するという，イランへの妥協のシグナルでもあった(35)。

　続いて，NATOの新たな『戦略概念』（2010.11.19）にも対口配慮が盛り込まれた。2010年11月のリスボンNATO首脳会談で決定した『戦略概念』は，NATOが核抑止力を維持してミサイル防衛を推進するとしながらも，欧州配備の戦術核はロシアとの均衡を保つ形でのみ縮小されうるとして，ロシアと核軍縮やミサイル防衛の分野での連携を強化することを確認した(36)。さらに，NATOロシア理事会の共同声明も発表され（11.20），ミサイル防衛分野とアフガン安定に向けた協力の強化を確認した(37)。

　NATOの新たな『戦略概念』での核兵力への言及は，欧州に核抑止力を維持するとのアメリカの意思を示したものであり，ミサイル防衛への言及はイランの核問題を念頭に置いてなされた。NATOとロシアの共同声明でミサイル防衛とアフガン情勢に触れることで，双方に関係のあるイランへの圧力を確実にしたのであった。イランもこれら圧力を無視できず，対立を演出しつつも水面下での交渉を模索する，という緊張度の高い局面が続いている。交渉の争点は，イランによる原子力の「平和利用」をどこまで認めるのかという点と，第三国への核技術の移転防止策である(38)。

インド・パキスタン核問題

　核技術の第三国への輸出防止を重視した核拡散への取り組みは，インドやパキスタンにも試みられていた。ただし，インドとパキスタンはNPT未加盟国であり，かつ，両国とも核兵器をすでに保有している点が他国との相違点である。1998年の両国の核実験に対して多くの国々は経済制裁を科した。しかし，アメリカはブッシュ（子）政権期にアフガン戦争遂行のために対印パ経済制裁を解除し，インドとの原子力協定を締結した（2008.10 発効）。インドでは経済成長に伴って急増する電力需要を賄うために，原子力発電所建設の機運が高まっており，アメリカはそこに商機を見出したのである。ロシアやフランスもアメリカとほぼ同時期にインドとの原子力協定を結んで原発建設に乗り出している。

　アメリカはパキスタンに関しても，アフガニスタン戦争に関する協力を確保するため大規模経済支援を再開した。ただし，アメリカはパキスタンが核技術を北朝鮮，イラン，リビアなどに輸出しているとの嫌疑を引き続き抱いていた(39)。そこで，パキスタンのムシャラフ政権（当時）は，同国核兵器開発の父とされるアブドゥル・カーン博士を自宅に軟禁することで彼個人に核技術移転の責任をなすりつけ（2003.11からパキスタン政府

による刑事調査開始，2004.2から軟禁），アメリカからの批判をかわそうとした[40]。

　しかし，他方でパキスタンは，インドの原発開発や米印関係の緊密化に強い警戒心を抱いており，これに対抗する形で中国による原発建設交渉を進めている。当初アメリカは，アフガン情勢安定のためにパキスタンからの協力を維持することとイラン核開発問題での中国との連携に配慮して，表立った批判を避けた。しかし，パキスタンの政情が不安定になるにつれて同国の核管理能力への疑念を払拭できず，中国によるパキスタン原発建設にも懸念を表明するようになった。

　いずれにせよ，NPT未加盟国で核武装国のインドやパキスタンの原子力開発に国際的な核拡散防止を主張しているはずの諸大国が関与することは，NPT体制そのものの信頼性を揺るがしかねない行動である。この矛盾を大国間協調と核開発国との交渉で乗り越えようとするのが，オバマ政権による核拡散防止政策の実態であった。

北朝鮮核問題

　NPT体制に挑戦する国に対して大国間協調と交渉で対処する手法は，すでに北朝鮮に対して試みられていた。第15章で触れたように，1994年10月の「米朝枠組み合意」と日米韓を主要な出資者とする「朝鮮半島エネルギー開発機構」（KEDO）による軽水炉提供計画がそれであった。1997年に金正日が朝鮮労働党総書記に就任してからしばらくの間，交渉は膠着状態に陥ったが，2000年6月の南北首脳会談，同年10月のオルブライト国務長官訪朝とこの流れは持続していた。

　北朝鮮による核開発の主要動機は，国内引き締めのほかに，体制維持への国際的保障と経済支援を獲得することにあると考えられた。しかし，ブッシュ（子）政権はこのような「弱者の恫喝」に屈することを嫌い，「リビア方式」を念頭に置いて対北朝鮮政策の見直しを始めた。北朝鮮は反発し，2003年1月10日，NPTからの脱退を表明して核開発を継続した。

　この事態を打開すべく，中国の仲介で6ヵ国協議（韓国，北朝鮮，米，中，ロ，日）が形成され，北朝鮮核問題が断続的に協議された（2003.8の第1回会談，2007.3に第6回会談）。ところが，6ヵ国協議はなかなか機能せず，北朝鮮は核保有国であることを宣言して（2005.2.10北朝鮮外務省声明），2006年10月9日と2009年5月25日には核実験をおこなった。

　北朝鮮の行動の他に6ヵ国協議の進展を妨げた重要な要因は，ブッシュ（子）政権内の路線対立と米政府によるバンコ・デルタ・アジア銀行によ

る送金停止措置（2005.9）であった[41]。ブッシュ政権内には，強硬派のチェイニー副大統領やラムズフェルド国防長官と，対話派の6ヵ国協議担当者やパウエル国務長官らの対立があり，強硬派は交渉の進展にブレーキをかけた。また，送金停止措置は北朝鮮の代表的な対外金融窓口に対するものであり，金正日体制の根幹を揺さぶった。

この他，盧武鉉（ノムヒョン）政権の模索した韓国を北東アジアのバランサーと位置づける構想へのアメリカの警戒，日韓，日中間の領土問題と小泉首相の靖国参拝問題，拉致問題に関する日朝対立，金正日の健康問題と後継体制確立のための準備などの要因も重なった。

これまでのところ，6ヵ国交渉は事態を破局に向かわせないという機能は果たしているが，北朝鮮の核開発問題解決に向けた妥結を導くまでには至っていない[42]。

東アジア情勢の変化

朝鮮半島情勢が緊迫するなか，2010年3月26日，韓国軍の哨戒艦（しょうかいかん）が沈没した。韓国とアメリカは北朝鮮による攻撃で沈められたと断定し，国連安保理での北朝鮮制裁を求めたが，中国がこれを拒んだために議長声明に落ち着いた（2010.7.9）。さらに，2010年11月23日には北朝鮮が韓国側の実効支配地である延坪島（ヨンピョンド）に砲撃を加えた。

この事件で韓国兵士2人と住民2人が犠牲となり，韓国世論は沸騰した。韓国の李明博（イミョンバク）大統領は，吸収合併による統一の可能性を口にしたり（2010.12.9），軍事演習を積極的に展開したりすることで抑止力を誇示しようとした。さらに，このタイミングで中国漁船が韓国の排他的経済水域内で警備艇と小競り合いを起こして沈没した（2010.12.18）。中国は韓国に謝罪と賠償を求め，中韓関係も一時緊張した。

同じ頃，日中関係も悪化していた。2010年9月，尖閣（せんかく）諸島の日本領海内で中国漁船が海上保安庁の警備艇に衝突し，日本は中国人船長を逮捕した。これに対し，中国は尖閣諸島が自国領であるとの主張を展開し，船長の身柄を即時釈放するように要求した。さらに，日本行きの中国人団体旅行をキャンセルさせ，日本向けレアメタルの輸出を事実上凍結し，中国国内で日本人会社員をスパイ容疑で逮捕するなどして対日圧力を強化した。程なく船長は釈放されたが（2010.9.24），尖閣問題で日本国民の対中イメージは国交正常化以来最悪のレベルになった[43]。

中国は尖閣問題と類似の国境問題を東南アジア諸国や韓国などとも抱えており，中国脅威論がアジア各国にも共有された。さらに，獄中にある中

国民主化運動指導者，劉暁波へのノーベル平和賞受賞（発表は2010.10.8，授賞式は12.10）への中国政府の反発や中国版新幹線事故（2011.7.23）への当局の対応は，国際世論の対中認識，中国国民の自国政府に対するイメージにも修正材料を提供することになった。

また，尖閣問題による日中関係の緊張が冷めやらぬ2010年11月1日，ロシアのメドベージェフ大統領は北方領土の国後島を訪問した。ソ連による北方領土占領が始まって以来初の首脳による訪問であり，日本政府は衝撃を受けた。中ロの動きは，日本と韓国というアメリカにとってアジアでもっとも重要な同盟国の安全を脅かす事態に発展したため，中ロとの協調を主導してきたオバマ政権の対応に注目が集まった。

オバマ政権は韓国防衛に全力を尽くすこと，尖閣諸島が日米安保の適応範囲であることを強調し，核の傘を日韓両国に供与し続けることを約束するなど対応に追われた。また，在日米軍基地を沖縄に留めることを日本政府にも確認させたり，中国側の懸念を知りながらも米韓合同演習を黄海海上で展開したりして，アジアにおける米軍の存在をアピールした。また，2011年3月11日に発生した東日本大震災の被災地への米軍による大規模支援活動（「トモダチ作戦」）も日本の世論に米軍の存在意義を訴える機会となった。

もちろん，日米韓はそれぞれの事情から，北朝鮮問題や領土問題で中ロとの全面対立や軍事衝突を望んでいない[44]。中国も北朝鮮の行動に不信感を抱きつつも，日米韓との関係悪化を望んでおらず，2011年1月の米中首脳会談の前後から状況打開に動き出した[45]。

朝鮮半島情勢については，中国による6ヵ国協議呼びかけ（2010.11.28），アメリカのリチャードソン・ニューメキシコ州知事（元国連大使）の訪朝（2010.12.16～12.21）を手始めに緊張緩和が模索され，金正日は2011年8月のロシア・中国訪問時に6ヵ国協議への復帰を言及するようになった（2011.8.24と8.27）。また，対日関係についても，中国は温家宝首相訪日（2011.5.21）などによって関係修復を試みている。

米中関係はこのような協調と緊張の両側面を包含しており，2010年に起きた延坪島砲撃事件や尖閣問題は，米中関係のはらむ緊張の側面を浮き彫りにした。それでは，安全保障面での米中関係の変化は，アジア・太平洋地域秩序の本格的変動に結びついてゆくのであろうか。そこで，冷戦後の米中関係を安定させてきた，経済分野での協調の行方に注目が集まった。

5 ── 世界経済秩序の再構築に向けた行動

米中G2構想

オバマ政権の発足当初，経済貿易政策を推進させる切り札として米中関係への期待がアメリカでは高まっており，米中関係を「G2」と位置づける構想が政権周辺やメディアで議論されていた。G2とは，中国をアメリカに並ぶ超大国とみなして，米中関係のみならず世界経済や国際安全保障問題に共同で取り組むという考え方である。言わば米中共同覇権構想であった[46]。具体的にはブッシュ（子）政権期に設けられた「米中戦略対話」と「米中経済対話」を統合して格上げし，両国の政策協調を進めることが提案された。オバマ政権発足時の対中政策には，このG2構想の影響が見え隠れしていた。

たとえば，2009年4月におこなわれた米中首脳会談で，両国は「米中戦略対話」と「米中経済対話」を統合した「米中戦略・経済対話」を設置することで合意し，外交安全保障と経済貿易に関する閣僚級の定期協議をおこなうこととした。また，2009年9月に開催された第3回G20首脳会談（米ピッツバーグ）では，従来のG8に中国，ブラジル，インドを加えたグループによって世界的なマクロ経済問題への調整を図っていくことも合意された。さらに，2009年11月にはオバマ大統領がアジア歴訪の目玉として訪中した。胡錦濤主席はG2構想に消極的な姿勢を表明したものの，米中首脳会談の締めくくりに発表された「米中共同声明」では，両国関係のさらなる発展だけでなく，世界経済，核拡散防止，地球環境分野での協力関係の強化が盛り込まれた。

世界経済問題に対してオバマ政権は，ブッシュ（子）政権末期に着手された大国間交渉を加速させ，ここにもプラハ演説の論理を持ち込んだ。核拡散防止政策の主要な協調相手はロシアであったが，世界経済政策での主要な協調相手は中国であった。具体的には，アメリカの行動が制約されやすい世界レベルでの多角的通貨管理・自由貿易交渉よりも，米中交渉やG20の枠組みを重視した。そのうえで，様々な国との二国間交渉を通じた貿易自由化交渉やそれらを束ねた「環太平洋パートナーシップ協定」（TPP）の推進を追求した。

米中の経済関係

しかし，米中関係の緊密化もG20を通じた世界経済運営も順調には進まなかった。一つの要因は，北朝鮮問題や尖閣諸島問題で顕著となった米中の戦略的な立場の違いであったが，もう一つの重要な要因は，米中，そしてアメリカと新興国との経済的利害対立の深刻さであった。

オバマ政権は景気回復のための金融緩和政策を打ち出し，国内向けには通貨の流動性を高めてデフレを防ぐとともに，対外的には為替相場をドル安に誘導することで輸出促進を目指した。中国に対しては人民元の為替レート切り上げを要求するとともに，アメリカ企業のさらなる投資機会拡大や知的財産権保護を求めた。アメリカは，2010年11月11日と12日に開催される第5回G20首脳会談（ソウル）で西側諸国や新興国と連携して，中国が人民元の為替レートを切り上げるように圧力をかける算段であった。

しかし，アメリカの度重なる金融緩和政策は為替市場をドル安に誘導したために新興国をはじめ各国経済に深刻な影響を及ぼしており，G20首脳会談では中国，ブラジル，ドイツなどがアメリカの金融緩和策を批判するという展開になった[47]。また，アジア・太平洋地域の貿易自由化についても，中国はASEAN諸国と自由貿易協定を結びながらも（中国は2009年8月16日調印，2010年1月発効，日本とASEANは経済連携協定を2008年4月調印，2008年12月から順次発効），アメリカの主導するTPPへの対応は今のところ慎重である[48]。

米中首脳会談

2011年1月の米中首脳会談では，安全保障面とともに経済面でも蓄積されつつある両国間の緊張関係が露呈するものと予想された。米中首脳会談に先立ってゲーツ国防長官は中国軍の近代化への懸念を表明し（2011.1.9 訪中時のコメント），クリントン国務長官は米中協調のメリットに留意しつつもG2構想を否定して，中国の人権問題改善を要求していた（2011.1.14 演説）[49]。これらの圧力に対抗して，胡錦濤国家主席は基軸通貨としてのドルの地位に疑問を提示した[50]。

ところが，ガイトナー米財務長官は，中国国内のインフレを勘案すれば人民元相場は米側の期待した水準に近づいているとの考えを表明して，事実上，人民元問題を米中首脳会議での議題としない意向を示唆していた（1.14）[51]。ガイトナーの発言はアメリカの「本音」をうかがわせるものであり，米中首脳会談に伴う大規模商談，中国市場の一層の開放，中国に

よる米国債のさらなる引き受けを期待していたのであった。胡主席も訪米時に大規模商談を発表してこれに応じた（2011.1.19 ボーイング社からの航空機200機購入の発表など）。また，中国政府は米国債の投げ売りや外貨準備の急激なドル離れも避けた。アメリカ国内の中国批判のトーンも和らいだ。

このように，経済的相互依存関係を深めている点が冷戦期の米ソ関係と現在の米中関係との違いである。ただし，中国経済や共産党一党独裁の将来，アメリカの景気と米国内政治の動向，アジア各国のナショナリズムと領土問題，欧州債務危機の影響など不確定要素も存在しており，アジア・太平洋地域秩序の行方については予断を許さない[52]。

現在の国際政治

さて，本書は19世紀からこれまでの国際政治史を国家間関係を軸として概観してきた。それでは，現在の国際政治はいかなる特徴を持っていて，どこに向かっているのであろうか。イギリスの国際政治学者のグループは，冷戦後の状況を一つの「空位期間（interregnum）」にあると解釈した[53]。つまり，国際社会は秩序移行の過渡期にあり，権力構造やイデオロギーの特徴が不明確な状況にあるという。この状況は長期的に継続するものではなく，いずれ別の状況へと変転する。この認識は，本書旧版の「はしがき」で触れた時期区分論と一定の共通性を持つといってよい。

過渡期の特徴を考えるうえで，世界経済の動向と大衆の政治意識が国家間関係に与える影響を注視する必要がある。国際政治の力学は経済や思潮から一定の自立性を持つとはいえ，無関係にいられるわけではない。かつての帝国主義国間対立や世界大戦の遠因には大不況とナショナリズムの高揚があった。本書は「1873年の大不況」から説き起こしているから，こうした連関についての歴史的展開を知るための一助となれば幸いである。

もちろん，時間の経過によって国際秩序の構造は質的に変化する。過去における因果関係を現在にそのまま当てはめられるわけではない。よって，時期区分の精緻化が不可欠となる。この点に関して，本書の随所で指摘してきたように，大きな戦争の終結過程は新たな秩序を形成する過程でもある。それゆえ，アフガニスタン戦争とイラク戦争の終結過程はこれからの国際秩序の輪郭を描いてゆく。両戦争終結過程と連動した大国間国際政治復活の動きは，新秩序の特徴と問題点を把握するための手がかりを与えるであろう。

註

第1章

(1) 有賀氏は、「パクス・ブリタニカというほどイギリスは強力ではなく、この表現は誇張である」と指摘している（有賀貞『国際関係史——16世紀から1945年まで』東京大学出版会、2010, p.71）。

(2) 「パクス・ブリタニカ」最盛期である19世紀半ば（1840～1870年代）のイギリスは、帝国主義の時代に優るとも劣らず、海外膨張の時代であった（秋田茂『イギリス帝国の歴史——アジアから考える』中央公論新社、2012, p.104）。

(3) 秋田、前掲書、p.iii。

(4) 同書、pp.105-106。

(5) イギリス帝国の対外膨張論に関しては、1950年代のJ・ギャラハーとR・ロビンソンが提起した「自由貿易帝国主義」論と、それを批判的に受け継いだ1990年代のP・ケインとA・G・ホプキンズが唱えた「ジェントルマン資本主義」論などがある。秋田氏によれば、「自由貿易帝国主義」論では「19世紀中葉以降のマンチェスター綿工業に代表されたイギリス産業資本の世界展開と、それと連動した海外膨張と公式・非公式帝国の拡大」が立論の中心になった。「可能ならば非公式支配を通じての通商を、必要ならば公式の支配を通じての通商を」という命題自体に、イギリス本国製造業の利害と自由貿易政策重視の姿勢が明確に表現されている、と指摘した。一方、「ジェントルマン資本主義」論に関しては、シティの金融・サービス利害の膨張が「見えざる帝国＝非公式帝国」を形成する原動力になった、と指摘している（秋田茂『イギリス帝国とアジア国際秩序——ヘゲモニー国家から帝国的な構造的権力へ』名古屋大学出版会、2003, p.9）。なお、近年の「非公式帝国論」に関しては、半澤朝彦「液状化する帝国史研究——非公式帝国論の射程」、木畑洋一・後藤春美編著『帝国の長い影——20世紀国際秩序の変容』ミネルヴァ書房、2010を参照。

(6) 秋田茂「南アジアと世界システム論」、長崎暢子編『現代南アジア①——地域研究への招待』東京大学出版会、2002, p.135。

(7) 同書、pp.136-137。

(8) 岡義武『国際政治史』岩波書店、2009, p.101。「過渡的帝国主義の時代」から「世界帝国主義の時代」への移行過程に関しては、柳沢英二郎『現代政治入門』法律文化社、1964を参照。

(9) 秋元英一・菅英輝『アメリカ20世紀史』東京大学出版会、2003, pp.2-7。なお、ジョージ・ヘリングは、米西戦争をアメリカの世紀への第一歩とみている（George C. Herring: *From Colony to Superpower: U. S. Foreign Relations Since 1776*, Oxford University Press, 2008, pp.299-336）。

(10) 中嶋啓雄「ローズヴェルト系論の対外政策」、菅英輝編著『アメリカの戦争と世界秩序』法政大学出版局、2008, pp.101-126。

(11) 有賀、前掲書、p.144。

(12) 同書、pp.124-125。

(13) 細谷雄一「黄昏のパクス・ブリタニカ」、田所昌幸編『ロイヤル・ネイヴィーとパクス・ブリタニカ』有斐閣、2006, p.169。

(14) ビスマルク時代のドイツは、中東での鉄道建設には列強との摩擦を起こす可能性から、消極的であった（渡邊啓貴「ヨーロッパの繁栄と没落」、渡邊啓貴編『新版ヨーロッパ国際関係史——繁栄と凋落、そして再生』有斐閣、2008, p.49）。

(15) 有賀、前掲書、pp135-136。

(16) 山室信一『日露戦争の世紀―連鎖視点から見る日本と世界』岩波書店、2005, p.88。

(17) 千葉功「列強への道をたどる日本と東アジア情勢——日清・日露戦争」、川島真・服部龍二編『東アジア国際政治史』名古屋大学出版会、2007, pp.68-69。なお、小村が日露協商と日英同盟を同時並行に模索していた、いわゆる「多角的同盟・協商網」の構築に関しては、千葉功『旧外交の形成——日本外交 一九〇〇～一九一九』勁草書房、2008を参照。近年の桂太郎研究に関しては、千葉功『桂太郎——外に帝国主義、内に立憲主義』中央公論新社、2012を参照。

(18) 日露戦争直前の小村外交に関しては、和田春樹「日露戦争と韓国併合」、和田春樹ほか編『東アジア近現代通史2 日露戦争と韓国併合 19世紀末～1900年代』岩波書店、2010, pp.13-20と片山慶隆『小村寿太郎——近代日本外交の体現者』中央公論新社、2011を参照。

(19) 有賀、前掲書、p.152。中村政則「『坂の上の雲』と司馬史観」、岩波書店、2009, pp.102-103。なお、日露両国が日露戦争を起こした「戦争の論理」に関しては、加藤陽子『それでも、日本人は「戦争」を選んだ』朝日出版社、2009, pp.142-186を参照。

(20) 有賀、前掲書、p.157。

(21) 川島真・千葉功「中国をめぐる国際秩序再編と日中対立の形成——義和団事件からパリ講和会議ま

で」、川島・服部編『東アジア国際政治史』、p.94。
- (22) 岡、前掲書、pp.114-115。
- (23) 有賀、前掲書、pp.174-175。
- (24) 馬場優『オーストリア=ハンガリーとバルカン戦争——第一次世界大戦への道』法政大学出版局、2006, p.6。馬場氏によれば、軍事的解決論は1912年に共通外相となったL・ベルヒトルトが主張した政策であった。オーストリアでは、バルカン戦争におけるセルビアの領土拡大によって、「セルビア」脅威論が高まり、セルビアへの軍事的手段による脅威除去が模索されていた。サライェヴォ事件は、オーストリアが長年にわたり必要であると感じていたセルビア問題解決のための「歓迎すべき機会」であった（同書、pp.1-16）。
- (25) ジェームズ・ジョル著、池田清訳『改訂新版　第一次世界大戦の起源』みすず書房、1997, pp.146-193。
- (26) 有賀、前掲書、pp.191-192。この「9月計画」を重視したドイツの歴史学者フィッシャーは、著書『世界強国への道』でベートマン首相らドイツ指導部の戦争目的（東方地域に生存圏形成、確立）とヒトラーの第三帝国の戦争目的との連続性を指摘した。彼の見解をめぐっては、ドイツ歴史学を含む国際的にも注目され、いわゆるフィッシャー論争が起こった（同書、p.192）。
- (27) 川島真『シリーズ中国近現代史②近代国家への模索 1894-1925』岩波新書、2010, p.155。
- (28) 後藤春美「世界大戦の時代」、佐々木雄太・木畑洋一編『イギリス外交史』有斐閣、2005, pp.104-105。
- (i) 秋田茂編著『イギリス帝国と20世紀 第1巻 パクス・ブリタニカとイギリス帝国』ミネルヴァ書房、2004をもとに作成。

第2章

- (1) アメリカの英仏両国への輸出額は1914年の7億5400万ドルから1916年には27億4800万ドルへと急増したのに対して、ドイツへの輸出は1914年の3億4500万ドルから1916年には200万ドルに激減した。しかも、アメリカは英仏両国には兵器類を輸出したが、ドイツには兵器類を輸出しなかった。また、アメリカは1915年に交戦国にアメリカの金融市場での資金調達を認めた。アメリカが参戦する1917年4月までに英仏両国への融資額は約25億ドルにのぼっていたが、ドイツへの融資額は3億ドルにとどまっていた。資金が底をついて輸入品の支払いができなくなっていた英仏は、この融資のおかげで必要な軍需物資と食糧を輸入できるようになった（有賀貞『国際関係史——16世紀から1945年まで』東京大学出版会、2010, pp.201-202、秋元英一・菅英輝『アメリカ20世紀史』東京大学出版会、2003, p.18）。
- (2) 木畑洋一『イギリス帝国と帝国主義——比較と関係の視座』有志舎、2008, pp.158-165。
- (3) 同書、p.162。なお、木畑氏は中央アジアなどで起こった民族革命を、兵士や労働者、農民の動きとならんでロシア十月革命の背景の一つと捉えている。
- (4) 佐々木雄太『国際政治史——世界戦争の時代から21世紀へ』名古屋大学出版会、2011, p.56。
- (5) 有賀、前掲書、p.203。
- (6) 同書、p.205。
- (7) Walter LaFeber, *The American Age: United States Foreign Policy at Home and Abroad since 1750*, W. W. Norton, 1989, p.285.
- (8) 信夫清三郎『聖断の歴史学』勁草書房、1992, p.54。
- (9) 信夫清三郎『日本政治史 第4巻 大東亜戦争への道』南窓社、1982, p.126。
- (10) 西崎文子『アメリカ外交とは何か——歴史の中の自画像』岩波書店、2004, p.94。
- (11) イギリスは、ウィルソンの公海航行の自由原則がイギリス海軍力の優位を覆すものとみた。大戦終結時のイギリスは42隻の主力艦を保有していたが、アメリカは16隻しか保有していなかった（亀井紘「第一次世界大戦とイギリス帝国」、佐々木雄太編著『イギリス帝国と20世紀 第3巻 世界戦争の時代とイギリス帝国』ミネルヴァ書房、2006, p.45）。
- (12) 西崎、前掲書、pp.79-90。西崎氏は、「冷戦終結後の10年間、アメリカにおける外交史研究に顕著に見られたのは、ウィルソン外交の復権であった」と述べ、「ウィルソン外交をアメリカ特有の国際主義の源泉とみなし、これを20世紀アメリカ外交の中枢に位置づける傾向が強まった」と指摘している（西崎文子「歴史的文脈——ウィルソン外交の伝統」、五十嵐武士編『アメリカ外交と21世紀の世界』昭和堂、2006, pp.3-31）。
- (13) ドミートリー・ヴォルコゴーノフ著、生田真司訳『勝利と悲劇——スターリンの政治的肖像（上）』朝日新聞社、1992, pp.108-113。
- (14) 日本のシベリア出兵の目的は、北満州からシベリアにかけて勢力拡大を図るとともに資源獲得や朝

鮮独立運動への抑圧という狙いがあった（山室信一『複合戦争と総力戦の断層——日本にとっての第一次世界大戦』人文書院, 2011, pp.115-154）。シベリア出兵の詳細に関しては、細谷千博『シベリア出兵の史的研究』岩波書店, 2005を参照。なお、ウィルソン政権のシベリア出兵の目的は、「対ドイツ戦遂行」（最優先であるドイツ帝国打倒の目的から、西部戦線での戦闘参加のためにチェコスロヴァキア人兵士を救援する）、「対日封じ込め」（日本の大陸進出を抑制するために、共同出兵という形で日本の行動を抑制することであるが、大戦中では「対ドイツ戦遂行要因」に従属）、「民主的ロシアの側面支援」（シベリアの民主主義勢力の自立を支援）などが考えられた（高原秀介『ウィルソン外交と日本——理想と現実の間 1913-1921』創文社, 2006, pp.103-168）。

(15) 総力戦は、労働力不足を補うために、女性の職場進出を促進させ、結果として戦後各国で女性参政権が認められたように、女性の地位向上をもたらした（猪口邦子『現代政治学叢書17戦争と平和』東京大学出版会, 1979, p.32）。
(16) 佐々木、前掲書、p.56。
(17) 斉藤孝「第一次世界大戦の終結」、堀米庸三ほか編『岩波講座世界歴史 第25巻 現代2 第一次世界大戦直後』岩波書店, 1979, p.12。
(18) 同書, pp.9-10。
(19) Walter LaFeber, *America, Russia, and the Cold War, 1945-2006*, 10th ed., McGraw-Hill, 2008, pp.3-4.
(20) Donald E. Davis & Eugene P. Trani, *The First Cold War: The Legacy of Woodrow Wilson in U.S.-Soviet Relations*, University of Missouri Press, 2002. なお、近年の冷戦起源論の研究に関しては、新谷卓『冷戦とイデオロギー 1945〜1947——冷戦起源論の再考』つなん出版, 2007を参照。
(21) 斉藤孝『戦間期国際政治史』岩波書店, 1978, p.46。
(22) 油井大三郎「世界史のなかの戦争と平和」、川北稔ほか編『岩波講座世界歴史25 戦争と平和——未来へのメッセージ』岩波書店, 1979, p.65。
(23) 亀井、前掲書, p.46。
(24) 岡義武『国際政治史』岩波書店, 2009, p.179。
(25) 佐々木、前掲書, pp.60-62。
(26) 西崎『アメリカ外交とは何か』, p.96。
(27) 三宅正樹『スターリン、ヒトラーと日ソ独伊連合構想』朝日新聞社, 2007, p.23。
(i) 渡邊啓貴編『新版ヨーロッパ国際関係史——繁栄と凋落、そして再生』有斐閣, 2008, p.55をもとに作成。
(ii) 佐々木雄太『国際政治史——世界戦争の時代から21世紀へ』名古屋大学出版会, 2011, p.63をもとに作成。

第3章

(1) Walter LaFeber, *The American Age: United States Foreign Policy at Home and Abroad since 1750*, W.W.Norton, 1989, p.318. この「アメリカ独自の国際主義」という用語に関して、歴史家ジョアン・ホフ・ウィルソンは、20世紀アメリカ外交に適用可能なものであるとして、「今世紀の大部分を通して、この国の第一の性向は、できる限り単独行動主義的に行動し、止むをえないときにのみ他国と協調することであった」と述べている（秋元英一・菅英輝『アメリカ20世紀史』東京大学出版会, 2003, p.60）。
(2) 加藤陽子『天皇の歴史08 昭和天皇と戦争の世紀』講談社, 2011, pp.149-152。
(3) アメリカがフランスを参加させて四ヵ国条約としたのは、日英同盟に参加したという印象をアメリカ国民にあたえることを避けるとともに、また海軍軍縮交渉から実質的に除外されて傷ついたフランスの大国意識に配慮したものでもあった（有賀貞『国際関係史——16世紀から1945年まで』東京大学出版会, 2010, p.264）。
(4) 有賀、前掲書, p.263。
(5) 秋元・菅、前掲書, pp.61-62。なお、中国にとっては、九ヵ国条約は1930年代の日本の侵略行為を批判する根拠となった（川島真『シリーズ中国近現代史②近代国家への模索 1894-1925』岩波書店, 2010, p.192）。米英では、満州がもつ意味には違いがあった。アメリカにとって満州は1899年以来の門戸開放政策の目的を追求するシンボル的な意味をもち、政治的関心の対象地域であった。これに対して、イギリスにとっては、満州は中国における勢力圏外にあり、直接的に国益に関係する地域ではなく、経済的関心の対象地域であった（三谷太一郎『ウォール・ストリートと極東——政治における国際金融資本』東京大学出版会, 2009, pp.107-108）。

(6) 細谷千博「ワシントン体制の特質と変容」、細谷千博・斎藤真編『ワシントン体制と日米関係』東京大学出版会、2001, pp.3-4。ワシントン体制論の詳細については、小池聖一『満洲事変と対中国政策』吉川弘文館、2003, pp.46-86を参照。

(7) 三谷、前掲書, pp.138-145。巨額のアメリカ資本は、1930年まで日本に流入した。1920年代末には、日本の外国借款の40%をアメリカが占めた。同時期に、日米間の貿易も飛躍的に増大し、1920年代を通して生糸・紡績糸などを中心とする日本の輸出の40%は、対米輸出であった。また、金属・機械など日本にとっての重要輸入品の最大の供給国は、アメリカであった（同書, pp.152-153）。

(8) 三谷氏によれば、日本は、「パクス・ブリタニカ」から「パクス・アメリカーナ」へと移行していく覇権構造の変化に適応した体制、すなわち「大正デモクラシー」（第一次世界大戦後の、政党勢力を事実上の求心力とする日本の国内戦後体制）とワシントン体制をつくりあげたといえた、と指摘している（同書, pp.144-145）。

(9) 孫文は、ドイツの軍事技術への高い評価をもち、独ソの支援を受けてソ連領やモンゴルを起点とした北伐（北京政府打倒）を考えていた（田嶋信雄［孫文の「中独ソ三国連合」構想と日本 1917-1924年——「連ソ」路線および「大アジア主義」再考」、服部龍二・土田哲夫・後藤春美編著『戦間期の東アジア国際政治』中央大学出版部、2007, p.37）。

(10) 石川禎浩『シリーズ中国近現代史③ 革命とナショナリズム、1925-1945』岩波書店、2010, p.23。

(11) 田中内閣の時代、対中国政策をめぐって、次の4つの構想、すなわち満蒙特殊地位論、国民政府全土統一容認論、満蒙分離論、満蒙領有論が存在していた。第1の満蒙特殊地位論は、田中や政友会主流の考えで、長城以南の中国については国民政府の統治を容認するが、満蒙では張作霖勢力を温存して日本の権益を維持しようとするものであった。第2の国民政府全土統一容認論は、浜口ら民政党の考えで、国民政府による満蒙を含めた中国統一を容認する立場であった。第3の満蒙分離論は、関東軍首脳らの方針で、張作霖の排除と満蒙における日本の実権掌握下での自治的独立政権の樹立であった。第4の満蒙領有論は、永田鉄山ら一夕会系陸軍中堅幕僚層の考えで、満蒙に日本の完全な政治権力を確立することをめざした（川田稔『浜口雄幸と永田鉄山』講談社、2009, p.12）。

(12) 細谷、前掲書, pp.24-26。
(13) 川田、前掲書, p.26。
(14) 石川、前掲書, p.50。
(15) 川田、前掲書, pp.31-32。
(16) 石川、前掲書, pp.52-53。

(17) 後藤氏によれば、貿易による利益と、投資に対する金利収入のどちらかを選ぶかという選択を迫られた場合、イギリスの支配層にとって重要なのは投資からの利益であると指摘している。すなわち、中国が関税自主権を回復し、関税が上昇すればイギリスの対中輸出にとってはマイナスになっても、中国政府の歳入が増加することで安定した外債償還にはプラスになると判断していた。これに対して、日本は中国への輸出を重視し、中国の低関税率に固執した（後藤春美「イギリスと日本——東アジアにおける二つの帝国」、佐々木雄太編著『イギリス帝国と20世紀 第3巻 世界戦争の時代とイギリス帝国』ミネルヴァ書房、2006, p.233）。

(18) 石川、前掲書, pp.56-58。

(19) 三谷、前掲書, pp.154-155。なお、旧平価による金輸出解禁の実施に関しては、為替相場の実勢は100円=46.5ドル前後と円安であったが、100円=49.85ドルの旧平価で解禁したので、実質的には円高となった。

(20) 岡義武『国際政治史』岩波書店、2009, p.185。
(21) 斉藤孝『戦間期国際政治史』岩波書店、1978, p.74。
(22) Anne Orde, *British policy and European reconstruction after the First World War*, Cambridge University Press, 1990, pp.160-179.
(23) P. J. Cain and A.G.Hopkins, *British Imperialism, 1688-2000*, Second Edition, Pearson Education, 2002, pp.453-460.
(24) 亀井紘「ジェノア会議（1922年4-5月）と戦後国際秩序の構築」、日本国際政治学会編『国際政治』96号（「1920年代欧州の国際関係」）、1991, p.130。
(25) 岡、前掲書, p.198。
(26) Cain and Hopkins, *op.cit*, pp.453-460.
(27) 岡、前掲書, pp.188-189。
(28) 高橋氏によれば、イギリスは、ドイツの危機的な経済情勢はドイツばかりでなく全ヨーロッパにとって死活的な問題といえるものであり、この問題の解決にはアメリカの介入が不可欠であると考え

ていた（10.13アメリカ政府宛覚書）（高橋進『ドイツ賠償問題の史的展開』岩波書店，1983，pp.320-321）。
(29) 高橋、前掲書, p.343。
(30) 同書, p.325。
(31) イギリスは、1925年4月金本位制に復帰してロンドンを国際金融の中心にすることをもくろんだが、現実には1924年から1929年までの6年間をとると、アメリカの海外投資はほぼイギリスの融資額の2倍に近かった（有賀、前掲書, pp.274-275）。
(32) 有賀、前掲書, pp.274-275。秋田氏によれば、イギリスの国際金本位制への旧平価での復帰は、「パクス・ブリタニカ」の復活を図るものであった（秋田茂『イギリス帝国の歴史――アジアから考える』中央公論新社，2012，p.206）。
(33) Piotr S. Wandycz, *The Twilight of French Eastern Alliance 1926-1936: French-Czechoslovak-Polish Relations from Locarno to the Remilitarization of the Rhineland*, Princeton University Press, 1988, pp.19-21.
(34) *Ibid.*, p.21.
(35) 斉藤、前掲書, p.122。なお、シュトレーゼマン外交に関して、ヒトラー政権との連続性をどう考えるかについては、今日もさまざまな議論がある。
(36) 同書, p.122。
(37) 同書, p.116。
(38) Wandycz, *op.cit.*, p.101.
(39) *Ibid.*, p.102.
(40) LaFeber, *op.cit.*, p.329.
(41) 麻田貞雄「孤立から介入へ」、有賀貞・宮里政玄編『新版　概説アメリカ外交史――対外意識と対外政策の変遷』有斐閣，1998，pp.112-113。
(42) 岡、前掲書, p.213。
(43) フリダンソン・パトリック「ヨーロッパ統合におけるフランス――政治家のヨーロッパか、企業のヨーロッパか（1920-90年）」、木畑洋一編『ヨーロッパ統合と国際関係』日本経済評論社，2005，pp.38-39。
(44) 植田隆子『地域的安全保障の史的研究』山川出版社，1989，pp.79-80，遠藤乾編『原典ヨーロッパ統合史――史料と解説』名古屋大学出版会，2008，pp.108-113。
(45) 木畑洋一「国際関係史のなかのヨーロッパ統合――非ヨーロッパ世界との関わりから」、木畑洋一編『ヨーロッパ統合と国際関係』日本経済評論社，2005，p.20。このことは今日、トルコのEU加盟可否におけるEU加盟国内の対立やEUの東方拡大の先例と考えられる。
(46) 斉藤、前掲書, p.139。
(47) Wandycz, *op.cit.*, p.148.
(48) 有賀、前掲書, pp.284-287。
(49) 岡、前掲書, p.212。
(50) 斉藤、前掲書, p.119。
(51) 同書, p.131-132。

第4章

(1) 『週刊エコノミスト』2012 1/24毎日新聞社，2012，pp.18-31。
(2) ローズヴェルトは、世界経済会議のアメリカ首席代表ハル国務長官が望んだ互恵通商構想を提案することを認めず、通貨安定協定への合意を禁じた（有賀貞『国際関係史――16世紀から1945年まで』東京大学出版会，2010，p.304）。
(3) 永田鉄山ら陸軍革新派の中堅幕僚層は、対ソ戦争の戦略的拠点として満蒙を長城以南から分離させ、そして対ソ戦争を遂行中に予想されるアメリカの干渉に対抗するため、対米戦争にも持久できる資源供給地として武力によって獲得することを考え、計画を立てていた（川田稔『浜口雄幸と永田鉄山』講談社，2009，『満州事変と政党政治――軍部と政党の激闘』講談社，2010）。
(4) 江口圭一『十五年戦争小史』青木書店，1986，p.28。
(5) NHK取材班編著『日本人はなぜ戦争へと向かったのか（上）』NHK出版，2011，pp.21-30。
(6) 鹿錫俊「満洲事変と日中紛争」、川島真・服部龍二編『東アジア国際政治史』名古屋大学出版会，2007，p.145。
(7) 同書, p.141。
(8) 木畑氏は、満州事変当時の世界の指導者たちにとっては、9月21日に断行されたイギリスの金本位

註　367

制再離脱の方が，満州での日本軍の行動よりはるかに重大な問題であった，と指摘している（木畑洋一「失われた協調の機会？——満州事変から真珠湾攻撃に至る日英関係」，細谷千博ほか編『日英交流史 1600-2000 2 政治・外交Ⅱ』東京大学出版会, 2000, p.3)。

(9) 後藤春美「日英150年の政治外交関係」，木畑洋一・秋田茂編著『近代イギリスの歴史——16世紀から現代まで』ミネルヴァ書房, 2011, p.229-230。米英両国政府は，基本的には対日宥和の姿勢をとったが，その一方で対日強硬姿勢を示す動きもあった。アメリカでは，1932年1月7日，九ヵ国条約（中国の主権と領土の尊重）および不戦条約の義務に違反するような武力による中国の現状変更は認めないという「スティムソン・ドクトリン」を発表し，日本の行動を非難した。さらに，1932年半ばには米主力艦隊を本土からハワイのパール・ハーバーへ移動させて，日本に対して示威的・牽制的態度を示した（岡義武『国際政治史』岩波書店, 2009, p.222)。一方，イギリスは，インドをはじめとするイギリス植民地への日本製品の輸出攻勢をソーシャル・ダンピング（国ぐるみの投げ売り）と非難し，経済問題で日本と対立していた。

(10) 細谷千博「国際社会での日米関係」，細谷千博・本間長世編『新版日米関係史——摩擦と協調の140年』有斐閣, 1991, pp.16-17。吉田茂ら革新派外務官僚は，日本の進出は満州でとどめ，これを条件に国民政府との提携を模索していた。革新派外務官僚が描いていた世界秩序に関しては，戸部良一『外務省革新派——世界新秩序の幻影』中央公論新社, 2010を参照。

(11) 木畑「失われた協調の機会？」，pp.10-11。リース・ロス構想には，銀本位制の廃止と幣制改革によって生まれる新通貨をポンドにリンクさせ，中国をスターリング圏に取り込もうとする狙いがあった。

(12) 三谷太一郎『ウォール・ストリートと極東——政治における国際金融資本』東京大学出版会, 2009, pp.216-218，石田憲「帝国と介入——ヨーロッパとアジアにおけるイギリスの国際金融政策」，石田憲編『膨張する帝国 拡散する帝国——第二次大戦に向かう日英とアジア』東京大学出版会, 2007, pp.97-98。なお，後藤氏は，イギリスの対日宥和政策の実効性には，否定的な見方をしている（後藤，前掲書, p.232)。

(13) 幣制改革と四国借款団に関しては，三谷，前掲書, pp.215-226を参照。

(14) 鹿氏は，コミンテルン第7回大会を契機としたソ連外交の変化と共産党の8.1宣言を知った蔣介石はモスクワに密使を派遣して，ソ連との連合および共産党との内戦停止を図った，と指摘している（鹿「満洲事変と日中紛争」, p.150)。

(15) 加藤氏は，中国共産党は毛沢東が強く主張していた蔣介石を人民裁判にかけるという路線を変更して，蔣の解放に同意したが，そこには「スペインの二の舞」を避けるという判断があった，と指摘している（加藤陽子『シリーズ日本近現代史⑤ 満州事変から日中戦争へ』岩波書店, 2007, pp.201-203)。

(16) スターリン演説は，また「もしソ連の利益が，平和の破壊に関心を持たない，あれこれの国との接近を要求するならば，われわれはためらうことなく，これらの国々との接近の道を歩むであろう」と述べ，後の独ソ不可侵条約締結を示唆する表現も含めていた（百瀬宏『ソビエト連邦と現代の世界』岩波書店, 1979, pp.30-31)。

(17) 斉藤孝『戦間期国際政治史』岩波書店, 1978, pp.170-171。

(18) 石田憲『地中海新ローマ帝国への道——ファシスト・イタリアの対外政策 1935-39』東京大学出版会, 1994, pp.2-6。

(19) 義井博『真珠湾奇襲とポーランド電撃戦』荒地出版社, 1982, p.34。

(20) リトヴィノフは訪ソしたラヴァルに「ソ連が仏ソ条約交渉を不満足とする場合は，自国の安全保障をドイツに求めるであろう」と語った点は注目すべきである（斉藤孝『第二次世界大戦前史研究』東京大学出版会, 1965, p.118)。

(21) 佐々木雄太『三〇年代イギリス外交戦略』名古屋大学出版会, 1987, p.43。

(22) 斉藤『戦間期国際政治史』, p.182。

(23) 木畑洋一「世界の岐路と一五年戦争」，歴史学研究会ほか編『講座日本歴史10 近代4』東京大学出版会, 1985, pp.15-16。

(24) 岡，前掲書, p.233。

(25) 田嶋信雄「国際関係のなかの日中戦争——ヨーロッパ国際関係との連関を中心に」，西村成雄・石島紀之・田嶋信雄編『国際関係のなかの日中戦争』慶應義塾大学出版会, 2011, pp.7-8。日独防共協定の秘密協定では，一方の国がソ連と開戦した場合，他方の国はソ連に有利となる行動をとらないと定めた。三宅氏は，スターリンは，日独防共協定の秘密付属協定を含む内容をクリヴィツキーの諜報活動により知っていた，と指摘している（三宅正樹『スターリンの対日情報工作』平凡社, 2010, pp.23-25)。

(26) 佐々木雄太『国際政治史――世界戦争の時代から21世紀へ』名古屋大学出版会, 2011, pp.92-94。
(27) 佐々木雄太「世界戦争の時代とイギリス帝国」、佐々木雄太編著『イギリス帝国と20世紀 第3巻 世界戦争の時代とイギリス帝国』ミネルヴァ書房, 2006, p.9。
(28) 木畑洋一「イギリス帝国の変容と東アジア」、秋田茂・籠谷直人編『1930年代のアジア国際秩序』渓水社, 2001, p.277。ドイツへの経済的宥和政策としては、1934年11月1日に成立した英独支払協定があった。この協定により、ドイツはスターリング圏内の諸国から必要不可欠な原料輸入が認められることとなった。イギリスの狙いには、スターリング圏をドイツを含む中・東欧地域に拡大させることによって、中・東欧地域におけるドイツ広域経済圏という通商ブロックの形成阻止にもつながると考えられた（石田『帝国と介入』, pp.93-97）。
(29) NHK取材班編著、前掲書, p.248, 川田稔『昭和陸軍の軌跡――永田鉄山の構想とその分岐』中央公論新社, 2011, pp.151-163。
(30) 近衛内閣は、「戦争」という形式をとると、米英など第三国（とくに中立法を制定しているアメリカ）からの軍事物資の輸入や金融関係が制限される恐れがあるうえ、出来るだけすみやかに事態を収拾したいという配慮もあって「事変」で通すことになったが、現実は全面戦争の段階に入っていた。中国側も、アメリカの中立法の適用を恐れて、日本に宣戦布告をしなかった（加藤、前掲書, pp.232-233）。なお、当時の日本では日中戦争を一種の「討匪戦」（匪賊、つまり悪いことをおこなった人々を討つ、という意味）とみていた。ある意味、2001年時点のアメリカと、1937年時点の日本とが、同じ感覚で目の前の戦争をみていたと言える（加藤陽子『それでも、日本人は「戦争」を選んだ』朝日出版社, 2009, pp.21-22）。
(31) 家近亮子『蒋介石の外交戦略と日中戦争』岩波書店, 2012, p.140。なお、家近氏によれば、蒋介石は1938年5月20日、中国空軍機2機に日本民向けの反戦ビラを積み、熊本、宮崎上空で散布させた。この日本本土への「空襲」は、日本軍による重慶無差別爆撃とことなり、防備していない都市へはビラ散布などに限定し、爆撃をおこなわないということで、後に「人道飛行」と呼ばれた。なお、この中国軍機による日本本土「空襲」は、アメリカ空軍機による最初の日本本土への空襲である1942年4月18日よりも4年も早かった、と指摘している（同書, pp.163-165）。
(32) アメリカは、重慶に日本が長距離爆撃を行うのを、爆弾一発に50ドルのコストがかかっているのに重慶では修理を5ドルでしていると、冷ややかに見ていた（福田茂夫「1930年代の国際関係とアメリカ」、福田茂夫・義井博・草間秀三郎著『増補 二〇世紀国際政治史』名古屋大学出版会, 1993, p.57）。
(33) 有賀、前掲書, p.341, 家近、前掲書, pp.146-148。
(34) 加藤『満州事変から日中戦争へ』p.233, 石川禎浩『シリーズ中国近現代史③ 革命とナショナリズム』岩波書店, 2010, pp.194-196。
(35) 庄司潤一郎「日中戦争の勃発と近衛文麿『国際正義』論」、日本国際政治学会編『国際政治』91号（「日中戦争から日英米戦争へ」), 1989, pp.44-45。
(36) 細谷千博「日本の英米観と戦間期の東アジア」、細谷千博編『日英関係史1917～1949』東京大学出版会, 1982, p.28。
(37) このアメリカの対中国ローン供与は、経済援助とはことなり、中国からアメリカに武器の獲得を可能とさせる軍事援助であった。
(38) 福田、前掲書, pp.116-117。
(39) 佐々木「世界戦争の時代とイギリス帝国」pp.9-10, 『国際政治史』, pp.92-96。
(40) 佐々木『三〇年代イギリス外交戦略』, pp.48-52。
(41) 同書, pp.119-120。
(42) 斉藤『第二次世界大戦前史研究』, pp.207-211。
(43) 佐々木『三〇年代イギリス外交戦略』, p.166。
(44) 佐々木『国際政治史』, p.92。なお、弱小諸国の犠牲による宥和政策の先例としては、ホーア・ラヴァル計画（1935.12.8ホーア英外相とラヴァル仏外相がイタリアにエチオピアの一部を割譲するという戦争終結計画）がある（同書p.90）。
(45) 佐々木『三〇年代イギリス外交戦略』, pp.222-232。
(46) 同書, pp.219～221。
(47) 入江昭著（原著英文）, 篠原初枝訳『太平洋戦争の起源』東京大学出版会, 1991, p.116。
(48) 小泉直美「東欧の冷戦」、日本国際政治学会編『国際政治』100号（「冷戦とその後」), 1992, p.106。
(49) 木畑「世界の岐路と一五年戦争」, p.29。
(50) 小泉、前掲論文, p.107。「独ソ秘密議定書」では、フィンランド、エストニア、ラトヴィアはソ連の、

リトアニアはドイツの勢力圏とされ、ポーランドは独ソ双方で東西分割することなどが規定された。しかし、ソ連の勢力圏に入るはずのワルシャワをドイツ軍が占領したので、それと引き換えに、リトアニアがソ連の勢力圏となった（斎藤治子『第二次世界大戦を見直す』東洋書店、2005、p.13）。ソ連は、従来「独ソ秘密議定書」の存在を否定していたが、1989年正式に同議定書の存在を認めた（小泉、前掲論文、p.120）。
(i) 木村靖二編『新版世界各国13 ドイツ史』山川出版社、2001、p.325をもとに作成。

第5章

(1) 独ソ両国による強圧的な占領政策の中には、ドイツがポーランド占領地区にユダヤ人絶滅政策に基づいてアウシュヴィッツなどの強制収容所の建設や、ソ連による「カチンの森虐殺事件」（1940.4～5、ソ連領スモレンスク近郊のカチンの森で陸軍将校を中心に2万5000人以上のポーランド市民がソ連内務人民委員部（NKVD）によって処刑された事件）があげられる。なお、「カチンの森虐殺事件」について、ソ連は長い間、ナチスの犯行と主張していたが、ソ連崩壊後、スターリン共産党書記長の指示で行われたことを示す文書が出てきた（ヴィクトル・ザスラフスキー著、根岸隆夫訳『カチンの森――ポーランド指導者階級の抹殺』みすず書房、2010）。

(2) 袖井林二郎・豊下楢彦「世界史のなかの日本占領」、袖井林二郎・竹前栄治編『戦後日本の原点（上）』悠思社、1992、pp.18-19。その理由は、ドイツのフランス占領政策が、当初はきわめて緩やかであったからであり、フランス人はドイツ人とうまく共存していたといわれる。

(3) 三宅正樹『スターリン、ヒトラーと日ソ独伊連合構想』朝日新聞社、2007、p.138、相澤淳『海軍の選択――再考 真珠湾への道』中央公論新社、2002、pp.157-216。相澤氏によれば、海軍の伝統的政策は海洋への発展論・「北守南進」論という形をとっていた。その伝統的政策との関連で、海軍首脳部には、一貫して「北守南進」論という形でのソ連との提携論が存在していた。海軍は、ソ連を敵対国とする日独防共協定（1936.11）には否定的であり、三国同盟の第1次交渉（1938夏～1939夏）では対ソ戦を主目的とした「北進」のための三国同盟ということから反対していた（相澤、前掲書、pp.185-216）。

(4) 石川禎浩『シリーズ中国近現代史③ 革命とナショナリズム』岩波書店、2010、pp.194-196。

(5) 義井博『真珠湾奇襲とポーランド電撃戦』荒地出版社、1982、pp.159-160。

(6) 小泉直美「東欧の冷戦」、日本国際政治学会編『国際政治』100号（「冷戦とその後」）、1992、pp.108-110。

(7) 三宅氏は、ヒトラーに独ソ戦を最終的に決断させたのは、ベルリンでのモロトフの強硬な態度であった、と指摘している（三宅、前掲書、p. 254）。モロトフにこのような態度をとらせたのは、1940年11月9日にスターリンがモロトフに与えた指示にあった。具体的には、モロトフはフィンランドからのドイツ軍の撤退を要求し、ブルガリア、フィンランド、ルーマニア、トルコにおけるソ連の優越的地位を主張した。その主張には、ロシア革命で失った地域の回復に執念を燃やしていた背景が考えられた。モロトフが要求した地域では、すでにドイツが影響力を持っていた。ソ連側は、対英戦でこずっているヒトラーがまさか対ソ戦を計画しているとは気づかず、四国連合に加盟する際に要求する代償を、どれだけつり上げてもヒトラーは交渉に応ずると考えていた。そのため、「要求の水準を少しだけ下げたところで妥協にこぎつけて、四国連合に加盟するつもりだったのであろう」と推測している（同書、pp.254-256）。

(8) 1941年3月25日に三国同盟に加盟したばかりのユーゴスラヴィアでは、軍部による反独クーデタが27日に起こり、新政権は4月5日にソ連との友好不可侵条約に調印した。一方、イタリアは、1940年10月28日に中立国ギリシアに侵攻しバルカン半島での勢力圏拡大を図ったが、ギリシア側の激しい抵抗にあっていた。そこで、ドイツ軍は、1941年4月6日にユーゴスラヴィアとギリシアに侵攻し、17日にユーゴスラヴィアを、23日にはギリシアを各々降伏させ、バルカン半島を制圧した。

(9) 百瀬宏『ソビエト連邦と現代の世界』岩波書店、1979、pp.120-121。ソ連の対独宥和政策としては、4月12日に調印された独ソ通商協定で、ドイツに石油やゴムを供給することが決められた。

(10) Robert Dallek, *Franklin D. Roosevelt and American Foreign Policy, 1932-1945*, Oxford University Press, 1979, pp.208-209.

(11) 江口圭一『十五年戦争小史』青木書店、1986、pp.149-150。

(12) 川田稔『昭和陸軍の軌跡――永田鉄山の構想とその分岐』中央公論新社、2011、pp.266-269。

(13) 有賀貞『国際関係史――16世紀から1945年まで』東京大学出版会、2010、pp.372-373、加藤陽子『それでも、日本人は「戦争」を選んだ』朝日出版社、2009、pp.366-382。

(14) 森山優『日本はなぜ開戦に踏み切ったか――「両論併記」と「非決定」』新潮社、2012、p.98。

(15) 同書、pp.162-173、有賀、前掲書、p.374。

(16) NHK取材班編『その時歴史が動いた 27』KTC中央出版，2004，p.71-107，森山，前掲書，pp.174-200，有賀，前掲書，pp.374-376。なお，「ハル・ノート」条文にある「中国」に満州が含まれるのかどうかは，今日まで論争が続いている。

(17) 福田茂夫「真珠湾へのアメリカの道」，福田茂夫・義井博・草間秀三郎著『増補二〇世紀国際政治史』名古屋大学出版会，1993，pp.132-133。

(18) 米政府に対する交渉打ち切り通告は，在米日本大使館の不手際もあり，真珠湾奇襲攻撃開始後にずれ込んだ。仮に在米日本大使館が，その通告を予定の時間に手渡せたとしても，アメリカは日本が宣戦布告なしに戦争を始めたと主張したといわれる。なぜなら，日本政府の回答は，日米交渉をこれで打ち切るという内容で，宣戦布告でもないし，厳密な意味での最後通牒でもないからである（斎藤真「三つの問題」『外交フォーラム』52号，世界の動き社，1993，p.3）。「アジア・太平洋戦争」という呼称は，1984年1月，柳沢英二郎が提案し，1985年2月に柳沢英二郎・加藤正男『現代国際政治 '40s-'80s』亜紀書房，で最初に活字にされた（その経緯は，木坂順一郎「アジア・太平洋戦争の呼称と性格」『龍谷法学 第25巻第4号』1993を参照）。

(19) 福田，前掲書，p.143。

(20) Gabriel Kolko, *The Politics of War: The World and United States Foreign Policy, 1943-1945*, Random House, 1968, pp.29-30.

(21) 広瀬佳一『ポーランドをめぐる政治力学』勁草書房，1993，p.157。

(22) 袖井・豊下，前掲書，pp.32-33。スターリンは，過去の戦争と決定的に異なった第二次世界大戦の特質について，「誰であろうと，ある領土を占領した国がそこに自らの社会体制を押し付ける」という点にある，と指摘していた（豊下楢彦"無条件降伏"と戦後世界秩序」，川端正久編『1940年代の世界政治』ミネルヴァ書房，1988，p.348）。

(23) 福田茂夫「第二次大戦の軍事展開と頂上会談（II）」，『増補二〇世紀国際政治史』名古屋大学出版会，1993，pp.161-162。

(24) 同書，p.163。ドイツ戦後処理問題をめぐるドイツ弱体化論の財務省路線とドイツ復興論の国務省・陸軍省路線の対立に関しては，加藤正男「ドイツ戦後処理問題──賠償問題を中心に」『愛知大学国際問題研究所紀要』58号，1976，を参照。

(25) 石井修「大国の外交と戦後ヨーロッパ政治体制の形成」，石井編『1940年代ヨーロッパの政治と冷戦』ミネルヴァ書房，1992，p.11。

(26) 同書，pp.20-21。

(27) 柳沢英二郎『戦後国際政治史 I 1944-1958』柘植書房，1985，p.7。

(28) 1944年8月9日，イーデンが戦時内閣に提出した覚書の中では，イギリスの勢力圏として「西欧，スカンジナビア諸国，トルコ，ギリシアそして最後にイタリア」を挙げていた（豊下楢彦『イタリア占領史序説』有斐閣，1984，pp.190-192）。

(29) 同書，pp.200-201。

(30) 同書，pp.272-273。

(31) ド・ゴール著，村上光彦訳『ド・ゴール大戦回顧録 I』みすず書房，1960，p.76。

(32) 石井，前掲書，p.14。

(33) Walter LaFeber, *The American Age: United States Foreign Policy at Home and Abroad since 1750*, W. W. Norton, 1989, p.414.

(34) 福田茂夫『第二次大戦の米軍事戦略』中央公論社，1979，pp.280-282。

(35) バンデンバーグは，1945年1月2日，アメリカが国連に加盟する条件として，「公正な平和」の実現を要求した。その「公正な平和」とは，「社会的自由主義（共産主義にいかないものをも含めて）」に対して資本主義的自由主義」を対置する発想に立ち，具体的には「東欧へのソ連の進出を押し返し，アメリカの利益という観点を中心に置いて，アメリカの軍事力を強化し，それで国連を通じて，ソ連を東欧以東に封じ込め，またイギリスの行動も規制する」ことであった（福田，『第二次大戦の米軍事戦略』，pp.279-280）。

(i) 佐々木雄太『国際政治史──世界戦争の時代から21世紀へ』名古屋大学出版会，2011，p.123をもとに作成。

第6章

(1) ハリー・S・トルーマン著，加瀬俊一監修，堀江芳孝訳『トルーマン回顧録 I』恒文社，1966，pp.78-82。

(2) 福田茂夫『第二次大戦の米軍事戦略』中央公論社，1979，p.289。

(3) 同書，pp.290-291。

註　371

(4) 福田茂夫「第二次大戦の軍事展開と頂上会談（Ⅱ）」、福田茂夫・義井博・草間秀三郎著『増補二〇世紀国際政治史』名古屋大学出版会, 1993, p.170。
(5) 長谷川毅『暗闘――スターリン、トルーマンと日本降伏』中央公論新社, 2006, pp.226-262。
(6) マイケルL. ドックリル、マイケルF. ホプキンズ著、伊藤裕子訳『冷戦1945-1991』岩波書店, 2009, p.34。
(7) 長谷川、前掲書, p.14, pp.304-375, 鈴木多聞『「終戦」の政治史1943-1945』東京大学出版会, 2011, pp.156-214, 福田「第二次大戦の軍事展開と頂上会談（Ⅱ）」, p.172。
(8) 長谷川氏によれば、日本の指導層は国体護持の観点から国体の定義を再検討した。降伏決定の過程のなかで、天皇は人間としての天皇と皇室を国体の概念から切り離す操作、すなわち「現人神」から「人間天皇」への転換をおこなった（同書, pp.8-15）。なお、日本降伏の要因は、原爆要因説、ソ連要因説、原爆とソ連の両方というダブルショック説の間で今日まで論争が続いている（詳細は、鈴木、前掲書を参照）。
(9) 柳沢英二郎『戦後国際政治史Ⅰ 1944-1958』柘植書房, 1985, p.28, 有賀貞『国際関係史――16世紀から1945年まで』東京大学出版会, 2010, pp.407-408。戦闘は天皇の「玉音放送」で終結したのではなく、中国戦線では関東軍が抗戦し、19日に降伏した。一方、満州では、ソ連軍が旅順、大連を占領して22日に戦闘は終了したが、千島列島、歯舞諸島、色丹島では9月4日まで戦闘が続いた（斎藤治子『第二次世界大戦を見直す』東洋書店, 2005, p.61）。
(10) 信夫清三郎「占領」、信夫清三郎編『日本外交史Ⅱ 1853-1972』毎日新聞社, 1974, p.471。
(11) アメリカのインドシナ政策に関しては、ローズヴェルト大統領はヤルタ会談で、フランスのインドシナ復帰にははっきりと反対し、インドシナを信託統治にすべきであるとの意見を表明していた。しかし、ローズヴェルトの死去を契機にして、アメリカのインドシナ政策は転換し、フランスのインドシナ復帰を承認した（小倉貞男『ドキュメント　ヴェトナム戦争全史』岩波書店, 1992, pp.33-34）。フィリピンは1946年7月4日、フィリピン共和国としてアメリカから独立したが、1950年頃まで政府軍とフクバラハップとの激しい戦いが展開された。インドネシアでは、1945年8月からの独立戦争を経て、1949年11月2日のハーグ協定により、インドネシア連邦共和国としてオランダからの独立を達成した。ビルマでは、1948年1月4日、ビルマ連邦共和国としてイギリスから独立した。
(12) 柳沢、前掲書, pp.29-30。
(13) 豊下楢彦『日本占領管理体制の成立』岩波書店, 1992, pp.255-256。
(14) 豊下楢彦「排他的占領管理体制の形成」、日本国際政治学会編『国際政治』89号（「第二次大戦終結の諸相」）, 1988, p.137。
(15) 豊下、『日本占領管理体制の成立』, p.11（まえがき）, p.156。
(16) 同書, pp.211-255。
(17) 同書, pp.309-312。
(18) 同書, pp.318-319。
(19) 同書, pp.331-332。
(20) 同書, pp.332-334。
(21) 岩田賢司「ソ連のヨーロッパ政策」、石井修編『1940年代ヨーロッパの政治と冷戦』ミネルヴァ書房, 1992, p.55。
(22) ソ連は、いったん調印したブレトン・ウッズ協定を批准せず、結局はIMF・世界銀行に加盟しなかった（永田実『マーシャル・プラン』中央公論社, 1990, pp.22-23）。
(23) Walter LaFeber, *America, Russia, and the Cold War, 1945-2006*, 10th ed., The Mcgraw-Hill, 2008, pp.45-46。アメリカの対ソ経済援助と冷戦との関係については、加藤正男「対ソ経済援助と冷戦」、『愛知大学国際問題研究所紀要』65号, 1979, pp.27-70を参照。
(24) Walter LaFeber, *The American Age: United States Foreign Policy at Home and Abroad since 1750*, W.W.Norton, 1989, p.436。
(25) 豊下『日本占領管理体制の成立』, p.340。
(26) 岩田「ソ連のヨーロッパ政策」, pp.55-57。
(27) 渡辺正志「中東のイギリス帝国」、佐々木雄太編著『イギリス帝国と20世紀 第3巻 世界戦争の時代とイギリス帝国』ミネルヴァ書房, 2006, pp.157-166。
(28) 油井大三郎『戦後世界秩序の形成』東京大学出版会, 1985, pp.66-67。
(29) O・A・ウェスタッド著、佐々木雄太監訳、小川浩之・益田実・三須拓也・三宅康之・山本健訳『グローバル冷戦史――第三世界への介入と現代世界の形成』名古屋大学出版会, 2010, pp.65-69。
(30) 油井、前掲書, p.76。
(31) 同書, p.81。

(32) ウェスタッドによれば、スターリンはイランと同様にトルコで革命が起こる可能性には否定的であり、むしろ安全保障上の観点からトルコにボスポラス・ダーダネルス両海峡に海軍基地設置やトルコ東部の国境線の再調整などを要求した（ウェスタッド、前掲書、pp.63-64）。
(33) LaFeber, *The American Age*, p.446. 1946年8月15日、トルーマンは国務・陸・海3省長官会議が作成したトルコ問題に関するメモを承認した。そのメモは、「ソ連の狙いはトルコ支配にあり、それが可能となれば、ソ連の支配はギリシアから中東に及ぶこと、中東は交通と、石油を含む資源の両面で戦略的に重要である」と指摘し、その上「ソ連を抑制する唯一のものは、アメリカが必要なら軍事力で侵略に対抗する用意があるとの確信であろう」という対ソ強硬姿勢の採用を主張していた。
(34) 油井大三郎「中心＝周辺関係の再編とトルーマン・ドクトリン」、日本国際政治学会編『国際政治』70号（「冷戦期アメリカ外交の再検討」）、1982, p.9。
(35) 油井『戦後世界秩序の形成』、p.316。

第7章

(1) 細谷雄一「両超大国の狭間で」、佐々木雄太・木畑洋一編『イギリス外交史』有斐閣、2005、pp.154-155。
(2) 油井大三郎、「中心＝周辺関係の再編とトルーマン・ドクトリン」、日本国際政治学会編『国際政治』70号（「冷戦期アメリカ外交の再検討」）、1982, pp.13-14。
(3) Melvyn P. Leffler, *For the Soul of Mankind: The United States, The Soviet Union, and The Cold War*, Hill and Wang, 2007, pp.11-83.
(4) 杉江栄一編『現代国際政治資料集』法律文化社、1979, p.60。
(5) 柳沢英二郎『現代政治入門』法律文化社、1964, pp.206-208。
(6) Walter LaFeber, *The American Age: United States Foreign Policy at Home and Abroad since 1750*, W.W.Norton, 1989, p.455.
(7) 1947.5.27付クレイトン米国務次官覚書（油井大三郎『戦後世界秩序の形成』東京大学出版会、1985, pp.288-289）。
(8) 「三つのサークル」に関しては、益田実『戦後イギリス外交と対ヨーロッパ政策――「世界大国」の将来と地域統合の進展、1945～1957年』ミネルヴァ書房、2008を参照。
(9) 太田正登「ヨーロッパ統合とイギリス」、木畑洋一編『イギリス帝国と20世紀 第5巻 現代世界とイギリス帝国』ミネルヴァ書房、2007, p.26。ベヴィンの「グランド・デザイン」を換言すれば、米ソそれぞれの勢力範囲を二つの「モンロー・ドクトリン」と言うことができ、イギリスは「第三のモンロー（筆者注、モンロー・ドクトリンの意）」の形成を目標としている（同書、p.26）。
(10) GATT（1947.10.30調印）では、イギリスは帝国特恵関税の一定程度の存続をアメリカに認めさせた。この背景には、イギリスのパワーを利用して、世界を自由貿易体制化させようとするアメリカの政策があると考えられた（同書、p.28）。
(11) 油井『戦後世界秩序の形成』、pp.290-292。アメリカが国際機関を通しての援助を拒否した理由は、クレイトン米国務次官が「もう一つの連合国救済復興機関（UNRRA［アンラ］）を避ける」と述べたように、アメリカが多額の援助を提供しても発言権は何分の一でしかないという事態を避けるためである（同書、p.292）。なお連合国救済復興機関は、1943年11月に設置され、1946年6月に解散した。
(12) 永田実『マーシャル・プラン』中央公論社、1990, pp.60-71。
(13) 太田、前掲書、p.34。
(14) 柳沢英二郎「軍人・政治家・理論家」『愛知大学法経論集』第111号、1986, p.18。なお、「封じ込め」という言葉は、すでに統合参謀本部（JCS）が作成した文書の中にみられる（1947.4.29付JCS1769/1）。
(15) ソ連指導部内では、マーシャル・プランの狙いをアメリカの政治的悪意からではなく資本主義世界に内在する経済要因の観点から捉え、同プランの受け入れが可能だという意見があった（1947.6.24世界経済・政治研究所初代所長のソ連経済学者バルガは、この考えをモロトフに提出した）（岩田賢司「ソ連のヨーロッパ政策」、石井修編『1940年代ヨーロッパの政治と冷戦』ミネルヴァ書房、1992, pp.77-90）。
(16) 同書、p.90。
(17) 定形衛『非同盟外交とユーゴスラヴィアの終焉』風行社、1994, p.31。
(18) スターリン主義体制の特徴の一つは、市民生活などのすべてにわたって秘密警察の支配が浸透したことであり、「早朝の突然のノック」に人々は脅え続けた（木戸蓊『激動の東欧史』中央公論社、1990, p.37）。

(19) William I. Hitchcock, "The Marshall Plan and the creation of the West," in Melvyn P. Leffler and Odd Arne Westad eds., *The Cambridge History of the Cold War*, Volume I, Cambridge University Press, 2010, pp.154-174.
(20) 石井修「大国の外交と戦後ヨーロッパ政治体制の形成」,石井修編『1940年代ヨーロッパの政治と冷戦』ミネルヴァ書房,1992, p.34。
(21) 岩田,前掲書,p.93。なお,第二次世界大戦終結直後のアメリカのドイツ政策に関しては,真鍋俊二『アメリカのドイツ占領政策』法律文化社,1989, を参照。
(22) 大嶽秀夫『二つの戦後・ドイツと日本』日本放送出版協会,1992, p.99。
(23) ヴォイチェフ・マストニー著,秋野豊・広瀬佳一訳『冷戦とは何だったのか——戦後政治史とスターリン』柏書房,2000, p.75, ジョン・ルイス・ギャディス著,赤木莞爾・齋藤祐介訳『歴史としての冷戦——力と平和の追求』慶応義塾大学出版会,2004, p.148。
(24) 岩田,前掲書,p.94。
(25) 細谷雄一「冷戦と欧州統合」,田中俊郎・小久保康之・鶴岡路人編『EUの国際政治——域内政治秩序と対外関係の動態』慶應義塾大学出版会,2007, pp.183-188。ベヴィンは,1948年1月22日,「西欧同盟(The Western Union)」構想を発表した。その構想によれば,イギリスのリーダーシップの下に西欧諸国が統合し,英仏を核にベネルクス三国との条約を締結し,同盟構成地域には「英連邦や,英・仏・オランダ・ベルギー,それにポルトガルの植民地」も含むという一大ブロックの形成であった。彼は,この「西欧同盟」を米ソに対抗する「第三勢力」と称したが,これはアメリカおよび英連邦諸国によって支持されるべきであるとした(太田,前掲書,pp.28-29)。
(26) フランスが米・英・加三国極秘会談から除外された理由の一つとしては,共産主義者の諜報活動を警戒していたと考えられる。しかし,ソ連はイギリス外務省内のスパイを通じて,早い時期から大西洋同盟交渉を把握していた(細谷雄一「分断された平和」,渡邊啓貴編『新版ヨーロッパ国際関係史——繁栄と凋落,そして再生』有斐閣,2008, pp.92-93)。
(27) 佐々木卓也編著『ハンドブック アメリカ外交史——建国から冷戦まで』ミネルヴァ書房,2011, pp.118-119。米州相互援助条約(リオ条約,1947.9.2)と米州機構(OAS, 1948.4.30)は,「冷戦に備えてその後に結ばれていく多数の集団安全保障条約およびさまざまな地域機構」のモデルケースとなった。アメリカのラテンアメリカ政策は,世界政策の先駆的役割を果たすものであった。
(28) 安原洋子「アメリカの対共産圏禁輸政策と中国貿易の禁止 1945-1950年」,日本国際政治学会編『国際政治』70号「冷戦期アメリカ外交の再検討」),1982, pp.31-37, 加藤洋子『アメリカの世界戦略とココム』有信堂高文社,1992, pp.13-14。アメリカの対ソ経済政策に関しては,Shu Guang Zhang, *Economic Cold War: America's Embargo against China and the Sino-Soviet Alliance, 1949-1963*, Stanford University Press, 2001.を参照。
(29) 下斗米伸夫『日本冷戦史——帝国の崩壊から55年体制へ』岩波書店,2011, pp.75-80, 『アジア冷戦史』中央公論新社,2004, pp.26-33。
(30) マイケルL.ドックリル,マイケルF.ホプキンズ著,伊藤裕子訳『冷戦 1945-1991』岩波書店,2009, pp.51-52, 下斗米『日本冷戦史』pp.80-89。
(31) 下斗米『日本冷戦史』pp.140-167, 『アジア冷戦史』pp.46-90。
(32) ポイント・フォア計画に関しては,加藤正男「アメリカのアジア政策(1)(2)」,『愛知大学国際問題研究所紀要第』72・73号,1982, 1983, 柳沢英二郎『南と北の国際政治——情勢分析から理論へ』中部日本教育文化会,1981, pp.86-90を参照。
(33) 吉次公介『日米同盟はいかに作られたか——「安保体制」の点換点 1951-1964』講談社,2011, p.18。
(34) 菅英輝『米ソ冷戦とアメリカのアジア政策』ミネルヴァ書房,1992, p.209。アリソン米国務次官補は,すでに日・米・東南アジアの「三角貿易」を通して日本の復興を図るべきであると進言し,東南アジアを日本の復興との関係から重要視していた(1947.12)(同書,p.203)。なお,ドル不足をNSC68策定と関連づけた近年の研究として,Curt Cardwell, *NSC68 and the Political Economy of the Early Cold War*, Cambridge University Press, 2011を参照。
(35) 中国がソ連と同盟関係を結ぶという「ソ連一辺倒」の選択は,同じ社会主義諸国ソ連だからだという単純なものではなかった。中国が,建国直前の1949年4月から7月にかけて,対米関係の改善を模索していたことからも,ソ連との同盟は「高度な政治的」選択と理解できる(天児慧『東アジアの国家と社会 1 中国——溶変する社会主義大国』東京大学出版会,1992, pp.33-34)。したがって,1950年2月に締結された「中ソ友好同盟相互援助条約」は,中ソ両国の社会主義的団結と兄弟的友好のシンボルとみなされていたが,現実はこの条約交渉の出発点から両国の間に大きな不一致があり,交渉妥結にいたるまでには相当難航していたといわれる。毛沢東ら中国指導部が訪ソ中の2月6

日，国民党の空軍が上海を爆撃した。驚いた毛沢東はソ連に航空兵力の派遣を要請した。スターリンは，これに同意する代わりに中国東北地方と新疆を事実上のソ連勢力範囲とする軍事同盟条約の「補充協定」の締結を要求した。毛沢東は秘密協定にすることにして，この協定に同意した（石井明「アジアの共産主義革命とソ連——スターリンとアジアの突撃隊」『岩波講座 東アジア近現代通史 第7巻：アジア諸戦争の時代1945-1960年』岩波書店，2011, pp.114-115）。中国側からみた中ソ関係については，Chen Jian, *Mao's China and The Cold War*, The University of North Carolina Press, 2001, pp.49-84. を参照。

(36) United States Government Printing Office, *United States Department of States, Foreign Relations of the United States*（以下FRUSと略記）, *1950, Vol.*Ⅵ, pp.744-747. を参照

(37) ニューヨーク・タイムズ編，杉記利英訳『ベトナム秘密報告（上）』サイマル出版会，1972, p.6。

(38) インドシナ革命とNSC68との詳細な関係については，加藤正男「インドシナ革命とNSC68」，『愛知大学国際問題研究所紀要』82号，1986. を参照。

(39) *FRUS, 1950, Vol.* I, pp.235-292.

(40) スターリンが北朝鮮の南進計画に同意した理由を，牛氏はトルーマン声明（1950.1.5）とアチソン演説（1950.1.12）とみている。1950年4月，スターリンは，1950年3月末にモスクワを訪問した金日成に対して，北朝鮮の南進計画に同意を与えた。そして，スターリンは金日成に対して，南進計画を最終的に実行するかどうかについては，中国指導部の意見を聞くよう指示した（牛軍著，真水康樹訳『冷戦期中国外交の政策決定』千倉書房，2007, p.55）。モスクワから帰国後，5月13日から訪中した（〜5.17）金日成は，毛沢東から北朝鮮の南進計画への了承をえた。朱氏によれば，金日成は毛沢東との会談で，国共内戦においてアメリカが干渉しなかったことなどから，短期決戦であればアメリカの出兵はないであろうとの見解を示した。これに対して毛沢東は，アメリカが大規模で敏速に介入する可能性を想定せず，台湾攻略作戦を朝鮮戦争終結後に延ばすことに同意した。そのため，中国は北朝鮮の「祖国統一戦争」は中国に飛び火することはないであろうと判断し，台湾武力解放準備を続け，国内経済再建路線を優先した（朱建栄「中国と朝鮮戦争」，山極晃編『東アジアと冷戦』三嶺書房，1994, p.186）。

(41) 朱，前掲書，pp.187-188。

(42) 同書，p195。中国が参戦を決定した要因には，1950年10月7日の国連総会での「朝鮮統一」決議と10月8日の国連軍の38度線突破が考えられた。とりわけ国連軍の北進が，中国指導部をしてアメリカ軍の侵攻の次の目標が中国であることを認識させ，参戦を決断させたといえた（同書，pp.191-195）。一方，下斗米氏は，毛沢東は中国共産党内の親米派の動きを封じるために，政治局多数派の意思に抗して金日成擁護の目的で参戦した，と指摘している（下斗米『日本冷戦史』，pp.24-25）。

(43) *FRUS, 1951, Vol.* Ⅳ, pp.33-63. NSC48/5に関しては，加藤正男「アメリカのインドシナ政策 1950-1951：NSC48/5の形成過程」，『愛知大学国際問題研究所紀要』94号，1991参照。

(44) *FRUS, 1951, Vol.* Ⅳ, pp.33-63.信夫清三郎編『日本外交史1853-1972 Ⅱ』毎日新聞社，1974, pp.523-524。

(45) 古次，前掲書，pp.19-20。トルーマン政権内では，かつて対日講和と独立後の日本の安全保障に関して，(1) 理想論（非武装・中立国日本＝マッカーサーの主張），(2) 太平洋のNATO型集団安全保障体制論（再軍備・米軍駐留＝国務省の一部主張），(3) 政治重視論（早期講和・米軍駐留＝国務省の主張），(4) 軍事重視論（占領継続・基地自由使用＝軍部），以上4点の考えがあった。

(46) 同書，pp.27-28。

(47) 細谷千博「サンフランシスコ講和条約と国際環境」，渡辺昭夫・宮里政玄編『サンフランシスコ講和』東京大学出版会，1986, pp.1-8。

(48) 豊下氏は，対日占領下の政治外交過程における「天皇ファクター」の重要性を指摘している。すなわち，昭和天皇が「天皇外交」とも称すべき「高度な政治的な行為」を展開することによって，戦後日本の安全保障体制の枠組み形成に重要な役割を果たしたという仮説を提示している。そして，共産主義の脅威（共産主義勢力による天皇制の打倒）に危機感を抱いた昭和天皇が，天皇制の防衛は米軍という「外国軍」に依拠する以外にはない，という結論に至った。つまりは，米軍駐留に基づいた安全保障体制こそ戦後日本の新たな「国体」となった，と指摘している（豊下楢彦『昭和天皇・マッカーサー会見』岩波書店，2008）。

(49) 太田，前掲書，p.37。

(50) アントニー・イーデン著，湯浅義正・町野武訳『イーデン回顧録Ⅰ』みすず書房，1960, p.29。

(51) ガリア・ゴラン著，木村申二・花田朋子・丸山功訳『冷戦下・ソ連の対中東戦略』第三書館，2001, pp.52-53。なお，板垣雄三氏は，イスラエル建国を担った中心勢力は，マルクス主義にどっぷり浸かった人々だった，と指摘している（板垣雄三「68年の世界史——67年の中東から見る」アラン・

註 375

バディウほか著, 藤原書店編集部編『1968年の世界史』藤原書店, 2009, pp.242-243。
(52) 鹿島正裕『中東戦争と米国——米国・エジプト関係史の文脈』御茶の水書房, 2003, p.50。
(i) ジョセフ・S・ナイ・ジュニア, ディヴィッド・A・ウェルチ著, 田中明彦, 村田晃嗣訳『国際紛争——理論と歴史 原書第8版』有斐閣, 2011, p.181をもとに作成。

第8章

(1) 下斗米伸夫『アジア冷戦史』中央公論新社, 2004, p.94。
(2) 下斗米伸夫『日本冷戦史——帝国の崩壊から55年体制へ』岩波書店, 2011, pp.272-273, 下斗米『アジア冷戦史』, pp.92-97, 福田茂夫「戦後国際政治とアメリカ (1)」, 福田茂夫・義井博・草間秀三郎著『増補二〇世紀国際政治史』名古屋大学出版会, 1993, p.204。なお, 下斗米氏は, フルシチョフやマレンコフらによって進められた平和共存の論理とは, (1) ソ連の周辺に人民民主主義国を結集させ, (2) 独・日など旧枢軸国を可能な限り中立化させ, (3) 英米との共存と経済依存を進める, というのが骨子であった, と指摘している (下斗米『日本冷戦史』, p.273)。
(3) 柳沢英二郎『戦後国際政治史Ⅰ 1944-1958』柘植書房, 1985, p.147。
(4) 倉科一希『アイゼンハワー政権と西ドイツ』ミネルヴァ書房, 2008, p.3。
(5) 佐々木卓也『アイゼンハワー政権の封じ込め政策——ソ連の脅威, ミサイル・ギャップ論争と東西交流』, 有斐閣, 2008, p.8。なお, トルーマンも朝鮮戦争勃発以降, 膨大な軍事費とそれに派生する財政赤字を懸念していた (佐々木卓也『封じ込めの形成と変容——ケナン, アチソン, ニッツェとトルーマン政権の冷戦戦略』三嶺書房, 1993, pp.291-292)。
(6) *FRUS, 1952, Vol.I*, pp.577-596, 倉科, 前掲書, p.3。
(7) なお, この演説では, ダレスは経済・技術援助などもあわせて述べたが, 注目を浴びたのは大量報復に関する部分であった (佐々木『アイゼンハワー政権の封じ込め政策』p.14)。
(8) 水本義彦『同盟の相剋——戦後インドシナ紛争をめぐる英米関係』千倉書房, 2009, pp.27-28。
(9) 周恩来は, 北緯16度線を暫定軍事境界線として停戦を実施して, 2年後に南北ベトナムの統一選挙を実施するという案でホー・チ・ミンを説得した (7.3-5, 柳州会談) (Qiang Zhai, *China and the Vietnam Wars, 1950-1975*, The University of North Carolina Press, 2000, pp.59-60)。その後, 北緯18度線での暫定軍事境界線を主張するフランスと対立したが, ソ連外相モロトフの仲介により両者の中間をとって17度線での分割で妥協が図られた (水本, 前掲書, p.29)。
(10) 倉科, 前掲書, pp.21-28。
(11) 都丸潤子「東アジア国際関係の転機としてのバンドン会議——重層的・多面的関係へ」,『岩波講座東アジア近現代通史 第7巻 アジア諸戦争の時代1945-1960年』岩波書店, 2011, p.274。なお都丸氏は, 日本にとってバンドン会議参加は国連加盟へのステップの意味をもっていたと指摘している (都丸潤子「バンドン会議と日英関係——イギリスの対アジア, 対国連政策の変容を軸に」, 北川勝彦編著『イギリス帝国と20世紀 第4巻 脱植民地化とイギリス帝国』ミネルヴァ書房, 2009, p.279)。
(12) 宮城大蔵『バンドン会議と日本のアジア復帰——アメリカとアジアの狭間で』草思社, 2001, p.31。
(13) 同書, pp.177-178。
(14) アメリカの対AA援助政策の詳細に関しては, 柳沢英二郎『南と北の国際政治——情勢分析から理論へ』中部日本教育文化会, 1981, pp.86-107を参照。
(15) 都丸「バンドン会議と日英関係」, pp.273-296。
(16) 田中氏は, アイゼンハワーの原子力平和利用の国際管理機関設置提案の狙いは, 「1953年8月に水爆実験に成功したソ連を牽制すると同時に, 西側同盟諸国に核燃料と核エネルギー技術を提供することで各国をアメリカ政府と資本の支配下に深く取り込むことにあった」と指摘している (田中利幸「原子力平和利用」と広島,『世界』8月号, 岩波書店, 2011, p.250)。
(17) 細谷雄一『外交による平和——アンソニー・イーデンと二十世紀の国際政治史』有斐閣, 2005, pp.237-248, タッド・シュルツ著, 吉田利子訳『1945年以後 (上)』文藝春秋, 1991, pp.294-295。このときアイゼンハワーが核戦争を望まない気持ちがフルシチョフに伝わった, とも言われている [石井修「冷戦の55年体制」, 日本国際政治学会編『国際政治』100号 (「冷戦とその後」), 1992, p.45]。
(18) 石井, 前掲論文, p.37。
(19) 佐々木『アイゼンハワー政権の封じ込め政策』, pp.38-40。
(20) タッド・シュルツ, 前掲書, p.296。なお, ギャディスによれば, スターリン死亡直後の5月27日に開催された最高幹部会議で, ベリヤ政治局員は「統一・中立化」したドイツが資本主義国であっても,

米ソの影響力の間で均衡が維持されれば、ソ連はドイツ再統一を支持することを提案したといわれる（ジョン・ルイス・ギャディス著、赤木完爾・齋藤祐介訳『歴史としての冷戦——力と平和の追求』慶應義塾大学出版会, 2004, pp.209-213）。

(21) 「冷戦のグローバル化」に関しては、O・A・ウェスタッド著, 佐々木雄太監訳, 小川浩之・益田実・三須拓也・三宅康之・山本健訳『グローバル冷戦史——第三世界への介入と現代世界の形成』名古屋大学出版会, 2010, Kathryn C.Statler and Andrew L.Johns eds., *The Eisenhower Administration, the third World, and the Globalization of the Cold War*, Rowman & Littlefield, 2006, を参照。

(22) 佐々木氏は、スエズ戦争（第2次中東戦争）は、英仏によって計画的に実行された侵略戦争であり、スエズ「動乱」と呼ぶのは適切ではない、と指摘している（佐々木雄太『イギリス帝国とスエズ戦争——植民地主義・ナショナリズム・冷戦』名古屋大学出版会, 1997, p.9）。

(23) エジプト孤立化政策とは、サウジアラビアとエジプトとの関係を分断し、サウジアラビアをアメリカ側に抱き込んで、エジプトを孤立化させれば、孤立したエジプトは将来の不安から逆にアメリカに接近するだろう、というものであった［高松基之「アイゼンハワー政権の対中東政策とスエズ危機」, 日本国際政治学会編『国際政治』70号（「冷戦期アメリカ外交の再検討」）, 1982, p.127］。

(24) Walter LaFeber, *America, Russia, and the Cold War, 1945-2006*, 10th ed., McGraw Hill, 2008. p.189. ナセルのスエズ運河国有化宣言は、イギリスに打撃を与えた。その理由の一つには、イギリスの輸入の4分の1がスエズ運河経由であり、またスエズ運河を航行する船舶の3分の1がイギリス船舶であったからである。

(25) 佐々木『イギリス帝国とスエズ戦争』, pp.159-163。

(26) 同書, pp.11-12。

(27) 同書, pp.162-169。

(28) 同書, pp.192-199。

(29) LaFeber, *op.cit.*, p.192. 佐々木『イギリス帝国とスエズ戦争』, pp.208-213。

(30) Walter LaFeber, *The American Age: United States Foreign Policy at Home and Abroad since 1750*, W. W. Norton, 1989, pp.536-537.

(31) *Ibid.*, p.538.

(32) LaFeber, *America, Russia, and the Cold War, 1945-2006*, p.212.

(33) 佐々木『イギリス帝国とスエズ戦争』, pp.228-229。なお、佐々木氏によれば、イーデン退陣とマクミラン首相就任が、英米関係修復の重要な条件であった、と指摘している（同書, p.229）。

(34) 太田正登「ヨーロッパ統合とイギリス」, 木畑洋一編著『イギリス帝国と20世紀 第5巻 現代世界とイギリス帝国』ミネルヴァ書房, 2007, pp.42-43。

(35) ドゴール著, 朝日新聞外報部訳『希望の回想——再生』朝日新聞社, 1971, p.258。

(36) 高山英男「社会主義国際関係論と中ソ対立」, 日本国際政治学会編『国際政治』95号（「中ソ関係と国際環境」）, 1990, pp.35-36。中ソが対立へ至る契機は、核技術の提供問題であった。具体的には、1954年10月、フルシチョフらの中国訪問から始まった。ここでの非公式会談で、毛沢東はフルシチョフに核爆弾と潜水艦艦隊の技術提供を求めたという。しかし、フルシチョフは、ソ連が核を中国に提供すれば、アメリカが西ドイツに核を提供するという理由から、この要求を断った。その代わり、フルシチョフは、中国に核の傘の保障を表明したとされる。毛沢東は、フルシチョフが拒否回答をしたことから、ソ連指導部への不信を高めたといわれる（ド斗米『アジア冷戦史』, pp.107-108）。

(37) 高山, 前掲論文, pp.37-38。

(38) 東ベルリン暴動は、東ドイツ社会の脆弱性を露呈したことから、フルシチョフは統一ドイツに関心を持たず、「二つのドイツ」政策をとり、東ドイツを東側陣営内に維持しようとするようになった（山本健「ヨーロッパ冷戦史」, 日本国際政治学会編『日本の国際政治学4——歴史の中の国際政治』有斐閣, 2009, p.136）。

(39) ようやくナジの名誉回復がなされたのは、東欧の民主化の始まる1989年6月のことだった。

(40) 増田雅之「1950年代の中ソ関係」, 川島真・服部龍二編『東アジア国際政治史』名古屋大学出版会, 2007, pp.259-261。なお、増田氏は、1956年4月5日付『人民日報』論文が中ソ関係におけるイデオロギー対立の始まりとみている。

(41) ド斗米『アジア冷戦史』, pp.103-107, 増田, 前掲書, p.260。

(42) 柳沢, 『戦後国際政治史Ⅰ 1944-1958』, p.248。

(i) 佐々木雄太『国際政治史——世界戦争の時代から21世紀へ』名古屋大学出版会, 2011, p.169をもとに作成。

(ii) ジョセフ・S・ナイ・ジュニア、ディヴィッド・A・ウェルチ著, 田中明彦、村田晃嗣訳『国際紛争

——理論と歴史 原書第8版』有斐閣, 2011, p.238をもとに作成。

第9章

(1) マイケル・R・ベシュロス著, 篠原成子訳『1960年5月1日』朝日新聞社, 1987, p.184, 193〔以下『U2』と略称〕。ストローブ・タルボット著, 加藤紘一・茂田宏, 桂誠共訳『米ソ核軍縮交渉』サイマル出版会, 1990, pp.55-58。ゲイザー報告書を作成した超党派のゲイザー委員会は, ポール・ニッツェをはじめNSC68による大軍拡に関わった人物が多数含まれていた（佐々木卓也『アイゼンハワー政権の封じ込め政策』有斐閣, 2008, pp.75-126）。佐々木氏は, アイゼンハワー政権のゲイザー報告書に対する最初の反応は, 戦略空軍の拡散とミサイル計画の強化であったと指摘する一方で, アイゼンハワー政権が, 1958年に米ソ間の文化・技術・教育交流協定を結び, 文化交流のためにニクソン副大統領とミコヤン副首相が相互訪問したことなどを, 後のヘルシンキ宣言の「人的接触」「情報・文化・教育の各分野での協力と交換」への萌芽として注目している。
(2) シャルル・ドゴール著, 朝日新聞外報部訳『希望の回想』朝日新聞社, 1971, pp.252-254。なおEECとEFTAについては第8章を参照。
(3) 同書, pp.281-283。川嶋周一『独仏関係と戦後ヨーロッパ国際秩序——ドゴール外交とヨーロッパの構築1958-1969』創文社, 2007, pp.30-38。
(4) ベシュロス『U2』p.200, pp.210-211。倉科一希『アイゼンハワー政権と西ドイツ』ミネルヴァ書房, 2008, pp.149-194。倉科氏は, 1958年にはじまった第2次ベルリン危機における, 米・西独関係と軍備管理交渉の相互関係にも焦点をあてている。
(5) ベシュロス『U2』, p.212, pp.223-225。このときのマクミラン訪ソについては, 「……マクミランはソ連からいかなる譲歩も引き出せず, イギリスへ帰国した。イギリスの姿勢が西側同盟国の同意を得ていないものであるとソ連は理解しており, その意味においてイギリスが持った交渉の余地にも限界があった」とする評価もある（齋藤嘉臣『冷戦変容とイギリス外交——デタントをめぐる欧州国際政治, 1964-1975年』ミネルヴァ書房, 2006, pp.32-33。
(6) ベシュロス『U2』pp.240-272。
(7) フルシチョフ著, 佐藤亮一訳『フルシチョフ・最後の遺言（下）』河出書房新社, 1975, pp.134-135。ベシュロス『U2』, p.270。
(8) ベシュロス『U2』, p.272。
(9) のちにU2はミサイルで撃墜されたのではなく, ソ連戦闘機のスリップストリーム（後流）に入ってコントロールを失い, 翼が折れて偶然墜落したとの当時のソ連機パイロットの証言を伝える確認記事が報じられた（1996.10.13付朝日新聞朝刊）。
(10) ベシュロス『U2』, pp.299-300, 357, 398。
(11) アイゼンハワー著, 仲晃・佐々木謙一・渡辺靖共訳『アイゼンハワー回顧録 2』みすず書房, 1968, pp.476-483。事実, U2型機のスパイ飛行はアイゼンハワーの直接指揮により行われていた。ベシュロス『U2』, pp.173-174, 176-178。
(12) ド・ゴール, pp.350-352。
(13) ウォルター・ラフィーバー著, 久保文明ほか訳『アメリカの時代——戦争史のなかのアメリカ政治と外交』芦書房, 1992, pp.232-236, 263。O・A・ウェスタッド著, 佐々木雄太監訳『グローバル冷戦史——第三世界への介入と現代世界の形成』名古屋大学出版会, 2010, pp.128-155。
(14) アイゼンハワー, 前掲書, p.460。
(15) J・M・マッキントッシュ著, 鹿島守之助訳『ソ連外交政策の戦略と戦術』鹿島研究所出版会, 1964, pp.230-232。
(16) 中嶋嶺雄著『現代中国と国際関係』日本能率協会, 1973, pp.45-48。柳沢英二郎著『戦後国際政治史 II』現代ジャーナリズム出版会, 1977／柘植書房, 1985, p.20。
(17) 天児慧『中国の歴史11——巨龍の胎動 毛沢東vs鄧小平』講談社, 2004, pp.127-143。泉川泰博「第二次台湾海峡危機の再検証」『国際政治』134号, 2003, pp.26-41。
(18) 朝日新聞社調査研究室『中ソ論争』朝日新聞社, 1963, p.46。
(19) 吉次公介『日米同盟はいかに作られたか——「安保体制」の転換点1951-1964』講談社, 2011, pp.38-47。なお吉次氏によれば, 1955年の訪米に先立って重光葵外相が昭和天皇に「内奏」したさいに, 天皇より「駐屯軍の撤退は不可なり」との指示を受けたという。
(20) 吉次, 前掲書, pp.49-59。
(21) 同書, pp.59-60, 62-63。
(22) 鈴木宏尚「池田外交の構図」『国際政治』151号, 2008, p.90, pp.93-99。吉次公介『池田政権期の日本外交と冷戦——戦後日本外交の座標軸 1960-1964』岩波書店, 2009, pp.40-111。吉次

『日米同盟はいかに作られたか』pp.95-111。
(23) 吉次『池田政権期の日本外交と冷戦』pp.119-182。吉次『日米同盟はいかに作られたか』pp.147-173。
(24) 神田豊隆『冷戦構造の変容と日本の対中外交——二つの秩序観 1960-1972』岩波書店, 2012, pp76-95。吉次『日米同盟はいかに作られたか』pp.128-129。「LT貿易」は、「日中(長期的)総合貿易に関する覚書」(1962.11.9) にもとづく民間ベースの貿易の通称。LTとは、中国側代表 廖承志と日本側代表 高碕達之助の頭文字をとったもので、実質は半官半民の貿易であった。なお、「日中覚書 (LT) 貿易協定」調印 (1968.3.6) 後は「覚書貿易」と呼ばれる。
(25) マイケル・ベシュロス著, 筑紫哲也訳『危機の年——ケネディとフルシチョフの闘い (上)』飛鳥新社, 1992, pp.42-43。タルボット, pp.57-58。
(26) アイゼンハワー, 前掲書, pp.537-539。タルボット, p.58。
(27) ベシュロス『U2』p.292, p.461。
(28) ベシュロス『危機の年 (上)』, pp.95-104。ジョン・ルイス・ギャディス著, 赤木完爾・齊藤祐介訳『歴史としての冷戦』慶應義塾大学出版会, 2004, pp.298-301。
(29) ベシュロス『危機の年 (上)』, pp.105-106。
(30) 同書, pp.123-214。
(31) Enclosure of Letter from President Kennedy to Norstad, Washington, October 20, 1961. *FRUS, 1961-1963, Vol.XIV*, pp.521-523。川嶋周一「冷戦と独仏関係——二つの大構想と変容する米欧関係の間で 1959年1963年」,『国際政治』134号, 2003, pp.61-69。川嶋, 前掲書, pp.75-140。山本健太郎「MLF (多角的核戦力) 構想とドゴール外交」『法と政治』58巻3・4号, 2008, pp.31-102。山本健太郎『ドゴールの核政策と同盟戦略——同盟と自立の狭間で』関西学院大学出版会, 2012, pp.57-95。
(32) *FRUS, 1961-1963, Vol.VIII*, pp.243-332。には、ウォルト・ロストウによるBNSP (BASIC NATIONAL SECURITY POLICY) 草案 (1962.3.26付) を巡る1962年前半のケネディ政権内の議論が覚書やノートの形で多数収録されている。またロストウ自身はメモワールで、このBNSPの草案がリークされ彼が議会に召喚されたことに言及している。Walt W. Rostow, *The Diffusion of Power: An Essay in Recent History*, Macmillan, 1972, pp.174-176, 645-646。A・M・シュレジンガー著, 中屋健一訳『ケネディ——栄光と苦悩の一千日 (上)』河出書房新社, 1966/1971. p.326 (以下『一千日』と略称)。
(33) J. W. Fulbright, *Prospects for the West*, Harvard U. P., 1963, p.42, 47.
(34) シュレジンガー『一千日』, pp.370-371。
(35) アポロ計画については、タッド・シュルツ著, 吉田利子訳『1945年以後 (下)』文藝春秋, 1991, pp.11-16, ベシュロス『危機の年 (上)』pp.257-259, p.346。
(36) ケネディ親書 (1961.2.21付) による米ソ首脳会談の提案が、キューバのピッグズ湾事件 (4.15勃発) など紆余曲折を経てウィーンでの開催が決定するまでの経過については、ベシュロス『危機の年 (上)』, pp.126-138, 241-257。
(37) Charles Bohlen, *Witness to History, 1929-1969*, W.W.Norton, 1973, pp.481-482. ボーレンのメモについては、柳沢『戦後国際政治史II』pp.78-79。
(38) 柳沢英二郎「現状の概念」,『愛知大学法経論集』54号, 1967 (柳沢『逍遙現代国際政治史の世界』, 柏植書房, 2002, pp.123-149に再録) 参照。
(39) ジェロルド・シェクター, ヴャチェスラフ・ルチコフ編, 福島正光訳『フルシチョフ——封印されていた証言』草思社, 1991 〔以下『封印』と略称〕pp.269-271。アンドレイ・グロムイコ著, 読売新聞社外報部訳『グロムイコ回想録——ソ連外交秘史』読売新聞社, 1989, p.308。ギャディスは、ソ連の壁構築の引き金となった西ベルリンへの東独市民の亡命の急増を仕掛けたのは東独のウルブリヒトであったと指摘している。ギャディス, 前掲書, pp.237-239。青野利彦『「危機の年」の冷戦と同盟——ベルリン, キューバ, デタント 1961-63年』有斐閣, 2012, p.73。
(40) ベルリン危機 (1960-1961) をめぐる中立諸国の動きに着目した研究としては、青野利彦「ベルリン危機と中立主義——1960-61年」,『国際政治』152号, 2008, pp.115-131。
(41) ベルリンの壁について, ケネディは補佐官に対する私的発言で「すぐれた解決法だとは思わないが, 戦争よりは壁のほうがよっぽどましだからな」(ベシュロス『危機の年 (上)』p.409。ギャディス, 前掲書, p.240) と語ったという。青野, 前掲書, p.74。
(42) ベシュロスはこの点につき、「まんまとキューバにミサイルを配備し、それを公表した上でケネディと核実験禁止条約の話し合いができると思ったのだろうか」と、この段階におけるフルシチョフの意図に疑問を示した。『危機の年 (下)』, pp.52-53。

(43) 川嶋，前掲書，pp.95-124.
(44) CIAが外国の要人暗殺計画を推進してきたことが1975年に上院の「諜報に関する政府活動調査特別委員会（チャーチ委員長）」の報告書で明らかにされた。毎日新聞社外信部訳『CIA暗殺計画──米上院特別委員会報告』毎日新聞社，1976.
(45) 柳沢『戦後国際政治史II』, pp.45-47, 三須拓也「アイゼンハワー，ケネディ政権とコンゴ危機（1960-63年）」，『研究論集（河合文化教育研究所）』第3集，2006, pp.61-73。ウェスタッド『グローバル冷戦史』pp.143-150。
(46) 「進歩のための同盟」の布石はアイゼンハワーによって打たれていた。政権の末期、米国は対ラテンアメリカ政策の再検討をすすめ，1959年4月にラテンアメリカ諸国の経済・社会開発を目的とする米州開発銀行設立に関する協定に調印して，全資金10億ドルのうち45%を引き受け，さらにアイゼンハワーのラテンアメリカ歴訪をへた1960年9月13日，OAS特別委員会は、ラテンアメリカの社会経済発展促進をうたったボゴタ協定を採択して新しいアメリカ大陸内の協力計画を開始した。アイゼンハワー，前掲書，p.463, pp.470-471。
(47) フルシチョフは米軍のより大規模な再侵攻を思い止まらせる唯一の方法としてキューバへの核ミサイル配備を決めたと回想している（『封印』pp.272-285）。
(48) 実際にケネディはピッグズ湾侵攻事件の失敗の後も，キューバとその最高指導者を対象とするCIAによって企てられた一連の破壊工作および暗殺計画（マングース作戦）を黙認していた。ギャディス, p.425. Anatoli I. Gribkov and William Y. Smith, *OPERATION ANADYR: U.S. and Soviet Generals Recount the Cuban Missile Crisis*, edition q, inc., 1994, pp.91-95, 105-107, 118-121.
(49) 戦術核兵器などの配備については、キューバ危機の検証プロジェクトで、ワルシャワ条約機構元参謀総長アナトリー・グリブコフ大将が証言した。ロバート・S・マクナマラ編著、仲晃訳『果てしなき論争──ベトナム戦争の悲劇を繰り返さないために』共同通信社、2003, p.47。James G. Blight, *CUBA ON THE BRINK: Castro, the Missile Crisis, and the Soviet Collapse*, Pantheon, 1993, pp.353-358。八木勇『キューバ核ミサイル危機1962』新日本出版社, 1995, pp.389-395。
(50) ギャディスは、国家安全保障会議執行委員会（エクスコム）での討議において、ケネディは政権内で最も柔軟であったと指摘している。ギャディス，前掲書，p.439。Ernest R. May & Philip D. Zelikow eds., *The Kennedy Tapes: Inside The White House During The Cuban Missile Crisis*, Harvard University Press, 1997/1998. pp.204-287.秘密録音を知っていたのは大統領と弟のロバート・ケネディだけであったという。青野氏は、「ケネディ政権にとってキューバ・ミサイル危機とベルリン危機とは、密接に結びついた一つの危機であった」と指摘している。青野，前掲書，p.156。
(51) 「それはキューバとトルコで、フルシチョフに彼が、最終的にミサイル・トレードの手配をすることによって、面目をたてることができたというシグナルを送る明確な会話であることがわかった」。Anatoly Dobrynin, *In Confidence: Moscow's Ambassador to America's Six Cold War Presidents (1962-1986)*, Random House, 1995, p.86.
(52) 部分核停条約仮調印にいたる交渉の過程については、エベリル・ハリマン著，吉沢清次郎訳『米ソ──変わりゆく世界』時事通信社，1971, pp.130-143。
(53) シュレジンガー『一千日（下）』pp.328-338。なお、アメリカのスカイボルト・ミサイル開発中止をめぐる問題については、ジョージ・W・ボール著、佐藤剛訳『大国の自制──今の世界の構造を分析すれば』時事通信社、1968年，pp.159-173を参照。
(54) このド・ゴール発言はパリ1963.1.14ロイターによる。
(55) 1959年の中印国境紛争の後、1962年秋までインドは前進政策をとり、1962年10月10日、中印両軍の衝突が起こった。同年10月20日中国軍はマクマホン・ラインを越えて前進し、インド軍に大打撃を与えたが、11月21日一方的に停戦し、「1959年11月7日の実際支配線より20km後方に撤退する」と発表し、実行に移したため、中印国境紛争は終わった。柳沢『戦後国際政治史II』pp.21-26、およびネビル・マックスウェル著、前田寿夫訳『中印国境紛争──その背景と今後──』時事通信社、1972年、を参照。
(56) 「一評」から「九評」にいたる中国側論文の要点と、これらに対するソ連側論文の要点は、朝日新聞社調査研究室『中ソ対決』朝日新聞社，1964, pp.90-165。
(57) 第2回AA会議（アルジェ）流会の事情は、柳沢『戦後国際政治史II』, pp.163-166、および各務寮一『毛沢東の政治』三一書房、1966, pp.7-32。
(58) 文化大革命は、姚文元論文「新編歴史劇『海瑞免官』を評する」の発表（1965.11.10付 上海『文匯報』）に始まり、1966年5月16日「プロレタリア文化大革命」の全面発動に関する中国共産党中央委員会の通知（5.16）・発布により本格化した。

(i) ブライアン・キャッチポール『アトラス現代史5 中国』創元社, 1995年, p.119の地図をもとに作成。
(ii) Norman Polmar, John D.Gresham, *DEFCON-2; Standing on the Brink of Nuclear War during the Cuban Missile Crisis,* John Wiley & Sons,Inc., 2006, p.30の地図をもとに作成。

第10章

(1) ジュネーブ会議最終議事録は, 陸井三郎編『資料・ベトナム戦争（上）』紀伊國屋書店, 1969, pp.111-112。
(2) ニューヨーク・タイムズ編, 杉辺利英訳『ベトナム秘密報告――米国防総省の汚ない戦争の告白録 上』サイマル出版会, 1971/1972, pp.15-19（以下, NYT版『ペンタゴン・ペーパーズ』と略記）。
(3) NYT版『ペンタゴン・ペーパーズ 上』, pp.16-19。
(4) ジェムの逆転劇についてアンダーソンは, ランズデールが戦闘のスタートのタイミングでも, 首相の重要な軍の防衛を取り決めるにおいても鍵を握っていた可能性を指摘して疑いの目でみている(David L. Anderson, *The Vietnam War (Twentieth-Century Wars)*, Palgrave Macmillan 2005, p.29)。経過の概略はNYT版『ペンタゴン・ペーパーズ 上』pp.20-22参照。詳細は以下を参照。David L. Anderson, *Trapped by Success: The Eisenhower Administration and Vietnam, 1953-61*, Columbia University Press, 1991, pp.91-119. The Senator Gravel Edition, *The Pentagon Papers: The Defense Department History of United States Decisionmaking on Vietnam*, vol. I, Beacon Press, 1971, pp.229-236 (hereafter cited as *PP*〔Gravel ed.〕vol. I).
(5) *United States-Vietnam Relations, 1945-1967*(GPO ed., 1971), Book2 of 12, IV.A.5.Tab.3 p.48〔hereafter cited as US-VN Relations, 1945-1967 (*PP*, GPO ed.)〕; *PP*〔Gravel ed.〕vol. I, p.262; NYT版『ペンタゴン・ペーパーズ 上』p.82。
(6) 「15号決議」とその実行過程については以下を参照。小倉貞男『ドキュメント ヴェトナム戦争全史』岩波書店, 1992, pp.52-90。ビック・トゥアン著, 片山須美子訳『椰子の森の女戦士――南ベトナム解放軍副司令官グエン・ティ・ディンの伝記』穗高書店, 1992, pp.179-199。
(7) Chen Jian, *Mao's China and the Cold War* (The New Cold War History), The University of North Carolina Press 2001, p.206.
(8) 南ベトナム解放民族戦線の成立の経緯については, 解放戦線の北ベトナムの労働党（現共産党）指導説と南における自然発生説がある。小倉, 前掲書, pp.92-111。
(9) 柳沢英二郎『戦後国際政治史Ⅱ』梧植書房, 1985, p.66。一方, アンダーソンは, 柳沢説よりも広い時間の幅で同時代史をとらえ, キューバに加え「ベルリン」でも対外政策の逆転を経験したことが, ラオスさらにベトナムでの対策を急ぐことにつながったと指摘している（Anderson, *The Vietnam War*, p.36)。
(10) ロバート・マクナマラ著, 仲晃訳『マクナマラ回顧録――ベトナムの悲劇と教訓』共同通信社, 1997, pp.58-62。
(11) エベリル・ハリマン著, 吉沢清次郎訳『米ソ――変わりゆく世界』時事通信社, 1971, pp.158-163。A・M・シュレジンガー著, 中屋健一訳『ケネディ――栄光と苦悩の一千日（上）』河出書房新社, 1966／1971, pp.339-356, 525-530（以下,『一千日』と略記）。
(12) NYT版『ペンタゴン・ペーパーズ 上』p.96. *PP* (Gravel ed.) vol.Ⅱ, p.23. ケネディ政権の立場についての秘密報告書の要約部分からの引用。
(13) ウィリアム・E・コルビー著, 大前正臣・山岡清二訳『栄光の男たち――コルビー元CIA長官回顧録』政治広報センター, 1978, pp.160-172。
(14) NYT版『ペンタゴン・ペーパーズ 上』, p.129。
(15) 1963年6月11日, サイゴンでクアン・ドク師が抗議の焼身自殺を行い, このあとも各地で僧侶の焼身自殺が散発した。デビッド・ハルバスタム著, 泉鴻之・林雄一郎共訳『ベトナムの泥沼から』みすず書房, 1968/1987, pp.147-164。旧版タイトルは『ベトナム戦争』。
(16) ド・ゴールがベトナム中立化を提案した1963年8月, ゴ兄弟は密かに北ベトナム政府代表との協議を重ねており, それを知ったアメリカがゴ兄弟の排除を決めたとする見方もある。森聡『ヴェトナム戦争と同盟外交――英仏の外交とアメリカの選択1964-1968年』東京大学出版会, 2009, p.105。クーデタの現地報告は, ハルバスタム, 前掲書, pp.208-224。
(17) NSAM263〔*US-VN Relations, 1945-1967* (*PP*, GPO ed.), Book 12 of 12, V.B.4. Book Ⅱp.578; *Foreign Relations of the United States, 1961-1963*. Volume Ⅵ(U.S.GPO 1991), pp.395-396 [hereafter cited as *FRUS 1961-1963*, vol.VI]〕は, マクナマラ=テーラー南ベトナム視察報告〔1963.10.2付, *US-VN Relations, 1945-1967* (*PP*, GPO ed.), Book 12, pp.554-573; *FRUS 1961-*

1963, VI, pp.336-346 ; NYT版『ペンタゴン・ペーパーズ 上』pp.237-240（抜粋）〕の軍事関係の勧告を承認し、その勧告のなかの「1963年末までに1000人の米軍要員を引き揚げるという現在準備中の計画を発表すべき」という点につき「公式の発表を行なわないよう指示した」もので、結果的に初めて米軍撤退を決めた文書となった。しかし、アンダーソンは、サイゴン政権に対して改革を促すプレッシャーとして構想されたとみる。Anderson, *The Vietnam War*, pp.39-49. そして松岡完氏は、ケネディ政権の対外政策を全面的に見直す中で、ケネディ政権末期の米軍1000人撤退案や対北ベトナム隠密作戦を取り上げ、ケネディ神話の否定とケネディ政権からジョンソン政権への連続性の指摘を行った。松岡完『ケネディと冷戦——ベトナム戦争とアメリカ外交』彩流社, 2012, pp.174-181, 185-240.

(18) NSAM273〔*FRUS 1961-1963*, VI, pp.637-640 ; NYT版『ペンタゴン・ペーパーズ 上』pp.266-267（抜粋）〕では、「北（ベトナム）への秘密工作」と「ラオスへの介入活動」が明記された。小倉、前掲書、pp.132-138。

(19) NYT版『ペンタゴン・ペーパーズ 上』pp.207-307。デビッド・ハルバスタム著、浅野輔訳『ベスト＆ブライテスト 2』サイマル出版会, 1976, pp.515-523。小倉、pp.142-146。

(20) アンダーソンは、「(2回目の) 攻撃がなかったこと…はおそらく真実だ。しかしジョンソンが攻撃が実証されたと思ったことも同じく明白だ」「大統領は本当に事件が起こったと信じたかもしれないが、彼はまだ重大な詐欺に関して有罪であった」「34A作戦を開始することなしに、ハノイは外洋での米国船に対するいわれなき攻撃ゆえに有罪だと議会に報せた」と結論した。Anderson, *The Vietnam War*, p.44. ; U. S. News and World Report: 1984.7.23. (2回目の攻撃に最初に疑問を提示) ; Michael R. Beschloss ed., *Taking Charge: The Johnson White House Tapes, 1963-1964*, Touchstone Book: Simon & Schuster, 1997, pp.495-504.; Admiral U.S.G. Sharp, *Strategy for Defeat: Vietnam in Retrospect*, Presidio Press, 1978, p.44.

(21) 朱建栄『毛沢東のベトナム戦争』東京大学出版会, 2001, p.118。

(22) 同書, pp.202-203。

(23) 同書, p.210, pp.215-223, 235-237。

(24) 連続北爆が実施される過程については、NYT版『ペンタゴン・ペーパーズ 下』第6章、および朱建栄、前掲書, pp.201-207, 246-249。

(25) NYT版『ペンタゴン・ペーパーズ 下』, p.473。

(26) Chen Jian, *op.cit.*, pp.216-217. 朱建栄、前掲書, pp.278-284。

(27) *Ibid.*, pp.230-236。

(28) NYT版『ペンタゴン・ペーパーズ 下』p.680。

(29) テト攻勢の経過とベトナム（ハノイ・解放勢力）側当事者の証言については、小倉、前掲書、pp.186-209。

(30) NYT版『ペンタゴン・ペーパーズ 下』pp.693-694。

(31) 不出馬表明以前の和平交渉の試みについては以下を参照。マクナマラ『果てしなき論争』pp.365-505。森聡『ヴェトナム戦争と同盟外交——英仏の外交とアメリカの選択1964-1968年』東京大学出版会, 2009, pp.315-352。森氏は、1967年9月から1968年3月末の北爆停止声明にいたる過程を、中立化提案を含むド・ゴールの仲介とその影響の分析とともに叙述している。

(32) 福田茂夫「ジョンソン政府最後の1年（1968年）のベトナム戦争政策——October SurprisesかNovember Surprisesか」『研究論集（河合文化教育研究所）』第3集, 2006, pp.87-90。

(33) 「偉大な社会（グレート・ソサエティー）」計画は1964年の大統領選挙戦のスローガンとして打ち出され、1965年の「年頭教書」で「黒人公民権」「貧困との戦い」「教育改革」を柱とする内容が発表された。

(34) 弾道弾迎撃ミサイル（ABM）問題は、MIRV（個別誘導複数目標弾頭）問題とともに、やがてSALT（戦略兵器制限交渉）における重要議題となっていく。その経過と米国の核政策、対ソ軍備管理交渉に一貫して携わってきたポール・ニッツェの折々の主張についてはストローブ・タルボット著、加藤紘一・茂田宏・桂誠共訳『米ソ核軍縮交渉』サイマル出版会, 1990, pp.78-166を参照。

(35) グラスボロ米ソ首脳会談でもABMが問題となった。タルボット、前掲書, pp.88-90。核拡散防止条約（NPT）については、佐々木雄太『国際政治史——世界戦争の時代から21世紀へ』名古屋大学出版会, 2011, pp.204-206を参照。

(36) ソ連のICBMが非力であることが、キューバ危機での屈辱的なミサイルの引き揚げにつながったと考えたソ連の新指導者達は、1970年代の初めに向けてICBMやSLBM（潜水艦発射ミサイル）の増強など、大軍拡をすすめた（佐々木卓也『冷戦——アメリカの民主主義的生活様式を守る戦い』有斐閣, 2011, pp.108-112参照）。

(37) コンゴ動乱については，第9章の註（45）を参照。
(38) サルコジ仏大統領の決定によるフランスの43年ぶりのNATO軍事機構への復帰を伝えるワシントンポスト電子版（2009.3.12付）のエドワード・コーディーの署名記事は，フランスがNATO軍事機構を離脱した1967年3月までに，米仏両国の当局者による秘密協定（レムニッツァー Aillert協定）が成立し，もし東西間の戦争が起きたときにはフランス軍がNATO軍事機構にもどり協力する手筈が詳細に計画されていたことを指摘した。この秘密協定の存在を最初に指摘した研究は，Jean Klein, 'France, NATO, and European Security', *International Security* Vol.1,No.3 (Winter,1977), pp.21-41 (The MIT Press) であった。また，以下も参照。川嶋周一『独仏関係と戦後ヨーロッパ国際秩序――ドゴール外交とヨーロッパの構築1958-1969』創文社，2007, pp.147-158。齋藤嘉臣『冷戦変容とイギリス外交――デタントをめぐる欧州国際政治，1964～1975年』ミネルヴァ書房，2006, pp.37-69。
(39) 妹尾哲志『戦後西ドイツ外交の分水嶺――東方政策と分断克服の戦略，1963～1975年』晃洋書房，2011, pp.33-34。
(40) 吉次公介『日米同盟はいかに作られたか――「安保体制」の転換点1951-1964』講談社，2011, pp.189-192。
(41) 1960年の核密約については，森田一『心の一燈――回想の大平正芳 その人と外交』第一法規，2010, pp.258-276。1969年の沖縄密約（核密約を含む）については，若泉敬『他策ナカリシヲ信ゼムト欲ス――核密約の真実』文藝春秋，1994/2009, pp.336-613。若泉敬は佐藤首相の密使としてキッシンジャーとの秘密交渉にあたった人物で，二つの密約の合意議事録の存在を明らかにした (pp.425-465)。当時外務省の交渉担当責任者であった栗山尚一は，同書の刊行後も密約の存在に否定的であったが佐藤栄作の次男に引き継がれた遺品の中から当該文書が見つかったことで評価を改めた。栗山尚一『外交証言録――沖縄返還・日中国交正常化・日米「密約」』岩波書店，2010, pp.2-9, 29-62, 217-266。森田，前掲書，pp.277-295。西山太吉『機密を開示せよ――裁かれる沖縄密約』岩波書店，2010なども参照。
(42) 若泉，前掲書，pp.608-609。

第11章

(1) リチャード・M・ニクソン著，松尾文夫・斎田一路共訳『ニクソン回顧録1』小学館，1978, p.87。
(2) ソンミ虐殺事件については以下を参照。セイマア・ハーシュ著，小田実訳『ソンミ――ミライ第4地区における虐殺とその波紋』草思社，1970。藤本博「戦争の克服と「和解・共生」――ヴェトナム帰還米兵による「ミライ平和公園プロジェクト」再論」，菅英輝編著『アメリカの戦争と世界秩序』法政大学出版局，2008, 第12章。
(3) ウィルフレッド・バーチェット著，奥源造訳『メコンの砲艦』新人物往来社，1970, pp.76-80。
(4) ジョージ・C・ヘリング著，秋谷昌平訳『アメリカの最も長い戦争（下）』講談社，1985, pp.135-147。小倉貞男『ドキュメント ヴェトナム戦争全史』岩波書店，1992, pp.219-224。
(5) ペンタゴン・ペーパーズの暴露とニクソン政権の対応については，ヘリング，前掲書，pp.147-149, ニクソン，前掲書1, pp.259-269, ヘンリー・キッシンジャー著，桃井眞監修・斎藤彌三郎・小林正文・大朏人一・鈴木康雄共訳『キッシンジャー秘録3』小学館，1980, pp.171-172。
(6) ニクソン，前掲書1, pp.64-65。
(7) ハノイの政策転換については，福田茂夫「ベトナム和平パリ協定とニクソン外交」，横越英一ほか編『政治学と現代世界』御茶の水書房，1983, pp.801-807。およびキッシンジャー，前掲書5, pp.139-153を参照。
(8) キッシンジャー，前掲書5, pp.329-330。ニクソン，前掲書2, 1979, pp.220-223。
(9) 9項目合意（10月協定案）とパリ協定については以下を参照。柳沢英二郎『戦後国際政治史Ⅱ』現代ジャーナリズム出版会，1977/柘植書房，1985, pp.298-302。福田「ベトナム和平パリ協定とニクソン外交」，pp.801-807, 福田茂夫「ニクソン大統領のベトナム戦争――Jeffrey Kimball, *Nixon's Vietnam War*, 1998の紹介」，『研究論集（河合文化教育研究所）』第3集，2006, pp.100-103。
(10) 福田「ニクソン大統領のベトナム戦争」，p.103。
(11) シアヌークの署名は1976年1月5日。ナヤン・チャンダ著，友田錫・滝上広水訳『ブラザー・エネミー――サイゴン陥落後のインドシナ』めこん，1999, p.193。
(12) ドプチェクは，チェコ事件のおりのモスクワにおける交渉で，介入直後の8月22日に開かれた第14回臨時共産党大会を無効にすることとともにソ連側がもっとも強く要求したことの一つは，この『行動綱領』の廃棄であったこと，そしてチェコスロヴァキア側が後者の要求を拒否したことを回想している。A・ドプチェク，熊田亨訳『証言――プラハの春』岩波書店，1991, pp.99-115。「行

動綱領」の全文は、みすず書房編集部編『戦車と自由——チェコスロバキア事件資料集 I』みすず書房, 1968, pp.189-242。
(13) ソ連側が激しく批判し、弾圧を要求したものに『二千語宣言』がある。その全文は、パーベル・ティグリット、内山敏訳『プラハの春』読売新聞社, 1969, pp.274-281、および『戦車と自由 I』pp.279-287。後者は署名者名もすべて収録。
(14) ブレジネフ・ドクトリンについては、佐々木雄太『国際政治史——世界戦争の時代から21世紀へ』名古屋大学出版会, 2011, p.210, 213を参照。
(15) 柳沢『戦後国際政治史 II』pp.251-255, 283-285。Willy Brandt, *My Life in Politics*, Hamish Hamilton, 1992, pp.157-158。永井清彦『現代史ベルリン 増補』朝日新聞社, 1990, pp.228-238。妹尾哲志「バールの構想と分断克服への道——ブラントの東方政策の立役者と冷戦の終焉」pp.57-69,『国際政治』157号, 2009。妹尾哲志『戦後西ドイツ外交の分水嶺——東方政策と分断克服の戦略、1963～1975年』晃洋書房, 2011, pp.50-89。
(16) キッシンジャー、前掲書2, p.275。
(17) Chen Jian, *Mao's China and the Cold War*, The University of North Carolina Press, 2001, pp.257-262。
(18) キッシンジャー、前掲書3, p.237。
(19) 1972年9月の日中共同声明における「不正常な状態は終結する」という表現によって、日中両国間の戦争状態はやっと終わることになった。1952年に台湾の中華民国政府と結んだ日華平和条約（日台条約）をもって中国との戦争状態はすでに終結済みとしてきた日本政府と、それゆえに平和条約を結び得なかった大陸の中華人民共和国政府が歩み寄った結果であった。さらに日本政府は、共同声明調印後の大平外相談話で日台条約の失効を表明して、「一つの中国」の原則を受け入れた。田中訪中に関する諸会談の記録は、石井明・朱建栄ほか編『記録と考証——日中国交正常化・日中平和友好条約締結交渉』岩波書店, 2003年, pp.1-150参照。また、若月秀和『「全方位外交」の時代——冷戦変容期の日本とアジア1971～80年』日本経済評論社, 2006, pp.13-89は、佐藤政権末期と田中政権の時代を「全方位外交」の胎動期として捉えている。
(20) キッシンジャー、前掲書4, p.300。
(21) 柳沢英二郎・加藤正男『現代国際政治'40s-'80s』亜紀書房, 1985, p.232。
(22) ヘルシンキ宣言のテキスト〔抄〕は、鹿島平和研究所編『現代国際政治の基本文書』原書房, 1987, p.613-675。この最終文書における西側の関心は、「バスケットIII」と呼ばれた「人権と基本的自由の基礎ならびに人道的問題での協力」にあった。ヘルムート・シュミット著、永井清彦ほか訳『ドイツ人と隣人たち——続シュミット外交回想録（下）』岩波書店, 1991, pp.119-124, 154-156。CSCEに関する研究書は第12章の註（8）（9）を参照。なお、齋藤嘉臣『冷戦変容とイギリス外交——デタントをめぐる欧州国際政治、1964～1975年』ミネルヴァ書房, 2006, pp.203-204には、第3バスケットの発想はイギリスから出されたとの指摘がある。
(23) 柳沢・加藤, p.252。拡大ECの実現とイギリスのスエズ以東撤退は密接な関係がある。なお、英国内でもEEC加盟後も、英連邦やアメリカらとの結びつきを重視するマクミランらの立場と、より欧州諸国との連携を重視するヒースらとの立場の違いがあった（太田正登「ヨーロッパ統合とイギリス」木畑洋一編著『イギリス帝国と20世紀 第5巻』ミネルヴァ書房, 2007, p.23-61）。なおヨーロッパ統合については、遠藤乾『ヨーロッパ統合史』名古屋大学出版会, 2008, 遠藤乾『原典 ヨーロッパ統合史』名古屋大学出版会, 2008も参照。
(24) キッシンジャー、前掲書4, p.46。
(25) 柳沢英二郎 "新大西洋憲章"の運命」『愛知大学法経論集』法律篇第91号, 1979, p.7-8。
(26) H・シュミット著, 永井清彦・萩谷順訳『シュミット外交回想録（上）』岩波書店, 1989, p.40-42。
(27) 高島忠義『ロメ協定と開発の国際法』成文堂, 1991, p.178。
(28) ジェフリー・ロビンソン著, 青木栄一訳『ヤマニ——石油外交秘録』ダイヤモンド社, 1989, pp.115-118。
(29) ダニエル・ヤーギン, 日高義樹・持田直武訳『石油の世紀 下』日本放送出版協会, 1991, pp.272-274。
(30) ヤーギン, 前掲書, pp.328-331。
(31) 水野和夫, 萱野稔人『超マクロ展望——世界経済の真実』集英社, 2010。
(i) 外務省ホームページ<http://www.mofa.go.jp/mofaj/area/eu/map_00.html～——05.html>の地図資料をもとに、遠藤乾編『ヨーロッパ統合史』名古屋大学出版会, 2008, p.331の地図も参照して作成。

第12章

(1) 米国内でのデタント批判の論点整理としてMario Del Pero, *The Eccentric Realist: Henry Kissinger and the Shaping of American Foreign Policy*, Cornell University Press, 2010, Chapter 4.

(2) 公民権運動，反戦運動，男女平等運動などを支持してきた勢力は，外交分野でも「アメリカ的価値観」の実質化を求めた。他方で，伝統的な倫理観尊重や反共政策強化の主張も支持を集めた。1976年の大統領選挙では，民主党のカーター・ジョージア州知事が前者の立場を代表して第三世界における人権の尊重を訴え，後者の立場を共和党のレーガン・カリフォルニア州知事が代表して対ソ強硬論を主張した。フォード政権と「デタント」は既存の権力を象徴する符号として，様々な勢力からの批判の対象となった。Donald Critchlow, *The Conservative Ascendancy: How the GOP Right Made Political History*, Harvard University Press, 2007, Chapter 5.

(3) Sean Wilentz, *The Age of Reagan: A History, 1974-2008*, Harper Collins, 2008, pp.62-64。ジェームス・マン著，渡辺昭夫監訳『ウルカヌスの群像──ブッシュ政権とイラク戦争』共同通信社，2004, pp.108-111。John W. Young and John Kent, *International Relations since 1945: A Global History*, Oxford University Press, 2004, pp.394-395.

(4) ドン・オーバードーファー著，菱木一美訳『二つのコリア──国際政治の中の朝鮮半島』共同通信社，2002, pp.89-95。

(5) インド核実験を受けて，パキスタンはカーン博士を中心に核開発を本格化させ1998年5月の第1回核実験にいたる。さらに，韓国も核兵器開発を模索していた（オーバードーファー，前掲書，pp.90-92）。また，1960年代には日本も中国の核兵器保有に衝撃を受けて核開発を検討していた。その際，インドの将来的な核保有を重大な安全保障上の危機としていた。アメリカは「核の傘」を保障して日本の核計画を断念させた（NHKスペシャル『核を求めた日本』NHK，2010年10月3日放送）。

(6) Del Pero, *op.cit.*, Chapter 4; Critchlow, *op.cit.*, Chapter 5.

(7) ジェラルド R. フォード著，関西テレビ放送編『フォード回顧録』サンケイ出版，1979, pp.337-338。John Robert Greene, *The Presidency of Gerald R. Ford*, University Press of Kansas, 1995, pp.337-338；Robert G. Kaufman, *Henry M. Jackson；A Life in Politics*, University of Washington Press, 2000, pp.291-295.

(8) CSCE首脳会議開催についての国際交渉の一端は以下参照。山本健『同盟外交の力学──ヨーロッパ・デタントの国際関係史1968-1973』勁草書房，2010。齋藤嘉臣『冷戦変容とイギリス外交──デタントをめぐる欧州国際政治，1964-1975年』ミネルヴァ書房，2006。

(9) 1980年代における「ヘルシンキ議定書」の役割については，Daniel C. Thomas, *The Helsinki Effect: International Norms: Human Rights, and the Demise of Communism*, Princeton University Press, 2001。宮脇昇『CSCE人権レジームの研究──「ヘルシンキ宣言」は冷戦を終わらせた』国際書院，2003。吉川元『ヨーロッパ安全保障協力会議（CSCE）──人権の国際化から民主化支援の発展過程の考察』三嶺書房，1994。

(10) Odd Arne Westad, *The Global Cold War: Third World Interventions and the Making of Our Times*, Cambridge University Press, 2005, pp.231-234。（邦訳，O・A・ウェスタッド著，佐々木雄太監訳『グローバル冷戦史──第三世界への介入と現代世界の形成』名古屋大学出版会，2010）。

(11) Laura Kalman, *Right Star Rising: A New Politics, 1974-1980*, W.W.Norton & Company, 2010, p.122.

(12) Greene, *op.cit.*, pp.157-159.

(13) 1968年の大統領選挙共和党予備選挙にロックフェラーが出馬した際，その外交政策アドバイザーを務めたのがキッシンジャーであった。共和党大統領候補にはニクソンが選出されたため，ロックフェラーとキッシンジャーはニクソン陣営の重要ポストで処遇された。

(14) Wilentz, *op.cit.*, pp.62-64。マン，前掲書，pp.108-111。フォード，前掲書，pp.361-369。

(15) フォード，前掲書，pp.397-398。

(16) Young and Kent, *op.cit.*, pp.394-395.

(17) 米大統領選挙予備選挙シーズン開始直前のタイミングで，フォード政権の反対を押し切ってニクソンが訪中し，米中関係改善4周年を祝った（1976.2.5）。フォードはこの一件が，ニクソンと彼との政策的連続性をアメリカ国民に印象づけ，大統領選挙でマイナスに働いたと回想している。フォード，前掲書，pp.399-400。

(18) 『国家情報評価』作成のためCIAはチームAとBを組織した。チームAは穏健な評価をまとめたが，チームBはソ連の脅威を強調して大規模軍拡を提案した。チームBには「ネオコン」とされるリチャ

ード・パイプやポール・ウォルフォビッツ、そしてポール・ニッツェらが参画した。
(19) ジミー・カーター著、日高義樹監訳『カーター回顧録──平和への闘い（上）』日本放送出版協会、1982, pp.233-234, 345-346。
(20) カーター, 前掲書, pp.237-238, 347-348。
(21) ラテンアメリカ諸国とアメリカの間には、人権外交問題だけでなく核拡散問題も存在していた。ブラジルは1975年6月に西独と原子力協定を結んでおり、将来的な核兵器開発の可能性も念頭においてNPT調印を拒んでいた。アルゼンチンもカナダと西独製の原子炉を導入しており、同じくNPT調印を拒んでいた。アメリカは両国がNPTに加入するように要求していた。
(22) 当時の駐韓米大使の回想として、William H. Gleysteen Jr., *Massive Entanglement, Marginal Influence: Carter and Korea in Crisis*, Brookings Institute Press, 1999, pp.57-62.
(23) Harold Brown, *Department of Defense Annual Report Fiscal Year 1979*, US Government Printing Office, 1978, pp.2-3.
(24) カーター, 前掲書, p.309。
(25) Cyrus Vance, *Hard Choices: Critical Years in America's Foreign Policy*, Simon&Shuster, 1983, pp.84-85; Zbigniew Brzezinski, *Power and Principle: Memoirs of the National Security Adviser, 1977-1981*, Farrar Straus and Giroux, 1983, pp.321-322.
(26) Betty Glad, *An Outsider in the White House: Jimmy Carter, His Advisors, and the Making of American Foreign Policy*, Cornell University Press, 2009, pp.72-74, 78-87.
(27) Vance, *op.cit.*, pp.84-85; Glad, *op.cit.*, pp.79-87.
(28) カンボジア紛争の詳細は、ナヤン・チャンダ著、友田錫・滝上広水訳『ブラザー・エネミー──サイゴン陥落後のインドシナ』めこん、1999。
(29) ソ印平和友好条約は「ニクソン訪中予告」（1971.8.15）直後に結ばれたが、折からバングラデシュ（東パキスタン）独立宣言（1971.3.25）を支持するインドは、ソ・印条約締結後に東パキスタンに越境（1971.12）、印・パ戦争を経てバングラデシュが独立すると、印・バングラ条約を結んだ（1972.3.19）。またベトナムはソ越条約締結後にカンボジアに侵攻し、そのあとで支援するヘン・サムリン政権と条約を結んだ（1979.2.18）。
(30) この間の米中関係については、ジェームズ・マン著、鈴木主税訳『米中奔流』共同通信社、1999, 第3, 4, 5章。
(31) エジプトは第4次中東戦争に「敗北」したものの、開戦の動機にあった大国の関与強化を通じたシナイ半島返還交渉の加速には成功したとする解釈もある。Young and Kent, *op.cit.*, p.426.
(32) カーター, 前掲書, p.27。
(33) カーター, 前掲書, pp.232-233, 242。
(34) Robert Fisk, *The Great War for Civilisation: the Conquest of the Middle East*, Alfred Knoff, 2005, pp.40-41.
(35) 人民民主党内で、急速な共産主義化を主張する「ハルク派」と、近代化の後に共産化を展望する「パルチャム派」との抗争が長期間継続していた。タラキとアミンは前者に属し、カルマルが後者に属するとされる。
(36) 一説では、アンドロポフKGB議長やウスチノフ国防相らがアフガニスタンの「西側化」と対米接近を警戒していた。彼らは、アメリカの短距離核兵器がアフガンに配備される可能性を指摘して、ブレジネフに介入賛成を迫ったという。Westad, *op.cit.*, pp.320-321; Anatoly Dobrynin, *In Confidence: Moscow's Ambassador to America's Six Cold War Presidents, 1962-1986*, Times Books, 1995, pp.438-443.モスクワの権力構造と現地情勢を重視する説は、李雄賢『ソ連のアフガン戦争─出兵の政策決定過程』信山社、2002, pp.26-27, 304-305。
(37) Westad, *op.cit.*, p.318.
(38) 2011年4月現在、PD59は部分的に公開されている。http://www.jimmycarterlibrary.gov/documents/pddirectives/pd59.pdf［2011年4月9日閲覧］
(39) Harold Brown, *Department of Defense Annual Report Fiscal Year 1981*, US Government Printing Office, 1980, p.2.
(40) Harold Brown, *Department of Defense Annual Report Fiscal Year 1982*, US Government Printing Office, 1981, p.iii.
(41) 柳沢英二郎『戦後国際政治史IV』柘植書房新社、2002, p.29。
(42) 同書, pp.29-32。イギリス政府はボイコットする意向であったが、選手団は参加した。
(43) アメリカの「イラン・コントラ事件」は最も知られた事例の一つである。イラン・イラク戦争中のソ連とイランの関係については、ひとまずDilip Hiro, *The Longest War: The Iran-Iraq Military*

Conflict, Routledge, 1991, pp.82-84, 117-123, 162-164, 227-228.

第13章

(1) 『中日新聞』1980年8月19日。
(2) レーガンの当時の回想は、ロナルド・レーガン著、尾崎浩訳『わがアメリカンドリーム――レーガン回想録』読売新聞社、1993, pp.308-309を参照。
(3) 一例として、ソ連の軍事力膨張の期間について、1978会計年度『ラムズフェルド国防報告』(1977.1)では「過去10年間」、1978年3月17日のカーター国連演説では「1960年代以来」、ワインバーガーの報告書『ソ連の軍事力』(1981.9.29)では「過去4分の1世紀」と、対象年間を拡大することで脅威が強調された。
(4) 『中日新聞』1981年1月29日。
(5) http://www.fas.org/irp/offdocs/nsdd/nsdd-12.pdf［2011年6月1日閲覧］
(6) 戦略防衛構想は翌1984年にSDI局が設けられ研究が進められたが、次のブッシュ（父）大統領はこれを縮小、1991年1月にグローバル防衛構想（GPALS）を発表した。クリントン政権は1993年5月にSDI計画を廃止し、ミサイル防衛計画の開発を本格化させた。
(7) ヘルムート・シュミット著、永井清彦・萩谷順訳『シュミット外交回想録（上）』岩波書店、1989, pp.257-264, 293-296。
(8) 具体的には、(1) ソ連のSS20の東欧配備に対抗して、英、西独、オランダ、ベルギーにパーシングIIと地上発射巡航ミサイルの配備を1983年に開始する、(2) それを背景に米ソ軍縮交渉を展開する、というものであった。
(9) 「ゼロ・オプション」を含めた、レーガン自身の軍拡・軍縮についての考え方は、レーガン、前掲書、pp.382-386を参照。
(10) 軍縮を含めた、さまざまな米ソ間交渉の詳細は、ストローブ・タルボット、マイケル・R・ベシュロス著、浅野輔訳『最高首脳交渉――ドキュメント・冷戦終結の内幕』同文書院インターナショナル、1993に詳しい。
(11) 『中日新聞』1983年9月3日。
(12) 『中日新聞』1983年9月20日。
(13) George P. Shultz, *Turmoil and Triumph: My Years as Secretary of State*, Charles Scribner's Sons, 1993, pp.117-119, 154-156.
(14) http://www.fas.org/irp/offdocs/nsdd/nsdd-005.htm［2011年6月1日閲覧］
(15) マーガレット・サッチャー著、石塚雅彦訳『サッチャー回顧録（上）』日本経済新聞社、1993, p.218。
(16) ベギン先駆者説については故前田慶穂金沢大学名誉教授の示唆による。
(17) シャロン・イスラエル国防相の発言（『週刊朝日』1982年9月17日号）。
(18) レバノン紛争とパレスチナの状況報告は、小田実、板垣雄三、芝生瑞和編『レバノン侵略とイスラエル』三友社出版、1985を参照。
(19) レバノン紛争以後、アメリカは地上兵力展開に慎重になり、空爆を重視するようになった。このとき確立された地上兵力派遣条件は、「パウエル・ワインバーガー・ドクトリン」として知られている。
(20) ミハエル・ゴルバチョフ著、工藤精一郎・鈴木康雄訳『ゴルバチョフ回想録（下）』新潮社、1996, p.286。
(21) 柳沢英二郎『戦後国際政治史III』柘植書房新社、1987, pp.196-199。
(22) 1981年5月には、湾岸協力会議（GCC）がクウェートとサウジアラビアのイニシアチブのもと、湾岸のアラブ諸国で結成された。イラクは加盟を求めたが、拒否されている（柳沢英二郎『戦後国際政治史IV』柘植書房新社、2002, p.153）。なお、サウジアラビアやクウェート、UAEといったGCC主要国は、そうした姿勢をとりつつも、イラクに対して無利子の戦争借款という形で多額の資金援助を行っていた（小山茂樹『サッダーム・フセインの挑戦――湾岸危機の底流にあるものは何か』日本放送出版協会、1990, p.93）。
(23) 当時NSC中東担当だったハワード・タイシャーは、「イラク軍の劣勢は我々にとって恐怖だった。そこで機密情報を提供し、支援することにした」と証言している（NHKスペシャル『アメリカとイラク――蜜月と敵対の20年』NHK、2003年3月2日放送）。
(24) 1983年12月のラムズフェルド訪問においては、イラク－ヨルダン間に計画されたアクバ・石油パイプライン建設に米社が参加できるようにしたとされる（ジョージ・ワシントン大学「国家安全保障アーカイブ」http://www.gwu.edu/~nsarchiv/NSAEBB/NSAEBB82/index2.htm［2010年10月

(25) イラン・コントラ事件におけるCIAの関与の詳細は、ティム・ワイナー著、藤田博司・山田侑平・佐藤信行訳『CIA秘録』文藝春秋、2008。
(26) 『中日新聞』1988年7月21日。
(27) 同じ演説で、ブレジネフは米ソ関係にも触れ、ワルシャワ条約機構とNATO間の軍事的均衡が世界平和に貢献しているとして、戦略兵器や欧州核の制限・削減を呼びかけた（『中日新聞』1981月2月24日）。
(28) 鄧小平が中国外務省に対し、ブレジネフ発言にただちに反応するように指示したという。銭其琛著、濱本良一訳『銭其琛回顧録——中国外交20年の証言』東洋書院、2006, pp.18-20。
(29) 同書、p.21。
(30) 同書、pp.23-24。
(31) 1984年9月28日、レーガン大統領と初めて会談したグロムイコ・ソ連外相も同様の見解を示した。アンドレイ・グロムイコ著、読売新聞社外報部訳『グロムイコ回想録——ソ連外交秘史』読売新聞社、1989, p.456。
(32) 『朝日新聞』1983年8月16日。
(33) サッチャー、前掲書（下）p.25。
(34) レーガンとゴルバチョフはすでに秘密裏に一連の書簡を交換していた。また、会談でのレーガン発言については、レーガン、前掲書、pp.14, 16, 18。
(35) 川田侃、大畠英樹編『国際政治経済辞典 改訂版』東京書籍、2003, pp.491-492。
(36) 『中日新聞』1987年7月30日。
(37) INF全廃条約20周年のゴルバチョフへのインタビュー（『朝日新聞』1997年12月18日）。
(38) 『朝日新聞』1987年1月14日。
(39) ソ連軍撤退は1988年5月15日に始まり、1989年2月15日に撤退を完了した。
(40) 柳沢、前掲書、p.94。
(41) この点についてのゴルバチョフの回想は、ゴルバチョフ、前掲書（下）p.40。
(42) 新思考外交が西側世論に気を配っていたとの指摘は、エヴゲニー・プリマコフ著、鈴木康雄訳『クレムリンの5000日——プリマコフ政治外交秘録』NTT出版、2002, p.43。
(43) 銭、前掲書、pp.36-39。
(44) 『中日新聞』1988年12月8日。
(45) 柳沢、前掲書、pp257-261。天安門事件については、張良編、アンドリュー・J・ネイサン、ペリー・リンク監修、山田耕介、高岡正展訳『天安門文書』文藝春秋、2001が詳しい。
(46) 「ひところ天安門広場を埋め尽くした学生も今は激減」（『中日新聞』1989年5月31日）、「北京では既に二十余りの大学で正式に授業が再開された」（『朝日新聞』1989年6月1日）などと報じられた。
(47) 劉暁波著、劉燕子編、横澤泰夫、及川淳子、劉燕子、蔣海波訳『天安門事件から「08憲章」へ——中国民主化のための闘いと希望』藤原書店、2009, p.110。広場での犠牲なしについては、当時の米報道機関も報じていた（『中日新聞』1989年6月28日、8月8日「検証6.4天安門事件」）。問題はその周辺の惨事であった。また、学生を説得した劉暁波は、1996年公安当局によって労働改造所に送られ、その後軟禁状態に置かれた。2010年ノーベル平和賞が授与されることになったが、授賞式には出席できなかった。
(48) 6月24日の中国共産党第十三期中央委員会第四回全体会議（四中全会）コミュニケは、「ごく少数のものは学生運動を利用して北京と一部の地方で計画的、組織的かつ下心を持った政治動乱を引き起こし、さらに北京で反革命暴乱に発展させた」（『中日新聞』1989年6月25日）とするなど、公式報告では広場の学生に対して責任追及はしなかった。また、共産党総書記となった江沢民は、1989年9月末の記者会見で「青年は未来の希望であり、今後は『団結と教育』の方針で臨まなければならない」と語った（『中日新聞』1989年9月26日）。全人口からみて非常に数の少ない学生は、国家にとって貴重な存在なのであった。
(49) 柳沢、前掲書、pp.248-255。ジェームズ・A・ベーカーIII著、仙名紀訳『シャトル外交——激動の四年（上）』新潮社、1997, pp.232-242。銭、pp.162-184、ジェームズ・マン著、鈴木主税訳『米中奔流』共同通信社、1999, pp.293-315。

第14章

(1) 1980年代のポーランド情勢としては、水谷驍『ポーランド「連帯」消えた革命』柘植書房、1995を参照。

(2) ヴォイチェフ・ヤルゼルスキ著, 工藤幸雄監訳『ポーランドを生きる――ヤルゼルスキ回想録』河出書房新社, 1994, pp.208-212。
(3) 同書, p.221。
(4) ヤルゼルスキは, 非常事態宣言のタイミングについて, 「われわれはふたつの締め切り日を前にしていた。12月17日, デモが収拾不可能になるかもしれない日。そして同15日, 待機する数万の青年が兵営をあとにし, あるいはそこに入る日」として, 連帯呼びかけの大集会のとき, 10月に入ったばかりの新兵が入営し, 訓練を積んだ兵士がいなくなるという状況を挙げている (同書, pp.234-235)。また, なぜ非常事態宣言を行ったかについては, p.237。なお, ヤルゼルスキは当時, ソ連軍の介入を防ぐためであったことをすでに示唆している (『朝日新聞』1982年7月16日)。他方, 水谷驍はヤルゼルスキの回想録から, 党内の強硬派を抑え込むため, という極めて妥当性の高い解釈を示している (水谷, 前掲書, p.180)。また, アメリカは, 戒厳令はソ連からの指示と受け止めていた (ロナルド・レーガン著, 尾崎浩訳『わがアメリカンドリーム――レーガン回想録』読売新聞社, 1993, p.393)。これに対して, 西独のシュミット首相やブラント社会民主党党首は, ソ連介入を未然に防ぐためと受け止めていた (木戸蓊『激動の東欧史』中公公論社, 1990, p.159)。
(5) 木戸, 前掲書, p.159。
(6) その後統一労働者党はゴルバチョフの裁定を仰いだ。ゴルバチョフは, 大統領, 国防相, 内務省などのポストを確保できるならソ連の安全保障は守れると考え, 連帯指導者政権にゴーサインを出したという (秋野豊『ゴルバチョフの2500日』講談社, 1992, p.146)。1989年7月の大統領選挙では「連帯」側の工作のおかげで, ヤルゼルスキが当選した。ヤルゼルスキはカトリック知識人ジャーナリストのタデウシ・マゾビエツキを首相に指名した。新政権は「連帯」系が多かったが, 内相, 国防相, 対外経済協力相は党 (統一労働者党＝共産党) から選ばれた (木戸, 前掲書, p.203)。
(7) 木戸, 前掲書, pp.177-179。
(8) 経過を記した例としては, マイケル・マイヤー著, 早良哲夫訳『1989――世界を変えた年』作品社, 2010, pp.197-213。
(9) マイヤー, 前掲書, p.250。
(10) この時期のホーネッカーの権威の低下を示す例として, 建国40年式典前日の10月6日夜の祭典で, 制服姿の自由青少年団は行進しながら, 本来叫ぶはずの「エーリッヒ (ホーネッカーのこと)！エーリッヒ！」ではなく, 「ゴルビー！ゴルビー！」と叫んだ, ということがあった (ヤルゼルスキ, 前掲書, p.248)。
(11) さかのぼって1985年, ゴルバチョフは, チェルネンコの葬儀の際, 集まった東欧諸国の指導者に対し「これから変化が起こるが, あなたたちは自分の責任で自分の運命を決めなさい。私は干渉しない」と伝えたという (『中日新聞』2009年11月16日。なお, ミハエル・ゴルバチョフ著, 工藤精一郎・鈴木康雄訳『ゴルバチョフ回想録 (下)』新潮社, 1996, p.375にもそのことを示している箇所がある)。
(12) ジェームズ・A・ベーカーⅢ著, 仙名紀訳『シャトル外交――激動の四年 (上)』新潮社, 1997, p.346。
(13) 柳沢英二郎「東独総選挙と"戦後"の終り」, 愛知大学法学部『法経論集』第123号, 1990, p.48。
(14) ジャック・アタリ著, 磯村尚徳監訳『ヨーロッパ 未来の選択』原書房, 1995, p.58。なお, ドイツ統一までの対立点の経過は, 柳沢英二郎『戦後国際政治史Ⅳ』柏植書房新社, 2002, pp.134-136を参照。
(15) ドイツ統一過程は, 高橋進『歴史としてのドイツ統一』岩波書店, 1999, ティモシー・ガートン・アッシュ著, 杉浦茂樹訳『ヨーロッパに架ける橋 (下)』みすず書房, 2009, Ⅶ章を参照。
(16) パーヴェル・パラシチェンコ著, 濱田徹訳『ソ連邦の崩壊』三一書房, 1999, p.154。ゴルバチョフ, 前掲書 (下), p.169。
(17) 『朝日新聞』1989年9月29日。
(18) 『毎日新聞』1990年6月8日。
(19) 柳沢, 前掲書, p.155。なお, NSD26はイラクが「生物化学兵器を不法に使用した場合」には経済, 政治上の制裁を加えるとしていた。
(20) フランク・N・シューベルト, テレーザ・L・クラウス編, 滝川義人訳『湾岸戦争――砂漠の嵐作戦』東洋書林, 1998, pp.64-65。
(21) ベーカー, 前掲書, pp.555-560。
(22) ピエール・サリンジャー, エリック・ローラン著, 秋山民雄, 伊藤力司, 佐々木坦訳『湾岸戦争――隠された真実』共同通信社, 1991, p.48。
(23) グラスピー発言や分析は, 同書が詳しい。また, イラクのクウェート侵攻に至る背景・過程等につ

註　389

いての一考察としては、柳沢、前掲書、pp.157-160を参照。
(24) マーガレット・サッチャー著、石塚雅彦訳『サッチャー回顧録（下）』日本経済新聞社、1995、pp.441-442。
(25) 米ソ共同声明という案を思いついたベーカーの部下ピーター・ハウスローナーは「これで冷戦は終結しました」とベーカーに話した（ベーカー、前掲書、p.51）。
(26) フセイン自身による理由の説明は、サリンジャー、ローラン、前掲書、p.237を参照。
(27) 『朝日新聞』1990年8月11日。
(28) 当時の報道は「撤退しないための口実」であった。撤退の意思表示と受け取る考え方は、エヴゲニー・プリマコフ著、小林和男監訳『だれが湾岸戦争を望んだか——プリマコフ外交秘録』（日本放送出版協会、1991、p.18）やモハメド・ヘイカル著、和波雅子訳『アラブから見た湾岸戦争』（時事通信社、1994、p.293）などで確認することができる。
(29) 一例は、1990年10月12日のハッサン・モロッコ国王の議会演説（『朝日新聞』1990年10月13日）。
(30) ヘイカル、前掲書、p.179。ベーカー、前掲書、p.631。
(31) この会談で、フセインは「これは国連の戦争ではなく、アメリカの戦争である」と言い、デクエヤルは「私の知るかぎり、それに同意する」と答えたという（イラク側の記録による。NHKスペシャル『誰が世界を守るのか　第1回　知られざる攻防〜アメリカ対国連』NHK、1993年4月4日放送）。
(32) 柳沢、前掲書、pp.190-191。
(33) シューベルト、クラウス、前掲書、p.290。
(34) 『毎日新聞』1990年4月11日。
(35) 「狭義」と「広義」の冷戦については、柳沢英二郎「冷戦」、川田侃、大畠英樹編『国際政治経済辞典　改訂版』東京書籍、2003、pp.783-784、柳沢英二郎『逍遙現代国際政治史の断想』（柘植書房新社、2002）pp.174-179を参照。なお、当時米国務長官であったベーカーは、1994年にワシントンD.C.のロータリークラブで演説をした際、第二次世界大戦後の最大の成果は、共産主義の敗北や冷戦の終結ではなく、「グローバルな自由主義体制」の創造であった、と述べている(Curt Cardwell, *NSC 68 and the Political Economy of the Early Cold War*, Drake University, 2011)。
(36) アタリ、前掲書、p.86。
(37) アタリ、前掲書、pp.111-112。
(38) 反ゴルバチョフ・クーデタの詳細を記した例としては、アナスタシア・ピサレフスカヤ著、月出皎司訳『ソ連が消えた日——インターファクス緊急電』日本経済新聞社、1991。
(39) 柳沢英二郎「ペレストロイカがペレストロイカを救った」（『中日新聞』1991年8月22日）。
(40) ゴルバチョフ時代のソ連についての記録やゴルバチョフの評価の例としては、パーヴェル・パラシチェンコ、前掲書、アーチー・ブラウン著、小泉直美・角田安正訳『ゴルバチョフ・ファクター』藤原書店、2008、秋野豊『ゴルバチョフの2500日』講談社、1992などがある。
(41) エヴゲニー・プリマコフ著、鈴木康雄訳『クレムリンの5000日——プリマコフ政治外交秘録』NTT出版、2002、p.50。

第15章

(1) 西側秩序論は以下を参照。John Gerard Ruggie ed., *Multilateralism Matters: the Theory and Praxis of an Institutional Form*, Columbia University Press, 1993; Thomas Risse-Kappen, *Cooperation among Democracies: the European Influence on U.S. Foreign Policy*, Princeton University Press, 1995; David Held, *Models of Democracy* 2nd ed. Polity Press, 1996, Chap.3; John Ikenberry, *After Victory: Institutions, Strategic Restraint, and the Rebuilding of Order After Major Wars*, Princeton University Press, 2001; Ian Clark, *The Post Cold War Order: The Spoils of Peace*, Oxford University Press, 2001.
(2) 国連安保理決議678号の問題点は、松井芳郎『湾岸戦争と国際連合』日本評論社、1993。
(3) Conduct of the Persian Gulf War: Final Report to Congress <http://www.ndu.edu/library/epubs/cpgw.pdf> [2010年6月16日閲覧]
(4) 防衛問題懇談会『日本の安全保障と防衛力のあり方——21世紀へ向けての展望』1994年8月14日 <http://www.ioc.u-tokyo.ac.jp/~worldjpn/documents/texts/JPSC/19940812.O1J.html> [2010年6月16日閲覧]
(5) 銭其琛著、濱本良一訳『銭其琛回顧録——中国外交20年の証言』東洋書院、2006、pp.184-185。
(6) 本書旧版、pp.398-399。
(7) 代表的著作の一例は、エズラ・F・ヴォーゲル著、広中和歌子・木本彰子訳『ジャパンアズナンバーワン』TBSブリタニカ、1979。ビル・エモット著、鈴木主税訳『日はまた沈む——ジャパン・パワ

ーの限界』草思社、1990。盛田昭夫、石原慎太郎『「NO」と言える日本――新日米関係の方策』光文社、1989。
(8) 現時点でのブッシュ外交の包括的研究としてSteven Hurst, *The Foreign Policy of the Bush Administration*, Cassell, 1999.
(9) ジェームズ・マン著、渡辺昭夫監訳『ウルカヌスの群像――ブッシュ政権とイラク戦争』共同通信社、2004年、pp.278-279。
(10) マン、前掲書、pp.300-307。
(11) Patrick E. Tyler, "U.S. Strategy Plan Calls for Insuring No Rivals Develop" and "Excerpts from Pentagon's Plan: 'Prevent the Re-Emergence of a New Rival'", *The New York Times*, March 8, 1992, A.1, 14; Derek Chollet and James Goldgeier, *America between the Wars*, PublicAffairs, 2008, p.45.
(12) Chollet and Goldgeier, *op.cit.*, p.45. マン、前掲書、pp.300-307。
(13) David F. Schmitz, *Brent Scowcroft: Internationalism and Post-Vietnam War American Foreign Policy*. Rowman & Littlefield, 2011, p.165；Chollet and Goldgeier, *op.cit.*, p.45. マン、前掲書、pp.300-307。
(14) 旧ユーゴ崩壊過程は以下を参考。Susan Woodward, *Socialist Unemployment: the Political Economy of Yugoslavia, 1945-1990*, Princeton University Press, 1995; James Gow, *The Serbian Project and Its Adversaries: A Strategy of War Crimes*, Hurst & Company, 2003; Lenard Cohen, *Broken Bonds: Yugoslavia's Disintegration and Balkan Politics in Transition*. 2nd ed., Westview Press, 1995, pp.128-135; 阿部望『ユーゴ経済の危機と崩壊――国内要因と国外要因』日本評論社、1993。定形衛『非同盟外交とユーゴスラヴィアの終焉』風行社、1994。
(15) スロヴェニアでの戦闘は1991年7月にほぼ終了したが、クロアチアでは、旧ユーゴ連邦軍とクロアチア軍の戦闘の後、クロアチア・セルビア人勢力とクロアチア軍との緊張関係が続いた。
(16) 紛争の展開は以下を参照。James Gow, *Triumph of the Lack of Will: International Diplomacy and the Yugoslav War*, Hurst & Company, 1997; 月村太郎『ユーゴ内戦――政治リーダーと民族主義』東京大学出版会、2006。
(17) Alan Riding. "Conflict in Yugoslavia: Europeans Send High-Level Team," *The New York Times*, June 29, 1991, A4.
(18) James A. Baker III and Thomas M. DeFrank. *The Politics of Diplomacy: Revolution, War, and Peace, 1989-1992*, Putnam's, 1995, pp.636-637.
(19) Baker, *op.cit.*, pp.636-637, 648-651.
(20) *The Associated Press*, 26 June 1992, Lexis-Nexis.
(21) John Major, *The Autobiography*, HarperCollins, 1999, pp.534-535; Gow, *Triumph of the Lack of Will*, p.94.
(22) Pia Christina Wood, "France and the Post Cold War Order: The Case of Yugoslavia", *European Security*, Vol. 3, No.1, 1994, pp.129-152.
(23) 古留公太「ボスニア紛争調停の『世界化』か『ボスニア化』か――1992年8月ロンドン・旧ユーゴスラビア国際会議に関する二つの性格規定」、『研究論集』第三集、河合文化教育研究所、2006、pp.105-121。Kota Yoshitome, *The Western Order under Quasi-Multilateralism: The Bosnian Conflict and the West, 1992-1995*, Unpublished PhD thesis, The University of Leeds, 2006, pp.90-92.
(24) Bertrand Ramcharan ed., *The International Conference on the Former Yugoslavia: Official Papers*, Vol.1, Kluwer Law International, 1997, pp.33-34; Gow, *Triumph of the Lack of Will*, pp.299-230.
(25) ソマリアでは1991年1月に親ソ派バーレ政権が崩壊し、各地で氏族対立と分離独立運動が発生した。さらに、バーレ政権打倒の主役であった統一ソマリア会議が内部分裂し、モハメド暫定大統領とアイディード将軍が激しく対立した。1991年11月アイディード将軍派が首都モガディシュを占領。1991年12月、モハメド暫定大統領は国連平和維持部隊の派遣を要請した。1992年4月国連安保理決議751号が採択され、第1次国連ソマリア平和維持活動（UNOSOM I）が派遣されることになった。しかし、情勢悪化と兵力供給国のためらいから展開は遅れた。1992年12月に安保理決議794号が採択され、UNITAFが橋頭堡を築く形でUNOSOM I派遣に至った。
(26) UNOSOM Iはモハメド暫定政権による派遣要請があった。しかし、アイディード派はUNOSOM IにもUNITAFの派遣にも合意していなかった。
(27) クリントン陣営の動向は*Anthony Lake Papers,* Box 10 Folder 6-8, Box 11 Folder 1, The

(28) Library of Congress, Manuscript Division. 大統領選挙中のクリントンの演説と発言は*Clinton on Foreign Policy Issues*, United States Information Service, The US Embassy London, Not Dated.
ロバート・E・ルービン、ジェイコブ・ワイズバーグ著、古賀林幸、鈴木淑美訳『ルービン回顧録』日本経済新聞社、2005, p.210。
(29) 同書, p.210。
(30) その検討内容はPresidential Review Directive (PRD)13として報じられた。*The Washington Post*, June 18, 1993, A1, and, August 5, 1993, A1.
(31) Ramcharan, *op.cit.*, pp.249-274, 688-696.
(32) David Owen, *Balkan Odyssey*, Indigo, 1996, pp.158-159.
(33) Douglas Hurd, *Memoirs*, Little Brown, 2003, pp.458-459.
(34) 吉留公太「国連憲章第7章第51条と『二重の鍵』——ボスニア紛争における航空戦力利用をめぐる米欧論争の分析」、『国連研究』第9号、2008, pp.113-132。
(35) Ramcharan, *op.cit.*, pp.249-274.
(36) Yoshitome, *op.cit.*, pp.129-134, 138-139.
(37) Alija Izetbegović, *Inescapable Questions: Autobiographical Notes*, The Islamic Foundation, 2003, pp.159-163; *Public Papers of the President of the United States, William J. Clinton*, 1993, Book II, p.1445.
(38) 演説日は、9月18日クリストファー国務長官、21日レーク大統領補佐官、23日オルブライト国連大使、27日クリントン大統領。*US Department of States Dispatch*, Vol. 4, No. 39, 1993, Article 1-4. これら演説をもとにした『関与と拡大の国家安全保障戦略』が1994年7月に米議会へ提出された。
(39) *US Department of State Dispatch*, Vol. 4, No.39, 1993, Article 2.
(40) PDD25 <http://www.fas.org/irp/offdocs/pdd/pdd-25.pdf>[2010年6月16日閲覧]
(41) ソマリアは1990年代後半に「アル・カイダ」系組織の活動が活発になり、アジス・アベバ米大使館爆撃事件の拠点となったとされる。2006年7月にはエチオピアが軍事介入し、その後アフリカ連合を中心に和平構築が試みられているものの、情勢は混迷を続けている。
(42) 1993年11月に下院、12月に上院で批准賛成の議決。1994年1月に発効。
(43) Michael G. MacKinnon, *The Evolution of US Peacekeeping Policy under Clinton: A Fairweather Friend?*, Frank Cass, 2000, Chap. 1, 4.
(44) Madeleine Albright, *Madam Secretary: A Memoir*, Miramax, 2003, p.146.
(45) *The United Nations and Somalis*, 1992-1996, The Department of Public Information, The United Nations, 1996, pp.44-45; Boutros Boutros-Ghali, *Unvanquished: A U.S.-U.N. Saga*, I.B. Tauris, 1999, pp.103-104.
(46) 吉留公太「ボスニア紛争とアメリカ議会——「多角主義」挫折に関するアメリカ議会要因論の再検討」、『一橋法学』第7巻1号、2008, pp.135-178。
(47) *Public Papers of the Presidents of the United States, William J. Clinton*, 1994, Book I, pp.18-21.
(48) James M. Goldgeier, *Not Whether but When: the U.S. Decision to Enlarge NATO*, Brookings Institution, 1999, pp.24-26, 54-58.
(49) Charles Barry, "NATO's Combined Joint Task Forces in Theory and Practice," *Survival*, Vol. 38, Issue1, 1996, pp.81-97.
(50) Peter Galbraith "Prepared Statement of Peter W. Galbraith, U.S. Ambassador to Croatia, before the House International Relations Committee," *Federal News Service*, 30 May 1996, Lexis-Nexis; Charles Redman, "Prepared Statement of Charles Redman, U.S. Ambassador to Germany, before the House International Relations Committee," *Federal News Service*, 30 May 1996, Lexis-Nexis.
(51) 明石康『生きることにも心せき——国際社会に生きてきたひとりの軌跡』中央公論新社、2001, pp.143-147, 177-180。
(52) Boutros-Ghali, *op.cit.*, pp.239-240; Carl Bildt, *Peace Journey: the Struggle for Peace in Bosnia*, Weidenfeld and Nicolson, 1998, pp.67-68.
(53) 2002年4月にスレブレニッツア事件の調査報告を受け、オランダのコック内閣は責任を取って総辞職した。The Netherlands Institute for War Documentation, *Srebrenica- A Safe Area: Reconstruction, Background, Consequences and Analyses of the Fall of a Safe Area* <http://srebrenica.brightside.nl/srebrenica/> [2010年6月16日閲覧]。また、長有紀枝『スレブレニッツア——あるジ

ェノサイドをめぐる考察』東信堂, 2009, 第2-4章。
(54) Richard Holbrooke, *To End a War*, Random House, pp.159-162, 164-166.
(55) 紛争後のボスニアは, 形式的には主権国家でありながらも事実上セルビア人自治地域とムスリム・クロアチアの支配地域に2分割された。また,「デイトン合意」実施のための国際機関の指揮命令系統は, 文民部門 (その代表は「高等代表事務局 (OHR)」) と軍事部門 (NATOを中軸とする「和平実行部隊 (IFOR)」や後継の「平和安定化部隊 (SFOR)」) でそれぞれ別々とされた。国家建設の負担を敬遠したアメリカの意見を反映した結果であった。
(56) 犠牲者数については約10万人から約20万人まで諸説が存在する。
(57) また, 1996年7月のロシア大統領選挙にはアメリカ人アドバイザー団がエリツィン陣営を支援した。同年11月のエリツィンの心臓バイパス手術は, アメリカ医師団によって執刀された。
(58) 詳細については, 船橋洋一『同盟漂流』岩波書店, 1997.
(59) Ashton B. Carter and William J. Perry, *Preventive Defense: A New Security Strategy for America*, Brookings Institution Press, 2000, pp.127-128. ドン・オーバードーファー著, 菱木一美訳『二つのコリア――国際政治の中の朝鮮半島』特別最新版, 共同通信社, 2002, pp.378-382。
(60) Ashton B. Carter and William J. Perry, *Preventive Defense: A New Security Strategy for America*, Brookings Institute Press, 2000, pp.128-130.
(61) 米朝交渉の詳細は, ケネス・キノネス著, 伊豆見元監修, 山岡邦彦・山口瑞彦訳『北朝鮮――米国務省担当官の交渉秘録』中央公論新社, 2000, 第6章参照。
(62) この後北朝鮮は核開発を再開し, 2006年5月KEDOは解散した。詳細は, 船橋洋一『ザ・ペニンシュラ・クエスチョン――朝鮮半島第二次核危機』朝日新聞社, 2006; Narushige Michishita, *North Korea's Military-Diplomatic Campaigns, 1966-2008* Routledge, 2011, Chapter 9.
(63) 林東源著, 波佐場清訳『南北首脳会談への道――林東源回顧録』岩波書店, 2008, pp.228-231, 236-251。
(64) 同書, pp.63-64。
(65) 同書, pp.12-13。
(66) 米中関係の詳細は, ジェームズ・マン著, 鈴木主税訳『米中奔流』共同通信社, 1999。
(67) 船橋『同盟漂流』, pp.439-459。
(68) 同書, pp.475-476。
(69) 結局, 日本は300億ドル規模の二国間支援枠組みの立ち上げでの妥協を余儀なくされた (「新宮澤構想」)。担当官僚の回想として, 榊原英資『日本と世界が震えた日――サイバー資本主義の成立』中央公論新社, 2000。
(70) 各国の政権交代の概要は次の通りである。【フランス大統領】ミッテラン (在任1981～1995) からシラクへ (在任1995～2007)。【イギリス首相】メージャー (在任1990～1997) からブレアへ (在任1997～2007)。【ドイツ首相】コール (在任1982～1998) からシュレーダーへ (在任1998～2005)。
(71) イブラヒム・ルゴヴァ率いるコソヴォ民主連盟 (LDK) は交渉を重視した。しかし, コソヴォ解放軍 (KLA) は武力闘争路線を取った。KLAはハシム・サチを政治指導者に, アダム・ジャシャイ (1998年死去), アギム・チェク, ラムシュ・ハラディナイらを軍事指導者としていた。
(72) David Gibbs, *First Do No Harm: Humanitarian Intervention and the Destruction of Yugoslavia*, Vanderbilt University Press, 2009, pp.180-181.
(73) Tony Blair, *A Journey*, Hutchinson, 2010, pp.228-229; Carole Hodge, *Britain and the Balkans: 1991 until the Present*, Routledge, 2006, p.158; Ivo H. Daalder and Michael E. O'Hanlon, *Winning Ugly: NATO's War to Save Kosovo*, Brookings Institution Press, 2000, pp.69-75.
(74) Daalder and O'Hanlon, *op.cit.*, pp.79, 82-83.
(75) Gibbs, *op.cit.*, p.189.
(76) Daalder and O'Hanlon, *op.cit.*, p.36; Hodge, *op.cit.*, p.159; Albright, *op.cit.*, p.238, 384.
(77) Daalder and O'Hanlon, *op.cit.*, pp.35-36, 132, 137; Hodge, *op.cit.*, pp.160-161.
(78) Daalder and O'Hanlon, *op.cit.*, p.80, 160.
(79) *Ibid.*, pp.36-37, 44-45, 160.
(80) *Ibid.*, pp.96-99, 108-115.
(81) 米欧間で共同統合任務部隊 (CJTF) の具体像について議論が続けられていた。こうした中で, 1998年12月, 英仏両国は周辺事態の危機に対応したEU独自の防衛能力整備を目指すことで一致した (通称「サン・マロ合意」)。オルブライト米国務長官は,「三つのD」, すなわち「No

Duplication, （活動や装備を米欧で重複させない）, No Decoupling（米欧を分離せず）, No Discrimination（アメリカを差別せず）」に留意するよう釘を差した。金子譲,『NATO 北大西洋条約機構の研究―米欧安全保障関係の軌跡』彩流社, 2008, pp.300-305。

(82) 金子, 前掲書, pp.304-305。
(83) NATO, " 'An Alliance for the 21st Century': Washington Summit Communiqué Issued by the Heads of State and Government participating in the meeting of the North Atlantic Council in Washington, D.C. on 24th April 1999", Para 6, 30 and 31 <http://www.nato.int/cps/en/natolive/official_texts_27440.htm>[2011年6月11日閲覧]
(84) Daalder and O'Hanlon, *op.cit.*, pp.138-141.
(85) *Ibid.*, p.160.
(86) *Ibid.*, pp.170-173.
(87) *Ibid.*, p.176.
(88) 2008年2月, コソヴォ自治州議会は「コソヴォ共和国」の「独立」を宣言した。西側諸国はコソヴォを国家承認し, 国際司法裁判所も独立を事実上「合法」とする勧告を出した（2010.7.22）。しかし, アルバニア系とセルビア系住民の対立は依然続いており, 2011年10月現在, KFORは撤退の日程に目処がついていない。また, 2001年7月, ミロシェビッチの身柄は旧ユーゴ国際刑事裁判所（ICTY）に引き渡されたが, 勾留中の2006年3月に死亡した。
(89) コソヴォ紛争がイギリスの欧州防衛安全保障協力政策を加速させたとの解釈は, 細谷雄一『倫理的な戦争――トニー・ブレアの栄光と挫折』慶應義塾大学出版会, 2009, pp.88-89。
(90) ウイリアム・クリストル（The Weekly Standard 誌編集長）やロバート・ケーガン（「アメリカの新世紀プロジェクト」）らがよく知られている。後に彼らの見解をまとめた著作としてRobert Kagan, *Of Paradise and Power: America and Europe in the New World Order*, Knopf, 2003.
(91) 1998年10月13日, 上院（条約承認権限を有する）はCTBT批准議案を賛成48票対反対51票で否決した。
(i) 月村太郎『ユーゴ内戦――政治リーダーと民族主義』東京大学出版会, 2006, p.iv, viiiを参考に作成。

第16章

(1) ミサイル防衛については, 梅本哲也『アメリカの世界戦略と国際秩序』ミネルヴァ書房, 2010, 第10章参考。
(2) 二重封じ込め政策の整理は Steven Hurst, *The United States and Iraq Since 1979: Hegemony, Oil and War*, Edinburgh University Press, 2009, pp.119-145.
(3) Madeleine Albright, *Madam Secretary: A Memoir*, Miramax, 2003, pp.276-277, 294-295, 301-303, 320-326; Bill Clinton, *My Life*, Random House, 2004, p.814; Martin Indyk, *Innocent Abroad: An Intimate Account of American Peace Diplomacy in the Middle East*, Simon & Schuster, 2009, pp.36-43; John Dumbrell, *Clinton's Foreign Policy: Between the Bushes, 1992-2000*, Routledge, 2009, pp.152-153.
(4) Clayton E. Swisher, *The Truth about Camp David: The Untold Story about the Collapse of the Middle East Peace Process*, Nation Books, 2004, pp.97-102, 304-305, 326-327.
(5) Clinton, *op.cit.*, pp.903-904. シリアの政権移行の過程は 青山弘之, 末近浩太『現代シリア・レバノンの政治構造』岩波書店, 2009, pp.36-60。
(6) Thomas Barfield, *Afghanistan: A Cultural and Political History*, Princeton University Press, 2010, pp.24-28.
(7) 川端清隆『アフガニスタン――国連平和活動と地域紛争』みすず書房, 2002。進藤雄介『タリバンの復活――火薬庫化するアフガニスタン』花伝社, 2008。Ahmed Rashid, *Descent into Chaos: The U.S. and the Disaster in Pakistan, Afghanistan, and Central Asia*, Revised Edition, Penguin Books, 2009.
(8) 進藤, 前掲書, p.39。また, パキスタン国内にはシーア派イスラム教徒（人口の約2割）とスンニ派（約7割）との政治的緊張も存在している。
(9) Shireen T. Hunter, *Iran's Foreign Policy in the Post-Soviet Era: Resisting the New International Order*, Praeger, 2010, pp.147-148. アメリカの対イラン政策とイスラエルの政権交替の連関については, Trita Parsi, *Treacherous Alliance: The Secret Dealings of Israel, Iran, and the U.S.*, Yale University Press, 2008, Chapter 15-18.
(10) ジェイソン・バーク著, 坂井定雄・伊藤力司訳『アルカイダ――ビンラディンと国際テロ・ネット

ワーク』講談社, 2004, pp.285-286。
(11) 進藤, 前掲書, p.44。
(12) 川端, 前掲書, pp.121-123。
(13) パーク, 前掲書, pp.289-290。
(14) Parsi, *op.cit.*, pp.208-209。
(15) Dumbrell, *op.cit.*, p.144. 川端, 前掲書, pp.122-123。
(16) ローレンス・ライト著, 平賀秀明訳『倒壊する巨塔――アルカイダと「9.11」への道（下）』白水社, 2009, pp.158-160。パーク, 前掲書, pp.290-291。
(17) 川端, 前掲書, pp.131-145。Hunter, *op.cit.*, pp.147-148.
(18) Pervez Musharraf, *In the Line of Fire: A Memoir*, Free Press, 2006, pp.95-96。
(19) Rashid, *op.cit.*, pp.50-53。
(20) 川端, 前掲書, pp.178-181。
(21) ケネス・M・ポラック著, 佐藤陸雄訳『ザ・パージャン・パズル――アメリカを挑発し続けるイランの謎（下）』小学館, 2006, pp.223-230。
(22) Parsi, *op.cit.*, pp.215-222。
(23) Richard N. Haass, *War of Necessity, War of Choice: A Memoir of Two Iraq Wars*, Simon & Schuster, 2009, pp.164-167。
(24) もう一機のハイジャック機（UA93便）もワシントンDCに向かっていたが, 途中で墜落した。
(25) ボブ・ウッドワード著, 伏見威蕃訳『ブッシュの戦争』日本経済新聞社, 2003, p.308, 316, pp.321-322。
(26) George W. Bush, *Decision Points*, Random House, 2010, p.207。
(27) Bush, *op.cit.*, p.207。
(28) 詳しくは, 進藤, 前掲書, 第6章, pp.106-154。
(29) ウッドワード, 前掲書, pp.316, 321, 434-436。
(30) ボブ・ウッドワード著, 伏見威蕃訳『攻撃計画――ブッシュのイラク戦争』日本経済新聞社, 2004, pp.3-7, 70-86, 127-138。
(31) Bush, *op.cit.*, p.232; Tony Blair, *A Journey*, Hutchinson, 2010, pp.399-401. 英議会のイラク問題独立調査委員会（通称「チルコット委員会」）の調査によれば, これよりも早い時期（2001年2月の米英首脳会談前後）からイラク戦争開戦計画が英政府に伝えられ, 英政府も積極的に応じていた可能性があるという。チェイニー米副大統領は, 2002年3月には開戦計画を英側に伝えていたという。Dick Cheney and Liz Cheney, *In My Time: A Personal and Political Memoir*, Threshold Editions, 2011, pp.372-374。
(32) 実際, イギリスの軍事的貢献は余り重要視されていなかった。イラク戦争開戦の準備が整った2003年3月の段階で, 英議会の動向次第では「有志連盟」からのイギリスの離脱が検討されていたという。Bush, *op.cit.*, p.246, 252。
(33) Blair, *op.cit.*, p.388。
(34) *Ibid.*, pp.400-401; Bush, *op.cit.*, p.232. ウッドワード,『攻撃計画』.pp.211, 231-232。
(35) Blair, *op.cit.*, pp.403-405, 408-409。
(36) Bush, *op.cit.*, p.237。
(37) Bush, *op.cit.*, pp.238-240; Blair, *op.cit.*, pp.407-408。
(38) George W. Bush, *The National Security Strategy*, The White House, September, 2002. ジェームズ・マン著, 渡辺昭夫監訳『ウルカヌスの群像――ブッシュ政権とイラク戦争』共同通信社, 2004, pp.467-469。
(39) Bush, *op.cit.*, pp.237-238。
(40) 両者の関係についての回想は, Donald Rumsfeld, *Known and Unknown: A Memoir*, Sentinel, 2011, pp.322-323, 415; Cheney, *op.cit.*, pp.381-382, 386-388。
(41) *The Wall Street Journal*, August 16, 2002; *Cross Fire*, August 19, 2002; *The New York Times*, August 25, 2002。
(42) マン, 前掲書, pp.486-488。
(43) この文書は, 2003年5月29日のBBCラジオ放送で根拠のない偽情報であることが暴露された。ブレア政権はこの報道を否定し, 報道したギリガン記者, デービスBBC会長, ダイクBBC総ディレクター（編集局長）が辞任に追い込まれ, 情報提供者とされたケリー博士は自殺した。しかし, バトラー卿による独立調査委員会報告書（2004.7 .14発表）でも偽情報であったことが確認された。
(44) ハンス・ブリクス著, 伊藤真訳『イラク大量破壊兵器査察の真実』DHC, 2004, pp.331-332, 340-

343, 359-361。

(45) Rumsfeld, *op.cit.*, pp.444-445; Bradley Graham, *By His Own Rules: The Ambitions, Successes, and Ultimate Failures of Donald Rumsfeld*, PublicAffairs, 2009, p.386.

(46) 「プードル犬」との蔑称は英自由民主党ケネディ党首（当時）が与えたとされる。"Mandela Condemns US Stance on Iraq", *BBC News*, 30 January 2003; Nick Assinder, "Blair Battles 'Poodle' Jibes", *BBC News*, 3 February 2003.

(47) すでに、2003年1月、ブッシュは同内容を国家安全保障大統領令（NSPD）24号として決定していた。Bush, *op.cit.*, p.249.ウッドワード『攻撃計画』、p.463。

(48) Bush, *op.cit.*, p.252. 2003年3月18日、英議会は賛成412票対反対149票で開戦決議を可決した。労働党から大量の造反者を出したが保守党議員の大半が賛成に回った。

(49) バース党員公職追放命令は5月23日。

(50) ブレマーによるとイラク軍解体はラムズフェルドの意向である。後にこれらの命令が問題となると、ラムズフェルドは命令への関与を否定している。なお、ワシントンポストのウッドワード記者は2006年の著作で、これら命令はNSCも開催されずに下されたと論じている。しかし、2009年に出版されたランド研究所のドビンズらの研究によれば、NSCでも議論がなされていたという。L.Paul Bremer III and Malcolm McConnell, *My Year in Iraq: The Struggle to Build a Future of Hope*, Simon & Schuster, 2006, pp.39-40; Bob Woodward, *State of Denial: Bush at War Part III*, Simon & Schuster, 2006, pp.196-199; Rumsfeld, *op.cit.*, pp.490-492, 504-506; James Dobbins, Seth G. Jones, Benjamin Runkle, Siddharth Mohandas, *Occupying Iraq: A History of the Coalition Provisional Authority*, Rand, 2009, pp.52-61, 112-119.

(51) 占領下のイラクの治安状況についてはDobbins, Jones, Runkle, Mohandas, *op.cit.*, pp.92-102.

(52) エフライム・ハレヴィ著、河野純治訳『モサド前長官の証言「暗闇に身をおいて」――中東現代史を変えた驚愕のインテリジェンス戦争』光文社、2007, pp.337-339。

(53) 内容を略述すると、第一過程は、両当事者が紛争を停止し、イスラエルは占領地からの撤退、パレスチナは政治改革を行う。第二過程では、国際会議を開催して境界線交渉などパレスチナ国家樹立への環境整備を行う。第三過程で、再度国際会議を開催して、パレスチナ国家樹立に関する国際的な和平合意を取り決める。早ければ、2005年に第三過程に達することを目標としていた。

(54) 2005年10月、国連の独立調査委員会はシリア情報機関の関与を指摘する報告を発表した。Detlev Mehlis, *Report of The International Independent Investigation Commission Established Pursuant to Security Council Resolution 1595* (*2005*), 19 October 2005, S/2005/662, Para. 216 (www版ではPara. 203)。しかし、その後設置されたレバノン特別法廷（国連安保理決議1757号、2007年5月31日採択により設置）においては、ヒズボラ関係者が容疑者として起訴された。

(55) David Sanger and Mark Mazzetti, "Israel Struck Syrian Nuclear Project, Analysts Say", *The New York Times*, October 14, 2007. A1.

(56) Blair, *op.cit.*, p.391。しかし、2011年3月、リビアでは反政府勢力とカダフィ政権との武力衝突が起こった。英仏両政府は反政府勢力側を支持し、アメリカとNATOを巻き込んで空爆を実施した。この状況の中でブレア政権とカダフィ政権との関係が問題とされている。参考として、Ben Smith, *UK Relations with Libya*, House of Commons Library, 2 March 2011, SN/IA/5886.

(57) Parsi, *op.cit.*, pp.341-342.

(58) *Ibid.*, pp.250-251.

(59) *Ibid.*, pp.248-249.

(60) 船橋洋一『ザ・ペニンシュラ・クエスチョン――朝鮮半島第二次核危機』朝日新聞社、2006, pp.649-655, 712, 738-739。

(61) Rashid, *op.cit.*, pp.364-366.

(62) *Ibid.*, pp.367-369.

(63) Bush, *op.cit.*, pp.214-217.

(64) Rashid, *op.cit.* pp.384-387.

(65) 2011年1月4日のパンジャブ州のサルマン・タシール知事暗殺、3月2日のシャフバズ・バッティ少数派問題担当相の暗殺事件など。

(66) フセイン政権下での部族問題と経済格差問題は、酒井啓子『フセイン・イラク政権の支配構造』岩波書店、2003, pp.155-159, 235-237, 243-246。

(67) Bremer III and McConnell, *op.cit.*, pp.42-44; Dobbins, Jones, Runkle, Mohandas, *op.cit.*, pp.107-109.

(68) Bremer III and McConnell, *op.cit.*, pp.42-44, 79.

(69) *Ibid.*, pp.78-79, 82.
(70) 「石油食糧交換計画」とは，フセイン政権時代に経済制裁を課せられていたイラクに最低限必要な食糧を確保するために，国連管理下での石油輸出を許可する計画である。米議会の取り上げた疑惑は，この計画の不正経理にアナン事務総長の息子や反イラク戦争運動家らが関与していたというものである。2004年4月国連は「石油食糧交換計画に関する独立調査委員会」を設置し，その委員長にポール・ボルカー元米連邦準備制度理事会議長が就任した。調査報告は2005年9月7日に発表され，アナンの子息と汚職との関係についての証拠は提示せず，将来の調査に委ねる旨を表明した。しかし，米上院常設審査小委員会委員長ノーム・コールマン（共和党）らはアナン事務総長の辞任を要求し（2004.12.1.Wall Street Journal），独立調査委報告公表以後も米議会で当該案件に関する公聴会を開催して国連と反戦運動家への圧力をかけ続けた（2005.5.18. イラク反戦運動の中心だったギャロウェー英下院議員への公聴会など）。Independent Inquiry Committee, *Manipulation of the Oil for Food Programme by the Iraq Regime*, October 27, 2005,〈http://www.iic-offp.org/documents/IIC%20Final%20Report%2027Oct2005.pdf〉[2011年3月30日閲覧]
(71) ボブ・ウッドワード著，伏見威蕃訳『ブッシュのホワイトハウス（下）』日本経済新聞出版社，2007, pp.109-110。
(72) 同書, pp.177-189。
(73) 同書, pp.281-283, 286-291。
(74) 酒井啓子「連邦議会選挙後のイラク情勢」，平成17年度財務省委嘱研究会『中東諸国における政治情勢及び経済等の現状と今後の展望』みずほ情報総研株式会社，2006, pp.36-45。
(75) The United States National Security Council, *National Strategy for Victory in Iraq*, The White House, November 2005.
(76) ウッドワード『ブッシュのホワイトハウス（下）』, pp.283-285。
(77) James A. Baker III and Lee H. Hamilton Co-Chairs, *The Iraq Study Group Report: The Way Forward-A New Approach*, Vintage Books, 2006.
(78) ウッドワード『ブッシュのホワイトハウス（下）』, pp.248-253。
(79) ルイス・リビーは，CIA工作員バレリー・プレイム・ウィルソンの身元情報をリークした罪で2005年10月に起訴され，2007年6月有罪判決を受けた。その背景には，プレイムの夫（ジョセフ・ウイルソン元米駐イラク首席公使）が，ブッシュ政権内タカ派の主張していたイラクによるニジェールからの核物資輸入疑惑を否定した一件があったとされる。ウッドワード『ブッシュのホワイトハウス（下）』, pp.281-283, 286-291。また，ラムズフェルド更迭論の一端をCheney, *op.cit.*, pp.442-444.
(80) 酒井「連邦議会選挙後のイラク情勢」, pp.36-45。
(81) Woodward, *State of Denial*, p.444.
(82) BBC放送 2006年3月19日，AFP通信 2006年4月9日，*The Daiy Telegraph*, 20 April 2006.
(83) ウッドワード『ブッシュのホワイトハウス（下）』, p.309。
(84) 同書, pp.324-326。
(85) たとえば，2005年7月7日のロンドン同時多発テロを受けてブレア政権の提示したテロ対策法案は議会労働党の反発を受けて修正を余儀なくされ，懸案であった教育監査法案も保守党の賛成によって辛うじて可決された。
(86) Bob Woodward, *The War Within: A Secret White House History, 2006-2008*, Simon & Schuster, 2008, pp.196-199.
(87) *Ibid.*, pp.270-276, 288-289, 315.
(88) 詳細は，Thomas E. Ricks, *The Gamble: General David Petraeus and the American Military Adventure in Iraq, 2006-2008*, Penguin Books, 2009, Chapter 6-10.
(89) イラク戦争が経済に与えたマイナスの影響は，ジョセフ・E・スティグリッツ，リンダ・ビルムズ著，楡井浩一訳『世界を不幸にするアメリカの戦争経済——イラク戦費3兆ドルの衝撃』徳間書店，2008。戦費の見通しは，Amy Belasco, "The Cost of Iraq, Afghanistan, and Other Global War on Terror Operations since 9/11", *CRS Report for Congress*, March 29, 2011.
(90) 「リーマン・ショック」に至る過程については，アンドリュー・ロス・ソーキン著，加賀山卓朗訳『リーマン・ショック・コンフィデンシャル（上）（下）』早川書房，2010。
(91) ヘンリー・ポールソン著，有賀裕子訳『ポールソン回顧録』日本経済新聞出版社，2010, p.474。
(92) 同書, p.168, pp.209-210。
(i) 黒崎卓，子島進，山根聡編『現代パキスタン分析——民族・国民・国家』岩波書店，2004, pp.viii-xi。Marianna Charountaki, *The Kurds and US Foreign Policy*：*International Relations in the*

Middle East since 1945, Routledge, 2010, pp.xiii-xivを参考に作成。

第17章

(1) The National Security Council, *National Security Strategy*, The White House, May 2010, pp.2-4.
(2) オバマ政権発足時には、1970年代にデタント政策を担ったキッシンジャーやスコウクロフトらの発言に注目が集まった。スコウクロフトはイラク戦争反対論を、キッシンジャーは核拡散防止のための米ロ協調論を唱えていた。ただし、キッシンジャーはベトナム戦争敗北の原因を持続的な軍事力行使の決意の弱まりに見出し、イラクからの尚早の米軍撤退を戒めた。ボブ・ウッドワード著、伏見威蕃訳『ブッシュのホワイトハウス（下）』日本経済新聞出版社、2007, pp.252-253。
(3) アフガン政策に関する意見対立は、ブッシュ（子）政権末期から起こっていた。争点は、カルザイ政権支援の妥当性とパキスタンの戦略重要度の評価にあった。Bob Woodward, *Obama's Wars*, Simon & Schuster, 2010, pp.40-47.
(4) *Ibid*, p.156.
(5) *Ibid*, pp.66-70, 96-98, 102-103, 217-218, 261.
(6) Catherine Dale, "War in Afghanistan: Strategy, Operations, and Issues for Congress", *CRS Report for Congress*, March 9, 2011, pp.8-10.
(7) Woodward, *op.cit.*, pp.104-109.
(8) あくまで「戦闘部隊」の撤退であり、2011年6月末の段階でイラクに約4万6000人、アフガニスタンに約10万人の米軍が駐留している。ちなみに、在日米軍は約4万5000人である。Michael E.O'Hanlon and Ian Livingston, *Iraq Index: Tracking Variables of Reconstruction & Security in Post-Saddam Iraq, July 28, 2011*, Brookings Institution, 2011, p.13; *Afghanistan Index: Tracking Variables of Reconstruction & Security in Post-9/11 Afghanistan, July 31, 2011*, Brookings Institute, 2011, p.4, <http://www.brookings.edu/saban/iraq-index.aspx>, <http://www.brookings.edu/foreign-policy/afghanistan-index.aspx> [2011年8月30日閲覧]
(9) タリバン諸派のうち、ハッカーニ・ネットワーク、クエッタ・シューラ・タリバン、ヒズビ・イスラミ・グルブディンなどの勢力による動きが活発になった。
(10) パキスタン・タリバン運動は「テフリク・エ・タリバン・パキスタン」とも呼ばれる。テロ統計はIan S. Livingston and Michael O'Hanlon, *Pakistan Index: Tracking Variables of Reconstruction & Security, Brookings Institution, updated on 24 February 2011*, pp.2-4, <http://www.brookings.edu/~/media/Files/Programs/FP/pakistan%20index/index20110224.pdf> [2011年3月10日閲覧]
(11) 北西辺境州からカイバル・パクトゥンクワ州へ州名が変更された。
(12) Michael Hastings, "The Runaway General: The Rolling Stone Profile of Stanley McChrystal that Changed History", *Rolling Stone*, June 22, 2010 <http://www.rollingstone.com/politics/news/the-runaway-general-20100622> [2010年12月10日閲覧]
(13) US Department of State, Office of the Special Representative for Afghanistan and Pakistan, *Afghanistan and Pakistan Regional Stabilization Strategy*, February 2010.
(14) 西原正、堀本武功編『軍事大国化するインド』亜紀書房、2010, pp.62-70。
(15) たとえば、2011年1月4日、イスラム冒瀆罪見直しを支持したパンジャブ州知事のサルマン・タシールが暗殺され、3月2日には、シャバス・バッティ少数派問題担当相らが暗殺された。
(16) この一端として、2010年10月、カルザイはイランからの現金受領の事実を認めただけでなく、アメリカ政府からも実は同じように現金を受け取っていたことを暴露して報道をにぎわした。Dexter Filkins and Alissa J. Rubin, "Afghan Leader Admits His Office Gets Cash from Iran", *The New York Times*, October 25, 2010, A1.
(17) Alissa J. Rubin and Helene Cooper, "In Afgahan Trip, Obama Presses Karzai on Graft", *The New York Times*, March 29, 2010, A1.
(18) Helene Cooper and Carlotta Gall, "Cables Offer Shifting Portrait of Karzai", *The New York Times*, December 2, 2010, A 14.
(19) Adam Entous and Julian E. Barnes, "U.S. Boosts Afghan Surge: Pentagon Plans to Send 1,400 Extra Marines to Supplement Spring Campaign", *The Wall Street Journal*, Janaury 6, 2011, A1; Rod Nordland, "Talks on U.S. Presence in Afghanistan After Pullout Unnerve Region", *The New York Times*, April 19, 2011, A4.
(20) 2011年5月13日、パキスタン西部チャルサダのパキスタン軍治安訓練所への自爆テロで約200人が

死亡, 同月16日にはカラチでサウジ外交官が暗殺され, 同月21日にはNATOの補給部隊が襲撃されて16人が死亡, 同月23日にはカラチの海軍施設が爆撃され11人が死亡した。また, アフガニスタンでもテロ事件は相次いでおり, 2011年6月12日, カンダハルで南部の政治的まとめ役とされてきたカルザイ大統領の弟ワリ・カルザイが暗殺され, 9月13日カブールの米英大使館やNATO本部が襲撃されアフガン人4人が死亡, NATO要員数十人が負傷した。9月20日には対タリバン交渉を担っていたラバニ元大統領もカブールの自宅で暗殺された。

(21) その一端は, "Pakistan PM Gilani rejects US Haqqani pressure", *BBC News*, 29 September 2011; "Karzai abandons peace talks with the Taliban", *BBC News*, 1 October 2011.

(22) 反政府デモ増加の要因としては, 世界的な食料価格の高騰への不満, 際立った貧富格差の存在と高失業率, 汚職と腐敗への不満, 部族対立, ネットなどによる情報の共有, そして政府の弾圧に対する反発などが挙げられる。1990年代までの展開については, 宮治一雄「イスラーム世界の民衆運動と民主化」, 私市正年, 栗田禎子編『イスラーム地域の民衆運動と民主化』東京大学出版会, 2004, pp.1-28.

(23) George Bush, "Remarks on the 20th Anniversary of the National Endowment for Democracy, November 6, 2003", *Public Papers of the President of the United States, George W. Bush*, 2003, Book Ⅱ, pp.1468-1474.

(24) Barack Obama, "Remarks by the President on the Middle East and North Africa May 19, 2011", The White House Office of the Press Secretary, <http://www.whitehouse.gov/the-press-office/2011/05/19/remarks-president-middle-east-and-north-africa> [2011年8月30日閲覧]

(25) 西側諸国は, 亡命政治家や部族勢力を軸に政府を作ることの困難さをイラクとアフガニスタンで経験済みであった。ゆえに, より確実な受け皿を期待したのである。

(26) これらの事例とは反対に, バーレーンの反政府運動は「湾岸協力会議」加盟国 (サウジアラビア, アラブ首長国連邦など) の軍事介入によって鎮圧された。サウジアラビアなどは, 反政府運動によってシーア派の影響力が拡大することを警戒したのである。西側諸国はサウジなどによる軍事介入を黙認した。「民主化」や人権擁護よりも, 地域情勢の安定を優先したのである。

(27) リビア国民評議会に対するフランスの積極的支援姿勢は目立っていた。3月10日にフランスは各国に先駆けてリビア国民評議会を政府承認した。また, フランス軍は国連安保理の武器禁輸決議にもかかわらず, 国民評議会側に武器を提供していた。その他, エジプト, カタルなどからの武器供給の事例や仏英による国民評議会側への軍事顧問団提供も報じられている。David Jolly and Kareem Fahim, "France Says It Gave Arms to the Rebels in Libya", *The New York Times*, June 30, 2011, A.4; Robert Booth, "Arming Libya Rebels not Allowed by UN Resolutions, Legal Experts Warn US", *The Guardian*, 30 March 2011; Ravi Somaiya, "Britain Will Send Military Advisers to Libya, Hoping to Tip Balance for Rebel Forces", *The New York Times*, April 20, 2011, A8.

(28) 当初はアメリカが指揮し, 2011年3月末からNATOが引き継いでいる。移管の理由は, リビアへの地上部隊派遣や国家建設のリスクを回避することにあったと考えられている。また, イラクとアフガンに兵力を割いていることから, アメリカ側の参謀機能が不足していることを指摘した解釈もある。Eric Schmitt, "Libya Crisis Thrusts U.S. Africa Command Into Leadership Role", *The New York Times*, March 23, 2011, A9.

(29) 一例として, Ron Nordland and David D. Kirkpatrick, "Isramists become a Force to Reckon with", *International Herald Tribune*, 16 September 2011, p.1, 6.

(30) 北朝鮮高官は「カダフィ氏が核を放棄したから, リビアはNATOの空爆を受けた」とヒューズ前駐北朝鮮英国大使に伝えたという。『朝日新聞』2011年10月1日。

(31) Barack Obama, "Remarks by President Barack Obama", The White House Office of the Press Secretary, April 5, 2009, <http://www.whitehouse.gov/the_press_office/Remarks-By-President-Barack-Obama-In-Prague-As-Delivered/>[2010年12月10日閲覧]

(32) 梅本哲也『核兵器と国際政治1945-1995』日本国際問題研究所, 1996, p.210.

(33) 同件についてのブラジル・アモリン外相のコメントは,『朝日新聞』2010年10月31日。また, ブラジル政府筋は, オバマ大統領のルラ大統領宛親書 (2010.4.20付) を公開し, 当初ブラジルとトルコによる対イラン交渉はアメリカと一定の連携の下で行われていたことを示唆した。<http://www.politicaexterna.com/11023/brazil-iran-turkey-nuclear-negotiations-obamas-letter-to-lula> [2010年12月10日閲覧]

(34) The White House Office of the Press Secretary, "Press Briefing by Press Secretary Gibbs and Secretary of Homeland Security Napolitano, 8/13/2010", <http://www.whitehouse.gov/the-

press-office/2010/08/13/press-briefing-press-secretary-gibbs-and-secretary-homeland-security-nap>[2011年1月20日閲覧]
(35) 他方で，イランの核開発を妨害するための様々な工作についても報じられている。一例として，核施設を制御するコンピューターへのウイルス攻撃へのイスラエルとアメリカの関与を示唆する報道は，William J. Broad, John Markoff and David E. Sanger, "Israeli Test on Worm Called Crucial in Iran Nuclear Delay", *The New York Times*, January 16, 2011, A1.
(36) "Active Engagement, Modern Defence: Strategic Concept for the Defence and Security of the Members of the North Atlantic Treaty Organisation adopted by Heads of State and Government in Lisbon", *NATO Official Text*, 19 November 2010, < http://www.nato.int/cps/en/natolive/official_texts_68580.htm> [2011年1月20日閲覧]
(37) "NATO-Russia Council Joint Statement at the Meeting of the NATO-Russia Council held in Lisbon on 20 November 2010", *NATO Official Text*, 20 November 2010, < http://www.nato.int/cps/en/natolive/news_68871.htm> [2011年1月20日閲覧]
(38) これまでの経緯を総合すると，平和利用目的の原子力施設建設は国際的な管理下であれば容認するが，核兵器製造につながる技術の獲得と第三国への核技術輸出は認めない，という筋でイラン側の譲歩を迫っているものと推測される。
(39) Pervez Musharraf, *In the Line of Fire: A Memoir*, Free Press, 2006, pp.292-295. ダグラス・フランツ，キャスリン・コリンズ著，早良哲夫訳『核のジハード――カーン博士と核の国際闇市場』作品社, 2009, pp.294-295。
(40) Musharraf, *op.cit.*, p.293.
(41) 船橋洋一『ザ・ペニンシュラ・クエスチョン――朝鮮半島第二次核危機』朝日新聞社, 2006, pp.536-537, 561, 577-581, 645-655。
(42) 同書, pp.406-419, 664-673。
(43) 読売新聞と瞭望東方週刊（中国国営新華社通信発行）の合同世論調査によると，日本人のうち日中関係を「悪い」と回答したのは90％，中国を「信頼できない」と回答したのは89％に上ったという。『読売新聞』2010年11月7日。
(44) アメリカは中東からアフガンにかけて，相当数の兵力を動員している。日本は憲法上制約があり，韓国は北朝鮮問題と経済的利益の双方から対中関係を重視せざるをえない（金星煥外交通商相による対中外交重視の表明，2011年1月5日付『朝日新聞』）。また，徴兵制があるため韓国国民も本音の部分では北朝鮮との対立回避を望むであろう。そして，日米韓にとって中国は最大の貿易相手国であり，関係の遮断は現実的な選択ではない。2010年度において，日韓は輸入ともに中国が第1位，アメリカは輸出において中国は第3位，輸入において第1位であった。
(45) 中国が北朝鮮問題の打開に動いた一要因として，米中関係への配慮があった，2010年12月5日の米中電話首脳会談において，オバマ大統領は北朝鮮問題で中国の積極的な対応を求め，それがなければ米中関係は悪化するとの圧力を掛けたという。『毎日新聞』2010年12月22日。
(46) 提唱者はフレッド・バーグステン元財務次官補とされる。Fread C. Bergsten, "Partnership for Equals: How Washington Should Respond to China's Economic Challenge", *Foreign Affairs*, Vol. 87, Issue 4, 2008, pp.57-69. なお，1970年代に米中接近を演出したキッシンジャーは，G2構想について他国の反発を招くという理由で慎重であるものの，中国の国際問題におけるプレゼンス拡大については積極的に評価し，さらに，米中間の政策協調の深化の必要性を主張している。Henry Kissinger, "Rebalancing Relations with China", *The Washington Post*, August 19, 2009, A15.
(47) "China, Germany and South Africa Criticise US Stimulus" *BBC News*, 5 November 2010.
(48) 『日本経済新聞』2010年11月9日,『朝日新聞』2010年11月9日。
(49) "US Concerned over China's Rapid Development of New Weapons", *The Associated Press*, 9 January 2011; Mark Landler, "U.S. Is Not Trying to Contain China, Clinton Says", *The New York Times*, January 15, 2011, A10.
(50) "China's Hu Answers Question with Washington Post", *The Washington Post*, 16 January 2011; "Q&A with Hu Jintao", *The Wall Street Journal*, January 18, 2011.
(51) "Geithner: Real Yuan Appreciation 'Substantial'", *Reuters*, 14 January 2011.
(52) 近年報じられている中国の一党独裁への反発をまとめると，(1) チベット，内蒙古，東トルキスタンなどの民族自決運動，(2) 汚職・腐敗への反発，(3) 沿岸部と内陸部での格差問題への反発，(4) 沿岸部で頻発している賃金引き上げ要求スト，(5) 食品への毒素混入事件や浙江省温州市で起きた高速列車事故などで政府の事故処理や情報統制への反発である。このうち，(4) と (5) は高度成

長路線のゆがみを都市住民が批判している点で従来の反発とは異なり，動向が注目される。
(53) Michael Cox, Ken Booth, and Tim Dune (eds), *The Interregnum: Controversies in World Politics in 1989-1999*, Cambridge University Press, 2000, p.4.
(i) Garry Blight, Sheila Pulham and Paul Torpey, "Arab spring：an interactive timeline of Middle East protests", *guardian.co.uk*, 5 January 2012, 〈http：//www.guardian.co.uk/world/interactive/2011/mar/22/middle-east-protest-interactive-timeline〉［2012.10.30閲覧］の情報を参考に作成。

あとがき

　本書は柳沢，加藤，細井著『危機の国際政治史 1917-1992』（亜紀書房，1993年）をもととしながら，前後に時期を広げて書き下ろしの章を加え，さらに，章立ての変更や参考文献の見直しを含めて全面的に書き改めたものである。そのため作業は膨大なものとなり，入稿から出版までに1年あまりを要することになった。この間の情勢変動も本書で論ずるべきであろうが，これは別の機会への課題としたい。

　具体的な執筆作業は，冒頭から第二次世界大戦勃発までを書き下ろしの形で改め，ソ連崩壊から今日に至る同時代史についても書き下ろしの3章を加えた。また，冷戦期を取り扱った各章についても大幅な改訂作業をおこなった。その際，『危機の国際政治史 1917-1992』で柳沢が担当した部分については細井，堀井，吉留がそれぞれ改訂作業を担当した。

　なお，本書の内容について以下の各書を参考にした部分があることをお断りしておく。柳沢英二郎著『戦後国際政治史Ⅰ～Ⅳ』（柘植書房新社，1985～2002年／Ⅰ・Ⅱの初版は現代ジャーナリズム出版会より1974・1977年），柳沢英二郎編著『逍遙現代国際政治史の世界』（柘植書房新社，2002年），柳沢英二郎・加藤正男著『現代国際政治 '40s～'80s』（亜紀書房，1985年）。

　各章の執筆者と具体的な改訂内容は次の通りである。
- 第1章～第8章　加藤
  第1章～第4章は書き下ろし，第5章～第8章は加藤執筆の旧版『危機の国際政治史』第4章～第7章をもとに大幅な改訂をおこなった。
- 第9章～第11章　柳沢・細井
  柳沢執筆の『現代国際政治 '40s～'80s』をもとに細井が改訂を行った旧版『危機の国際政治史』第8章～第10章と柳沢執筆の旧版第11章をもとに，新たに細井が増補改訂をおこなった。
- 第12章　柳沢・吉留
  柳沢執筆の旧版『危機の国際政治史』第12章をもとに吉留が増補改訂をおこなった。
- 第13，第14章　柳沢・堀井
  柳沢執筆の旧版『危機の国際政治史』第13章～第17章をもとに堀井が増補改訂をおこなった。
- 第15章～第17章　吉留
  本書のための書き下ろし。

第二次世界大戦，ベトナム戦争，ソ連崩壊など出来事は違うけれども，執筆に携わった私たちはそれぞれの世代における政治の劇的な展開に翻弄され，情勢分析力を身につけることと歴史的な経緯を学ぶことの必要性を痛感させられてきた。自分の頭で物事を判断したいとの思いを抱き，柳沢は故信夫清三郎氏から，他の4名は柳沢から情勢分析と政治史研究の基礎訓練を受けた。その成果については，批判を覚悟しつつ本書を読まれた皆さんからの評価を仰ぐこととしたい。

　本書は多くの人々の助けによって出版することができた。全ての方々の名を挙げることはできないが，河合文化教育研究所は本書誕生の母胎となった20世紀国際政治史研究会の活動を支援してくださった。第12章，第15〜第17章は文部科学省科学研究費補助金の研究成果の一部である。校閲作業は亜紀書房に，校正作業の一部を榊原晴美，山本都紀，市川壮太，宮啓，中村哲史の各氏にお願いし，年表と索引は旧版に引き続き中村裕哲氏に作成してもらった。索引のデータ処理については，國頭祥，関川貴行，滝本龍介，田子美紗樹，望月明倫の各氏の協力も得た。また，池田亮，池本大輔，片山慶隆の各氏は草稿へのコメントを下さった。

　当初編集を担当された田中智沙氏と後任の土肥雅人氏，そして松戸さち子編集長をはじめとして亜紀書房の皆さんは辛抱強く原稿を待ってくださった。お礼申し上げる。

　2012年12月

執筆者一同

　本書の校正作業が大詰めを迎えていた2012年12月26日未明、執筆代表者の柳沢英二郎氏が急逝された。ともに出版の日を迎えられなかったことは何よりも心残りである。共同研究の機会を与えられたことに感謝し、本書の出版が柳沢氏の業績を次の世代へと伝える一助となることを願ってやまない。

　2013年1月

加藤正男
細井　保
堀井伸晃
吉留公太

国際政治年表（1873〜2012）

【凡例】

①〔国名の表記〕〔人名の表記〕〔日付・時刻〕〔欧文略語〕の扱いについては，20ページの凡例を参照。

②各項目末尾の洋数字は本書の該当頁を意味する。ただし年表項目には，本文に含まれないものも含まれる。また年表に限り，一部註に含まれるデータも参照できるようにした。

③帝政期からソヴィエト政権初期の1918年1月31日にいたるまで，ロシアではユリウス暦に基づくロシア暦が使われており1900年以降は西暦（グレゴリー暦）より13日遅れた日付であったが，本書では西暦に換算した日付を示した。ただし，「二月革命」と「十月革命」は歴史的用語であるので（露暦）と注記してそのままの表記を使った。

④「ソ連」という呼称の使用は，厳密には1922年12月30日のソヴィエト社会主義共和国連邦の樹立以降に限定するべきであるが，便宜的にそれ以前の時期について用いた部分がある。

⑤特に2001年以降は類書が限られるため，年表をやや詳細にし，2011年以降の年表はさらに情報の密度を高めて，本書脱稿後の空白を埋める役割を担わせた。

1873〜1913年

1873.5.9	ウィーンで株価大暴落「暗黒の金曜日」（「大不況」のはじまり）	24
1894.8.1	日清両国宣戦布告	27
1895.4.17	下関条約調印（日・清間）	27
1898.4.24	米西戦争勃発	27
12.10	パリ条約調印（アメリカ・スペイン間）	27,28
1899.10.11	南アフリカ戦争勃発（〜1902.5.31）	29
1901.9.7	辛丑条約（北京議定書）。義和団事件終結	30
1902.1.30	第1次日英同盟の成立	30
1904.2.8	日本軍がロシア軍の旅順港奇襲。日露戦争始まる	31
1904.4.8	英仏協商締結	33
1905.1.22	「血の日曜日事件」。第1次ロシア革命始まる	31,33
1905.3.31	第1次モロッコ事件	34
1905.9.5	ポーツマス条約調印（日・露間）	31-32
1907.7.30	第1次日露協約締結	32
1907.8.31	英露協商締結。三国協商成立	32-34
1908.7.23	青年トルコ党の革命（サロニカ革命）	35
1908.10.6	オーストリア，ボスニア・ヘルツェゴヴィナ併合	35
1909.12.18	ノックス米国務長官が満州への門戸開放を図る「満州鉄道中立化」構想を発表	32
1910.7.4	第2次日露協約締結	33
1912.7.8	第3次日露協約締結	33

国際政治年表　405

1912.10.18	第1次バルカン戦争（〜1913.5.30）	35
1913.6.29	第2次バルカン戦争（〜8.10）	35

1914年

6.28	ボスニアのサライェヴォでオーストリア帝位継承者夫妻暗殺事件	35
7.28	オーストリア，セルビアに宣戦布告。第一次世界大戦始まる	35
8.23	日本が第一次世界大戦に参戦	35,36

1915年

1.18	日本，「対華21ヵ条」要求	36
5.9	中国，一部を除いて「対華21ヵ条」を受諾	36

1917年

2.1	ドイツ，「無制限潜水艦作戦」宣言	39
2.3	アメリカ，ドイツと断交	39
3.8	ロシアで二月革命（露暦2.23）。皇帝ニコライ2世退位	38
4.6	アメリカ，ドイツに宣戦布告	40
11.7	ロシア十月革命（露暦10.25），ソヴィエト政権樹立	40
11.8	ソヴィエト政権，「平和に関する布告」発表	40
12.15	ソヴィエト政権，独と休戦協定を調印	40

1918年

1.8	ウィルソン米大統領，「十四ヵ条の平和原則」発表	41
3.3	ブレスト・リトフスク条約調印	41
3.9	イギリス軍，ムルマンスクに上陸。対ソ干渉戦争始まる	42
8.2	日本，シベリア出兵宣言	42,365［註 第2章（14）］
8.3	アメリカ，シベリア出兵宣言	
11.3	ドイツ，キール軍港の水兵暴動，ドイツ革命始まる	43
11.3	オーストリアと連合国，休戦協定調印	43
11.9	ドイツに社会民主党のエーベルト政権，帝政廃止と共和政樹立を宣言。皇帝ヴィルヘルム2世は退位	43-44
11.11	ドイツと連合国，休戦協定調印	44

1919年

1.5	ドイツ・ベルリンで「1月蜂起」(スパルタクス団の蜂起)	44
1.18	パリ講和会議始まる	44
3.2	第1回コミンテルン結成大会(〜3.6, モスクワ)	45
3.21	ハンガリー・ソヴィエト共和国成立(8.1, ルーマニア軍によって打倒) 45	
5.4	中国で五・四運動	55
6.28	対独講和条約(ヴェルサイユ条約)調印	48
7.25	ソ連,「カラハン宣言」を発表	54
11.19	米議会の上院がヴェルサイユ条約批准否決	50

1920年

1.10	国際連盟設立	50
4.25	ソヴィエト・ポーランド戦争始まる(〜1921.3.18)	62

1921年

2.19	フランス,ポーランドと同盟締結(1924.1.25チェコスロヴァキアとも同盟締結) 60-61	
3.8	第10回ロシア共産党大会(〜3.16)で,「ネップ」(新経済政策)へと政策転換 62	
3.16	英ソ両国,暫定通商協定を調印	62
3.18	ソヴィエト・ポーランド,リガ講和条約調印	62
4.27	賠償委員会,対独賠償総額を1320億金マルクと決定	49,61
11.12	ワシントン会議(〜1922.2.6)	52
12.13	日米英仏,四ヵ国条約調印。日英同盟解消	52-53

1922年

2.6	ワシントン海軍軍縮条約,九ヵ国条約調印	53
4.10	ジェノバ会議(〜5.19)	62-63
4.16	独ソ,ラパロ条約調印	62-63
10.27	イタリア,ムッソリーニによる「ローマ進軍」(〜10.28)。10.31首相就任	
12.30	ソヴィエト社会主義共和国連邦(ソ連)結成	54

国際政治年表　407

1923年

1.11	フランス・ベルギー，ルール地方を占領	63
1.26	孫文，ソ連代表ヨッフェとの間に共同宣言を発表	54
11.8	ヒトラー，ミュンヘン一揆（〜11.9）	63

1924年

1.20	第1回全国代表大会（国民党一全大会，〜1.30）。第1次国共合作成立	54
1.21	レーニン死去	70
4.9	アメリカのドーズがドーズ案作成	64
8.16	連合国最高会議，ロンドン議定書調印（ドーズ案の成立）	64
11.28	孫文，「大アジア主義」演説	55

1925年

1.20	日ソ基本条約の締結（国交樹立）	70
5.30	中国の上海で五・三〇事件	55
10.16	ロカルノ条約仮調印（12.1正式調印）	65
10.26	北京で関税会議	
12.18	ソ連共産党第14回大会（〜12.31）。スターリンの「一国社会主義論」に基づく社会主義的工業化方針決定	70

1926年

4.24	独ソ中立条約調印	66,70
5.12	ポーランドでピウスツキによるクーデタ（〜5.14）	67
7.14	国民革命軍，蔣介石を総司令官に北伐出師宣言	55
9.8	ドイツ，国際連盟加盟・理事国就任	65

1927年

1.1	国民政府が武漢に遷都（武漢国民政府）	55
3.24	南京事件	55
4.12	蔣介石，上海クーデタ。事実上第1次国共合作崩壊	56
4.18	国民政府，南京で樹立	56
5.28	第1次山東出兵	56,57
12.20	国民政府，ソ連と国交断絶を通告	56

1928年

5.3	済南事件	57
6.4	関東軍，張作霖が乗った列車を爆破	58
6.8	国民政府の北伐軍，北京占領	58
7.25	アメリカ，国民政府と米中関税条約締結	58
8.27	パリ不戦条約（ケロッグ・ブリアン協定）調印	68
11.5	アメリカ，国民政府を承認	59

1929年

2.9	リトヴィノフ議定書調印	70
2.11	ヤングを委員長とする賠償委員会が発足	69
6.3	日本，国民政府を承認	59
6.7	ヤング案成立	69
9〜12	中東鉄道の回収めぐり中国とソ連が武力衝突（奉ソ戦争）	59
9.5	ブリアン，第10回国際連盟総会で「ヨーロッパ統合」構想演説	68
10.24	ニューヨーク株式市場が大暴落。世界恐慌始まる	69,72
10.29	「悲劇の火曜日」	72

1930年

1.21	ロンドン海軍軍縮会議（〜4.22）	59
4.22	ロンドン海軍軍縮条約調印	59
6.30	仏軍，ラインラント撤兵完了	69-70

1931年

6.20	フーヴァー・モラトリアム発表	72
9.18	柳条湖事件。満州事変始まる	74
9.21	イギリス，金本位制停止	73
11.7	中華ソヴィエト共和国臨時政府成立（瑞金）	
12.10	連盟，満州へリットンを団長とする調査団派遣決定	74

1932年

1.7	アメリカ，スティムソン・ドクトリン発表	368［註 第4章（9）］
1.28	第1次上海事変（〜5.5）	74
2.29	リットン調査団，日本に到着	74

国際政治年表 409

3.1	満州国建国	74
5.15	日本で五・一五事件。犬養首相射殺される	74
7.21	オタワ会議（〜8.20）。ポンド（スターリング）・ブロック形成	73

1933年

1.30	ドイツ，ヒトラー政権成立	78
2.24	国際連盟総会，満州国不承認の対日勧告案を採択	75
3.4	フランクリン・ローズヴェルト，米大統領に就任。ニューディール政策実施へ	73
3.27	日本，国際連盟を脱退	75
5.31	塘沽停戦協定締結	75
6.12	世界経済会議（〜7.27，ロンドン）	73
10.14	ドイツ，国際連盟を脱退	78
11.17	ソ連，アメリカと国交樹立	78

1934年

1.26	ドイツ・ポーランド不可侵条約調印	78
8.2	ドイツのヒンデンブルク大統領死去。ヒトラー，総統に就任	78
9.18	ソ連，国際連盟に加盟	79
10.10	中国共産党軍，長征開始	75
12.29	日本，ワシントン海軍軍縮条約破棄を通告	77

1935年

1.13	ザール地方，住民投票でドイツ復帰決定	80
3.16	ヒトラー，ヴェルサイユ条約の軍備条項を破棄。徴兵制復活・再軍備を宣言	80
4.11	英仏伊，ストレーザ会談	80
5.2	仏ソ相互援助条約調印	80
6.7	イギリス，マクドナルド挙国一致内閣総辞職。ボールドウィン保守党内閣成立	80
6.18	英独海軍協定調印	80
7.25	コミンテルン第7回大会。反ファシズム人民戦線戦術採択	81
8.1	中国共産党，八・一宣言を発表	77
10.3	伊軍，エチオピア侵略開始（〜1936.5.9）	81

1936年

1.15	日本，ロンドン軍縮会議を脱退	77
2.19	スペイン，アサーニャ人民戦線内閣成立	82
2.26	日本で二・二六事件	77
3.7	ドイツ，ロカルノ条約・ヴェルサイユ条約破棄を宣言。ラインラント進駐 81	
5.10	スペインでアサーニャが大統領に就任	
6.4	フランス，ブルム人民戦線内閣成立	
7.17	スペイン内戦始まる	82
10.25	ベルリン・ローマ枢軸成立	82
11.25	日独防共協定調印	82,84

1937年

7.7	盧溝橋事件。日中戦争始まる	83
8.13	第2次上海事変（～11.12)	83,86
9.23	第2次国共合作	84
10.5	ローズヴェルト，「隔離演説」	86
11.5	ヒトラー，独総統官邸秘密会談で「生存権」獲得主張	89
11.6	日独伊三国防共協定成立	82
12.13	日本軍，南京占領（南京大虐殺事件）	84

1938年

1.16	日本，近衛首相が「国民政府を対手とせず」と声明	84
3.13	ドイツ，オーストリア併合	89
6	ドイツ，国民政府と事実上国交関係を断交	86
9.29	英仏独伊ミュンヘン会談（～9.30)。ドイツがズデーテン獲得	89
11.3	日本，東亜新秩序声明	86-88

1939年

3.10	スターリン，ソ連共産党第18回大会にてソ連の集団安全保障外交の転換を表明	92
3.15	ドイツ，チェコ（ベーメン，メーレン）併合	90
3.16	ドイツ，スロヴァキアを保護国に	90
3.21	ドイツ，ポーランドにダンチヒの返還・ポーランド回廊の特権要求	90
3.28	スペイン市民戦争，フランコ軍がマドリードを制圧	82

4.28	ドイツ，英独海軍協定および独・ポーランド不可侵条約破棄　90
5.3	ソ連外相リトヴィノフ更迭。後任モロトフ　92
5.12	ノモンハンで日ソ両軍衝突（ノモンハン事件，〜9.15）　92
6.14	天津租界封鎖事件　91
7.24	日英仮協定調印　91
7.26	アメリカ，日米通商航海条約破棄を通告　91
8.23	独ソ不可侵条約調印　92, 369-370［註 第4章（50）］
8.25	英・仏は，それぞれポーランドと相互援助条約調印　92
9.1	独軍，ポーランド侵攻　94
9.3	イギリスとフランスが独に宣戦布告（第二次世界大戦始まる）　94
9.17	ソ連軍，ポーランド東部侵攻　94
9.28	独ソ友好条約締結（ポーランド分割）　94
11.30	ソ連，フィンランド侵攻　95-96,97
12.14	国際連盟，ソ連を除名　96

1940年

3.12	ソ連・フィンランド講和条約調印　96
4〜5	カチンの森虐殺事件　370［註 第5章（1）］
5.10	イギリスのチェンバレン首相辞任，後任チャーチル　94-95
6.10	イタリア，英仏に宣戦布告　94
6.14	独軍，パリに無血入城　94
6.22	独仏休戦協定調印　94
7.22	第2次近衛文麿内閣成立　95
8.6	ソ連，バルト三国併合　96
9.16	アメリカ，徴兵制施行　97
9.23	日本軍，仏領インドシナ北部へ進駐　95,97
9.27	日独伊三国同盟締結　95,97
10.12	ヒトラー，英本土上陸作戦の無期延期正式決定　95
11.10	ソ連外相モロトフがベルリンを訪問（〜11.16）　96
11	日独伊三国軍事同盟にハンガリー（11.20），ルーマニア（11.23），スロヴァキア（11.24）が加入
12.18	ヒトラー，対ソ戦決定　96

1941年

3.1	ブルガリア，日独伊三国軍事同盟に加入
3.11	アメリカ，武器貸与法成立　97
4.13	日ソ中立条約調印　96,98

4.16	日米政府間交渉始まる（ワシントン）	98
4.17	ドイツ，ユーゴスラヴィア制圧　370［註 第5章（8）］	
4.23	ドイツ，ギリシア制圧　370［註 第5章（8）］	
6.22	独ソ戦始まる（6.24米，対ソ援助声明）	96,98
7.2	日本，「情勢の推移に伴う帝国国策要綱」を御前会議で採択	98
7.12	英ソ軍事協定調印	98
7.28	日本軍，仏領インドシナ南部へ進駐	98
8.1	アメリカ，在米日本資産凍結。対日石油全面禁輸	98
8.9	大西洋上会談（〜8.12）	99
8.14	アメリカとイギリスが「大西洋憲章」発表	99
10.18	東条英機内閣成立	99
11.26	アメリカのハル国務長官，「ハル・ノート」を日本に提出	100-101
12.1	日本，御前会議で対米英蘭開戦決定	101
12.7	（日本時間8日）日本軍，ハワイ真珠湾を攻撃（マレー半島攻撃はその1時間あまり前）　101,371［註 第5章（18）］	
12.8	独軍，モスクワ攻略失敗。対ソ作戦継続停止を命令	101
12.11	ドイツ，イタリアが対米宣戦布告	101

1942年

1.1	米英ソなど26ヵ国，「連合国共同宣言」調印	
2.15	日本軍によりシンガポール陥落	
4.18	米国機による東京初空襲	
6.5	ミッドウェー海戦	102
8.7	米軍，ガダルカナル島上陸	
8.11	チャーチルが訪ソ	
9.13	独軍，スターリングラード突入（11.20ソ連軍，反撃開始）	
11.4	英軍，独伊軍とのエル・アラメインの戦いに勝利	102
11.8	米英軍，仏領北アフリカ上陸	

1943年

1.14	米英首脳会談（〜1.24，カサブランカ）	102
2.1	日本軍，ガダルカナル島から撤退（〜2.7）	102
2.2	スターリングラードの独軍，降伏	102
5.13	北アフリカ戦線の独伊軍，降伏	102
5.15	コミンテルン解散声明	109
6.4	仏国民解放委員会設置（アルジェ）	110
7.5	クルスクの戦い。独軍の対ソ夏季攻勢開始	103

国際政治年表　413

7.10	連合軍，シシリー島上陸　102	
7.25	ムッソリーニ逮捕（政権崩壊）　102,105	
7.26	イタリア，バドリオ政権発足　102,109	
8.17	第1次ケベック米英首脳会談（〜8.24）　103	
8.23	独軍，対ソ夏季攻勢で敗北　103	
9.3	イタリア，連合軍に無条件降伏（公表は9.8）　102,104-105	
9.30	日本，御前会議で絶対国防圏設定	
10.7	ソ連軍，ドニエプル川を渡る	
10.13	バドリオ伊政権，ドイツに宣戦布告	
10.19	モスクワ外相会談（〜10.30）　104,106	
11.22	第1次カイロ会談（〜11.26，米英中首脳）　104	
11.27	カイロ宣言　104	
11.28	テヘラン会談（〜12.1，米英ソ首脳）　104,108	
12.2	第2次カイロ会談（〜12.7，米英首脳）	

1944年

3.8	日本軍，インパール作戦開始
3.14	ソ連，バドリオ伊政権承認　109
6.3	ド・ゴールの仏国民解放委員会，仏共和国臨時政府樹立を宣言（ロンドン）　110
6.4	連合軍，ローマ奪還　105
6.6	連合軍，ノルマンディー上陸（オーバーロード作戦）　104,110
6.10	イタリア，ボノーミ政権発足　109
6.15	米軍，サイパン島攻撃開始
7.1	ブレトン・ウッズ会議（〜7.22）。ブレトン・ウッズ協定調印　106,107,117,126
7.4	日本軍，インパール作戦中止（7.8撤退開始）
7.7	米軍，サイパン島占領　104
7.18	東条内閣総辞職　104
8.1	ワルシャワ蜂起事件　105,107
8.21	ダンバートン・オークス会議（〜10.7）　106,107
8.25	連合軍，パリ解放　110
8.31	ソ連軍，ルーマニア占領
9.9	ブルガリア，祖国戦線政府樹立。対ドイツ宣戦
9.11	第2次ケベック会談（〜9.16）。モーゲンソー・プラン提案（9.12）　107
9.18	ハイド・パーク会談（〜9.19）。「ハイド・パーク覚書」作成　107,109
10.2	反独ワルシャワ地下軍，独軍に降伏（ワルシャワ蜂起事件終結）　105
10.9	チャーチル訪ソ（〜10.20）。バルカン勢力分割協定　108

10.20	ローズヴェルト，モーゲンソー・プランを事実上否認　107-108
10.23	米英ソ，ド・ゴール政権承認　110
10.24	レイテ沖海戦（〜10.25）。日本軍の神風特攻隊が出現
11.3	ロンドン亡命ポーランド政府，カーゾン・ライン拒否
11.10	チャーチル，ド・ゴールに西欧ブロック構想を提示　110
12.2	ド・ゴール訪ソ（〜12.10）　111
12.3	ギリシア内乱勃発　108
12.10	仏ソ同盟相互援助条約（仏ソ協約）調印　111
12.16	独軍，アルデンヌ高原攻撃（「ラインの守り」大作戦）開始　111
12.31	ポーランド共和国臨時政府（ルブリン政権）樹立　108-109

1945年

1.2	米上院議員バンデンバーグ，「公正な平和」の実現を要求
1.5	ソ連，ポーランド共和国臨時政府承認　109
1.12	ソ連軍，独軍に対し大攻勢開始　111
1.17	ソ連軍，ワルシャワ解放
2.4	ヤルタ会談（〜2.11，米英ソ首脳）　111-112
2.13	連合軍，ドレスデン爆撃　111
2.19	米軍，硫黄島への上陸を開始　117
4.1	チャーチル，ローズヴェルト宛書簡送付（ベルリン占領最優先）　116-117
4.1	米軍，沖縄本島上陸作戦開始　117
4.12	ローズヴェルト死去。トルーマン副大統領昇格　112
4.16	ソ連軍，ベルリン総攻撃開始　117
4.23	トルーマン，モロトフと会談　116
4.25	国連設立総会始まる（サンフランシスコ，〜6.26）　116
4.30	ヒトラー自殺　117
5.2	ソ連軍，ベルリン占領　117
5.7	ドイツ，無条件降伏　117
5.26	ホプキンズ，訪ソ（〜6.7）　118
5.28	グルー国務次官，天皇制存続による早期日本降伏案をトルーマンに提示
6.5	米英仏ソ，ドイツ占領地区協定調印　117
	ドイツ管理委員会設置　127
6.18	トルーマン，最高決定会議で日本本土上陸作戦承認　118
6.23	米軍，沖縄本島占領　117
6.26	国連憲章調印　116
6.28	ポーランド，国民統一臨時政府成立
7.16	アメリカ，第1回原爆実験　118
7.17	ポツダム会談（〜8.2，米英ソ首脳）　118-119

7.21	トルーマン，原爆実験についての完全な報告を受ける	118
7.24	トルーマン，原爆投下勅令（8.3頃以降実施）	118
7.26	ポツダム宣言発表　118,119	
8.6	米軍，原爆を広島に投下　119	
8.8	ソ連，対日宣戦布告　119	
8.9	ソ連軍，満州へ侵攻（未明）　119	
8.9	米軍，原爆を長崎に投下　119	
8.14	日本，ポツダム宣言受諾。連合国に降伏　120,146	
8.15	日本，天皇の終戦詔勅放送　120,372［註 第6章（9）］	
9.2	日本，降伏文書正式調印（アジア・太平洋戦争終結）。アメリカ，「一般命令第1号」を指示　120-122	
9.2	ベトナム民主共和国独立宣言（ホー・チ・ミン）　121	
9.10	ロンドン五人国外相会議（〜10.2）　123	
10.27	トルーマン，セントラル・パーク演説　122	
11.27	アメリカ，国共調停にマーシャル特使任命	
12.6	米英金融協定調印　128	
12.16	米英ソ3国モスクワ外相会議（〜12.26）　123-124,144	

1946年

1.5	トルーマン，バーンズ外交を批判　125	
2.22	ケナン駐ソ米公使，バーンズに長文電報送付　125	
3.5	チャーチル，フルトン演説（「鉄のカーテン演説」）　125,128	
3.6	ハノイ協定（ホー・サントニー協定）調印。フランス，ベトナム民主共和国の仏連合内での自治承認　147	
3.22	ソ連，満州撤退を国民政府に通告（5.22完了）	
3.26	スターリン，イラン撤兵を公式に確認	
4.5	ソ連・イラン協定調印（5.23イランから撤退完了）　129	
9.1	ギリシア，国民投票。王政存続へ　130	
9.6	アメリカのバーンズ国務長官，新ドイツ政策明示（シュツットガルト演説）　128	
9.20	ウォーレス米商務長官辞任。後任ハリマン　125	
9.27	ノヴィコフ駐米ソ大使，モロトフに電報送付　126	
10.1	アメリカ，地中海に米艦隊を常駐させることを発表　130	
10.3	アメリカ，対ギリシア経済援助決定　130	
12.19	インドシナ戦争始まる　147-148	

1947年

1.7	バーンズ辞任。後任マーシャル	125,134
2.10	パリ講和条約調印	124,130
2.24	イギリス，3月末でギリシア援助を打ち切ると米に通告	132
3.4	英仏間で英仏同盟条約（ダンケルク条約）調印	135
3.10	米英仏ソ，モスクワ外相会議（〜4.24)	134
3.12	「トルーマン・ドクトリン」発表	133
5.15	米議会，ギリシア・トルコ援助法案可決	134
6.5	アメリカのマーシャル国務長官，「マーシャル・プラン」発表	64,135,140
6.27	英仏ソ三国パリ外相会議（〜7.2)。マーシャル・プラン検討	136
7.11	アメリカ，対独占領政策変更（JCS1779)	140
7.12	パリ会議開催（〜7.15)	136
7.13	ヨーロッパ経済協力委員会（CEEC）設立	136
9.2	米州19ヵ国，米州相互援助条約（リオ条約）調印	142,374［註 第7章(27)］
10.5	コミンフォルム結成発表	137
10.30	GATT調印	135
11.29	国連総会，パレスチナ分割案採択	155

1948年

1.4	ビルマ連邦共和国がイギリスから独立	
1.6	ロイヤル米陸軍長官，日本を反共の防壁化と演説（ロイヤル声明）	147
2.23	西独処理6ヵ国外相会議（〜3.6，ロンドン。ソ連招かれず）	140
2.25	チェコスロヴァキア二月政変	138,139,142
3.10	チェコスロヴァキア外相マサリク，自分の執務室から転落死	138
3.17	ブリュッセル条約調印。WU設立	142,162-163
4.2	米議会，対外援助法可決	139-140
4.16	ヨーロッパ経済協力機構（OEEC）設立	140
4.30	米州21ヵ国ボゴタ憲章調印。OAS結成	142,374［註 第7章(27)］
5.14	パレスチナ英委任統治終了。イスラエル建国宣言。ただちにトルーマン，承認指示。翌日より第1次中東戦争（パレスチナ戦争）始まる	155
5.17	ソ連，イスラエル承認	155
6.7	西側6ヵ国，西独処理協定（ロンドン協定）調印	141
6.11	米上院，バンデンバーグ決議を可決，地域的集団安全保障機構への米参加支持	142
6.18	米・西欧側，独西側占領地区の通貨改革を発表	141
6.23	ソ連，独東側占領地区の通貨改革を発表	141

6.24	ソ連，西ベルリンの交通を遮断。ベルリン完全封鎖	141,142
6.26	アメリカ，ベルリン空輸開始	141
6.28	コミンフォルム，ユーゴスラヴィア追放	138,143
8.15	大韓民国成立宣言。初代大統領李承晩	
9.8	米輸出入銀行，ユーゴスラヴィアへの借款供与	143
9.9	朝鮮民主主義人民共和国成立宣言。初代首相金日成	
9.18	ソ連，北朝鮮からの撤兵を声明（12.26完了）	
11.2	米大統領選でトルーマン再選	141

1949年

1.20	トルーマン，就任演説でポイント・フォア計画発表	146
1.25	コメコン設立	139
3.8	仏・ベトナム独立協定（エリゼー協定）調印	148
4.4	西側12ヵ国，北大西洋条約調印。NATO結成	143
5.12	ソ連，ベルリン封鎖解除	141
5.23	ドイツ連邦共和国基本法（ボン基本法）制定	141
6.8	米軍，韓国撤退発表（6.29撤退完了）	
7.23	ユーゴスラヴィア，ギリシア反政府軍援助打ち切り表明	143
8.5	米『中国白書』発表	146
8.14	西独，第1回連邦議会選挙	
9.7	ドイツ連邦共和国（西独）成立	141
9.15	アナデウアー首相選出	
9.23	米政府，ソ連の原爆実験を公表	143,144
9.25	ソ連による原爆実験が確認される（タス通信）	144
10.1	中華人民共和国成立	144
10.7	ドイツ民主共和国（東独）成立	141
11.2	ハーグ協定	
11.30	ココム（対共産圏輸出統制委員会）が設立	143
12.7	国府，台北を首都にするとの総統令発表	
12.16	毛沢東中国主席訪ソ。中ソ会談開始	145
12.25	ギリシア，軍政廃止	143
12.30	トルーマン，対アジア政策文書NSC48/2承認	146,147

1950年

1.12	アメリカのアチソン国務長官，アジア政策演説（「アチソン・ライン」他） 146	
1.14	ベトナム民主共和国，国際的承認要求	148

1.14	アメリカ，中華人民共和国不承認決定	147
1.18	中国，ベトナム民主共和国を承認（1.29ソ連も承認）	148
1.29	仏国民議会，エリゼー協定批准採択（2.2批准）	148
1.31	トルーマン，水爆開発を決定	145
2.7	アメリカ，ベトナム国（バオダイ政権）正式承認	148
2.14	中ソ友好同盟相互援助条約調印	145
2.27	アメリカ，インドシナ政策NSC64策定	148
4.14	アメリカ，NSC68策定	149,153
5.8	アチソン，米仏会談でインドシナ援助を仏に確約	148
5.9	シューマン仏外相，独仏石炭鉄鋼共同管理案（シューマン・プラン）提案 153-154	
5.15	NATO理事会（〜5.18）ヨーロッパ統合軍創設方針を決定	153,155-156
5.25	米英仏，中東三国宣言発表	156,166
5.30	韓国総選挙，李承晩派惨敗	
6.25	北朝鮮軍，38度線を突破。朝鮮戦争始まる	149,375［註 第7章 (40)］
6.27	トルーマン，朝鮮に軍隊派遣・台湾海峡に艦隊派遣（台湾中立化）・在比米軍強化と対比援助強化・インドシナ仏軍援助強化などを声明	149
7.7	国連安保理，国連軍創設決議採択	149
7.8	マッカーサー，警察予備隊創設を日本に指示	151
9.15	国連軍仁川上陸	150
10.1	国連軍38度線突破	150
10.15	トルーマン，マッカーサー，ウェーク島で会談	150
10.19	中国義勇軍，朝鮮戦線出動	150
10.24	プレヴァン仏首相，「プレヴァン・プラン」提案（EDC構想）	154
12.18	NATO理事会（〜12.19）	154

1951年

2.12	イギリス，「太平洋協定構想」反対を表明	
3.15	イラン国民議会，石油国有化法案可決（イラン石油紛争始まる）	156
4.11	マッカーサー，国連軍最高司令官を解任される	150
4.18	ECSC（欧州石炭鉄鋼共同体）条約正式調印（発効は1952.7.23）	154
5.16	アメリカ，新アジア政策文書NSC48/5策定	150
7.10	朝鮮休戦交渉始まる	150
8.30	米比相互防衛条約調印	152
9.1	太平洋安全保障条約（ANZUS）調印	152
9.8	対日講和条約（サンフランシスコ講和条約）・日米安全保障条約調印（1952.4.28発効）	152,159
10.8	エジプト，英・エジプト条約を破棄	156

国際政治年表　419

1952年

4.3	モスクワ国際経済会議（〜4.12西欧側参加）	154
4.28	日華平和条約締結	152
5.27	ECSC6ヵ国，EDC（欧州防衛共同体）条約調印（英は参加せず）	154
7.23	エジプト，ナギブ将軍らのクーデタ（1953.6.18共和制移行）	156
10.22	イラン，イギリスと国交を断絶	156
11.1	アメリカ，水爆実験成功	145
11.4	米大統領選，アイゼンハワー当選	158

1953年

1.27	アメリカのダレス国務長官，「巻き返し政策」演説	160
2.2	アイゼンハワー大統領，一般教書で台湾中立化解除を発表	
3.5	スターリン死去（3.6マレンコフ首相就任）	150,158,181
3.15	マレンコフ，平和共存を提唱	158,159
3.30	中国の周恩来首相，朝鮮休戦会談再開を提案	
6.1	ダレス，「北層計画」発表	159,163
6.16	東ベルリン暴動	181
7.27	朝鮮休戦協定調印（板門店）	150,159,162
8.8	米韓相互防衛条約調印（10.1正式調印）	159
8.8	マレンコフ，水爆保有を公表	168
8.19	イランでクーデタ。8.20モサデグ政権崩壊	163
9.12	ソ連共産党第一書記にフルシチョフ就任	158
10.30	アメリカ，新外交政策文書NSC162/2策定	159
12.4	米英仏バミューダ首脳会談（〜12.8）	
12.8	アイゼンハワー，原子力の平和利用に関する演説	168

1954年

1.12	ダレス，大量報復政策「ニュールック戦略」演説	159-160
1.25	米英仏ソ4ヵ国ベルリン外相会議（〜2.18），インドシナ等アジア問題に関するジュネーブ会議4月26日開催決定	160,168
2.24	アイゼンハワー，インド首相ネルーに親書で軍事援助申し出。ネルー拒否し反米化	
4.17	ナギブ・エジプト首相辞任。翌日ナセル政権成立	164
4.26	ジュネーブ会議開催	160
4.28	東南アジア5ヵ国首脳会議（〜5.2，コロンボ）	164-165

5.1	ソ連,メーデーで原爆積載長距離爆撃機を飛行させる	
5.7	ベトミン軍,ディエンビエンフーを占領	160
6.25	周恩来,インド訪問(〜6.28)。「平和五原則」の共同声明	165,277
7.21	ジュネーブ会議終了。インドシナ休戦協定(ジュネーブ協定)調印。インドシナ戦争終結(7.20付。米・ベトナム国,調印せず)	161,162,210
8.30	仏国民議会,EDC条約批准を拒否	162
9.3	中国軍,金門・馬祖両島へ砲撃開始(第1次台湾危機)	167
9.8	東南アジア集団防衛条約調印。SEATO結成	159,161,166
9.28	ロンドン9ヵ国会議(〜10.3)	162-163
10.3	ロンドン協定調印	163
10.19	イギリス・エジプト協定調印	164
10.21	西側9ヵ国会議(〜10.23,パリ)。10.23パリ協定調印(西独主権回復,再軍備とNATO加盟,仏・西独間ザール協定,西独・伊のWEU加入)	163
12.28	東アジア5ヵ国首脳会議(〜12.29,ボゴール)。AA会議開催を決定	165
12.30	仏国民議会,パリ協定批准	163

1955年

1.18	中国人民軍,一江山島占領	167
1.24	アイゼンハワー,台湾危機に関する特別教書を議会に提出(台湾ドクトリン)	167
2.2	ソ連・インド,製鋼所建設協定調印(ニューデリー)	
2.8	マレンコフ辞任。後任ブルガーニン	168
2.24	トルコ・イラク相互防衛条約(バグダッド条約)調印(4.4英加入)	166-167
4.18	第1回AA会議(〜4.24,バンドン)	165
5.5	パリ協定発効。西ドイツ,主権回復(5.6NATO加盟)。5.7WEU発足	163
5.10	米英仏,東西首脳会談開催呼びかけ(覚書)	168
5.11	ソ連・東欧7ヵ国会議(〜5.14,ワルシャワ)。5.14東欧友好相互援助条約(ワルシャワ条約),統一司令部設置議定書調印。ワルシャワ条約機構発足	168,169
5.15	米英仏ソ,オーストリア国家条約調印	168
5.26	ソ連,東西首脳会談開催正式受諾	168
5.26	ソ連・ユーゴ首脳会談(〜6.2ベオグラード)。6.2共同宣言で国家関係正常化表明	169
7.18	ジュネーブ四巨頭会談(〜7.23)	170
8.1	第1回米中大使級会談開催	
9.9	アデナウアー訪ソ(〜9.13)国交樹立	171
9.20	東ドイツ,主権回復	169

9.27	エジプト，チェコスロヴァキアから武器購入を発表（アームズ・ディール） 167,171	
10.26	ベトナム共和国（南ベトナム）成立。大統領にゴ・ディン・ジェム　210	
11.22	METO結成　164	
12.14	国連総会，16ヵ国一括加盟案（原案18ヵ国）可決　166	
12.17	米国務省，エジプトのアスワン・ハイ・ダム建設に7,000万ドル供与を発表	

1956年

1.25	ブルガーニン，20ヵ年米ソ友好協力条約を米に提唱
2.14	ソ連共産党第20回大会（～2.25）。フルシチョフ，報告でスターリン批判。コミンフォルム解散決定　180-181
4.17	コミンフォルム解散　181
6.28	ポーランドのポズナニで反ソ暴動発生（～6.30）　181,280
7.19	アメリカ，エジプトにアスワン・ハイ・ダム建設援助の撤回を通告　171
7.26	ナセル，スエズ運河国有化を宣言　172,178
9.25	アデナウアー，欧州統合早期実現を主張　178
9.26	英仏首脳会談　178
9.29	仏・西独首脳会談（ボン）　178
10.21	ポーランド，ゴムウカが党第一書記に　181
10.23	ブダペストでデモ　182
10.24	ソ連軍，ハンガリーに第1次介入　182
10.29	イスラエル軍，エジプト侵攻。スエズ戦争（第2次中東戦争）始まる　172
10.31	英仏軍，エジプト攻撃開始　172,182
11.1	ソ連軍，ハンガリーに第2次介入　182
11.5	米英仏三国首脳宛のブルガーニン書簡，武力行使も辞せずと警告　172
11.6	英仏，停戦に同意（12.22英仏軍撤兵完了）　173
11.11	チトー，ソ連の東欧政策を批判（プーラ演説）
11.17	周恩来，ヨーロッパ・アジア11ヵ国訪問旅行（～1957.2.12）

1957年

1.5	アイゼンハワー，中東特別教書を議会に提出（アイゼンハワー・ドクトリン）　174
1.10	イギリスのマクミラン首相就任，1.13マクミラン内閣成立。1.17米国の衛星国に甘んじたくないと演説　166,179
1.28	フランス，アルジェリアで弾圧強化。「アルジェの戦い」へ
3.6	ガーナ独立　176
3.7	イスラエル，エジプトから撤退

3.7	米議会「中東決議」(3.9発効) 174	
3.25	EEC・EURATOM設立両条約調印（ローマ条約，1958.1.1発効） 179,180	
7.3	ソ連，共産党中央委総会（6.22〜6.27）でマレンコフ，モロトフらを追放したと発表 186	
7.29	国際原子力機関（IAEA）発足 168	
8.26	ソ連，大陸間弾道弾（ICBM）実験成功を発表 186	
10.2	ラパツキー・ポーランド外相，中欧非核武装地帯設置提案（ラパツキー・プラン）	
10.4	ソ連，人工衛星（スプートニク1号）打ち上げ成功 186	
10.15	中ソ国防新技術協定調印 192	
10.26	ソ連，ジューコフ国防相解任	
11.14	社会主義12ヵ国の共産党・労働者党代表者会議（〜11.19）。モスクワ宣言発表（11.22）。毛沢東，「東風は西風を圧する」と演説（11.18） 191	
12.16	NATO初の首脳会議（〜12.19，パリ）。IRBM（中距離弾道弾）の欧州配置に原則的一致 186-187	

1958年

2.1	エジプトとシリアで「アラブ連合共和国」成立宣言（2.21国民投票，2.22連合協定調印により正式発足，〜1961.9.28） 174	
2.14	イラクとヨルダンにより「アラブ連邦」成立（〜7.14） 174	
3.27	ソ連のブルガーニン首相辞任，フルシチョフが兼任	
4.27	ニクソン米副大統領，南米訪問（〜5.14） 177	
5.13	アルジェリアでコロン（入植者）・仏軍人ら反乱。公安委員会設置。委員長にマシュー将軍 175	
6.1	フランス，ド・ゴール内閣成立 175,180	
7.14	イラクでカセム准将がクーデタ。共和国宣言（イラク革命） 174	
7.15	イラク革命に対し米海兵隊，レバノンに上陸。7.17英降下部隊がヨルダンに進駐 174	
7.31	フルシチョフ＝毛沢東会談。ソ連の中東問題解決案を毛が批判	
8.23	中国軍，金門・馬祖島砲撃（第2次台湾危機の頂点） 191	
9.24	ド・ゴール，「NATO三頭制」提案 187	
10.1	ギニア独立 176	
10.5	フランス，第五共和政憲法公布（第五共和政発足） 175	
11.27	ソ連，対独協定と西ベルリン自由市化提案 187	
12.17	中国六中全会，毛沢東の次期国家主席候補辞退のコミュニケ	

国際政治年表　423

1959年

1.1	カストロによるキューバ革命（バチスタ亡命）	176,177-178
1.13	ベトナム民主共和国労働党第15回中央委，南部武力解放の「15号決議」承認 211	
1.27	ソ連共産党第21回大会（〜2.5）	192
3.12	チベット独立宣言。暴動発生，中国軍出動。3.31ダライ・ラマ亡命	192
3.24	イラク，METO（バグダッド条約機構・中東条約機構）脱退正式表明	174
4.15	ダレス辞任	187
4.27	中国，国家主席に劉少奇選出	
5.11	米英仏ソ4ヵ国外相会議（〜6.20, 7.13〜8.5両独代表出席）	187
6.20	ソ連，中ソ国防新技術協定破棄	192
8.3	アイゼンハワー，米ソ首脳相互訪問を発表	187
8.19	バグダッド条約機構，CENTO（中央条約機構）と改称	175
8.25	中印国境で両国軍衝突	192
9.9	ソ連タス通信，中印紛争は「遺憾」と報道	192
9.14	ソ連，対印借款協定調印	192
9.25	アイゼンハワー＝フルシチョフ，キャンプ・デービッド会談（〜9.27） 188,192	
9.30	フルシチョフ訪中。共同コミュニケ発表されず	192
11.20	EFTA（欧州自由貿易連合）設立条約調印（1960.5.3発効）	180
12.3	アイゼンハワー，第一旅行（〜12.22，インドなど11ヵ国）	189

1960年

1.19	日米新安保条約調印（6.23発効）	194
1.22	ド・ゴール，マシュー将軍解任	175
2.13	フランス，サハラで初の原爆実験成功	187
2.22	アイゼンハワー，第二旅行（〜3.2，中南米）	189
3.17	アイゼンハワー，CIAにカストロ打倒計画の立案指令	201
4.1	中国「紅旗」第7号，于兆力論文掲載，中ソ論争公然化	
4.25	韓国で学生・市民デモ	190
4.27	李承晩辞任，4.29民議院，憲法改正に着手（四月革命）	190
5.5	ソ連，5.1の米U2型機撃墜を発表	188
5.11	アイゼンハワー，U2機事件公式謝罪拒否	188
5.16	東西首脳予備会談（パリ，5.17決裂）	188
6.13	アイゼンハワー，第三旅行（〜6.20，東アジア）	189-190
6.16	日本，アイゼンハワーに訪日中止を要請	190
6.30	旧ベルギー領コンゴ独立	

7.6	コンゴ軍が反乱（コンゴ事件始まる）	201
8.9	ラオス，コン・レ大尉らクーデタ	211
11.8	米大統領選，ケネディ（民主党）辛勝	166,195
11.10	81ヵ国共産党労働者党代表者会議（〜12.1）。12.6モスクワ声明発表	
12.15	国連総会，「植民地解放宣言」採択	
12.20	「南ベトナム解放民族戦線」結成	211

1961年

1.3	アメリカ，キューバと断交	
1.6	フルシチョフ，「一月演説（解放戦争演説）」	195
1.17	アイゼンハワー，お別れ演説で「軍産複合体」に警告	195
1.29	ケネディ「一般教書」，軍拡要求	196
2.13	コンゴのルムンバ首相暗殺	201
3.13	ケネディ，「進歩のための同盟」構想発表	201
4.5	ケネディ＝マクミラン会談（〜4.8）	198
4.11	ケネディ＝アデナウアー会談。NATO通常兵力増強と西独の独自核武装延期とで一致	198
4.17	反カストロ軍，プラヤヒロン（米名ピッグズ湾）上陸開始（4.19完全失敗） 198,202,211	
4.20	ケネディ，ラオスの米軍事顧問を正式の顧問団に格上げ	211
5.1	キューバ，社会主義共和国を宣言	202
5.16	韓国，朴正煕による軍事クーデタ	190
5.20	フランス・アルジェリア和平交渉開始	
5.25	ケネディ，異例の2回目の年頭教書演説	198,199
5.31	ケネディ＝ド・ゴール会談（〜6.2，パリ）	198
6.3	ケネディ＝フルシチョフ会談（〜6.4，ウィーン）	198
7.31	マクミラン，イギリスのEEC加盟申請を発表	198,238
8.5	米州経済社会理事会開催（〜8.17）。8.17「プンタ・デル・エステ憲章」発表。「進歩のための同盟」発足	
8.13	東ドイツ，「ベルリンの壁」構築	199
9.1	第1回非同盟諸国会議（〜9.6，ベオグラード）	199
9.25	ケネディ，新ドイツ政策示唆	200
10.17	ソ連共産党第22回大会（〜10.31）。フルシチョフ，対東独平和条約締結延期。アルバニア批判。周恩来反論し帰国	200
12.14	ケネディ，ベトナムへの米支援部隊投入を公表	212

1962年

1.18	ケネディ，平和時最高の920億ドル予算案提出	
2.15	ド・ゴール＝アデナウアー会談　200	
3.18	仏・アルジェリア，エビアン協定調印　176	
7.3	アルジェリア正式に独立　176	
7.23	「ラオス中立宣言」調印　211	
10.14	米閣議，キューバMRBM基地についての報告を受ける。ケネディ，対策検討を指示（「危機の13日間」のはじまり）　202	
10.20	中印国境で「国境紛争」　206-207	
10.22	ケネディ，対キューバ海上封鎖声明，「キューバ・ミサイル危機」　204	
10.28	フルシチョフ，ミサイル撤去を指令とのラジオ・メッセージ　204	
12.12	フルシチョフ，キューバ危機総括　204,207	
12.12	アメリカ，直通通信線（ホット・ライン）をソ連に提案（ジュネーブ軍縮会議）　205	
12.15	中国人民日報，フルシチョフの総括を批判（12.31も）　206-207	
12.16	ケネディ，キューバ危機総括　204	
12.19	ケネディ＝マクミラン，「ナッソー協定」結ぶ。対英ポラリス供与　197,205-206	

1963年

1.2	アプバクの戦い。ジェムの政府軍大敗	
1.14	ド・ゴール，ナッソー協定不参加・英のEEC加盟拒否を表明　206	
1.22	核実験停止交渉始まる（米英ソ）　205	
1.22	仏・西独首脳会談，「仏独協力に関する仏・西独条約」調印　206	
2.20	人民日報，中ソ論争関係論文・声明掲載開始	
4	アメリカ，トルコからミサイルを撤去　205	
5.8	南ベトナムで仏教徒が反ジェム・デモ，6.11には仏僧が焼身自殺　212	
5.22	アフリカ独立諸国首脳会議開催（アジスアベバ）。5.25OAU憲章調印	
6.10	ケネディ，アメリカン大学演説　205	
6.20	米ソ間ホット・ライン協定調印（即日発効）　205	
7.5	中ソ会談（〜7.20モスクワ）。対立激化　207	
8.5	米英ソ，「部分的核実験停止条約」正式調印（仮調印は7.25）　205-207	
9.6	人民日報・紅旗共同論文シリーズ（一評〜九評）始まる。「ソ連共産党指導部とわれわれとの意見の相違の由来と発展」発表。中ソ公開論争の段階へ　207	
9.16	マレーシア成立　221	
9.25	ドミニカでクーデタ発生　205	

10.3	ホンジュラスで軍事クーデタ発生　205	
10.11	ケネディ，米軍1000人の撤退を含むNSAM263を承認　212	
10.15	韓国大統領選，朴正熙当選	
10.17	西ドイツのアデナウアー首相辞任。エアハルト内閣成立　206	
10.18	イギリスのマクラミン首相辞任。10.18ヒューム内閣成立　206	
11.1	南ベトナム軍部クーデタ。ゴ・ディン・ジェム大統領，ゴ・ディン・ニュー顧問殺害される　212	
11.22	ケネディ，ダラスで暗殺。ジョンソン副大統領が昇格　205,213	
11.26	ジョンソン，NSAM273承認　213	
12.14	ジョンソン，ドミニカ・ホンジュラスの軍事政権を承認　220	

1964年

1.13	第1回アラブ諸国首脳会議　224
1.27	中仏，国交樹立　206,218
3.31	ジョンソン，ブラジルのクーデタに歓迎のメッセージ　220
5.31	PNC（5.28〜）で，パレスチナ国民憲章採択。PLO（パレスチナ解放機構）発足　224
8.2	トンキン湾事件発生　213
8.7	米議会，「トンキン湾決議」可決　213
9.7	ホワイトハウス戦略会議"北爆"方針決定
10.15	ソ連のフルシチョフ第一書記兼首相失脚。後任はブレジネフ第一書記，コスイギン首相　207,213,218
10.16	中国，核実験成功　213,222
11.3	米大統領選，ジョンソン圧勝
12.14	アメリカ，ラオス北部爆撃を秘密裡に開始
12.28	ビンジアの戦い（〜1965.1.3）。サイゴン政府軍大敗北
12.29	マレーシア，安保理入り　221

1965年

1.2	インドネシア，国連脱退　221
2.6	コスイギン，北ベトナム訪問　214
2.7	ジョンソン，"北爆"開始命令　214
2.10	コスイギン訪中。毛沢東・周恩来と会談（〜2.11）
2.11	コスイギン訪朝。2.14共同声明
2.25	韓国派遣軍第一陣，サイゴン着
4.7	ジョンソン，「東南アジア開発10億ドル計画」発表（ボルチモア演説）
4.8	欧州三共同体単一理事会・単一委員会創設条約調印（1967.7.1発効）　219

国際政治年表　427

4.25	アメリカがドミニカ出兵	220
5.26	ソ連，第2回AA会議参加意向を表明	207
6.19	アルジェリア軍部がクーデタ。ベン・ベラ大統領失脚	222
6.22	日韓基本条約正式調印。日韓国交正常化	222
6.26	AA外相会議，第2回AA会議延期を決定	222
6.27	米軍，南ベトナムで「索敵撃滅作戦」開始	214
8.5	インド・パキスタン紛争（印パ紛争）発生	221
9.29	ブレジネフ対米警告発言（党中央委総会）	
9.30	インドネシア「九・三〇事件」。ウントン中佐のクーデタ失敗（～10.1） 221	
10.30	AA外相会議開催。11.1第2回AA会議無期延期決定	222
11.10	中国，姚文元論文「『海瑞免官』を評す」発表。「プロレタリア文化大革命」始まる　　207,222	

1966年

1.10	印パ首脳会談（1.4～）。「タシケント宣言」発表	221
2.24	ガーナでクーデタ。エンクルマ失脚	221
3.7	ド・ゴール，NATO軍事機構から仏軍退表明	
3.12	インドネシアのスカルノ大統領，スハルトに実権譲る	221
4.6	東南アジア開発閣僚会議，東京で開催（～4.7）	
6.14	ASPACソウルで開催	222
6.20	ド・ゴール訪ソ（～7.1）	218
7.1	フランス，NATO軍事機構より正式離脱	217,218-219
9.28	国連総会，インドネシアの国連復帰を承認	221
10.17	ジョンソン，在欧兵力相互削減を対ソ提唱	217
10.25	米ソ，「核拡防」修正案に合意	217
11.2	西ドイツのエアハルト首相辞意表明，キージンガー大連立内閣発足（12.1）。東方外交打ち出す　　219-220	
11.24	アジア開発銀行創立総会（～11.26）	222

1967年

1.31	西独・ルーマニア外交関係樹立	220
3.23	米ソABM交渉開始を発表	217
3.30	パリのNATO司令部閉鎖	218
5.22	ナセル・ア連合大統領，アカバ湾閉鎖決定	
5.30	ビアフラ内戦開始	
6.5	第3次中東戦争（六日間戦争）開始（～6.10）	218,224-225

6.17	中国，初の水爆実験	218
6.23	ジョンソン＝コスイギン，グラスボロ首脳会談	218
7.1	EC発足（欧州三共同体の統合）	219
7.23	米デトロイトで黒人の大暴動	
7.31	中南米人民連帯会議（〜8.10，ハバナ）	220-221
8.8	ASEAN（東南アジア諸国連合）設立宣言調印	223
10.9	ゲバラ，ボリビアで死す	221
11.14	佐藤＝ジョンソン会談（〜11.15）	223
11.22	中東紛争解決に関する国連安保理決議242号採択	225

1968年

1.1	ジョンソン，ドル防衛特別教書発表	
1.5	チェコ，ドプチェクを第一書記に任命	233
1.9	OAPEC（アラブ石油輸出国機構）結成	
1.30	南ベトナム全土で南ベトナム解放民族戦線によるテト攻勢	216
3.31	ジョンソン，北爆限定・大統領選不出場表明	216
4.4	キング牧師暗殺される	
4.5	チェコ共産党，行動綱領発表　233,383［註 第11章（12）］	
5.3	仏ソルボンヌ大学に警官隊入る。「五月革命」はじまる	
5.13	第1回ベトナム和平会談（パリ）	216
5.19	ソ連プラウダ紙，チェコスロヴァキア共産党を批判	
6.6	大統領候補ロバート・ケネディ暗殺される	
6.27	チェコ自由派「2000語宣言」発表　383［註 第11章（13）］	
7.1	核拡散防止条約調印（62ヵ国，中仏不参加）	218,354
7.1	EC関税同盟発足	
8.20	ソ連・東欧5ヵ国軍，チェコ侵入。ドプチェク第一書記連行される（8.21）　233	
8.23	周恩来，ソ連の「社会帝国主義」批判	
8.24	フランス，初の水爆実験（南太平洋）	
10.16	ソ連・チェコ，ソ連暫定駐留条約調印	
10.31	ジョンソン，北爆全面停止・パリ拡大会談を発表。11.1北爆全面停止　216-217	
11.5	米大統領選，6日共和党ニクソン当選	217
11.12	ブレジネフ・ドクトリン発表	233-234

1969年

1.18	拡大パリ会談，初会合	217

1.20	アメリカ，ニクソン大統領就任	
2.4	アラファト，PLO議長に就任	225
3.2	中ソ国境武力衝突事件（珍宝島＝ダマンスキー島）。3.15第2次衝突 215,230,235	
3.14	ニクソン，新ABM計画「セーフガード」推進決定	
3.17	ワルシャワ条約会議，「全欧安全保障会議」を呼びかけ	234
4.1	九全大会（〜4.24）。林彪，毛沢東の後継者に決まる	235
4.17	チェコ第一書記ドプチェクからフサークへ	
4.28	ド・ゴール辞任発表（6.20後任ポンピドー）	
5.8	南ベトナム解放民族戦線，和平10項目提案	
5.14	ニクソン，ベトナム和平8項目提案	
6.7	ブレジネフ，アジア集団安保提唱	
6.8	南ベトナム共和国臨時革命政府樹立	
6.8	ニクソン＝チュー・ミッドウェー島会談，米軍2.5万人撤退発表	
7.25	ニクソン，グアム・ドクトリン発表	228-229
8.2	ニクソン，ルーマニア訪問	
9.3	ホー・チ・ミン死去	
9.11	周＝コスイギン北京空港会談	
10.15	米全土で"ベトナム・モラトリアム・デー"。数千ヵ所，数百万のデモ 229	
10.20	中ソ国境問題次官級会談開始（北京）	
10.21	西独ブラント連立内閣成立	234
11.17	米ソ，SALT予備会談開始（ヘルシンキ）	
11.18	佐藤首相訪米（〜11.26），1972年沖縄返還発表	223
11.28	西ドイツ，核拡散防止条約調印	234
12.8	ソ連・西独「武力不行使宣言」代表団交渉始まる	234

1970年

1.20	米中大使級会談（2年ぶり，ワルシャワ）	
3.5	核拡散防止条約，米ソなどで発効	
3.6	ニクソン，ラオスへの米軍介入確認	
3.18	カンボジアでクーデタ。シアヌーク元首解任，ロン・ノル首相に実権 229	
3.19	東西両独首相第1回会談	234
4.5	周恩来，北朝鮮訪問（12年ぶり）	
4.16	SALT本会議開始（ウィーン）	
4.30	米軍，カンボジア侵攻作戦開始	229
5.5	シアヌーク，カンボジア王国民族連合政府樹立発表（北京）	

5.6	中国，ロン・ノル政権と断交
6.22	日米安保条約，自動延長
8.12	ソ連・西独武力不行使条約正式調印　235
9.8	中朝軍事援助協定調印
9.17	ヨルダン，「黒い9月」事件起こる（～9.27）　225-226
9.28	ナセル死去，臨時大統領にサダト　225-226
10.7	ニクソン，ベトナム和平5項目を提案
10.13	中国・カナダ国交樹立（カナダ方式）
11.20	国連総会本会議，中国招請・国府追放（アルバニア案）可決，「重要事項指定」も可決　235
11.25	三島由紀夫，切腹自殺
12.7	西独・ポーランド関係正常化条約調印　235
12.18	毛沢東，エドガー・スノーとの会見でニクソン訪中歓迎と言明
12.20	ポーランド，ゴムウカ第一書記辞任。後任にギエレク政治局員

1971年

2.8	南ベトナム軍のラオス侵攻作戦，米軍支援で開始と発表。3月敗走，4.9終了発表　229
3.26	バングラデシュ独立宣言
4.10	中国卓球代表団の招待で米卓球チーム，中国訪問（～4.17）　235-236
5.3	東独第一書記，ウルブリヒトからホーネッカーへ
5.20	SALT交渉手続きに関する米ソ合意発表　236
6.13	ニューヨーク・タイムズ紙，国防総省秘密報告書（ペンタゴン・ペーパーズ）掲載開始　230
6.17	沖縄返還協定調印　224
6.23	英のEC加盟決定　238
7.15	「ニクソン訪中」発表　230,236,240
8.9	ソ・印平和友好協力条約調印　256
8.15	ニクソン，ドル防衛策発表（金ドル交換一時停止，10パーセント輸入課徴金など）　240
9.3	米英仏ソ，ベルリン協定仮調印　236
9.8	林彪，クーデタ未遂。ソ連に亡命を図りモンゴルで墜落死（9.13，林彪事件）　236
10.12	ニクソン訪ソ予告　236
10.25	国連総会，中国招請・台湾追放のアルバニア案可決。台湾（国府），国連脱退声明　236
12.17	10ヵ国蔵相会議（～12.18），金1オンス＝38ドル，米輸入課徴金撤廃，1ドル＝308円など合意（スミソニアン体制）　240

1972年

1.22	英・アイルランド・ノルウェー・デンマーク，EC加盟条約に調印（ノルウェーは，9.25国民投票で批准を否決）　238	
2.21	ニクソン訪中（～2.28）　230,236-237	
3.19	印・バングラ条約	
3.30	ベトナム春期攻勢	
4	ソ連・イラク友好協力条約　256	
5.8	ニクソン，北ベトナム機雷封鎖決定	
5.15	沖縄，正式に日本に返還される　224	
5.22	ニクソン訪ソ（～5.30），ABM制限条約・「米ソ関係の基本原則に関する文書」など調印　230,237	
5.26	米ソ，SALT I 調印　237	
5.30	ニクソン，イラン訪問（～5.31）　243	
6.1	イラク，イラク石油会社国有化を発表　243	
6.3	米英仏ソ，ベルリン協定正式調印　237	
6.17	米民主党全国委本部に侵入の5人逮捕（ウォーターゲート事件の発端）	
7.4	南北朝鮮両政府，平和統一に関する「南北共同声明」発表	
9.25	田中首相訪中。日中国交正常化。大平外相は日華条約終了と声明　237	
10.11	西独・中国国交樹立　238	
10.26	ハノイ放送，米と合意の9項目和平協定内容発表，10.31の調印を要求　231	
11.22	全欧安保協力会議（～12.15）	
12.18	ハノイ，ハイフォン地区への大北爆（～12.30，クリスマス爆撃）　231	
12.21	東西両独基本条約正式調印（東ベルリン）　237	

1973年

1.1	9ヵ国拡大EC正式発足　238-239	
1.27	ベトナム和平協定，正式調印（パリ）　231,240	
3.29	米軍，南ベトナム撤退完了　231	
4.14	ウォーターゲート事件，ホワイトハウスに及ぶ	
4.23	キッシンジャー「新大西洋憲章」演説　240-241,244	
6.16	ブレジネフ訪米（～6.25），核戦争防止協定・SALT II基本原則など合意　238	
7.1	米議会，8.15以降カンボジア爆撃禁止を決議　232	
8.8	KCIAが朴政権批判の金大中を東京から拉致。金大中事件　249	
9.18	東西両独，国連加盟　237	
9.19	EC9ヵ国，キッシンジャー提案に対するEC案を対米伝達　241	
10.6	第4次中東戦争始まる（10.23停戦）　241,244,257	

10.10	OPEC・OAPEC，石油戦略発動　244	
12.12	キッシンジャー，「エネルギー行動グループ」設立を提案　241-242	
12.14	EC9ヵ国首脳会議（〜12.15）。「EC一体性宣言」発表　241	
12.23	OPEC，石油公示価格を2倍に引き上げ　244	

1974年

2.11	石油消費国会議（〜2.13），13ヵ国参加　241
3.15	ニクソン，ECは徒党を組むと批判　241
4.9	国連特別総会開催（〜5.2）。「新国際秩序宣言」採択
4.25	ポルトガル革命始まる　244-245,248
5.6	西ドイツのブラント首相辞任，後任シュミット　242
5.18	インドが第1回核実験に成功　249
5.27	ジスカールデスタン仏大統領就任　242
6.19	NATO閣僚理事会，「大西洋関係に関する宣言」採択　242
6.27	ニクソン訪ソ　238
7.11	ソ連・ソマリア友好協力条約
8.8	ニクソン辞任表明，フォード副大統領が昇格（8.9）　232,242,248
8.14	ギリシア，NATO軍事機構脱退発表
8.15	文世光事件　249
9.4	米・東独，国交樹立
9.10	ギニアビサウ，ポルトガルから独立　244
10.26	アラブ首脳会議（〜10.29，ラバト），10.28ラバト決議を採択（PLOがパレスチナ人の唯一正当な代表であることを確認）
11.15	国際エネルギー機関（IEA）創設決定（仏は不参加）　242
11.22	フォード訪韓。在韓米軍削減せぬとの米韓共同声明　249
11.23	フォード訪ソ。11.24ウラジオストクでSALTIIに関する共同声明発表　249
12.11	国連総会，「諸国家の経済権利義務憲章」決議案採択　245

1975年

2.4	EC・コメコン，経済関係正常化のための初の会合（〜2.7，モスクワ）
2.28	ECと46ヵ国，トーゴで通商・援助協定調印（ロメ協定）　242
3.21	エチオピア帝政廃止。社会主義化へ　245
4.17	カンボジアで「紅いクメール」のポル・ポト政権がプノンペン制圧　232-233
4.30	サイゴン陥落，ベトナム戦争終結　232,248
6.25	モザンビーク，ポルトガルから独立　244
7.30	全欧安保協力会議（〜8.1，ヘルシンキ）。35ヵ国首脳最終文書に調印

		238,249-250
8.22	ラオス,全土解放達成,革命政権成立	248
9.24	SEATO,解散を正式決定（1977.6.30解散）	
10.20	米ソ穀物協定締結（5年間）	
11.11	アンゴラ,ポルトガルから独立	244-245,250
11.15	第1回西側サミット（〜11.17,ランブイエ）	242,244,250
12.1	フォード訪中（〜12.5）	250
12.2	ラオス王制廃止。ラオス人民民主共和国成立	233,250
12.7	「フォード・ドクトリン」発表（ホノルル）	251

1976年

1.5	カンボジア新憲法発布により「民主カンボジア（カンプチア）」発足	233
1.8	中国の周恩来首相死去,首相代行に華国鋒	256
2.3	キッシンジャー,「米国の対ソ政策」演説（新封じ込め政策）	251
2.23	ASEAN首脳会議,「バリ宣言」と東南アジア友好協力条約調印	233
3.15	エジプト,対ソ友好条約破棄	
4.5	四・五天安門事件。鄧小平失脚（4.7）	256
4.13	カンボジア国家元首,シアヌーク（4.2辞任）からキュー・サムファンに。ポル・ポトが首相に	
4.25	ベトナム南北統一総選挙	232
4.27	キッシンジャー,ルサカ演説。アフリカの白人政権に引導渡す	245
6.24	統一国会,ベトナム社会主義共和国樹立宣言（7.2),首都はハノイ	232
7.20	米軍,タイからの撤退完了	233
7.23	ポルトガル,ソアレス社会党単独内閣成立	245
9.9	中国,毛沢東主席死去	256
10.6	中国「四人組」他逮捕	256
11.3	米大統領選,カーター当選	251

1977年

1.7	チェコ知識人による「憲章77」を西側メディアが報道	
1.17	『ラムズフェルド国防報告』	251-252,259,297
2.17	カーター,ソ連の反体制物理学者サハロフに書簡	252
3.1	ブラジル,アルゼンチン,ウルグアイ,米軍事援助拒否（後にチリなども） 252	
5.7	ロンドン・サミット（〜5.8）	
6.30	ソマリア,エチオピアのオガデン地方を攻撃	253
6.30	カーター,次期戦略爆撃機B1の生産中止を決定	

7.16	中国第10期3中全会,鄧小平復活と「四人組」永久追放を決定	256
7.26	第10回米韓安保協議会で在韓米地上軍の撤退決定	
8.12	中国共産党第11回全国代表大会(〜8.18),華国鋒,文革終結を宣言	
10.1	バンス=グロムイコ中東和平共同声明	
11.19	エジプトのサダト大統領,イスラエル訪問(〜11.20)	257
12.25	イスラエルのベギン首相がエジプト訪問	257
12.31	カンボジア,ベトナムと断交	254

1978年

2.2	ブラウン国防報告,「1.5戦略」明示	253,259
3.9	ソマリア,エチオピア領からの撤兵表明	253-254
4.27	アフガニスタンでクーデタ。革命評議会議長にタラキ(4.30)	
5.20	アメリカのブレジンスキー大統領補佐官が訪中(〜5.23)	255
6.29	ベトナム,コメコンに加盟	254
7.3	中国,ベトナムへの援助全面打ち切り	254
7.16	ボン・サミット(〜7.17)	
8.12	日中平和友好条約調印	255
9.5	キャンプ・デービッド会談(〜9.17,カーター,サダト,ベギン)。9.17キャンプ・デービッド合意成立	258,267
9.8	イラン,主要都市に戒厳令	257
11.3	ソ連・ベトナム友好協力条約調印	254-256
11.20	ソ連・エチオピア友好協力条約調印	256
12.2	「カンボジア(カンプチア)救国民族統一戦線」(ヘン・サムリン議長)結成	255
12.5	ソ連・アフガン友好協力条約調印	256
12.15	米中両国,1979.1.1からの国交樹立を同時発表。米は米台条約破棄も発表	255
12.18	中国第11期3中全会「開放経済」採用へ(〜12.22)	256
12.25	ベトナム軍,カンボジア侵攻	255

1979年

1.1	米中国交樹立	255
1.7	ベトナム軍とカンボジア救国民族統一戦線,プノンペン占領。ヘン・サムリン政権樹立(1.8)。カンプチア人民共和国樹立宣言発表(1.10)	255
1.16	パーレビ・イラン国王国外脱出	257
2.1	ホメイニ師,イランに帰国	257
2.11	イラン革命政府,権力掌握。「イラン・イスラム革命」	257

2.17	中国軍，ベトナム国境突破　255
3.5	中国軍，ベトナムからの撤退を発表　255
3.12	パキスタンとイラン，CENTOから脱退を宣言
3.26	エジプトとイスラエル平和条約調印　258
4.1	「イラン・イスラム共和国」成立宣言　257,258
4.3	中国，中ソ友好同盟条約不延長を対ソ通告
5.3	英総選挙。保守党圧勝。5.5サッチャーが首相に就任
6.18	米ソ首脳会談（6.16～，ウィーン）でSALT II条約調印　253
6.28	東京サミット，エネルギー問題中心の「東京宣言」　257
7.17	ソモサ・ニカラグア大統領，米へ亡命　252
7.20	アメリカ，在韓米地上軍撤退凍結を発表　252
9.16	アフガンでクーデタ。アミン首相が権力掌握
9.21	国連総会でポル・ポト政権残留案採択　255
10.26	朴正熙大統領，KCIA部長に射殺される　252
11.4	イランで米大使館人質事件発生　258
12.12	NATO，米の新型ミサイル欧州配備・欧州戦域核削減交渉開始を要請を決議（NATOの二重決定）　259,263
12.27	ソ連軍アフガン侵攻　258-260

1980年

1.3	カーター，SALT II審議延長を上院に要請
1.4	カーター，対ソ制裁措置　259
1.23	「カーター・ドクトリン」発表（一般教書演説）　259
1.26	エジプトとイスラエル両国が正式に国交樹立　258
4.7	アメリカ，イランと断交，制裁発表
4.25	カーター，イランの人質救出作戦失敗　259
5.18	韓国で「光州事件」起こる（～5.27）　253
6.30	西ドイツのシュミット首相訪ソ　260
7.1	ポーランド，食肉値上げ（30～60パーセント）発表
7.19	モスクワオリンピック開催。アメリカと日中加などがボイコット　260
7.25	カーター大統領，大統領指令59号（PD59）で，新核戦略を策定　259
7.27	イランのパーレビ元国王死去
8.2	ポーランドのウルススのトラクター工場でスト始まる
8.14	ポーランド，グダンスクのレーニン造船所でストに突入。8.17「21項目要求」提出
8.27	韓国，全斗煥大統領就任　253
8.31	ポーランド・スト「政労合意」。政府が自主管理労働組合「連帯」を認めてスト終結　280

9.6	ポーランド，ギエレク第一書記解任，後任カニアを発表	280
9.22	イラク空軍，イランを奇襲。イラン・イラク戦争始まる	259,269
11.4	米大統領選，レーガン当選　259,260,262	

1981年

1.20	第40代米大統領にレーガン就任　259,260	
1.20	イラン，人質解放　260	
2.11	ポーランド，ヤルゼルスキが国防相兼任で首相に就任	280
2.18	レーガン，年平均7パーセント増の大軍拡計画，「小さな政府」計画発表（レーガノミックス）　262	
3.2	アメリカ，エルサルバドル政権に軍事援助を決定　266	
3.27	ポーランド「連帯」，3.31から全国ストと宣言。3.30スト中止で政労合意	
4.24	アメリカ，対ソ農産物禁輸を全面解除	
5.8	日米首脳会談で「同盟」うたう共同声明	
5.10	仏大統領に社会党のミッテラン	
5.25	GCC（湾岸協力会議）結成	
6.7	イスラエル空軍，イラク原子炉爆撃　267	
6.22	ホメイニ，バニサドル大統領解任（7.29パリに亡命）	
7.1	レーガン，NSDD5号署名。第三世界の親米勢力への武器輸出を認める　265-266	
7.20	オタワ・サミット	
8.19	地中海の米軍機，リビア戦闘機2機撃墜	
9.4	カンボジア三派，連合政府結成発表	
9.5	ポーランド「連帯」第1回全国大会	
10.1	レーガン，NSDD12号「戦略兵器近代化計画」に署名。翌10.2発表　262	
10.6	エジプトのサダト大統領暗殺。後任にムバラク　267	
10.10	ボンの反核デモに30万人参加。この時期反核運動が高揚	
10.22	南北サミット開催（メキシコ・カンクン）	
10.29	米上院，対サウジアラビアAWACS売却承認	
11.16	オランダ，米戦域核受け入れ保留決定　264	
11.18	レーガン大統領，ゼロ・オプション提案　264	
11.30	米ソ，欧州戦域核制限交渉開始　264	
12.13	ポーランド，非常事態宣言（戒厳令）。軍政に　280	
12.14	イスラエル，ゴラン高原併合決定　267	
12.23	アメリカ，対ポーランド経済制裁を発表。NATO理事会，米の対ソ制裁要求を支持せず　280	
12.29	アメリカ，ポーランド軍政で7項目の対ソ制裁発表　280	

1982年

2.19	鄧小平,「米国を必要とせず」宣言
3.24	ブレジネフ, タシケント演説。中ソ関係改善呼びかけ (3.26中国外務省「留意する」)　271
4.2	アルゼンチン軍がフォークランド（マルビナス）諸島全島の領有を宣言　266
4.13	アメリカ, 台湾に武器輸出発表
4.18	全米で反核集会「グランド・ゼロ週間」始まる
4.25	イスラエル, シナイ半島をエジプトへ返還　267
4.25	英海兵隊, フォークランド諸島上陸開始
6.6	イスラエル軍, レバノン南部侵攻　267
6.10	イラク, 一方的停戦, 全面撤退発表。6.11イラン拒否
6.12	ニューヨークで国際反核デモ　264
6.12	アメリカ, ソ連に「ホットライン強化提案」
6.14	フォークランドのアルゼンチン軍降伏, ガルチエリ大統領失脚 (6.17)　266
6.25	ヘイグ国務長官辞任, 後任にシュルツ　265
6.29	米ソ, 戦略兵器削減交渉（START）開始　264
7.11	反ベトナムの三派民主カンボジア連合政府発足
8.21	PLO, レバノンから撤退開始。9.2撤退完了　267-268
9.1	レーガン, 包括的中東和平案発表
9.4	胡耀邦中国共産党主席, 中国共産党一二回全国代表大会で政治報告。中ソ関係改善に関する「三つの障害」指摘　271
9.6	中国新党規約, 党主席制廃止, 総書記に胡耀邦
9.9	アラブ首脳会議,「フェズ憲章」採択
10.1	西独シュミット首相不信任, コールが後任に
10.5	中ソ次官級会談, 3年ぶりに北京で開催　271
11.2	米中間選挙, 下院で民主党躍進
11.10	ソ連, ブレジネフ書記長死去。後任にアンドロポフ　271, 281
11.12	ポーランド, ワレサ「連帯」議長釈放　281
11.14	アメリカ, 対ソ・パイプライン用資材禁輸解除　280-281
11.17	米ソ貿易協定調印
11.27	日本, 中曽根内閣誕生
12.6	中国第五期全国人民代表大会第五回会議 (11.27～12.10), 新憲法採択　271

1983年

1.18	中曽根首相，不沈空母・海峡封鎖発言	
3.23	レーガン，軍備増強に関する演説。核戦略の重点を報復攻撃から防衛型に転換へ	
3.23	レーガン，戦略防衛構想（SDI）発表	262
5.5	中国旅客機ハイジャック，韓国着陸	
5.17	イスラエル・レバノン，撤退協定調印（シリアは拒否）	268
5.28	ウイリアムズバーグ・サミット開催	
7.22	ポーランドで戒厳令解除	281
8.10	チャド内戦，仏軍派兵決定	
8.21	フィリピン，マニラ国際空港でアキノ暗殺事件	
9.1	大韓航空機撃墜事件	264-265
9.4	イスラエル軍，南レバノン撤収	
9.25	アメリカのワインバーガー国防長官訪中（～9.28）	
10.9	ラングーン爆弾テロ事件（～11.4，ビルマ）。ビルマ，北朝鮮と断交	
10.19	グレナダで軍事クーデタ	266
10.23	西ベイルートの仏軍宿舎と米海兵隊司令部爆破される	268
10.25	米軍・カリブ海6ヵ国軍，グレナダに侵攻，革命政権打倒	266
11.15	米巡航ミサイル，英に搬入（INF欧州配備開始）	
11.22	西独連邦会議，米の中距離核ミサイル国内配備を承認	
11.23	INF交渉中断，STARTも中断（12.8）	265
12.20	ラムズフェルド米特使，イラク訪問	269-270

1984年

2.7	アメリカ，駐ベイルート海兵隊の沖合への引き揚げを発表	268
2.9	ソ連，アンドロポフ書記長死去。後任にチェルネンコ	272
3.5	レバノン，イスラエルとの撤退協定破棄	268
4.9	朝鮮で南北スポーツ対話（6月打ち切り）	
4.26	レーガンが訪中	
5.8	ソ連，ロサンゼルス・オリンピックをボイコットと発表	
5.23	金日成訪ソ（23年ぶり）	
6.7	ロンドン・サミット開始	
6.20	フランスのミッテラン大統領訪ソ	
9.6	全斗煥韓国大統領が訪日，天皇と会見	
9.8	北朝鮮，合弁法施行	
9.19	中国とイギリス，1997年香港返還で合意。12.19両国政府宣言	
9.29	朝鮮南北赤十字，北から南へ水害援助物資引渡し	

11.6	米大統領選，レーガン圧勝で再選　265	
11.15	朝鮮分断後初の経済会談開始（板門店）	
11.26	米・イラク，国交正常化（17年ぶり）　270	

1985年

1.8	米ソ，包括的軍縮交渉開始に合意（3.12開始）	
3.10	ソ連，チェルネンコ書記長死去。後任にゴルバチョフ（3.11）　273	
4.7	ゴルバチョフ，ソ連INFの一方的配備凍結を発表	
4.26	ワルシャワ条約，20年延長に調印	
5.2	ボン・サミット開催	
6.10	中国，以降2年間に人民軍100万人削減決定	
6.10	イスラエル軍，レバノン撤退完了　268	
6.12	スペイン，ポルトガル，EC加盟条約調印，拡大EC12ヵ国となる	
7.2	ソ連，元首にグロムイコ，外相にシェワルナゼ就任　274	
7.23	李先念中国国家主席が訪米。原子力協定調印	
7.29	1986.1.1からの全核実験停止発表	
9.21	朝鮮，初の南北離散家族再会	
10.1	イスラエル軍機，チュニスのPLO本部を爆撃　268	
10.2	ゴルバチョフ訪仏	
10.9	鄧小平＝チャウシェスク会談	
11.19	米ソ首脳会談（〜11.20ジュネーブ）。6年ぶり　274	

1986年

1.15	ゴルバチョフ，三段階軍縮提案	
2.7	比大統領選，コラソン・アキノ勝利宣言　2.26マルコス，ハワイ亡命）	
2.24	アメリカ，攻撃核50パーセント・INF全廃案をソ連に送付	
2.25	ソ連共産党第27回大会（〜3.6）。ゴルバチョフ，ブレジネフ時代を「停滞の時代」と批判。「ペレストロイカ」を基礎とする新綱領を採択　273-274	
4.26	ソ連，チェルノブイリ原子力発電所爆発事故　274	
5.4	アフガン人民党書記長カルマルからナジブラへ	
6.25	米下院，ニカラグアのコントラ援助1億ドル可決	
7.28	ゴルバチョフ，「ウラジオストク演説」。アフガニスタンからのソ連軍部分撤退を発表　275,276	
10.7	アメリカのワインバーガー国務長官訪中	
10.11	米ソ首脳会談（〜11.12，レイキャビク）　275	
10.15	アフガニスタンのソ連軍部分撤退開始　275	
11.4	アメリカ，中間選挙で上院でも民主党が多数に	

11.13	レーガン，レバノンの米人質解放めぐりイランに武器供与を認める
11.19	ソ連，個人経営認める個人労働法採択
11.25	ゴルバチョフ，インド訪問
11.25	アメリカ，対イラン武器売却代金がニカラグアのコントラグループに流れていたことが発覚　270
12.17	ソ連，カザフ共和国で書記人事に対する抗議デモ　275
12.19	ソ連，サハロフ博士流刑解除を公式明示　274

1987年

1.16	胡耀邦中国共産党総書記辞任
4.9	ゴルバチョフ，チェコスロヴァキア訪問（～4.11）。ブレジネフ・ドクトリン否定　275
6.12	英国総選挙でサッチャー首相三選
7.1	単一欧州議定書発効
7.20	国連安保理決議598号。イラン・イラク戦争の即時停戦を求める　270
7.22	アメリカ，タンカー護衛作戦開始　270
10.22	イラン，クウェートの石油積出し港へのミサイル攻撃
11.2	ロシア革命70周年記念式典演説，スターリン批判
11.11	エリツィン，モスクワ市党第一書記を解任される
11.11	緊急アラブ首脳会議（11.8～11.11），イラン非難。エジプトとの復交を承認。アラブ再結集へ　270
12.8	米ソ首脳会談（～12.10，ワシントン）。INF全廃条約に調印　275-276
12.9	イスラエル占領下のガザ地区で暴動発生（インティファーダの始まり）

1988年

2.25	韓国で盧泰愚政権スタート
3.18	「新ベオグラード宣言」，制限主権論放棄　275
5.15	アフガン駐留ソ連軍，全面撤退開始
6.1	米ソ首脳会談（5.29～，モスクワ）でINF全廃条約を発効　276
7.3	米艦，イラン航空機を誤認撃墜　270
7.18	イラン，国連安保理決議598号受け入れ発表　270
7.31	フセイン・ヨルダン国王，ヨルダン川西岸に対する主権の放棄を発表　269
8.20	イラン・イラク戦争停戦　270
11.8	米大統領選，ブッシュ当選
11.15	PNC（11.12～，アルジェ）でパレスチナ独立国家樹立を宣言。イスラエルの生存権を承認　269
12.1	銭其琛中国外相，訪ソ（～12.3）。中国外相の訪ソは31年ぶり　276

12.16	米・PLO，初の公式会談（チュニス）	269

1989年

1.1	ポーランドで「経済活動法」「外国投資法」が発効	
1.11	ハンガリー議会の「結社法」可決	281
2.15	ソ連軍，アフガニスタンからの撤退完了	321
2.23	ゴルバチョフ，キエフ演説	
2.25	ブッシュ訪中（～2.26）	
3.6	中国チベット自治区のラサで暴動。3.8戒厳令施行	277
3.26	ソ連初の人民代議員大会選挙。エリツィン圧勝	
4.7	ポーランド，「連帯」を7年ぶりに合法化	281
4.9	ベトナム，駐カンボジア軍完全撤退発表（9.26完了）	
4.15	胡耀邦総書記死去。中国で胡の再評価と民主化要求の学生運動起こる	277
5.12	ブッシュ，対ソ政策に関する演説。「封じ込め」を転換へ	284
5.15	ゴルバチョフ訪中。30年ぶりの中ソの首脳会談（～5.18）。中ソ対立終わる 276-277	
5.20	北京市の中心部に戒厳令（～1990.1.10）	277
6.4	六・四天安門事件	277, 295
6.4	ポーランドで両院議員選挙。「連帯」圧勝	281
7.4	ゴルバチョフ，冷戦時代終結を宣言（パリ）	284
9.11	ハンガリー政府，対東独協定停止。同国滞在の東独市民に対しオーストリアとの国境を開放。東独市民の西独への大量流出始まる	282
9.12	ポーランド，東欧初の非共産型マゾビエツキ内閣が発足	281
10.3	ポーランド統一労働者党（共産党）は党解散を決議	
10.18	東ドイツ，ホーネッカー社会主義統一党書記長が退陣。後任クレンツ	282
10.18	ハンガリー国会，憲法から「共産党の指導的役割」条項を削除	281
11.9	東ドイツ，国境開放を決定。「ベルリンの壁崩壊」	282
11.10	ブルガリア，ジフコフ共産党書記長が辞任	282
11.17	東ドイツのモドロウ首相，「条約共同体」構想を提唱	282-283
11.28	西ドイツのコール首相は「三段階統一構想」を提唱	283
12.2	米ソ首脳会談（～12.3，マルタ島）。12.3冷戦終結宣言	284
12.4	ワルシャワ条約機構首脳会議，「プラハの春」介入の誤り確認の共同声明発表	282
12.10	チェコスロヴァキア，非共産多数派内閣への移行決定	282
12.20	米軍，パナマ侵攻。1990.1.3ノリエガ将軍，米軍に投降	294
12.22	ルーマニア，チャウシェスク政権崩壊。12.25チャウシェスク夫妻銃殺処刑（秘密裁判）	282

| 12.28 | ドプチェク，チェコスロヴァキア連邦議会議長に選出　282 |

1990年

1.23	アメリカ，ココム規制大幅緩和提案
1.30	ゴルバチョフ・モドロウ会談，ドイツ統一容認へ
2.7	ソ連共産党中央委総会，一党独裁を放棄
2.10	ゴルバチョフ・コール会談。ドイツ統一容認へ　283
2.24	ブッシュ・コール会談。統一ドイツのNATO加盟で合意　283
3.12	ソ連人民代議員臨時大会（〜3.15），3.13共産党の指導性放棄と大統領制導入の憲法改正案採択。3.15ゴルバチョフ，初代大統領に選出　289
3.18	東独総選挙。CDUが第一党に　283
4.9	「欧州復興開発銀行」開設協定に実質的合意が成立
4.11	CSCE第1回経済協力会議（3.19〜），「ボン経済宣言」を採択　288
5.29	エリツィン，ロシア共和国最高会議議長選に当選　289
5.31	米ソ首脳会談（〜6.3 ワシントン）。6.1 STARTの基本合意とSTART II 交渉開始を共同声明で発表
6.4	韓ソ首脳会談。国交樹立で原則合意
6.12	ロシア共和国，主権宣言採択　289
7.6	NATO首脳会談。「ロンドン宣言」発表
7.12	エリツィン，共産党離党を宣言
8.2	イラク軍，クウェート侵攻　270,286
8.2	ソ連，対イラク武器供与停止
8.3	米ソ外相会談（モスクワ）。イラク非難の共同声明　286
8.7	アメリカ，サウジアラビア派兵決定，直ちに実施　286
8.12	フセイン，クウェート撤退に関する「リンケージ提案」　286
8.12	アメリカ，対イラク海上封鎖決定　286
9.5	ソウルで分断後初の南北首相会談
9.9	ブッシュ・ゴルバチョフ，イラク撤退を求める共同声明　287
9.17	ソ連，サウジアラビアと復交
9.25	国連は空域封鎖を決議
9.30	韓ソ国交樹立　276,295,310
10.3	東西ドイツ統一　284
10.19	ソ連最高会議，市場経済移行案を承認
10.20	中韓貿易代表部開設合意　276
11.29	国連安保理決議678号（1991.1.15までに撤退しなければ武力行使を容認）　287,294
12.10	マハティール首相（マレーシア），単一のアジア・太平洋市場（東アジア経済圏構想／EAECの原型）を提唱

12.13	盧泰愚大統領訪ソ（～12.16）	276
12.20	シェワルナゼ外相辞任	

1991年

1.13	ソ連，リトアニアで連邦軍が放送局を占拠（「血の日曜日事件」） 289-290	
1.17	未明（米東部時間1.16夜），米軍，バグダッド空爆（「砂漠の嵐」作戦） 287	
1.20	ソ連内務省特殊部隊がラトビア，リガの内務省を襲撃	
2.12	ソ連プリマコフ特使三度目のバグダッド訪問 287-288	
2.19	エリツィンが，ゴルバチョフに退陣を要求	
2.26	未明，イラク，撤退声明（米東部時間2.25）	
2.27	ブッシュ，攻撃停止を発表（米東部時間夜，現地時間2.28朝）	
3.17	ソ連で連邦制維持を問う国民投票。ロシアでは，大統領制導入を問う直接選挙を実施	
6.12	ロシア共和国大統領選挙。エリツィン圧勝（7.10就任）	
6.25	ユーゴスラヴィア連邦のスロヴェニア共和国とクロアチア共和国が独立を宣言 298	
6.28	コメコン解散議定書調印（ブダペスト） 284	
7.1	ワルシャワ条約機構解体議定書調印（プラハ） 284	
7.10	エリツィン，ロシア大統領に就任	
7.15	ロンドン・サミット。7.17ゴルバチョフ，サミット参加7ヵ国首脳と会談 289	
7.30	米ソ首脳会談（～7.31，モスクワ）。アメリカ，ソ連に最恵国待遇供与。7.31 START I調印 290	
8.19	ソ連で反ゴルバチョフ・クーデタ。ヤナーエフ副大統領の大統領代行・非常事態宣言・非常事態委員会設置が発表される（8.21クーデタ派，作戦中止） 289,290-291	
8.24	ゴルバチョフ，党書記長辞任。共産党解散を宣言 291	
9.6	エストニア・ラトビア・リトアニア，正式に独立 291	
9.17	国連総会で韓国・北朝鮮・バルト三国等7ヵ国の加盟承認 276,295,311	
9.25	国連安保理決議713号採択。旧ユーゴ連邦全域への武器禁輸を定める 299	
10.15	ユーゴスラヴィア連邦のボスニア・ヘルツェゴヴィナが主権国家宣言	
10.22	EC・EFTA合同閣僚会議，EEA設立で合意	
10.23	カンボジア和平協定調印（パリ） 295	
10.30	中東和平会議（～11.1，マドリード） 288	
11.5	中国とベトナム，関係正常化を宣言	
11.7	NATO新戦略概念 295	
11.8	韓国，朝鮮半島非核化宣言	

12.8	ロシア・ウクライナ・ベラルーシ，独立国家共同体（CIS）創設・ソ連邦消滅を宣言　291	
12.11	EC首脳会議，ローマ条約改正案採択	
12.21	ソ連11共和国，独立国家共同体条約に調印（アルマアタ会議）。ソ連消滅を確認　291	
12.25	ゴルバチョフ，大統領辞任。ソ連完全消滅　291	

1992年

1.2	ロシア，価格自由化開始
1.15	EC，クロアチアとスロヴェニアの独立を承認　298
1.30	北朝鮮，核査察協定に調印
2.1	米ロ首脳会談（キャンプデービッド）
2.7	EC加盟12ヵ国，欧州連合条約（マーストリヒト条約）調印，1993.11発効。1994.1EU発足　294
2.19	南北朝鮮首相会談。半島の非核化文書を交換
3.1	ボスニア独立を問う住民投票。ボスニア政府は独立を宣言（3.3）。投票をボイコットしたセルビア人勢力は反発を強め，クロアチア人勢力とボスニア政府との三つ巴の内戦が本格化　298
3.18	南ア白人投票結果判明。68.7％がアパルトヘイト廃止に向けた交渉継続に賛成
4.24	アフガン政権移譲合意（ペシャワール合意）。ナジブラ政権から暫定政権への権力移譲を内容とする。しかし，内戦終了には至らず　321
6.2	デンマーク国民投票で，マーストリヒト条約批准拒否
6.3	地球サミット（〜6.3，リオデジャネイロ）176ヵ国参加
6.17	ガリ国連事務総長，平和執行活動を求める勧告書（『平和への課題』）を発表　299
6.19	WEU，域外活動の指針をまとめた「ペータースブルグ宣言」を発表　299
6.26	ガリ国連事務総長，サライェヴォ空港再開のため強制力行使の検討を示唆　298
7.6	先進7ヵ国ミュンヘン・サミット（〜7.8）
8.12	米，加，メキシコ，北米自由貿易協定（NAFTA）に原則合意
8.24	中韓国交樹立　310
8.26	旧ユーゴ問題を話し合うロンドン会議を開催（〜8.27）。「旧ユーゴスラヴィア国際会議」（ICFY）発足。　299
9.2	米が台湾へのF16戦闘機150機売却を発表
9.22	国連総会，新ユーゴ（セルビア・モンテネグロ）の追放決議を賛成多数で採択
10.23	天皇訪中（〜10.28）　295
11.2	米・EC農業市場開放交渉妥結（ブレアハウス合意）　295

11.3	米大統領選，クリントン候補（民主党）勝利　300
11.18	エリツィン大統領，ロシア首脳として初めての韓国訪問
12.3	国連安保理，ソマリアへの多国籍軍派遣を決議（12.9から米軍「希望回復作戦開始」）　300
12.17	NAFTA正式調印
12.18	中ロ首脳会談（北京），軍事・経済協力拡大に関する共同宣言に調印
12.18	韓国大統領選で金泳三が当選，31年ぶりの文民政権発足へ（就任1993.2.25）
12.22	韓国・ベトナム国交樹立

1993年

1.1	EC統合市場発足（12ヵ国）
1.1	チェコスロヴァキア，連邦解消。チェコとスロヴァキアに分離
1.3	米ロ首脳会談（モスクワ），第二次戦略兵器削減条約（STARTII調印）
3.12	北朝鮮，核拡散防止条約（NPT）からの脱退を宣言
3.27	江沢民を国家主席に選出（第8期全人代）
5.1	米クリントン政権，ボスニア紛争への「空爆と武器禁輸解除」政策発表　302
5.13	アスピン米国防長官，SDIの中止を表明
5.28	カンボジア総選挙投票終了，9.21立憲君主制新憲法採択
6.5	ソマリア国連活動（UNOSOM II）のパキスタン兵24名死亡。アイディード派と国連との緊張深刻化　306
7.7	東京サミット（～7.8），クリントン米大統領「新太平洋共同体宣言」を発表　303,305
7.18	日本総選挙，自民過半数割れ。細川連立政権発足へ　295
9.13	パレスチナ暫定自治合意（オスロ合意）調印　288,303-304
9.18	クリントン政権，一連の演説で「市場民主主義の関与拡大」戦略と国連政策見直しの方針を示す（～9.27）　304
10.3	ロシア大統領と議会派との衝突。大統領側は議会議事堂を砲撃。議会派は投降　303
10.3	ソマリアで米兵殺害事件発生（1994.3米軍は撤退へ）　305-306
10.3	日ロ首脳会談（東京），日ソ間の諸合意を引き継ぐことと，北方四島の帰属問題が存在することを確認（東京宣言）
11.1	マーストリヒト条約発効。欧州連合（EU）発足
11.20	APEC第1回非公式首脳会議（シアトル）
12.7	南ア，暫定執行評議会発足（白人支配終わる）
12.15	GATT事務局，ウルグアイラウンド最終合意案を提示　305

1994年

1.1	北米自由貿易協定（NAFTA）発効　305	
1.10	NATOブリュッセル首脳会談，「平和のためのパートナーシップ（PfP）」協定を発表（1.11）　306,307,309	
2.5	サライェヴォ市場砲撃事件　307	
3.18	「ムスリム・クロアチア連邦」調印　307-308	
4.15	GATT　ウルグアイラウンド最終合意案に各国代表が調印，世界貿易機関（WTO）発足を決定（「マラケシュ協定」）　305	
5.4	パレスチナ，ガザとエリコでの先行自治を開始	
5.10	マンデラ南ア大統領に就任（初の黒人大統領）	
6.13	北朝鮮，IAEAからの脱退を表明。米軍，北朝鮮核施設爆撃を準備　311	
6.16	カーター元大統領が訪朝し，金日成主席と会談（～6.17）　311	
7.8	北朝鮮の金日成主席死去　311	
7.25	ASEAN地域フォーラム第一回外相会談	
8.12	防衛問題懇談会が安全保障政策の報告書（『樋口レポート』）提出　295	
10.18	米朝高官会談で，北朝鮮のNPT復帰，軽水炉支援で合意（「米朝枠組み協定」）　311,357	
12.5	米ロ間のSTART I発効	

1995年

1.1	世界貿易機関（WTO）発足　305	
1.5	ガリ国連事務総長，『平和への課題―補遺』を発表，国連による「平和執行」を事実上断念　305	
2.27	米国防総省『東アジア戦略報告』発表　310	
5.11	核不拡散条約（NPT）再検討延長会議がNPTの無期限延長を採択	
5.15	中国，地下核実験の実施を発表（通算42回目）	
6.13	シラク仏大統領，1996.5までに8回の地下核実験を南太平洋で実施すると発表	
7.11	ボスニア・スレブレニッツァ事件（～7.22）　308	
7.11	米越国交正常化。7.28ベトナムがASEANに加盟	
7.21	中国，台湾海峡でミサイル発射実験開始（～1996.3,台湾海峡危機）　312	
7.30	チェチェン紛争の両当事者が和平文書調印	
9.4	米海兵隊員による沖縄少女暴行事件　312	
9.28	パレスチナ自治拡大協定の調印式（通称「オスロII」）	
11.4	イスラエルのラビン首相，極右のユダヤ人青年により暗殺	
11.21	ボスニア和平合意（「デイトン合意」）成立　308	
12.15	ASEAN加盟7ヵ国とラオス，カンボジア，ミャンマーが東南ア非核地帯条約に調印（バンコク）	

1996年

4.11	アフリカ大陸を非核地帯とする「ペリンダバ条約」調印(カイロ)
4.17	日米首脳会談にて「日米安全保障共同宣言」発表　310
5.7	インド総選挙,ヒンズー至上主義の人民党が第1党。5.16バジパイ首相就任
5.29	イスラエル首相公選,右派リクードのネタニヤフが現職ペレス首相を破る
7.3	ロシア大統領選,エリツィン再選
7.7	レーク米国家安全保障問題担当大統領補佐官訪中(～7.11)。江沢民国家主席や李鵬首相らと会談
7.24	米中外相会談(ジャカルタ),「一つの中国」原則を確認しつつ,台湾海峡問題での緊張緩和を目指すことで一致　303,312
7.29	中国,地下核実験を実施(通算45回目)。今後核実験を凍結すると宣言
9.10	国連総会,包括的核実験禁止条約(CTBT)を採択　320
9.27	アフガンの反政府勢力タリバン,首都カブールを制圧。ラバニ政権崩壊　321
11.5	米大統領選,クリントン(民主党)再選
12.13	ガリ国連事務総長の再任をアメリカが拒否。国連安保理はコフィ・アナンを新事務総長に指名
12.29	グアテマラ政府と民族革命連合(URNG)が和平協定に調印

1997年

2.19	鄧小平死去
5.1	英総選挙,労働党圧勝。ブレア政権発足へ　313
5.14	タイ・バーツが投機筋から大量に売られる
5.27	「NATOロシア基本文書」調印,NATOの東欧拡大で妥結　309
7.1	香港返還　312
7.2	タイ・バーツが通貨危機により変動相場制へ移行。アジア通貨危機に発展(～97.12)　313
7.2	米国ネバダ核実験場で未臨界核実験
7.5	カンボジアでフン・セン第二首相派とラナリット第一首相派が戦闘。7.6ラナリット追放
7.23	ミャンマーとラオス,ASEANに加盟(九ヵ国体制に)
9.18	オスロの政府間会合で対人地雷全面禁止条約採択
10.8	金正日,朝鮮労働党総書記に就任との発表　311,357
11.2	日ロ首脳,2000年を目途に平和条約締結を目指す方針を確認(クラスノヤルスク合意)
11.17	エジプトのルクソールでイスラム過激派が外国人観光客に無差別発砲,日本人

	含む約60人射殺
12.1	温暖化防止京都会議。先進国の温暖化ガス削減目標を盛り込んだ京都議定書を採択（12.11）
12.9	朝鮮半島和平のための4者（韓国・北朝鮮・米・中）協議，ジュネーブで開幕（～12.10）
12.18	韓国大統領選，金大中当選（就任1998.2.25）　311

1998年

1.21	ローマ法王ヨハネ・パウロ2世がキューバを初訪問（～1.25）
5.5	インドネシアで反スハルト暴動発生し約500人が死亡。5.21スハルト大統領辞任，後任ハビビ副大統領　313
5.11	インド，24年ぶり2度目の地下核実験　323
5.11	フィリピンで大統領選。5.29エストラダ副大統領の当選が確定
5.28	パキスタン，インドの核実験に対抗して初の核実験　323
6.10	日中両共産党，関係正常化に合意（31年ぶり）
6.25	クリントン大統領訪中（～7.3）。米大統領の訪中は1989年の天安門事件以来初　312
8.7	ケニア，タンザニアにおける米大使館爆破事件　323
8.20	米軍，大使館爆破事件の報復としてアフガニスタンとスーダンのアルカイダ拠点を爆撃　323
8.31	北朝鮮，弾道ミサイル「テポドン1号」発射，三陸沖の太平洋に着弾　311,323
9.28	ドイツ総選挙で社会民主党勝利。16年間続いたコール政権に幕（10.27シュレーダー政権発足）　313
10.23	イスラエル・パレスチナ首脳，アメリカの仲介で治安状況改善と和平交渉の準備に合意（通称「ワイリバー合意」）
12.4	英仏首脳会談，「欧州防衛に関する共同宣言」（サン・マロ合意）発表。域外活動を念頭においた欧州独自の軍事能力整備に両国が合意　314

1999年

1.1	欧州経済通貨同盟（EMU）発足。EUの単一通貨「ユーロ」，11ヵ国で導入
1.15	コソヴォ中部のラチャク村襲撃事件，アルバニア系住民が多数死亡　314
2.14	コソヴォ和平に関するランブイエ会議（～2.23）。セルビア政府，米提示の調停案を拒否　314-315
3.1	対人地雷全面禁止条約発効
3.12	ハンガリー，チェコ，ポーランド，NATO加盟　309
3.24	NATOコソヴォ空爆（～6.10）　315

4.25	NATO結成50周年首脳会議（ワシントン）にて『新戦略概念（99年）』を発表　315-316
5.26	カシミールで，印パ両軍衝突（〜7.26,「カルギル戦争」）　323
8.2	中国，大陸間弾道ミサイル「東風31」発射成功
8.30	東ティモールの住民投票で独立派が圧勝。反発するインドネシア残留派民兵がディリを制圧。多国籍軍展開（9.20），インドネシア国民協議会が独立承認（10.20）
9.4	イスラエルとパレスチナ自治政府，ヨルダン川西岸からのイスラエル軍の追加撤退日程や国境画定などに関する最終地位交渉期限を盛り込んだ合意文書（通称シャルム・エル・シェイク覚書，修正ワイリバー合意）に調印
10.12	パキスタンで軍事クーデター，ムシャラフ参謀総長が実権掌握。後に大統領就任（2001.6.20）　324
10.13	米上院，CTBT批准案を否決　320
12.11	マカオ，ポルトガルから中国に返還式典
12.14	パナマ運河，アメリカからパナマへの返還式典
12.31	エリツィン・ロシア大統領辞任表明，後継にプーチン首相（2000.4.7大統領就任）

2000年

1.4	イタリアと北朝鮮が国交樹立
2.4	オーストリアでナチス容認発言のハイダー党首率いる自由党が連立政権に参加。EU14ヵ国は外交制裁。ハイダー党首辞任（2.28）
2.6	ロシアのプーチン大統領代行，チェチェン共和国の首都グロズヌイ制圧を発表
3.3	ピノチェト元チリ大統領，英当局から釈放され帰国（1998年病気療養を理由に英入国時にチリ在住スペイン人への人権弾圧の容疑で身柄拘束）
3.18	台湾総統選，民主進歩党の陳水扁が当選（5.20就任）
3.21	ローマ法王ヨハネ・パウロ2世，イスラエルを法王として初訪問（〜3.26）
4.3	EU・アフリカ首脳会談開幕，4.4「カイロ行動計画」発表，今後の連携強化を確認
4.10	第一回「南サミット」開催（ハバナ，発展途上国133ヵ国参加）。4.14「ハバナ行動計画」採択
5.12	インドネシア政府とアチェ独立派，ジュネーブで停戦合意文書に調印（6.2発効）
5.24	米下院，対中国最恵国待遇恒久化法案可決（9.19上院も可決）
6.10	シリアのハフェツ・アサド大統領死去，後継は次男のバッシャール・アサドに　321
6.13	金大中大統領が訪朝，史上初の南北首脳会談開催（〜6.15）　311,334,357
6.15	独シュレーダー政権と電力四社，将来の原発全廃で合意

7.25	米大統領仲介によるイスラエル・パレスチナ交渉決裂（キャンプ・デービッド） 321	
9.24	ユーゴスラヴィア大統領選投票，開票結果に抗議したゼネスト発生（10.2），ミロシェビッチ体制事実上の崩壊（10.6），コシュトニツァ政権発足（10.7）	
9.28	エルサレム「神殿の丘」にリクード党首シャロンが強行訪問。パレスチナ側は抵抗運動を強化（「第2次インティファーダ」） 331	
10.19	英独両国，北朝鮮と国交樹立の方針を相次いで表明	
10.23	オルブライト米国務長官訪朝 311,334,357	
10.31	イランのハタミ大統領訪日。元首級としては42年ぶり	
11.16	クリントン大統領訪越，ベトナム戦争終結後初の米首脳訪越（〜11.19）	
12.11	EU理事会（首脳会議）「ニース条約」に合意，中東欧諸国加盟に備えたEU機構改革へ	
12.13	米大統領選をめぐる法廷闘争の結果，ブッシュ候補の当選が事実上確定	

2001年

1.16	コンゴ民主共和国（旧ザイール）カビラ大統領暗殺
1.20	ジョージ．W．ブッシュ，アメリカ大統領に就任 321,324
2.6	イスラエル首相公選，右派リクードのシャロン党首勝利
3.2	アフガン・タリバン政権がバーミアン大仏立像を破壊（〜3.14）。情勢悪化に国際的関心高まる 324
3.25	日ロ首脳会談（イルクーツク），日ソ共同宣言（1956年）の有効性を確認し，北方四島の帰属を協議して平和条約締結を目指すことで合意（「イルクーツク声明」）
3.28	米政府，二酸化炭素削減を義務づける京都議定書への不参加を正式表明
4.1	米偵察機，中国海南島に不時着。中国当局は米乗組員を拘束（海南島事件）
5.1	ブッシュ大統領，大規模なミサイル防衛システム網構築方針を表明
5.6	ローマ法王ヨハネ・パウロ2世，ダマスカスのウマイヤド・モスク訪問。史上初
5.26	米上下両院，10年間で1兆3500億ドルの大型減税法案を可決。レーガン政権以来20年ぶり
6.15	中，ロ，中央アジア諸国による首脳会談（上海）。「上海条約機構（SOC）」結成
7.13	2008年の五輪開催地は北京に。IOC総会の二回目投票で圧勝
7.25	米，生物兵器禁止条約の議定書案の受け入れを拒否することを表明
7.29	イスラエル，パレスチナ自治区の指導者に対する暗殺作戦を強化
8.13	マケドニアで，アルバニア系住民の地位向上を確認する包括和平文書に調印
9.11	米同時多発テロ事件 324,325
9.12	ブッシュ大統領，軍事報復を視野に断固とした態度をとると宣言
9.12	NATO大使級理事会，史上初めて集団的自衛権の発動を準備することで合意

	（行使決定10.2）決定　　325	
9.13	パウエル国務長官，同時多発テロに関してオサマ・ビン・ラディンを指導者とするアルカイダの犯行関与に言及	
9.14	米上下両院，対国際テロ武力行使容認決議案を採択	
9.22	米政府，対印パ経済制裁解除（1998年の核実験以来）　　356	
10.2	ブッシュ大統領，タリバンに最後通牒	
10.7	米英軍，アフガニスタン空爆開始（アフガニスタン戦争の開始）　　325	
10.23	北アイルランドのカトリック系過激派IRAが武装解除を開始	
10.26	日本，対印パ経済制裁解除を発表	
11.10	WTO閣僚会合，中国の2002年からの加盟を承認，翌日，台湾についても承認	
11.13	アフガニスタンの首都カブール陥落　　325	
12.5	アフガン諸派「ボン合意」に調印。暫定政府の議長（首相）はハミド・カルザイに　　325,335	
12.13	米，ABM制限条約からの一方的脱退を通告。ロシア，中国は反発	
12.15	EU首脳会議（ベルギー，ラーケン）「ラーケン宣言」発表。2004年に最大10ヵ国の新規加盟を認めることで合意	
12.28	中央アジア4ヵ国（ウズベク，カザフ，キルギス，タジク），「中央アジア共同体」創設に合意	

2002年

1.1	欧州単一通貨「ユーロ」の流通が12ヵ国で開始
1.9	米国防総省，「核戦略体制見直し計画」の概要を発表（8年ぶり）。テロ組織や「ならず者国家」による核攻撃を念頭に核，MD，通常兵器の「融合戦略」を提示
1.21	アフガニスタン復興支援国際会議（1.22，東京〜）
1.23	ブッシュ政権，2003会計年度国防予算案発表。前年度比で約10％を超える大幅増
1.29	ブッシュ大統領一般教書演説。イラク，イラン，北朝鮮が「悪の枢軸」を構成していると批判　　327-328
2.14	ブッシュ大統領，京都議定書に代わる独自の温室効果ガス削減対策を発表
3.27	アラブ連盟首脳会談，「ベイルート宣言」発表。パレスチナ問題解決とアラブ諸国によるイスラエルとの関係正常化をリンクさせる，「土地と和平」交換の原則を確認
3.29	イスラエル軍，ヨルダン川西岸のパレスチナ議長府を包囲，アラファト議長を監禁状態に置く　　331
4.4	アンゴラ政府軍と反政府のアンゴラ全面独立民族同盟が停戦協定締結。独立以来続いた内戦は，27年で幕
4.6	米英首脳会談（テキサス州クロフォード）。イラク戦争開戦計画について協議

		328
4.10	ベネズエラの親米勢力とCIAによるクーデター未遂事件。チャベス大統領が帰国し復職（4.14）	
5.2	イスラエル軍ラマラから撤退。アラファト議長解放	
5.5	仏大統領選決選投票，「共和国連合」のシラク現大統領が再選	
5.12	カーター元大統領，キューバ訪問	
5.24	米ロ首脳会談（モスクワ）で「戦略攻撃兵器削減条約」に調印。両国の戦略核弾頭を約3分の1に削減。核弾頭の保管は黙認	
5.28	NATOロシア特別首脳会談（ローマ），「NATOロシア理事会」の創設を正式に承認	
6.7	上海協力機構（SCO）首脳会談（サンクトペテルブルク），機構憲章など基本文書採択	
6.24	アフガン移行政府発足（大統領はカルザイ，2004.6の選挙までの統治主体との位置づけ）　326	
6.24	ブッシュ大統領，パレスチナ国家建設の支持を表明　331	
9.17	小泉首相訪朝，金正日総書記は拉致問題の存在を認める（一部被害者は生存）　311-312,334	
10.11	米上院，対イラク武力行使容認決議（下院も10.10に同様の議決）	
11.8	イラクに大量破壊兵器放棄を求める国連安保理決議1441号採択　329	

2003年

1.10	北朝鮮，NPTからの脱退を表明　357
2.14	PLOアラファト議長，パレスチナ「首相」を置く方針を発表（4.30アッバス内閣発足）　331
2.26	ブッシュ大統領中東演説（ワシントンD.C.），将来のイラクをモデルとして中東民主化を目指す方針を表明　336
3.16	米，英，スペイン，ポルトガル首脳会談（ポルトガル領アゾレス諸島），イラク戦争開戦を最終決定　330
3.20	イラク戦争開戦（米東部時間3.19）　330
5.1	ブッシュ米大統領，イラクでの大規模な戦闘終結宣言　330,335
5.16	連合国暫定当局（CPA）命令第1号，イラク政治の脱バース党化を指令　330,337
5.23	CPA命令第2号，イラク軍解体を指令　330
6.4	イスラエル・パレスチナ首脳会談（アカバ・サミット）　331
7.26	日本「イラク特措法」可決，自衛隊のイラク派兵へ　337
8.27	北朝鮮核問題に関する6ヵ国協議第1回会合（北京）　335,357
10.15	中国，有人宇宙飛行船「神舟5号」打ち上げ，米と旧ソ連に続き世界3番目の有人宇宙飛行成功

10.21	英独仏のEU三国外相がイランを訪問し,「テヘラン合意」をまとめる 334	
11.6	ブッシュ大統領「中東における自由の前進戦略」発表,中東民主化推進を提唱 350	
12.13	フセイン元イラク大統領拘束　330	
12.19	リビア,米,英の三国交渉妥結,リビアは大量破壊兵器開発を断念 333	

2004年

3.8	イラク統治評議会,「イラク基本法」に署名,主権回復へむけての法的準備が整う
3.11	マドリード列車爆破テロ,3.14の総選挙で親米右派アスナール政権敗北 338
3.16	中仏合同の海洋軍事演習(青島沖)
4.28	アブ・グレイブ収容所での米軍属によるイラク人への虐待行為が発覚　338
5.11	米国家安全保障大統領指令(NSPD)36号,連合国暫定当局の廃止を決定 338
6.28	イラク主権回復(当初の予定は6.30)　337,338
7.9	米上院情報特別委員会報告書,イラク戦争開戦時にイラクには大量破壊兵器はなかったと結論
7.14	英議会独立調査委員会(バトラー委員長),イラク前政権が45分以内に生物・化学兵器を配備できたとのイラク戦争開戦前の英政府の主張は根拠なしと結論　395［註 第16章(43)］
7.22	米9.11同時多発テロ独立調査委員会(キーン委員長,ハミルトン副委員長)最終報告,9.11テロとイラクのフセイン前政権とを直接結びつける証拠はないと判断
8.6	イラク駐留米軍による攻撃でサドル派マフディ軍300人以上が死亡
8.16	ブッシュ大統領,今後10年間で在外米軍を6〜7万人削減する方針を発表
9.15	アナン国連事務総長が英BBC放送に対してイラク戦争開戦が違法であった可能性を指摘　338
9.30	米政府派遣大量破壊兵器調査団報告(「デュエルファー報告」),1991年以降にイラクで大量破壊兵器開発が行われた証拠なしと判断　338
11.11	アラファトPLO議長死亡　332

2005年

1.30	イラク制憲（国民）議会選挙投票，2.17結果判明，「統一イラク同盟」（シーア派）が過半数獲得　　337
2.8	イスラエル・パレスチナ首脳会談で停戦合意，エジプトが仲介。しかし，ハマスは合意に拘束されないと宣言
2.10	北朝鮮外務省，核保有国であることを宣言　　357
2.14	レバノンのラフィーク・ハリリ首相暗殺，反シリア運動が高揚　　332
2.27	イラン・ロシア原子力協定署名，2006年中にブシェール原発の稼動を目指す方針。2010.8.13米政府，これを容認　　355-356
3.31	米大量破壊兵器に関する情報能力調査報告書，イラク戦争開戦時に情報機関の提示していた大量破壊兵器問題や諸情報や分析の多くが誤っていたと批判
4.11	中印首相会談，国境問題の早期解決で合意
4.17	印パ首脳会談（〜4.18），対テロ対策強化，信頼醸成，カシミールでの交流拡大で合意
4.19	北朝鮮，米への抑止力として核爆弾製造計画を進めていることを認める
4.26	シリア軍レバノンから撤退完了　　332
4.28	イラク移行政府発足　　337
5.13	米朝協議（2004.12以来初）
5.17	イラン・ハラジ外相イラク訪問（フセイン政権崩壊後初），イラク移行政府支持を表明
5.29	仏の国民投票でEU憲法条約否決，オランダの国民投票でも否決（6.1）
7.7	ロンドン連続爆破事件発生，死者56人，負傷者約700人。ロンドン警視庁は「対テロ戦争」に反発する英国内ムスリム学生らによる犯行と判断
7.16	イラク・ジャファリ首相，イラン訪問
7.26	北朝鮮核問題に関する6ヵ国協議再開（1年1ヵ月ぶり），中国が共同議長案を提示
8.3	イラン大統領に対米・対イスラエル強硬派と見られるアフマディネジャドが就任　　334
8.29	ハリケーン・カトリーナ，米ルイジアナ州に上陸，死者1000人を超す大災害に発展　　341
9.8	ウクライナ・ユシェンコ大統領，ティモシェンコ首相ら全閣僚を解任
9.12	イスラエル軍がガザ撤退を完了
9.13	米中首脳会談，朝鮮半島非核化の目標に向け，6ヵ国協議推進で合意
9.15	米財務省，バンコ・デルタ・アジア（マカオ）を資金洗浄の懸念ある組織と認定し取引停止命令。同行は北朝鮮との関係が深いとされており，対北朝鮮金融制裁の事実上の強化　　335,357-358
9.18	ドイツ総選挙。キリスト教民主同盟（CDU）のメルケルを首班とする大連立政権発足へ

9.19	北朝鮮核問題に関する6ヵ国協議,「共同声明」の発表　335	
9.19	米,新有人月面着陸計画を発表。2018年を目標に据える	
10.15	イラク新憲法案国民投票,約78％の賛成で憲法案を承認（10.25結果判明）　338	
10.17	小泉首相,首相在任中5度目となる靖国神社参拝　358	
10.18	ラムズフェルド国防長官中国訪問（〜10.20）	
10.28	胡錦濤中国国家主席,北朝鮮訪問（〜10.30）。中国側は金正日総書記が先の6ヵ国協議共同声明の履行を約束したと発表	
11.14	ブッシュ米大統領アジア歴訪。APEC首脳会談（釜山）出席の機会に日,韓,中,モンゴルを訪問（〜11.21）。米中首脳会談にあわせて中国はボーイング社から旅客機70機を購入する商談を発表,米側の人権批判をかわす	
11.21	イスラエル・シャロン首相,与党リクード党を離党し,国会を解散。労働党のペレス元首相らと新党カディマを結成（11.24）。イスラエル政界再編へ	
11.21	イラク・タラバニ大統領,イラン訪問（同国首脳の訪問は38年ぶり）	
11.30	米『イラクでの勝利に向けた国家戦略』を発表　339	
12.1	アラブ首長国連邦（UAE）,連邦評議会議員の半数を任命制から選挙制へと変更するとの発表	
12.14	ASEAN,東アジア・サミット開催	
12.14	ブッシュ米大統領,イラク戦争を正当化しつつも,核開発に関する情報が誤っていたことを認める	
12.15	イラク国民議会選挙　338,340	

2006年

1.4	イスラエル・シャロン首相入院,オルメルトが代理に　332
1.11	金正日訪中（〜1.18）
1.22	サウジ・アブドラ国王アジア歴訪（〜2.2）。訪問先は中国,インド,マレーシア,パキスタン。訪中はサウジ国王として史上初,訪印は51年ぶり
1.25	パレスチナ立法評議会選挙,ハマスが多数派に　332
2.13	イラン国会ボルシェルディ国家安全保障外交委員長,ウラン濃縮作業に着手したことを表明
2.22	イラク中部の都市サマラでモスク爆破事件,イラクは「内戦」状態に　340
3.28	イスラエル総選挙。新党カディマを中心とする連立政権発足へ
3.31	イラン国営放送,多弾頭ミサイル発射実験に成功したと報道
4.3	イラン・イラク国境にてクルド自由生活党（PJAK）がイラン兵24人を殺害,イランはクルド人勢力への砲撃で報復（4.30）
4.11	イラン・アフマディネジャド大統領,低濃縮ウラン生産に着手したと表明
4.18	胡錦濤中国国家主席,5ヵ国歴訪に出発（〜4.30）。訪問先は米,サウジ,モロッコ,ナイジェリア,ケニア。サウジとナイジェリアではエネルギー協力強

	化で合意
5.4	英統一地方選挙，与党労働党大敗，党内からブレア首相辞任要求高まる（2007.6.27辞任） 341
5.20	イラク正式政府発足。大統領はタラバニが留任（クルド系），新首相はマリキ（シーア派） 338,340
5.21	新ユーゴ（セルビア・モンテネグロ）国民投票，モンテネグロ共和国独立へ
6.6	EU，イランに対しウラン濃縮停止に伴う包括的見返り案提示
6.27	イスラエル軍ガザ地区に侵攻，事実上の軍事占領 332-333
7.5	北朝鮮ミサイル発射実験 335
7.11	インド・ムンバイで同時多発爆破テロ。インド政府はイスラム過激派とパキスタン政府を批判
7.12	イスラエル軍レバノンにも侵攻，イスラム組織「ヒズボラ」支配地域を占拠（10月撤退） 333
7.20	日経新聞，昭和天皇がA級戦犯の靖国合祀を批判したとする「富田メモ」の存在を報道
7.31	国連安保理決議1696号採択，イランのウラン濃縮・再処理の停止を要求
7.31	キューバ・カストロ議長，体調不良を理由に一時休職を表明。事実上の引退へ（後任は弟のラウル・カストロ）
8.4	ウクライナ，親ロ派ヤヌコビッチを首相とする大連立政権発足。欧米接近政策の見直しへ
9.8	米上院情報特別委員会報告書，イラクの旧フセイン体制とアルカイダとの直接の関係を裏付ける証拠はないと結論
9.27	米，パキスタン，アフガン3国首脳会談，パキスタンとアフガンの不和は解消せず 335-336
10.9	北朝鮮，核実験実施 335,357
10.14	国連安保理決議1718号採択，北朝鮮への制裁強化を全会一致で決定
11.7	米議会中間選挙投票，上下両院とも民主党が議席を伸ばす 341
11.8	米政府，ラムズフェルド国防長官の辞任発表。後任にゲーツCIA長官 341
11.21	中印首脳会談（ニューデリー），中国首脳の訪印は10年ぶり
11.24	中国・パキスタン首脳会談（イスラマバード），両国間のFTA合意に調印
12.23	国連安保理決議1737号採択，イラン核開発に対する制裁決議（第1回目の制裁決議）
12.30	サダム・フセインに死刑執行 330,341

2007年

1.10	ブッシュ大統領，イラクに2万1500人の増派計画を発表。イラク反政府・反米勢力の大規模掃討作戦（「サージ」）を展開（～2008.7） 341
1.11	中国，人工衛星攻撃兵器の実験に成功 353

2.13	北朝鮮核問題をめぐる6ヵ国協議，共同文書に調印。北が核放棄への「初期段階」の措置を取ること，関係国は見返りにエネルギー支援をすることを約束
2.15	ブッシュ大統領，アフガンへの米軍増派方針を表明。英政府も同様の方針を発表（2.26）　336
2.19	ポーランド，チェコ首相会談，MD関連施設の両国への受け入れ方針を確認
2.26	米政府，シリア，イランとの高官レベル交渉を行う意向を示唆
3.14	北朝鮮，IAEA査察団を寧辺核施設へ受け入れる意向を表明
3.17	パレスチナ「挙国一致」内閣成立，ハマスも政権参加。イスラエルは反発
3.19	北朝鮮核問題をめぐる6ヵ国協議，米朝はバンコ・デルタ・アジアの凍結資金を北朝鮮に返還することで合意
3.24	国連安保理決議1747号採択，イラン核開発への制裁として武器禁輸措置を決定（第2回目の制裁決議）
3.27	コンゴ政府軍と民兵の大規模衝突で，600人余りが死亡したとEU調査団が報告
3.28	アラブ連盟首脳会談（リアド），2002年の同連盟首脳会議で確認した中東包括和平案（「ベイルート宣言」）を再提示する「リアド宣言」を発表。イスラエルの占領地返還要求と，各国が対イスラエル関係を正常化する方針を確認
4.26	米・ミャンマー国交回復（24年ぶり）
4.26	ロシア・プーチン大統領，米のMD配備に対抗してCFE条約の履行を凍結する方針を表明（7.14大統領令発布）
5.6	フランス大統領選挙投票，サルコジが当選
5.19	中国広西省チワン族自治区で一人っ子政策に反発する暴動発生，数千人が死亡との報道
5.27	イスラエル，ハマス閣僚らパレスチナ政界関係者33人を拘束
5.28	米・イラン高官協議（イラク・バグダッド）。1980年の断交以来27年ぶりの高官級の接触
6.5	ブッシュ大統領チェコ訪問，MD施設設置でチェコ政府と合意
6.14	パレスチナ・アッバス議長，ハマスのハニヤ首相を解任，挙国一致内閣崩壊。ヨルダン川西岸を拠点とするファタハとガザ地区を拠点とするハマスは事実上分裂状態に
6.14	北朝鮮，2007.2の6ヵ国協議共同宣言に基づきIAEA査察団を招請
6.27	ブレア英首相辞任，後任にブラウン財務相　341
6.30	米韓自由貿易協定（FTA）調印
7.7	「赤いモスク」（イスラマバード）立てこもり事件で軍が強行突入，神学生ら75名を射殺
7.27	米印原子力協定の交渉妥結　348
7.30	米下院本会議，従軍慰安婦問題で日本による公式謝罪を求める決議を可決
8.9	上海協力機構，合同軍事演習「平和の使命2007」開始（〜8.17）。機構加盟6ヵ国揃って初の軍事演習。中国新疆ウイグル自治区ウルムチ近郊とロシアのチ

	ェリヤビンスク州で展開　　353
8.19	イラン軍，クルド勢力に反撃してイラク北部へ砲撃　　342
9.6	イスラエル軍機がシリアを空爆，核関連施設を爆破との報道　　333
9.6	プーチン・ロシア大統領インドネシア訪問。10億ドル規模の武器売却で合意
9.13	ブッシュ米大統領，2008年夏までにイラク駐留米軍を限定的に削減する方針を発表
10.2	韓国盧武鉉大統領，北朝鮮訪問。第2回南北首脳会談開催（〜10.4）
10.3	中国，北朝鮮核問題に関する6ヵ国協議に向けて，核拡散防止のための「第二段階措置」についての共同文書案発表。
10.17	トルコ議会，イラクに拠点を持つクルド労働党（PKK）への攻撃を承認。数万人規模のトルコ軍がイラク国境に展開　　342
10.24	中国，月面探査衛星打ち上げに成功
10.25	米政府，イラン革命防衛隊やイラン国営銀行への経済制裁を決定
11.3	パキスタン非常事態宣言，ムシャラフ大統領はチョードリー最高裁長官を解任
11.13	トルコ軍，クルド労働党（PKK）への爆撃を開始との報道。PKK掃討作戦を展開（〜2008.3）　　342
12.1	ロシア下院選，プーチン大統領の与党「統一ロシア」圧勝
12.3	米国家情報局，イランは2003年秋頃から核兵器開発計画を停止中との報告を発表
12.13	EU基本条約（リスボン条約）調印式
12.19	韓国大統領選挙投票，李明博前ソウル市長（ハンナラ党）当選
12.27	ベナジル・ブット元パキスタン首相暗殺　　336

2008年

1.12	イラク国民議会，旧バース党員の公職復帰を容認する法案可決
1.15	フランスとアラブ首長国連合（UAE），新基地設置の合意文書に署名
1.23	ガザ南部ラファで封鎖壁破壊，住民数万人がエジプトに流入。同日エジプト軍が再封鎖
2.17	コソヴォ自治州議会，コソヴォ独立を宣言。翌日，米英仏独伊が独立を承認
2.21	トルコ軍，クルド労働党（PKK）掃討作戦を拡大。イラク北部にも越境（〜2.29）　　342
3.2	イラン・アフマディネジャド大統領，イラク訪問（1979年のイスラム革命以来初）
3.2	ロシア大統領選挙投票，メドベージェフ当選（5.7就任）。プーチンは首相に
3.3	国連安保理決議1803号採択，イラン核開発に対する追加経済制裁を決議（第3回目の制裁決議）
3.14	チベット・ラサで大規模暴動発生。3.18クシュネル仏外相は抗議のため北京五輪開式（8.8）のボイコットをEU加盟国に呼びかけ。ドイツ，スロヴァキ

国際政治年表　　459

	ア，チェコ，ポーランド，エストニア首相は欠席を表明，4月の反仏デモを受けサルコジ仏大統領は最終的に出席
3.22	台湾総統選挙投票，対中接近を公約にした国民党の馬英九候補が当選
3.27	英仏首脳会談（ロンドン），欧州防衛力の強化，原子力技術協力の推進で一致
3.28	北朝鮮，黄海に短距離ミサイル発射（2007.6以来）
3.30	中国・ニュージーランドFTA締結で合意，OECD加盟国で初の対中FTA（4.7調印）
3.31	メコン川流域6ヵ国首脳会談，中国昆明からシンガポール間の鉄道整備などで合意
4.4	NATOサミット（ルーマニア・ブカレスト），クロアチアとアルバニアの加盟を承認
4.19	中国各地で反仏デモと不買運動発生，チベット問題での仏政府の対応への反発から
4.19	米韓首脳会談，在韓米軍削減の凍結で合意
4.26	日ロ首脳会談，北方領土交渉を進展させることで合意
5.4	中国，ダライ・ラマ側特使との非公式協議（深圳），自治対話の早期再開で合意
5.12	中国四川省で大規模地震発生，死者約7万人，被災者約1000万人との推計
5.21	宇宙基本法成立（日本）。早期警戒衛星，ミサイル防衛関連の宇宙利用を合法化
5.28	ネパール制憲議会招集，約240年の王制に幕
6.13	中台両政府，直行航空便の運航開始に合意
6.13	アイルランド国民投票，EUリスボン条約を否決
6.26	北朝鮮，6ヵ国合意に基づく核計画申告書を発表，米政府はテロ支援国家指定解除を表明
7.21	中国雲南省昆明でバス連続爆破事件，中国当局はトルキスタン・イスラム党による犯行と判断
8.4	中国新疆自治区で連続爆破テロ事件発生（8.10，8,12，8.27にも発生）
8.7	グルジア軍，南オセチアへ軍事侵攻（8.8ロシア軍も侵攻，交戦状態になり，8.16停戦合意）
8.8	北京五輪開幕（〜8.24）
8.18	パキスタン・ムシャラフ大統領退陣　　336
8.20	米・ポーランド，MD配備を認める合意文書に調印
8.26	北朝鮮，核施設の無力化作業の中断を表明（9.3寧辺核施設の復旧に着手）
9.3	米，パキスタン領内の直轄部族地域でタリバン掃討作戦開始　　336
9.6	パキスタン大統領選挙で文民政権復活。ザルダリ（暗殺されたブット元首相の夫）が当選　　336
9.15	ジンバブエ，連立政権形成でムガベ大統領と民主改革連合のツァンガライ党首が合意
9.15	米リーマン・ブラザーズ証券破綻，世界同時不況へ　　343
10.3	タイ・カンボジア国境で両国が武力衝突

10.4	ブッシュ大統領，金融市場安定化策を発表。1250億ドルの公的資金を金融機関に注入する方針
10.11	米政府，北朝鮮のテロ支援国家指定を解除したと発表
10.15	シリア・レバノン国交樹立
10.15	中・パキスタン首脳会談（北京）。パキスタン・クレシ外相，この会談で中国がパキスタンの商業用原子炉建設に協力する合意が成立したことを発表（10.18） 348
10.22	インド，初の月探査機「チャンドラヤーン1号」打ち上げ成功
10.26	米，シリア領内でアルカイダ幹部殺害を目的とした攻撃を実行
10.29	ベネズエラ，中国と共同開発の人工通信衛星「シモン・ボリバル」打ち上げ成功
11.4	アメリカ大統領選挙投票，オバマ（民主党）が当選。黒人初の米国大統領に（2009.1.20就任） 346
11.14	第1回G20首脳会談開幕（ワシントンD.C.）（〜11.15），金融危機への対応を協議 343
12.8	北朝鮮核問題に関する6ヵ国協議（〜12.11），核能力無能化の検証手続きで合意できず
12.17	英イラク首脳会談，2009.7までに英戦闘部隊のイラクからの撤退で合意
12.17	中南米33ヵ国，2010年に「中南米カリブ海連合」創設で合意

2009年

2.27	イラク駐留の米戦闘部隊の撤退発表（2011.12米軍イラク撤退完了） 347
3.6	米ロ外相会談，クリントン国務長官が米ロ関係の「リセット」を提案 354
3.11	サルコジ仏大統領，フランスのNATO軍事機構への復帰を宣言表明
3.31	オバマ大統領，欧州と中東歴訪（〜4.7）。G20サミット（ロンドン），NATO首脳会談（仏ストラスブール）に参加し，チェコ，トルコ，イラクを訪問
	4.1　米中，米ロ首脳会談（ロンドン）。米中両首脳は「米中戦略・経済対話」の設立に合意。米ロ両首脳は7月を目標に新START妥結に向け交渉を前進させることで一致 360
	4.5　プラハ演説，将来的な核廃絶を示唆 352, 354
	4.6　トルコ国会演説，中東民主化とパレスチナ問題解決を目指す方針を表明
	4.7　米・イラク首脳会談，イラクへの治安権限委譲を進める方針を表明 346
4.1	中仏首脳会談（ロンドン），仏はチベット独立を認めないことを表明，中仏の戦略対話実施で合意
4.5	北朝鮮ミサイル（テポドン2号）発射実験。米政府はミサイルが軌道に乗らな

	かったと分析
4.9	金正日が北朝鮮最高人民会議で国防委員長に三選される
4.14	北朝鮮，6ヵ国協議の離脱を表明。IAEA監視員の退去を要求
5.25	北朝鮮，核実験の実施を発表（第2回目）　357
5.26	胡錦濤中国国家主席と台湾国民党の呉伯雄主席が会談（北京），2010年をめどに経済協力枠組みの締結を目指すことで合意
6.2	韓国国家情報院，北朝鮮の次期指導者に金正恩が内定したとの情報を発表
6.15	イラン大統領選挙で敗北したムサビ元首相の支持者ら約10万人がデモ，警官隊と衝突
6.16	BRICs4ヵ国（ブラジル，ロシア，インド，中国）による初の首脳会談開催
6.30	台湾政府，中国からの直接投資受入れを解禁。1949年以来初めての措置
7.4	北朝鮮，日本海側に向けて弾道ミサイルを発射
7.5	中国新疆ウイグル自治区でウイグル族の大規模デモ。当局と衝突し数百人が死亡し，約1700人が逮捕されたとの報道
7.6	米ロ首脳会談（モスクワ），新START交渉の推進で合意　354
7.27	米中戦略・経済対話の第1回会合（ワシントンD.C.）　360
8.4	クリントン元大統領が訪朝，翌日，北朝鮮に拘束されていた米人記者を伴って帰国
8.30	日本総選挙，自民党は大敗，民主党が政権獲得へ（9.16鳩山由紀夫政権発足）
9.17	オバマ大統領は東欧へのミサイル防衛システム配備計画を見直す方針とロシアのWTO加盟支持を表明　354
9.25	イランが国内2ヵ所目となるウラン濃縮施設の存在をIAEAに認める
10.1	イラン，ウラン濃縮施設へのIAEAによる査察受け入れに同意
10.5	温家宝中国首相訪朝，金正日総書記と会談。金総書記は米朝協議の進展を条件としつつ，6ヵ国協議への復帰の意思を表明
10.6	パパンドレウ・ギリシア新首相に就任。巨額の財政赤字の存在を公表（11.5）　343
10.21	IAEA，イラン核問題の暫定合意案を提示　354
11.4	キャンベル米国務次官補がミャンマー訪問，米高官として14年ぶり
11.13	オバマ大統領アジア歴訪（〜11.19），APEC首脳会談（シンガポール）出席の機会に日中韓を訪問
	11.14　東京演説でアジアを重視した外交戦略を進めていくことを強調
	11.15　米ロ首脳会談，「新START」の早期締結を確認　354
	11.17　米中首脳会談，イランの核開発に対する懸念を共有することを確認　354
11.25	ドバイ政府，政府系持ち株投資会社（ドバイ・ワールド）の債務返済の繰り延べを要請（「ドバイ債務危機」）。世界的な信用不安連鎖の引き金となり，翌年にかけてギリシアは深刻な財政危機に陥る　343
11.30	北朝鮮，通貨のデノミネーションを断行。通貨単位を100分の1に切り下げ

12.1	EU新基本条約（リスボン条約）発効	
12.1	オバマ米大統領アフガン新戦略発表。3万人規模の増派と2011.7からの撤退開始を表明　347	
12.2	イラン・アハマディネジャド大統領，IAEAの提示していた国外でのウラン濃縮案を拒否　354	

2010年

1.1	中国とASEANの自由貿易協定（FTA）発効　361
2.7	ウクライナ大統領選，親ロ派のヤヌコビッチが勝利
2.9	イラン濃縮ウラン製造を開始，濃縮度は約20％で国際的な懸念が高まる
2.9	仏強襲揚陸艦をロシアに売却する契約に調印，NATO加盟国から初の対ロ武器輸出
2.13	米軍を始めとする各国部隊，アフガンでタリバンに対する大規模掃討作戦を開始　348
2.23	スーダン・ダルフール紛争の停戦枠組みに政府と反政府派が合意
3.9	日本の外務省有識者委が日米間に核持ち込み密約が存在したとの報告。岡田外相も核が持ち込まれていた可能性を指摘。米下院公聴会でシーファー国防副次官補は「核の傘」に関する日米公式協議の開始を示唆（3.17）
3.26	北朝鮮軍，韓国の哨戒艦を撃沈。両国間の緊張高まる　358
3.28	オバマ米大統領アフガンを電撃訪問。カルザイ大統領に政治改革と汚職一掃を要求
4.6	米「核体制の見直し」（核戦略指針）を発表，NPT遵守する非核国への核攻撃をしないと明記
4.8	米ロ首脳，「新START」に調印（モスクワ）。両国首脳はイラン制裁に向けた協調を確認　354
4.12	「核安全サミット」（ソウル）米ロ等47ヵ国首脳が参加，核物質の安全強化での協力を確認（～4.13）　354
4.15	キルギスタン政変，バキエフ大統領はカザフスタンへ事実上の亡命
4.15	オバマ大統領，新宇宙政策を発表，2030年代に火星有人飛行を目指す方針
5.1	上海万博開幕。史上最大の246の国と地域が参加（～10.31）
5.2	EUとIMF，ギリシアの大幅な緊縮財政を条件とした支援策で合意。ギリシアでは大規模スト発生　343
5.6	英総選挙，ブラウン労働党政権敗北。キャメロン保守党党首率いる保守・自民連立政権発足（5.11）
5.9	米ミッチェル特使を仲介者とするイスラエル・パレスチナ和平協議開始
5.17	トルコ，ブラジル首脳イラン訪問，核問題に関する「テヘラン宣言」発表　355
5.27	米「国家安全保障戦略」発表。単独主義を取らず，敵対する国家とも対話する

	方針を記載
5.31	イスラエル軍ガザ地区へ物資輸送中のトルコ船籍船を攻撃　　355
6.2	鳩山首相，普天間飛行場県外移設失敗の責任を取って辞職表明，後任に菅直人副首相（6.8就任）
6.9	国連安保理決議1929号採決，イランの核疑惑に対する経済制裁を決議（4回目制裁決議）　　355
6.23	オバマ大統領，マクリスタル・アフガニスタン米軍司令官を更迭。後任はペトレイアス将軍　　348
7.4	米・ポーランド外相会談，ポーランドへの弾道ミサイル迎撃システムを2018年までに配備することで合意
7.5	イスラエル，ガザ封鎖策の緩和を開始
7.22	国際司法裁判所，コソヴォ自治州の独立宣言（2008.2）は合法と判断，事実上の独立認定へ
7.25	ウェブサイト「ウィキリークス」が米軍のアフガニスタン戦略関連文書多数を暴露　　349
8.10	コロンビアとベネズエラが国交回復を合意
8.19	米軍イラク戦闘部隊の撤退を完了（「非戦闘部隊」の撤退は2011.12.18）　　347
8.25	カーター元大統領訪朝，北朝鮮は不法入国容疑の米国男性を釈放
8.26	金正日総書記訪中（〜8.30），胡錦濤中国国家主席と会談（8.27吉林省長春）
8.30	オバマ政権，北朝鮮への追加金融制裁を発表
9.2	イスラエル首相，パレスチナ議長，米国務長官の三者会談（ワシントン）
9.7	尖閣諸島の日本領海内で中国漁船が海上保安庁警備艇に衝突。9.24那覇地検，尖閣事件の船長を釈放　　358
9.21	中国当局，日本人会社員4名の身柄を拘束，レアアース（レアメタル）の対日輸出制限を開始　　358
9.28	朝鮮労働党代表者会開催（44年ぶり），金正恩を事実上の後継者に決定
10.4	日中首相会談（ブリュッセル），日中関係の関係修復を進めることで合意
10.8	ノーベル平和賞，服役中の民主化運動家で天安門事件の指導者の一人であった劉暁波に決定　　358-359
10.12	ASEAN拡大国防相会議，米，ベトナムなどが中国の南シナ海領有権問題での姿勢を批判
10.18	中国共産党第17期中央委員会第5回総会（5中総会），習近平国家副主席を中央軍事委副首席に任命。事実上，次期国家主席となることが決定
11.1	ロシア・メドベージェフ大統領が北方領土の国後島を訪問。以後，2011.5にかけてロシア高官の国後島，択捉島訪問が相次ぐ　　359
11.2	アメリカ中間選挙，野党共和党が躍進し下院の過半数を制する　　349
11.8	オバマ大統領インド国会演説，米印関係の強化を訴え，同国の国連安保理常任理事国入りへの支持を初表明

11.13	APECで首脳会談（横浜〜11.14），日中首脳は尖閣問題での相違を抱えつつも「戦略的互恵関係」を維持することを確認，日ロ首脳は北方領土問題で物別れ
11.19	NATOリスボン・サミット『戦略概念（2010年）』を発表　　356
11.21	アイルランドがIMFとEUに900億ユーロ規模の緊急融資を要請　　343
11.23	北朝鮮が韓国の実効支配地の延坪（ヨンピョン）島を砲撃。韓国兵2名と民間人2名が死亡　　358
12.5	米中電話首脳会談，オバマ大統領は北朝鮮が行動を抑制するように影響力を行使するよう要請
12.13	ロシア・シュワロフ第一副首相，国後島と択捉島を訪問
12.15	中国温家宝首相，インド・パキスタン訪問に出発（〜12.19）。インドとは「戦略経済対話」の創設および首相間ホットラインの開設に合意（12.16）。パキスタンとは建設中の原子力発電所を含むエネルギー協力の拡大を協議したとの報道　　348
12.18	中国漁船，韓国の排他的経済水域内で警備艇と衝突　　358
12.22	米上院，新START条約を批准

2011年

1.6	ゲーツ米国防長官，今後5年間で国防予算を約780億ドル削減する方針を発表
1.14	チュニジア，ベンアリ政権崩壊　　350
1.18	中国胡錦濤国家主席訪米，国賓としては1997年の江沢民以来　　359,361
1.20	中国国家統計局発表の2010年度GDP速報値，日本を抜いて世界第2位に躍進
1.25	エジプト・カイロなどでムバラク政権打倒を訴える大規模デモ発生
2.1	ムバラク大統領，9月の大統領選に出馬しない方針をテレビ演説
2.5	米ロ新START発効
2.7	スーダン南部の独立を問う住民投票で99％が独立賛成。事実上の独立へ
2.11	エジプト，ムバラク政権崩壊　　336,350
2.16	日印首脳，経済連携協定（EPA）に署名，機械や電子部品などの関税を撤廃，発効（8.1）
2.18	イエメンで反政府デモ隊と治安部隊が衝突，負傷者多数との報道　　351
3.10	サルコジ仏大統領，リビア国民評議会を正統政府として初の承認，カダフィ政権に圧力　　350
3.10	ダライ・ラマ14世，チベット亡命政府の政治権限を亡命政府首相に委譲することを表明（亡命政府の新憲法案承認は5.25）
3.11	東日本大震災発生（3.12〜15にかけて福島第一原子力発電所1〜4号機が破損・炉心溶融，チェルノブイリに匹敵する史上最悪の原発事故に発展）　　359
3.17	国連安保理決議1973号採択，リビアに飛行禁止区域を設置し，市民保護に「必要なあらゆる措置」をとると警告　　351

3.19	英仏米などリビア空爆開始　　351	
3.27	NATOがリビア攻撃の指揮権を米軍から移譲することで合意	
4.19	キューバ・カストロ議長が引退，弟のラウロ・カストロが後継者をなることを正式発表	
4.28	米国防関連人事発表。ゲーツ国防長官の後任にパネッタCIA長官，CIA長官にペトレイアス・アフガン駐留米軍司令官（司令官の後任はジョン・アレン海兵隊将軍）	
5.2	米軍オサマ・ビン・ラディン殺害（米東部時間5.1）　　349	
5.4	PLO主流派ファタハとハマスが和解文書に調印（カイロ），統一政府樹立を目指す方針で合意	
5.18	米政府，シリアのアサド政権に対し反政府派への弾圧への批判を理由として経済制裁を発動	
5.26	G8首脳会談（フランス・ドービル）	
6.3	日米防衛相会談，日本は共同開発した海上配備型迎撃ミサイルの第三国への技術移転を容認	
6.5	ポルトガル総選挙，政府の緊縮財政策を批判した社会民主党など野党陣営が勝利，政権交代へ	
6.6	ドイツ政府，2022年までに国内の原子炉全てを停止することを決定	
6.12	イタリア国民投票，原子力発電に対する反対が94%，イタリアも脱原発へ	
6.22	オバマ大統領，アフガン駐留兵1万人を年内に帰還させ，残りも2012年夏までに撤退させる方針を表明　　349	
7.13	菅首相，閣議決定を経ず脱原発を目指す方針を表明。閣僚と与党内から反発の声	
7.23	中国浙江省温州市で中国版高速鉄道が正面衝突，40人が死亡，172人負傷　　359	
7.28	米朝高官協議（ニューヨーク），核問題に関しては1年7ヵ月ぶり	
7.30	新疆ウイグル自治区カシュガルでトラックによる暴走殺傷事件（翌31日にも）。当局はウイグル独立派によるテロ事件と断定	
7.31	シリア軍，中部の都市ハマなどで反政府派への大規模掃討作戦展開，死者100人以上との報道	
8.10	中国初の航空母艦ワリャーグ（ウクライナ製）が試験航行を開始	
8.18	米英仏3ヵ国首脳，シリア・アサド政権の退陣を要求	
8.19	ミャンマーの民主化運動家スー・チー氏が軍事政権のティン・セイン大統領と会談	
8.23	リビア国民評議会が首都トリポリを奪取。カダフィ政権は事実上崩壊　　351	
8.24	朝日首脳会談（東シベリア），金正日総書記が6ヵ国協議への復帰の意向に言及　　359	
8.30	菅首相辞任，後任に野田佳彦財務相	
9.12	イラン・ブシェール原子力発電所稼働開始　　355	

9.15	デンマーク総選挙，政府の緊縮財政策を批判した中道左派の野党連合が勝利
9.20	アフガニスタン高等和平評議会主要メンバーのラバニ元首相，自宅を襲撃され死亡
9.23	パレスチナ自治政府，国連加盟を求める申請書を提出，米・イスラエルは反発
9.25	仏上院議会選挙，社会党などの左派が過半数獲得（左派の上院掌握は第五共和制下初）
9.29	中国初の宇宙ステーション「天空1号」打ち上げに成功（11.3無人宇宙船との結合に成功）
10.4	国連安保理，シリア政府に反政府デモ弾圧の中止を求める決議案を協議。中国とロシアは拒否権を行使
10.17	台湾の馬英九首席，対中国政策を発表。中国との「平和協定」締結の可能性も排除せず
10.20	リビアのカダフィ大佐，国民評議会系の武装集団によって殺害される
10.27	EUユーロ圏緊急首脳会談，ギリシア国債を5割減額する金融危機に対する包括支援策に合意
10.27	ミャンマー連邦議会，政党登録法を改正，アウンサンスーチー氏らの議会参加に道
10.31	ユネスコ総会，パレスチナの加盟を承認，アメリカやイスラエルなど反対，日英など棄権
11.6	ギリシア経済危機でパパンドレウ首相辞任，パパデモス欧州中央銀行前副総裁率いる大連立へ
11.12	イタリア経済危機でベルルスコーニ首相辞任，後任にマリオ・モンティ元欧州委員会委員
11.12	APEC首脳会談（ホノルル），野田首相，TPP交渉参加方針をオバマ米大統領に伝達（～11.13）
11.16	米豪首脳会談（キャンベラ），両国は米海兵隊を豪北部に駐留させる計画に合意
11.18	ロシア，カザフ，ベラルーシ首脳，「ユーラシア経済共同体」創設に向けた合意に署名
11.19	日中韓首脳会議，3ヵ国間のFTA交渉の早期実現で一致
11.20	スペイン総選挙，社民党政権の財政再建策を批判した野党国民党が圧勝
11.21	エジプトで軍政に反対する大規模抗議デモ発生，シャラフ暫定首相辞任
11.22	韓国議会，米韓FTA協定を批准。野党が反対する中で強行採決
11.23	イエメン・サレハ大統領，サウジアラビアなどが斡旋する副大統領への権限委譲案に合意
11.29	イランで英国大使館への大規模学生デモ，核問題での制裁に抗議
11.30	クリントン米国務長官，ミャンマー訪問（米国務長官として57年ぶり）。同国の民主化運動指導者アウンサンスーチー氏，連邦議会選挙への出馬を表明
12.3	中南米カリブ海33ヵ国首脳会議（ベネズエラ・カラカス），「カラカス宣言」

	を採択し，米加を除く33ヵ国で中南米カリブ海共同体を発足させることで合意
12.4	ロシア下院選挙，政権与党「統一ロシア」が辛勝。政権批判が高まり前回よりも大幅に議席減
12.9	EU首脳会談，経済危機対応のため財政規律の強化とIMFへの2000億ユーロ規模の拠出で合意
12.11	気候変動に関する国際連合枠組み条約第17回締約国会議（COP17），京都議定書延長で閉幕，日本は延長を拒否
12.12	韓国の排他的経済水域内で中国漁船と韓国海洋警察が衝突，韓国警察側の2名が死亡
12.15	米朝協議，米側は栄養補助食品の提供を提示，北は穀物を要求し平行線をたどる（〜12.16)
12.18	イラク駐留米軍が撤退完了（開戦から8年9ヵ月)，オバマ大統領「イラク戦争終結」を宣言
12.19	北朝鮮の朝鮮中央放送，金正日総書記が12.17に死亡したと発表，後継に三男の金正恩（12.30朝鮮人民軍最高司令官に任命)
12.31	イラン海軍，ホルムズ海峡でミサイル演習（〜2012.1.8)

2012年

1.6	米オバマ大統領「新国防戦略」を発表。国防費の大幅削減に伴い，二正面作戦を見直して陸軍兵員数を削減しつつ，空母11隻の体制は維持する方針
1.6	英ヘイグ外相，ミャンマー訪問。英外相の訪問は57年ぶり
1.8	イラン革命防衛隊ヌール上級司令官，米欧が原油制裁すればホルムズ海峡を封鎖すると発言，イラン保守系紙ホラサンが報道（2008.8.4にジャファリ同隊司令官も同様の発言)
1.8	パネッタ米国防長官，イランがホルムズ海峡を封鎖すれば軍事行動も辞さないと表明
1.8	イラン・アフマディネジャド大統領中南米歴訪（〜1.13)，訪問国はベネズエラ，ニカラグア，キューバ，エクアドル
1.8	パキスタン軍，ロディ国防次官（退役中将）を解任したギラニ首相を批判し「重大な結果を招きかねない」と警告。同日，ムシャラフ前大統領，政界復帰の意思を表明
1.9	イラン，中部コム近郊の施設でウラン濃縮を開始
1.10	中韓首脳会談，両国間のFTA協議の準備を開始する方針で一致
1.11	アフガン駐留米兵がタリバン戦闘員数人の遺体に放尿したビデオが流出。反米感情高まる
1.11	イランの首都テヘランで爆弾テロ，狙われた核科学者が死亡。イラン政府はイスラエルを非難（2010.1，11，2011.1にも同様のテロ事件が発生し，同国の

	核専門家が死亡)
1.12	米オバマ政権が「秘密のチャンネル」でイランに接触し，ホルムズ海峡封鎖は断固として許さないと警告したと同日付ニューヨーク・タイムズ紙が報道（1.15イラン外務省報道官，このチャンネルからのメッセージを受け取ったことを記者団に確認）
1.13	ミャンマー政府，主要政治囚を含む651人を釈放
1.14	イラン外務省，IAEA査察団を受け入れる方針を表明
1.15	米・イスラエル合同軍事演習延期。両国の軍事演習としては最大規模の予定であった
1.16	イラン・ラリジャニ国会議長，核科学者テロ事件の容疑者数人を拘束したと発表
1.21	エジプト人民議会選の投票結果判明，自由と公正党（ムスリム同胞団系）が第一党に
1.22	アラブ連盟首脳会談（カイロ），シリアのアサド政権に権限移譲を求めた「行程表」に合意
1.23	EU外相会議，イラン産原油の輸入禁止措置で原則合意（2012.7から全面発動の方針）
1.24	国際金融協会，ギリシア債務削減に合意。最大70％の削減
1.30	EU首脳会談，財政規律条約案に合意。欧州版の通貨基金「欧州安定メカニズム（ESM）」を7月に発足させ，財政支援を行う方針
2.3	中国の人権活動家の余傑，アメリカに亡命を申請
2.3	NATO国防相会議，「地上監視システム」に関連する無人偵察機の購入と運営方法で一定の妥結
2.3	ミュンヘン安全保障会議開幕（～2.5）。NATOラスムセン事務総長「スマート防衛」（各国の防衛能力を共有して予算を抑制する）構想を提案（2.4）
2.4	国連安保理，対シリア決議案否決。中ロが拒否権発動（2011.10に続き）
2.7	仏独首脳会談，両国で共通税制を導入する構想で大筋合意
2.13	中国・習近平国家副主席訪米（～2.17）
2.20	アフガン駐留米軍兵によるコーラン焼却に抗議するデモと暴動発生，オバマ大統領は謝罪する手紙をカルザイ大統領に送付（2.23）
3.1	ロシア・プーチン首相，外国メディアと会見し「引き分け」による北方領土問題の最終解決を提唱
3.3	イラン国会議員選挙でハメネイ師派の保守系議員が大量当選，アフマディネジャド大統領派は大幅な議席減
3.4	プーチン首相，ロシア大統領選挙に当選（任期は2018年まで）。新首相にはメドベージェフ大統領を任命へ
3.11	アフガン南部カンダハール州で米兵士による乱射事件発生，市民16人を殺害。タリバンは報復の実行を宣言
3.14	中国全人代，経済成長目標を2005年以来掲げてきた年8％前後から7.5％へと

	引き下げる政府活動報告を承認
3.15	米韓FTA発効
4.1	ミャンマー連邦議会補欠選挙，アウンサンスーチーらが議席を獲得。西側諸国による経済制裁は解除へ
4.11	北朝鮮労働党の第一書記（新しい最高権力ポスト）に金正恩が就任
4.13	北朝鮮，長距離弾道ミサイル発射実験に失敗
4.14	イラン核問題で6ヵ国（米，英，仏，独，ロ，中）とイランとの1年3ヵ月ぶりの協議再開（イスタンブール）。双方は今後も交渉を継続することで合意
4.15	アフガニスタンの首都カブール中心部で西側各国大使館への砲撃事件発生，タリバンが関与を表明
4.16	石原慎太郎東京都知事，都が尖閣諸島を地権者から購入する方針を表明。これを受け藤村官房長官は国による購入の可能性を示唆（4.17）
4.19	インドが中国全土を射程に収める射程5000キロの弾道ミサイル「アグニ5号」の実験に成功
4.21	日メコン首脳会談開催（東京）。カンボジア，タイ，ベトナム，ミャンマー，ラオスの首脳が参加。日本は参加国のインフラ整備への支援を表明
4.22	フランス大統領選挙第1回投票，フランソワ・オランド（社会党）が1位で，現職のサルコジは2位に
4.27	シエラレオネ特別法廷がチャールズ・テーラー元リベリア大統領に有罪判決。国連安保理決議によって設置された国際法廷で初の国家元首への有罪判決
5.6	ギリシア総選挙で緊縮策に反対する急進左派連合が躍進。連立協議に失敗し，再選挙へ（5.15）
5.6	フランス大統領選挙決選投票でオランド（社会党）勝利，サルコジ政権に幕
5.13	日中韓首脳会談（北京），北朝鮮の核実験回避への連携と3ヵ国間のFTA協議の年内開始で合意
5.14	中国から亡命したウイグル人勢力による「世界ウイグル会議」が東京で開催。アジアでは初。中国は反発
5.20	NATOシカゴ首脳会談開幕（〜5.21）。ミサイル防衛の稼動開始を宣言，アフガンのISAFに派遣している兵力の大半を2014年末に撤退させることを確認
5.23	エジプト大統領選挙第1回投票，ムハンマド・モルシ（ムスリム同胞団系の自由公正党）が1位，シャフィーク元首相（暫定統治を担ったエジプト軍最高評議会系）が2位
5.23	イラン核問題で6ヵ国とイランとの協議（〜5.24，バグダッド）。6ヵ国側は濃縮度20％以上のウラン製造停止を求め，イラン側はウラン濃縮の権利認定を求める5項目の「包括的」提案を提示。濃縮停止後に経済制裁を解除するのか，制裁解除後に濃縮停止をするのかについても交渉の焦点となっている模様
6.1	東京と上海の外為市場で円と人民元の直接取引開始
6.9	スペインは金融危機への対応のためEUに支援を要請（ギリシア，アイスランド，ポルトガルに次ぐ4ヵ国目），ユーロ圏各国の財務相は最大1000億ユーロ

	規模の融資実施で合意
6.16	野田政権，関西電力大飯原子力発電所の再稼動を関係閣僚会合で決定
6.16	エジプト大統領選挙決選投票（～6.17）でムハンマド・モルシが勝利（6.24 選管による結果発表）
6.17	ギリシア再選挙でユーロ圏残留を主張する緊縮派が過半数を獲得
6.18	イラン核問題で6ヵ国とイランとの交渉（～6.19，モスクワ）
6.22	トルコ軍機をシリア軍が地中海沖で撃墜。シリアのアサド大統領はトルコ紙との会見に応じ，両国間の戦争を望まず，公海上における撃墜であったなら謝罪すると表明（7.3付ジュムフリエト紙）
6.28	アメリカはイラン中央銀行と石油代金決済を行った金融機関に制裁を加える対イラン追加制裁を実施。EUもイラン産原油を全面禁輸にする追加制裁を発動（7.1）
7.3	メドベージェフ・ロシア首相，国後島を訪問
7.13	ASEAN外相会談（プノンペン），南シナ海問題に関するベトナム・フィリピンとカンボジアの中国に対する姿勢の相違から共同宣言採択されず
7.16	北朝鮮の朝鮮中央通信，人民軍の李英鎬総参謀長がすべての党役職を解任されたと発表
7.21	ロシアのプーチン大統領，世界貿易機関（WTO）加盟関連法案に署名
7.23	イラク各地で爆破襲撃発生，アルカイダ系組織の犯行との報道。死者107人，負傷者約270人で1日の犠牲としては2011.12の米軍撤退以来最悪の事件
7.29	香港で中国への愛国心涵養を目的とした「国民教育科」導入に反対するデモ発生。参加者は9万人（主催者発表）で，香港当局は導入義務化を撤回（9.8）
8.1	米上下両院，イラン制裁強化を目的とする議案審議を完了，オバマ大統領が署名し法制化（8.10）
8.4	イラン政府，改良型短距離ミサイル「ファルテフ110」発射実験に成功と発表。射程300キロで地上と海上双方の標的を狙えるという
8.10	韓国の李明博大統領，竹島に上陸。同大統領は日本の従軍慰安婦問題に関する消極姿勢への抗議が訪問の動機であったと説明（8.13）
8.19	中国各地で反日デモ，日本が尖閣に上陸した香港の活動家を逮捕したことに抗議。同日，野田首相と石原都知事が会談，国が尖閣を購入する方針を通知
8.22	ロシアがWTO正式加盟
9.5	ヒラリー・クリントン国務長官訪中，習近平副主席との会談予定だったが実現せず。習副主席の重篤説と中国国内での権力闘争激化説とが報じられる
9.8	ウラジオストクでAPEC首脳会談開催（～9.9）。この機会に胡錦濤中国国家主席は野田首相に尖閣国有化の回避を要請（9.9）
9.11	日本政府，尖閣諸島を地権者から購入することを閣議決定
9.11	リビア・ベンガジの米領事館とカイロの米大使館への襲撃事件発生。リビアでは米大使が死亡。米国で製作されたイスラム教の預言者ムハンマドを侮辱する映像に対する反発が世界各地で高まっていた。後にリビア領事館襲撃事件はア

	ルカイダによる犯行との報道
9.14	中国各地で大規模な反日デモ発生（〜9.18），暴徒化して日系資本を襲撃，警官隊と衝突（9.15）
9.16	パネッタ米国防長官，日，中，ニュージーランド訪問（〜9.22）。習近平副主席との会談（9.19）で尖閣諸島は日米安保の適用範囲内にあると説明したとの報道。ニュージーランド軍艦船の米施設への寄航制限緩和で合意
9.25	中国海軍の空母「遼寧」（旧ウクライナ船籍ワリャーグから改名）が正式就役
10.3	トルコ領内にシリアから迫撃砲弾が着弾しトルコ市民5人が死亡（〜10.6まで計3回）。トルコ軍が報復（〜10.6）。ただし，迫撃砲攻撃がシリア軍によるものか否かは不明
10.4	トルコ国会はシリアへの越境攻撃を許可する決議を可決
10.4	国連安保理で審議されていたシリア政府による反政府勢力への弾圧を批判する決議案，中ロの拒否権行使によって否決
10.11	トルコのエルドアン首相，アンカラに強制着陸させたシリア旅客機からロシア製の軍事物資を発見したと発表
10.24	イスラエル軍，スーダンの軍需工場を空爆。パレスチナ・ハマスへの武器供与の阻止が目的だったと見られる。イスラエルからの往復航続距離は約3860キロで，ほぼ等距離に位置するイラン空爆の予行演習も兼ねているとの見方も報道される
10.29	アメリカ東海岸にハリケーン「サンディ」が襲来，大規模な浸水被害と停電発生。被災地のマクドネル・ヴァージニア州知事（共和党）がオバマ政権の対応を評価したことで大統領再選への追い風に
11.6	アメリカ大統領選挙，オバマ大統領再選。接戦との下馬評を覆しロムニー（共和党）を破る
11.8	中国共産党第18回党大会開幕（〜11.14），中国共産党第18期中央委員会第1回総会で習近平を次期総書記に選出（11.15）
11.9	ペトレイアスCIA長官，不倫問題を発端としたFBIによる機密漏洩調査で辞任。同事件にジョン・アレン駐アフガン米軍司令官も関係したとの報道
11.11	野田首相，TPP参加方針を表明
11.11	シリア反体制派の統一組織として「シリア革命と反体制諸勢力の国民連合」（通称「シリア国民連合」）が発足し，代表にイスラム教スンニ派のモアズ・ハティブ師を選出。これまで活動してきたトルコを拠点とする「シリア国民評議会」も国民連合との統合に合意。湾岸協力会議（11.12），仏（11.13），英（11.20）が同組織をシリア国民の「正統な代表」と承認
11.14	イスラエル軍，パレスチナ・ガザ地区への大規模空爆開始
11.16	野田首相，衆議院を解散
11.19	オバマ米大統領，ミャンマーを訪問，現職大統領として初
11.20	ASEAN加盟国と日米中など18ヵ国の参加する「東アジア・サミット」開催（プノンペン）。中国の反対で南シナ海の領有権問題に関する「行動規範」はま

	とめられず。日中韓3ヵ国貿易担当大臣は，FTA協議の交渉の開始を宣言
11.21	イスラエルとパレスチナ・ハマスの間でエジプトの仲介による停戦合意成立
11.29	国連総会，パレスチナを「オブザーバー国家」とする決議案を採択。イスラエルは反発して入植計画を拡大
12.3	オバマ米大統領，シリアが化学兵器を使用した場合「重大な帰結をもたらす」と警告
12.4	NATO外相理事会，トルコ領内へのパトリオット・ミサイル配備を決定
12.9	ブラヒミ国連・アラブ連盟特使，米ロ高官とシリア問題を協議（ジュネーブ）。政治的解決策の達成を目指すことと，国連，米，ロの会合を再度行うことで合意。「移行政府」発足に向けた意見調整を行った模様
12.10	サレヒ・イラン外相，シリア問題の包括的解決案を提示
12.12	北朝鮮，長距離弾道ミサイル発射実験
12.13	IAEA，イランの核兵器開発疑惑をめぐり同国と協議（テヘラン）
12.13	ボグダノフ・ロシア外務次官，シリアについて「反体制派の勝利を排除できない」と発言したと国営ロシア通信が報道
12.16	衆議院選挙で自由民主党が第一党に。安倍晋三を首班とする連立政権発足
12.19	韓国大統領選挙で朴槿恵（セリヌ党［旧ハンナラ党］）が当選
12.20	プーチン・ロシア大統領，記者会見で「アサド（シリア）大統領の行く末は気にかけていない」「（シリアに）変化は必要だ」と発言
12.24	ブラヒミ特使，シリア訪問（〜12.28）。アサド大統領，反政府派代表者，イラン特使らと会談。「移行政府」発足に向けて意見調整を行った模様
12.27	アル＝ミクダード・シリア外務副長官，ラブロフ・ロシア外相と会談（モスクワ）。シリア情勢に関する対応策を協議
12.29	ブラヒミ特使，ラブロフ・ロシア外相と会談（モスクワ）。会談後ラブロフ外相は，シリアの反体制派がアサド大統領退陣を「移行政府」発足の条件としていることを批判

＊ 年表作成には，青山吉信ほか編著『世界史大年表』（山川出版社，1991年），歴史学研究会編『世界史年表』第二版（岩波書店，2001年），同編『日本史年表』第四版（岩波書店，2001年），樺山紘一『クロニック世界全史』（講談社，1994年），『20世紀全記録（クロニック）増補版』（講談社，1991年）のほか，各種年鑑（『朝日年鑑』，『時事年鑑』，『世界年鑑』，『中国年鑑』，『ブリタニカ国際年鑑』，『読売年鑑』など），新聞及び縮刷版／マイクロ版／電子版（『朝日新聞』，『中日新聞』，『日本経済新聞』，『毎日新聞』，『読売新聞』，The Guardian, Financial Times, The International Herald Tribune, The New York Times, The Times, The Washington Post, The Wall Street Journalなど），各種定期刊行物（『時事週報』，『国際問題』，『北朝鮮政策動向』，『ロシア（ソ連）政策動向』，The Economist, Newsweek,『月刊新聞ダイジェスト』など），データベース（日経テレコン，ELENET, LexisNexisなど）を利用した。また，『世界現代史』と『新版世界各国史』のシリーズ（山川出版社）各巻，柳沢『戦後国際政治史Ⅰ〜Ⅳ』『逍遙 現代国際政治史の世界』，柳沢・加藤・細井『危機の国際政治史1917-1992』および，該当する各章の註で触れた文献も適宜参考にした。

＊ 2013年以降の追加情報は http://homepage3.nifty.com/KOKUSAISEIJI-EYANAGI/ を参照

人名・事項索引

【凡例】
① この索引は人名索引と事項索引からなる。それぞれ，重要と考えられる人名・事項を選び，人名索引は五十音順に，事項索引はアルファベット順，ついで五十音順に配列している。なお，「ー（音引き）」は，直前の文字の母音に読み替えて配列している。
② 人名索引の各項目は，基本的に姓，名，［国名：主要ポスト］の順に示した（例：ケネディ，ジョン・F［米：大統領］）が，一部に例外がある。このうち国名は，略称（例：アメリカ合衆国→米），あるいは通称（例：イラク共和国→イラク）で表記している。
③ 人名のうち，朝鮮・韓国人名は漢字で表記し，併記したハングルの読み（カタカナに置き換えたもの）を五十音順に配列している〔例：金大中（キムデジュン），［韓：大統領］〕。
　また、中国人名は漢字で表記し，日中両国における慣用的な使用法に準じて日本語の読み（漢字音読み）で五十音順に配列している。
④ 項目見出しとなっている語と，本文中の事項の表記が完全に一致していなくとも，同一の人名・事項を指す場合は，該当頁を示した。
⑤ 頻出する国名（地域名）については，該当頁が非常に多くなるため，索引項目から除外した。

《人名索引》

【あ行】

アイケンベリー，カール［米：駐アフガン大使］ 347
アイゼンハウアー　→アイゼンハワー
アイゼンハワー，ドワイト・D［米：大統領］ 154,158-160,166,167,168,170,174,177,179,186-190,192,194-196,201,210,220
アイディード［ソマリア：将軍］ 306
アウン・サン［ビルマ：独立指導者］ 121
明石康［日：国連事務次長］ 295,303
アサド，バッシャール（子）［シリア：大統領］ 321
アサド，ハフェツ（父）［シリア：大統領］ 321
アスピン，レス［米：国防長官］ 301
アチソン，ディーン［米：国務長官］ 130,132,145,146,147,196,216
アッバス，マフムード［PLO：首相,議長］ 331
アデナウアー，コンラート［西独：首相］ 141,171,178,196,198,200,206,235
アトリー，クレメント［英：首相］ 95,118,132
アナン，コフィー・アッタ［ガーナ：国連事務総長］ 338
アブドゥル・カーン［パキスタン：博士］ 356
アブドリジャリル，ムスタファ［リビア：法相］ 350,351
アブドル・ファタハ・ユニス［リビア：公安相］ 350
アフマディネジャド［イラン：大統領］ 334,336,355

アミン，ハフィズラ［アフガン：議長］ 258
アモリン［ブラジル：外相］ 355
アラウィ［イラク：暫定政府首相］ 340
アラファト，ヤセル［PLO：議長］ 225,245,248,321,331,332
アンドロポフ，ユーリ［ソ連：書記長］ 251,271-273
イーグルバーガー［米：国務長官］ 299,329
イーデン，アントニー［英：首相］ 88,89,95,106,154,162,170,172,179
池田勇人［日：首相］ 194,195,222,224
石橋湛山［日：首相］ 193
李承晩（イスンマン）［韓：大統領］ 190
イゼトベゴビッチ［ボスニア・ヘルツェゴビナ：大統領］ 298,303
犬養毅［日：首相］ 54,74
井上準之助［日：蔵相］ 59,60
李明博（イミョンバク）［韓：大統領］ 358
イムレ・ナジ　→ナジ・イムレ
ヴァンス，サイラス［米：国務長官］ 253,254,256,259,299,302
ウィルソン，ウッドロー［米：大統領］ 38-44,46,47,304
ウィルソン，ハロルド［英：首相］ 219,242
ヴィルヘルム2世［独：皇帝］ 27,28,44
ウェストモーランド［米：ベトナム派遣米軍総司令官］ 215,216
ウォーレス［米：商務長官］ 125
ウォルフォウィッツ［米：国務次官補］ 296
ウスチノフ［ソ連：国防相］ 272

内田康哉［日：外相］　75
ウルブリヒト，ヴァルター・エルンスト・パウル［東独：第一書記，議長］　199
エアハルト［西独：副首相，首相］　206,219,220
エイマリ［英：保守党員］　76
エーベルト［独：首相］　43,44,46
エリオ［仏：首相］　63
エリツィン［ソ連・ロ：大統領］　289-291,303,305-307,309
エンクルマ，クワメ［ガーナ：大統領］　176,221-222
袁世凱［中：臨時大総統］　36
汪兆銘［中：南京国民政府主席］　55,87,95
オーウェン，デービッド［英：外相］　299,302,303
大隈重信［日：首相］　36
オサマ・ビン・ラディン［サウジ：アル・カイダ指導者］　322,323,325,326,349
オバマ，バラク［米：大統領］　343,346-350,352-355,357,359,361
オマル，ムハンマド［アフガン：タリバン指導者］　321
オリオール［仏：大統領］　148
オルブライト，マデレーン［米：国連大使，国務長官］　301,311,324,334,357
オルメルト［イスラエル：首相］　332,333
温家宝［中：首相］　359

【か行】
カーター，ジミー［米：大統領］　248,251-260,263,266,311
ガイトナー［米：財務長官］　361
華国鋒［中：首相，党主席］　256
カストロ，フィデル［キューバ：首相，議長，第一書記］　177,189,201,202,204
カセム［イラク：首相］　174
カダフィ［リビア：大佐，最高指導者］　333,350-352
カダル，ヤノシュ［ハンガリー：第一書記］　182
桂太郎［日：首相］　32
加藤高明［日：首相］　54
カニア［ポーランド：第一書記］　280
ガリ，ブトロス・ブトロス［エジプト：国連事務総長］　298-300,305,306
カルザイ，ハミド［アフガニスタン：首相］　325,335,347-349
カルマル，バブラク［アフガニスタン：議長兼首相］　258
キージンガー［西独：首相］　219,220,234
ギエレク［ポーランド：第一書記］　280
岸信介［日：首相］　190,193,194
キッシンジャー，ヘンリー［米：特別補佐官，国務長官］　224,231,236,237,239-241,244,245,250,251,339
金日成（キムイルソン）［北朝鮮：国家主席］　311
金正日（キムジョンイル）［北朝鮮：総書記］　311,357-359
金大中（キムデジュン）［韓：大統領］　249,253,311,334
クーブ・ド・ミュルビル，モーリス［仏：外相］　206
クーリッジ［米：大統領］　52
グエン・バン・チュー［南ベトナム：大統領］　217,231,232,249
クラーク［米：NATO軍司令官］　316
クリストファー，ウォーレン［米：国務長官］　304
クリフォード，クラーク［米：国防長官］　215,216

クリントン，ヒラリー［米：国務長官］ 301,354,361
クリントン，ビル（ウィリアム）［米：大統領］ 300-306,311,312,316,317,320,323,324
グルー，ジョゼフ［米：駐日大使，国務次官］ 118
クレイ［米：軍政長官］ 127
クレマンソー［仏：首相］ 44,60
グローテヴォール，オットー［東独：第一書記，首相］ 141
グロムイコ，アンドレイ［ソ連：外相］ 200,271,274
クン・ベラ［ハンガリー：首相］ 45
ケーシー，ジョージ［米：将軍］ 341
ゲーツ，ロバート［米：国防長官］ 341,361
ケナン，ジョージ［米：政策企画室長］ 125,126,134,136,145,264
ケネディ，ジョン・F［米：大統領］ 166,194-202,204-206,211,212,216,220,238
ケネディ，ロバート［米：司法長官］ 205,216
ゲバラ，チェ［アルゼンチン，キューバ：革命家］ 220,221
ゲレ［ハンガリー：第一書記］ 182
ケロッグ［米：国務長官］ 67
小泉純一郎［日：首相］ 312,313,334,358
江沢民［中：総書記］ 277,312
コール［西独・ド：首相］ 283,284
胡錦濤［中：総書記］ 277,360-362
コスイギン［ソ連：首相］ 207,214,218
胡適［中：学者，思想家］ 87
ゴットワルト［チェコスロヴァキア：第一書記］ 138
ゴ・ディン・ジェム［南ベトナム：大統領］ 161,210-213

ゴ・ディン・ニュー［南ベトナム］ 212
ゴ・ディン・ニュー夫人［南ベトナム］ 212
近衛文麿［日：首相］ 83,84,86,87,90,95,99
ゴムウカ（ゴムルカ）［ポーランド：第一書記］ 139,181-183
小村寿太郎［日：外相］ 31,32
ゴムルカ →ゴムウカ
胡耀邦［中：総書記］ 271,277
ゴルバチョフ，ミハイル［ソ連：書記長，大統領］ 125,268,273-277,282-285,287-291
コン・レ［ラオス］ 211

【さ行】

サイモン，ジョン［英：外相］ 75
サウド，ファイサル［サウジ：外相］ 340
サダト，アンワル［エジプト：大統領］ 225,243,244,257,258,267
サダム・フセイン →フセイン，サダム
サッチャー，マーガレット［英：首相］ 260,266,267,273,282,285,286
佐藤栄作［日：首相］ 222-224,236,237
サドル［イラク］ 340
サハロフ［ソ連］ 252,274
サラザール［ポルトガル：首相］ 245
ザルカウィ［イラク］ 340,341
シアヌーク，ノロドム［カンボジア：国王］ 229,233,255
シェワルナゼ［ソ連：外相］ 274,286
重光葵［日：外相］ 192
ジスカールデスタン，バレリー［仏：大統領］ 242
システーニ［イラク］ 340
ジダーノフ，アンドレイ［ソ連］ 137,141

幣原喜重郎［日：外相］ 54-56,59
シハヌーク　→シアヌーク
ジフコフ［ブルガリア：書記長］ 282
ジャクソン，ヘンリー［米：上院議員］ 249
ジャクソン，マイク［英：KFORイギリス部隊長］ 316
ジャファリ［イラク：移行政府首相］ 340
シャリフ［パキスタン：首相］ 324
シャロン［イスラエル：首相］ 332,333
周恩来［中：首相］ 78,144,158,165,191,213-215,222,234,256
シューマン，ロベール［仏：外相］ 153,154
シュトレーゼマン［独：首相，外相］ 63,64,66-69
シュミット，ヘルムート［西独：首相］ 242,260,263
シュルツ，ジョージ［米：国務長官］ 265
シュレジンジャー［米：国防長官］ 250
蔣介石［中華民国：総統］ 55-58,75,77,78,84,86,100,104,112,120,122,146
ジョンソン，リンドン・B［米：大統領］ 195,199,213-218,220,221,223,230
ジョンソン，ルイス［米：国防長官］ 147
シラク［仏：大統領］ 309,330
ジリノフスキー［ロ］ 303
ジロー［仏：国民解放仏委員会会長］ 110
ズオン・バン・ミン［南ベトナム：大統領］ 212,232
スカルノ［インドネシア：大統領］ 121,221
スコウクロフト［米：補佐官］ 295-299,329
スターリン，ヨシフ・V［ソ連：首相］ 55,70,79,92,96,97,102-104,108,111-113,118-120,123,124,126,129,134,137,138,145,150,158,180-183,275
スタンドレー［米：駐ソ大使］ 104
スティムソン，ヘンリー［米：国務長官，陸軍長官］ 101,107,118,123
ストロー［英：外相］ 340
スパーク［ベルギー：外相,首相］ 140,178
スパーツ，カール［米：陸軍戦略航空軍司令官］ 118
スハルト［インドネシア：大統領］ 190,221,313
スファヌボン［パテト・ラオ，ラオス：副首相］ 211,232
スフォルツァ［伊：外相］ 109
スミス，ウォルター・ベデル［米：国務次官］ 210
セク・トゥーレ［ギニア］ 176
セルジオ・デ・メロ 337
銭其琛［中：外相］ 276
全斗煥　→〈チョンドゥファン〉
ソモサ・ガルシア，アナスタシオ（父）［ニカラグア：大統領］ 176
ソモサ・デバイレ，アナスタシオ（子）［ニカラグア：大統領］ 252
ゾルゲ［独：独紙特派員，ソ連赤軍諜報部員］ 97
ソン・サン［カンボジア：首相］ 255
孫文［中：中華民国臨時政府臨時大総統］ 54,55

【た行】

高橋是清［日：蔵相，首相］ 54
田中角栄［日：首相］ 237
田中義一［日：首相］ 54,56,58

人名・事項索引　479

田中新一［日：陸軍作戦部長］　101
ダライ・ラマ14世［チベット：ラマ教最高権威］　192
ダラディエ［仏：首相］　89
タラバニ［イラク：大統領］　342
ダレス，ジョン・フォスター［米：国務長官］　123, 124, 151, 159-163, 165, 170, 174-176, 187, 191, 192, 210
チェイニー，ディック［米：補佐官，副大統領］　250, 296, 328, 334, 339, 358
チェルネンコ［ソ連：書記長］　272, 273
チェンバレン，オースティン［英：外相］　56, 66
チェンバレン，ジョゼフ［英：植民相］　29
チェンバレン，ネヴィル［英：首相］　76, 88, 89, 94, 125
チトー［ユーゴ：大統領］　143, 145, 169, 181, 182
チャーチル，ウィンストン［英：首相］　94, 99, 100, 102, 103, 106-109, 111, 113, 116, 118, 125, 128, 154, 155, 161, 162, 168
チャウシェスク［ルーマニア：大統領］　282
張学良［中：東三省保安総司令］　58, 59, 77, 78
張作霖［中：奉天軍閥首領］　56, 58, 59
趙紫陽［中：首相］　277
全斗煥（チョンドゥファン）［韓：大統領］　253, 266
ディルクセン［独：駐日大使］　84
ティルピッツ［独：海相］　28
テーラー，マクスウェル［米：将軍］　211
デ・ガスペリ［伊：首相］　110
デクエヤル，ハビエル・ペレス［ペルー：国連事務総長］　287
ドゥーメルグ［仏：首相］　79

東郷茂徳［日：外相］　99-101, 119
東条英機［日：首相］　99, 101, 104
鄧小平［中：総書記］　183, 256, 271, 273, 277, 291
ドーズ［米：ドイツ賠償会議第1回委員長］　64, 65, 69
ド・ゴール，シャルル［仏：将軍，首相，大統領］　94, 110, 111, 122, 153, 162, 175, 180, 186-188, 197, 198, 200, 206, 218, 219, 230, 234
ドスタム［アフガン：将軍］　323
ドプチェク，アレクサンデル［チェコスロヴァキア：第一書記］　233, 282
ドブルイニン，アナトリー［ソ連：駐米大使］　205
トラウトマン［独］　86
トリアッチ［伊：書記長］　109
トルーマン，ハリー・S［米：大統領］　113, 116-118, 120-125, 127, 129, 130, 133-135, 139-141, 143-147, 149-151, 153, 155, 159, 160, 196, 230
トレーズ，モーリス［仏：書記長］　110
トロツキー，レオン［ソ連］　41

【な行】
ナイ，ジョゼフ［米：国務次官補］　310
ナギブ［エジプト：大統領］　156, 164
ナジ・イムレ［ハンガリー：首相］　182, 281
ナセル，アブド・アル［エジプト：大統領］　156, 164, 166, 167, 171, 172, 174, 178, 222, 224, 225
ニクソン，リチャード［米：大統領］　177, 187, 195, 217, 223, 224, 228-232, 234, 236-238, 240, 241-243, 248, 249, 262
ニコライ2世［露：皇帝］　38
ニッツェ，ポール［米：国務省政策企画

室長］134,145,149,196
ネ・ウィン［ビルマ：大統領］194
ネール　→ネルー
ネタニヤフ［イスラエル：首相］333
ネルー［印：首相］164,165,189,222
ノヴィコフ［ソ連：駐米大使］126
ノサバン［ラオス：副首相］211
ノックス［米：国務長官］32
盧泰愚（ノテウ）［韓：大統領］276
盧武鉉（ノムヒョン）［韓：大統領］358
野村吉三郎［日：駐米大使］98,100

【は行】

ハーター［米：国務長官］187
ハーディング［米：大統領］52
パーマストン［英：外相，首相］23
パーレビ，モハンマド・レザー［イラン：国王］257,258
バーンズ，ジェームズ［米：国務長官］123-125,128
バイデン［米：副大統領］347
パウエル，コリン［米：国務長官］328,329,334,338,339,358
パウエル，ジョディ［米：カーター政権報道官］254
バオ・ダイ［越：ベトナム国主席］148,152,210
朴正熙（パクチョンヒ）［韓：大統領］190,249,252,253
ハズブラートフ［ロ：議長］303
ハタミ［イラン：大統領］323,334
バチスタ［キューバ：大統領］173
ハッタ［インドネシア：副大統領］121
鳩山一郎［日：首相］192,193
浜口雄幸［日：首相］59,60
原敬［日：首相］54
ハリファックス［英：外相］88,89
ハリマン，エドワード・H［米：鉄道王］32

ハリマン，エベリル（アベレル）［米：国務次官］104,107,116,123,125,126,205,211,216
ハリリ，ラフィーク［レバノン：首相］332
ハル，コーデル［米：国務長官］98,101,107
バルトゥー［仏：外相］79,80
バルフォア［英：首相］29,33
パルメ，オルロフ［スウェーデン：首相］264
ハンディー，トーマス［米：参謀副長官］118
バンデンバーグ，アーサー［米：上院議員］112,113,116,133
ヒース，エドワード［英：首相］238,242
ピウスツキ［ポーランド：首相］67
ビスマルク［独：首相］24,27,28
ビドー［仏：外相］140
ヒトラー，アドルフ［独：首相，総統］63,78-82,86,88,89,92,95,96,101,117,174,234,235
ヒューム，ダグラス＝［英：外相，首相］206,221
平沼騏一郎［日：首相］90
ヒラリー・クリントン　→クリントン，ヒラリー
ビル・クリントン　→クリントン，ビル
広田弘毅［日：首相］77
ファルーク［エジプト：国王］172
フィッシャー，ウォレン［英：大蔵事務次官］76
フーヴァー，ハーバート・C［米：大統領］52,72,73
フーバー　→フーヴァー
ブーマ［ラオス：首相］195,211
ブーメジェン［アルジェリア：議長，大統領］222

人名・事項索引　481

フォード，ジェラルド［米：副大統領，大統領］232,233,242,248-252
フォール，エドガー［仏：首相］170,206
溥儀［中］［清／満州国：皇帝］74
フサーク，グスタフ［チェコ：第一書記］139
フセイン，サダム［イラク：大統領］259,260,269,285-288,294,296,320,327,328,330,331,334,337,340,341
ブッシュ，ジョージ（子）［米：大統領］317,321,324-331,334-336,338-343,346,348,350,353,354,356,357,360
ブッシュ，ジョージ（父）［米：副大統領，大統領］250,265,283-288,290,296,298,300,301,328
ブット，ベナジル［パキスタン：首相］336
ブラヒミ，ラフダール［アルジェリア：外相，国連特使］323
フランクリン・ローズヴェルト　→ローズヴェルト，フランクリン・D
フランコ，フランシスコ［西：国家元首，総統］82
ブラント，ウイリー［西独：首相］219,220,234,235,237,239,242
ブリアン［仏：外相，首相］67-69
プリマコフ［ソ連：首相］287
ブルガーニン［ソ連：首相］168,170,171
フルシチョフ，ニキタ［ソ連：第一書記兼首相］141,158,168-171,178,180,181,183,186-189,191,192,195,196,199,200,202,204,205,207,211,213,218
フルブライト，ウィリアム［米：上院外交委員長］197

ブレア，トニー［英：首相］314,328-330,340,341
ブレジネフ［ソ連：書記長］207,218,237,238,249,251,252,271-273,281
ブレジンスキー，ズビグネフ［米：補佐官］253-256
ブレマー，ポール［米］330
ヘイグ，アレクサンダー［米］265
ベヴィン，アーネスト［英：外相］135,136,140,142
ベーカー，ジェームズ［米：国務長官］286,287,298,299,329,339
ベギン［イスラエル：首相］257,258,267
ヘクマチアル［アフガニスタン：首相］321
ベゾブラーゾフ［ロ：宮廷顧問］31
ペタン［仏：元帥，首相，ヴィシー政府国家主席］87,94
ペトレイアス，デービット［米：司令官］341,348
ベネシュ［チェコスロヴァキア：大統領］138
ベラ・クン　→クン・ベラ
ベリヤ，ラブレンティ［ソ連：秘密警察長官］144,158
ペロン［アルゼンチン：大統領］176
ヘン・サムリン［カンボジア：議長］255
ベン・ベラ［アルジェリア：大統領］222
ホー・チ・ミン［越］121,161,211
ホーネッカー［東独：議長］282
ボール，ジョージ［米：国務次官］216
ボールドウィン［英：首相］80
ボーレン，チャールズ［米：駐ソ大使］198-199
朴正煕　→〈パクチョンヒ〉

細川護煕［日：首相］ 295
ポチョムキン［ソ連：駐仏大使］ 80
ボネ［仏：外相］ 69
ボノーミ［伊：首相］ 109,110
ホプキンズ，ハリー［米：特別補佐官］ 118
ホメイニ［イラン：最高指導者］ 257,258,270
ホルティ［ハンガリー：摂政］ 46
ホルブルック［米：国連大使］ 255,314,347,349
ポル・ポト［カンボジア：首相］ 254,255
ポワンカレ［仏：首相］ 63
ポンピドー［仏：首相，大統領］ 206,218,234,242

【ま行】

マーシャル，ジョージ［米：国務長官］ 125,134,135-136
牧野伸顕［日：内大臣］ 76
マクドナルド［英：首相］ 64,80
マクナマラ［米：国防長官］ 196,197,212,213,215,216,264
マクミラン，ハロルド［英：首相］ 165,166,179-180,187,198,206,238
マクリスタル［米：アフガン駐留米軍司令官］ 347,348
マサリク（子）［チェコスロヴァキア：外相］ 138
マシュー［仏：将軍］ 175
マゾビエツキ［ポーランド：首相］ 281
松岡洋右［日：外相］ 75,96-98
マッカーサー，ダグラス［米：連合国最高司令官］ 120,150,151,216
マッカーサー２世，ダグラス［米：駐日大使］ 193
マリキ，ヌリ［イラク：首相］ 340,341
マルコス［フィリピン：大統領］ 190

マレンコフ，ゲオルギー［ソ連：首相］ 141,158,159,168,186
マンデス・フランス，ピエール［仏：首相］ 161
マンデラ，ネルソン［南ア：大統領］ 329
ミッテラン，フランソワ［仏：大統領］ 284,287,299
宮澤喜一［日：首相］ 303
ミロシェビッチ［セルビア：大統領］ 297,313,316
ムシャラフ［パキスタン：参謀総長，大統領］ 324,335,336,356
ムッソリーニ，ベニト［伊：首相］ 79,81,89,102,105
武藤章［日：陸軍省軍務局長］ 101
ムバラク［エジプト：大統領］ 267,336,340
メージャー，ジョン［英：首相］ 299
メドベージェフ［ロ：首相，大統領］ 359
メンデレス［トルコ：首相］ 190
毛沢東［中：国家主席，党主席］ 144,145,191,207,213,215,235,256
モサデグ［イラン：首相］ 156,163
モドロウ，ハンス［東独：首相］ 282
モネ，ジャン［仏：経済学者，シューマン・プラン作成に参画］ 136
モブツ［コンゴ：大統領］ 201
モレ［仏：首相］ 178
モロトフ［ソ連：外相］ 55,92,96,116,119,123,124,126,136,137,186

【や行】

ヤルゼルスキ，ヴォイチェフ［ポーランド：首相，第一書記，大統領］ 280,281
ヤング［米：ドイツ賠償会議第2回委員長］ 64,69
吉田茂［日：首相］ 76,151,192

ヨッフェ［ソ連：外交官］ 54

【ら行】

ライス，コンディーサ［米：補佐官，国務長官］ 339,340
ラヴァル［仏：外相］ 79,80
ラスク，ディーン［米：国務長官］ 200,223
ラニエル［仏：首相］ 160
ラバニ，ブルハーヌディン［アフガニスタン：大統領］ 321
ラフィーク・ハリリ →ハリリ，ラフィーク
ラムズフェルド，ドナルド［米：国防長官］ 250-253,259,269,297,323,328-330,334,338,340,341,358
ラモント，トーマス［米：モルガン商会］ 52,76
ランズデール，エドワード［米：CIA］ 202,210
リース・ロス，フレデリック・ウィリアム［英］ 76
リープクネヒト，カール［独：革命家］ 44
李承晩 →〈イスンマン〉
リチャードソン，ビル［米：国連大使，ニューメキシコ州知事］ 322,359
リッベントロップ［独：外相］ 86,92,96
リデル，ブルース［米：CIA局員］ 347
リトヴィノフ［ソ連：外相］ 70,92
李登輝［中華民国］ 312
リビー，ルイス［米：副大統領首席補佐官］ 340
劉少奇［中：国家主席］ 145,183,191
林彪［中：国防部長］ 235,236
ルーズベルト →ローズヴェルト
ルービン，ロバート［米］ 301
ルクセンブルク，ローザ［ポーランド・独：革命家］ 44
ルツコイ［ソ連：副大統領］ 303
ルムンバ，パトリス［コンゴ：首相］ 201
レーガン，ロナルド［米：大統領］ 250,251,259,260,262-272,274-276
レーニン，ウラディミール［露・ソ連：人民委員会議長］ 27,40,41,45,62,70,181
レ・ドク・ト［越：北ベトナム政治局員］ 231
ロイド・ジョージ，デビッド［英：首相］ 44-46,61-63
ロイヤル［米：陸軍長官］ 147
ローザ・ルクセンブルク →ルクセンブルク，ローザ
ローズヴェルト，セオドア［米：大統領］ 28,31
ローズヴェルト，フランクリン・D［米：大統領］ 73,86,87,97-104,107-109,111-113,116-118,122,124,127,128
ロス・ペロー，ヘンリー［米：1992大統領候補］ 300
盧泰愚 →〈ノテウ〉
盧武鉉 →〈ノムヒョン〉
ロックフェラー［米：副大統領］ 250
ロッジ，ヘンリー・キャボット（子）［米：国務次官］ 195
ロッジ，ヘンリー・キャボット（父）［米：上院議員］ 50
ロン・ノル［カンボジア：首相］ 229,232
ワイダ，アンジェイ［ポーランド：映画監督］ 105
ワインバーガー［米：国防長官］ 262,265

【わ行・ん】

若槻礼次郎［日：首相］ 56,59,74
ワレサ，レフ［ポーランド：議長，大統領］ 280,281
ンクルマ →エンクルマ，クワメ

《事項索引》

【A】
AA会議　→アジア・アフリカ会議
ABM　→弾道弾迎撃ミサイル
ABM制限条約　237
ACC　→連合国管理委員会
AIOC　→アングロ・イラニアン石油会社
ANZUS　→太平洋安全保障条約
APEC　→アジア太平洋経済協力会議
ASEAN　→東南アジア諸国連合
ASPAC　→アジア・太平洋協議会
AWACS　→空中警戒管制機

【B】
B・K外交　171
BRICs　343,355

【C】
CDU　→キリスト教民主同盟
CEEC　→ヨーロッパ経済協力委員会
CENTO　→中央条約機構
CIA　→米中央情報局
CIS　→独立国家共同体
CJTF　→共同統合任務部隊
CLN（伊）　→国民解放委員会（伊）
CLN（仏）　→国民解放委員会（仏）
CNF　→自由フランス国民委員会
CNR　→全国抵抗評議会
COCOM　→対共産圏輸出統制委員会
COMECON　→経済相互援助会議
CSCE　→全欧安全保障協力会議
CSU（独）　→キリスト教社会同盟
CTBT　→包括的核実験禁止条約

【D】
Dデー　104,109

【E】
EAEC　→東アジア経済協議体
EAM　→国民解放戦線
EC　→ヨーロッパ共同体
　　拡大──　238-240,242
ECSC　→欧州石炭鉄鋼共同体
EDC　→ヨーロッパ防衛共同体
EEC　→ヨーロッパ経済共同体
EFTA　→ヨーロッパ自由貿易連合
ELAS　→全国人民解放軍
ERP　→ヨーロッパ経済復興計画
ESDI　→欧州安全保障防衛アイデンティティ
EU　→ヨーロッパ連合
EURATOM　→ヨーロッパ原子力共同体

【F】
FDP　→自由民主党（独）
FFI　→フランス国内軍
FLN　→アルジェリア民族解放戦線
FTA　→自由貿易地域

【G】
G2　360,361
G20　→金融・世界経済に関する首脳会議
G7　289,343
GATT　→関税及び貿易に関する一般協定
　──・ウルグアイラウンド　→ガット・ウルグアイラウンド

【I】
IAEA　→国際原子力機関
IBRD　→国際復興開発銀行
ICBM　→大陸間弾道弾

人名・事項索引　485

ICFY　→旧ユーゴスラヴィア国際会議
IEA　→国際エネルギー機関
IMF　→国際通貨基金
INF　→中距離核戦力
　　——全廃条約　275,276
IRBM　→中距離弾道弾
ISAF　→国際治安支援部隊
ITO　→国際貿易機構

【J】
JCS　→米統合参謀本部

【K】
KCIA　→大韓民国中央情報部
KFOR　→コソヴォ治安維持部隊
KGB　→国家保安委員会
KLA　→コソヴォ解放軍

【L】
LA革命　221
LT貿易　195,237

【M】
MACV　→南ベトナム援助軍司令部
MEDO　→中東防衛司令部計画
METO　→バグダッド条約機構
MLF　→多角的核戦力
MPLA　→アンゴラ解放人民運動
MRBM　→准（準）中距離弾道弾

【N】
NAFTA　→北米自由貿易協定
NATO　→北大西洋条約機構
　　——『新戦略概念』　295,315,356
　　——化　154
　　——拡大　305-307,309
　　——結成　135,142,143
　　——結成50周年記念首脳会談　315
　　——コソヴォ空爆　→コソヴォ空爆
　　——再軍備計画　154
　　——三頭制　187
　　——二重決定　258,259,263,264
　　——理事会　153-155,162,186,217,
　　　　219,242,280,284
　　——ロシア基本文書　309
NEC　→国家経済会議
NICS　→新興工業国
NIES　→新興工業経済地域
NPT　→核拡散防止条約
NSAM　→国家安全保障行動覚書
NSC　→国家安全保障会議
NSD　→国家安全保障指令
NSPD　→国家安全保障大統領命令
NSDD　→国家安全保障決定指令

【O】
OAPEC　→アラブ石油輸出国機構
OAS　→米州機構
OAU　→アフリカ統一機構
OECD　→経済協力開発機構
OEEC　→ヨーロッパ経済協力機構
OPEC　→石油輸出国機構

【P】
P5＋1　354
PD59　→大統領指令第59号
PDD25　→大統領決定命令第25号
PfP　→平和のためのパートナーシップ
PKO　→国連平和維持活動
PLO　→パレスチナ解放機構
PNC　→パレスチナ民族評議会
PPS　→政策企画室

【R】
RDF　→緊急展開部隊
RPF　→フランス人民連合

【S】

SALT →戦略兵器制限交渉／条約
SCAP →連合国最高司令官
SDI →戦略防衛構想
SEATO →東南アジア条約機構
SLBM →潜水艦発射弾道ミサイル
SPD →社会民主党（独）
START →戦略兵器削減交渉／条約

【T】

TPP →環太平洋パートナーシップ協定

【U】

U2型機　186,188,190,202
U2型機事件　188,190
UIA →イラク統一同盟
UNITAF →統合機動部隊
UNMOVIC →イラク問題に関する国連監視検証査察委員会　329
UNOSOM →国連ソマリア活動
UNPROFOR →旧ユーゴスラヴィア国連保護軍

【W】

WEU →西欧同盟
WTO →世界貿易機関
WU →西欧連合

【あ】

アームズ・ディール　167
アイゼンハワー →人名索引を参照
　——お別れ演説　195
　——第一旅行（インド他）　189
　——第二旅行（ラテンアメリカ）　189
　——第三旅行（東アジア）　189-190
アイゼンハワー・ドクトリン　174
アウタルキー　197
紅いクメール →クメール・ルージュ

悪の枢軸　327,334
悪夢の13日間（危機の13日間）　202
アサーニャ人民戦線政府　82
アジア・アフリカ会議（AA会議，バンドン会議）　164-167,176,181,207,221,222
　——（第1回）　165,221
　——（第2回）　207,222
アジア開発銀行　222-223
アジア・太平洋協議会（ASPAC）　222,223
「アジア太平洋共同体」構想　305
アジア太平洋経済協力会議（APEC）　296,310
アジア・太平洋戦争　95,101,120
アジア・太平洋地域協力のための閣僚会議（ASPAC）　222
アジア通貨基金（AMF）　313
あしか作戦　95
アジャックス作戦　163
アスワン・ハイ・ダム建設計画　171
アゼルバイジャン自治共和国　129
新しい日米防衛協力のための指針（新ガイドライン）　310
新しいヨーロッパ　329
アチソン・ライン　146
アトリー声明　132
アナディール作戦　202
アフガニスタン侵攻／撤退（ソ連）　258-260,269,271,275
アフガニスタン戦争　325,327,333,334,336,342,346,352,356,362
アフガニスタン新政策　346,347
アフガニスタン人民民主党　258
アフガニスタン撤退　346,347,349,353
アフガニスタン・パキスタン問題担当特使　347
アフガン〜 →アフガニスタン〜を参照
アブ・グレイブ収容所　338

人名・事項索引　487

「アフ・パク」戦略　347,349
アフリカ統一機構（OAU）　254
アフリカ・ナショナリズム　175,176
アフリカの角　253
アフリカの年　176,190
アポロ計画　198
アメリカ〜　→米〜も参照
アメリカ・イラン軍事協定　129
アラブ　155,156,164,166,171,174,176,
　　189,224,225,241,243,244,257,
　　258,267-270,285-288,336,353
アラブ首長国連邦　285,322
アラブ首脳会議（1987）　270
アラブ首脳会議（1990）　286
アラブ石油輸出国機構（OAPEC）　244
アラブの春　349,350
アラブ連合　174
アラブ連邦　174
アラブ連盟　155,167
アル・カイダ　322-326,335,341,348,
　　349,353
アルザス・ロレーヌ　47
アルジェ協定　269
アルジェリア独立闘争　175,176
アルジェリア民族解放戦線（FLN）　172,
　　175
アルデンヌ高原攻撃　→「ラインの守り」
　　作戦
アルバニア人　314
アル・ファタハ　→ファタハ
アンゴラ解放人民運動（MPLA）　250
アングロ・イラニアン石油会社（AIOC）
　　156
暗黒の木曜日　72
安内攘外　75
安保改定　192-194
安保闘争　190,194
安保理　→国連安全保障理事会

【い】

域外活動　295,307,314-317,351
イギリス〜　→英〜も参照
イギリス・EDC条約　154
イギリス帝国　23,28,88,97,98,106,
　　112,128,132
イギリス帝国体制　106,117,127
移行政府（アフガニスタン）　326
移行政府（イラク）　337,340
石井・ランシング協定　36,53
イスラエル
　　──イラク原子炉空爆　267
　　──レバノン侵攻　267
イスラエル・エジプト単独和平　→エジ
　　プト・イスラエル平和条約
イスラエル国建国宣言　155
イスラム原理主義　267,322,336,347,
　　348,352
偉大な社会　217
一江山島占領　167
イタリア方式　105,106,120,123,127
1月蜂起（スパルタクス団の蜂起）　44
1.5戦略　253,262
一国社会主義論　70
「一国二制度」論　312
一般命令第1号　121,122
イラク
　　──クウェート侵攻　286
イラク覚醒評議会　341
イラク革命　174
イラク・スタディ・グループ　339,341
イラク正式政府　338,340
イラク石油会社国有化　243
イラク戦争　297,327-331,333-336,
　　338,339,341,342,346,362
イラクでの勝利に向けた国家戦略　339
イラク統一同盟（UIA）　340
イラク特措法　337
イラクの自由作戦　330

イラク問題に関する国連監視検証査察委員会（UNMOVIC） 329
イラン 22,23,34,70,123,124,125,128,129,156,163,164,174,243,254,256-260,268-270,320,324,327,333-336,338,340,342,349,350,352-357
イラン・イスラム革命（二月革命） 254,257,258,323
イラン・イスラム共和国成立 258
イラン・イラク「（二重）封じ込め」 320,324,327
イラン・イラク戦争 259,260,269,270,323
イラン危機 129,323
イラン・コントラ事件 270
イラン・ブシェール原子力発電所 355
医療保険制度改革 301
インティファーダ 269,331
インド 22-27,29,44,76,95,130,132,145,152,164-166,171,178,189,192,222,256,277,320,322-324,343,348,351,356,357,360
──第1回核実験 249
インド・パキスタン紛争（印パ紛争） 221
インドへの道 25,29
インドシナ 95,120,121,145,147-149,160,161,167,170,175,202,211,231,233,248,254,255
インドシナ革命 147,149,233
インドシナ休戦協定 160-162
インドシナ戦争 147,160-162,210
インドネシア 120,164,165,190,193,194,221,223,232,233,251,313,343

【う】
ヴァンス・オーウェン和平計画 302
ウィーン会談 199,211
ウィキリークス 349

ヴィシー［仏］ 94
ヴェルサイユ条約 48-50,52,53,60,62,63,65,66,69,80
ヴェルサイユ体制 44,48,50,52,54,63,65,66,69,73,78-80
ウォーターゲート事件 232,248
ウォール・ストリート国際金融資本 53,60,64,73
右翼（日） 59,60
ウラジオストク演説（1986） 275,276
ウラジオストク首脳会談 249

【え】
英・エジプト協定調印 164
英・エジプト条約破棄 156
英ソ軍事協定調印 98
英ソ通商協定 62
英中関税条約 59
英統一地方選挙 340
英独海軍協定 80,90
英独仏EU三国外相イラン訪問 334
英仏協商 33,34
英仏租界 91
英仏ソ三国外相会議（1947、パリ） 136
英仏同盟条約（ダンケルク条約） 135
英米～　→　米英～を参照
英露協商 32,34
エジプト・イスラエル平和条約 257
エストニア（バルト三国） 70
エチオピア戦争 81
「X氏」論文 136
エネルギー行動グループ 241
エビアン協定 176
エリゼー協定 148
エル・アラメインの戦い 102
援蔣ルート 84,95
エンパイア・ルート 25,79

【お】

オイル・ショック　→石油ショック
欧州安全保障防衛アイデンティティ(ESDI)　294, 295, 306
欧州（経済）統合　187, 313, 328
欧州石炭鉄鋼共同体（ECSC）　154, 178, 219
欧州復興開発銀行　289
欧州要塞化　295, 299
欧州連合条約　→マーストリヒト条約
オーウェン・シュトルテンベルク和平計画　303
オーストリア＝ハンガリー帝国　35, 48
オーストリア国家条約　168, 205
オーストリア併合　78, 89
オーデル＝ナイセ線　127, 234
オーバーロード作戦　103, 104, 106, 110
オープン・スカイ　170
オープン・ドアー　→門戸開放
沖縄返還協定　223-224
沖縄本島上陸作戦　117
オスマン帝国　22, 29, 34, 35, 42, 47, 48
オスロ合意　→パレスチナ暫定自治協定
オタワ協定　73

【か】

カーター・金日成会談　311
カーター・ドクトリン　259
ガーナ　175, 176, 221
　　――独立　176
解放戦争演説　→フルシチョフ一月演説
カイロ会談　104
カイロ宣言　104, 119
核安全サミット　352, 354
核拡散防止条約（NPT）　217, 234, 249, 252, 335, 354, 356, 357
核実験　195, 199, 200, 204, 205, 207, 213, 222, 249, 317, 320, 323, 335, 352, 356, 357
学生革命　→四月革命
核戦争防止協定　238
拡大パリ会談（1969～）→パリ会談（ベトナム和平）217
核ドゴーリズム　187, 197, 198, 200
核の傘　187, 198, 228, 263, 359
革命戦争　45
革命の輸出　269
核抑止力　159, 206, 352, 353, 356
隔離演説（ローズヴェルト）　86
ガザ地区　155, 167, 258, 332, 333, 355
ガザ地区軍事占領　332, 333
カサブランカ会談（1943）　103
カシミール　221, 323
ガダルカナル島（の日本軍撤退）　102
ガット・ウルグアイラウンド　296, 305
桂・タフト協定　32
桂・ハリマン協定　32
過渡的帝国主義の時代　26, 28
華北分離工作　77
カラハン宣言　54
カルギル戦争　323
カルタゴ的講和　48
韓国軍事クーデタ（1961）　190
韓国併合　32
関税及び貿易に関する一般協定（GATT）　135, 194
韓ソ国交樹立　276, 295, 310
環太平洋パートナーシップ協定（TPP）　360, 361
艦隊法（建艦法）　28
関東軍　58-60, 74, 75, 77
カンプチア人民共和国樹立宣言　255
カンボジア侵攻（1970，米）　229
カンボジア侵攻（1978，越）　254, 255
カンボジア米国籍船拿捕事件（マヤグエース号事件）　248
カンボジア和平成立　295
関与拡大戦略　304

管理通貨制度　73

【き】

キール軍港の水兵暴動　43
機会均等　28,36,53
危機の13日間　→悪夢の13日間
基軸通貨　106,245,361
奇跡の経済復興　141
北アフリカ作戦　102
北大西洋条約機構（NATO）　135,142,143,154,155,158,159,161,163,168,169,187,197,205,206,217,218,234,241,249,253,258-260,263,264,280,283-286,294,295,302-310,313-317,325,326,329,336,349,351,356
北朝鮮　→朝鮮民主主義人民共和国
北フランス上陸作戦　→オーバーロード作戦
キッシンジャー構想　→新大西洋憲章
冀東防共自治政府　77
ギニア　176,245,248
　──独立　176
奇妙な戦争　94
金大中事件　249
キャンプ・デービッド会談（米エジプト・イスラエル）　258
キャンプ・デービッド会談（米ソ）　187,188,192
キャンプ・デービッド合意　267
キャンプ・デービッド精神　188
旧外交　41
九ヵ国会議（ブリュッセル）　84,86
九ヵ国条約　53
9項目協定　231
九・三〇事件　221
九全大会　235
キューバ・ミサイル危機　201-202,204-207,218

キューバ革命　176,178,189,201,221
キューバ侵攻作戦　→ピッグズ湾事件
旧ユーゴスラヴィア～　→ユーゴスラヴィア～も参照
旧ユーゴスラヴィア国際会議（ICFY）　299,302,303
旧ユーゴスラヴィア国連保護軍（UNPROFOR）　299,302,303,308
旧ユーゴスラヴィア（ユーゴ）紛争　297-299,346
旧ユーゴスラヴィア（ユーゴ）連邦軍　298
狭義の冷戦　170
共通の安全保障　263,264
共同統合任務部隊（CJTF）　307
京都議定書　317
玉音放送　120
拒否権（国連）　106,107,144,330
ギリシア・ルーマニア援助声明（英仏）　90
ギリシア革命　130
ギリシア・トルコ援助法案　134
ギリシア・トルコ問題　132-134
ギリシア内戦　137,143
キリスト教社会同盟（独・ド，CSU）　219
キリスト教民主同盟（独・ド，CDU）　219
キリスト教民主同盟（東独，CDU）　284
義和団事件　28,30
緊急展開部隊（RDF）　259
金大中事件　→〈キムデジュンジケン〉
緊張緩和　64-65,80,162,165,186,187,190,205,219,240,311,359　→デタントも参照
金ドル交換停止　224,240
金本位制　25,59-60,65
　──停止　73
　──離脱　75

銀本位制　77
金門島　167, 191
金門・馬祖　167, 191
金融・世界経済に関する首脳会議（G20）　343, 360, 361
金輸出解禁（金解禁）　59

【く】
グアム・ドクトリン　228
空中査察　→オープン・スカイ
空爆と武器禁輸解除政策　302, 303
空腹の共産主義　109
クエッタ・シューラ・タリバン　347
9月計画　35
腐ったリンゴ（論）　132
グダニスク協定　→グダンスク協定
グダンスク協定　280
クメール・ルージュ　229, 233, 254
クラーク米軍基地　310
グラスノスチ　273, 274
クラスノヤルスク演説（1988）　276
グランド・デザイン（大構想）
　　――（ロイド・ジョージ）　61
　　――（ベヴィン）　135, 136
　　――（ケネディ）　197
クリミア戦争　24, 26
クルスクの戦い　103
クルディスタン地域政府　339
クルド愛国同盟　342
クルド人　129, 288, 330, 337, 339, 341, 342, 355
クルド人地域　339, 341
クルディスタン人民共和国　129
クルド自由生活党（PJAK）　342
クルド労働党（PKK）　342
グレナダ侵攻（事件）　266
クロアチア　297, 298, 307, 308
クロアチア共和国　298, 308
黒い9月　225

軍産複合体　195
軍需インフレ　73
軍閥（中）　55, 58, 75
軍備平等権　78

【け】
経済協力開発機構（OECD）　180, 194
経済相互援助会議（COMECON）　139, 254, 284
　　――解散　284
警察予備隊　151, 192
ゲイザー報告　186
ケナンの長文電報　125, 126
ケネディ・アメリカン大学演説　205
ケネディ暗殺　205, 212, 213
ケベック会談（第1次, 1943）　103
ケベック会談（第2次, 1944）　107
ケロッグ・ブリアン協定　→パリ不戦条約
建艦競争　32, 34, 52, 59, 77
原子爆弾　107, 109, 112, 117-119, 122, 123, 141, 143-145, 150, 153, 160, 187, 192, 205, 207
　　――投下　117-120, 122
　　――独占　145
現状維持　60, 65, 81, 83, 88, 96, 160, 168-170, 183, 231
現状固定　143, 238
「現状」の認識　199
原子力開発情報　107
原爆　→原子爆弾

【こ】
五・一五事件　74
光栄ある孤立　24, 27, 29, 30
公式の帝国　22
広州国民政府　55
光州事件　253
抗日民族統一戦線　77, 84
5月18日覚書　58

五ヵ年計画（印）　192
五ヵ年計画（ソ）　79
五ヵ年計画（中）　191
五ヵ年計画（東欧）　139
国際エネルギー機関（IEA）　242
国際義勇軍　82
国際経済体制　106
国際経済秩序　23,53,73,106,135
国際警察権　28
国際原子力機関（IAEA）　168,249,311, 327,329,334,335
国際政治史の新段階　294
国際政治秩序　53,73
国際石油資本（メジャー）　243
国際治安支援部隊（ISAF）　326,335
国際通貨基金（IMF）　106,126,135,136, 152,240,313
国際的孤立（日）　75
国際鉄鋼カルテル　68
国際復興開発銀行（IBRD）　106
国際貿易機構（ITO）　135
国際旅団（スペイン）　82
国際連合～　→国連～を参照
国際連盟　45-47,50,65,68-70,74-76,78- 82,96,112
国際連盟加盟　65,70,79,112
国際連盟脱退　74,75
国防計画指針　296
国防総省秘密報告　→ペンタゴン・ペーパーズ（1971）
国民解放委員会（伊，CLN）　109
国民解放委員会（仏，CLN）　110
国民解放戦線（ギリシア，EAM）　108
国民革命軍　55-57
国民政府（中）　55,56,58,59,75,77,83, 84,86,87,95,97,101,151,152
国民評議会　350,351
国連安全保障理事会　107,110,149,244, 295,296,303,307,315,326,328, 330,354,358
——決議242号　225,267,269
——決議338号　269
——決議598号　270
——決議661号　286
——決議678号　287,288,294,329
——決議713号　299,302
——決議748号　333
——決議794号　300
——決議825号　311
——決議836号　302
——決議1160号　314
——決議1199号　314
——決議1244号　316
——決議1333号　324
——決議1383号　326
——決議1386号　326
——決議1441号　329
——決議1483号　337
——決議1515号　332
——決議1559号　332
——決議1929号　355
——決議1970号　351
——決議1973号　351
国連安保理　→国連安全保障理事会
国連カンボジア暫定統治機構（UNTAC）　295
国連軍　149,150,201,287
国連軍縮特別総会（第2回，1982年）　264
国連原子力委員会　124,144
国連事務総長　200,287,298-300,303, 305,306,337
国連総会　150,155,166,168,188,200, 235,236,245,255,320,328
国連創設総会　112
国連ソマリア活動
　——（第1次，UNOSOM I）　300
　——（第2次，UNOSOM II）　300,306

国連平和維持活動（PKO） 295,300, 301,305
ココム →対共産圏輸出統制委員会
五・三〇事件 55
五・四運動 55
55年体制 193
コソヴォ解放軍（KLA） 314,315
コソヴォ空爆 315
コソヴォ自治州 313
コソヴォ治安維持部隊（KFOR） 315, 316
コソヴォ紛争 313,315-317
コソヴォ民主連盟（LDK） 314
国家安全保障会議（NSC） 146-150, 153,156,159,170,195,196,210
　——政策文書13/2（NSC13/2） 147
　——政策文書162/2（NSC162/2） 159
　——政策文書44（NSC44） 147
　——政策文書47/2（NSC47/2） 156
　——政策文書48（NSC48） 147
　——政策文書48/2（NSC48/2） 146
　——政策文書48/5（NSC48/5） 150
　——政策文書64（NSC64） 148
　——政策文書68（NSC68） 147,149, 153,159,195,196
国家安全保障決定指令（NSDD）
　——5号 266
　——12号 262
国家安全保障行動覚書（NSAM）
　——263号（NSAM263） 212
　——273号（NSAM273） 213
国家安全保障指令（NSD）
　——26号（NSD26） 285
国家安全保障大統領命令（NSPD）
　——36号（NSPD36） 338
国会放火事件 78
国家経済会議（NEC） 301
国家社会主義ドイツ労働者党（ナチス）
　49,78,86,89,125,133
国家主義 60,125,126,153
国家主義的ナショナリズム 60
国家保安委員会（KGB） 251,290,291
国共合作（第1次） 54,56
国共合作（第2次） 84
国権回収運動（中） 74
コミンテルン 45,54,56,70,77,81,82, 109
コミンテルン第7回大会 81
コミンテルンの解散声明 109
コミンフォルム（ヨーロッパ共産党情報局）結成 137
コミンフォルム解散 181
コミンフォルムのユーゴ除名 143
コメコン →経済相互援助会議
孤立主義者（米） 86,106
コルドン・サニテール 138
ゴルバチョフ →人名索引を参照
　——書記長辞任 291
　——大統領辞任 291
　——チェコスロヴァキア訪問 275
　——訪中 276,277,291
コロン 175
コロンボ・グループ 161
コロンボ会議 165
コンゴ動乱（事件） 190,201,218
コンタクト・グループ 307,308

【さ】

サージ（The Surge） 341,347
サーチ・アンド・デストロイ（索敵撃滅） 214,216
ザール 68,80,178
再軍備宣言 80,81
サイゴン陥落 231,233,248
済南事件 57
サイパン陥落 104
サイパン島 36,104

在米日本資産凍結　100
サウジアラビア　129,243,266,269,286,322,323,340,343
サウジアラビア米軍基地爆破事件　322
サダト暗殺　267
「砂漠の嵐」作戦　287
サブプライムローン　342
サマラ・モスク爆破事件　340
サミット　→西側先進工業国首脳会議
サライェヴォ空港包囲事件　298,299
サライェヴォ事件　35,48
ザルカウィ殺害　341
サロニカ革命　→青年トルコ革命
三月革命　→二月革命
三巨頭会談　47
三国干渉　27
三国協商　34
三国同盟（日独伊，三国軍事同盟）　95,97,98,100
三国同盟（独墺伊）　27,34,35
三国防共協定　82,89
三重の独占　122,168
38度線　120,122,150
34A作戦　213
34-65作戦　212
三段階統一構想　283
山東出兵（第1次）　56,57
山東出兵（第2次）　57
山東半島　36,47
3B政策　29,34
サンフランシスコ講和条約　151,152
サンフランシスコ国連創設会議　112,116
三路向心迂回　149

【し】

シーア派　257,288,321,322,337,339-341,352
自衛隊　192,295,310,337

ジェノバ会議　61-63
四月革命　190
四国借款団　33,76
自主管理労組　→連帯
事前協議制度　194
自ゾーン主義　127
支那事変　83
シベリア出兵　42
シベリア鉄道　30
資本主義　24,26,40,45,61,62,69,70,73,78,106,112,132,134,135,158,241,242,245,254,294,304
資本主義諸国　45,62,79,181,192,240
資本主義世界体制　48,50
資本の輸出　26
下関条約　27
社会主義革命　41,62
社会主義国家　40,183,233
社会主義対資本主義　45
社会民主主義政党　81,134
社会民主党（西独・ド，SPD）　43,137,139,219,234,242
社会民主党（東独，SPD）　284
ジャクソン・ヴァニック修正条項　249
シャリーア（イスラム法）　348
上海協力機構　353
上海クーデタ　56
上海事変（1次，2次）　74,83,86
十一月革命　→十月革命
十月革命（露暦）　39,40
10月議定書　82
10月戦争　→中東戦争（第4次）
10月の春　182
重慶遷都　84
15号決議（ベトナム）　211
自由主義　40,43,152,194,222,288,289,302
自由将校団　156
集団安全保障　46,47,65-67,70,79,80,

　　　　92, 116, 159, 295, 296, 302, 304
集団的安全保障　295, 302
集団的自衛権　116, 142, 325
17度線（北緯17度線）　161, 214
柔軟反応戦略　197, 198
十二月事件　108
自由フランス国民委員会（CNF）　94, 110
周辺事態　310
自由貿易体制　23, 24, 106, 109
自由貿易帝国主義　23
自由貿易地域（FTA）　179, 180
自由民主党（独，FDP）　220
シューマン・プラン　153, 154
十四カ条の平和原則　40, 41, 43, 48
粛清　79, 97, 139, 141
主権国家連邦　289
10ヵ国蔵相会議　240
シュツットガルト演説　127, 128
シュトレーゼマン大連合内閣　63
ジュニア・パートナー　103
ジュネーブ会議（1954）　160, 162, 164, 165, 210
ジュネーブ協定（1954）　210
ジュネーブ協定（1962）　201
ジュネーブ四巨頭会談　167, 169-171, 180
ジュネーブ軍縮会議　59, 200
ジュネーブ精神　170
シュリーフェン計画　36
准（準）中距離弾道弾（MRBM）　202, 237
上下両院選挙（1989.6.4, ポーランド）　281
小銃士作戦　→「マスケット銃士」作戦
小スターリン派　181
情報公開　→グラスノスチ
「条約共同体」構想　282
勝利なき講和　39
昭和維新　77

植民地支配体制　46, 47
植民地体制　46, 50, 121, 155
所得倍増計画　194
シリア　174, 224, 225, 244, 267-269, 320, 321, 332, 333, 338, 350
シリア空爆　333
ジリ貧論　99
ジロー派（仏）　110
新外交　40, 171
新ガイドライン関連法案　310
シンガポール　98, 223
人権外交　252
新興工業国（NICS）　223
新興工業経済地域（NIES）　223
新航路政策　→世界政策
新四軍　84
新思考外交　273, 275
新四国借款団　52
真珠の首飾り戦略　348
真珠湾（パール・ハーバー）　101
真珠湾（奇襲）攻撃　101, 102
新世界秩序構想　296
新大西洋憲章　240, 244
新中国大陸政策　312
人道的介入　314, 315
新版NSC68　195, 196
新ベオグラード宣言　275
進歩のための同盟　201, 205
人民戦線戦術　81
人民戦線内閣（政府）　82
人民民主主義（政権）　121, 139
新ユーゴスラヴィア連邦　314, 315
新冷戦　260, 265

【す】
水爆　145, 168
水爆実験　145, 218
枢軸国　86, 102
スーダン　177, 322, 323

スービック海軍基地　310
スエズ運河国有化宣言　178
スエズ危機　→中東戦争（第2次）
スエズ戦争　→中東戦争（第2次）
スカイボルト・ミサイル　206
杉の革命　332
スターウォーズ計画　→戦略防衛構想
スターリング圏　61,62,83,174
スターリング・ブロック　73,99,127-128
スターリングラードの戦い　102
スターリン主義　79,138,181,182
スターリン体制　97,275
スターリン批判　180-183
ズデーテン危機　89
ストレーザ会談　81
ストレーザ戦線　80
スパルタクス団の蜂起　→1月蜂起
スハルト政権　190,313
スプートニク　186
スプートニク・ショック　186,196
スペイン市民戦争　→スペイン内戦
スペイン内戦　81,82
スミソニアン体制　240
スレブレニッツァ　308
スロヴェニア　298
スンニ派　268,321,337,339-341,352,353

【せ】

西安事件　76
西欧資本主義　78
西欧条約　88
西欧同盟（WEU）　135,142,153,162,163,294,295,299,307
西欧同盟構想　153
西欧ブロック構想　106,110
西欧連合（WU）　142
西欧連合条約　142

制限主権論　→ブレジネフ・ドクトリン
政策企画室（PPS, 米国務省）　145
西西間ルールづくり　241
生存圏（レーベンスラウム）　73,89
政党政治　53,74
西独～　→西ドイツ～を参照
青年トルコ革命　35
西部戦線（第一次世界大戦）　36,42
勢力均衡体制　28,47
世界恐慌　60,69,72-74,78,79
世界銀行（IBRD）　106,125,135
世界経済会議　73
世界資本主義市場　73
世界政策　27,28,116,160,228,346
世界帝国主義の時代　28
世界的戦争　87
世界の銀行　24,25
世界の工場　23,25
世界貿易機関（WTO）　305,334,354
石油危機　173,232,242-245,257
石油協定　129
石油国有化（モサデク）　156
石油消費国会議　241
石油食糧交換計画　338
石油ショック　244
石油ショック（第2次）　257
石油戦略　241,244
石油武器化論　243
石油輸出国機構（OPEC）　244,257
積極的多角主義　301
積極的中立主義　167
絶対国防圏　104
セルビア　35,297,298,307,308,313-316
セルブ＝クロアート＝スロベーヌ王国　→ユーゴスラヴィア
ゼロ・オプション　264
全欧安全保障協力会議（CSCE）　238,249,250,288,309

人名・事項索引　497

尖閣諸島　358,359
全国人民解放軍（ELAS）　108
全国抵抗評議会（CNR）　110
戦後資本主義世界　106
戦時共産主義　62
先進工業国首脳会議　→西側──
潜水艦発射弾道ミサイル（SLBM）　237
戦争瀬戸際政策　160,289
全体主義　125,133,147
セントラル・パーク演説　122
戦略概念　356
戦略兵器削減交渉／条約（START）
　　264,290,352,354
戦略兵器制限交渉／条約（SALT）　236,
　　237,248,252,263
　　──（第1次，SALT I）　237
　　──（第2次，SALT II）　238,253,254,
　　258,259,263
戦略防衛構想（SDI）　262
戦略村計画　212

【そ】
ソヴィエト（ハンガリー）　→ハンガリー・
　　ソヴィエト共和国
ソヴィエト化　87
ソヴィエト政権　40-42,44,45,48-50,54,
　　61,62
ソヴィエト・ポーランド戦争　62
ソヴィエト連邦～　→ソ連～を参照
早期警戒管制機（AWACS）　266
ソヴィエト・ロシア　→ソヴィエト政権
　　61,62
相互援助条約締結　147
総統（ヒューラー）　78,90
総力戦　31,38,44,48
ソウルの春　253
ソマリア　177,245,248,253,254,300,
　　305,306
ソマリア米兵殺害事件　305,306

空の架け橋　141
ソ連
　　──アフガニスタン侵攻　258,269,
　　271
　　──アフガニスタン撤退　271
　　──原爆実験　143-144
　　──原爆保有　144,145,153
　　──国際連盟除名　96
　　──消滅　291
　　──水爆保有　168
　　──西ドイツ国交樹立　171
　　──対日参戦　112,117-120
　　──対米国交樹立　78
　　──リトアニア侵攻　289-290
ソ連・イラン協定　129
ソ連カード　66
ソ連共産党解散　291
ソ連共産党大会　→ロシア──も参照
　　──（第17回）　79
　　──（第18回）　92
　　──（第20回）　180,181
　　──（第21回）　192
　　──（第25回）　251
　　──（第26回）　271
　　──（第27回）　273,274
　　──（第28回）　289
ソ連主敵論　77
ソ連・西独武力不行使条約　235
ソ連・チェコスロヴァキア相互援助条約
　　80
ソ連・反ゴルバチョフ（8月）クーデタ
　　（1991）　289
ソ連・フィンランド戦争（冬戦争）　95-
　　96
ソ連・ベトナム友好協力条約　254
ソ連・ポーランド戦争　→ソヴィエト・ポ
　　ーランド戦争
ソンミ事件　229

【た】

「大アジア主義」演説　55
第一次世界大戦　22, 24, 26, 29, 31, 34, 35, 38-40, 42, 44, 48, 53, 59, 73, 106, 112, 121, 128
第1次台湾危機　167
第一次ロシア革命（ロシア第一革命）　31, 33
対華21ヵ条要求　36, 53
大韓航空機撃墜事件　264
大韓民国中央情報部（KCIA）　249, 252, 253
大恐慌　→世界恐慌
対共産圏輸出統制委員会（COCOM）　143, 150, 151, 272
　——設立　143
大ギリシア主義　130
第五共和制（仏）　175
第三地域論　164
対支那政策綱領　56
大正デモクラシー　53
大西洋関係に関する宣言　242
大西洋共同体（論）　135, 197, 206, 241
大西洋憲章　99
大西洋上会談　99
大西洋パートナーシップ　197
「大西洋ロカルノ」構想　67, 68
対ソ干渉戦争　42, 45, 62
対ソ防疫線　138
対中借款　87, 88, 97
対中国輸出統制委員会（チンコム）　157
大東亜共栄圏　95
大統領決定命令25号（PDD25）　304, 305
大統領指令第59号（PD59）　259
対独レジスタンス運動（仏）　94
第二次世界大戦　44, 47, 64, 69, 83, 89, 94, 99, 101, 120, 130, 143, 176, 179, 188, 189, 204, 231, 233, 265, 269, 286
第二戦線形成　102, 103

対日講和　150-152
対日石油全面禁輸　98, 99
対日宣戦布告　101, 119
対日輸出禁止　87, 97
対反乱作戦　→サージ
大不況（1873年の大不況）　24
対米英協調路線　74, 75
太平洋安全保障条約（ANZUS）　152
対ポーランド援助声明　90
大躍進政策　191
太陽政策　311
大陸間弾道弾（ICBM）　186, 196, 202, 237, 262
大量破壊兵器拡散　315, 316, 323, 333, 352, 354
大量報復戦略　→ニュールック戦略
台湾海峡危機　191, 309, 312
台湾ドクトリン　167
多角主義　301, 304, 346
多角的核戦力（MLF）　197
多角的貿易決済機構　25
多角的貿易交渉　→ガット・ウルグアイラウンド
多国籍軍　266, 286, 287, 289, 294, 300, 325, 341, 351
タシケント演説　271
タシケント宣言　221
脱バース党　330
田中内閣（田中義一）　56-59
田中訪中（田中角栄）　237
ダブルスタンダード（二重基準）　123
タリバン　321-326, 335, 336, 347-349, 353
単一欧州議定書　294
塘沽停戦協定　75
ダンケルク条約　135
ダンチヒ　66, 70, 88, 90
弾道弾迎撃ミサイル（ABM）　217, 237, 238

人名・事項索引　499

単独行動主義　→単独主義
単独主義（単独行動主義，ユニラテラリズム）　316,317,328,343,346
ダンバートン・オークス会議　106,107,110

【ち】

地域的集団安全保障　65-67,70
チェコ事件（1968）　233,234
チェコスロヴァキア
　　——独立　47
　　——解体　90
チェコスロヴァキア共産党　233
　　——「行動綱領」　233
チェコスロヴァキア政変　138,139,142,155
チェリヤビンスク事件　42
チェルノブイリ原発事故　274
地球温暖化防止の京都議定書　317
千島（列島）　112,120,122
地中海の工場　109
チトー化　145-147
チトー主義者　139,169
血の日曜日事件（第1次ロシア革命）　31
チベット暴動（反乱）
　　——（1959）　192
　　——（1989）　277
チャーチル・スターリン協定　108
チャプルテペック決議　116
中印国境紛争（1959）　189,192
中印国境紛争（1962）　206
中央条約機構（CENTO）　175
中華人民共和国
　　——樹立（成立）　144,145
　　——承認　145,148
中華人民共和国第五期全国人民代表大会（1982）　271
中華ソヴィエト共和国　77
中距離核戦力（INF）　259,263-265,275,276
中距離弾道弾（IRBM）　186,187,202,204,205,237
中国　→中〜も参照
　　——核実験（原爆実験）　213,222
　　——金門島砲撃　167,191
　　——水爆実験　218
中国革命　144-148,150
中国義勇軍　150,213
中国脅威論　358
中国共産党　54,77,78,84,144,145,192,256
中国共産党第12回全国代表大会（1982）　271
中国国民党　54,55,84
　　——第1回全国代表大会（一全大会）　54
中国喪失　146
中国チトー化　145-147
中国白書　146
中ソ国防新技術に関する協定　192
中ソ国境衝突　215,230,235
中ソ次官級協議　271
中ソ首脳会談（1989，北京）　276,284
中ソ不可侵条約　86
中ソ友好同盟相互援助条約　145,147,148
中ソ論争　181,183,190,207
中東決議　175
中東三国宣言　156
中東条約機構　→バグダッド条約機構
中東戦争
　　——（第1次，パレスチナ戦争）　155
　　——（第2次，スエズ戦争）　166,171,173-175,178-180,186
　　——（第3次，六日間戦争）　217,224,225,267
　　——（第4次，十月戦争）　241,243,244,257

中東鉄道（東支鉄道，東清鉄道）　59,76
中東における自由の前進戦略　350
中東防衛機構（MEDO）　156,163
中東和平会議（1991）　287,288
中南米人民連帯会議　220-221
中仏国交樹立　206
チュニジア　175,268,350
張作霖爆殺事件　58,59
長征　75
朝鮮休戦協定　150,158,159,162
朝鮮戦争　149-151,153-155,158,159,
　　163,166,176,213,216,231,287
朝鮮特需　151
朝鮮半島エネルギー開発機構（KEDO）
　　311,334,357
朝鮮民主主義人民共和国
　　——核疑惑　311
　　——核実験　335,357
　　——ミサイル発射実験　323,335
蝶つがい国家　50
チンコム　→対中国輸出統制委員会

【つ】
通貨改革　141

【て】
ディエンビエンフー陥落　161-162
帝国国策遂行要領　99,100
帝国国防方針　77
帝国主義戦争　27,31,40,181
帝国主義的共存政策　83
帝国主義の時代　22,26,28
帝国の総力戦　38,48
デイトン合意　308
出口戦略　337,339-341
デタント　199,205,217,231,233-235,
　　237,238,248-252,258,260,263,280,
　　296,346　→緊張緩和も参照
「鉄のカーテン」演説　125

テト攻勢　216
テヘラン会談　104,108,111
テポドン１号　311,323
天安門事件　256,277,295
　　四・五天安門事件（1976）　256
　　六・四天安門事件（1989）　277
電撃作戦　94
天津租界封鎖事件　90-92
天皇制存続　120
天皇訪中　295

【と】
ドイツ
　　——降伏　116,117
　　——国際連盟加盟　65,70
　　——国際連盟脱退　78
　　——再軍備宣言　80,81
　　——統一　158,170,218,235,282-284
　　——分断　140
ドイツ革命（1918）　43,44,46
ドイツ基本法（ボン基本法）　141
ドイツ弱体化論　107
ドイツ占領地区協定　117
ドイッチュラント　69
ドイツ帝国（プロイセン）　27,48
ドイツ復興優先　127
ドイツ・ポーランド不可侵条約　78,79,
　　90
ドイツ民主共和国成立　141
ドイツ４ヵ国管理理事会　127,140-141
ドイツ連邦共和国　141
東亜新秩序声明　86-88
東欧大変動　280-284
東欧同盟諸国　81
東京サミット　257
統合機動部隊（UNITAF）　300
東西両独基本条約　237
東支鉄道　→中東鉄道
東清鉄道（敷設権獲得）　30,32

人名・事項索引　501

統帥権干犯　59
東南アジア　24,33,85,87,100,101,120,
　　122,147,151,152,159,166,193-
　　195,221,223,358
東南アジア諸国連合（ASEAN）　222,
　　223,233,250,251,255,296,361
東南アジア条約機構（SEATO）　159,
　　161,163,166
東南アジア友好協力条約　233
東部戦線（第一次世界大戦）　36,42
東部戦線（第二次世界大戦）　104,105,
　　111
東方会議　56
東方政策（外交）　234,236,237,239
「東方ロカルノ」構想　67,79,80
ドーズ案　64,65,69
独自の核（武装，戦力）　187,197,198
独ソ戦　96,97
独ソ中立条約（ベルリン条約）　66,70
独ソ不可侵条約　92,95,96
独中借款条約（1936年4月）　84
独仏休戦協定　94
独仏協力条約　206
独立国家共同体（CIS）　291
ドゴーリズム　197,200,218
ドミニカ出兵　220
ドミノ理論　130,133
トモダチ作戦　359
トラウトマン和平工作　86
トルーマン声明　149
トルーマン・ドクトリン　132-134,143
トルコ
　　──イラク北部侵攻　342
トルコ海峡問題　129,130
ドレスデン爆撃　111
ドレッドノート級戦艦　34
トンキン湾決議　213
トンキン湾事件　213

【な】

長崎　118,119
ナジブラ政権（アフガニスタン）　321
ナショナリズム運動　48,53-55,57,58,
　　165,174,275
ナチス　→国家社会主義ドイツ労働者党
ナッソー協定　197,206
南京国民政府　56,58,59
南京事件（1927）　55,56
南京大虐殺事件（1937）　84
南進論　77,95
南部仏印進駐　98,100
南北首脳会談　311,334,357
南北朝鮮国連（同時）加盟　276,295

【に】

二月革命　38-40
ニクソン　→人名索引を参照
　　──訪ソ　230,236,237,243
　　──訪中　224,230,236,237,240
ニクソン・ショック　224,240
ニクソン・ドクトリン　228,251
二国標準主義　27
（西側）サミット　→（西側）先進工業国
　　首脳会議
（西側）先進工業国首脳会議　242,244,
　　250
西側占領地区通貨改革　141
西ドイツ（ドイツ西側占領地区）
　　──再軍備　145,148,153,154,158,
　　162,163,169
　　──主権回復，NATO加盟　153,158,
　　163,168,169
西ドイツ処理協定（西独処理協定）　141
西ドイツ・中国国交樹立　238
西ドイツ・ポーランド関係正常化条約
　　235
西ベルリン自由市化　187
二重の独占　122

二重の封じ込め（対ソ・西独）　163
日英仮協定　91
日英協定　56
日英同盟　30,32,35,36,52,53
日独伊三国（軍事）同盟　95,97,98,100
日独伊三国防共協定　82,89
日独防共協定　82,84
日米安全保障共同宣言　310
日米安全保障条約（日米安保条約）　151,
　　152,159,190,193,312-313
日米開戦　88,100,101,118
日米新安保条約　190,194
日米通商航海条約　91
日米諒解案　98
日満議定書　74
日露協商　30
日露協約（第1次〜第3次）　32,33
日露戦争　27,29,31-34,52
日華平和条約　152
日韓基本条約　222
日韓国交正常化　222
日清戦争　27,30
日ソ共同宣言　193
日ソ国交回復　193
日ソ国交樹立　70
日ソ中立条約　96,98
日台条約　→日華平和条約
日中関係　57,295,358,359
日中国交正常化　237,255
日中戦争　83,84,86,87,95,96,100
日中平和友好条約　237,255
二・二六事件　76,77
日本
　——降伏　120-122
　——国際連盟脱退　75
　——再軍備　151
日本人移民問題　32
日本人拉致問題　334
ニューディール政策　73

ニューヨーク株式市場　72
ニューヨーク世界貿易センター爆破事件
　　322
ニュールック戦略（大量報復戦略）
　　159,160,196
人間の顔をした社会主義　233

【ね】
ネオコン　296,298,300,334,339
熱河作戦　75
ネップ（新経済政策）　62

【の】
ノヴィコフ電報　125
ノモンハン事件　92
ノリエガ将軍逮捕作戦　294
ノルマンジー上陸作戦　→オーバーロー
　　ド作戦

【は】
ハーグ賠償会議　69
バース党　224,330,337,341
パーマストン外交　23
バーミアン大仏立像爆破　324
賠償委員会　48,61,69
バイタル・インタレスト　109,198,259
ハイド・パーク覚書　107
ハイド・パーク会談（1943）　107
ハイド・パーク宣言　109-110
パキスタン　161,163-165,174,221,306,
　　320-326,335,336,347-349,353,
　　356,357
パキスタン軍統合情報局（ISI）　322,
　　335,353
パキスタン・タリバン運動　347
パクス・アメリカーナ　41,46,47,52,53,
　　97,106,117,121,122,132,146,205
パクス・ブリタニカ　22,25,41,46,50,53,
　　62,73

バグダード　→バグダッド
バグダッド　29, 164, 166, 267, 287, 288, 330, 337, 340
バグダッド条約（1955）　164, 167
バグダッド条約機構（中東条約機構METO）　164, 174, 175
バグダッド鉄道（敷設権獲得）　29
覇権国家　22-26, 28, 29, 33, 38, 46, 73
覇権条項　236
パシュトゥーン人　321, 322, 325, 348
パシュトゥン人　→パシュトゥーン人
八・一宣言　77
八人組　291
八路軍　84
ハッカーニ・ネットワーク　348
パックス・アメリカーナ　→パクス・アメリカーナ
パックス・ブリタニカ　→パクス・ブリタニカ
パテト・ラオ　211, 232, 233, 248
バドリオ政権　102, 105, 109
バトル・オブ・ブリテン　95
花の革命　→ポルトガル革命
ハノイ協定　147
ハブ・アンド・スポーク　312
浜口内閣　59, 60
ハマス　331, 332, 334, 336
バミューダ米英首脳会談　179
パリ会議（1947.7）　136
パリ会談（ベトナム和平──）　216, 217, 230
パリ協定（西独主権回復）　163, 168
パリ協定（1973, ベトナム和平）　231
ハリケーン・カトリーナ　341
パリ講和（平和）条約（1947）　124, 130
パリ講和会議　44, 45, 48, 61
パリ三国外相会議（1947.6）　136
パリ東西首脳会談（1960）　188, 190
パリ入城（解放）　110

パリ不戦条約（ケロッグ・ブリアン協定）　68
パリ和平協定　295
バルーク案　144
バルカン制圧（独）　96
バルカン勢力分割協定　→チャーチル・スターリン協定
バルカン戦争（第1次, 第2次）　35
バルカン問題　34, 108, 123
バルカン連邦構想　138
バルジ大作戦　→「ラインの守り」作戦
ハルシュタイン・ドクトリン　220
バルト三国（エストニア・ラトヴィア・リトアニア）　67, 68, 95, 105, 276, 289-290, 309
──独立　47, 291
──併合　96
ハル・ノート　100, 101
バルバロッサ作戦　96
パレスチナ　155, 257, 258, 286, 287, 320, 321, 324, 328, 334, 336, 350, 352
パレスチナ解放機構（PLO）　224, 225-226, 244, 245, 248, 267-269, 331
パレスチナ・ガザ地区　→ガザ地区
パレスチナ暫定自治協定（オスロ合意）　288, 303-304
パレスチナ独立国家樹立宣言　269
パレスチナ分割案　132, 155
パレスチナ「分離壁」　331, 332
パレスチナ民族解放運動　→ファタハ
パレスチナ民族評議会（PNC）　224, 269
パレスチナ立法評議会選挙　332
ハロウィーンの虐殺　250
パン・アフリカ主義　221
パン・アラブ主義　174
反右派闘争　191
反越三派　255
反核運動　263, 264

ハンガリー　35, 45, 48, 89, 105, 106, 108, 123-124, 137, 139, 181-183, 281, 282, 309, 343
——西部国境開放　282
——独立　43, 47
ハンガリー・ソヴィエト共和国　45
ハンガリー動乱（事件）　172, 173, 181-183, 186, 191
バンコ・デルタ・アジア銀行　357
反戦運動　216, 228, 229
反ゴルバチョフ・クーデタ（1991）　289
反ソ・反共主義　83
反帝国主義戦線　54
バンデンバーグ決議　142
バンドン会議　→アジア・アフリカ会議
バンドン十原則　165
反ファシズム人民戦線　→人民戦線戦術
反ファシズム政策　87
板門店（パンムンジョム）　150

【ひ】

ビエンチャン奪取　248
東アジア経済協議体（EAEC）　296
東アジア政策（米）　97, 150
東アジア戦略報告　310
東日本大震災　359
東ベルリン暴動　181
樋口レポート　295
悲劇の火曜日　72
非公式の帝国　22
ヒズボラ（レバノン）　333, 334, 336
ビスマルク体制　27
ピッグズ湾　198, 202
ピッグズ湾事件　198, 202
非同盟主義　167
非同盟諸国会議　199
「一つの中国」路線　312
ヒトラー政権（独）　78, 79
百花斉放・百家争鳴　191

ヒューラー（総統）　78
ビルマ戦線　104
ビルマへの自治権付与　132
広島　118, 119, 122
ヒンデンブルク　78
ビンのふた　313
ピンポン外交　235, 236

【ふ】

ファシズム　71, 73, 81-83, 87, 88, 97, 99, 121
ファタハ　224, 225
フィリピン人民抗日軍（フクバラハップ）　121
フィンランド独立　47
フーヴァー・モラトリアム　72
封じ込め　79, 111, 133, 146, 147, 159, 160, 163, 165, 251, 284, 285, 320, 324, 327
普墺戦争　26
フォークランド紛争　266, 286
フォード・ドクトリン　250, 251, 253
フォーリン・アフェアーズ　136
武漢国民政府　55, 56
武器貸与法　97, 117, 128
不朽の自由作戦　325
フクバラハップ　→フィリピン人民抗日軍
双子の赤字　294
二つのドイツ　142, 168, 171, 200, 282
仏印進駐（北部——，南部——）　95, 97, 100
ブッシュ，戦闘終結宣言　330
——パレスチナ国家建設の支持を表明　331
仏ソ相互援助条約　79-81
仏ソ同盟相互援助条約（仏ソ協約）　111
仏ソ不可侵条約　79
仏中関税条約　59
仏独協力に関する仏・西独条約　→独仏協力条約

普仏戦争　26
部分的核実験停止条約（部分核停条約）　200
ブラウン国防報告（1978）　253
ブラウン国防報告（1980）　259
プラハ演説（1987，ゴルバチョフ）　275
プラハ演説（2009，オバマ）　352,360
プラハの春　233,282
プラヤヒロン　→ピッグズ湾
フランス
　——NATO脱退　218
　——ルール占領　63
　——初の原爆実験　187
フランス共同体　175,176
フランス共和国臨時政府　110
フランス国内軍（FFI）　110
フランス国民解放委員会（CLN）　109,110
フランス国民議会，EDCの批准を否決　162
フランス人民連合（RPF）　162
ブラント東方外交　→ブラント東方政策
ブラント東方政策　219,234-236,238
ブリアン構想　67,68
ブリュッセル条約（WEU，西欧連合条約）　142,162
古いヨーロッパ　329
ブルガリア　35,42,68,105,106,108,123,124,130,137,138,144,282,309
フルシチョフ
　——一月（解放戦争）演説　195
　——失脚（解任）　205,207,213,218
ブルジョア民主主義政党　81
フルトン演説　128
プレヴァン・プラン　153,154
ブレジネフ・ドクトリン　233,234,237,275,277,284
ブレスト・リトフスク条約　41,42

ブレトン・ウッズ会議　106
ブレトン・ウッズ協定　106,107,117,126
ブレトン・ウッズ体制　106,127,240
プロイセン　48
ブロック経済　73
プロレタリア国家　79
プロレタリア独裁　139
プロレタリア文化大革命（文化大革命）　207,215,222
文化大革命　→プロレタリア文化大革命
文世光事件　→〈ムンセグァンジケン〉
分離壁　→パレスチナ「分離壁」

【ヘ】
米・イラク国交正常化　270
ヘイ・ポンスフォート条約　29
米・イラク戦闘部隊撤退　338,346
米印原子力協定　348
米英金融協定　128
米英首脳会談
　——（1943.1カサブランカ）　102
　——（第1次，1943.8ケベック）　103
　——（第2次，1944.9ケベック）　107
　——（1943.9ハイド・パーク）　107,109
　——（1957.3バミューダ）　179
　——（1962.12ナッソー）　197,206
　——（2002.4クロフォード）　328
　——（2002.9キャンプ・デービッド）　328
米英特殊関係　179,238
米英仏ソ四ヵ国外相会議　→モスクワ外相会議（1947）
米，英，リ（リビア）3カ国間交渉　333
米海兵隊員による少女暴行事件　312
米華相互防衛条約　159
米韓共同声明　249,266
米軍，サイパン島占領　104

米軍本来の使命　158
米州会議（1947）　142
米大使館同時爆破事件（1998.8）　322, 323
米同時多発テロ　324
米州機構（OAS）　142, 201
米州相互援助条約　→リオ条約
幣制改革　76, 77
米西戦争　27
米ソ穀物協定　265
米ソ国交樹立　78
米ソ首脳会談
　――（1959.9キャンプ・デービッド）　187
　――（1961.6ウィーン）　198
　――（1966.6グラスボロ）　218
　――（1972.5モスクワ）　→ニクソン訪ソ
　――（1985.11ジュネーブ）　274
　――（1986.10レイキャビク）　275
　――（1987.12ワシントン）　275
　――（1988.5モスクワ）　276
　――（1989.12マルタ島）　284
米ソ貿易協定　248, 249
米大使館人質事件　258, 269
米中央情報局（CIA）　163, 189, 201, 210, 250, 251, 341, 347
米中外相会談　312
米中関税条約　58
米中共同コミュニケ（声明）　230, 236, 255, 360
米中経済対話　360
米中国交正常化　251, 253, 255-257
米中首脳会談　236, 354, 359-361
　――（1972.2）　→ニクソン訪中
　――（2009.4）　360
　――（2009.11）　354
　――（2010.4）　354
　――（2011.1）　359, 361

米中戦略対話　360
米朝枠組み合意　311, 357
米統合参謀本部（JCS）　140
米,パ,アフガン三国会談　335
米比相互防衛条約　152
米仏相互援助条約　60
米,ロ,国連,EU「カルテット」　331
米ロ首脳会談（1997.3）　309
米ロ首脳会談（2010.4）　354
平和安定化部隊（SFOR）　316
平和共存　158, 159, 165, 180, 181, 191, 192, 221
平和五原則　165, 181, 277, 306, 307
平和戦線　90
平和のためのパートナーシップ（PfP）　306, 307
平和への課題　299
平和への課題―補遺　305
平和に関する布告　40
ペータースブルグ宣言　299
ベオグラード宣言　169
北京政府　54, 56, 236
ベトナム化　228, 229
ベトナム共和国　210
ベトナム国　148, 161, 210
ベトナム社会主義共和国　232
ベトナム戦争　210, 214, 216, 217, 220, 222, 223, 228, 230, 233, 235, 237, 243, 248, 252, 262, 288, 346
ベトナム独立同盟（ベトミン）　121, 148, 210
ベトナム民主共和国　121, 147, 148, 213
ベトナム民主共和国独立宣言　121
ベトナム・モラトリアム・デー　229
ベトナム和平協定　231, 240
ペルシア湾の憲兵　243
ヘルシンキ議定書　238, 250
ヘルシンキ宣言　237-238
ベルリン会議（1940）　96

人名・事項索引　507

ベルリン外相会議（1954）168
ベルリン危機　187,200
ベルリン協定（1972）234-237
ベルリン空輸作戦　141
ベルリン条約（独ソ中立条約）66
ベルリンの壁　195,199-201,282-283
　　――出現　199
　　――崩壊　282
ベルリン封鎖　140-143
ベルリン・ローマ枢軸　82
ペレストロイカ　273,290,291
ペンタゴン・ペーパー（1948）142
ペンタゴン・ペーパーズ（1971,国防総省秘密報告）230

【ほ】

保安隊　192
ポイント・フォア計画　146
防衛問題懇談会　295
防疫線　138
崩壊の1960年　190,201
包括的核実験禁止条約（CTBT）317,320
奉ソ戦争　59
奉天会戦　31-32
ホーチミン・ルート　215,229
ポーツマス条約　31-32
ポーランド　41,47,49,61,62,65-67,70,78-81,90,92,94,97,105,108,109,116,118,127,136,137,139,181-183,234,235,280,281,309
　　――侵略（侵攻）94,97,235
　　――独立　47
　　――非常事態宣言（戒厳令）280
ポーランド回廊　66,67,90
ポーランド共和国臨時政府（1944年12月）109
ポーランド分割　94
ボールドウィン内閣（英）80

北支事変　83
北進論（日）77
北層計画　162-164,175
北爆　214-216,223,230,237
北伐　55,58
北部同盟　321-325
北部仏印進駐　95,97
北米自由貿易協定（NAFTA）296,301,303,305,310
ボゴール会議　165
ボゴタ憲章　142
保護貿易　23,24,106
ポズナニ暴動　181,280
ボスニア　35,298-300,302,303,305-309,313,316
ボスニア紛争　298,299,302,306-309,313
ボスニア・ヘルツェゴヴィナ　35,297
ホスバッハ文書　89
ポツダム会談　118-120,122,126,127,135,170
ポツダム宣言　118-120,144,146
ホット・ライン協定　205
ボトム・アップ・レビュー　301,309
ポラリス・ミサイル　186,197,206
ボリシェヴィキ帝国主義　44
ボリシェヴィキ　40,45
ボリシェヴィキ革命　40,43,45,47
ボリシェヴィズム　45,49,60
ポルトガル革命（花の革命）244,245,248
ボン基本法　→ドイツ基本法
ボン経済宣言　288,289
ボン合意　325,326,335
ポンド危機　75,173
ポンド（スターリング）手形　25

【ま】

マーシャル・プラン　110, 134-140, 153, 154
マーストリヒト条約　294
巻き返し政策　160
マジック電　98, 100
マジノ線　69
「マスケット銃士」作戦　172
マッカーシズム　147
マドリード列車爆破テロ　338
マフディ軍団　340
マラケシュ協定　305
マリク提案　150
マルビナス戦争　→フォークランド紛争
マングース作戦　202
満州　30-33, 53, 56, 58-60, 74-78, 81, 86, 104, 112, 122
満州還付条約　30
満州国　74-77, 86
満州事変　60, 74-78, 81
「満州鉄道中立化」構想　32

【み】

ミサイル・ギャップ　186, 195, 196
ミサイル発射実験（北朝鮮）　323, 335
三つのサークル　135, 179
三つの障害　271, 272
「ミッテルオイローパ」構想　34
ミッドウェー海戦　102
南アフリカ戦争　29, 30
南ベトナム　148, 161, 190, 210-212, 214-216, 220, 228-232, 249
南ベトナム援助軍司令部　212, 231
南ベトナム解放民族戦線　190, 210, 211
南ベトナム共和国臨時革命政府　231
南満州鉄道　30, 32, 74, 112
ミニットマン　196
ミュンヘン一揆　63
ミュンヘン会談　89

ミュンヘン協定　76, 89, 90, 92
民族運動　45, 46, 50, 132, 275
民族自決　40, 41, 45-47, 49, 146, 175
民族独立運動　74, 75, 121, 132, 145, 149

【む】

六日間戦争　→中東戦争（第3次）
無限の正義作戦　325
ムジャヒディン　321
ムスリム・クロアチア連邦　307, 308
無制限潜水艦作戦　38, 39
ムバラク政権崩壊　336
文世光事件　249

【め】

名誉ある解決（撤退）　228, 229, 231
メジャー　→国際石油資本

【も】

モーゲンソー・プラン　107-108
モスクワオリンピック　259, 260
　——ボイコット　259, 260
モスクワ外相会議
　——（米英ソ，1943）　104, 106
　——（米英ソ，1945）　123, 124, 125, 144
　——（米英仏ソ，1947）　134
モスクワ攻略失敗　101
モスクワ国際経済会議　154
モルガン商会　52, 53, 64, 65, 73, 76
モロッコ事件（第1次，第2次）　34
門戸開放（オープン・ドアー）　28, 32, 46, 53, 97, 99, 121, 137, 155, 197
門戸開放政策　28, 52
門戸開放帝国主義　28
モントルー条約　129, 130
モンロー・ドクトリン　28, 41, 134, 177

人名・事項索引　509

【や】

靖国参拝問題　358
ヤルタ会談　108,111,112,116-118
ヤルタ協定　111,112,116-118,120
ヤング案　69,72

【ゆ】

ユーゴスラヴィア（ユーゴ）　61,108, 130,137-139,143,145,168,169, 182,183,199,220,275,297-299, 302,313-315
　——独立　47
ユーゴスラヴィア主義運動　35
ユーゴスラヴィア紛争　→旧ユーゴスラヴィア紛争
有志連合　330,337,338,342
ユーラトム　→ヨーロッパ原子力共同体
宥和政策　79,81,83,88,89,207
ユニラテラリズム　→単独主義

【よ】

ヨーロッパ〜　→欧州〜も参照
ヨーロッパ協調　22
ヨーロッパ共同体（EC）　140,219,238-242,280,294,298-300
ヨーロッパ経済共同体（EEC）　178,179, 180,187,197,198,200,201,206,218, 219,234,238
ヨーロッパ経済協力委員会（CEEC）　136,140
ヨーロッパ経済協力機構（OEEC）　140, 179,180
ヨーロッパ経済復興計画（ERP）　134, 135
ヨーロッパ経済復興のための4ヵ年計画　136
ヨーロッパ原子力共同体（EURATOM）　178,179,219
ヨーロッパ自由貿易連合（EFTA）　180
「ヨーロッパ統合」構想　68,69
ヨーロッパ第一主義　102,104
ヨーロッパ・デタント　→デタント
ヨーロッパの火薬庫　34
ヨーロッパの平和　26-28
ヨーロッパ復興会議（パリ）　136
ヨーロッパ防衛共同体（EDC）　154,160-162
ヨーロッパ連合（EU）　68,69,307,309, 331,334,343,354,355
「ヨーロッパ連邦」構想（モネ）　136
抑止戦略構想（英）　80
四人組（中）　256
ヨルダン川西岸　155,224,225,258,269, 331,332
4ヵ国首脳会談（英仏伊独,1938）　89
4ヵ国首脳会談（米英西ポルトガル,2003）　330
四ヵ国条約　52

【ら】

ライン条約　→ロカルノ条約
ライン渡河作戦　111
「ラインの守り」作戦　111
ライン保障　60
ラインラント　47,64-66,69,81
ラインラント進駐（独）　81
ラオス危機　190,201
ラオス侵攻作戦　229
ラオス中立宣言　211
ラサ戒厳令　277
ラトヴィア（バルト三国）　70
ラパロ条約　61-63,66
ラムズフェルド国防長官更迭　340,341
ラムズフェルド国防報告　251,253,259, 297
ラムズフェルド調査委員会報告書　323
ランキン作戦　104
ランブイエ会議　314,315

【り】

リース・ロス構想　76
リーマン・ショック　342,343
リーマン・ブラザーズ　343
リヴォフ臨時政府　38
リオ条約（米州相互援助条約）　142
立憲政友会　54,59
リットン調査団　74
リットン報告書　74,75
リトアニア（バルト三国）　70
リトヴィノフ議定書　70
リビア　243,268,269,333,335,349-352,356
リビア国民評議会　350
リビア, 米, 英三国交渉　→米, 英, リ（リビア）三ヵ国間交渉
リビア方式　333,335
柳条溝事件　→柳条湖事件
柳条湖事件　74,75
両独国連加盟　200,237
領土保全　28,53
リンケージ（提）案（湾岸危機）　286,287
林彪事件　236

【る】

ルール占領　63
ルール撤兵　64
ルブリン委員会　108,109,111

【れ】

冷戦　45,112,113,116,117,121,122,126,129,132,134,137,144,145,166,168,170,172,177,193,194,204,248,250-252,260,265,289,294,300-302,310,313,346,353,359,362
　――終結　280,284
冷戦終結宣言　284
レインボープラン　87-88
レーテ　43
レーベンスラウム　→生存圏
列強時代　26
レバノン　174,246,248,266-268,270,287,320,332-334,336,350
レバノン戦争　267,268
連合国　102,104,117,119,120,146
連合国（第一次世界大戦）　35,40,42-44,46,48,49,61-64,66,69
連合国管理委員会（ACC）　106
連合国最高司令官（SCAP）　120
連合国暫定当局（CPA）　330,337,338
　――命令第1号（脱バース党化）　330
　――命令第2号（イラク軍解体）　330
連ソ制日　77
連帯（ポーランド）　280,281
レンテンマルク　63
レンド・リース・アクト　→武器貸与法

【ろ】

労働党大敗　341
ローザンヌ会議　72
ローズヴェルト・コロラリー（系論）　28
ロードマップ　331-333
ローマ条約　179,180
ローマ占領　105
ロカルノ条約　65,66,70,80,81
ロカルノ体制　50,60,65-67,70,72,78
六・四天安門事件　→天安門事件
盧溝橋事件　83,86
ロシア共産党　45,303
ロシア共産党大会
　――（第10回）　62
　――（第11回）　62
ロシア十月革命　→十月革命
ロシア自由民主党　303
ロシア二月革命　→二月革命
露清条約　30
6ヵ国国協議　335,359

──への復帰　359
露仏同盟　27,30,31
ロマノフ朝　38
ロメ協定　242
ロヤ・ジルガ（大部族会議）　326
ロンドン会議（旧ユーゴ問題）　299
ロンドン会議（1954，9ヵ国）　162
ロンドン海軍軍縮会議　59,77
ロンドン海軍軍縮条約　59,77
ロンドン外相会議（1945，5ヵ国）　123,124
ロンドン外相会議（1948，6ヵ国）　140
ロンドン議定書　64
ロンドン協定（1954）　163
ロンドン空襲　111
ロンドン軍縮会議脱退　77
ロンドン5大国外相会議　→ロンドン外相会議（1945，5ヵ国）
ロンドン秘密条約（密約）　35

【わ】

ワシントン会議　52,53,59,77
ワシントン海軍軍縮条約　53,77
　　──破棄　77
ワシントン体制　50,52-55,58,59,64,72,74,76-78,86,88
ワフド党内閣　156
ワルシャワ条約機構　168,169,182,233,234,275,282,283
　　──解体　284
ワルシャワ蜂起　105,107
湾岸危機　296
湾岸戦争　285,287,288,294-296,300,320,327-331

著者略歴

柳沢英二郎（やなぎさわ・えいじろう）
愛知大学名誉教授。1926年に生まれる。2012年12月逝去。名古屋大学法学部卒業（法学博士）。著書に、『戦後国際政治史』I、II、III、IV（I・II巻：現代ジャーナリズム出版会、1974・77年／柘植書房1985・85年、III巻：柘植書房1987年、IV巻：柘植書房新社2002年）、『逍遥 現代国際政治史の世界』（共著、柘植書房新社、2002年）、『現代国際政治'40s-'80s』（共著、亜紀書房、1985年）、『危機の国際政治史1917-1992』（共著、亜紀書房、1993年）などがある。

加藤正男（かとう・まさお）
河合文化教育研究所研究員。愛知大学大学院法学研究科修士課程修了（法学修士）。

細井保（ほそい・たもつ）
河合文化教育研究所研究員。愛知大学大学院法学研究科修士課程修了（法学修士）。

堀井伸晃（ほりい・のぶあき）
河合文化教育研究所研究員。愛知大学法経学部卒業。

吉留公太（よしとめ・こうた）
神奈川大学准教授。リーズ大学大学院政治国際学研究科修了（PhD）。

危機の国際政治史 1873～2012

著者　柳沢英二郎
　　　加藤正男　細井保　堀井伸晃　吉留公太

©2013 Etsuko Yanagisawa, Masao Kato, Tamotsu Hosoi, Nobuaki Horii and Kota Yoshitome　Printed in Japan

2013年4月16日　第1刷発行

発行所　株式会社亜紀書房
　　　　東京都千代田区神田神保町1-32　〒101-0051
　　　　電話 03-5280-0261（営業）03-3824-7238（編集）
　　　　振替 00100-9-144037
　　　　http://www.akizero.jp（亜紀書房ZERO事業部）

装幀　　　桂川潤
カバー写真　共同通信社
図版作成　　朝日メディアインターナショナル
印刷・製本　トライ http://www.try-sky.com

ISBN978-4-7505-1301-0
乱丁本・落丁本はお取り替えいたします。

亜紀書房ZERO事業部の好評既刊

立川談志自伝 狂気ありて

立川談志

父の記憶、落語への目覚め、妻のこと、子のこと、芸人たちとの会話、大好きだった旅の想い出。希代の天才落語家、最後の書き下ろし。

2205円
1213-6

ハスラー プロフェッショナルたちの革新

アリ・カプラン 著
細谷功 選・訳・解説

「プロフェッショナル&イノベーション」シリーズ第一弾。自らを革新するアメリカ発プロフェッショナル列伝、六十事例！

2310円
1227-3

TOEIC®TEST 満点芸人が大公開！ 英単語バラバラ記憶術

桑田ます似

英単語は、バラバラに分解すれば超効率的に覚えられる！TOEIC初挑戦スコア275から満点をとった芸人が単語記憶法を伝授。

1260円
1235-8

定価は税込み（5%）です。定価は変更することがあります。